第十一卷

冯契文集

智慧的探索·补编续

增订版

冯 契 ◎ 著

华东师范大学出版社

1

2

1 庆贺冯契八十华诞印章
2 纪念冯契百年诞辰印章

"世界性百家争鸣与中国哲学自信——纪念冯契百年诞辰国际学术研讨会"与会人员合影

争鸣与中国哲学自信
际学术研讨会合影留念 2015.11.2

1　冯契次子、清华大学冯象教授在"纪念冯契百年诞辰国际
　　学术研讨会"上致辞

2　华东师范大学党委书记童世骏教授在"纪念冯契百年诞辰
　　国际学术研讨会"上致辞

本卷收录的部分著作

1

2

1　华东师范大学出版社《冯契文集》（增订版）出版工作小组
　部分成员
2　组织和参加筹备冯契百年诞辰纪念活动以及编校《冯契文集》
　（增订版）的校、系领导和部分教师、编辑

提　要

　　本卷收录了《冯契文集》（共 10 卷）初版后搜集到的冯契的作品。这些作品分为四辑：第一辑"诗与文"，收录了冯契在上世纪三十年代的少年习作、进入清华大学以及投身抗战后发表的文学作品；第二辑"时与文"，收录了冯契在上世纪四十年代发表的带有政论性或杂文笔调的思想评论；第三辑"学而思"，收录了冯契在上世纪五十至六十年代发表的理论学习札记和思想短评；第四辑"史与思"收录了冯契在上世纪七十年代末至九十年代发表的一些学术论文及人物回忆等文稿。

　　上述作品写作和发表的年代跨越了半个多世纪，涉及数学、科学、文学、政治、哲学诸领域，不仅印证了冯契晚年对于自己经历的一些回忆，而且展现了他在探索智慧的哲学道路上所留下的足迹和时代风云：从青少年时期的广泛兴趣到为了求索救国的真理而选择哲学；从奔赴抗战前线和进行地下斗争到用思想的力量来鼓舞人们为迎接新中国而奋进；从在"左"的迷乱中强调"匹夫不可夺志"到在"文革"的"牛棚"中坚守理想；从在改革开放新时期的焕发学术青春到晚年的尽显爱智者的本色。

这些作品还表现了冯契的社会担当,如对于哲学通俗化的努力、对于中学生学习哲学的鼓励、对于中青年人才开拓研究新领域的肯定。

Summary

This volume collects the works of Feng Qi after the publication of *Collected Works of Feng Qi* (a total of 10 Volumes). These works can be divided into four sections. Section 1 is "Poems and Articles". It collects Feng Qi's practice works during his adolescence, and other published writings which were composed after admitting into Qing Hua University and devoting himself to the anti-Japanese war. Section 2 is "Time and Writings". It records Feng Qi's political essays and essay style critical writings which were composed around 1930s – 1940s. Section 3 is "Learning for Thinking". It collects Feng Qi's notes on theoretical learning and some short critical essays on thinking which were published around 1950s – 1960s. Section 4 is "History and Thinking". It collects Feng Qi's academic papers and some drafts on remembering old friends which were published around 1970s – 1990s.

The composing and publishing of the above works last over half of a century. It covers the areas of mathematics, science, literature, politics, and philosophy. It not only records the memory of Feng Qi about his own experience, but also demonstrates his footprints on philosophical history and his huge social influence when he was searching for the intellectual insights. This can be seen through the following aspects: from his broad interests during adolescence to his choice of doing Philosophy in order to obtain the truth of saving the country; from his participation in the front of the war and underground struggle to his encouragement for people fighting for the New China through the power of thinking; from his emphasis on "The free will of an ordinary people cannot be taken away" while others being confused by the "left" ideology to his persistence to dreams while being put in the "cowshed" during the cultural revolution; from his success in academics after the "reform and opening-up policy" to his demonstration of wisdom in his late years. More importantly, these works also reveal Feng Qi's social responsibilities, such as his endeavor to make philosophy more approachable to normal people; his encouragement of high school students learning philosophy, and his approve of young scholars searching for new research topics.

目　录

第一辑

诗　与　文

第二辑
时 与 文

第三辑
学 而 思

第四辑
史 与 思

ADDITIONAL SUPPLEMENT TO THE QUEST FOR WISDOM

Contents

Section 2　Time and Writings

Section 3　Learning and Thinking

Section 4 History and Thinking

第一辑　诗　与　文

妄　想
（短论）

　　除了赤子及圣人外，无论何人都有妄想；尤其是我们青年。

　　妄想很值得人讨论，而很少有人讨论；我不敢高谈阔论，只不过自己是一个妄想者，对于妄想有点经验，便直截地写在后面：

　　（一）妄想的意义——妄就是诞，就是虚，妄想就是诞想虚想。想大致有三：一为想过去，即所谓忆；一为想即刻，就是想应付即刻间的事情的办法；一为想未来，即谓想未来的事物我心中所猜度希望……的现象。妄想是想未来的一种，是想未来的事物我心中所希望的现象；而且此现象是主观的，客观上是不能实现的。由此我们可以下一定义，就是"妄想是一种'想主观上所希望未来的事物的现象，而此现象在客观上是不能实现的，虚的（诞的）'的想"。譬如一个穷人他心里想未来发横财的快乐，一个着武侠小说迷的想将来口吐飞剑斩贪官的情形，一个单恋者想着同他（她）的情人结婚时的风光等；这些想，是事实所不能实现的，只不过是那想者的希望而已，所以都是妄想。

　　（二）妄想的起因——妄想之所以发生，是由于人感觉自己的环境不好，而同时又觉得另外的环境好，可是要达到那好环境却又不能；所以我们可以说，妄想是环境压迫成的。穷人感觉穷不好,而不能致富,所以起了发横财的妄想;着武侠小说迷的,不满意于自己的没武艺,而又很想使自己有本领,因此而起了这种吐飞剑的妄想;单恋者感到自己的孤独生活不快,却又不能同他(她)的情人结婚,因而就发生了和情人结婚的妄想。

(三) 妄想的害处——当一个人妄想时,他便入他的希望中的好环境了,一切都可使他满意快乐。但是这不过是一时之快乐,而于你的害处却很大:

(1) 当妄想中断时(妄想是无结束的,只有中断),又回到了原来的不好环境,那时便会觉着很大的不满意不快乐,而远过于妄想时的快乐满意了。

(2) 妄想时固不能做别的正事,妄想才中断后,也没趣做别的事,耗费的时间实在太多。

(3) 妄想中的一切现象,是要费脑力布置的。

妄想要使我们不满意不快乐,要耗费时间,要耗费脑力,于我们的害处很大了,所以我们总要不妄想才是。

(署名冯宝麟,原载浙江杭州《一中学生》创刊号,1931 年)

牡蛎生珠
（译文）

　　牡蛎生着粗糙硬壳，软小的身体，并不好看，但是它却给我们一种世上最好看的东西——从牡蛎壳里我们可以得到珍珠。

　　牡蛎怎样能生珍珠呢？这是用的一种很奇特的方法，当牡蛎很小的时候，它在海面上飘荡着，是没有壳的，很像一点果子酱，但是到了生壳的时候，它重得不能飘荡了，所以只得沉下海底，它在那里很快乐，它将它自己贴在大岩石一类东西上，张开壳使海水进去，因为海水中含有许多小的东西，牡蛎吃了便可使它自己肥大起来。

　　但是它有时得到的东西太多了，一粒细沙进了壳，便挤着牡蛎的身体，也许那是一粒鱼子，或许是一点海里的昆虫，可怜的牡蛎既不能使它出去，又受不起那东西的摩擦，它只有想法把那东西包裹起来使它光滑。

　　这时候，便发生了很奇妙的事情，从牡蛎的身体上分泌出一种液体，盖在那小东西上，液体不久便坚固了，它一次一次地分泌，液体便一层一层地加上去，这液体也变坚硬了，后来这个小寄生物，就成了一颗可爱的珍珠了，液体聚在上边，它便愈长愈大而且愈光滑，像雪球一般地长大起来，这便是贵妇人们戴的耳环手镯上的珍珠。

　　(附注:原文在《中华英文周报》(初级)第四百五十九期,著者不明。)

　　　　　　(署名冯宝麟,原载浙江杭州《一中学生》创刊号,1931 年)

摇磨刀石
（译文）

　　我牢记着我幼时，在一个寒冷的冬天早晨，有一个人肩上负着斧头含笑地招呼我。他说："我的可爱的小孩，你父亲有磨刀石吗?"我回说："有的，先生。"他说道："你真是一个好小孩儿，你可以让我用它磨磨斧头吗?""好小孩儿"这个称赞使得我高兴起来了，我便回答道："啊，可以，先生。石头就在店里放着呢。"他又说："我的小孩子，你愿意给我拿一点热水来吗?"说着，又轻轻地拍拍我的头。我又如何能拒绝呢? 我跑去，不久就拿了一满壶来。"你几岁? 你叫什么名字?"他连续地说着，也不等我的回答。"我确实相信，你是一个最好的孩子，是我从来所不曾见到过的;你能替代我摇（磨刀石）几分钟吗?"

　　他愈奉承我愈喜欢，结果，简直成了一个小傻瓜，我就工作起来了，我真是十分后悔。那把斧头是新的，我辛辛苦苦地磨，拉。直磨到疲倦得要死。校里的铃打了，我还不能脱身;我的手起了水泡，斧头却还不曾磨好一半。最后，总算是磨快了;这个人就转身对我说："你这小流氓，你逃学;快跑到学校里去，不然，有你懊悔的时候!"

　　"啊!"我想道，"在这样的冷天摇磨刀石已经是够辛苦的了;

但是你还喊我小流氓,这未免太甚了。"

（附注:原文在《富兰克林自传》上。）

（署名冯宝麟,原载浙江杭州《一中学生》创刊号,1931 年）

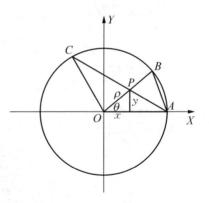

三等分任意角之曲线解法
（数学论文）

　　三等分一角，为几何三大问题之一，费尽了许多数学家的精力，总想不出一个圆满的解答。近人才证明单用直尺圆规是不能三等分一已知角的。我在空暇的时候也常喜欢呆想这个问题，但是结果总是失败的。现在我才想到了一个曲线解法，这曲线和 Hippias、Brown、Pappus 诸氏所发明者不同。今将此曲线略述如下：

　　如图：任意角 COA，设 $\overset{\frown}{CA}$ 已三等分于 B。

　　则 $\angle AOB = \angle CAB$（因 $\angle AOB$ 所对弧为 $\overset{\frown}{AB}$，而 $\angle CAB$ 为 $\frac{1}{2}\overset{\frown}{BC}$），

　　$\triangle OAB$ 与 $\triangle ABP$ 有一角相等一角公共，

　　$\therefore \triangle OAB$ 相似 $\triangle ABP$。

　　但 $\triangle OAB$ 为等腰三角形，

　　故 $\triangle ABP$ 亦为等腰三角形。

因此 $OA:AB = AB:PB$，$OA \cdot PB = \overline{AB}^2 = \overline{PA}^2$。

今设　P 点之坐标为 X，Y，$OA = OB = R = 1$

$$OP = \rho = \sqrt{X^2 + Y^2} \quad \angle POD = \theta$$

则　$\overline{PA}^2 = 1 \cdot PB = 1 - \sqrt{X^2 + Y^2}$

又　$\overline{PA}^2 = Y^2 + (1-X)^2$

$\therefore$　$1 - \sqrt{X^2 + Y^2} = Y^2 + (1-X)^2$

即　$X^2 + Y^2 - 2X + \sqrt{X^2 + Y^2} = 0$ ⋯⋯⋯⋯⋯⋯⋯（A）

此为直角坐标上之 P 点轨迹之方程，然方次甚高。故化之为极坐标上之方程式：

$$\rho = \sqrt{X^2 + Y^2} \quad X = \rho\cos\theta$$

（A）即可变之为

$$\rho^2 - 2\rho\cos\theta + \rho = 0$$

以 ρ 除之则得

$$\rho - 2\cos\theta + 1 = 0 \quad ⋯⋯⋯⋯⋯⋯⋯（B）$$

此式以描点法作图，其图如下：

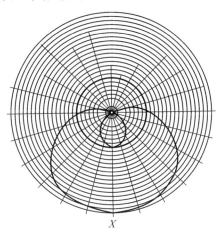

X

　　此曲线名 Limacon。欲三等分已知角,则以 O 点固定,旋转 OA,使其角度等于已知角,且交以 $OA(=1)$ 为半径所作成之圆于 C 点,连 CA,交此曲线于 P 点,则 $\angle POA = \dfrac{1}{3}\angle COA$,

Limacon 之讨论:

(1) $\theta = 0°$, $\cos\theta = 1$, $\rho = 1°(1, 0°)$ 即直角坐标上之 $(1, 0)$

　　$\theta = 180°$, $\cos\theta = -1$, $\rho = -3(3, 180°)$ 即直角坐标上之 $(3, 0)$

　　$\theta = 90°$, $\cos\theta = 0$, $\rho = -1(-1, 90°)$ 即直角坐标上之 $(0, -1)$

　　$\theta = 270°$, $\cos\theta = 0$, $\rho = -1(-1, 270°)$ 即直角坐标上之 $(0, 1)$

　　$\theta = 60°$, $\cos\theta = \dfrac{1}{2}$, $\rho = 0(0, 60°)$ 即直角坐标上之 $(0, 0)$

　　$\theta = 300°$, $\cos\theta = \dfrac{1}{2}$, $\rho = 0(0, 300°)$ 即直角坐标上之 $(0, 0)$

　　故此曲线交极轴于 $(1, 0°)$ $(-3, 180°)$ 且通过极点。

　　在直角坐标中言之,此曲线截 X 轴于 $(1, 0)$、$(3, 0)$,截 Y 轴于 $(0, -1)$、$(0, 1)$ 而且经过原点。

(2) $\cos(-\theta) = \cos\theta(B)$ 式以 $\cos(-\theta)$ 代 $\cos\theta$ 不变,故此曲线与极轴对称。

　　或将(A)式去根号成一四次方程式,此式无 Y 之奇次项,亦可证此曲线与 X 轴对称。

(3) 同 $\cos\theta$ 值之角为 $2\rho \times 180° \pm \theta$,故 $n \cdot 360° \pm \theta$ 与 $\pm\theta$ 相合,且 ρ 之值相同。又 $\cos\theta$ 之值限于 -1 至 1 之数,故无值能使 ρ 为无限大。θ 自 $0°$ 连续变至 $360°$,而 $0°$ 与 $360°$ 合在一处,故此

曲线为闭合曲线。

以上所说的皆属于理论,现在最紧要的是要想法实际上可以应用,即是怎样描出此曲线来。现在我也想到了一个办法:

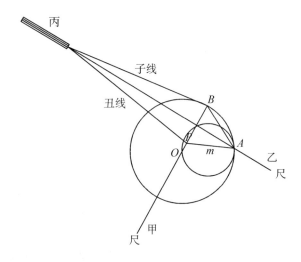

设以 OA 为单位长。OA 为半径作大圆,OA 为直径作小圆。以直尺甲固定于 O 点旋转,而使一端常触及大圆周。以直尺乙固定于 A 点旋转,而使二直尺之交点常在小圆周上。——此可将二尺皆中凿细缝,而取半径为 $\frac{1}{2}OA$ 之两脚规,一脚固定于 OA 之中点 m,他脚同时插入二尺之缝中,旋转之作圆。——又取不及一单位长之宽紧带一(丙),带之一端缝住于乙尺之上端距 A 约五单位长之处。带之他端则系上长约四单位(或略长)之子丑二等线,此二线之他二端则同系住于 A。当甲尺旋转时,子线常着于其触大圆周之端 B;因宽紧带之缩短或放长,子线能常挺直。但丑线则须以一铅笔尖 P 插入甲尺缝中以拉直之。又欲避免宽紧带之左右歪斜，其下端可插一小针入乙尺缝中。

旋转圆规，二尺即旋转，二线亦随之转移，铅笔尖拉直丑线连续移动，即能描成所求之曲线。（作图之证明甚易，从略。）

一手握圆规慢慢旋转，一手握铅笔连续移动，一个人即可作此曲线。

这一点小小的发明，实酝酿于数月之前，经数度的修改，得完成于近日病中。其间受吴鹿鸣先生的帮助很多，这画曲线的方法更经吴先生的指正。并附志且表示万分的感谢！

（署名冯宝麟，原载《浙江省立杭州高级中学校刊》第 85 期，1933 年）

等　候

月儿从茅屋的东边上升，
屋前有两个焦急的人影。

　　＊　　＊　　＊

"妈，我肚子饿了。"
小儿牵着母亲的衣角叫。[1]
黝黑的圆脸挂着四条线，——
两行鼻涕两行泪。
母亲轻拍小儿肩。
柔语低声地安慰：
"不要哭，好宝宝，
爸爸就要回来了。
一早上山去砍柴，
砍柴挑到市上卖，
卖去青柴买白米，

[1] "叫"作"哭"解。（原注。——编者）

买了白米养我儿。①
不要哭,好宝宝,
爸爸就要回来了。"

　　＊　　　＊　　　＊

月光正照着茅屋的东边,
屋前有两个失望的黑脸。

　　＊　　　＊　　　＊

"妈,我已饿得不能耐。
爸爸为什么还不来?"
"耐一耐,好宝贝,
爸爸终究会得来。"
母亲抱着儿哽咽,
心里却在暗思忖:
"也许是他的痨病又厉害,
不知倒在哪条大路边?
也许是清晨上山遇危险,
跌入了山涧喂毒蛇。……
唉,剩下我母子多伤心,
紧抱着饥饿……眼看着死神……"

---

① "儿"读如"倪"。(原注。——编者)

*   *   *

月光正照着茅屋的西边，
屋前有两个绝望的黑脸。

*   *   *

"妈，你没听爸爸的脚步走来？"
"不，那是落叶跳上了石阶。"
"妈，爸爸的呼气在我的耳边。"
"不，那是西风掠过了屋檐。"
"妈，我怕，冰冷的舌头舐……"
"不要响，只紧紧地伏在我的怀内。"
小儿在母亲的怀内打寒噤，
母亲看着他的小脸泪纷纷。
"苦命儿，前世不修今世苦，
何不投胎前村富家户？
既然你做夭折短命鬼，
我也陪你一同下黄泉。"

*   *   *

月儿从茅屋的西边下沉，
屋前有两个彷徨的鬼影。

（署名提曼，原载《清华副刊》第 44 卷第 3 期，1936 年）

蚕 娘 歌

大嫂子，养蚕忙。
大哥黑夜去采桑。
半夜三更勿回来，
大嫂心中比油煎。
门外来个陌生人，
代替大哥挑叶归。
陌生人，一声不响迳自行，
大嫂子，担叶进房把蚕喂。
蚕儿吃叶声咻咻，
桑枝带叶绿油油。
一层桑叶丝一斤，
两层桑叶换黄金。
三层四层点点血，
五层六层块块肉。
血肉模糊指可掬，
滚出头颅断臂膊。
大嫂抱住头颅哭，
"夫啊，你死得伤心！

若是死后鬼有灵，

深夜托梦说衷情。

说出奸人真名姓，

为妻替你报仇恨。"

（署名提曼，原载《清华周刊》第 44 卷第 5 期，1936 年）

春　游

　　我是怀抱着悲哀出去的,我又背负着更重的悲哀归来。

＊　　＊　　＊

　　早晨的太阳吐出金色的蛇,金蛇缭绕在柳树巅。柳树披散着长头发,正好像新丧了爱儿的母亲。

　　路旁的蒲公英,涂了满脸灰尘。捡煤屑的孩子,无意中践踏了它们。——这桩小事,一点小小的事,引起了我无限忧伤。

　　忧伤,与生同种在我心头。它在心中休息着,或是长眠,或是短眠。现在它可清醒了,要永远醒着:化成了利刃,宰割我的心。幻成了毒酸,腐蚀我心头。

＊　　＊　　＊

　　于是我轻轻地飞上了山巅。

　　俯视——苍鹰懒懒地横渡谿谷。谿谷中有牌坊和荒坟。荒坟前有妇人蹲躅。

　　静听——松风里,一阵阵地传来:如鸪的哀呼欲吐又吞,妇人的哭声欲抑又扬,大寺的钟声欲续又断。

　　我终于感到了山巅是最寂寞的。

＊　　＊　　＊

于是我轻轻地飘下山谷。

山谷中有绿水,有青草。紫红的岩石上,缀着点点苔藓。

我倦了,像春风一样地倦了。

但我不能安息。淙淙的水声奏出熟悉的哀歌,我的心弦起了共鸣。绿苔是如此琐碎,琐碎得同我的思虑一样。

但我倦了。但我不能安息。

＊　　＊　　＊

落日是无可挽回地下沉了。月儿,你何必上升呢?

我立在湖滨,从傍晚直到黄昏。

圆脸的月亮扁着嘴,一串串的泪珠洒在湖心。杜鹃几时吐画了悲哀?南山的倒影如何又伤心?

鸟声竭了,倒影在摇撼。月儿变成了血江,像赤色的旗炽,像天狼的舌头。于是乌云渐渐地兴起,展开,埋葬了月儿,遮盖了整个青天。

悲哀也跟着藏躲起来了。但是有什么比失去了悲哀时更为悲哀呢?

＊　　＊　　＊

我是怀抱着悲哀出去的,我又背负着更重的悲哀归来。

（署名提曼,原载《清华副刊》第 44 卷第 8 期,1936 年）

白 雁

白雁从天外飞来。渡过高山,横过大海。

这样地,她累乏了,跌落在假山石上。

多情的公子养养她,为她作金丝的鸟笼。

* * *

你啊,你也有纯洁的羽毛,和坦白的前胸,同那白雁一样。

一样地,你更有一颗忧郁的心灵。

你常常会想起,昔日天空中自由的光阴。你说,你最爱,跨着轻云去流浪,和那黄眉毛的月姑,眨眨眼睛。

你很孤独,你替自己辩护。上帝是孤单的,所以他无可匹敌,手臂伸长至无限,永不毁灭。

你是多么地喜欢,听海外来客的故事,你是想得到一些故乡的消息吧! 你的故乡,在那辽远的海外,有飞鸟千日的行程。

* * *

那是一个多病的秋天,草地是苍黄的。

我倚着石块坐着,你就躺在我的左手边。

阳光照着你的侧面。这样,你是显得更其憔悴了啊。

虽然,你是露出幸福的光辉。因为你已沉醉于幻想。

谁又知道你在想些什么呢?

是那千万年前的飞龙?是那一去不复返的彗星?还是那天地开辟之初,神们和巨人的战争?

不,不,你频频地摇头。——却用双手来抱我的头颈,你凑近我的耳边,说得非常低微:

"哥,告诉你一个秘密:白雁要飞去了,因为她已倦于樊笼的生涯。"

*　　*　　*

呵,你是这样轻轻地飞去的啊!

黄昏是恬静的,这夜星星特别繁多。窗外,芭蕉树下,有唧唧的虫声。

你露着微笑,似乎不是勉强地,对我说:

"我要去了。"

"一个银色的天使,她有一对银色的翅膀,她叫我和她同去,去那辽远的国土。"

"那国土,你知道,是我的故乡,没有这里的寒冷。"

我俯下身来抱你,我想从天使手里,拉你回来做我的同伴。因为,我毕竟是一个自然的俗人呀。

但是,当我的热泪滴上你的眼皮,你的眼皮立即合上了。我吻你,而你的唇是冰冷的。

*　　*　　*

白雁飞来了,又飞去了。

她冲破樊笼,飞上高高的青天。

但我这引领翘望者呢? ——我没有翅膀。

(署名提曼,原载《清华副刊》第 45 卷第 2 期,1936 年)

里　莎

记得吗？我们相遇，是在一个荒野之中。

我是刚从匪窟逃出来的（我被俘虏了已有三月），你呢，披散着长发，张开了双手，怀着热情奔来就我。

"你能帮我去寻找妈妈吗？我的妈妈被强盗抢去了。你看那前边！强盗！强盗！"

啊，里莎，我真的为你感动了啊！你那大而深的眼睛中，满出了泪水。

我也来不及回答一个是，就拔脚飞跑，去追那一群强盗。这样，你是落在我的身后数十丈了。

而当你追到我身边的时候，我已受了狙击，躺在血泊里。你的妈妈，则已被勒死在我身旁。

啊，里莎，你流泪了啊！你多么伤心！

你哭一声"妈妈"，你又回头叫我一声。

"罗伯，你伤了，我害你，我害你！"

于是你为我擦去血迹，包扎好伤口。用你那湿润的腮巴贴近我的。啊，里莎，从那时起，我们就相爱了呀。

* * *

埋葬了你的妈妈之后，我同你到破庙中去过夜。

天黑了，我们就生起火来，因为那是一个寒冷的夜。

你记得吗？我挽着你的手，你没有拒绝。我喃喃地说出了我的要求，我不敢正视你的脸。啊，里莎，你的脸红得真好看，在火光下，像一粒深秋的海棠。

借着朦胧的星光，我去折了三条竹丝，作为祭神的香烛。你也捡起三块瓦片，盛上一撮泥土，算作祭神的食物。我拉着你，双双跪在神龛之前。神们可以替我们作证的，我们将永远相爱。

"里莎，你尽可猜测，太阳到终了会死去，宇宙至终极会毁灭，但你却不能怀疑我的爱情！"

"是的，罗伯，你也一样地相信我！"

啊，你的眼睛是在发光了，你的心头也燃起了融融的光焰。里莎，不是吗，这样子我们就结过婚了呀。

* * *

你说："罗伯，我们要回你的故乡去哟。你去耕种田地，我也学着养蚕采桑。"

横过了几百里的荒野，我们就到了故乡。

故乡已成了瓦砾场，没有一个人的影子呢。野狼在山的那边嗥叫，里莎，你不恐惧罢！

我去砍了树木来，你去割茅草和青柴。里莎，明天我们就有新的茅屋居住了。

"罗伯,你真是一个勤俭的农夫!"

"你不也是吗?里莎,再找不出一个农妇比你更能干的了。"

是的,谁能说我们没有过幸福的光阴呢?

在傍晚,我负锄归来。你已预备好温柔的慰语和晚餐,给我享用。

灯光下,我见到你的形容更憔悴了,你的额角有了皱纹。里莎,你是工作得太多了呢。

但是你并没丝毫怨言。你说:"我怕什么呢,罗伯?我已有了你全副的情爱。"

而且你的眼睛仍然大而深,你的头发仍然披散着,你的美丽并不减于当初。

啊,里莎,我们是有过幸福的呀。

＊　　＊　　＊

五年之中你孕了三个孩子,但是都夭折了。你常对我说生育之苦,和失去了孩子的悲哀。

啊,里莎,你变得多愁了呀。从夭折的孩子你又想起了被强盗勒死的母亲。

在北风凄戾的黑夜,你常跑到荒野之中去痛哭,哭你的孩子和母亲。

里莎,你完全忘记了你自己,你也忘记了我呀!要不然,你为什么不听我的劝告,回到我的怀抱里来呢?

你还说我狠心哩!说我的心肠是铁打的。里莎,你错了啊,我何尝不伤心呢,但我恐怕我的泪水要增加你的苦痛。

啊,里莎,你黄瘦下去了,你瘦得同柴棒一样了啊。

你应该吃一点补品,叫医生替你看看。——但是我们没有这能力啊。里莎,为这一点,至今我是多么懊悔啊。

啊,里莎,你是有病了呀。

* * *

里莎,啊,我的里莎,你病得很厉害了啊!

你的额角发烧,你的呼吸急促了。

里莎,伸出你的舌头给我看看,你的舌尖是紫红的呢。

啊,里莎,你是如此地惨白,你是完全疲乏了呀。五六年的劳作,三个夭折的孩子,使你失去了对于生命之欢悦。

夜是有一些儿寒冷,里莎,你还记得清我们结婚之夜吗?

你半开的眼睛迸出了泪水,啊,里莎,你真太难受了!

啊,里莎,你的喉头有些儿不舒服么? 你可要喝一点水?

啊,里莎,你感觉到双脚寒冷么? 可要我脱下我的棉袄替你盖上?

啊,里莎,你嚷着些谁的名字呀? 你的声音已模糊不清了啊。

啊,里莎,你还能张开眼来看我一眼吗?

啊,里莎,你的嘴唇在颤动,你还有什么话要对我说呢?

里莎,啊,我的里莎,你要去了么? 你是要去了!

* * *

里莎,我的里莎,你竟离我而去了么?

啊,上帝错了? 上帝错了! 你,你这残酷的上帝啊!

啊,命运之神,好会妒忌的命运神啊!

啊,里莎,我的里莎。我只有一个朋友,一个爱人,而你现在离我而去了。里莎,你是我唯一的依靠者。我的理想,我的信仰,我整个的世界,都悬在你的身上,而现在我竟失去你了。

啊,里莎,那是可能的吗?我要离开你而生活!我的生命还有什么东西呢,如果除去了你的一个成分?

我跑至窗口,举起双手向天,我大声呼喊:"还我的里莎,还我的里莎!"但是没有半点儿回声。

里莎,你终究不能回来了么?

夜景是怪悽怆的,月儿如一块将要消融的结晶,风在荒野上吹着。里莎,啊,里莎,我失去了你,我是完全地空虚了啊!

（署名提曼,原载《清华副刊》第 45 卷第 3 期,1936 年）

白鸟之歌（其三）

料峭的寒天，在枯林中我们又相遇了。

前一次遇着你，那是一个白雪的月夜。

我是出来寻找一些东西的，传说雪地上有纯白的鸟。

你则从林子的那一端走来，白色的长裾风中飘起，有白鸟飞翔的姿态。

而当你听我述说我的愿望之后，你不禁欢呼，连拍小手了。你说："我们是同道者啊。"

于是我们立誓相约，要彼此帮助，为了同一的目标。我们都从心坎迸出热血，融合起来，在雪地上描出白鸟的形象。

我们是如何地感动呀！我滴下了眼泪。而你则为我举起珍贵的右手，用纯白的袖口，为我擦去血迹和泪痕。

＊　　＊　　＊

七年的时光使你长进些了么？现在，你的长裾是变成玄色了啊，你已无力从事于飞翔了么？

从前的希望是化为乌有了呢，因为枯枝告诉我说："白鸟从不飞过树林。"

只有成群的乌鸦，飞起又飞落，哑哑地干叫。——这也正足以表示我们心中的烦躁罢。

回首重演一下,这真是一幕可笑的悲剧哩。

但你为什么变得如此惨白呢? 阴霾压得低低的,你怕它下雪吗?

告诉你,逝去了的雪夜是不会重来的,那么又何必担忧往事的重演呢?

你流泪了啊! 愚蠢的人儿呵!

归去罢! 去抚养你的孩子。而且在临走那一刻,你要警告你的儿女:"不要再这样痴心地寻找,因为天上的白鸟,决不会飞到人间来的。"

(署名洛丹,原载《清华副刊》第 45 卷第 7 期,1936 年)

老太婆许宝英

掌声如下冰雹，
六月的冰雹打在瓦枕上。
讲台口出现了老太婆，——
一只劲健的老猫；
小的脚是猫的脚，
小的腿是猫的腿，
（猫眼炯溜溜地闪着光，
耗子尾巴掠过她跟前。）
她举起右手接近包帽缘，
包帽好比两片黑蚌壳。
红红脸，她笑笑，
那是少妇的羞怯的笑。

"同志们，我是河南洛阳人，
名字叫许宝英，……
我来延安学习，学习，
讲得不好，请大家批评……"
"这开头便不错，……乌拉！"

六月的冰雹打倒了庄稼。

"……从前我只知道吃吃坐坐,
那些糊涂的日子,滚吧!
(她用右手使劲地一扫。)
我再不要享这种福啦!……"——
一生下来她就穿红袄,
金耳环,银手镯,
少女时代的夸耀!
然后五彩的花轿
送她上陌生男子的床,
养孩子,孩子娶媳妇,
谁不说老太婆多寿多福?……
却想不到在她的生涯的傍晚,
升起了早晨的太阳,
她举起了干瘪的双手,
欢迎那卢沟桥的烽火。
啊,我们的奥里昂女传!

"……首先我组织个老太婆话剧团,
人家讥笑我:'你疯啦!'
我说:'我不,我不疯!'
我们自己唱歌,自己舞蹈,
向大家宣传抗日的道理。……

（她挺一挺胸,反剪双手。）
然后我对年青的妇女们说:
'不要再过糊涂日子啦!'
我组织她们,教训她们,
她们都信仰我啦! ……"
在过去,中国的女人,
数千年来如一日,
圈在黑暗的日子里,
犹如羊栏里的羊群。
她们全部的德性,
六个字:无知,胆怯,服从。
只偶尔当室外来了
生疏的男子,怯生生的眼睛
便半兴奋半害怕地
贴近了纸窗的隙缝。……
但是谢谢敌人的炮火,
现在中国的女人站起来了!
站起来了,骤然地长高,
小羊变成母牛般强壮。

"……抗日的军人在前方拼命,
都是为了中华民国的一片土,
但他们的麦子却没人收割。
我到张家的地里看一看,

麦子熟了没有？——没啦！
我又到李家的地里看一看，
麦子熟了没有？——熟啦！
刹，刹，刹，女人拿镰刀
并不弱于男子汉。……"
她做出割麦的手势，
黄金的麦穗在面前跳跃，
红红脸，她笑笑，
那是处女的天真的笑。

"……啊，成千成万的难民！
没吃没喝没穿的，
都是自己的同胞。
于是我去'资本主义家'那里
动员了粮食四十担，
灰的棉的衣服七十套。……"
一阵干呛打断了她的话，
主席便为她倒上杯热茶。

一摇一摇地她站在小脚上，
猫眼珠骨碌碌地打旋转。
她愈说愈急愈兴奋，
顿顿脚底，挥挥拳头，
最后她用唱戏的腔调

涨红了脸高声喊：

"我老太婆今年六十九，

不打退日本誓不休！"

"乌拉！乌拉！"

冰雹变成了急雨，

六月的急雨打在瓦枞上，

六月的急雨打倒了庄稼。

一九三八·十一·十五

（署名鹰潭，原载《文艺突击》第 1 卷第 4 期及周扬主编《文艺战线》（延安）第 1 卷第 3 期，1939 年）

哥　哥

　　雨已经停了，山尖还埋在云雾里。是正午的时候了。

　　哥哥从田间插秧归来。蓑衣披在肩背上，笠帽拿在右手里，一路上拖泥带水地走着。他是一个矮子，又是一个驼背。有一个小小的脸蛋，一对细细的眼睛。右颊上有一个疤，所以他的嘴有点向右歪。当他笑起来时，这个歪嘴巴是很触目的。

　　他走在一条上山的坡路上。路旁带雨的嫩草和鲜红的杜鹃花，似乎都不会引起他的注意。他散着头发，下巴贴着前胸，这表示他是在想一点儿东西。——也许是他在计算，一个上午插了多少个秧苗；也许他在计划，中饭应该吃几碗。他走上了一座小山，整个村庄的景色，已展开在他眼前了。

　　袅袅的炊烟，缓缓地上升，和云雾连接在一起。鸡鸣狗吠和嘈杂的人声混成一片。他慢慢地跑下山去。那泥泞的下坡路是很难走的，一不小心，拾了一个元宝。笠帽压在他身下，扁了。他爬起来，喊了一声"倒霉"，将压坏了的笠帽往路旁一掷，"滚你的蛋！"

　　山下就是一个大墙门，墙门东北角的边间就是哥哥的住屋，现在他已在自己的家门口卸下蓑衣了。

　　"饭吃好了没有？"他对着门内说。

没有回应，他将蓑衣笠帽放在门外灰坑边，就跨进门去。但他立刻呆住在门内了。天啊，怎么一回事啊？

一个妇人伏在楼梯边，似乎在饮泣，那就是嫂嫂。地板上散着许多瓦片和碗片。饭镬仆在地上，底上已被压了一个洞。桌子跛了一只脚，椅子的背也折断了。

"怎么了？"他跑过去拉拉嫂子的袖子，很温和地对她说。嫂嫂抬起头来，扬起眉毛，撅起嘴巴，大眼睛中放出凶恶的光芒，指头指到哥哥的鼻尖，突然像僵尸一样地大骂起来："我要投娘家去了！去问我的爹娘，东也不嫁，西也不嫁，偏偏嫁给你这驼背乌龟。……"

"你究竟怎么啦？有话好好地说，可是哪个同你吵了架？"

"哪个呢？除了你的狗兄弟，同一个狗娘养的，还有哪个呢？"

"我的兄弟有什么错待你？对我说罢，何必这样气急？"

"你们王家门里的饭，我没福气吃的啦！迟早总是要被你们赶走的。……这样一个好叔叔，骂我臭婊子！比我作潘金莲，我倒要问问看，就算你们兄弟是武大武二，我的西门庆在哪里？……好个贪吃懒做的烂料货！我叫他趁着雨天做草鞋，他就眼睛一翻，'我要你管？轮到你压制？……'啰啰嗦嗦一大套。他不做草鞋也罢了，何苦又和我来生气？说我与阿讨有奸情，说我替你戴绿帽子？老古话：'捉贼捉赃，捉奸捉双。'无凭无据，就说脏话，行吗？……啊，命苦啊！……啊，天啊！娘啊！……"

嫂嫂越说越生气，拿起了剩余的碗碟来乱扔，拍手蹬脚地大哭起来。越哭越起劲，披散了头发，在地上滚来滚去地骂。越骂越当真，用指甲抓破了自己的脸，拿了块碎碗片说要吞下去自尽。

哥哥像木头人儿一样靠着墙立着,连连地叹气:"哎!唉!"

瞧过热闹散去的邻居这时重又跑来。有的劝解嫂嫂:

"这样小事也值得寻短见!做人只要自己清白,何必管他人议论!"

有的却在暗地里讨论这事的起因:

"一半是驼背佬的老婆不好,一半是驼背佬的兄弟不好。叔叔嫂嫂本来有暧昧之情,一旦嫂嫂和外人要好,哪能不吃醋争风呢? 但说到根底,总归是驼背佬没用的原故。"

又有的替哥哥出主意:

"去找了你兄弟来,向嫂子赔个罪!"

哥哥垂头丧气地跑出门去,在村子里到处找他兄弟。

许多小孩跟在他后面,和他纠缠不清:

"驼背佬,你园子里的樱桃有没有红? 我今天夜里要来摘一篮。"

"驼背佬,看你样子像瘟瘟,是不是老婆打了你一顿?"

"我看你还是把老婆送给阿讨罢?"

"我看你还是将老婆做弟妇好!"

哥哥心里又气又恼,回头来对他们顿顿脸孔,白白眼睛,假装要动手打架的样子,却不料这群小鬼头还不害怕,反而手舞足蹈唱起歌来:

"绿帽子,幌几幌,八卦衣,丁令当,背脊分作十三块,寿命活到两三千。"

"小孩子到底不懂事!"哥哥只愿走自己的路,缩着头颈,下巴贴在胸前。小孩们在后面用石子瞄准他的驼背峰,他假装不知道。

好容易在草泥桥头找到了弟弟。弟弟正和四五个年青的交头接耳在谈话。

"兄弟。"哥哥很不自然地抬起头来喊。青年们都回过脸来。

"什么事?"弟弟歪着头,冷冷地问。他生得油头滑脸,很像戏台上的小花脸。但比起他的哥哥来,他却是漂亮的"小白脸"了。

"事情闹翻了,嫂嫂在家里寻死觅活地吵闹,你说怎么办呢?"

"寻死觅活,我都不管。明天我要走了。"

"走了! 为什么?"

"你的老婆说我白吃你们的,数我烂料货,烂料让我烂料,只不烂在这潘金莲小姐的面前。"

"何苦呢? 好好地回家去罢! 嫂嫂待你不好,哥哥总没待你错。看我面上,回家去向你嫂嫂赔个不是,以后好和睦过光阴,劝世文上说得好:'三兄四弟合修心,家内尘土变黄金;三兄四弟各条心,家内黄金化灰尘。'何况我们只是两兄弟呢?"哥哥很吃力地说着,脸孔涨得紫红了。

"哥,你是个屎虫! 我看不过这种事情:讨个老婆给别人困,种了米谷豆麦给这婊子偷出去养娇头。我只不过说了一句:'好个潘金莲。'她就掼饭镬,砸碗碟,骂我十三代祖宗,呼天抢地和我大闹。我受不了这口气! 我只好走了,到县城里去。凭我一身力气,怕赚不来一口饭吃? 这么多年来,受这婊子的压制也受够了。她叫我割菜就割菜,她叫我挑水就挑水。叫我晴天砍毛柴,叫我雨天做草鞋。我再无法忍受了。我要走了。明天我们五六个人一块儿上县城去。"

"兄弟,你年纪小,见过世面少,我怎能放心?"哥哥禁不住流泪了。

"哭什么? 这样小事也值得哭? 真被人家一眼看煞,做一世的屎虫!"

哥哥吃瘪走了。青年们在后面故意高声谈笑。他竭力装作不听见,但是有几句话很尖利很清楚地传入他的耳中:

"你看他走路就像乌龟爬。"

"你看他缩头缩脑多么像茅坑里的屎虫!"

"怪不得人家称你们兄弟叫武大武二。"

"叫我晴天砍毛柴,叫我雨天做草鞋。我替你下边再加两句:叫我日里坐在她脚边,叫我夜里和她并头睡。"

"瞎说! 阿讨才是那样。"这是弟弟的声音。

"年青的小伙子,到底浮躁。"这样一想,哥哥的心里也就释然了。他的肚子咕咕在响了,吃饭要紧,回家去咬几口冷饭头罢!

＊　　＊　　＊

半个月之后,哥哥接到一封信,那是弟弟从县城寄过来的。哥哥不识字,叫私塾里的先生念给他听。

那信上说:弟弟和他的同伴都已平安到县城,在知县身边当警察,每月月薪六元,除了三块钱饭费外,还有三块当零用。那信的末尾照例加上了一句:"嫂子前代为问安!"而且旁边圈了许多密圈,表示盛重。

这句问安的话使嫂子欢喜得不得了,弟弟对她并没有忘情啊。她把信从哥哥的手里夺来,将它折成一个四方块,小小心心地放入她的皮夹中。她拿了破皮夹，在村子里扭扭捏捏走来走去，碰到人便说：

"你猜这皮夹里是什么啊？是驼背佬的兄弟写来的信啊。他在县城里当警察，服侍知县太爷，吃酒吃肉，多少写意！他还说将来要来迎接兄嫂，同上县城享福。"

嫂嫂把弟弟一捧捧上了九天，她到处替他吹牛："我家的阿叔真是才貌双全，知县太爷多么喜欢他，一年半载之后，包他升警官，我算恨我命薄，驼背佬，又矮又小，哪里及得他兄弟一个手指的本事呢？"当她讲得高兴的时候，如果你问她从前她和弟弟的私事，她也会厚着脸皮一五一十地说给你听。

亚鹏先生和邻村一家富户打官司，要坐轿子上县城去。嫂嫂就叫哥哥对亚鹏先生去说，情愿不要抬轿钱，替亚鹏先生抬轿。亚鹏先生看他身材短小，有失体面，想不要他，亚鹏先生太太却拉一拉她丈夫的袖子，凑近他的耳朵边说："乐得省一点钱！而且还说他兄弟在知县身边，很得亲信，也许对我们有点小帮助。"

嫂嫂起早落夜抢赶着做鞋子，花缎做鞋面，白布做鞋底，做好了，用大红的丝线将两双鞋系在一起，叫哥哥带到县城里给她的亲阿叔。而且再三吩咐："对阿叔讲，说嫂嫂日日夜夜记得小阿叔。"

驼背的哥哥抬着胖胖的亚鹏先生上县城去了。亚鹏先生在民国初年曾用钱买过一个县议员的头衔，是这一乡里顶用的人。虽然抬轿佬是最贱的人，但替亚鹏先生抬轿总算是件光荣的事。

"哥哥替县议员抬轿，弟弟替知县太爷倒尿壶，驼背佬这一家风水大发啦！"许多人都这样说。

哥哥从县城回来了。邻居来探听县城的新闻,哥哥躺在床上不能见客。实在是因为大热天抬轿抬出病来了,嫂嫂却替他掩饰得很好:"驼背佬是贱骨头,阿叔待他太好了,请他吃鱼翅海参,吃出病来啦。"她又拿出两尾大鱼鲞和一包枣子给人们看,而且说:"这是阿叔的好意,送来给我吃的。你看,这样大的鱼鲞,这样好的枣子,县城里的东西终究两样。"

嫂嫂又到处宣传:"亚鹏先生官司一定会赢的,我们阿叔帮他忙,替他在知县太爷面前说好话。"这几句话传入了亚鹏太太耳中,她立刻亲自跑到哥哥的家里来,也不管县议员太太的身份,也忘了平素念经拜佛的修行,指狗骂鸡地发了一顿脾气。嫂嫂以后就改了声口,说:"她叫我守秘密啦!"

哥哥在床上躺了几天又能起来了,不过从此他的痨病更加厉害。他还是过着老样子的生活,还是整天到晚地耕种他的田地,培植他的米稻。村子里的人们常喜欢半正经半玩笑地对他说:

"驼背佬,你兄弟当真要做警察啦,若是我做驼背佬,丢下锄头钩刀,让田地荒了,到县城里跟着亲兄弟享福就得啦!"

哥哥嘴右边歪一歪,心里也着实乐意,但他并不因此真将田地荒了。他说:"我是个务农佬,田地总要耕种的。"

我们不能不说这一个时期是哥哥最"红"的时期。嫂嫂的话虽然不能使村子里的人相信,但他们知道总有点儿"来气"。弟弟做警察了。警察是顶可怕的,警察的哥哥当然也不好惹。小孩子不再用石块掷他的驼背峰了。"绿帽子"、"乌龟"这类名字无形中飞去了。阿讨和嫂嫂似乎也疏远了许多。哥哥田里的稻,本来常常被牛吃去。哥哥园里的果子,本来常常被人偷去。现在,很少这类事了。

墙门外有人在"的丁,的丁"地弹弦子。嫂嫂叫了算命瞎子进来,叫他替她排八字。瞎子轮指一算,说:"寅年卯月子时辰,水火土木不缺金。五行完全,大富大贵。三品四品勿算高,一品夫人由我包。"瞎子又说,今年十月初,嫂嫂一定交好运,以后官运亨通,一报凤愿。嫂嫂欢喜得不得了,拿出了五个铜板作算命钱,瞎子求她加一点,她真的又加了五个小钱。

"十月初交好运,我的好运从哪里掉下来?一定是阿叔做警察,叫警察抬了大轿来接我啦!"嫂嫂对她的邻人们说。

十月已经过了一半了,县城里寄来一封信,信封的右上角是烧焦了的。

"一定是报喜的!"嫂嫂说。

哥哥又请私塾的先生将信念给他听。老先生说:"这封信有一角烧焦,是快信。"于是他拆了信封,念给哥哥听:

"胞兄大人尊鉴,敬启者:自今夏分袂,不觉数月矣。想念之至,无时或释。近想起居胜常,诸事迪吉为颂。兹者,弟因与一女人发生纠葛,合谋潜逃,被人发觉,捉入拘留所。身为警察,知法犯法,理合严办,经知县大人审判,处弟十年徒刑,事已定矣。监狱生活清苦。若兄有暇,希前来探望,并带银洋若干,储菜笛豆数斤,此弟所急需者也。余容后及,敬祝冬绥!同胞弟顿首百拜。"

这真太出人意料之外了。好像发寒热一样,哥哥浑身战栗起来。两只脚软瘫了,不知不觉地跪倒在地上。他朝着窗外的青天拜了三拜,喊了三声:"菩萨保佑他!"私塾里的小学生却全体大笑起来,因为驼背佬伏在地上的姿势真像一个蜒蚰螺。

第二天东方才发白,哥哥就起床了。他从床下拉出一个小酒坛,旋开了泥盖子,剥开了竹盖,倒去了面上的灰,挖出十块大洋钱。然后又很谨慎地将酒坛封好了。再打开包袱,包了几斤干菜和笋干。起初他将洋钱放在马带袋里,后来觉得不妥当,再取出来,用红纸包了,也塞在包袱里。他将包袱斜角地紧在背上,也不带雨伞,就往县城里去了。

嫂嫂呢,她又像麻雀儿一样到处在乱叫了:"到底烂料货,到底驼背佬的兄弟! 我也想啊,祖墓的风水没有这样好,要出个警官,哪有这样容易?"

哥哥本来是宽大为怀,在他的山上,你去砍一点柴,或者掘几株笋,他决不会和你计较。如果你在深夜将他的稻割去,将他的梨摘完,他也只不过恨恨地向空中骂几句:"前世欠你们的强盗债! 强盗债!"——只不过你得留意,不要拣一个嫂嫂有脾气的日子去偷,要不然,她得斩头斩脚地骂一整天,而且关起房门来请哥哥吃"竹鞭羹",一边打一边骂哥哥不会管理产业。

但这一次,那一群无赖可太恶作剧了,他们白天跑上姚公山(姚公山是哥哥的最大的山,他的曾祖、祖父、父母三代的坟墓也都在这山上),在山脚一把火,在山顶一把火,可巧这天风又大,冬天的衰草黄叶又最容易引火,不消一会工夫,姚公山就成了一个火焰山。

哥哥正在一个田坂里做田坝,离山有十多里远。癞头的小堂来报告他:"姚公山起火了!"他性急慌忙地将柴刀锄头一丢,三步并作两步,飞跑到姚公山去。远远地看见那山上红焰,愈来愈盛,他真心痛极了,他心里暗暗地祈祷,祈求老天给他立刻布乌云下狂雨。但是老天似乎不知道。等他跑到了山脚,火焰已经上接青天了。他见到了许多条火龙在天上张牙舞爪,他见到了一位天神穿着红袍。他像乌龟一样,在山脚边匍匐。他像狗一样,绕着一棵焦木爬。他立起来,抱着那棵焦木哀哭。他伸开两手,向那火焰中昏黄的太阳诉苦:

"天啊,你的眼睛呢? 你的眼睛不就是太阳吗? ……太阳,你为什么不将世间的善恶看清楚呢? ……我驼背佬,一生待人忠厚老实……老实,忠厚……我只有这片山最值钱,而且是祖传的遗产,有祖宗的坟墓……两三百年的老树,做栋梁的材料,……完了,完了……我真心痛啊……天啊,你的眼睛呢? ……太阳啊,你错了……你们这许多恶人啊! 为什么只欺负我这个屎虫呢? ……"

天黑了。姚公山的火焰更盛了。半个青天烧成火红,星儿也被火光吞没了。数十里附近可以看到这高山的大火,晚上的大火真漂亮! 男人,女人,小孩子,都翘首观看,拍手叫好,无赖们心里在暗笑。嫂嫂拍着手掌骂放火的混蛋,从村东骂到村西,从村西骂到村东。

哥哥在姚公山脚下,像乌龟一样匍匐着。口嘴吐出白沫,两手执着两段焦木。

这桩事对于哥哥真是一个太大的打击。差不多有一个月,他像疯人一样,天天到姚公山脚去磕头,他恨死了那些放火的无赖,他诅咒他们,请山公山婆替他报仇,求祖宗显灵。他相信他的诅咒会发生效力的,他相信那些恶人不会得到好死。碰巧村里有个七十多岁的孤老头被天雷打死了。哥哥说那一定是放火的领头,现在得了报应。他特地买了香烛,杀了一个小猪,到姚公山脚去谢菩萨和祖宗。

但能干的毕竟是嫂嫂,她已经把无赖骂得狗血喷头,一钱不值。她又和阿讨一天比一天亲密起来,叫阿讨做家庭的保镖。从此,再不会有人敢放火烧哥哥的山了。阿讨也是个无赖,而且是放火烧姚公山的主谋者之一。他在无赖的队伍里,算得一个"大拇指"。嫂嫂和他本来交情很深,但从弟弟当警察以后,嫂嫂似乎妄想做警官太太,和阿讨曾经寂寞一阵子。现在,旧交重温,分外相亲了。

起初,当然是偷偷摸摸的。嫂嫂和阿讨的幽会,常常是黄昏的时候,在屋后山上的那一棵大松树后。阿讨有什么布匹之类送给嫂嫂,总是叫牧牛的阿六转交。嫂嫂有什么米豆之类送给阿讨,总是预先叫阿六通知阿讨,叫阿讨在后窗等,东西就从后窗递出去。

后来,就堂堂皇皇地做起来了。嫂嫂厚着脸皮承认自己是阿讨的姘头。阿讨就整日整夜地住在嫂嫂的家里了。哥哥呢,他又没能力干涉。别人骂他:"屎虫!屎虫!""屎虫便怎么呢?我是天生来的屎虫!天理总有一天明白,只要良心放在当中。"他自言自语地说。

要做就做个彻底!嫂嫂叫阿讨正式搬到她家里来住了。她对旁人说:"驼背佬又笨又痴,一窍不通,哪里配做当家主人?我又是女流之辈,比不来男子汉。所以请阿讨代我们做当家的,手艺工匠,进出工账,一概由他料理。"

哥哥无能力反对,也无理由反对。阿讨已经反客为主了。阿讨做事很精明,手段非常辣,当家也的确比哥哥好十倍。有一个人欠哥哥五块钱,已经四年多了,阿讨居然连本带利都要了回来。(虽然他讨了回来之后,搓了半夜麻将就完全输光了。)

但是有几桩事是使哥哥睡眠不安的。第一桩,阿讨和嫂嫂都爱喝酒,两个人凑在一起,喝得更厉害了。每年做一大缸老酒,本来只够嫂嫂一个人喝,现在两个人喝起来,当然不够了。若是再做一缸酒罢,没有糯米。若是向人家买罢,这一笔钱数目不小。第二桩,嫂嫂和阿讨都喜欢吃肉,两个人碰在一起,吃得更凶了。本来,屠户知道哥哥是个"小气的",不准嫂嫂多挂账,但现由阿讨去挂账了,要五斤就五斤,要十斤就十斤,即使不去要,也会拣了精肉送来。这是一笔很大的开销。单单这酒肉两件事,已够哥哥忧虑了,床下的酒坛,常常要打开来了。但是此外还有第三桩哩!

第三桩是阿讨的赌钱。阿讨是个赌精,一天没赌就要他的命。他初时还不知道酒坛的秘密,总是向嫂嫂或哥哥要,先是甘言,后是威吓,不怕他们不挖腰包。其后他从嫂嫂这里探出了酒坛的秘密,发现酒坛里的大宝藏,更可以任性地赌了。

虽然有这几桩事使哥哥不安,虽然阿讨常常使哥哥太难堪(譬如打他几个巴掌,或是叫嫂嫂骑在他的驼背上唱山歌),虽然人们常骂哥哥作"屎虫都不如了"……但这都是小事,嫂嫂很能知恩报恩,阿讨毕竟是好人,他向村子里的人宣告:"有谁敢偷驼背佬一根茅的,就挖他一双眼睛!"从此哥哥的产业是稳如泰山了。

* * *

哥哥在担心自己没有儿子。

他想："有个儿子多有趣呢？我可以将他抱在膝上玩弄,我可以吻他的小嘴。而且老前辈常说:'不孝有三,无后为大。'必得有个儿子,才有人继承我的产业。"阿讨知道他的忧心事,又帮他的忙了,嫂嫂在端午旁怀了孕。哥哥眼巴巴地盼望着,盼望嫂嫂生一个儿子。他叫村里的炳土先生给他卜数,生下来的是不是儿子。卜数的结果却说是女儿,这使他很失望。他又跑到市镇里去起课,起课的瞎子倒说是儿子。他想:"炳土先生当然不及起课瞎子灵验,是儿子准了。"

他像热锅上的蚂蚁一样焦急。二月已完了。嫂嫂还不肯将儿子生下来。直到三月半的晚上,嫂嫂突然喊起肚痛来。阿讨叫哥哥留心着嫂嫂,自己就去找了收生婆来替嫂嫂收生。

"哇"的一声,声音很宏亮,是个男孩子。

小娃娃的样儿很俊俏,活像阿讨,但哥哥并不在乎娃娃的相貌,像狗也好,像猫也好。反正是嫂嫂生的,总得叫哥哥作爸爸。

第二天,哥哥一早上市去,买红枣买白糖,再买了一块钱西洋参,都是给嫂嫂吃的。又买了几尺花布,好替小宝宝做衣服。

邻居都来向哥哥嫂嫂道喜。甚至于亚鹏太太也特地跑来看小娃娃(亚鹏太太从她的丈夫死了以后,就住在白云庵里,算是蓄发的尼姑),并且给他取了一个法名叫"惠明"。她吃了饭才回去。

哥哥真是不亦乐乎!眼睛成了一条线,口嘴笑得歪了。他收买了许多鸡蛋,用洋红染了,等到小孩生后百日,将红鸡蛋分给邻居。邻人们吃了红鸡蛋，当面自然不好意思说那儿不是哥哥生的。但在背后，他们却常常议论这件事：

"小娃娃的两只眼睛同阿讨一样地光溜溜。"

"还有那枕骨，削平的，十足的小无赖相。"

"我看这儿子大起来要认阿讨做亲生爹的。"

村里的小孩们当然更放肆了。他们手拉手围成一个圈子，将哥哥围在当中。

"给我们一个人一个红鸡蛋！"

哥哥摸摸他的口袋，红鸡蛋没有，却有着许多花生。他抓出了一大把，每个小孩分两颗。

小孩子解开了手，吃着花生，拍手踏脚又唱起山歌来：

"驼背佬，驼背佬。讨个老婆，给别人困觉。生个仔仔，名叫小阿讨。"

"小孩子，总是油腔滑调！"哥哥一路咳嗽一路说，咳嗽止了，刚才的事也忘了。

哥哥比以前更勤劳了。他想，为了这个小娃娃，应该多赚一点钱，多挣一点产业，使得他长大起来，不致饿肚皮，没衣穿。从有这儿子以后，他似乎有好话语可说了，一开口就说他的儿子这样那样。他也似乎有好事情做了，做的事情都是为他儿子打算的。他似乎有前途了，他似乎能梦想了，而且那前途和梦想是多么光明！

他比以前有力量了。他的小儿子做他的后盾，使他有所依靠。当他抱着小娃娃在众人面前的时候，他似乎有了骄傲。他觉得他像一个人了。虽然依旧是个驼背佬，但他常能挺起腰昂着头走几步了。

哥哥与阿讨之间因此常生龃龉了。有一天,阿讨又去开酒坛拿洋钱,被哥哥看见了,叽叽咕咕地念起来:"小囡囡要穿衣,要吃东西……"

"老是小囡囡长,小囡囡短,小囡囡又不是你生的。"阿讨拿着钱径自走了。

哥哥发了狠,背起了酒坛,就往门外跑。一直背到姚公山,在父亲墓后挖个孔,将酒坛埋了。

又有一天,邻村的小店来讨账,说是阿讨欠的钱。嫂嫂说:"阿讨欠的就等于驼背佬欠嘛,问我们拿也可以。"哥哥却说:"阿讨的钱问阿讨自己要,没有我的事。"为这件事,哥哥和嫂嫂又吵了一场架。

是中秋的晚上,月光非常地漂亮。乡下人不大知道中秋节的特点,只不过月色很好,大家就移椅坐在天井里谈天。哥哥抱着小娃娃站在旁边,听阿校老伯讲长毛的故事正在出神。金信小癞老跑进来,用手玩小娃娃的脚,叫哥哥把娃娃的脸给他看。

"真像阿讨——"癞老像唱戏一样地喊起来。

阿讨跑了过来,故意地哈哈大笑,旁的人也大笑起来,这笑声显然是非常恶毒的。哥哥气极了,也窘极了。抱紧了娃娃,回头就走。眼泪扑扑地落在娃娃的脸上,娃娃也哭了。

回到了家里,他将这件事告诉嫂嫂,气喘喘地说:

"以后……不许……你和……阿……讨……来往……"

"不许我们来往?早不说,迟不说,偏到人家代你生了小孩之后才说。"

嫂嫂这天日里被狗咬了一口,正在懊恼,就拿哥哥来出气。拍,拍,哥哥的两颊上就吃了好几下耳光。哥哥才想回一手,阿讨已从门外闯进,随手将门关住,一脚将哥哥踢倒。哥哥缩成了一团,像百脚虫蜷曲成一圈一样,任嫂子和阿讨打骂。

哥哥嫂嫂是常常吵架的,所以邻居虽然听见打骂声,也不惊奇。哥哥横竖是屎虫,挨一顿打骂算不得稀奇。

“打死我罢!”哥哥在呜咽了。

“打死你这屎虫!”阿讨说。

“打死你这驼背鬼!”嫂嫂说。

阿讨用脚在哥哥的腰眼上狠命地踢,嫂嫂用拳在哥哥的驼背上狠心地擂。阿讨踢一脚,嫂嫂打两拳,哥哥哀哭着求饶。

嫂嫂还破口大骂:“打死你这驼背鬼,谁要你求饶? 打死你,打死你又不要偿命! 你还在想你的儿子罢! 羞也不羞? 像你这样的黄胖鬼会生儿子! 让我打开天窗说亮话:儿子是阿讨生的,大起来叫阿讨作爸爸。”嫂嫂大发雌威,骂一顿不够,再打一顿,打一顿还不够,再用牙齿乱咬一阵。

“让我一下子送你命!”阿讨说着,在哥哥的头颅上狠心一脚。

哥哥直挺挺地倒在地上,呼吸已经很微弱,看来是活不长久了。

嫂嫂此时可慌了。她忽然哭喊起来:“救命——”阿讨立刻将她的口掩住。

“你喊,你也要打杀?”

嫂嫂忍住了哭声。

“溜之大吉罢! 跟我到上海去! 你去收拾金银首饰,我去把那个小东西杀死。"

"小东西杀死?"嫂嫂又呜咽了,"你自己生的! 你自己亲生的骨肉! 是我的心肝宝贝。"

"那么带他一同走罢。轮船火车上的麻烦我却不管。快去收拾东西,趁着月亮就走。"

* * *

哥哥并没有死,当时只不过是昏去了。看相的曾说他眉毛很长,有八十八岁寿命,他才活得一半呢。

哥哥卧病在床上,没人照料他。小孩子和妇人们常常走进他的屋来,并不是来问他的病,却是来搬粮食和什物的。不到三天,哥哥家里的米麦和家具,全被他们明抢暗偷地运走了。

到底白云庵的尼姑(就是亚鹏太太),是个活菩萨,念经念了一生世,好事也做得千把件啦,现在哥哥也轮到她的周济了。她知道哥哥家里没人照料,特地跑来帮他的忙,替他烧茶煮饭,替他将屋里收拾得清清楚楚。并且坐在床沿同哥哥谈天,侧着耳朵听哥哥向她诉苦。

"唉,师太,我几时会错待了他们? 阿讨和这婆娘合起来打我,打得我昏了过去。……噢,噢……"

"是哪,驼背大哥是老实人,再不会错待别人的,我看你讲得太气急,这对于身体是不大好的,慢慢儿讲罢!"

哥哥于是将那天晚上的事情从头至尾讲给她听,而且流着泪说:

"师太,请你评评道理! 到底我有没有错? 唉,唉,拿走些钱财也不算什么,打我一顿也好受。拐走我的老婆,再将我的儿子带走,真太不应该!……唉,唉,真太不应该!……我做了五年长工,才挣得两百块钱,讨了一个老婆。……她难道完全忘记我待她的好处吗?她要吃酒,我替她每年种一亩田糯稻。她出天花,我彻夜赶到市镇去接郎中。……噢,噢……"

老尼姑见他喘不过气来,连忙说:

"歇歇气罢,不要太伤心,等一忽儿再讲。我心里完全明白,驼背大哥是再好不过的。"

停了一会儿,哥哥继续说:

"我驼背佬,一生世忍受到底。人家打我,我不还手,老婆和别人通奸,我做乌龟。……唉,唉,只是阿讨那家伙太不讲理,勾搭上我的老婆还不够称心,更要谋死我,将我的儿子带走。……我的儿子!啊!我的心头割去一块肉还好受,带走我的儿子真难过。……现在不明他的死生下落,这个娘是不会做娘的,又没有爸爸照顾他。阿讨是个狠心贼,说不定发起火,将我的小宝贝丢下河去喂鲸鱼。那婆娘呢,喜欢清闲,顶讨厌小孩子,养不惯,起个黑早,用破席子一包,将小囡囡在养育堂门口一丢。唉,唉,但愿他们能好好养育他,那么我驼背佬还是要谢谢他们的恩惠。……唉,唉,只要他们能还我儿子,割我的肉,挖我的心肝都可以。……我情愿让阿讨当家,我替他做长工,只要他还我儿子,让我们夫妻父子团圆。……唉,完了!啊!啊!噢!噢!……"

哥哥越讲越伤心,伏在枕上像小孩子一样嚎啕大哭,老尼姑也不禁陪着下泪了。

"驼背佬啊,心宽宽!上有三十三层天,下有十八层地狱。好人升天堂,恶人落地狱。善有善报,恶有恶报。上天眼睛,善恶自分明。驼背佬啊！宽宽心！留着这下半生，烧香念佛朝南海，修桥铺路广施舍。"

哥哥为这番话感动得了不得。老尼姑劝哥哥捐一点田产给白云庵，哥哥迟疑了半响，终于答应将白羊坞的半亩田捐给她。而且病好之后，他真的依老尼姑的话，立起观世音的牌位，早晚烧香拜佛，吃素念经。

哥哥依旧是那个驼背佬，不过样子更老了，痨病更厉害了。他依旧每天清晨出门到田里去，担了午饭，荷着锄头，缩着头颈，下巴贴在前胸。小孩子仍喜欢和他纠缠，跟在他的背后唱山歌，但山歌又换了一支了。

"驼背佬，驼背佬，大清早，去割稻。稻桶翻倒，牛屎吃饱。"

"牛屎吃饱！"他想，"我要吃一生世的屎啦，我是屎虫！"

但他并不因此增加悲忧，他还是那个老样子，哭笑不得的老样子。

哥哥现在还活着在那里。你不信，可以到那个村子去找，只要问驼背佬，没有人不知道的。弟弟欣逢国家大赦令，提早出狱了。但没有回家乡，他改行去当兵了。据说现在四川剿匪。嫂嫂呢，到上海后几天，小孩子因水土不服死了，她自己就在一个洋鬼子家里当奶娘。后来又替各色各样的人家做老妈子。有人说，她过几年会得回来的，回来仍得靠哥哥过老年，因为阿讨这个小瘪三，终究不是好东西。

（署名提曼，原载《新地》创刊号，1936 年）

拖 油 瓶

大家都叫他拖油瓶，我也只得这样叫他了。母亲对我说："他和你的父亲同辈，你应该喊他一声叔叔。"我摇摇头不肯，他怎么配得上我称他叔叔呢？

有人告诉我，我们这蔡村里的人都姓蔡，拖油瓶却是个例外，他是没有姓的。因为拖油瓶的母亲是个顶坏的女人，她先已嫁了三个丈夫，然后嫁给姓蔡的（这第四个丈夫是三年前去世的）。拖油瓶是她的第一个丈夫生的，据说那个丈夫是剃头佬，剃头佬是没有姓的，所以拖油瓶也没有姓了。好在有没有姓倒是件小事，他尽可以姓拖，或者姓瓶。但那却是的的确确的事实：他的母亲前后嫁了四次，他也跟着出嫁。母亲叫做老鼠精，儿子叫拖油瓶。"老鼠拖油瓶"，这是我们那里的一句土话。

你要认识拖油瓶是很容易的，最显著的标记就是那一大一小的眼睛和一长一短的眉毛（他眼睛天生来就有大小，他的右眉上有一条疤，所以显得特别短）。他说话时有点口吃，笑得很呆板。他的身材很瘦小，虽然已经是十五岁的小伙子了，但还不及十二岁的阿明高。

我说蔡村的小孩子是够狠的，尤其是我们这个高山党。所谓"高山党"，是指阿明、金友、小山和我四个人，我们住的那个墙门就叫高山。四个人之中,阿明长得最高,力气也最大,我们都怕他。他的叔父是远近闻名的金荣白眼,所以阿明有个绰号叫小白眼。小山是阿明的弟弟,是个老实人。金友生得尖嘴巴小耳朵,大家叫他小坏蛋,只要他眉头一皱,眼睛一闪,就有三条妙计上心头。

拖油瓶住在我们的墙门外那个草屋里,当然不好算我们同党。但大园党和新屋党的人,总喜欢说拖油瓶和我们同一党,我们抵死否认。拖油瓶既没有父亲,又没有亲房,他的母亲是人人唾骂的老鼠精。随便你怎样欺侮他,谁也不会替他说半句公平话。这样的家伙怎配做我们同党呢! 有一次,有一个人来向阿明告密,说拖油瓶在旁人面前讲他自己属于高山党。这可气坏了我们四个。金友就献计谋,同阿明咬了一回耳朵。阿明就命令我们,备好武器,一齐冲进老鼠精的草屋,趁老鼠精不在,将拖油瓶拉出。小山和我抓住他的衣领,将他的手反剪着,强迫他走。阿明和金友用拳箍和尖刀威吓他,不准他嚷。我们将他架到了青山头的大坟前,叫他跪下。阿明就装出法官的姿势,开始审判。

“好家伙,从实招来,你怎敢冒我们高山党的名头?”

“老爷,小人岂敢!”

“还说岂敢,左右,打二百大板!”

“唷! ——”我们三人齐喊。将拖油瓶按倒在地,剥下他的裤子。金友拿起了路旁一片碎竹片,就在他的屁股上乱打,口里还数着“一五”,“一十”……打得拖油瓶连喊:“啊唷! 啊唷! 我情愿招了!”

“好,停下板子,让他招来!”审判官说。

拖油瓶泪流满面,气喘喘地招供道:"是小人该死! 前天下半天,大园党的两个恶霸将我围住,拳打脚踢,打得我滚倒尘埃,当时小人情急智昏,就说阿明已准我加入高山党,来日必定要兴师为我报仇,那恶霸闻言恐慌,就赶忙将我放了。小人罪该万死!"

"招供是实,从轻处罚。罚你喝尿一口,吃泥汤团一粒。"小山就用树叶编了一个碗,到溪边舀了半碗水,水里放进许多龌龊的东西,算是粪水。又用黄泥搓成一个泥汤团。大家再将拖油瓶按翻,迫他吃污水和泥汤团。他将嘴闭得紧紧的,我们倒也没法他。污水就泼在他的脸上,汤团涂在他的口角。

从这回把戏以后,拖油瓶有许多日子不来和我们亲近。有一天,我们四个围坐在祠堂的地面上"称石子"("称石子"是我们常玩的一种游戏)。拖油瓶偷偷地来了。他用手捏着他的膨大的口袋对我们说:

"里面是什么? 猜得着,有得吃。"

"花生。"

"瓜子。"

"蚕豆,或者黄豆。"

他连连地摇头,那一大一小的眼睛斜睨着我们,撅起嘴巴,用手拍着口袋,那神气似乎在说:"现在,你们跪在我脚跟前了。"阿明再也耐不住了,一跳跳了起来,马上将拖油瓶反背揪住,一边说:"是好汉,有东西大家平分。"我们三个也都立刻站起来,去夺衣袋里的东西,那衣袋禁不住一扯就扯破了,袋里的东西一齐撒下地来,原来是榧子。

拖油瓶只得哀求我们讲和了。于是大家坐下来吃榧子。我们就问他榧子的来历。

"舅父送来的。"他说

"骗鬼,你有什么舅父!"金友的手指指到拖油瓶的鼻尖。(其实金友并不敢说他一定没有舅父,只不过故意要吓他讲出实话来。)

"那么让我讲老实话给你们听,可不要讲出去,这是金莲癫婆家里偷来的。她将炒熟了的榧子放在桌上,自己却去挑水去了,我就偷偷地开门进去,抓了三大把。"他扬扬得意地装出抓榧子的姿势,嘴角是咧到耳根了。

这偷来的榧子使我们上了钩,拖油瓶答应我们,以后他每次偷到好吃的东西,一定和我们共享,但是假若有人欺侮他,我们却须帮他的忙。我们都同意他的话,只他不能算是正式的同党,他对旁人也不许提起只字。

此后拖油瓶就常和我们在一起,每天早晨和我们一同上山去砍柴。他是个砍柴能手,砍得比我们都要快。等他自己的柴砍够了时,他就得帮我们的忙。这样,我们也乐得偷懒。

大家的柴都已捆好了,看看人影还是很长,正午还没有到,我们就垫着柴刀坐下来谈笑。谈笑最好的资料,当然是拖油瓶的母亲。最会取笑的人,当然是金友。许多次,拖油瓶被金友取笑得"钻地无洞"。

"听说你的妈和土地庙里跛脚讨饭佬通奸。"

"拖油瓶,你为什么没有姓呢? 呵,我知道了。一个北佬儿将你妈强奸,强奸之后,他就径自走了,没有将他的姓告诉你妈妈。"

金友老是说这些不伦不类的话语,我和小山有时也凑一两句。阿明是要装假正经的,"好汉不谈女人",口里虽然这样说,心里却着实乐意金友的话。拖油瓶好几次赌气想走了,但是只要金友说上一句"开玩笑也要当真,到底是香瓜头儿",他就又立定了。

下面讲的一件事是我终生不会忘记的。

那是一个暑天的下午,阿明、金友、拖油瓶和我同在一条小溪里学游泳。(这天小山有事到外祖家去了。)拖油瓶游泳的技术是一等的(因为他幼时住在大江边),我们很有点妒忌他。金友学了许多时候的仰卧式没有学会,反而吃了一口水,心里正不舒服,于是提议拿拖油瓶开玩笑。我们三个人就联合起来向拖油瓶扑水,一面扑一面还唱着歌:"老鼠拖油瓶,一拖拖到小桥顶,油瓶勃令丁,跌落水中心,老鼠回头大吃惊。"我们正唱得高兴,却不料"勃令丁"一声,水花里不见了拖油瓶,他被我们迫得站不住脚,跌入深潭的漩涡中去了(我们村子里有一个传说,这个漩涡是通到东海龙宫去的,跌进去的人,九死无一生)。这可吓坏了三个小孩,大家惊慌得哭喊起来:"拖油瓶淹死了,拖油瓶淹死了。"田里割稻的农夫听见喊声一齐跑来,有几个识水性的就跳下水去,总算将尸身捞起。那状况真是够可怕的,他的肚子有车箩那么大,脸孔成了纸金色。有人又将他拉到岸上,把他的腹部横搁在一块圆石上,用力撬开他的牙齿,这样,肚子里就咕噜咕噜地响起来了,口嘴里慢慢呕出许多水来。谢天谢地谢菩萨,他居然还魂了。

这件新闻传遍了全村,全村的人骂我们三个小孩子作孽。但是他们总会加上这样一句:"拖油瓶也是好死不死。"晚上我回到家里,母亲将我浑身衣服脱去吊在柱子上,结结实实打了一顿。第二天早晨还叫我亲自向老鼠精去赔罪。老鼠精倒有趣,不但不

骂我,反而对我母亲说:

"小孩子懂得什么,开开玩笑闯了场大祸,这个讨债鬼也真是好死不死,他死去了我真够开心哩。"

拖油瓶在床上躺了一个月,这一时期中我们感到非常寂寞。现在,我们才觉得需要他了。等到他的病好了之后,我们待他比以前好得多。

光阴有时候飞得比燕子更快,一霎眼,又是过了新年,到了清明节。这年头正是土匪最盛的时期,二十里外的走马山,土匪和官兵打得正起劲。小孩子是最会"看人学样"的,我们就模仿土匪,将高山党的组织大变更。阿明自称总司令,我和小山叫大头目,金友是军师,拖油瓶加入了这个新组织,作为"探子"。我们用桐子当炸弹,用竹片作刀枪,腰间挂着尖刀和拳箍。一战胜了大园党,再战打败新屋的官兵队。

"我们应该干几桩轰轰烈烈的大事!"有一天阿明这样提议。

第一件大事是"偷桃"。

"荒牛坞的桃子已经熟透了。"金友来报告。

阿明立刻下命令:"今夜五弟兄一齐到山坞里偷桃子去。"

夜饭后,我们瞒住了家里的人,偷偷地溜到青山头的大坟前集合,向荒牛坞出发。这一夜,天上的星特别多,我们借着星光走路,虽然山径崎岖,倒没有栽多少跟斗。到了目的地,阿明下令分配职务:金友巡风,拖油瓶上树摘桃子,我和小山传递,阿明自己将桃子用布包裹。星光下我们见到树上的桃子很多,有几条桠枝挂着过多的桃子,几乎要折断了。拖油瓶就爬上树去,先摘下几个丢下来,分给大家尝尝。那桃子的滋味的确是头等,我从来没有尝过这样好吃的桃子。只是匆忙里没有将它的毛擦去，口嘴边未免有点辣刺刺的。大家吃得正痛快。忽然惊动了管桃园的狗，它们狂吠着冲了出来。"哪个敢偷桃子，捉起来！"一个人燃起了火把，从东边的草庵中赶了出来。我们急忙丢了桃子，转身就逃，在平地上是跑，到了斜坡上就身子一横，骨碌碌地滚下去了，好容易逃到青山头，一点人数，只少了拖油瓶，大概他是被捉住了。

第二天早晨，全村的人议论纷纷，都说"拖油瓶竟敢'老虎头上找痒'，黑夜跑到荒牛坞偷金海无赖的桃子，现在赤裸裸地被绑在树上，叫他吃三天三夜苦头"。这件事母亲也知道了，而且明白我是同谋，她就将我关在冷屋里，说："让你饿三天，看你以后再敢不敢偷桃子！"但是到了第二天，我设法打破了窗格子，就跳出去了。外面碰到了小山，才知道拖油瓶已经放回来了。小山告诉我说：

"昨天吃中饭的时候，老鼠精跑到荒牛坞，跪在金海无赖面前磕头，哀求他放了她的儿子。金海说：'若是姓蔡的偷我的桃子倒还情有可原，一个拖油瓶要偷我的桃子真是天下造反了。'但后来他终于将拖油瓶放了。……此刻我们正担心着你，你的母亲真凶！"

今年夏天又是旱灾，天旱就去求龙王，龙王真灵验，即刻布乌云，下大雨，隔了数天，龙王庙前就搭起台子预备演戏谢龙王了。这可又给我们一个活动的好机会，于是我们又干了第二件大事"抢亲"。

这场祸又是金友闯出来的。他看中了塌鼻的阿芸，平日就和她眉来眼去地传情。今年春天，他曾经帮她采过一篓桑叶，采桑叶时就和她讲了许多调戏话,这是他常常引以为荣的。而且每当他讲起采桑的故事,他总要像乌鸦一样唱几句:什么"十指尖尖攀桑枝",什么"侬可知奴心中事"。

可巧这天晚上,龙王庙前的戏有一节是"花和尚抢亲"。金友不禁野心勃发,再三恳求阿明帮他的忙,以成就他的好事,于是我们一齐去找阿芸,从庙内找到庙外,从庙外找到庙内,小摊和赌场也找遍了,只是不见她的影子。我的心里老大不高兴,放着热闹的戏不看,却来抢什么"嫂子亲"和"姑娘亲"。

"在那石桥上乘凉!"小山终于发现她了。那条桥在庙左面,离开戏台很远。桥上只有三个人,躺在地上的两个乞丐已经睡得烂熟了,阿芸正倚着栏杆看月亮,手里不止地挥着蒲扇。

"先派一个人去做媒。"阿明说。

"我去。"拖油瓶自告奋勇。话未说完,他就跑了过去。走到桥上,斯斯文文地对阿芸行了一个礼。我们听得他说:

"在下有礼了。我们军师要你做他的压寨夫人,特派拖油瓶前来做媒。"

"什么?滚开去!该死的拖油瓶!"

我们见他们口角起来了,立即蜂拥上去。像前次架拖油瓶一样地将阿芸架走。拉过石桥,横过水田,径往竹林。在竹林边我们站住了,阿明就对她说:"我们毫不想难为你,只要你今夜同金友成亲。哈哈,来左右,一人扶一个!上拜天地,下拜祖宗,然后两人对拜。"我扶金友,他们三个强迫阿芸,朝着月亮拜了四先生。阿芸总是啼啼哭哭地骂着:"斩头鬼","千刀万剐的","狗生猪养的"。金友就上前,叫大家放了阿芸,很温和地叫她做"娘子"。啪的一声，金友的脸上着了一下耳光，阿芸一溜烟逃走了。

天才亮，阿芸的父亲纪友，挨户告诉："高山的几个小鬼欺侮我女儿，强迫她和金友成亲。拖油瓶领头的。"我当然又免不了遭母亲的责骂。金友却反骂了他母亲一顿。金荣白眼（阿明和小山的叔叔），同纪友是对头，反而称赞他两个侄子有义气有胆量。最吃亏的自然总是拖油瓶，纪友是个"吃软不吃硬"的，他冲进老鼠精的家里，将家具打个精光。一把拉起了拖油瓶，将他丢入了茅坑，请他洗个粪水澡。

"给人浸茅坑，我从此倒霉了！"拖油瓶结着舌头说。

我们蔡村有一个"前山祀"，每年清明、冬至都要做祀会。这祀会中，每一家都有一斤酒两斤肉可以领。自从拖油瓶的父亲（我当然指他蔡村的父亲）死后，他那一份就由拖油瓶去领，前几年倒也没有发生什么问题。今年冬至节，拖油瓶照例到大晒场去领酒肉，老家长也已经将酒肉照数给他了。那大房的无赖金海突然跑出来，"你有什么资格领酒肉？拖油瓶也配领我们祖宗的酒肉吗？"一个巴掌，就将拖油瓶打得颠来倒去。酒瓶哗啦一声打碎了，猪肉脱了手，被狗衔了去。（后来不知是哪些人将肉从狗嘴夺下来，拿去享用了。）当时就有许多人围上去，解劝的少，"打落水狗的"多。金海无赖当场声明："拖油瓶和他母亲必须立刻离开蔡村，不然就要抽他们的筋，剥他们的皮。"

我当时也杂在人丛中，心想上去帮拖油瓶，给金友一把拉住了，"呆子，好汉不吃眼前亏！"

中午回到了家里，母亲和隔壁的癞头婆正在讨论这件事。

"老鼠精只好搬家了。谁叫你不姓蔡，我们蔡村不准住异姓，何况他什么姓也没有呢!"癞头婆说。

"他们搬到哪里去呢?"

"哈哈,搬到哪里去呢? 城里城隍庙,城外土地庙,手拿大烟管,何用怕狗咬!"

"唉,这一对可怜虫!"

"什么可怜,贱人贱骨头,天生讨饭胚。"

中饭后,我跑到拖油瓶家里去,小山、阿明、金友也陆续地来了。老鼠精向我们一长一短地哭诉,拖油瓶伏在门槛上抽噎。我和小山都禁不住流泪了,金友也用手遮着眼睛。

"哭什么,大丈夫四海为家!"阿明说得很响亮。

"四海为家……"拖油瓶慢慢地站了起来,拿起了门边的雨伞和包裹,对他母亲说,"妈,走罢!"又回头对我们很悲痛地看了最后的一眼,结着舌头说,

"弟兄们,后会有期。"

（署名提曼,原载《清华周刊》第 44 卷第 4 期,1936 年）

大毛狗之死

一

"看热闹去！看热闹去！大家到祠堂里去看热闹去！"一群小孩子沿路叫喊。

男男女女，老老小小，背锄头的，挂镰刀的，还有手里拿棉线叉的，……几乎是全祝家村总动员，一齐向祠堂跑去。

祠堂的正厅里有一口棺材，放在两条长凳上。那就是大毛狗的"灵柩"，刚从孝丰县运来的。棺材后伏着一团东西，一眼看去以为是一堆狗咬破的衣服。有个孩子用根竹棒去挑它一下，陡地仰起头来，是一个老太婆。大家认识这就是炳顺嫂子，大毛狗的母亲。她那深凹的眼睛里流出两道泪，闭着的嘴巴左右牵动得怪可笑。"啊，苦恼的炳顺嫂！"女人们说。但小孩子却扑哧一声笑出来了。

人愈来愈多。挤满了正厅，站满了天井，有的爬上戏台去，逍遥地骑在台角的木狮上。声音嘈杂得很，因为乡下人的说话总是很粗糙的，何况还夹着小毛头的哭声。

"有什么好看的！铜钱样的小东西，旋记旋记！"一个大人在赶打一个孩子。

"不要脸,扭人家的大腿!"一位姑娘在骂一个嘻皮笑脸的男子。但谁又不知道她是在假作正经呢?

且撇开这些。打听一下,这究竟是怎么一回事啊?祠堂门口的石阶上,有两个人在谈话。

"听说他死的时候,全身发肿,这样的怪病,想想都要吐的。唉,真可怜!"女人说。

"可怜吗?可怜的是炳顺大嫂。大毛狗早该死了。这个强盗,强盗,现在是'恶贯满盈'了。生这种怪病,叫做'老天有眼'。"老头子含着烟管,一面说话,一面喷云吐雾,烟气直迫进那女人的鼻孔,她忍不住打了一个嚏。

"孝丰的财主倒是好人,千把里路派人送大毛狗的棺材回家。"

"是啊。这里的'孤坟会'也做场好事。一切出丧送葬都由这个会来办理。送棺材来的四个孝丰佬,由金泰款待。我说金泰也算是有义气的。……总之,炳顺大嫂还算结人缘。"老头子敲敲烟管,换上第二管烟。

"炳顺奶奶流泪啦,看她真伤心。要是我做娘,养上这样一个没出息的儿子,害了娘一生一世受苦。他死了笑也来不及,还要流眼泪!"

"娘总是娘。"

谈话到此就中断了。老头子和女人都各回自己的家去,干自己的事情要紧。

人渐渐地散了,最后走的是几个小孩子和孤坟会的会长。

"炳顺嫂,哭两声'肉啊,肉啊!'死人是喜欢热闹的。现在大家都走了,你不妨哭两声! 不过也不要哭得太久,哭哭再息息。"会长临走的时候这样说。

小孩子拿着竹棒石块,还想同老太婆开玩笑,被会长呵止了。

直到此刻,炳顺嫂只伏在地下呜咽着,不敢大声地哭喊。现在,她得到了会长的命令,而且人都跑光了,让她来痛快地哭一场罢。

"啊呀,我的心肝肉呀!"她觉得这样开首未免太那个。于是她又改了口:

"我的强盗儿子,你害了我一生一世。……啊,多伤心! 我的苦命! ……你总算我亲生的儿子,随便怎样,我总要想念你。……啊,你害得我好苦,六十几岁的老太婆,挨门排户地讨饭。……你也苦,活着人人骂,死了大家笑,笑你倒大路,做鬼也是潦倒。……啊,大毛狗的爹呀,你来接引你儿子的灵魂罢!……"

天色渐渐地黑起来。炳顺嫂的喉咙也有点哑了。她站起来,将油灯点着,放在棺材后头。再席地坐下,对着绿豆似的油灯火发怔。

那灯火渐渐地大起来,放出五彩的光,旋转了,成一个美丽的光轮。光轮愈转愈快,愈转愈大。她觉得她自己也被卷入光轮中了。而且她现在是年纪也减了许多岁,也不再穿着狗咬破似的衣服了。冉冉地有一个影子从远处移近来,她微笑了,脸上堆满慈母的光辉,轻轻地喊出声来:"大毛狗!"

二

现在,趁着她在发怔的时候,让我们来重翻旧账。

那是十多年前的事情了。

也是在一个晚上,吃过了夜饭。炳顺嫂立在灶边洗碗盏。大毛狗从楼梯走下来,换上了一身玄色的短装。

"你又要到哪里去啊? 这样的黑夜。如果再到阿先的老婆那里去,我不答应。"

"你不要管我! 我马上回来。"

大毛狗径自开门出去了。虽然天很黑,石子路倒还看得清楚,而且祝家村中的路,他是最熟悉没有的,闭着眼睛也不会走错。

他低着头走着,走下了石级,横过了晒场,在石桥上,他立了片刻。似乎他有些犹豫不能决的难事。

大毛狗的心里有三件事:

第一件是"父仇"。他的父亲炳顺,是在八年前被人打死的。那时候他还只十多岁,在邻村给人牧牛。凶手是永魁他们三兄弟。原因是为了炳顺用铜洋钿打牌九永魁骂他奸刁。起初口角,后来终至动武,炳顺虽然力气还大,但一个到底敌不过三个。在尾骶骨上吃了一矮凳,在小肚子上吃了一踢。这两下是致命伤,其余的皮伤倒不要紧。抬回家里之后,不到五天,就"两脚笔直"了。永魁这一家在祝家村中势力很大,而且信基督教,吃洋鬼子的屁,越发可以无法无天。经家长们的调解,一条人命抵了一百块钱,就此马虎了事。

大毛狗从牧牛的主人家赶回来,已是父亲挨打后的第四天了。炳顺含着泪对他的妻儿说:

"我死也不甘心! 永魁白眼的仇不能报,头一件。还有,大毛狗没有长大,不能赚钱,我也没家产留给你们,恐怕你们要饿肚子。"

"爹,你不用担心。"大毛狗忍住了泪说,"长大来我一定替你报仇。我和妈也不致饿肚的,我牧牛,再大一点帮人做短工,妈会缝衣,苦吃苦用,一定过得去。"

炳顺的死灰的脸上露出了一丝笑容,他信得过他的儿子。

其次一件是"债务"。大毛狗得了父亲的遗产,是一间孤零的楼屋,和屋后的一片园地,此外没有分毫田地,只靠帮人做工赚来的一点钱,怎够维持他和母亲的生活。等到父亲的一百块"命钱"用完了,几年来陆续地借了百把块钱债。其中有六十五块是欠福金的。福金,算是祝家村的大财主。前天,他跑到炳顺嫂家里来,用八成的鼻音对她说:

"炳顺嫂,欠我的钱怎样啦? 离端午节只有七天了,七天后一定要还!"

"福金叔,我的苦境你知道。我哪有力量还你的钱,我加你的利息……"

"谁希罕你的利息? 还不出钱,我倒有个好办法:到端午那天,你写张契子给我,将你这一间屋和屋后的园地让出!"

他抬头将屋宇上下仔细看了看,说:

"这样的破屋,实在只值到四十光景。算了罢,算我吃亏点。……哈,你还有只猪,倒不差,这个加上了。"

他折条竹枝将那猪栏里的猪赶出。

"汉,汉。我现在就赶回去,端午可以杀。……不要忘记,端午写契让屋!"他回头补上一句。

炳顺嫂眼睁睁地看他将猪赶去,辣刺刺地听他说"写契让屋"。她觉得心头割去了一块肉,痛得她头晕目眩,颤颤巍巍地冲上了楼,伏在床上哭了一场。

傍晚大毛狗回来,看见母亲眼睛红肿,问她为了什么,炳顺嫂一五一十地告诉了他,说:

"端午以后,只有住土地庙了。"

住土地庙! 那是等于做乞丐,大毛狗不能,大毛狗不能!

第三件,这最后一件是什么呢? 用个摩登名字:"三角恋爱"。大毛狗同阿先的老婆早就有来往,但新近她似乎变了卦。人人都在那里说,她和永高,永魁的小弟,打得火热。

"她欢喜永高小白脸吗? 是不是嫌我大毛狗脸上有几粒麻子? 还是永高故意去勾搭她,同我作对? ……又是父亲的仇人,非同他干一下子不可!"他肚里常常这样打算。

今天日里,小汪偷偷地来告诉他:

"我在后山看见的,从后窗看进阿先的老婆的楼上去,明明白白地有个男子在那里同她调戏。"

"是谁?"

"还有谁呢? 不是永高么?"

大毛狗气得不得了,头上冒出青烟,麻皮脸涨得血红,拳头一捏紧,就想捉奸去。

"宽心，"小汪说，"白天你怎么能做这种事？晚上去，带把尖刀，备支小洋炮。"

今天晚上，大毛狗真的带了尖刀小洋炮出来，他决定要去找永高，同他拼一下子。

他站在石桥上，将这三桩事反复思量。桥下的流水像吹箫，冷风吹过他火热的前额，他竭力想使自己镇定下来，但是不能。

"永高，第一个。永魁、永九，父仇非报不可。还有福金，这狠心！想迫我同娘都去做讨饭佬的伴。……我的仇敌太多了。……怎么办呢？先去福金那里？不，先去做掉永高，这小白脸！带便打杀那永魁白眼，永九做人和善一点，或者放他一条生路。福金呢？也得警戒警戒他，老子不要别的，只要他两只眼乌珠。……"

他打定了主意，过桥，向东走去。路上碰到了几个熟识的同伴，听他们聚在一起谈笑，他没理会他们，低着头过去了。

是永高住的墙门了，永高、永九、永魁都住在一个墙门里，永高住的是墙门口那一间。屋里还有灯光。

敲敲门，作出了大喉咙的声音：

"永高弟在家吗？"

永高开门出来了，灯光射在大毛狗脸上，好一张凶煞似的麻脸。

"什么事，半夜三更来找我？"

"到墙门外去，有句话同你说。"一边说，一边拉起永高的袖子就走。

永高对屋子里的妻子说了一声："我就来，你先上楼去睡！"着了魔似的跟大毛狗走出了墙门。

"啪!"那是洋炮声。"啊唷!你打人!"那是永高的喊声。似乎一个被另一个按住了,有尖刀刺入拉出的声音。

全墙门的人都惊动了,永魁、永九,以及女人们都赶出来。大毛狗心慌了,转身就逃。永魁、永九在后面追。

"大毛狗,我认得你,你逃!"

大毛狗立定了,回身又是一小洋炮。"啪!"打中了墙角。"哗,哗。"泥土砖石掉下来。永魁、永九吓了一跳,脚步慢了些,大毛狗沿山沿垅逃去了。

一口气跑了三里多,横过乌牛畈,到了一个凉亭。大毛狗就坐下来休息。摸摸身上的衣服,湿的,大概一半是血,一半是泥水。十分钟之后喘息定了。

"便宜了永魁那家伙!"他自言自语,"还有福金,算了罢,眼乌珠暂时寄在他那里。……"

"啊,我到哪里去呢?"

他逢着难题了。到哪里去呢? 祝家村是不能回去了。亲戚家呢? 他没有姊妹嫁出去,外婆家已断了种,大毛狗穷,什么亲眷都看不起他。朋友呢? 他有一个朋友在上海什么煤炭行里做跑街,曾经写信来叫他去,但是"盘缠"哪儿来呢? ……他左想也不成,右想也不成,真是钻头拔发都无路。他又想起了母亲,她怎么样呢? 他们不会欺侮她罢!? ……唉,她已经快五十岁了。永魁兄弟会去打她的,打得遍身无好肉。福金又要去迫她,迫她上土地庙去住。……她会得上吊吗? 或者投水? 土地庙前就是一个深潭。

大毛狗几乎要流泪了。

有脚步声急促地走向凉亭来。大毛狗站起来，咳嗽了一下。对面来的人立定了。"擦"一下，一枝火柴燃着了，彼此看见了面孔。

"哈，大毛狗，是你？"

"均成吗？听说你……"这两个字有点不好意思说出口。

"是的，我'上山'了。你跟我去，好不好？"

大毛狗呆立好一会。他心中有许多矛盾，直到前一刻止，他并不曾想通："一个人为什么会去做强盗？"此刻，他有些明白了。但是他总是怕得很。他觉得后面有老虎追他，而前面是一道急流，跳呢？不跳？老虎已追到脚跟，不跳是活不成了。"跳罢，跳罢！让急流冲我到随便什么地方去，反正是完了。"他肚子里说。

"尽呆着做什么？去不去？快决定。我们老相好，你不去我也决不难为你。"

"好，走罢！反正一切都完了。我好比逼上梁山的林……"林什么？他忘了。

三

这一边，炳顺嫂守着孤灯在等大毛狗回来。她在想："大毛狗这两天来很有点两样，性情变得更浮躁了。大概是阿先老婆同他不大和睦！"

村子里起了洋炮声，她吃了一惊。接着，全村起了骚扰，人们的喊声，狗的狂吠，似乎整个祝家村都在沸水中了。

老年人也抑制不住好奇心了,她开门出去看看。天啊,这是怎么一回事啊?

灯光火把,照得青山成紫红,乱轰轰的一行人向她的家跑来。已过了晒场,走上石子路。近了,她看出最前面两个人抬着一个尸体。更近了,她已分辨得出面貌,那是永魁,那是永九,继之是永高的老婆,牵着她的小女儿,那尸身是谁呢?"大毛狗吗?"炳顺嫂心里着了慌。

喊声嘈杂得很:

"进屋去搜寻一下,凶手在不在?"

"打死那老太婆!"

"一把火烧了他妈的屋!"

"把尸首摆在门口,害他们一家。"

尸身放下了,那红眼的永高老婆就冲出来,"打死你这老婊子!生个儿子会杀人。还我们的永高来!"她一拳打过去,将炳顺嫂打倒地上。拳脚就像"爆栗子"一样地"噼噼啪啪"落在老太婆身上。老太婆晕去了。喷了口冷水在额角上,才醒过来。

永九进屋去,楼上楼下都搜遍了,并不见大毛狗的影踪。永魁就主张烧屋,堆起了柴草就要点火。

福金连忙从人丛中钻出来,他对永魁说:

"烧了屋于你也没好处!而且这间屋已是押给我的了。我替你打主意,你们还是将屋里的零碎什物搬去,多少也值几个钱。"

永魁一想也不错,就叫大家搬东西。麦磨,捣臼,碗盏,缽头,桌子,椅子……陆陆续续地都被运走了。

旁观的人,一时聚集了成千,他们在纷纷议论:

"一枪打中胸口，项颈上、额角上、腰部，一共中了六七尖刀。"

"想不到大毛狗这麻皮佬这样狠！"

但也有人同情大毛狗，说他是"报父仇"。"当然是为了争风吃醋！"另一个反驳。但多数人的心里却都在说："永高小白脸应该死！炳顺嫂子太可怜！"

人们渐渐地散了。东方浮出了鱼肚色。

四

但三天之后的情形就完全异样了。

"强盗，听说大毛狗做强盗去了呢。"当人们这样说的时候，脸上露出鄙夷的神气，但心里却在考虑：

"我有什么难为他没有？ 小时候我摔了他一跤，他还会记恨在心吗？"

这年头，正是强盗最盛的时期。强盗的大队经过村子时，狗都不敢叫一声。小毛头哭了，母亲只要骗他一声："强盗来了！"他就会立刻止住哭泣。

现在，大毛狗也"上山"去了。大毛狗的仇人都担起心来，怕他回来报仇。福金顶机警，他向永魁说个人情，劝他将炳顺嫂放出来。炳顺嫂本来被锁在自己的冷屋里，挨着饿，哭哭啼啼地寻死不得。三天之后放出来，已经饿得两眼翻白。福金领她到自己的家里。

"炳顺大嫂，尽管在我们家里吃酒吃肉，不要客气！ 福金虽然不算有钱，酒肉饭有得吃的。"福金的小老婆眯着双眼，替炳顺嫂洒酒,尽拣肥大的肉块送到她面前。炳顺嫂连声说不敢当。

五天后,那正是端午日,早晨,福金、永魁、永九都接到了"票子",上面写着:

"逢借大洋一千元正定今晚来取若还不借杀人烧屋决不饶恕后悔无及"

后面盖着一颗印,那是五指山吴大王的印记。

永魁、永九知道不妙,顾不得家小,挟了把洋伞就逃。福金也躲到山厂里去。全村的人都着慌,逃的逃,躲的躲,留在村子里的,也吃过夜饭就睡觉。

黄昏将尽,大队的强盗进了祝家村,由大毛狗领路。他们的行动很迅速,只是队伍乱一点。许多狗叫了,"轰"的一枪,它们都拖着尾巴逃之夭夭。

这一夜,四个人家发生了事情:

福金的家里,强盗最先到,大毛狗口口声声要挖福金的眼球,却不料门背后闪出了福金的小老婆和炳顺嫂来。炳顺嫂已吓得脚骨软酸了,那小老婆却像麻雀儿一样地赔了许多好话:

"诸位老爷,今天到舍下来,不要笑我们招待不周到!我已杀了几只鸡蒸在锅子里,再弄两只便菜,烫两壶热酒,为诸位老爷'接风'。""接风"这句客套话是她听见丈夫曾经这样用过的,但她不知道自己有没有弄错。

"快弄出来给我们吃!"一个强盗吩咐,那是大头目。

那婆娘一扭一扭地走进厨房去了,不久就端出热腾腾的鸡肉菜蔬和老酒来。她又亲自为"老爷们"把酒。大头目拉她坐在自己的腿上,她也不拒绝。一个强盗提议叫她唱一支《十八摸》,她也只得红着脸唱了几句。

炳顺嫂却仍缩回门角里去了。她已告诉了大毛狗一切情形。大毛狗可为难了，他本想大敲福金的竹杠的。现在，他母亲说：

"福金是你娘的恩人，他救我出来，他款待我很好。你莫要恩将仇报！"

而且大头目欢喜那婆娘，他不但不提出"借款"的事，反而将整卷的钞票塞进女人的口袋。

"大头目，我们上永魁那里去好吗?"大毛狗问。

"好，你领几个弟兄一块儿去！我留在这里。"他是打算同那婆娘乐一下子的。

大毛狗约了十几个弟兄一齐去。到永魁、永九的家，女人们下楼来磕头。问她们：

"你那男人呢?"

"出……门去……了！"

"留下钱没有?"

"没……有。"

"弟兄们，烧他妈的屋！"

堆起干柴稻草蓑衣笠帽，作为引火物，一点着，不消片刻就延及整个墙门。火光照红了半爿天，火老鹰飞舞空中，十多里外能见到。祝家村的人们，都偷偷地从窗隙里看大火，又觉得好看，又觉得可怕。

整个墙门已埋在火焰中了。弟兄们的事务也已完结。

"妈的，大头目一定同那婆子在弄花样。大毛狗，你们村子里可有好看的雌头没有?"有个说。

这两句话触动了大毛狗的灵机。

"弟兄们,跟我来。"

于是他领他们到了阿先老婆的家。

下文也不用详说。总之,第二天早晨,大家发现阿先的老婆死了,肚子很大,赤裸裸地仰躺在床上。

"我从板壁缝偷看,有这许多强盗啦。"说话的女人翻了三次手掌,她是阿先老婆的邻居。

五

"强盗毕竟是股邪气,哪敌得过官兵呢?"老头子摇头摆尾地说。

官兵剿匪,费了两年多工夫,死了一营多兵。终于有一天活捉了那个"独霸一方"的吴大王。他手下的小喽啰,不是被捉就是被杀,不是投诚,就是逃亡。

一个五更,大毛狗又逃回老家。小汪大清早出去放牛,正碰着大毛狗。

"嗨,你回来了?"

"不许告诉别人!"

"唷!"他口里应承了,心里却在打算如何去报告永魁,永魁和永九现在同住在一个草屋内。

永魁得着了这消息,约了他兄弟到福金家里商量。三个人决定要联合起来对付这强盗。

早饭后,永魁、永九、福金,还有四五个强壮力大的青年,一齐冲进了炳顺嫂的家,将大毛狗从楼上拖下,双手反剪到背后,拉到祠堂里,缚在柱子上。永九去请家长们到祠堂吃酒,由他们公决。

"是你,杀人,放火,做强盗,忤逆的子孙,拆祝家的牌面!该处死罪!"福金诉说大毛狗的罪名。

大毛狗低着头,一声不响。他想,英雄也已做过了,一死何妨。

家长们吃了永魁他们的酒席,对于大毛狗的"该处死罪",都不表示异议。但是他们说:

"既然要我们来判决,公事公办,处死刑不好在自己村里执行,那是犯法的。由我们公议一份呈子,送上县公署,告他忤逆罪,叫县长去办去。"

福金觉得这办法很好。永魁却坚持不肯,他一定要亲手做掉这强盗。经大家劝解的结果,他答应用几种肉刑来代替:吊着大拇指,将大毛狗悬空挂一刻钟。用火红的铜板,在他背上印三十个烙印。可怜的大毛狗,昏倒了好几次,苦痛得眼泪、鼻涕、大便、小便,一齐流。

"永魁太过分一点,看他一点没有仁心。"

"杀人放火的强盗,末路如此!我说不算过分。"

村子里的人对于这件事的观点,显然有不同的两派。有一个儿子袒大毛狗,他的父亲袒永魁,两父子竟至闹成相打。

大毛狗终于还是送到县里去了,关在牢狱里。起初本说是要枪毙的,后来不知怎的判决了个无期徒刑。七年之后,他被赦出狱。

此后他到处流浪。最后流浪到了孝丰,替一个财主做长年。

他一直没有回家,其实他也无家可归。他的屋已让给福金了。炳顺嫂住在土地庙里,和乞丐作伴。起初她算是"准乞丐",因为她只在新年行乞,其余的日子,靠给人舂米赚两升米,半饥半饱地度过。后来,她索性整年行乞了,她年纪老,不能跑远,总在近村讨冷饭。

若问祝家村中的孩子,谁是最苦的? 他们准毫不思索地答你:

"当然算炳顺讨饭婆。六十多岁,挨门排户地讨饭。冬夏一件破夹袄,虱子长得麻直直。……"

"她为什么弄得这样苦呢?"

"儿子呀,强盗儿子害她的。"

六

十多年的旧账翻完了。

炳顺嫂苏醒过来,她揉了揉眼睛,长叹了一声。阶前有蛇吞田鸡的声音,祠堂里的空气很潮湿,夜晏了呢。

山乡的夏夜,有时候是很温柔的,有时候却凶恶得可怕。晚烟从不同的溪谷里伸出头来,头大的磷火摇晃着。天上没一颗星星,乌云在暗中扮起紧张的脸。山脊上有风,老松树彼此擦擦肩膀。

这祠堂在山脚下静坐,显得异常严肃。祠堂的正厅上,在祖宗的牌位俯视之下,有一口棺材,一盏油灯,一个伤了心的老妇人。——她,正是这狞恶的夏夜的表征。

　　她有一对深凹的眼睛，两个朝天的鼻孔。茅草般的头发，灰白中带点苍黄。脸上的皱纹，像木刻的线条，她一声不响地坐着。无力的双目看着孤独的火光。是在静听些什么声息吗？不。是在回想或打算一些什么事情吗？也不。是堕在悲哀或苦痛之中吗？也许是的。但一切都是那么迷妄，渺茫，不易捉摸，悲哀和苦痛当然也不能例外。她有的是什么呢？她一无所有，她只有空虚。有一种道路，大车的轮迹刻得尺把深，雨天泥泞不堪，晴天是满脚背的灰土，一位敏感的诗人见到了，他会摇头沉吟："啊，路的悲哀！"但是这灰色的，破旧的道路，却并不自觉有什么可悲，它是麻木的。我们的炳顺嫂子，她也如此而已。

　　（署名提曼，原载《清华周刊》第 45 卷第 3 期，1936 年）

我爱北平

我爱北平。虽然这儿的天气太干燥，使我的皮肤开裂，嘴唇出血。虽然这儿的大风很可怕，刮起了满天黄沙，日色无光。虽然，虽然没有上海那样繁华，没有杭州那样秀美。虽然，虽然……但我爱北平。

我爱北平。因为这儿的天比江南蓝，这儿的星比江南多。因为这儿有广漠的平原，有质朴的居民。因为，因为颜色比江南单调，情绪比江南兴奋。因为，因为……总之，我爱北平。

当我初到北平时，我这样写信告诉江南的友人。

*   *   *

我爱北平，现在我更爱北平了。因为他是受辱的武士，落难的英雄。敌人的飞机和暮鸦，在他的头顶翱翔，他报之以粗豪而悽怆的呼声——学生和劳动大众的呼声。

我更爱北平了。因为此地有热情的面庞和狂跳的脉搏。因为此地有我的兄弟姊妹，他们和我同甘苦共患难。

"一二·九"以后，我这样写信告诉江南的友人。

＊　　＊　　＊

我爱北平，我此刻是异样地爱北平了。并不是为他的颜色，也不是为他的呼声。而是因为，因为那飘渺的春。

春，北平的春！飘渺得像蒙着面纱的妇人微笑，恍惚得像小姑娘醒后惺忪的倦态。人们期待着春的到来，焦急地期待，期待，期待……望着那满天的黄沙发愁，发愁，发愁……直到那么一天，它终于轻轻地飞来了，又是立刻轻轻地飞去了。——飞去了！

在这冬末夏初的春天，我这样写信告诉江南的友人。

（署名提曼，原载《清华副刊》第 44 卷第 4 期，1936 年）

我的故乡

我的故乡是出"西施"的地方。

这个时节的江南,对于北国的人们简直是难以想象的。连绵不绝地下着雨,一阵大,一阵小,一阵狂雨,一阵毛毛雨。空气非常潮湿,砂糖变成了糖浆,书本都起"白花"。一个北方人初到江南,一定要厌恶这"梅子黄时雨"。但是,一个熟悉江南的人,他却喜爱这似愁非愁的天气。烟雨中的湖山,像一个含泪的少女。而雨后放晴那种清新的意味儿,更是无法捉摸,也无法想象的。这时节,草木生长得最快,田野的禾苗,是嫩媸媸的。

这时节,农夫们正忙着田间的工作,晴天赤膊,雨天披着蓑衣。农妇们正日日夜夜地为她们的蚕儿操心,头蚕看过了,又看二蚕。梅子,杏子,桃子,都先后成熟了,茶叶和头蚕丝都已卖出去了。这时节,正是农家最忙碌最快活的时节。只有小牧童,却永远是那么闲适,不是在牛背上唱山歌,就是在山野中采摘野草果。

我们的老前辈曾将许多古旧的传说告诉我们,还有许多厚厚的书册记载着祖师的奇迹。据说,我的故乡有活龙似的山脉蟠蜿,有长蛇似的江河贯串,是个出真命天子的地方。但不幸得很,一个什么国师游历到了我们那里,嗅嗅这泥土气息,尝尝这河水的滋味,他立刻明白了个中隐秘。这时小河旁有一个小姑娘正在捣衣,他就走过去向她恳求,求她解下脚上的脚纱给他。小姑娘不懂事,脚纱被他骗去了。他将脚纱在河里浸了七次,再跑到山顶做起法来,用脚纱将龙脉缚住。好好的风水从此破坏了,皇帝出不成,却出了个西施皇后。

自从西施皇后以来,我们的故乡,虽然没有出什么大贵人,却永远是那么太平的,永远是那么秀美的。我们的故乡是温柔之乡。在那儿,农夫种田,农妇养蚕,小牧童看牛,大家安居乐业。人们的一生如一支情歌似的:小孩子唱山歌,青年们谈恋爱,中年人造安乐窝,老年人儿孙满堂。

早晨的太阳团团地像鸡子黄,白云留恋在山谷。这时候,农人们已开始耕作了。晚鸦催促着斜阳归去,暮烟笼罩了溪谷。这时候,农人们荷锄归来了。你看,当他们在桥上遇见的时候,彼此称呼着"阿哥"、"阿叔",是多么亲热!在晚上,如果月色是那么漂亮的,何妨在庭院间围坐闲谈,谈的是什么呢?孙行者和张天师比法,关云长在太白山显灵。

这样美好的光阴,现在是罩上了一层阴霾。据说,从长毛造反以来,人心变恶了,老天要人民吃苦。到了民国时代,更是一天不如一天。六十年前,老辈虽说过,一块钱一石米,二个小钱一包烟。现在呢,一斗米要两块钱,一包烟要一角小洋。廿五年前,有男人出去当兵了。十五年前,有女子出去当老妈子了。十年前,我们自己的村子里,有一个小伙子,居然上山当土匪去了。家长们认为这是大逆不道,坚执地要将这土匪的名字从家谱上划去;青年们却认为这是迂腐,他做土匪实在是出于不得已,情有可原!

"尊长"的教训被弃了,青年人和老年人常常发生龃龉。不孝儿女愈来愈多,伤风化的事情层出不穷。文绉绉的老秀才常常摇着头叹气:"呜呼,世道日衰矣!"

捐税的重担压在农人的身上,比之两百斤的石头更重。什么造公路也要捐,什么造飞机也要捐,公路和飞机对于乡下人是毫无用处的。什么户口税,什么门牌捐,其实干干要钱就成了,何必造出许多古怪名目来呢? 什么保甲,什么合作社,都不是好东西,官厅总是老百姓的对头。

前年是旱灾,去年是水灾。穷苦的人家哪禁得连年天灾的打击? 秋天,没有稻米可收割,近水的倒还可以捕鱼为生,山里的人又怎么办呢? 好在山里有的是草和藤葛的茎和蕨薇的根,都是可以榨取浆汁做淀粉的。等到明年春天,天降好雨,野草长得嫩嫩的,大家又可以摘草头吃了。

现在我的故乡是不比从前了。我的父老兄弟,都在过地狱似的生活,都在刀山血海中受苦。但大家都希望预言者的预言终究会成事实,预言者曾说过:"牛尾马头出煞星,杀尽天下恶心人,再过二九年,天下一统享太平。"

我也相信这个预言会成事实的,我相信我的故乡终究会得重享太平的。因为我的故乡,我的故乡是出"西施"的地方啊!

（署名提曼,原载《清华副刊》第 44 卷第 11 期,1936 年）

第二辑　时　与　文

学生运动是季世现象吗?

在《时与文》第四期上,向晓先生写了一篇《目前的学生运动》。该文立论,作者大部分同意。但是向晓先生说:"假如肯冷静地考虑的话,我们诚然承认学生运动是'季世'的现象,在一个向上走有希望的'盛世'是不会发生的:因为青年们有希望有前途,方努力于自己的学业与工作之不暇,何至于从事此种奔走呼号甚至流血亡命的悲惨举动。"——这一段话却易引起误会,所以作者想提出来讨论一下。

记得在抗战期间的后方,有一位名历史学者作公开演讲,也曾说学生运动是"季世"的现象,也举出向晓先生文中所说的东汉党锢之祸与宋太学生伏阙上书等历史事实为例。于是他得到这样的结论:中国没有出路。言外之意,简直认为学生是祸乱之首,如果民国也同东汉北宋似的不旋踵而覆亡,学生应该负责。

当然向晓先生决没有这个意思。但是笼统地说学运是"季世"现象,总不免有点泼冷水的作用。假如反过来,承认现在的中国是"盛世",学生岂不应该埋头读书而无须过问政治了吗? 我们的政府,在朝党和多数学校当局,所希望的就是这个。

诚然过去中国历史上的学生运动,是所谓"季世"现象。诚然目前中国,除了别有用心者外,也决不会被认作"盛世"。学运产生在历史的转变期,是可以断言的。但是目前中国的转变,却和以前朝代的更换大不相同。因此目前的学运,也和东汉两宋的太学生运动有性质上的差别。

中国正在进行一个空前的大革命。这革命,如所周知,是反帝国主义的解放运动,是反封建的民主革命。而以"五四"为始的一串学生运动,正是这样性质的中国革命的一环。并不是学运将变为革命,学运本来就是革命。自"五四"、"五卅"、"一二·九"、"一二·一",以至最近的抗暴运动,就学生的行动与口号来说,不外乎反帝与反封建两项:先是日本帝国主义直接威胁我们民族的生存,所以"五四"、"五卅"和"一二·九"都提出抗日的口号。抗战胜利后,美国代替日本来做我们的太上皇了,因此就掀起全国各地的反美浪潮。"五四"提出民主与科学,这是很显明的反封建的旗帜。而"一二·一"以来的反内战运动,往深处看,又何尝不是在反对封建势力呢?因为这陷人民于水深火热的内战,其祸首正是代表封建残余的新军阀与官僚资本家。甚至小规模的学潮,如要求改革校政和撤换不良教师之类,其实也都有反封建的意义的。

由此可见学运的性质和中国革命的性质是完全一致的。中国的革命尽管曲折多,却一定要成功。中国的学生运动,尽管有些时候会受压迫,有些地方会受打击,却也必然有出路。因为革命是新时代的契机,而且眼看着这中国的新时代在迎面而来了。我们有充分的理由可以乐观。所以虽说过去历史上的学运常发生于一个朝代的末了,对于目前的学运,我们却须强调指出:它是一个新时代开始的信号。

说它是信号,作者的意思还在表示:学运常跑在其他各种革命行动(如工农发动的经济、政治与武装的斗争)前面。这就是普通所谓桥梁作用。常常是学生与别的知识分子搭好了桥,引导工农及各阶层走上革命的道路。孙中山先生说:"必须唤起民众。"同公鸡报鸣似的,学生运动一起,人民就先后被唤起了。有"五四"、"五卅",然后有一九二五至一九二七的大革命,有"一二·九"、"一二·一六",然后有全面的抗日战争。最近的反内战与抗暴运动,也正暗示一个新的革命高潮将要到来。

为什么学生在中国革命中能起这样大的作用? 这就因为中国学生是一个有数千年光荣传统而又沦为半封建半殖民地的社会的产物。在这样的社会里面,学生必须做革命的桥梁,而且也能够做,因为他们有高度的革命性。

那么中国学生的革命性到底是怎么来的呢?

第一,学生是知识分子。在半封建的社会里,一般老百姓连识字的机会都没有,当然比较愚昧。只有知识分子有读书的机会。他们一方面读外国书,就认识世界潮流,接受了民主与科学的思想,民族自决与社会主义的理论。另一方面读中国书,又知道中国有过悠久的历史,中华民族是个伟大的民族。这样,就自然产生了反帝反封建的革命思想。把这思想表现为行动,在学生说来,就是学生运动。

第二,中国既是半殖民地,也就已局部资本主义化了。中国现行的教育制度,是模仿欧美的。这是很有趣的事情:资本主义在压榨落后国家的过程中,无形中就孕育出反抗它的思想,组织成反抗它的队伍。中国学校欧美化之后,学生所受的教育就和过去大不同。汉宋的太学,实在无法和现在的学校比拟。这差异不但在于新的教育内容,而且在于新的组织方式。新的教育内容中,就有上面所说的对世界潮流的认识。新的组织方式,即指每一个学校总是数百数千人朝夕共处,很容易团结在一起,产生自治会这类组织。而且交通比较方便了,由于行动的需要,一城,一省,以至全国性的学生组织,也易产生。有了这样的组织,要作反封建或反帝的斗争,就完全可能了。

第三,中国学生之富有革命性,还在于他们多半出身于小有产者。小有产者爱看风转舵,谈革命不易彻底,向来为人诟病。但是中国的小有产者跟一般的却有些差别:首先,他们受帝国主义与封建势力的双重压迫,往下降的速度极大,往上爬的可能极小。至最近,当一切财富与权势都如潮水般往豪门或官僚资本家集中的时候,小有产者更是普遍地濒于破产了。其次,中国在二千多年前,农奴已在开始转化为自由农民与小市民。到后来,小有产者就成为中国社会的中坚。曾有过这么悠久的历史与雄厚的力量的队伍,当然有反抗的精神。有了这两个原因,中国的小有产者就比较地能彻底地转向革命。而学生既是大半从这个队伍里选拔出来的优秀分子,当然会富于革命性了。

上述三端,已可表示学生必须而且也能够做革命的开路先锋了。说必须做,那是因为在一般老百姓还不觉悟的时候,学生已先觉悟了。他们应该去摇动沉睡者的肢体,大声叫唤。但是仅止于此,还是不够。只有开路先锋,没有革命的大队后继,革命怎么能贯彻呢?所以学生运动还应该往前跨一步,超过学校,到群众中去。

反过来,如果不往前跨,不和群众联系起来,学运本身也多半要受挫折。虽说学生有上面所说的优点,这些优点却都包含着对立物——缺点:首先,学生有知识,有革命的思想;但是因此就容易犯哈姆莱特①的毛病,在行动上缺乏吉诃德②式的精神。其次,学生有组织,但是这样的组织显然还不够严密,何况所谓知识分子习气,几乎就是自由主义的同义字。又其次,中国学生多半是小有产者的优秀分子,比较富于革命性,但是这说法也是要打折扣的。因为既是小有产者,总多少有点往上爬的机会。实际上,成为知识分子的小有产者,比较起一般小市民与自由农民来,是有更多的机会上升为豪门的贵客或管家的。多少"五四"和"一二·九"的英雄,离开学校后,就走上这样的道路了。甚至在今日的学府里,也正有不少丧心病狂之徒,甘于被收买,被利用而充作走狗呢。——有了这些缺点,再加上压力是如此强大,赤手空拳的秀才要造反,若不和广大人民联合起来,又怎能有出路呢?

所以学运应该走向人民。而且也必然会走向人民。怎么说是必然的呢?像东汉两宋的太学生运动,不是并没有走这条道路吗?我们回答说:时代不同了。过去的太学生所作伏阙上书这类行动,只是希望皇帝及其僚属能改变点作风,决没有根本推翻朝廷的意思。正相反,我们可以说其用心正在于卫护这个政治机构。不幸的是皇帝大官们还不能珍惜这点好意,把这批准士大夫(他们是一代良心最后的寄托),杀的杀,入狱的入狱,放逐的放逐,于是这个朝代的命根就此断送了。而太学生受了这么严重的

---

① 今译"哈姆雷特"。——编者
② 今习惯作"堂吉诃德"。——编者

打击后,不被收买,也就消极了,隐居山林,落得个明哲保身。或者也有人和农民暴动结合,去作草寇的谋士,那却是为数极少,难能可贵的了。此所以过去的学运,可被称为"季世"的现象,而"秀才造反"四字,一说出来就带点讥诮的意思。

但是现在的学运可不同了。论地域,遍及全中国;论时间,持续数十年。其规模之大,影响之深,决非前人所能梦想。为什么能如此?上文已表示现在的学运是整个中国革命的一环,其目标在于反帝反封建。"五四"以来的学生运动,总是有意无意,或多或少地在和这种与帝国主义勾结的反动政府作对的。因此论性质,和以前的太学生运动大不相同。而这样性质的学生运动与中国革命,我们应该了解,本来是现阶段世界性人民革命的一部分。所以中国革命必然会走人民路线,而学运也必然会和广大群众联合起来。这是历史的必然,理论如此,事实也如此。尽管历次的学运都免不了遭受打击,尽管有些胆怯的退缩了,有些没良心的被收买了,而有些英勇的作了壮烈的牺牲,但浩浩荡荡的学生队伍,却由确定的道路,走向人民。他们尽了唤起民众的任务,反过来又向民众学习。这样,他们就成了人民的一员,人民的干部,终至于那点小有产者的动摇性也被克服了。"五四"、"一二·九"以至目前的学生群中,起主导作用的进步分子,所走的道路都是如此的。

世界的人民革命必然会成功,中国的人民革命也必然会成功,因为人民的力量是无限的。上文的分析,已表示"五四"以来的学运不但是革命的开路先锋,而且必然会走向人民。所以学运必然是有出路的。我们的结论和向晓先生的说法有些不同:目前的中国虽非"盛世",却处于一个向上走有希望的革命时期。青年们是有希望有前途的,他们的前途正在于从事学生运动,走向更广大的人民。现在的学运并非"季世"的现象,而是一个新时代开始的信号。

（署名冯契,原载《时与文》第 1 卷第 8 期,1947 年）

政治的心理谈（一）

情调对比

记得幼时读过一篇"芋老人"，说一个读书人年轻时落魄，饿得半死，幸得一个老人煮了一锅芋头给他吃，才救了性命。从此他一直记着这芋头的滋味，认为那是天下最美的了。后来中了举，做了大官，还常常想念。可是叫厨子一次一次地煮，却都是味同嚼蜡。想必是芋老人有特别的烹调法吧，于是就去请了那老人来，叫他再煮一次。煮好了一尝，想不到仍是味同嚼蜡。那芋老人便趁此机会大发一通议论，大意说：此一时也，彼一时也；芋头比饿肚虽胜过千倍，但比起你现在享受的山珍海味，却差得多了。

这故事可说明心理学上的"情调对比原理"。所谓情调，指愉快与不愉快的等级。和饿肚一比，芋头在情调的表格上可打个（＋3），那就是最愉快的记号。但和山珍海味相较，就说不定要打最不愉快的（－3）了。

现在常听得人说：胜利后不及敌伪时期，敌伪时期又不及抗战以前，中国人的生活真是每况愈下。"况"即是比，这说法也即表示情调的对比。假使中国人一向茹毛饮血，吃树皮草根，那现在也不会觉得不幸福。不幸的是我们原来能吃饭，敌伪时也还可以吃粥，现在却真的要吃树皮草根了。尽管北平市长何思源鼓吹树皮草根富于营养，维他命含量极多，可是比起饭和粥来，在情调的表格上实在只能打个负数。这就使人觉得难堪了。

以上是就纵的历史方面说。就横的现实方面而言，情调对比原理也同样适用。如果中国人一视同仁地，都只能住棚屋或宿露天，短褐穿结或衣不蔽体，那就无话可说。不幸的是"十个手指有长短，山林树木有高低"，有少数同胞不但腰缠万贯，金屋藏娇，而且在巴西买了橡树林。这样一对比，当然使得无乐可就、无家可归的小民觉得不平了。

不平则鸣。如果不想自杀，还有点求生的欲望，那就只有铤而走险一途。用不着归咎于什么特殊党派，也用不着什么高深的政治经济的理论，只这个简单单的情调对比四字，就可以解释：为什么现在到处是骚动，到处是民变。

但为政者是不是愿意做一次芋老人，煮一锅芋头给小民吃一吃呢？古语云："饥者易为食。"依旧是应用情调对比原理，只要稍为实行一点民生主义，给大家一点甜头，我敢担保，老百姓马上会歌舞升平的。

国格分析

人格有所谓内倾与外向。外向的人善于适应环境，多作进取反应。内倾的人不善于适应，多作退避反应。前者喜欢随便表露他的情绪，后者在情绪上却比较容易感受刺激。当然，这中间并无严格的界限可划分。除了极端内倾与极端外向的变态者之外，极大部分正常的人，总是既内倾又外向，在某些方面退避，而在某些方面又表现出进取的精神。例如一个科学家，他或许不爱社交，见女人就脸红，但在实验室里作试验，或到野外采集标本的时候，他却异常进取。

人格又有所谓自尊与自卑。譬如跨进一个公共场所，有人大大方方地就走到那引人注目的位置上坐下，有人却战战兢兢地躲到壁角里去。前一种人较自尊，后一种人较自卑。当然，这中间也并无严格的界限，而且可以转化。如阿Q，根底里是个非常自卑的人，可是自卑之极，居然自尊自大起来，开口"老子"，闭口"第一"，这就是所谓精神胜利。

国格亦如人格，有上面所说的分别。例如美国，是个有强烈外向的国家，多进取而少退避，喜怒多形于色。并且在今天，它几乎已自尊到了疯狂的程度，处处气势凌人，以执牛耳自命。

但是我们的国家，或者确切点说，我们的政府的性格又如何呢？

我们有不得不内倾的苦衷，因为在"动乱"；有不得不自卑的理由，因为曾经是，也许依旧是"次殖民地"。可是我要指出：我们的自卑已成了心结(Complex)，我们的内倾也已发展为变态，和太平洋彼岸的"友邦"一对照，正是"东西相反"，居于地球的两面。

因为自卑已成心结，所以我们早已在靠精神胜利的方法，以求自我陶醉。所谓四强之一，五强之一，就都是这种阿Q精神的表现。体面必须维持，脚根底最挖不得。欢迎贵宾时，饮食要考究，脸头要粉饰，贫民窟必须遮盖起来。人家识相点，自然捧场喝彩,我们也就洋洋得意。不识抬举的只有魏德迈,居然挠起烂疮疤来,这可真令人伤心透顶。但是我们仍有办法:一则说无则加勉(我们并无烂疮疤),再则说钱还是要,如果不给,那你瞧着吧,老子要投人怀抱里去了。

又因为内倾到了变态的地步,所以在别的国家,处在我们的地位,虽也能作进取反应的时候,我们却必定退避三舍。外交,本来应该外向一点。可是我们在联合国大会上,却表现得那么尴里尴尬,毫无攻击的火力。对于荷军撤退印尼问题,放弃投票;对于否决权问题,举棋不定;甚至对日和约,我们应该有最大发言权的,也老表示模棱两可。内倾者必敏感,再加上自卑的心结,就越发显得神经衰弱,疑神疑鬼了。你小声说句话,就以为"处士横议";你竖竖拇指,就以为"犯上作乱"。真是比林妹妹还多心眼儿!至于迫人自行失足落水与用玻璃片割喉管之类,那也是神经衰弱到极度时,常有的变态的行为。同样焚书坑儒,比起秦始皇来,气概却何啻天壤之别。秦始皇是个外向而又自尊的人,残暴或不及今人,手法却是冠冕堂皇的。

作者孤陋寡闻,不知佛洛依特①尚健在否?如果此老尚活着,要对我们的国格作一精神分析,其诊断想必亦如上述。要是他已经死了,那我更敢大胆地说:"圣人复起,不易吾言。"

(署名商翼,原载《时与文》第 2 卷第 10 期,1947 年)

---

① 今译"弗洛伊德"。——编者

"收拾人心"

国大召开在即,参政会驻会委员会已在准备办理结束了。但在结束之前,却发出了"迅速收拾人心,以利戡乱建国"的呼声,郑重其事地,把决议案送请政府切实注意。

当然,它将同所有参政会的提案同一命运,由政府归档存查,直等到厌尘盖满,纸头发黄,再到辗转到什么小贩手里,作为包花生瓜子之用。所以其中详陈的各项办法,如"惩办不法大员,地方军人之勒索吃空,富埒王侯者尤应迅办"等语,文章虽然佳妙,可以击节称赏,却也不必一一俱引,以免浪费笔墨。至于有"历史癖"的读者,检查报纸可也。

然而"鸟之将死,其鸣也哀,人之将死,其言也善"。这弥留之际的临别赠言,不甘寂寞的临去秋波,真是忠厚长者之言。如果真能把人心一颗颗捡起,放进政府的荷包里,则对于戡乱建国,无疑是一大便利。建国之所以不便,戡乱之所以不利,在参政会诸公看来,原因乃在于人心如牛羊一般放出去,逃散了。所以政府当前任务,该做一番孟子所谓"求放心"的工夫。

但某晚报"今日论语",却讥之为"有点偏于唯心论",而且劝政府应该"稍稍唯物一点"。诚然,参政会的呼声,偏于唯心论,且也只是"有点"而已。因为祖述孟子,并未彻底。"以利戡乱建国"

之言,反颇像梁惠王"何以利吾国"的语气。在孟子这类纯正的唯心论者看来,是要痛诋"何必曰利"的。

不过这"今日论语"劝政府"稍稍唯物"的话,却既不中听,也不中肯。他不知从来统治者,骨子里,肚肠里,都是彻彻底底的"唯物"论者,因为为政之道,一言以蔽之,"何以利吾家"而已。这还用得着你劝解?如果你偏要劝,那便是道破他隐衷,触着他逆鳞,不识相,不知趣,有你受的。好在这晚报上的作者,只说"稍稍",发言尚算小心谨慎。但由此一言,也可断定他一生一世当不上参政员了。

要劝,那就得如参政员诸公,唯心论一点。从来有本领的统治者,莫不内功利而外仁义,阴唯物而阳唯心。此所以汉代诸帝,自己实行黄老申韩之术(唯物论),却尊孔孟为王者之师,叫臣子们都诵读六经(唯心论)。于是朝庭之上,一个个儒冠儒服;朝庭之下,一个个庸官庸行。而皇帝家库呢,珍珠宝石就可以车载斗量了。如此人心一颗颗收拾起来,犯上作乱者在绝迹,叛变不战自平,家国不建自成,此之谓太平盛世。这时候,向外国借钱,马到成功。叫熊猫小姐和番,也一定不致中途夭折。但推考其原因,当归功于王者唯物而王者之师唯心的一出双簧。

好戏百看不厌,一幕幕的双簧,翻来翻去地演到现在。但只可惜今日参政诸公,已嫌手脚迟钝,有点搭配不上了。他们虽也偏于唯心论,却只是"有点"而已。这就无怪乎参政会要取消,而代之以国大。拭目以待,等国大开会,改弦更张,应该有一番真正的唯心论来收拾人心吧!

(署名商翼,原载《时与文》第 2 卷第 13 期,1947 年)

杂文二题

"大选花絮"

国代选举早已结束，开票的结果也多已公布。对于我们这些小民们，究竟鹿死谁手，哪些新贵当选，哪些旧贵蝉联，并不能引起多大兴趣。倒是各报上都有点用花边围着的"大选花絮"，登着竞选趣闻与开票笑话，在忧愁柴米油盐之余聊聊，的确是一种难得的消遣。

如上海有人选"程咬金"、"筱丹桂"、"差额金"；无锡有人选"杨贵妃"、"董小宛"、"贪官污吏"。北方某地竞选时，有候选人买了许多炸蜢。一个个都拴上"请选某某为国大代表"的布条！让它们飞出去代为宣传。南方某地开票时，有选举票上写道："回春堂包治五淋、白浊、梅毒、烂脚。"并附歪诗四行："道闻有选举，想吃大肉面，饿肚换选票，啥也没吃着。"

像这类妙文，只有此时此际的中华民国的公民，才创作得出。吃饭时朗读，可以增进食欲。饭后闲谈，可以帮助消化。在这难得展眉的年头，凭空添了这么多笑资，此大选之所以为大也。若非耗资过巨，有违节约法令，我倒很赞成多来几回这样的国代选举的。

但仔细想想,却又觉得可悲。本该是洪流,却只见泡沫。本该是庄严的大事,却只见幽默的花絮。当然,这并不能怪当选与落选的被选举人。这是因为选民们冥顽不灵,劣根性难除,总爱把大事化小,小事化无,所以弄得堂堂大选,如一席笑谈。但愿在无定期延会之后,一旦国民代表大会真的举行了,届时群贤毕集,济济一堂,能使人耳目一新,气象万千,再不是一种围在花边中的花絮,作为点缀点缀的装饰品而已,那就是国父在天有灵,遗嘱上那句"最近主张开国民会议"一句不算白写了。

影子

多年来怀着个小愿望,想写篇数百字的短文,谈所谓"中国的"。尽管酒楼、饭馆、茶室、戏院,都贴了警察局印制的国防部谕,叫大家莫谈国事,你还是可以随时在耳边听到这类话语:"中国的事就是这样!""老兄,中国的玩意儿就是这一套。"

我们的同胞,或者说我们的公民,谈起我们的国家来,总爱用一种带点揶揄的语气,好像所谈的"中国的":一则已被看透了,二则反正扶持不起,三则也无关自己的责任。所以只需用这么一种语气,摆摆手或摇摇头,一笑置之。

有次在一个公共场所,我又听见有位"黄帝子孙"谈起"中国的"了。他说:"中国的一切都是影子!没有灵魂,没有血肉,甚至没有躯壳,只有模模糊糊的一片,晃来晃去,在那里鬼混。"

我恍惚有所悟。的确,中国的一切都是影子。旧的那一套,什么三故五典,四维八德,自然都已成了影子。要不然,老先生们不会叹息"人心不古"了。新的这一套,什么民主科学,欧风美雨,虽然时髦,却也只有一些影子。大至一国大典的选举,小至上海滩的野鸡口中的洋泾浜,和欧美的真货色比较起来,诸如猴子拟人,鹦鹉学舌,略有点影子而已。龙门书局影印的西书,恐怕算是最貌似的了。

而这一片新旧中国的影子,又相交极,相纠缠,构成一幅今日"中国的"大画面。故"命相"则"科学","竞选"则"磕头"(见大公报十七日芜湖通信)。既似国粹,又似西化,然而新的灵魂未具,旧的血肉也早已剥尽,只落得一片影子,恍恍惚惚,若有若无而已。

我因此想起了一篇文章。不是鲁迅的《影的告别》,因为鲁迅的预言,影子"将向黑暗里彷徨于无地"云云,并未实现。而是安徒生的一篇,虽题名《影子》,却有血有肉,有灵魂,是百读不厌的童话。

那篇童话说一个北方的学者,到一个炎热的国度去旅行,忽然失去了自己的影子。当然,他弄得很尴尬,一个没有影子的人,岂非众人的笑柄?于是他逃回北方,躲进自己的书斋里。他工作很辛苦,却越来越贫困,到后来,饿得又瘦又黑,大家都说他同影子一般了。忽然,有一天,一位高贵的着黑大衣的不速之客来拜访他,对他说:"我就是你的影子。从你这里逃出去之后,我发福了。而你现在却这么瘦。我们现在交换个位置吧!我要帮助你,使你吃饱。把你的书本抛开,跟我来!从今后,你做我的影子吧。"他们便又出发到那炎热的国度去旅行。具了人形的"影子",

凭他的狡黠与无孔不入的本领,发了财,做了官,娶了公主。而变为影子的学者,却被忽视,被贱踏。而最后受不住苦楚,宣称自己是人的时候,却被众人目为疯狂了。

手头无书,难免记忆不真,有点"以意为之"。但无论如何,这一个童话,或者说寓言,正可引用于今日的中国。

对于这"中国的"影子,或"影子"的中国,粗看起来,似乎一则极易看透,二则扶持不起,三则也不必自己负责,只需一笑置之,摆摆手或摇摇头,用一种揶揄的语气说声:"这就是中国的了!"

但是这一个蔑视或忽视意味的"中国的",却把我们的"影子"纵容了,养娇了。当我们的人民,或者说黄帝子孙,一个个又黑又瘦,饿得同影子一般的时候,也正是它("影子")发了福,具有巨大的形体,覆盖了整个中国的实际。

所以醒醒吧,公民们! 不能再用一个"中国的",把这"影子"一笑置之了。不要以为它只是模模糊糊的一片,在那里鬼混。不要以为它"彷徨于明暗之间",总会"在黑暗里沉没"。正相反,雀窠鸠占,喧宾夺主,"影子"早成了我们的主人,正在以无血肉,无灵魂的残忍,践踏着人民,而且,它是有无孔不入的本领的。你看吧:哪一个角落没有它? 哪一条法令没有它? 哪一桩行动没有它? 叫人神经衰弱,寝食不安的,就是这一片中西合璧,古今皆用,化为主人了的"影子"。

这一颠倒,从何时开始,我不明白。将于何时结束,我也不清楚。但是在今天,如果有已化为影子的人民,因为受不住苦,站起来说:"我是人!"那是必定要被指为疯狂,须加以戡平,讨伐,至少也得作个紧急措施的。

　　信笔写来,已过千字。后生浅识,岂敢为"中国的"一词作长注? 因题曰"影子"。

　　　　　　　　　　　(署名商翼,原载《时与文》第 2 卷第 14 期,1947 年)

政治的心理谈（二）

丧志症

　　丧志症（Abulia）是一种精神病。患这种毛病的人，老觉得心神不定，万事踌躇。东抓一把，西抓一把，自己也不知忙个什么。可是碰碰闯穷祸，弄弄勿讨俏，结果闹得搭里搭浆，真像苏州人所谓"牛吃蟹"。例如一个主妇患了这病，她一天不知要数多少次碗筷，叠多少次被褥；隔五分钟就去洗一次手，隔三分钟就对镜梳梳头……如此这般，她似乎忙得不可开交，其实却什么事情也不曾做。而结果呢，碗打碎了一只，梳子折断了几个齿，自己还在门槛边栽了个跟斗。

　　丧志是所谓丧失意志。现在的心理学家不大喜欢谈意志，代替它的，是心向或决定趋势。一个正常的人做事，总有一种确定的心向以指导行为。心向于看电影，则出门，上街，坐车，买票，……心向于写文章，则坐下，铺纸，握笔，构思……所有这些行为，总有其一贯的决定的趋势。而丧志症患者，却缺乏这一贯性，所以行为杂乱无章。一般专家相信，这是由于意愿不能实现，目的不能达到，患者老觉得当前情境复杂，不知如何下手，因此心绪烦乱,无有主宰了。

　　我们这病情复杂的国家或政府,在作者看来,也很有点丧志症的病象。——论法令,早一道,晚一道。论方案,左一个,右一个。会开不完地开,客请不完地请。可是你问在忙个什么呢? 恐怕当权者自己也答不出所以然来。如此东抓西抓,朝令夕改,今天谈话,明天否认,请而不决,决而不行,同没头苍蝇似的,嗡嗡乱飞,团团打转,只苦了一般引领翘望的小百姓。而碰到要紧事呢? 却又踌躇不决,裹足不前了。英国人在我们的土地上进行大屠杀,在机关枪和催泪弹下:是我们的同胞,在呼喊,在痛哭,在流血,可是听不见一句泼辣的话,一个强硬的字,更不用说以牙还牙了。敢于以牙还牙的是广州的老百姓。但老百姓只应静候政府循外交途径作和平解决,岂可擅自开口说话? 于是"暴动"被镇压,"暴动领袖"就被上了脚镣、手拷,外加一顶红帽子。这真是古圣人所谓"本乱而末治","所厚者薄,所薄者厚",是非混淆,黑白颠倒,栽了跟斗不知爬起,挨了巴掌还叫道"好"。

　　病象如上,病源又何在呢? 聪明的读者都知道:我们的政府有一个不可动摇的目的,异常伟大的意愿,那就是要求"天下定于一"。只是这个意愿和现实的情境之间颇有距离,这个目的和达到目的的方法之间隔有鸿沟,于是形成一种"心结",变得心向不定,视势不灵。"万变不离其宗",现在此"宗"即遥远不可期,自然只剩下"万变"了。至于拿臭水泼人,用武装镇压之类,也是丧志症患者应有的病象。"不迁怒,不贰过",惟愿于能够做到。我们的当权者,比起亚圣来,到底逊色一筹。在攻异端而不得其法,斥邪说而不得其门之际,老百姓当然是最好的出气筒,免不了常常给当作嫩豆腐吃的。

但是这病症能不能医治呢？如果能治，应该吃什么药，打什么针呢？作者不敢作肯定答复，也不敢乱开药方！又何况患病者还不见得肯相信本文的诊断哩。

巴夫洛夫①的狗

六畜之中，多才多艺，数狗第一。眼睛尖，鼻子灵，叫起来声音洪亮，跑起来奔逸绝尘，而最难得的，是善体主人之意，能用尾巴表示喜，用牙齿表示怒。养得一匹好狗，不但肉骨头不致浪费，叫化子和顽皮的孩子，也自然远远地避开你的铁栏门了。

乡下人有个射狗的谚语说，"小小将军，八面威风。后面摇旗，前面放铳。"摇旗而又放铳，则虽然如城隍老爷出巡，警察局长下乡，小民自该肃静回避，以免碰着它的爪牙。——但这也算容易回避。最是有一等神出鬼没的狗，其来也无踪，其敏捷也如风。没等你拔步，没等你喊一声"哎呀"，它早已攫住你的喉管，把你的皮片片地撕下去了。

狗之多能，由此可见。而另一方面，对于它的主子、上司、皇上、太上皇或外国爸爸等，却又俯首贴耳，一心一意，鞠躬尽瘁，死而后已。这种尽忠尽孝的美德，真可与天地比寿，日月齐光，应该付国史馆立传，交麒麟阁画像；至少，也得立根旗杆，建座牌坊，筑一个规模伟大的"义犬之塚"。

---

① 今译"巴甫洛夫"。——编者

言归正传。在心理学的领域中,狗也早已出足风头,坐定第一把交椅了。牛马鸡豕,比起狗来,真望尘莫及。——这是归为巴夫洛夫(Pavlov)作了一套有名的实验,那完全是关于狗的。

巴夫洛夫养了许多狗,并不是叫它们看家或打猎,而是要测量它们的唾液的分泌量与速度。他发现:这些狗的唾液,不仅当食物到口时流出来很多很快,而且当看见食物时,或当看见盛食物的盘子时,或当常给食物的人走近来时,也会流出得很多很快。于是他设计了一个实验:给狗送食物之前,先按电铃。电铃声与食物相继发作,反复若干次。后来就不给食物,只电铃一响,狗马上也分泌唾液了。用心理学的术语说,由食物刺激起唾液的分泌,称为反射或反应,这是自然的。而由铃声、盘子或送食物的人而引起唾液,却不是自然的。这种非自然的反应,称为交替反应。——交替反应的理论,就是巴夫洛夫建立的。

道理其实并不新颖。中国有个古老的笑话,说许多人在一起谈论喝酒,甲说他喝一滴就醉了,乙说他看见酒就醉了,丙说不用酒上桌,闻闻酒糟就醉了。另外几个人拉得更远,一个说酒曲,一个说面粉,一个说馒头,最后一个甚至说,他一见和尚头就醉倒。——这个笑话,也就道出交替反应的真理了。

但是巴夫洛夫以狗实验,似别具深意。从此之后,我们明白了,除了眼睛尖、鼻子灵,以至"事上"以尾,"事下"以齿等等之外,狗们以及似狗的人们,还有一种很重要的德性,就是善作交替反应。

所以正如一听到铃声就口涎欲滴;听说埃尼威托克岛上又要试验原子弹,便马上举手加额,以为第三次大战就要爆发。鸡尾酒会上一声"哈喽,顶好",便也立即喜形于色,以为三亿甚至三亿以上的贷款,已经在伸手打招呼,转眼就要跳进我们的荷包里来。——关于这单三亿甚至三亿以上的贷款,上海有几家小报称之为"吊胃口"的把戏,倒也颇有道理。而胃口被吊,怎能不垂涎三尺? 不过"锤子钉钉子,钉子吃木头",既被美国人吊了胃口,自亦可如法炮制,反过来吊吊老百姓和小公务员的胃口。什么行宪呀,什么奖券和生产贷款呀,什么按指数发薪呀,什么定北平为陪都呀……岂止是巴夫洛夫按电铃,简直电光闪闪,雷声隆隆,眼见时雨即要倾盆下降,这样的空排场,其实也是交替反应的理论的应用。只可惜中国的老百姓多半缺乏狗的美德,不见得因此就起流口水的反应罢了。

由此可见交替反应四字,真是彻上彻下的政治原理。别以为一见和尚头就醉倒是句笑话,善于作交替反应的,尽可以风马牛不相及,把相差十万八千里的拉在一起。广州大骚动,我们都觉得很简单,是对于九龙事件的愤怒的抗议。可是有种特别嗅觉的人,如某省主席,却以为这是异党主使的暴动,必须抑止,必须严惩。上海学生的游行,虽然没有出什么乱子,也已被指为有阴谋分子从中鼓动了。

(署名商翼,原载《时与文》第 2 卷第 16 期,1948 年)

"美援"小品

"嗟来食！"

二月二十二日上海《大公报》上，登载着陈衡哲女士的一篇星期论文，题名《美国人眼睛里的中国人》。文内讲到一部分美国人有种"对于苦狗的同情"，把中国人个个看作难民；又讲到自己在美国屡次被当作布施的对象，窘得啼笑皆非。于是发牢骚说："一个中国文化人的自尊心理，美国人是不大懂得的。"

这使我想起《礼记·檀弓》里的故事：齐国闹大饥荒，富人黔敖在路旁布施酒食。有个饥民"蒙袂辑屦，贸贸然来"。黔敖左手拿饭碗，右手执酒杯，说："喂，来吃吧！"（原文"嗟来食。"）那个饥民抬起眼睛，向黔敖怒视，说："我就因为不愿吃你这种'喂，来吃吧！'的酒食，才饿成这样子的。"当然，他走不了几步就倒毙了。然而曾子却说："其嗟也可去。"因为当人家说"喂，来吃吧"，语气间很有点瞧不起那饥民的意思。

马歇尔在众院外交委员会称："如果没有外援，中国政府有崩溃的危险"，所以"请求议会拨款五亿七千万美元予中国，让她能获得一个稳定经济局势的喘息机会"。这态度，和黔敖之布施饥民,颇为相似。在马歇尔眼睛中,中国政府是个垂死的饥民,是个可怜虫,走不几步就要倒毙的,为了怜悯她,所以要拨款五亿七千万,在有自尊心理如陈衡哲女士者,必定是不大以为然的。

不但此也。马歇尔对于他所要布施的可怜虫,尚有更多微辞:一则说,"中国政府并不缺乏劝告,我们曾不断地并且着重地提供意见,但终未实现"。再则说,"中国政府的基础必须扩大,而不应以一小集团为限"。三则说,"依我所见,在我国(美国)的援助能成为有效前,该方面(中国政府)有若干基本工作必须做到。就此一意义言之,援助尚属过早"。四则说,"在中国目前这种情况下,这笔款项必将大部分是毫无结果地消耗了。所以从这种局势看来,援华计划在实质上对未来中国的经济局势无法保险"。

这似乎连"对于苦狗的同情"也没有了。这是死马当作活马医,知其不可为而为之。美国政府拿出五亿七千万来,好像并非心甘情愿。

但我们的当政者的反应如何呢? 有的说:"还算满意。"有的说:"令人兴奋。"而作为传声筒的报章杂志,大抵如孪生儿一般面目相似,数不清的感激零涕之辞,显扬"美"德,无以复加。

难道称为"四强"或"五强"之一的政府,竟没有一点自尊心理吗? 难道以"礼义廉耻"治国的诸公,不知道"其嗟也可去"的古训吗?

当然不是的。我们的当政诸公,聪明得很。不但他们不像齐国的饥民那么傻,陈衡哲女士那么迂;而且他们心里雪亮:马歇尔的话语,并不是说给中国政府听的。美国的国务卿向来爱护中国的政府,美援并不从这五亿七千万始,剩余物资和军用品的接济,从来没有断过。

　　须知这些似讽刺、似辱骂的微辞,虽在美国议会里发表,其实是演唱给中国老百姓听的台词。马歇尔是中国通,他明白"中国政府在政治方面不能满足人民","在下层阶级中,时常有一种感想,以为政府对于他们或他们的问题,置之不顾"(都是马歇尔自己的话)。在这种政府与人民不能协调的情形下,美国援助中国政府,岂非容易引起中国人民之反感?于是当一手拿钱,准备交给我们的政府时,另一只手却扯它一下后腿,给它一个耳刮子。这就使得旁观的小民们油然生敬意,觉得美国政府真是大义凛然。而既把我们的政府说得那么可怜,说不定还会引起大家的恻隐之心哩。

　　中国老百姓积数千年的奴隶生活之经验,发明了两句谚语:"阎王好见,小鬼难缠。"这就是说,主子越小越凶暴,越大越仁慈。比起总管来,田主常较宽大;比起赋吏来,县长简直是青天。因为当着佃农或下民的面,为了装装仁慈样子,田主有时也会骂他的管家,县长有时也会打他的属吏的。今日马歇尔之言,是亦此谚语之又一佐证欤?

知识分子

　　与马歇尔异曲同工,司徒大使致书中国人民,并且连续发表了几次谈话。他从美援谈到民主政治,谈到民主政治下的思想自由言论出版的自由,特别强调地提出:"中国知识分子及受教育人士,例如若干大学教授,对于政府所采之消极态度,使他至感惊讶。"他以为"此辈人士可组一新党,而对政府作建设性之批评。亦可仅成立若干团体,以倡导若干有关改革之主张及进步的活动"。

这是个非常有趣的建议,只可惜不曾引起,大概也不致引起"中国知识分子与受教育人士"的响应。但是董显光局长已经作了反驳。他说:"大使所称我国知识分子与政府不能合作一说,似属言之过甚。我国正如其他国家,都有若干知识分子于情感上未能同情政府之措施,其中多数恐对任何政府皆将取批评之态度,是或即萧伯纳氏所谓'专事抗辩者'欤?我国知识界有此直言之士,政府至感欣慰。盖此实为思想健全发挥之表现,随时能以衡量政府之准绳提供政府。……揆诸事实,中国知识分子正多数与政府真诚合作。其言行之所以鲜见报端披露者,实因彼等鲜愿虚耗时间以从事自我宣传耳。……兹愿向诸位(记者)确切保证,知识分子将与政府继续合作。盖彼等深知唯有在国民政府治下,始能获得生存与自由,进而谋求政治与经济的改革。"

如此宏论,只须"立此存照",不必加上任何按语。但董局长既代表政府欢迎"直言之士",姑试以书生之见,"直言"之如下:

作者自信并非"专事抗辩者",对于言行之"报端披露",也"鲜愿虚耗时间"。然而身为知识分子,对于"唯有在国民政府治下,始能获得生存与自由,进而谋求政治与经济的改革"云云,却实在并不"深知"。正相反,我们所深知的,是这些"生存,自由,以及政治与经济的改革"并不曾得到"确切保证"。

所谓知识分子,极大部分是学生与公教人员。学生的"生存与自由"如何?答案是禁止集会禁止游行。一连串的逮捕和屠杀的事件。公务人员的"生存与自由"又如何？答案是裁员，失业，和待遇连结在十二月的指数而配给米减少了五斗。

写到这里，作者忽然记起《庄子》上的一段文章："狙公赋芧，曰：'朝三而暮四。'众狙皆怒。曰：'然则朝四而暮三。'"现在我们的政府养公教人员，也是用狙公赋芧的办法。按照生活指数发薪也者，就是朝三暮四易为朝四暮三而已，所以你如果在十二月拿的是七十万，在一月，二月，也还是这个数目。但是物价呢，天晓得已经涨了多少倍了。

在生活如此困难与国人的身体自由常受威胁的前提下，所谓"政治与经济的改革"，那自然是一种侈谈。试问哪个还能"虚耗时间"，去从事"组一新党"，"成立团体"，以"作建设性之批评"与"进步的活动"？因此还是董显光局长的话语有道理，知识分子的言行，以后不但要"鲜见披露"，而且一定会销声匿迹的。司徒大使的乐观的言论，大抵也只在表示他的仁慈而已。

和谣

由上述二事，可见中美政府之间，或者说中美的要人们之间，像煞是有点龃龉或冲突似的。好比现在上海很流行的歌曲《夫妻相骂》，女的怨男的不给金刚钻，男的说这个家庭简直是殡仪馆。歌词泼辣之至，然而调子却轻松、甜蜜，令人消魂，令人绝倒。

但最令人绝倒的，却推二月二十二日的和谈之谣了。

和谈之谣，由来久矣。起初只不过做些地下活动，恍兮惚兮，若有若无。而当五亿七千万闹得满国风雨之际，它却突然表面化起来。如晴天霹雳，合众社从上海发出"最可靠方面消息"，从南京传出"某权威方面"谈片。据说苏联以"间接但确能到达南京官方的方式"，提出一项建议，以调停中国内战。这建议，于政府是极端不利的。但合众社在有声有色之报导之中，却轻描淡写地夹了这么两句："中央政府决不以任何方式正式承诺获得此项建议，且可能否认曾获此项建议。"

果然，政府否认了。行政院新闻局奉命负责声明：此事绝对不确，纯系无稽谣言，意图扰乱人心。

如此这般，一个当头棒喝："你意图不良！"一个嘻皮笑脸，我早说你要否认的。

俨然又一场夫妻相骂也！然则和谈之说究竟是耶非耶？扑朔迷离，非局外人可得而知矣。

然而有可得而见者如下：

庄子说："荃者所以在鱼，得鱼而忘荃。言者所以在意，得意而忘言。"综观合众社的消息与中央社的否认，言外之意，极易领会。忘言之后，仅存八个大字而已，曰：苏联可恶，中共好狠！此其一。

苏联可恶，则与苏联相对者可爱。中共好狠，则与中共相反者当然宽大。用金圣叹批《水浒传》的话语来说，这叫作"背面传粉法"。而合众社在字里行间，透露出"若干官员已向蒋主席请求重开国共谈判"，司徒大使认为这是中国问题"最佳的可能解决办法"云云，也正暗示了这个意思。此其二。

但更重要的，是在于转移众人的视线。戏法人人会变，巧妙只在于"障眼法"三字。魔术家请你注意看红手绢，绿手绢；弄得你眼花缭乱;而陈仓暗渡,忽然间一枚鸡蛋变出来了。美援声中突生和谣,虽只昙花一现,却已使多少人的眼睛迷惑住了。至于暗渡偷换者,不知是否内河航行权之类,此则暂时无法得知,且听下回分解,此其三。

＊　　＊　　＊

五亿七千万美援,是大题目,好题目,极妙题目,应该能结撰出一段"天地间至文"来。此"至文",由锦心绣口的中美要人们执笔,从华府开始,大概将终于中国的战场。作者三则短语,章法零乱,质木无文,不足以登大雅之堂。然而亦美援声中之一鳞,一爪,一毫发也。因大胆美其名曰:"美援小品。"

至于所引消息,概见于二月十九日至二十六日上海《大公报》。一并附志。

(署名商翼,原载《时与文》第 2 卷第 21 期,1948 年)

"夏虫疑冰"

作者在《"美援"小品》(见《时与文》2 卷 21 期)中,提到司徒大使主张"中国知识分子及受教育人士……可组一新党……亦可仅成立若干团体"时说:"这是个非常有趣的建议,只可惜不曾引起,大概也不致引起响应。"没想到文章刚脱稿,就见到报上登出"中国社会经济研究会当仁不让,北平新第三方面组成"的消息。正符司徒大使之期望,这是个"知识分子及受教育人士"(而且是大学教授和知名之士!)的"团体",旨在对"中国目前现实需要的各方面,提供出来原则",以"公诸社会",——据该会发言人说,也"就等于建议当政者"(三月七日《新民晚报》)。因此董显光局长所谓"知识分子将继续与政府合作"之说,是马上得到"确切保证"了。

作者自觉惭愧。用上海话说,这一次真是"估豁了边"。"不致引起响应"云云,显见得是在"以小人之心度君子之腹"。庄生有言:"夏虫不可以语于冰,井蛙不可以语于海",是以"长见笑于大方之家"也。

虽然,作者仍欲以"小人"之心,更申述一下"井蛙"之见。岂敢望上述"君子"之视听?亦只在表示一点"夏虫疑冰"的意思而已。

所谓"新第三方面",打的旗帜是很鲜艳的。一开始,就提出"工作内容三十二条"。此三十二条,陈义甚高,句句"君子"之言,决非"小人"所能理解。例如第一条说:"政治制度化、制度民主化、民主社会化",三个"化"字重叠,一句句头尾衔接。文心之巧,排列之美,差可比古人的"织锦回文"。"小人"怎能有如此文学天才? 又如最后一条,建议"国家应使医药卫生人员,负责传播节育知识,在不使品质下降之条件下生育,俾中国人口压力,不致加增"。这是在为全民族打"选种"与"人为淘汰"的算盘。原来中国久乱,是因为"人口压力"太大,国民"品质下降"。经过八年抗战与两年"戡乱",固然已淘汰了几千万品质欠佳的贱民;不过那些活着的,仍然转着"多子多孙"的蠢念头,以致乱到现在,还是源源不绝的有壮丁可拉,"瘦丁"可征。"节育知识"果真传播,则于战争之外,又加了个更有效的选种与淘汰的工具。国民品质自然提高,人口压力自然大减,终至于没人去充炮灰,天下也就自行太平了。"君子"之科学远见有如此者,"小人"又怎能梦想到?

夫君子之道,可一言而举也:"学而优则仕。""新第三方面"诸君子,既然悲天悯人,满腹经纶,当然应该出来"干"一下"时君世主",好把小民救出火坑。在这以前,诸君子是被褐怀玉,深藏若虚。用董显光局长的话说,就是"鲜愿虚耗时间以从事自我宣传耳"。现在三十二条既已"公诸社会",锋芒初露,端倪略见,大概已自居于"学而优则仕"的"则"字上面了。孔子说:"沽之哉,沽之哉,我待贾者也。"据该会(中国社会经济研究会)某负责人说:该会决没有拿宋子文的钱。似乎也正在表示诸君子只是"待贾者",而尚"守身如玉"也。

　　所谓君子,是上等的士或士的典型。"士""女"并称,其立身行世,大抵亦可相对比:女人不出嫁,称为处女。士君子不做官,称为处士。出了嫁,则从一而终,谓之节妇。做了官,则不事二君,谓之忠臣,然则待仕未仕之为"待贾",亦称将嫁未嫁之为"待字"也。今日诸君子咏三十二条,"耗时间以从事自我宣传",大概也同年已二十七八岁的"待字"的处女一样,涂脂抹粉,打扮得妖妖娆娆,急于想找个如意郎君吧!引句古话来说,这叫做"衒嫁"。

　　但是古语又有云:"衒女不贞,衒士不信。"——对于尊贵的"士""女"之"冰心"发生怀疑,似乎是古已有之的事情。

　　这种怀疑,就女人方面说,倒不是对娼妓和"玻璃杯"之流而发的。因为这些下流女人只说"从良",决不会说"待字"。在待字的上流的处女群中,以"小人之心"度之,最易滋生疑窦的,似乎首推一类称为"花瓶"的密司。"花瓶"是大机关或大公司之不可或缺的装饰品,行径却有点介乎"衒嫁"的少女与出卖色相的娼妓之间,对于这样的处子,你说她不安分吧,她却在人面前宣称一直抱的独身主义。你相信她的话吧,她又也许早已是一辆"垃圾马车"了。她有时和上司打情骂俏,似乎是要往高枝儿爬。有时又和同事眉目传情,好像正想跟你这个小职员闹"自由"恋爱。你不识相,问她一句:哪来的这么漂亮的貂皮大衣和金戒指?她就马上放下脸,啐你一口,声称自己从不拿经理或老板的钱。甚至娇嗔满面,怪你怎么不把她当自己人看待,她也主张"规定最低工资,最高工时,并对劳作环境的安全予以保障"(三十二条中之第二十九条)哩。但是出乎你的意外,过不了两天,你在什么娱乐场所,见到她正甜甜腻腻地吊在你的上司的膀子上;又过不了三天,喜帖送来,她已升格为你的老板娘或经理的第七房姨太太了。

男女有别,古有明训。作者决不敢狂妄到如此地步,说"新第三方面"就是"花瓶"。但是把两者对比一下,却又觉面貌酷似,不能不令人疑惑他们是同胞的兄妹。同样地在"待",同样地在"衔",同样地说"此地无银三百两",同样地声明自己是"自由人",身子是干净的。而三十二条之第六条中说:"民意的表现为选举,政区的转移,应视选举的结果而定。"第二条亦说:"执法与制法并重。宪政尤重宪法。"至理名言,特别于此时此际,以在野之"新第三方面"的身份提出来,当然使南京那座富丽堂皇的国民大会堂,如锦上着"花",案头置"瓶",平添了一段妩媚。猜想政府当局与国大诸公,好比雄猫见到了雌猫,也必定会唱出一片好听的声音来!

但"小人"仍有疑惑:"有情人"到什么时候才公开地"成眷属"呢?焚香祝祷,愿天老爷保佑"新第三方面"早早地升格!到那时,只消新升格的老板娘好言一声,小民的"生活水准"将立刻被提高(第十六条),从此可以免于匮乏了。而"睦邻政策"推行(第十一条),美援也必将大量涌来;马歇尔的"中国政府应扩大其基础"的老调,大概也就无需重弹了吧!

然而即使到那时,"小人"还要生疑惑:这是哪一世修来的福,竟蒙好心肠的诸君子如此照拂?"小人"毕竟都是夏天的虫豸,对于那玉壶里的一片寒冰,银瓶里的一束春花,是一辈子也想不通的!

(署名商翼,原载《时与文》第 2 卷第 23 期,1948 年)

拥护"不给钱运动"

四月十八日《大公报》载:"主办社会经济的社会局袁文彰处长决心提倡不给乞丐钱运动,以免各地难民鉴于上海乞讨容易,蜂拥而来。"消息传播之后,颇有若干好心肠的市民与学生大不以为然,纷纷为文诘难,甚至发起"反不给钱运动"以示对抗。所谓"上海人同情心大"(《大公报》一读者语),于此可见一斑。

但我却要给"不给钱运动"投一张赞成票。并非因见袁处长曲高和寡,想自命为知音。实在是自己向来同情心甚小,不肯给乞丐分文,今听得有名流作如是说,恰好犹挠痒处,"于我心有戚戚焉"。

我之所以不给乞丐分文,倒不是为上海市容着想。那是大人先生们的事,无需小民置喙。我有我自己的算盘:根据"非丐即盗"的原理,我既不曾抢劫别人,自然也是乞者之流。事实上,我的收入也不见得比"钉耙"朋友更多。又根据"同病不相怜"的原则,我既与乞丐者同病,当然也无庸相怜。凭良心说,我还相当讨厌。每逢我经过外白渡桥,耳朵被轰隆的车声震得半聋,忽然发觉身后跟上了一位"四海之内"的兄弟或姊妹,口中喃喃的,抬起手,就好像把我当作猪猡在赶,我的心头总难免引起一把无名之火。

这时候,如果摸出一张千元的钞票,加上一句恶毒的语言,来换取对方的一声"谢谢",是一种太不公平的交易。耶稣说得激烈一点:"以眼还眼。"那我应该和身后的他或她交换个白眼。孔子说得温和一点:"己所不欲,勿施于人。"既然自己不愿在鄙夷的手势下接受金钱,也就只好不作这类施舍。

而且,照我想,不给钱正是给乞丐一种教训,韩信为布衣时,常常到南昌亭长那里去吃白食。亭长太太不高兴,特别大黑早煮饭,自己偷偷地在床里面吃了。韩信到时候去,自然吃不到,于是只好一怒跑走。后来漂母虽然喂了他几顿,却又唠唠叨叨地骂他:"大丈夫还养不活自己!"这是多刺耳的话!当然,韩信后来做了大官,立了大功,真正成了大丈夫了。可是我相信,如果他起初一直讨得到白食吃,他大概会继续怠懒下去,终生吊儿郎当的吧。

际此"戡乱"时期,急需将帅以至小兵之才。不给钱运动果能广泛推行,乞丐与难民们,大概都只好丢了讨饭碗,改行去抢枪杆子。如此则兵源自将十分充裕。而或有杰出之才,同韩信一般,因为受了亭长太太与漂母的刺激,竟一怒而安天下,把匪军连根铲除,天保佑,我们老百姓也许又能过六百年太平日子了。谁能说我这梦想一定不会成事实呢?

由此可见,不给钱运动绝对有百利而无一弊。今日世界之所以乱,寻根究底,应归咎于喜欢作布施的人太多。圣人有言:"细人之爱也以姑息。"布施实在只是一种姑息之爱。比较起来,雷诺先生是最爱中国的美国人。马歇尔元帅却只是一味姑息。我们可以断言,如果美国国务卿也同原子笔大王一样,怕钱被骗光而毅然决然退出中国,中国一定早已"自力更生"了。

　　至于为大学生所提出而又为市民们所响应的"反不给钱运动",我劝他们早点偃旗息鼓。因为"反不给钱"太像"反饥饿",而"反饥饿"却是一种罪名。何况今日中国,丐者之流为数太大,如果个个人伸出手来,即使钞票再印多点,也是无法支付的。应当相信,当局诸公皆爱民如子。而真正的爱,不姑息的爱,就是"不给钱"。

　　　　　　(署名鱼忘,原载《时与文》第 3 卷第 4 期,1948 年)

笑剧时代

清早起来,打开报纸看看:夜来风雨声中,在我们周围,在这龌龊的城市里,在这破碎的国土上,有什么动人的戏剧性的事件发生也未?

照例地,最大的标题是战事,次大及较小的标题是会议、提案、征兵、增税、米潮、工潮、自杀、谋害……而商情表上,排列得比我们的国军更整齐的,是一队队黑色的三角形。——所有这些字眼与符号,是沉重的、可悲的。然而,在我们的公民们眼中,它们却已不是戏剧性的了。因为它们早已失去使人惊心动魄的力量。

任何原来是惊心动魄的悲剧性的事件,只要习之既久,成为司空见惯,皆将由神奇化为腐朽。俗语说:"虱多不痒,债多不愁。"以公民们的"大贫"的身份,营养不良的肢体,应付这乱之又乱、十年如一日的时代,必然会达到麻木不仁的境界。虽然俗语又说"茅坑屎越搅越臭",但若你的生活已经同粪蛆一般,日夜只在茅坑里浮沉,则尽管有人用青竹竿大搅特搅,你也不会感觉到什么臭味的。用个心理学的术语说,这叫做"习适"。

因为习适,所以挑粪的、挖阴沟的,以及酱园和染坊的工人,能够继续工作。也因为习适,所以我们这时代的公民们,能够在比地狱更悲惨的境遇里,苟且偷安,得过且过地生活下去。

而长久习适之后，则悲若无悲，重若不重。终至于大泽焚而不能热，长河冻而不能寒，疾雷破山风振海而不能惊。按照唯心论的说法，不知觉地就不存在。那么这些可悲的，沉重的乱象（战事以至黑三角等等），当然是"本来无一物"了。

所以，悲剧是没有的。尽管有作家在写"大时代的小悲剧"，有电影院在映"上海社会怪状的大悲剧"，那一定都是过时的货色，销路与卖座大概不会佳的。

没有悲剧，当然应该有悲剧的对立物——喜剧。但喜剧有两种，这可以用那个有名的孵鸡致富的寓言来说明。那寓言说：一个女人头上顶着一篓蛋。一路走一路想：蛋可以孵小鸡，小鸡长大又会生蛋；蛋聚多了，又可以孵鸡……如此辗转反复，财富越聚越大，附近的少年郎便都来向她求婚。于是在洞房花烛之夜，喝酒、唱歌、跳舞，闹得不亦乐乎。……她想到得意处，不禁手舞足蹈。不想一失手，啪啦一声，一篓鸡蛋掉在地上，全打得稀烂。——初次读这寓言，读到鸡蛋落地，谁也不免发笑。可见这是喜剧。但若那妇人果真孵鸡致富，梦想完全实现了呢？那当然也是喜剧，而且是大团圆式的喜剧。

在今天，还有谁有大团圆式的喜剧吗？答曰：否！"洞房花烛夜，金榜题名时"，只能求之于旧戏，索之于梦想。现实中唯有鸡蛋落地式的喜剧。

这种鸡蛋落地式的喜剧，令人发噱，令人发松。虽不如悲剧能惊心动魄，却也有趣动人，有其戏剧性的本质。又为别于大团圆式的喜剧，我们可名之为笑剧。

于是你（一个公民），打开报纸，用观笑剧的眼光看看：在成都,有水牛逞威风。在衡阳,历史教员必须说"人是泥土造的"。在广州,有人从十三层高楼上跳下,被朋友拉住一个脚趾,千钧一发,得免于死。而在我们上海,三轮车夫开始以烧饼为单位讨价;又有张黛琳其人,与四川杨妹异曲同工,也是九年不食人间烟火,但忽然起念头想生个小孩子云。……

不但此也。如果你能善用笑剧的观点,则处处生笑,意趣洋溢,腐朽又复皆化为神奇。简朴如天气预测,"晴,稍凉,清劲东北风";古奥如战况报导,"痛歼顽匪无数,国军转进";宋子文主席说,"到广东八月,未闻有豪门资本"(六月廿四日《大公报》);董显光局长称,"坦率而严厉之自我批评,在我国政治制度中实占重要地位"(六月廿五日中央社);……莫不正言若反,反言若正,实则虚之,虚则实之。国人大可不必去翻译洋幽默"信不信由你"也。

更放眼纵观:国大固一大笑剧也,立院固一大笑剧也,司徒大使声明,又一大笑剧也!

一份报,即是一本《笑林广记》。十份报,即是十本《笑林广记》。百份报,即是百本《笑林广记》。想一想,活在这笑剧时代,多够有味!我们的公民们,真是三生有幸,应该齐声念一句"阿弥陀佛",或者喊一声"谢谢老天爷"。

真要谢谢老天爷!如果没有这许多笑料,如果没有这群涂白鼻头的丑角在台上串演,每天只受战事以至黑三角等等的疲劳轰炸,做人还有什么意义呢?死水之所以可爱,是因为水面上浮着点点红绿的色彩。

于是你(一个公民),清早起来,仍有兴致把报纸打开来。

但是读者或许要问:既然一切已皆化为笑剧,这篇短文岂非也是一块笑料? 答曰:诚然,诚然!

(署名鱼忘,原载《时与文》第 3 卷第 12 期,1948 年)

忆佩弦先生（附冯象校注）

读其文，想见其人，在中学里的时候，总以为朱先生是个翩翩佳公子，风华清靡，一如"荷塘月色"。后来进了清华，在迎新会上，有同学远远指给我看一个身材矮小，连走路的姿势都活像日本人的教授，说："那就是朱自清先生！"这使我非常失望。

我不是中文系学生，大一国文也没被编在朱先生那一组。所以平时和朱先生根本没有接近的机会。但当时他住在清华园的东北角上，门前有个土山，长满绿草。我晚饭后，爱到那边散步。有一次，我经过他门前，见他挺在躺椅上，凸起腹，驾起腿，好像还歪着嘴巴剔着牙齿。十足的中年人的神态，在青年人看来，是难堪的。我低头避开他的视线，却不想忽然听得他在叫我了。这很使我奇怪，他怎么认识我？而当我走近去时，他却又夸奖了我一句："听说你的白话文写得很不错！"白话文！他为什么不说文章、散文，而要说白话文呢？我满心不快。

不过此后路上碰见，就免不了要笑笑，点点头了。"一二·九"之后数月，宋哲元派大兵抄检清华园。很有几个榜上挂名的同学，躲在朱先生家里，得免于难。而且听说非常优待，夜里请同学睡沙发，早晨又是每人一个荷包蛋*。这使我对他开始有了好感，虽然接近的机会还是不多。

一直到昆明，一直到一九四一年夏天**，清华文科研究所成立，我才有将近一年的时间，跟朱先生在一起生活。

那时朱先生的胃病和家庭负担，都已十分严重。他把朱太太和孩子全部送到成都，寄在亲戚家，自己孤零零地在昆明过着和尚一般的生活。清华文科研究所在乡下，离昆明城相当远。如果步行，得走一个半至两个小时；如果绕道去搭一段马车，可减少半小时。朱先生在西南联大有课，所以必须两面奔跑，半星期在城里，半星期在乡下研究所。如果到时候不见他回乡下，我们研究所里的人，就猜到他的胃病又发作了。

研究所的教授和同学，除了闻一多先生之外，合组一个伙食团。雇了个乡下人做饭，是个可爱的戆徒。人是忠诚极了，饭烧糊，菜没煮熟，也不忍责备他。有次异想天开，去田里捉了许多蚂蚱，炸了捧到饭桌上来孝敬大家。弄得每个人摇头，他还笑嘻嘻地直说，"滋味好呐好！"而忽然谣传"有吏夜抓丁"，我们这位戆徒就马上逾墙而走，常常数天甚至半个月不回来。于是一早起来，一群秀才手忙脚乱地生火，淘米，挑水，赶街子……终至于整个研究所翻身，弄得每个人垂头丧气。年轻力壮的小伙子，吃点这样的苦，算不了什么。但是一个有病而又长期过惯家庭生活像朱先生这样的中年人，怎么受得了呢？然而，他在我们当中，是最不发怨言的一个。

到过后方的人，都知道"公米"的味道。那是需要一个如鸡肫一般的胃来消化的。朱先生平时跟大家吃公米，只有当胃病发作的时候，才吃烤面包。那面包是用又黑又粗的配给面粉，自己在火油箱里烘成的。论滋味，并不比公米强，不过比较容易消化罢了。他瘦得厉害,"骨瘦如柴"不足以形容他。我从前见过的那种"凸起腹,挺在躺椅上"的神态,不用说,是再也没有了。为了营养,他每天早晨添个鸡蛋。这是早餐桌上常谈的话题之一:打碎煮好呢,带壳煮好? 煮三分钟好呢,煮五分钟好? ……但后来鸡蛋价涨得厉害,这一点小小的滋补品,似乎也裁去了。

过着这样的生活,大家在一个大房子里,在丛书、类书、经解、注疏……的围困之中,做着"抱残守缺"的工作。朱先生私人有几架书,也摆在研究所里。他的桌子后面,竖着一个同图书馆的目录柜似的旧柜子,一二十小抽屉里塞满卡片。内容如何,不得详知。只知道他写文章时,总要去查一查。有时拿出一两张来,远远瞥见,卡片上是蚂蚁一般的小字。我心里奇怪,要写满这么多卡片,得花多少时间啊? 朱先生治学之严谨,于此可见一斑。

那时闻先生正在考证伏羲是葫芦,女娲是个瓜;朱先生大概已开始写"诗话"。闻先生写文章,喜欢在落笔之前,先说出口来;衔着烟斗,喊:"佩弦,我有个很好的 idea……"于是接着总是一场热烈的讨论。朱先生的习惯不同,他默默无声就脱了稿,捧着稿子交到闻先生面前,谦逊地说:"一多,请你看看,看有问题没有?"似乎只有一次例外。一天晚上,他握着笔,忽然抬头对大家说:"我觉得王静安的无我之境很难说。"为这问题,讨论了很长久。我以一个门外汉的资格,也说了一点意见,大意是"无我即忘我"。还记得那次讨论,是以朱先生的谦逊的话语作结的,他说:"这样的讨论很有意思,我受益不浅。"

朱先生的生活很有规则。早晨总是他第一个起床,我爱睡懒觉，他到底几点钟起来，始终弄不清楚。只知道他洗漱之后，总要到大门外的晒谷场上跑两圈，练几节健身操。在乡下人看来，这是很有趣的。所以起初，常有些女人和孩子，远远地立定了看他，议论他。晚饭后，照例是一道在田野间散步，或者聚在晒谷场上聊天。聊些什么，多已忘记。只记得有次谈起清朝的汉学大师，数他们的年纪，一个个活到七八十岁。闻先生就说："做汉学家可以长寿。"朱先生说："是因为他们长寿，才做得到汉学大师。我身体坏，不敢存这妄想。你却行。"闻先生就笑起来："能不能做大师，不敢说。活七八十岁，我绝对有把握。"言犹在耳，说有把握的竟遭毒手；自知身体坏的，到底也接着给穷困之手扼死了！

穷困迫人谋出路。后来昆明的教授们便开始以治印、鬻字、卖文为副业，共同订了个润例，十多个教授一道具名，朱先生也参加了。湖南有个朋友给我写信，说要找名人代他的一个亲戚写篇寿序。我马上想到朱先生，便去求他，也希望因此对他的经济小有帮助。寿序写好了，按照共订的润例，我开了价格去，仿佛记得是八石米的市价。却不想那个朋友的亲戚竟觉得价钱太贵，回信说不要了。弄得我哭笑不得，只恨自己拿不出八石米来买这篇文章。我好没意思地跑去向朱先生表示歉意，满心准备挨一顿骂，再没料到他竟又谦逊地说："我练习练习，这样的文章从没写过，写得不好。"

想起这事，我至今尚觉惭愧，我无意中跟他开了个大玩笑。原来希望以后或有机会，补偿这一过失。而现在竟不可能了，永远不可能了。

朱先生著作俱在,平日的言论印在青年们的脑子里,也决不会磨灭,他对于民主与文学的功绩,尽人皆知,用不着我多说。草此短文,记琐事数则,驻笔低眉,倍觉黯然。

（署名冯契,原载《时与文》第 3 卷第 18 期,1948 年）

注释

佩弦(朱自清)先生一九四八年八月十二日病逝于北平,终年五十岁。此文原载《时与文》三卷十八期,1948 年,据照片校订。

＊原文:三个荷包蛋。据母亲《忆孙兰》订正:一九三六年二月二十九日,大批军警闯入清华园搜捕"一二·九"运动积极分子,母亲和八姨(徐骖宝)跟中文系同学韦毓梅(孙兰)躲在佩弦先生家,同去的还有王作民、魏蓁一(韦君宜)。"朱先生是大哥的好友,我进清华时,大哥就把我介绍给朱先生……他和师母安排我们睡在沙发上,又从楼上送来毯子。次日清晨吃早点,还给每人煎了一个荷包蛋。"

孙兰,原名韦毓梅,江苏盐城人,父亲为沪上律师。一九三六年入党,曾跟随宋庆龄、许广平做妇女工作,宣传抗日,孙兰(孙男)是宋庆龄给改的名字。解放后历任安徽省教育厅厅长,上海市教育局局长,"文革"中惨遭迫害,跳楼成仁。

＊＊原文:一九四二年夏天。但据《冯契文集》卷十所附年表:一九四一年一月皖南事变,白色恐怖降临,地下党决定疏散,"群社"停止活动。遂避居昆明郊区龙头村北大文科研究所,"王明为他在数百函《道藏》的包围中安了张书桌,搭个帆布床"。同

年夏,大学毕业,进清华研究院哲学部,搬至司家营清华文科研究所,从汤用彤、金岳霖二先生读书。至四三年,敌机轰炸稍减,才回城写论文。四四年完成《智慧》(发表在《哲学评论》十卷五期,1947年),受聘云南大学,讲授哲学、逻辑学。

(冯象校注)

"不应小不忍而乱大谋"

臧大①阴魂未散,沈崇事件也尚在记忆中,而汉口景明大楼的惊呼哀泣之声,分明逗留在耳边。国庆日,在我们的首都,又发生美军棒打中国小学生事件。据报载:新生小学学生十余人受伤;该校徐校长腿被打肿,右小指被打断,胸部也挨了两拳。

这类事件,本已有了一定的公式:"大事化小,小事化无",那么还有什么话可说? 要说,只须如于斌主教似的,在上帝面前说声:"阿门!"但是不识时务的徐校长竟因此大骂于斌,说"他不是中国主教,是洋人主教,他不会同情中国学生,因为他要靠美国人的钱来活动,他根本就是洋奴"。这就显见得涵养不够,火气太大,无怪乎主教要斥责他:"不应小不忍而乱大谋!"(十月十二日《新民晚报》)

为了"大谋",岂止"不应小不忍",实在应该大忍耐的。但所谓忍耐,倒不是指着那"要靠美国人的钱来活动"的人(于主教其小焉者)而说的。这些人与美国人沆瀣一气,决不会有妻女被强奸、孩子被殴打的危险。应该忍耐的是中国老百姓。如果任何老

---

① 臧大,原名臧咬臣,又名臧大咬子,黄包车夫,1946年9月22日被美军士兵在上海安乐宫舞厅门外打伤致死。此事件中美军士兵先则拒付车费,继而伤人性命。其暴行在上海乃至全国引起民众强烈义愤。——编者注

百姓因为受了美国兵的侮辱而沉不住气，叫喊两声，那就是"乱大谋"，违反国策了！因沈崇事件而引起的学生抗暴运动，早经判定为"别有作用"。这教训，大家必须接受。

那么平心静气，等待法律来主持公道，为我们的小学生和小学校长伸冤吧！胡适博士曾唱此高调，皮尔逊终于受美国法律的保护，横渡太平洋去了。汉口集体强奸案，查查法律"亲告乃论"，亦已不了了之矣。谁要对法律再存什么希望，那是好好先生了。自古以来，强者对弱者只有一条法律："弱肉强食"。假使有强者或强者的同党对弱者说："我们去法官那里讲理吧！"那必然是俗语所谓"老虎戴念珠"之类。反过来，假使有弱者或弱者的朋友对强者说这话，那便又是古书上所谓"缘木求鱼"了。

所以，我们的小学生与小学校长是不必存大希望的。于主教的话有百分之百的真理，大地沉默，所以负载得重物；江海无声，所以容纳得众流。中国的老百姓是有这样的度量吗？

读过《水浒传》的人，都知道林冲是个最能隐忍的人。高衙内调戏他的妻子，高俅设计谋害他，他都隐忍。后来上梁山泊，王伦屡次奚落他，他也隐忍。但金圣叹批到火拼王伦一回，于大书"殊伤雅道"之余，却蹴然叹曰："嗟乎，怨毒之于人甚矣哉！"又说，"或林冲之前无高俅相恶之事，则其杀王伦，犹未至于如是之毒乎！"我颇赞同金圣叹的看法，以为火拼这类事并非雅道。然而今日中国人民正同林冲一样，在隐忍之中培养怨毒。高衙内们或者不怕报复，但王伦们请想想金圣叹的批语吧！

（署名鱼忘，原载《展望》第 2 卷第 23 期，1948 年）

二 难 论

不必查逻辑教科书，就记忆所及，随手拈两则报纸副刊上的"小幽默"吧：

其一

一个男子叹息说："做人真没意思！结婚吧，有家庭之累；不结婚吧，没有女人的安慰。结婚也苦恼，不结婚也苦恼，叫人怎么办呢？我只好用把剃刀自杀了！"

其二

"大令，如果我死了，你会再娶一个么？"

"啊，你这问题叫我怎么回答呢？"

"怎么不能回答？"

"我如果说再娶，你不喜欢。我如果说不娶，又是撒谎。"

这就是二难推论（Dilemma 或译为双肢推论）的例子。凡是使人左右为难、进退维谷、啼笑皆非的境况，用语言表达出来，都是二难推论。

我们这个国家，或者说我们这个政府，又或者说我们这个政府的大人先生们，你眯结了眼睛仔细看看：啊，很像是些令人啼笑皆非的宝贝咧！因此，生活在这个国家里，或这个政府下的人民，便都是进退维谷的双料难民。

假使有人问你：你服从不服从这个政府？你必将同上述第一个男子一般叹息：服从也苦恼，不服从也苦恼。又假使有人问你：如果这个政府完蛋了，你欢迎另一个政府吗？你又将同上述被称为大令的男子一般觉得尴尬：说欢迎，怕大人先生们不高兴；说不欢迎，又似乎是撒谎。

到处是两难！你今天拿到了几千元薪水，怎么处置？心想：崭新的金圆券，而且是连号的，让它们在口袋里宿一夜吧。但安知一觉醒来，不已打了个对折？那么割爱吧，去河南路上换两个袁大头，以保存币值。却又怕忽然碰到白崇禧将军，没来由地把你提了领子去，一颗子弹，小性命就送到西天去了。听说上海要"变"，同事们正窃窃私议，向上司请求点应变费，存点粮食。你赞成不赞成呢？不赞成吧，你就无法应这个变。万一大局急转直下，上海被围困，只好束手待毙。赞成吧，某些职工们又给你树立了榜样。

现在，大人先生们扯起嗓子在召唤和平，好像召唤他们的失去了的灵魂。你相信不相信呢？和使一批一批飞北平，和平似乎唾手可得，真的这样容易吗？为什么沿江一带又在赶筑钢骨水泥的工事呢？

胡适之博士曾倡知行两难说，曰："知难，行亦不易。"前不久，他发表了一句脍炙人口的名言："和比战难。"才说出口，却又乘总统专机到南京，自称"逃兵"，而且被人封为"战犯"了。战犯而称逃兵，可见他的主张原来是"和难，战亦不易"。这是和战两难论。

竟也有大人先生中了这和战两难论的毒，对于"戡乱"问题抱起那种厦门议长所谓"三心"来了：由热心而痛心，由痛心而灰心。

（见二月十八日《大公报》，厦门议长原是说华侨对祖国有三心。）于是立遗嘱，服安眠药，而由中央社宣布并非自杀。举例得二：喉舌陈氏，心腹戴老。

但这到底只是"无独有偶"的例子而已。翻遍"戡乱史"，找不出第三个。虽说"和难，战亦不易"是事实，大人先生们神通广大，有的是办法：你说和难，我便积极备战；你说战亦不易，我便又贩卖和平。右手执投枪，左手执盾牌，总可以抵挡一阵了。大不了，做个"逃兵"，三十六着，走为上着。坐飞机，可以到美洲，美洲有银行存款和橡树园。坐轮船，可以到台湾，台湾有的是美国军舰。

所以"二难"是难不倒大人先生们的。如陈戴二公，必定是因暮年高龄，痰迷心窍，一时糊涂，多吞了几个药片。从此必继起无人，也无需再麻烦中央社费笔墨辟谣了吧。被"二难"难倒的一定是走投无路的小民，连安眠药片也买不起，即使不吃美制的"外国连心"，也难保不因为饿得精神恍惚，竟"自行失足落水"去了。

（署名商翼，原载《启示》新第 3 期，1948 年）

读《新美学》^①

这本书是蔡仪先生继《新艺术论》(商务出版)之后的著作。诚如作者序上所说:"这是以新的方法建立新的体系,对于美学的发展不会毫无寄兴吧。"

全书共六章:

第一章"美学方法论",讨论美学的途径、领域与性格。在批判了柏拉图、邦格腾^②等形而上学的美学,菲徐纳^③等心理学的美学,泰纳、格罗塞等的客观的美学之后,作者指出:"美在于客观的现实事物,现实事物的美是美感的根源,因此正确的美学的途径,是由现实事物去考察美,去把握美的本质。"(原书第十七页)所以美的存在——客观的美,是"美学全领域中最基础的东西,唯有先理解美的存在,然后才能理解美的认识,然后才能理解美的创造"(第二十七页)。美的创造即艺术,美的认识即美感,其客观的基础——美的存在,构成美的全部领域。美学即以此为对象。因此在性格上,"美学是关于美的存在和美的认识的发展的法则之学,在认识美的存在之上,并求改造美的存在,而创造艺术"。这就是

---

① 《新美学》,蔡仪著,群益出版社刊行,民国三十五年五月出版。
② 即 Alexander Gottlieb Baumgarten,今译简称"鲍姆嘉通"或"鲍姆加登"。——编者
③ 即 Gustav Theodor Fechner,今译简称"费希纳"。——编者

说,"美学其实是一种哲学,是哲学的一部分,一分支"(第三十五页)。

第二章"美论"。作者首先指出:过去主要的美学思潮,因为它所根源的哲学思想为观念论,又因为只从美感去考察美,以致都认为美是主观的。然而"主观的美"论,无论弗徐纳、里蒲士,无论康德、黑格尔,无论克罗齐、朱光潜,皆有其不可克服的矛盾。其次论到历史上各派美学家提出的"美的主要原素"或"基本原则":(一)变化的统一;(二)秩序;(三)比例;(四)调和;(五)均衡;(六)对称;(七)明确;(八)圆满性。作者一一加以驳斥,认为皆非美的特性。然后提出作者自己的主张——"典型"论的美论。以为"美的事物就是典型的事物,就是种类的普遍性、必然性的显现者。在典型的事物中更显著地表现着客观事物的本质、真理,因此我们说美是客观事物的本质,真理的一种形态,对原理原则那样抽象的东西来说,它是具体的"(第八十页)。

在第三章"美感论"里面,作者批判了美感诸旧说,包括邦格腾、康德,以至克罗齐的形象直觉说、朱光潜的心理距离说、里蒲士的感情移入说,以及鲁司、浮龙李①和卢纳卡尔斯基等生理学家的美感说。却认为"美的观念"之说者,"有比较正确的因素。……这便是外物和美的观念一致是美"(第一二八页)。因为概念不但有抽象性方面,而且有具象性方面。"当它(概念)和表象结合的倾向发展时,它是愈综合的,愈具象的,于是……它不是一个空洞的架子,而有实际事物的形象。……这时候的概念是表象的

---

① 即浮龙·李,Ver Vernon lee,又译"弗农·李"。

再显,它概括了个别的特征,所以它的种类的属性条件虽是显明的,但是渗透着个别的属性条件,因此它可以反映客观事物的具体的本质真理,它是美的认识的基础。"(第一四四页)而在此美的认识的基础上发生的精神活动,即是美感。美感可说是"美的观念的自我充足欲求的满足时的愉快"。这又有两方面:一方面是"由想象而使美的观念充足,成为一个鲜明的形象,引起美感。这时若把这鲜明而完整、栩栩如生的形象,用艺术工具表现出来,便是艺术的创作"。另一方面,"外物所予的印象,也就是意识获得的新的表象,与原有的美的观念相契合时,美的观念得以充足而完全,于是而发生美感,美的情绪的激动。……这便是从来所谓美的鉴赏的愉快"(第一六一至一六三页)。

第四、五、六章分论美、美感与艺术的种类。按照事物的构成状态,美可分为单象美、具体美、综合美三类。按照事物的产生条件,美又可分为自然美、社会美和艺术美三种。矛盾的美感称为雄伟,调和的美感称为秀婉。雄伟和秀婉是美感形式上的不同。但因艺术美扩充了美感的形式,于是雄伟以上又有悲剧的美感,秀婉以下又有笑剧的美感,至于艺术的种类,根据美有单象美、具体美和综合美,便也可分为三种:单象美的艺术就是音乐、建筑、跳舞与图案,具体美的艺术形式就是绘画与雕刻,而综合美的艺术,主要的是文学。

原作梗概如上。无疑地,在用新的哲学方法处理美学问题的著作中,到目前为止,这可算是最有系统的一部。系统化正是本书最显著的特点。因为系统化,所以敢于对于旧美学的各派,作结账式的清算。

系统化就是"一以贯之",贯串此书的骨干,可一言以蔽之:美即典型。就客观的美说,美的本质即是事物的典型性,即是个别之中显现着种类的一般。而就主客的关系说,美的认识即是对于典型的把握,即是由智性再归于感性,由一般归于个别,从而形成具体的美的观念。美的观念反映典型。这反映如果是充分的(那就是得到了想象或知觉的帮助,美的观念自我充足了),其精神状态即为美感。而把这种自我充足的美的观念表达出来,即是艺术的创作。艺术在于创造典型。——在"典型论"的美学诸著作中,蔡仪先生的这本书可以说是"最典型的"。

要对典型论的美学作一全盘考察与检讨,非短文所能办到。我自己以前也曾持此说法,但后来却渐渐也起了怀疑。引起怀疑的原因很多。其一是:典型虽是个别与一般的统一,一般却是占优势的。在认识上,虽要求感性与智性的统一,智性却是制约感性的。在我探究了知识论的各问题之后,我明白这是知识经验及其对象的特性,而美感并不如此。其二是:因为一般优于个别,智性制约感性,是知识经验的共通特性,所以从典型论看艺术,是对艺术作科学与历史的分析,这的确可以说明艺术如何解释并叙述现实。但解释和叙述却并非描写,艺术是描写现实的。其三是:以典型论作为艺术创作的指导原理,则作品难免有概念化的趋势。(因为它要求一般占优势。)而概念化却是一种毛病,因为概念化的作品,意识虽清楚,描写却不必真实。其四是:在价值上,典型论者皆混同真与美,认为美的本质就是真。真,美,以及善,虽互有关联,且究极说来是同一的,但有分别的美和分别的真,显然并非一致。"白发三千尺,缘愁似个长",是美的诗句,视为命题，则毫无意义。"二加二等于四"，是真的命题，却并没有什么美的描写在内。

我现在的看法颇接近"变化的统一"或"多样的统一"说。这虽是一个最古老，甚至最朴素的说法，却含有金刚石一般颠扑不破的道理，所以从来的美学家，连蔡仪先生在内，或多或少地承认它，但要详细阐明，非本文范围，在此只有从略。

然而蔡仪先生此书还是值得详细一读的。至少在我看来是如此。比起过去美学各派的著作来，这里有更丰富的养料，更新鲜的血液。我个人虽然不完全赞同典型之说，却也不否认它可以指出艺术的叙述与解释的功用。何况从多样统一说看，蔡仪先生的著作既然触及多方面问题而又一以贯之，正可以说是一部美的作品。

三十六年十月于上海同济大学

（署名冯契，原载天津《大公报》"图书周刊"第三十八期，1948年2月20日第1版）

读《文艺，批评与人生》[①]

　　全书收文章二十七篇，大半写于抗战期间。其中有关于文艺理论与文艺批评理论的建立者，如《文艺自由新论》、《论文艺批评的积极性与建设性》；有关于文艺运动（特别偏于东南）的探讨者，如《东南文坛与东南文艺运动》、《关于东南文艺运动的初步计划》等；有关于当代的作家与作品的批评者，如《周作人论》、《论鲁迅的历史小说》等；又有对语文作一般性的研究者，如《论语言意识》、《中国文法革新泛论》等。

　　许杰先生用历史的眼光，社会科学的观点，处理语言与文学诸问题。于语文，认为它是一种社会契约关系，是跟着社会的转变而转变的。于文法，认为它是现实生活的反映，应强调其对于时代所尽的政治作用与武器作用。这样的立场，自然是正确的，进步的。此书之具政治作用与武器作用，不言而喻。

　　书中论语文的篇幅较少，书名《文艺，批评与人生》，正可见其以文艺批评为主。许杰先生于自序中说："我用文学批评，批评现实的人生；我也用人生批评，批评当前的文学。"全集十之七八，可以此语贯串。

---

① 《文艺，批评与人生》，许杰著，战地图书出版社，民国三十四年九月初版。

一方面，"要理解人生，除了人生的本身，文艺便是一种最好的方法"，因为你能从"文艺所表现的形象中学到了人生的批评"。另一方面，要理解文艺，除了文艺本身，你也得从人生入手。"你得用对人生的理解的深度，来帮助你对文艺的理解。"（原书五十六页至五十九页）前一方面的例子，我们读了《红楼梦》或《阿Q正传》，从而对于中国人的现实生活，有了一种批评（或多或少是用曹雪芹或鲁迅的眼光来作批评）。后一方面的例子，如各个人的生活实践不同，对于人生的看法各异，从而对于《红楼梦》或《阿Q正传》的估价有差别：有人以为这些是闲书，有人以为这些是瑰宝；有人以为贾宝玉可以模仿，又有人以为阿Q虽然有趣，却应该清算等等。

我认为这是颠扑不破的真理，愿在此稍加引申，或能帮助读者对于此书的了解。

一个作家从现实撷取题材，写入作品，传达给读者。在此过程中，他自然有所取舍。取舍得有标准或尺度。每一个作家从他自己的窗口眺望世界，每一个作家把自己的观念（或观点）写入作品。在创作过程中，写作者的世界观和人生观，有意无意地从笔端流出，泛滥于字里行间。上帝按照他自己的形象创造人类，作者也是按照自己的想法处理题材的。

所以，当一个读者阅读作品，当作品的字句再现为形象，读者就是在用作者的观点观看世界。许杰先生所谓从文艺可以学到对于人生的批评，大概就是这意思，而我们熟读或多读了某作家的著作，在思想上经常会受他的影响，也就是这缘故。

但读者毕竟不是作者，他有自己的理论，自己的实践。除了作者能给的提示之外,读者还要从他自己的窗口观看作品,拿他本人所经历的现实和作品相印证或比较。这就是许杰先生所谓用人生批评来批评文学,而各个人对于同一作品的理解程度、欣赏态度与价值判断之所以有差异,也就是这缘故。

每一个读者是一个批评家。而所谓批评家,按照许杰先生的说法:第一,"应该同时是一个文艺写作家"。(我想,不如说是文艺欣赏者。)第二,"应该同时是一个哲学家、社会学家、艺术理论家"。(这是说批评家应有其正确的世界观、人生观与艺术观。)第三,"应该同时是一个行动的实践者"。(必须有这样的实践,才会有正确的观点或理论。)——所引见原书二十六页至二十七页。

具此三条件,读者或批评家乃真能欣赏、理解与判断文艺的价值。(当然,一般读者是或多或少地具有这样的条件的。)再引申开去,也可见批评文艺(乃至一般艺术)的标准共有三个。

首先,文艺有其本身的艺术标准。必合乎此标准,才能引起欣赏者的美感,才可以说是艺术品。照我个人的说法,真正的艺术品皆在描写性情,皆在从情态(现象)的对立统一显示本性(本质)。具此内容,而又以恰如其分的形式表达出来,太质则"文",太过则"节",就一定能引起读者的美感了。(此意必须专书讨论,在此不便详述。)

其次,文艺有其理论上的尺度。我所谓理论,是指在历史、科学与哲学中所反映的现实秩序。消极方面,文艺不能与这秩序相悖;积极方面,文艺还要能说明现实才是。虽说艺术多凭虚构,却决不能违背逻辑。何况所有的大作品,都在写出作者所认为的历史的真理呢。像宁荣二府的大家庭必然趋于没落,像贾宝玉和林黛玉的恋爱，在旧日社会中，必然构成悲剧。（此必然即历史发展的必然。）读者作"后梦"、"复梦"、"忆梦"等，妄冀团圆作结，那就真的是"梦"了。

又次，文艺有其政治和道德上的要求，前人喜欢讲艺术的道德价值，今人喜欢讲艺术的政治作用，二者都是社会实践方面的要求，所谓"文以载道"不只是说明搭载道而已，实在也是要替这个道说教。就此意义说，文艺的确都是宣传，有意无意地在替道德与政治服务。《金瓶梅》劝百讽一，虽不能像道学家辈斥之为淫书，即把它一脚踢开，但这无疑是一大病。而在人民世纪的今日，封建主义与自由主义的作品之所以视为落伍，也就是因为在政治与道德上，它们已不合乎大多数人心目中的尺度了。

文艺批评家（乃至所有的读者），具三种身份（欣赏者，理解者，行动者），执三种尺度（艺术的，理论的，实践的），以艺术作品，看它：第一，描写现实是否活生生而恰如其分；第二，说明现实是否不悖科学而合乎历史的发展；第三，指导现实是否向正确的方向而尽了它的宣传作用。此即普通所谓美、真与善。一切艺术品，皆以此三者为鹄的，皆要求达到（虽不必完全达到）这三个标准。

这些引申之意，不必即是许杰先生所持的主张。但在我看来，许杰先生所谓文艺批评人生与人生批评文艺的辩证观，往更深处挖掘，往更深处推演，应该是这样子的一套文艺理论，略如上述。

三十七年八月于上海同济大学

（署名冯契，原载天津《大公报》"图书周刊"第六十七期，1948年9月20日第1版）

斥中和思想

一

《庄子》天运篇有一段文章,鲁迅在《出关》中已翻译成为白话。节录如下:

> 先是老子对孔子说:
>
> "白鸱们只要瞧着,眼珠子动也不动,然而自然有孕;虫呢,雄的在上风叫,雌的在下风应,自然有孕;类是一身兼具雌雄的,所以自然有孕。性,是不能改的;命,是不能换的;时,是不能留的;道,是不能塞的。只要得了道,什么都行,可是如果失去了,那就什么都不行。"
>
> 孔子当时不懂。过了三个月,却跑去对老子说:
>
> "我想通了一点:鸦鹊亲嘴;鱼儿涂口水;细腰蜂儿化别个;怀了弟弟,做哥哥的就哭。我自己久不投在变化里了,这怎么能够变化别人呢!"

我对于鲁迅的推论——老子因此便走流沙,颇有怀疑。但以为上述对话,却能深刻地道出孔老之异同。两人都认为自然的变化,有对立(如雌雄),有调和(如有孕),这是相同的。然而一则以为"性不能改,命不能换",所以应该持超然的态度;一则以为必须自己投到变化里去,才能变化别人,这却又是有分别的。

持超然的态度,老子称为"守中"。投到变化里去,与时代合拍,儒家称为"时中"。儒道都自称"中道",而且都把对立的调和称为"和"。先秦以来的士大夫,除了极少数例外,都麇集在儒道两面大旗之下。中和思想是旧日士大夫的典型的思想。

今天,象征和平的鸽子满天飞翔,呼吁和平的喊声响彻云霄。这中间,固然也有些粗野的人民的声音,但大半却是从新士大夫们嘴里发出来的。和平的和与中和的和,是一个字。本文拟就孔老的中和思想作一讨论与权衡,对于认识纷然杂陈于当前的各色和平论调,或者也不无小补吧。

二

让我们先说老子。——当然,我说的是现存的《道德经》的作者,我不管传说中的老子是一个或几个什么样的人。

老子说:"反者道之动。"天地间任何现象,发展到一定阶段,总免不了要转化到相反的方面。白昼之后有黑夜,风雨之后是晴天。"祸兮福之所倚,福兮祸之所伏。正复为奇,善复为妖。"今天参赞戎机,一言兴邦,桃李盈门,金玉满堂;到明天,树倒猢狲散,飞鸟各投林,弄得孤老头凄凄凉凉的,人穷志短,悲上心来,就只好追随戴院长之后,服大量安眠药片而由官方宣布患心脏病不治身死了。……

对于这类"物极必反"的变化,老子采取什么样的态度去应付呢?答案就是"守中"。守中也叫做"守母",万物之母就是道。"大道汜兮其可左右",而又不左不右,所以可称为"中"。老子所说的中道,是"视之不见,听之不闻,搏之不得"的。守着这样一个"恍惚之物"的人,当然也是恍恍惚惚,毫无色相可寻。在一般愚民看起来,真是高不可攀,深不可识,"迎之不见其首,随之不见其后"。鱼藏于深渊,皇帝高高地坐在金銮殿。华盛顿的太上皇牵牵线,引退的元首拍拍无线电,神不知,鬼不觉,一出一出的和平戏,便搬上了中国的舞台。

所以,守中才能"知和"。但老子所谓知和,却有几层意思:

第一,虽说物极必反,然而你如能不让"物极",却也就不会"反"了。老子说:"保此道者不欲盈。"酒杯无须斟满,吃饭总要留个肚。任你做什么事,都要留个余地作退步。所以"戡乱"不曾"到底",便喊和平;和平尚未实现,便又积极备战。"天之道其犹张弓欤!高者抑之,下者举之;有余者损之,不足者补之。""戡乱"有余,难免反被人戡,便马上以和平论调作为缓冲。和平论调唱得太高,又难免自搬砖头自压脚,便又急急忙忙地驳斥局部和平,重申戒严法令,以补战争气氛之不足了。

第二,既然"反者道之动"是必然的规律,自然也可以利用道(规律)以驾御群下。老子说:"将欲歙之,必固张之。将欲弱之,必固强之。将欲废之,必固兴之。将欲夺之,必固与之。"从前日本人高唱中日亲善,现在美国人推行马歇尔计划,都是应用这个办法。先跟你谈亲善,借给你几亿几十亿美元,多么慷慨!然而这是因为事物必定会发展到相反方面，轮到你对我慷慨的时候，你的就都是我的囊中物了。同理，欲复古则先实行新生活，欲独裁则先开个国民大会，欲卖国则先大谈其民族主义……例子真是不胜枚举。那么，引退或许是为了东山再起，发个和平文告，也或许是为了使"戡乱"终于可以"到底"吧。

第三，"高下相倾，长短相较"，是必至之势。现实世界要发生种种对立，是不可挽回的。所以最好的办法是任其自然。"善者吾善之，不善者吾亦善之，德善。信者吾信之，不信者吾亦信之，德信。"这就是所谓"和光同尘"。大智若愚，老子是个最会装聋作哑的人。好话，他点头；坏话，他也首肯。笑骂由他笑骂，好官我自为之。如果他是美国人，叫他做驻华大使，是最适宜也没有了。你们喊"戡乱"，他就说乱是应该戡的。你们喊和平，他就说我早主张和平。表面看起来，他真是好好先生。实际上，他守着他的"中"，而且说不定还是摆布这一切的幕后人哩。

总之，有了上述几项方法（一、不欲盈，二、欲取先与，三、和光同尘），现象界或人间世的种种对立，便可以保持平衡与调和。于是一切被你控制，一切为你所利用。而要点，却在于你能够守住个"中"，一直保持着超然的神秘莫测的地位。所以黄老之术被称为"君人南面之术"，是两千多年来的大小头目（不论在位或引退、幕前或幕后）统治愚民的巧妙的技术。

三

其次我们说说孔孟以至《中庸》、《易传》的中和思想。

《中庸》以未发为中,发而中节为和。"中也者,天下之大本也。和也者,天下之达道也。"用中国哲学的术语说:中是体,和是用。本体(道体)无所偏倚,故谓之中。大用(现象)无所乖戾,故谓之和。观念有共同的用法。就这一点说,儒道并无不同。

但以孔孟为代表的儒者(荀子除外),主张天人合一,体用不二。而老子所说的道体,却是和现象界打成两撅的。打成两撅,所以超然守中,独立不改。以为不二,便教人庸言庸行,投到变化里去变化别人。

孟子称孔子为"圣之时者",说他"可以仕则仕,可以止则止,可以久则久,可以速则速"。这就是《中庸》上所谓"时中",《易传》上所谓"与时偕行"的意思。"与时偕行",原来是句很有道理的话。这里面包含着健康的人生观:个人必须与时势合一;必须循着时代的轨迹,一个人才能改造自己,并为人民大众谋福利。

但是,利口乱信,乡愿乱德。所谓中行,大多只是德之贼而已。孟子说:"生斯世也,为斯世也,善斯可矣,阉然媚于世也者,是乡原也。"见到"飞龙在天,利见大人",当然可以仕了。见到"亢龙有悔",那就应该知难而退,赶紧提辞呈吧。而等到"革"(卦名)的时期到来,虎变豹变,摇身一变,革一革面皮,饭碗也就可以保住。大家喊"戡乱",他也跟着喊"戡乱"。大家喊和平,他也跟着喊和平。等到大家解放的时候,他当然也跟着喊解放了。这种人,真是"非之无举,刺之无刺,众皆悦之,自以为是"。但是有个不大好听的名称,那就是"投机分子"。

在目前,对和平作投机生意的,叫做"和平贩子"。要辨别这类和平贩子,颇不容易。不过他们也常有个标识。孔子说:"叩其两端。"

《中庸》说:"执其两端,用其中于民。"这是一种折衷派的调和论。常见报上登着许多不大不小的官儿们的谈话,说什么"平才能和","在平等的基础上才可以谈和平"等等,这都是"执两用中"的理论,用的都是市场上讲价的口吻。那说话者,就难免有做"贩子"的嫌疑了。

由上所述,可见儒家讲的"和",跟老子也颇有相通之处。谈时中而流于乡愿,则看风使舵,八面玲珑,便是"和光同尘"。执两用中,换种说法,也就是"损有余而补不足"。《易》谦卦象:"天道亏盈而益谦,地道变盈而流谦,鬼神害盈而福谦,人道恶盈而好谦。"更明显地就是老子所谓"不欲盈"的意思。现在颇有些人以为战胜者不该那么骄傲,不该提出那么苛刻的条件。这种"费厄泼赖"(fair play)的想法,这种对落水狗的同情,有的固然是出于儒家的恕道,但也有的可能是出于道家的权谋。

不但此也。更进一步说,儒道两家,正是"有无相生,难易相成"(老子语),大可以"并行而不相悖,并育而不相害"(《中庸》语)的。不要相信孔老夫子的鬼话:"道不同不相谋。"正相反,道不同,所以相谋。从前人说"阳儒阴道",一点不错。儒道两家,只是同一意识形态的阴阳两面而已。满脸礼义廉耻,满口和平,是阳儒。满肚阴谋权术,满心要战,是阴道。为了分工,最高的决策者大概都采超然态度,扮演老子的角色。而其帮手们,总是打着孔家的招牌,以使投入变化里去变化别人。今日和平运动的双簧戏,简单说来,就是如此而已。

四

中和思想极易与辩证法混同。《老子》和《易传》,早经我们的哲学史家们封为辩证法的老祖宗了。我们要问:这真的就是辩证法吗?

还是孟子的话有道理:"恶莠,恐其乱苗也。恶紫,恐其乱朱也。"真正的辩证论者最厌恶中和思想,正如真正的和平论者最厌恶伪装的和平理论。——但是,却也不必否认:白石似玉,鱼目似珠,这套中和思想中,多少是有辩证法的影子的。

这影子在于如《老子》,如《易传》,都有见于"反复之道",和辩证法相似。但我们紧接着必须声明:他们所见的反复,只是寒暑相推,祸福互倚这一类循环而已。循环论和辩证法是大异其趣的,《三国演义》开卷说:"天下大势,分久必合,合久必分。"照这种循环论的看法,一分一合,一治一乱,永远不会完。国共两党由合作而分裂,由分裂再合作,谈谈打打,打打谈谈:再也闹不完。现在要议和了,这议得的和,又安知不是另一次战的前奏呢?这类论调,在我们的公民中间颇为流行。而一般高唱和平的新旧绅士们,在心里大概也是默认的。那么,又何必多此一举呢?

但辩证论者对于这一问题,却有全然不同的看法。原来辩证法的创始人,是受过进化论的洗礼的。辩证法与中和思想的分别,首先在于前者蕴含着进步这一个概念。历史限制了古代的思想家,孔孟和老子,不能明白自然进化与社会革命的道理,以致中和思想到了今日,完全成了阻碍进步的绊脚石。并不是一正一反,循环不已。而是经过对立斗争,世界便往前发展了。并不是一治一乱,永不会完。而是经过若干次战争之后,中国人民以至全人类,终将获得永久的和平。

讲进步,则必须指出,对立的两造有其向前的、生动的方面,也有其倒退的、行将死亡的方面。在人民与反人民的斗争中,人民的力量不断生长,终将赢得胜利;反人民队伍不断瓦解,终将完全崩溃。这中间,不能叩其两端,损有余而补不足;也不能和光同尘,向双方作乡愿态。折衷论必须取消,中间路线是走不通的。所以所谓和平,决不能只是调和的意义而已。

而最后,更应该指出:一切理论有其阶级立场,中和思想也不能例外。孔子是个没落的贵族,《老子》的作者是个土财主之流的人物。旧日的士大夫,虽然可说是中间层的组成分子,却是大半和统治者一鼻孔出气的。中和之道,似乎是中间层的典型思想。但既要仰承主子的鼻息,以能被御用为目的,这套理论当然是偏右的了。孔子讲时中,是土大夫的本分。老子讲守中,则是替统治者画策。阳儒阴道,就表示两者相结合,狼狈为奸。从这样的中道推演出来的"和",对于老百姓会有什么好处呢? 老子说:"古之善为道者,非以明民,将以愚之。"这老头子说得很坦白,这一套,不过是愚弄人民的策略罢了。

(署名冯契,原载《中建》1949 年第 2 期)

"中国哪一天能太平？"

梁漱溟先生在写了《过去内战的责任在谁》、《论和谈中的一个难题》、《敬告中国共产党》等大作之后，又发表了一篇名《中国哪一天能太平》的文章（原文见三月三日上海《大公报》）。且不论这是"旧调重弹"也罢，"每况愈下"也罢，梁先生提出的问题是很现实的。他说得不错："中国哪一天能太平？这是在近四十年变乱中之中国人所要问的问题。"——尤其是目前尚在水深火热中的中国人所要问的问题。

本文以梁先生之题为题，谨就梁先生原文所述六"要点"，逐点加以讨论如后：

一、梁先生说："欲解答此问题，必先明白近四十年之乱与中国过去历史之乱不同。今日之乱含有革命在内。而过去之乱，则只是中国历史上'一治一乱'之乱。"乱与革命之不同，梁先生说得很明白："由乱入治，即是由社会秩序之失效，到社会秩序之恢复——旧秩序恢复，便太平了。而革命则必得一新秩序建造成功才得太平。"今日中国之革命与过去历史之乱有本质上的差别，谁也不能否认。问题在于：过去之乱是否真的毫无革命成分在内？我们的答案和梁先生不一样。自陈涉、赤眉、黄巾以至太平天国等历代农民暴动，尽管其目标常不正确，步伐常显零乱，果实常为流氓、军阀之流所窃取；且因此常为正统史家与学者们，根据"败则为寇"的原理，给他们加上"流寇"、"奸匪"、"乱民"等谥号，但是，相对于那时代说，那样的乱是有其革命意义的；而每次由乱入治，也并非单纯地把旧秩序恢复而已。

二、因此我们对于梁先生的"西洋历史是推陈出新的历史，所以有革命；中国历史则自秦汉以后，入于盘旋不进，只有一治一乱之循环而没有革命"的说法，也不能赞同。中国历史和西洋历史各有其特殊性，自然不能混为一谈。但其间之差别，既不在于一无革命而一有革命，更不在于秦汉以后的中国社会入于盘旋不进。譬如两个孩子：一个（西洋）营养很好，发育得快；一个（中国）虽早熟了，却因营养不良，发育得慢。不同只在于快慢，而不在于发育与无发育。那个发育得慢的孩子，还是一天一天在那里长大的。

三、梁先生说："虽西洋通例，革命都是社会内部矛盾之爆发；现在中国的革命，则是由外引发，其不同很大。我们不妨戏称一九一一年（辛亥年）为留日学生的革命，一九二七年为留俄学生的革命。"这是一种"革命为商品论"，等于说：辛亥革命是日本货，一九二七年大革命是俄国货，而充当"革命贩子"的，就是那些留日留俄的学生。革命真是如此容易吗？美国留学生最多，为什么我们竟闹不出一个美国革命？梁先生上继孔孟道说，我们且引用几句亚圣的话来作说明：孟子说，"仁义礼智，非由外铄我也，我固有之也"。把孟子的四德换作革命二字，正是我们的见解。孟子又说："夫稃麦，播种而耰之，其地同，树之时又同，浡然而生，至于日至之时，皆熟矣。虽有不同，则地有肥硗，雨露之养，人事之不齐也。"用哲学术语解释:麦子(种子)皆含有长成麦苗的"可能",是麦苗的"根据"。但根据要发展,可能要实现,却必须具备"条件"。条件即指泥土、雨露、种植的时间以及除草施肥等人事。在同类条件下,根据同样的可能,麦子皆将长成麦苗,到夏至的时候就都成熟了。发展若有不同,那是因为条件不一。孟子所谓"其势则然也"(势犹时势之势,谓条件之总和),"非才之罪也"(才犹才能之才,即指可能)。社会也一样,也不能逃出根据与条件、可能与实现诸范畴。任何社会之革命,皆根据于其内部矛盾,有内部矛盾才有爆发革命的可能。此不仅是"西洋通例",也是中国通例。所谓"由外引发",只不过表示中国革命有其极重要的外在条件。此外在条件对我们的革命尽了催生的作用,正如久旱逢甘雨,种子乃浡然而生,油然而长。但是,抽芽的是种子,生小孩的母亲是中国社会本身。

四、梁先生在被那"以资产阶级为革命主力之革命(民主革命)和以资产阶级为革命对象之革命(共产革命)几乎结联起来"的现象,弄得"头晕眼花,莫知所措"之后,武断地说:"中国封建解体,在战国末期至秦并天下之时。秦汉以后之两千年,原不是什么封建社会。"他认为中国是一个"特殊社会",要改造它,亦须用"特殊之革命才行。以通常对付封建社会之民主革命来对付它,实属文不对题"。我们不必牵涉到中国社会史论战如何"聚讼纷纭",只就目前的情形说:在若干落后地区,如梁先生所在地四川,甚至还有类乎庄园制的早期封建经济的残余;而在我们的新士大夫群中,或许也包括梁先生本人,也并未能超越作为中国正统封建思想的儒家的藩篱。那么,又怎能说在此以前的两千年,原不是什么封建社会的特殊社会？对付封建的有效办法只有民主，我们以为"民主"之文是很对题的。

五、但梁先生有他的卓识创见。他有他的"个人本位"（如英美）、"社会本位"（如苏联）和"伦理本位"（指中国）的三分说。《中国文化要义》一书，久听楼梯响，不见人下来。此三分说之详细内容，不可得而知之。管窥蠡测，所谓伦理本位也者，大概不过是"大学之道"的三纲领与八条目的翻板吧！"古之欲明明德于天下者，先治其国。欲治其国者，先齐其家。欲齐其家者，先修其身。欲修其身者，先正其心。……"依此说法，伦理先于政治。推演下去，也就是思想先于生活，文化先于历史，精神先于物质。这是国产的典型封建思想，两千年来的统治者以此愚弄人民，两千年来的士大夫以此为进身之阶。说得多好听——先谈仁义道德（伦理方面的），再谈治国平天下（政治方面的），完全是家长风度！（然而家长风度也正表示它是封建的。）"国之本在家，家之本在身。"究其实，举中国以养"四家"，以满足"独夫"之欲望而已。伦理本位说之流弊，盖有至于此者！梁先生说："中国社会历史不决定于生产力之发展，而却受支配于一种思想学说，并且它竟支配二三千年之久！天地间事宁有怪于此者？"这并不可怪，这只表示说这话的人在发妄诞，把头脚倒置了。这样的说法也并不能使唯物史观论者觉得"错乱杂绕"。在长期的封建社会中，封建思想当然可以有长期的影响，虽然有影响，但并不等于支配或决定。奇怪的倒是：眼看着封建势力已日暮途穷，传统思想已腐臭不堪，竟还有人把住二三千年前的古董不肯放手，甘心受它支配，这真是"天地间事宁有怪于此者"。庄生有言："曲士不可以语于道者，束于教也。"梁先生在学问方面,以哲学称雄,哲者理应通达;过去在民主运动方面,以不屈不挠为人佩服,不屈不挠者理应刚直,然而竟蔽于一曲,束于一教,长迁而不反,哀哉!

六、因此我们对于梁先生的伟大的志向,——欲把三套文化(个人本位、社会本位与伦理本位)"融会贯通起来,使其矛盾扞格皆消融不见,而后中国的新秩序、世界的新秩序都有了:那时中国亦太平了,世界亦太平了"云云——颇表怀疑。这如果不是吹牛,那一定是吉诃德先生的疯话。比如《论和谈中一个难题》文中所陈主张:"凡是国民党之在高位者,应一律随同蒋先生引退下野,闭门思过。""那些负罪于国于民的人,每人送给他两个字作证。像古书所云'名曰幽厉,百世莫改'。这就够了,用不着什么刑罚。"这类言语都有点近乎梦呓。如果这些梦呓和疯话,都是梁先生对于"中国文化要义"作了"反复检讨,多方论证"之后的成果,那么,我们在用了"我们深深觉得"六字(原文中谓有周陈二君用此六字)之后,要再加上个"不必"!"中国哪一天能太平"之问题,梁先生大可不必去费心,因为我们虽不能指出一个确切的日期是"哪一天",却有现在就可以断言的:那便是真的到了"那一天",中国太平了,梁先生的伦理本位说便也跟那二三千年的发霉的传统思想,一起都太平了。

(署名冯契,原载《启示》新第 4 期,1949 年)

论"中国的悠久文明"

"招魂"

假使我们要找两句古语作题词,题在艾奇逊先生的"篇幅浩瀚"重达十二磅半的白皮书的扉页上,照我想,最恰当的是:

"目极千里兮伤春心,
　魂兮归来哀江南!"

不用说,"哀江南"是马上要改成"哀台湾"的。艾奇逊坐在华盛顿国务院里,举起望远镜远远地眺望,看见在太平洋彼岸,在新中国的大地上,帝国主义及其走狗已经是众芳芜秽,草木摇落;他禁不住掩涕叹息说:这是"不幸的但亦无法逃避的事实"!

那么就此知难而退,死心塌地了么? 有篇古诗写一个女人失了恋,便把所有的情书和纪念物抱出来,"拉杂摧烧之。摧烧之,当风扬其灰。从今以往,勿复相思!"这是个决绝的女人。现在艾奇逊的行径和这女人正相反。他郑重其事地把他们的"对华关系的纪录"编纂成白皮书,而且"已予公布"。足见洋大人们对中国并未忘情,并未死心。藕断丝连,美帝国主义者的余情之丝,正企图撩逗某一部分的中国人。"中国的悠久文明和民主个人主义终将再起!"多么甜蜜的情话,多么亲切的召唤!白皮书并不是绝交信,而是一封新型的情书。它看起来很像一首挽歌,实质上却是一篇"招魂"。

"魂兮归来,反故居些!"什么是故居?就是半封建半殖民地的旧中国。艾奇逊一手招呼拥护"民主个人主义"的幽灵,重返帝国主义的怀抱;另一手又招呼留恋"中国的悠久文明"的阴魂,再回封建主义的老家。两者果真都受"鼓励"而"发展"起来,又结合在一起,那就是上海国际饭店顶上的"礼义廉耻"(这四个字是国粹),重新又在黑夜里放射出耀目的霓虹光(这种光是外国传来的)。如此,美国兵当然又可以在国际饭店门前的跑马厅里,"我武惟扬"地跑他们的马了。

关于民主个人主义,本文不拟多说。下面只就艾奇逊所谓"中国的悠久文明",作一简略的分析。

"用夏变夷"

两千多年前的中国圣人说:"吾闻用夏变夷者,未闻变于夷者也。"两千多年后的美国国务卿说:"中国的悠久文明……终将推翻外来的羁绊。"前圣后贤(而且这后贤是外国人),说话竟如此合拍,岂非怪事?

再引几句:"二三千余年以来,中国人发展他们自己的高度文化与文明,多半未受外来势力的影响。甚至受武力征服之后,中国人还往往能在最后镇服并同化侵入者。因此他们自然会自视为世界中心以及文明人的最高表现。"——说得多好听！真正抓住了中国民族的自大心理。如果这话是出自中国人之口（可惜艾奇逊是美国籍的公民），把文中的"他们"改成"老子"，加上几个"呸，妈妈的"，那就完全是阿Q腔调；而若翻译成文言，之乎者也，摇头摆尾地念起来呢，那便又是士大夫的声口了。

令人抱憾的却是：当我们的可怜而又可爱的阿Q，用精神胜利法防卫自己向别人宣称"老子以前比你阔得多哩"的时候，洋大人们并不曾说你有悠久文明值得尊重之类的话，反而用大炮轰开我们的门户，强占土地，开辟租界，在租界里建立工厂与花园，在花园门口竖起一块牌子："狗与中国人不准入内！"

除了外国贵妇人豢养的哈吧狗（它和少数高等华人一样，可以跟着主子走进洋人花园），所有的狗（以及中国人民）是龌龊的、野蛮的动物。野蛮与文明相对立。文明人彼此之间，可以讲文明的礼节。文明人对付野蛮人，却只须用野蛮的手段。这原是帝国主义者信守不渝的原则。而中国人民也已经从百余年的惨痛的经验，认识了这一原则了。随武装进攻与军事援助俱来，帝国主义曾在中国的土地上创作了多少件令人发指的暴行与秽行：臧大事件，沈崇事件，景明大楼强奸案……说不尽，数不清，但是我们一一牢记在心头。

我们是记得这样牢，认识得这样深切，以至于我们也能辨出糖衣中包含的毒药，文明的谈吐中暗藏的野蛮手段。艾奇逊声称要鼓励中国的悠久文明的发展，劝我们"用夏变夷"（这个"夷"字指白皮书中所谓外来的羁绊，亦即苏联和马克思主义）；而中国人民却一眼就看出，艾奇逊的用意正在继续使"夏变于夷"咧（这个"夷"字指美帝国主义）。

帝国主义与"礼义之邦"

不错，中国有悠久文明，这是足以自豪的。但我们决不再自豪到这个地步："自视为世界中心以及文明人的最高表现。"我们不讳言自己落后，我们正急求进步。求进步，就不会无条件地排斥外来势力的影响。中国民族并不是个爱排外的民族，正如它并不肯媚外。在历史上媚外与排外的事件当然都有过，但那是局部的暂时的现象。我们的祖先曾向外国学习了许多的东西：胡瓜、胡豆、胡笳、胡琴，以至佛教教义、现代的自然科学、社会科学等等，都是先由外国移植进来，而已经变成"土生的和民族的"了。共产主义受中国人民热烈欢迎，艾奇逊真不必大惊小怪。原先只产在美洲的番茄、玉蜀黍，中国农民早已普遍地种植了。

可见凡是适合中国国情，为中国老百姓所喜爱的东西，不管它的"原籍"是什么国家，都是可以在我们的土地上生长、发展，并构成中国的文明或文化的有机的一部分的。

然则帝国主义为什么竟不能在中国生根？答案很简单：它侵略中国，它创作暴行与秽行，中国人民不喜欢它，恨它，反对它，把它驱逐出去了。

那么加上几句正面的话打气："我们鼓励在中国的一切发展，目标在使中国的悠久文明东山再起"；再加上几句反面的话挑拨："共产党领袖已舍弃他们中国的遗产，而且已公开宣布他们附从于一个强国——苏联"。这是不是就可以挽回了呢?

蒋介石曾经提倡新生活,想恢复旧道德。艾奇逊所要鼓励的,大概也包括礼义廉耻之类吧。封建的古中国,自称为"礼义之邦"。什么是礼义? 就是封建集权主义者统治人民的工具。但是从孔子的时候起,这工具就已经有点不灵了。他老先生说:"礼失而求诸野。"蒋介石与艾奇逊生在两千多年以后,而且一个被逐到台湾,一个远在华盛顿,又怎能有起死回生之术呢,更何况他们自己就是这些封建工具的对立物,在摧毁"礼仪之邦"的工作中,帝国主义和官僚资本主义也是助了一臂之力的。例如"男女授受不亲"是古礼之一,洋人和高等华人在舞厅跳起什么华尔兹、伦巴来,就是把这古礼破坏了。

这样,一方面在主观上扶植封建势力,另一方面又在事实上摧毁它。帝国主义统治殖民地的规律,就是如此。现在中国在事实上即将完全脱离殖民地的地位,美帝国主义当然只剩下主观的想法了。

封建的个人主义

在这封建剥削制度尚未彻底消灭;地主作为一个阶级,还没有在全国范围内被推翻;而旧社会的封建意识与习惯,还或多或少地残留在人们的身上的时候:艾奇逊的恭维之辞,奖励之语,说来虽不中听,却也有它在中国的"薄薄的社会基础",可以挑引起一些思想上的混乱的。

特别是知识分子。因为他们的前身是士大夫,最喜欢发怀古之幽情。读过一点历史,便又好用类比的方法,以为今日之解放大业与"一边倒",也不过是"以暴易暴"。而且,知识分子与个人主义,是数千年前就结下了不解缘的。艾奇逊把中国悠久文明与民主个人主义并列,颇能击中要害。

原来封建时代的士大夫是个寄生阶层,它依附上层贵族,却又常有失宠而被贬为庶民的危险。所以士大夫有它的两面性与两面做法,孔子说:"邦有道不废,邦无道免于刑戮。"孟子说:"得志,泽加于民;不得志,修身见于世。"可上可下,能屈能伸,此之谓中道。可见士大夫之为士大夫,不但在于其维护与推行封建集权主义的一面(得志则上朝庭),而且在于其还有明哲保身的封建个人主义的另一面(不得志则归田园)。

杨朱为我,全性葆真。庄子"以天下为沉浊","独与天地精神往来"。嵇康愤世,著《养生论》。阮籍佯狂,"口不臧否人物"。陶渊明采菊东篱,说"在世无所需,唯酒与长年"。——这些,都是封建时代的个人主义的代表。

在攻击旧制度、批判礼义与封建集权主义的方面,士大夫的个人主义确也起过一定限度的破坏作用。这是它的好处。当其时说,其志可悲,其情可悯。但若时过而不迁,到今天,还要把它同香饽饽似的捧到台面上来,那便是以腐朽为神奇了。郭象说:"当其时,西施也。时过而不迁,丑人也。"个人主义曾是封建文化的净化力量(也只是消极的,部分的),现在却已完全变做丑物了。

是什么使它变成丑物的呢? 条件之一也就是帝国主义。帝国主义带给我们资产阶级的文明,资产阶级的教育,叫我们的知识分子做技术人才。做了技术人才,一天忙忙碌碌地替资本家服务,哪里还可能"独与天地精神往来"呢？孔乙己只会写字、喝酒,不懂生产技术,不能替资本家服务。他的下场大家是知道的了。

民主思想

个人主义者未必有民主思想,有民主思想的也未必就抱个人主义。在中国的旧传统中,个人主义源流深长,民主思想却是晚起的。

上述杨朱等个人主义者,都不能说有什么民主的气息。庄子有无政府主义倾向,主张"同与禽兽居,族与万物并"。陶渊明虚拟桃花源,描写了一个乌托邦。都是反动的倒退千里的想法。

孟子维护封建制度不遗余力,却发了一些民贵君轻、"闻诛一夫纣矣"等议论,为后来的民主主义者所乐于祖述,但并不足以表示孟子本人就有民主的观念。真正的民主主义者兴于明清之际(当时市民阶级一度变得相当强大),代表人物是王船山、黄梨洲、唐甄等,他们主张人民应当做主人,痛斥暴君独夫与故家大族"操细民之生命"。以为政治在于"富民为功",一方面照顾工商的利益,另一方面应解决土地问题。——这的确是资产阶级的民主主义。只不过他们同时又是爱国主义者,却也未必完全合乎艾奇逊所谓民主个人主义的标准。

资产阶级民主主义在中国,原是有文化传统与社会基础的。不过这基础甚薄(中国资产阶级柔弱),传统甚浅(民主思想晚起,且被清朝皇帝摧残,所以它在我们的"悠久文明"中不能居领导地位),因此从鸦片战争开始,我们不断地挨打。挨了打,便只好硬起头皮向敌人学习。这即是艾奇逊所谓"介绍新观念"。但是终究没有学成,倒不能怪中国人无能。那是因为帝国主义者对于我们的资产阶级,也同对于我们的封建势力一样,一方面扶植它,另一方面又无情地摧毁它。

民主集体主义

艾奇逊所要召唤的"中国的悠久文明"之阴魂,恐怕不外乎上述数者而已。(一、封建的集权主义及其统治工具礼义等,二、封建的个人主义,三、市民阶级的民主思想。)而上文已表示,此数者之所以失去生命力而终于成了阴魂,帝国主义正是重要的因素之一。美国国务卿的话,很难令人相信是出于真诚的,所以也难以招到几个阴魂吧。

至于艾奇逊说的共产党已"舍弃他们中国的遗产",则只需把舍弃二字改为"扬弃"或"批判地接受",即并无毛病。中国人民并不想无条件地保存、发扬过去的遗产,正如我们并不无条件地排斥外来观念一样。

而在所有的遗产中,我们今天特别乐于继承与发展的,却正是与艾奇逊所谓"外来的羁绊"血肉相关的部分。这部分,叫做民主集体主义,也叫做下层阶级的思想。艾奇逊给它加上了"外来的"形容词,如果不是对"中国的悠久文明"无认识,一定是有意的侮蔑与挑拨离间。

不必追溯到太古贤圣,如神农,如大禹。只需提出墨子,他倡导的兼爱、非攻、尚同、尚贤、节用、非命等思想,尽管掺杂了若干封建的、迷信的色彩，本质上却是下层阶级的集体主义与集中主义。所以他组织的团体，所有的分子都能同甘苦，共患难，见义勇为，"赴汤蹈火，死不旋踵"。墨者的组织虽在秦汉间被压迫而消灭，墨者的精神却为历代前仆后继的举行暴动与起义的农民军继承并且发扬光大。"有衣共穿，有马共骑。"梁山泊好汉们的信条，也正是同一下层阶级的人们"兼相爱、交相利"的表现。

自墨子至太平天国，一脉相承。太平天国失败后，孙中山又联合哥老会、三合会、兴中会等组织国民党。国民党腐化，共产党继起。我们的集体主义的传统，随着时代的进展，新陈代谢，扬弃了封建的、迷信的成分，发展了民主的、进取的精神。斗争的经验不断地丰富它，外来的新观念也帮助它。特别是"五四"以后，由于中国无产阶级的觉悟，由于苏联十月革命的影响，从中国共产党成立之日起，我们的民主集体主义便已进入一全新阶段，决定要获得彻底的胜利了。

艾奇逊有时说得也清楚：这个民主集体主义或新民主主义，"显然在许多中国人看来是土生的和民族的"。不但"看来"，而且实质上，"这是中国内部势力的产物"。艾奇逊鼓励我们的悠久文明的发展，我们自己也正在鼓励。不过立场不同，观点相异，鼓励的方法与发展的内容，便也完全相反罢了。

（署名冯契，原载《展望》第 4 卷第 8 期，1949 年）

论虚无主义

一

《旧约》传道书第一章说:"虚空的虚空,虚空的虚空。凡事都是虚空。人一切的劳碌,就是他在日光之下的劳碌,有什么益处呢?一代过去,一代又来,地却永远长存。……万事令人厌烦,人不能说尽。眼看,看不饱;耳听,听不足。已有的事,后必再有。已行的事,后必再行。日光之下并无新事。岂有一件事人能指着说:这是新的。那知,在我们以前的世代,早已有了。已过的世代,无人记念,将来的世代,后来的人也不记念。……我心里议论说:我得了大智慧,胜过我以前在耶路撒冷的众人。而且我心中多经历智慧和知识的事。我又专心察明智慧、狂妄和愚昧,乃知这也是捕风。因为多有智慧,就多有愁烦;加增知识,就加增忧伤。"

读了这一段文章,我不禁也心里议论说:为什么圣经中竟有如此说教?这分明是《浮士德》里靡非斯特——绝对否定的精神的化身的独白呀!

今天我们中国,也有同样矛盾的现象:在一片"解放区的天是明朗的天"的歌声里,竟有人在忧伤,在冷语,在用魔鬼的声音说他的虚无主义的教。

声音自然是细微的:"一个党去了,一个党又来。都是一丘之貉。我看得太多,知道得太清楚了,中国的事总归是没有办法的。……"

这说话的人虽然是个想走中间路线的知识分子。因为右不能高攀,左不肯低就,现在又听人说,第三条路是没有的;剩下来当然是一个"没有办法"的"虚无"了。

必须指出:虚无主义并不等于虚无。它不是数学上的零,而是一个小小的负数。在今天,客观上存在着若干困难(如封锁、天灾、乡村治安未恢复、都市工商业暂时萎缩等),尚待我们努力去克服;虚无主义这类思想,特别在知识分子中间,是还有它部分的反作用的。因此,分析它,认识它,和它搏斗,却也是目前思想战线上的任务之一。而这对于知识分子的自我改造(旧知识分子或多或少地带点虚无倾向),无疑是具有非常重要的意义的。

二

不可抹杀:在一定的历史阶段,虚无主义也起过一定限度的进步意义的破坏作用。

屠格涅夫笔下的巴扎洛夫是典型的虚无主义者。他说:"只要你能够在我们现在的生活方式里面,在家庭生活或社会生活里面,找出一个不需要完全破坏的制度来!"所以他认为:"目前最有利的事就是否定。我们否认一切! 我们应该先把地面打扫干净。"——这在一八六〇年前后的俄罗斯说来,的确是富有革命意义的狮子吼。《父与子》这部小说引起极大的骚动,不是偶然的。

我们的庄子在攻击旧制度、旧道德方面,也颇有点巴扎洛夫精神。他把仁义比做"骈拇枝指,附赘县疣";说儒家"擢德塞性以收名声,使天下簧鼓以奉不及之法",甚至说"圣人不死,大盗不止!"这都是火一般的语言。后来反抗传统的偏激的个人主义者,如嵇康,如李卓吾,都明显地受了庄子的影响。

在国民党反动派统治时期,人民普遍地怀着不满的情绪。在那时候,攻击、辱骂、讽刺,都是应该有的。虚无主义能起破压、否定的作用,反过来,否定精神便也培养了虚无主义的倾向。

但是,"一切决定于时间、地点和条件"。昨天,在反动派统治下,人民把巴扎洛夫看做朋友(虽然是不很可靠的朋友);今天,当人民自己掌握了政权的时候,我们就要严正地劝告他:把你那否定精神也否定了吧,不然,你就要成为人民的敌人了。

为什么呢? 因为巴扎洛夫说过:"我不主张什么,那不是我的习惯。我决定不干任何一件事情,只限于辱骂。"这类破坏专家,如果不加以彻底改造,是必然要被反动派利用,成为我们新民主主义国家中的捣乱分子的。

三

巴扎洛夫相信一个戈贝克蜡烛可以把整个莫斯科烧掉,他是个个人英雄主义者。多数虚无主义者并不像巴扎洛夫一般有英雄气概(虽然巴扎洛夫在根底里也是个弱者),却有一点可以断言:虚无主义者都是个人主义者。

企图用个人力量来否定一切,有清醒头脑的人,在碰了几个钉子之后,就会明白这是不可能的。挟太山以超北海,只是幻想。螳臂挡车,自取毁灭。屠格涅夫给他的主角安排了一个偶然的机会,让他得传染病早死了,是不了了之的聪明办法。不然,巴扎洛夫是很难保持着他的本色下场的。

在哈姆莱特身上,我们见到了虚无主义与怀疑精神的结合。怀疑使人失去自信,也减弱了攻击的火力。于是悲观、失望,动摇、彷徨,颓废、颓唐,……百病俱发,生趣毫无,只好拿小刀抵住胸口,自问:"To be, or not to be?"

战斗既失去勇气,自杀也就不忍下手。而这个世界上,"万事令人厌烦"。逃到哪里去存身呢?贾宝玉有句口头禅:"做和尚去!"

屈原写《离骚》,说:"虽不周于今之人兮,愿依彭咸之遗则。"

传说彭咸是投水而死的段大夫,或说即彭祖,或说指巫彭巫咸,不管作何解释,屈原的归宿总不外乎自杀与学仙两条路而已。

这差不多是旧社会中的虚无主义知识分子的一般规律:不被杀,不自杀,便只有逃向宗教去藏身。(《旧约》传道书中说"虚空的虚空"等等,用意正在叫人皈依上帝。)庄子的玄学是种变相的宗教。这个落魄的贵族子弟,把旧礼教辱骂了一顿之后,说:"方今之时,仅免刑焉";"往矣,吾将曳尾于涂中"。于是假托藐姑射之山,自比神人,"上与造物者游,而下与外死生无终始者为友","乘云气,御飞龙",一味在幻想中自我陶醉,飘飘然真像是达到逍遥的极致了。

章实斋论庄子和屈原的异同,说:"大约乐至沉酣而惜光景,必转生悲;而忧患既深,知其无可奈何,则反为旷达。屈原忧极,故有轻举远游,餐霞饮瀣之赋;庄周乐至,故有后人不见天地之纯、古人大体之悲。此亦倚伏之至理也。"究其宽,庄子和屈原的道路是一样的。他们都是由忧患转为旷达,旷达中却又藏着深沉的悲哀。在根柢里,有虚无倾向的知识分子都是非常伤感的,因为他们有清醒的头脑,很明白自己的胆怯和懦弱。

四

虚无主义者声称要破坏一切。然而,人们生活着,总是在建设一点什么的。那么虚无主义者的建设是什么呢?

俄国的虚无主义者是无政府主义者,我们的庄子也是如此。"至德之世,其行填填,其视颠颠。当是时也,山无蹊隧,泽无舟梁。万物群生,连属其乡。禽兽成群,草木遂长。……恶乎知君子小人哉?同乎无知,其德不离。同乎无欲,是谓素朴。"这是个没有文化、没有政治组织的乌托邦。固然,取消君子小人的阶级对立是好的,共产主义的理想正是这样。但是教人无知无欲,回到野蛮时代去过动物一般的生活,这却不但在理论上违反了历史发展的必然规律,而且在事实上供给了反动的统治者一个压迫大众的有力工具——愚民政策。

上文说到虚无主义者以宗教与玄学为避难所,这也可算是建设性的主张吧。恰好,宗教与玄学,也早已成为愚弄人民的法宝了。果真每个人念佛求仙修来世,谈玄说道求解脱,皇帝的宝座哪还会有被推翻的一天呢？

不但此也。虚无主义渗透到宗教和玄学里面，就建立起一套很有体系的虚无哲学。自老庄提出了一个"无"以后，《中庸》《易传》接着说"无声无臭"，"无方无体"。佛教传进中国来，说的也是"空即是色，色即是空"之类。整个封建的中古时期，中国人都尊"无"为最高的观念，都以"无为"为人生实践的标准。"上无为也，下亦无为也。"看起来似乎很平等，然而上下的无为有本质的差别。上无为，是驾御者的无为。隐在幕后不动声色，利用鞭子们和棍子们驱使群下，这叫做权术。而下无为呢，那便是对政治不闻不问，甘心受宗教与玄学的麻醉，这叫做顺民。

——虚无思想的反动实质和它在中国历史上所起的反革命作用，由此可见一斑。

回到原来的问题，虚无主义者的建设是什么呢？一句话：为反动的统治者制作种种反动的工具。

五

由否定一切、批判传统，走到怀疑、悲观，甚至想自杀，再逃向宗教或变相的宗教，而终于与反动派一鼻孔出气。——这是虚无主义者的全部旧道路，也是虚无主义者否定自己的老方法。

不用说，老方法是不适用于新社会的。今天，如果虚无主义不愿自取灭亡，那就应该采取另一种新方法来否定自己。

新方法根据新观点，新观点根据新立场。什么是新立场？人民的立场,无产阶级的立场。什么是新观点?辩证唯物主义的观点,历史唯物主义的观点。

应该明白:虚无主义是一种没落阶级的意识,是世纪末的现象。在世纪末,我们要辱骂,要破坏。到新生代,我们就要歌唱,要建设。谁有力量破坏?人民。谁有力量建设?也是人民。如果虚无主义者真正想破坏旧制度,他早该不限于辱骂,早该放弃个人主义,而和人民站在一起了。和人民站在一起,自己就是人民的一分子。那么,对于人民的政权和人民的领导者——无产阶级及其政党,是只会歌唱、建议、作善意的批评,而决不会用漫骂、讥诮和冷淡的口吻的。

又应该明白:虚无主义是一种形而上学的理论。对历史,持循环论者的看法;对现实,抱冷眼旁观的态度。所以既缺乏彻底的科学精神,又缺乏面对现实的战斗力量。巴扎洛夫自命为科学家,敢于向一切挑战。但他在本质上是个机械唯物论者,机械唯物论是斗不过唯心论和僧侣主义者的。(这也是庄子之流向宗教投降的原因。)真正要斗得过,要想立于不败的地位,唯物论就必须和辩证法结合。有了唯物辩证法的观点,我们对历史和现实就有正确的看法。我们不只向后看,而是主要地向前看。于是我们发现日光之下的事,都有新生的方面。我们的理论便不再和实际脱节,却与高度的科学精神和革命精神密切结合,冷眼旁观的态度,当然就不会有了。

至此,"一代过去,一代又来"和"一个党去了,一个党又来"这类论调,便将一齐束之高阁。至此,加增知识,便不再加增忧伤。相反,知识给我们确信力,使我们相信中国以至整个世界是有办法、有光明的前途的。而虚无主义这个魔鬼,当知识分子彻底地改造了之后,也就成为历史的陈迹,真的等于虚无一物——数学上的零了。

(署名冯契,原载《展望》第 4 卷第 9 期,1949 年)

民族形式・科学内容・大众方向

"三表"

周恩来先生在人民政协大会上报告"共同纲领"时，把我们的新民主主义的文化政策简单扼要地解释作："民族的形式，科学的内容，大众的方向。"——这三个特征，早经毛泽东主席在《新民主主义论》中阐明了的，我们不妨称之为新民主主义文化的"三表"。

"三表"是借用墨子的话。墨子说："有本之者，有原之者，有用之者。于何本之？上本之于古者圣王之事。于何原之？下原察百姓耳目之实。于何用之？发以为刑政，观其中国家百姓人民之利。此所谓言有三表也。"（《墨子・非命上》）

墨子当然不懂得新民主主义为何物。但是他所说的三表，却正可说是新民主主义文化的三表的"本之者"。去了复古观点，"上本之于古者圣王之事"就在于继承与发扬民族的优良传统，不流于狭隘的经验主义，"下原察百姓耳目之实"就是实事求是的科学精神。国家若是指人民民主国家，人民若是指革命阶级，那么以"国家百姓人民之利"为衡量言论与行动（包括刑政在内）的标准，自然就是"大众的方向"了。

我在这里引用先哲的话，并不是"好古敏求"；也不是想用权威主义的方法，"重言十七"，叫人轻信。而是在表明：我们的新民主主义文化的理论与政策，原不是什么艾奇逊所谓"外来的羁绊"；它有其悠久的历史渊源，早在两千多年前就已发芽。所以，它正是"土生的和民族的"。

"一以贯之"

再引用一句孔子的名言，"吾道一以贯之"。需要辨明的只是：孔子的道是封建主义的道，我们的道是新民主主义的道。

新民主主义是一有机的体系。"共同纲领"七章六十条，加上一篇序言，是从同一个心脏分派出来的许多脉络。有经济的脉络，有政治的脉络，有文化的脉络。其中流动的血液都具有同样的颜色。所以新民主主义文化的三表，也正是（更正确点说，决定于）新民主主义政治经济的特征和要求。建国、建军、办工厂、造房子……我们今天的一切设施，都必须是大众方向、科学内容和民族形式的。——本文所讨论的，其实也不以文化为限。——这是"一以贯之"的第一层意思。

什么是这些脉络的心脏？就是人民，就是无产阶级领导的反帝反封建的人民民主革命。反帝，所以提倡民族化；反封建，所以提倡科学化；无产阶级领导的人民民主革命，所以又必须指出大众化。大众化、科学化、民族化，是同一个"化"，是同一个革命的诸侧面，是同一个性格的诸情态。这是"一以贯之"的另一层意思。

　　这另一层意思,跟形式、内容与方式的问题联系起来,就构成了我们这里讨论的题目。方向问题最基本,它决定内容,又从而决定形式。当然,反过来,形式又影响内容与方向。什么是方向?领导的方向,发展的方向,亦即立场问题。站在无产阶级的立场,人民的立场,开步走,就是走向大众的方向。走大众方向,就要求科学内容与民族形式。当然,反过来,民族形式又帮助内容的科学化与方向的大众化。这就是说,三者之间是有辩证的关系的。合则成全其美,离则三败俱丧。"三位一体"是基督教的神话,三表统一却是(应该是)新民主主义的现实。——这一点,是本文主旨,有待于以下的解释。

民族形式

　　民族形式的一部分问题是利用旧形式问题。为什么要利用旧形式? 马克思在论到法国革命的英雄们使用罗马服装,英国克林威尔从《旧约》中借用热情、幻想和词句时说:"死灵的唤起,并不是为了要模仿旧物,而是为了加光荣于新的斗争;不是害怕所担负的任务而故意回避,而是要把任务提高到理想的高度;不是复活那些幽灵,而是要鼓起革命的精神。"

　　在今天,谁有革命的精神? 谁是革命的动力? ——人民,以无产阶级为首的人民。所以大众方向是利用旧形式(包括古典形式与民间形式)的前提。形式之民族化只是手段,它服从于方向之所向的目的。现在我们开大会时挂对联,庆祝游行时舞龙灯,都是为了"加光荣于新的(人民大众的)斗争"。

因为形式总是比较凝固的东西，人们对它习惯了，就喜闻乐见，容易在情感上引起一定的交替反应。同是一件新奇的玩具，由母亲交给孩子，孩子喜欢；由陌生人交给他，他也许就害怕。新酒之所以常需装入旧瓶，是一样的道理。

但并不是所有的旧瓶都宜于装新酒。磕头只能表示奴才般的恭顺与可怜相，"十八摸"只能装进淫荡的歌声。旧形式不能无条件、无分别地利用，我们必须作一番选择的功夫。如何选择？那便是依照大众的革命的方向，以适合于装进新的科学的内容为标准。

民族形式的另一部分问题是创作新形式问题。这跟利用旧形式是一物的两面，然而是主导的方面，更重要的方面。因为新方向与新内容要求有新形式，我们便不能以单纯的利用旧形式为满足。

如何创作新的民族形式？同上帝创造世界一般，无中生有，凭空捏造吗？那不是人类的事情。人们创作新形式，是必须根据科学的历史的规律的：一则必须为方向与内容所决定；二则必须上承民族的旧形式，并以外来的形式为借镜。上承，所以决不能割断自己的历史；借镜，所以又应该大量吸收外国的进步文化。在批判地利用旧形式与介绍外来文化的过程中，往大众方向发展的科学内容，总将扬弃既有的桎梏，而获得崭新的民族的形式。

总之，大众化是民族形式的方向，它又解答民族形式的"为什么"（为什么要发展民族形式？答案是人民大众的革命要求）。科学化是民族形式的内容，它又解答民族形式的"如何"（如何发展民族形式？答案是根据科学的规律）。

是不是可以把民族形式孤立起来,脱离大众,脱离科学呢?那便要误用旧形式,因此也无法创作新形式,民族传统就此在他手里中止了。现在如果还有人写封建时代的八股文,能有什么出路呢?迷失方向,不顾内容、形式便是废物,甚至是毒物。过分强调民族特点,就是取消民族特点。过度尊重民族文化,就是绞死民族文化。我们只说民族的形式,而不说民族的内容与方向,是因为相对于阶级性、时代性与科学的真实性来说,民族性是一种外部的非本质的东西。狭隘的民族主义的错误,就在于把本末倒置,把民族特点形而上学地夸大起来了。

科学内容

所谓科学内容,是说新民主主义文化的内容都须贯彻着科学精神,而并不是说文化的各部门都是科学,也不是说文学艺术作品都应该是科学论文与图表。果真如此,便是不科学了。

什么是科学精神? 毛泽东主席说:"实事求是。"这是叫人站在事实的基础上,从实际的具体的情况出发。列宁说过:"马克思主义的精髓,马克思主义的活的灵魂:对具体问题作具体分析。"①

具体地分析具体情况,当然就要分析到民族的历史特点,从而好让科学的思想在这一民族的土地上生根,并且生长发展起来,所以民族形式是科学精神的必然结论。马克思主义的科学理论在中国取得了民族形式,就是毛泽东思想。

---

① 列宁:《共产主义》,《列宁选集》第 4 卷,人民出版社 1995 年,第 213 页。

　　具体地分析具体情况，当然又要分析客观环境中的各阶级力量的对比变化，要弄清楚，什么阶级是这时代的主要原动力，必然的规律能指明发展的方向，清醒的头脑使我们常保持正确的立场，所以大众方向也是科学精神应有的结论。马克思本人原是从科学研究入手，只因为他来得彻底，"抓住事物的根蒂"，——马克思说，"对于人，根蒂就是人自身"，——所以他的理论能"把握着大众，变成物质的力量"。

　　是不是可以把科学思想孤立起来，远离大众，抹杀民族的特点呢？现在帝国主义在倡导"世界主义"，那是一种取消民族形式的理论，但不是科学思想。资产阶级的自然科学因为脱离群众，原子能的大发现至今还威胁着世界和平。和平受威胁，科学本身当然也受威胁。非大众化的科学，不被扬弃，便只有自杀。上面引过墨子的话，"下原察百姓耳目之实"。这百姓二字确是很重要的。

大众方向

　　所以方向问题是最基本的问题。

　　马克思论人类的解放，说："这个解放的头脑是哲学，其心脏为无产阶级。"这里所谓头脑指科学思想，所谓心脏指革命动力。无产阶级是这时代的原动力，它是最进步的阶级。它所领导的革命，其终极目标在彻底消灭阶级，并扬弃自己。所以它的立场就是人民大众的立场，它的方向就是人民大众的方向，它是最大公无私的。大公无私，就不会被偏见所蒙蔽，就最易接受科学思想。而所谓科学,不外乎生产斗争与阶级斗争的知识。站在这两种斗争的最前线的阶级,当然最富于科学精神。这就是说,走上无产阶级领导的大众的方向,必然要求科学的内容。

正如我们的国家是四个革命阶级的联盟,而以无产阶级为领导;我们的人民经济包括五个组成部分,而以国营经济为领导;我们的新民主主义的文化也是一个统一战线,它以无产阶级的科学思想——辩证唯物主义与历史唯物主义——为领导。大众方向的科学内容,必须作如此理解。

形式方面的问题也相似。大众方向显然达到民族形式,不用多说。但民族形式有多种:有的资产阶级的气味重,有的无产阶级的色彩多。老解放区的艺术,为工农兵所喜爱;上海的广告书,只适合市民的脾胃。这中间,要分轻重厚薄,有的加以发展,有的加以批判。而判断的尺度,就是以无产阶级为领导的大众的方向。

是不是可以把大众方向孤立起来,不讲科学精神,不要民族形式呢?毛泽东主席在整风文献中痛斥的主观主义者,就是不要民族形式、不讲科学精神的人。其结果,他的方向也就不是大众的,而是个人主观的方向了。上面引过墨子的话:"发以为刑政,观其中国家百姓人民之利。"真要"中国家百姓人民之利",是必须有科学内容与民族形式的。

所以说:三表统一是(应该是)新民主主义的现实。

(署名冯契,原载《展望》第 4 卷第 14 期,1949 年)

纪念十月革命论"一边倒"

让我们庆祝这一节日——十月革命三十二周年纪念日——好像庆祝自己的生日。让我们挂起列宁的像,和孙中山并列,再把斯大林和毛泽东挂在他们两边。集会,游行。欢呼,歌唱,冰雹一般的掌声。腰鼓,秧歌队。到处是红旗——苏联的红旗和我们中华人民共和国的红旗,一同飘扬。

我们学习十月革命的经验,像温习自己过去的历史。我们牢记列宁、斯大林的教诲,像刻在心上的永不磨灭的印记。

············

"不太过分了吗?"有人摇头,表示不以为然。有人从鼻孔里发出不愉快的声音。有人在心底里忧惧。

有绅士、小姐议论说:"老这么一边倒下去,我们的英文完蛋了。"——这自是过虑。英文是不会跟美军一道完蛋的。绅士小姐们的英文果然精通,就是技术人才。中国有句俗话:"良田万顷,不如薄技在身。"这话在现在说起来,尤其见得正确。因为你的田,农民要分;你的技术,却是人家分不去的。所以一边倒的意思,决不是强迫你抛弃英文去学俄文。

有大汉族主义者因"外蒙古问题"迁怒苏联,至今耿耿于心。但他忘记了大汉族的古圣人的遗教:"推己及人"。我们自己要求独立、民主和富强,为什么不能让外蒙古人也如此呢? 外蒙古先我们一边倒,早参加了社会主义与新民主主义的大家庭,我们只该钦佩。

"赤色帝国主义","旅大成了殖民地","苏联搬走我们东北的机器",……多年来国民党反动派所作的恶意宣传,至今还残留着微弱的回响。耳壳是软骨,是人天生的弱点。曾子的母亲听人三次来报告说,"曾参杀人!"她便信以为真。但等见到了儿子之后,却知是受了愚弄了。可见眼睛可以纠正耳朵,传闻不及亲观可信。"赤匪"、"奸党"和"共产共妻"的真相如何,大家已亲眼见到了。可惜的是东北离上海远了一点,莫斯科又更远了一点。然而头脑可以补耳目之不足,从推理也能判断事实。"赤匪"是诬蔑,"赤色帝国主义"就可信么? 旅大未成青岛第二,是什么缘故? 苏联果真搬走东北的机器,东北的工业能如此迅速地恢复和发展么? 正相反,订了易货协定之后,倒是苏联的机器在源源不绝地运进东北来咧。

诸如此类关于"一边倒"外交政策的质难和疑问,我们不必一一列举出来解释。应该着重指出的要点是:所有这些怀疑,除了小部分是洋奴思想在作祟外,极大部分是从民族利己主义的观点产生的。

什么是洋奴思想? 殖民地半殖民地的买办资产阶级的意识。在我们摆脱了帝国主义的枷锁之后,在我们人民民主专政的国家里面,洋奴将作为一个阶级被消灭,我们不许他们乱说乱动。所以洋奴思想已很少活动余地,它的嘴脸也是极容易认识的。

民族利己主义却不同。它原是洋奴思想的对立物。它有比较久长的历史根源,而且至今也还有它的社会基础。

因为我们向来是个大国,我们的民族是伟大的民族。我们有过数千年的文明史,我们的祖先曾创造过灿烂的文化。虽然后来败落了,以前总是阔气过来的。刘姥姥形容贾府,说:"拔一根汗毛,比咱们的腿还壮哩。"败落了的封建古中国,颇像衰落了的大观园。回忆过去的光荣,固然辛酸,却也有一种足以自豪的感觉。——上一代的中国人,是惯于在这种回味的感觉中作自我陶醉的。

又因为我们的革命是个民族解放运动,我们正需要唤起民族自豪心。而在民族解放运动中,不但资产阶级,甚至一部分爱国的地主,也是能够(虽然不彻底)参加反帝的统一战线的。这样,革命的阵营中就必然会产生地主和资产阶级的民族主义思想。回教民族的反帝运动,被可汗、教主、地主利用了,就是大回教主义;被资产阶级窃取了果实,就是基马尔主义或大土耳其主义。这都是大民族主义。大民族主义是剥削阶级的意识形态,是侵略性的,是反国际主义的。

更因为参加革命的还有小资产阶级,而我们正是个有广大小资产阶级的国家。小资产阶级是中间阶级,按其天性说来,喜欢走中间路线。既不右倾,也不左倾;既不亲美,也不亲苏。"我们过去没有国际援助,已赢得革命的胜利。我们以后也不要国际援助,单独建设社会主义。"这叫做"铁托观点",也叫做"民主个人主义"。而追溯思想渊源,还可以推到孔夫子的"中庸之道"。

拿中国和南斯拉夫比一比:同是民族解放运动,同是有广大农民和小资产阶级的国家,又同是曾经处于所谓两大阵营之间的。南斯拉夫在东欧可称大国,但比起我们来,简直是小巫见大巫。以我们之地大、物博、人口多、历史久,我们的民族自豪心应该胜过他们几十倍。在第二次大战期间,南斯拉夫有一时期被希特勒包围,似乎处于孤立无援的状态。然而我们的革命斗争,却是有二十多年是处在无法获得国际的物质援助的条件下进行的。

很像是我们比铁托还更容易走上铁托路线哩!美帝国主义曾看中这一点,在它没有发明"民主个人主义"这个名词之前,它曾经鼓励我们的自由主义,甚至还希望中国共产党做"农民党",做"铁托第二"。铁托第二是可以换取美援的。我们是个极度贫困的国家,比南斯拉夫更贫困。不用说,美国罐头食品很可以使小资产阶级们流口涎的。

我们中国人民深为庆幸,没有犯铁托的错误。而蒋介石的卑鄙的企图,妄想用大汉族主义的古色古香的大衣,遮掩他的龌龊的洋奴思想,也早已同西湖边的雷峰塔一样,倒塌下来变成废墟了。——这,是什么原因,是靠着什么伟大的力量呢?

至今还拘束于民族利己主义观点的人们,因为目光短小,见不到这个问题,更谈不上给它答案,所以他们对"一边倒"起了怀疑。怀疑在于明理。阳光照耀的地方,就没有黑暗。那么让我们来指出:中华民族的伟大的国际主义精神的源泉,到底在哪里?

首先在于我们祖先的遗教:孔子虽主张"尊王攘夷"和"中庸",但他有更重要的一面,那便是上文提及过的"推己及人"的忠恕之道。墨子兼爱,非攻,"视人之身若其身,视人之国若其国"。这种国际主义的和平主义,原是我们最足以自豪的优秀传统。中华民族是有宽大的心胸的,正像它有广大的国土一样。

其次在于从太平天国开始，百年来的优秀的革命者，可说没有一个是抱狭隘的民族主义的观点的。洪秀全的理想是："天下一家，共享太平，变凌夺斗杀之世为公平正直之世。"康有为写《大同书》，谭嗣同写《仁学》，以为"太平世则远近大小如一"，到那时，"有天下而无国也"。这些都是空想的社会主义者（也是国际主义者）的论调。

又次在于伟大的孙中山：因为他提出联俄的政策；因为他在遗嘱中明白地写着，"联合世界上以平等待我之民族，共同奋斗"；又因为他临死时给苏联中央执行委员会的信里说："我的心念，此时转向你们。……我愿意表示我热烈的希望，希望不久即将破晓，斯时苏联以良友及盟国而欢迎强盛独立之中国。两国在争世界被压迫民族自由之大战中，携手并进以取得胜利。"到了孙中山手里，国际主义就不再只是一个空洞的理想，而是已化为具体的斗争口号，具有实质的力量以指导行动的方向了。

尤其在于毛泽东主席和中国共产党：由于毛泽东思想的正确性，由于中国共产党始终保持着无产阶级政党的纯粹性、严肃性，国际主义的爱国主义（即是无产阶级思想），就能站在领导的地位，不折不扣地求其实现，并用大力来跟资产阶级、小资产阶级的民族利己主义作斗争。"一边倒"这个口号，明白如电，又如雷，它已经击毙许多力乱鬼魂，而且将继续扫除所有残余的妖魅。

但这"继续"二字所代表的，却并不是一个短促的时间。因为列宁说过："某国愈是落后，则其小农生产、家长制关系及闭塞风气愈是厉害，这就不可避免地引导到：那最根深蒂固的小资产阶级的偏见，即民族利己主义，民族狭隘性的偏见，要特别强大和特别巩固。这些偏见,既然只有在先进国度的帝国主义和资本主义之消灭以后,只有在落后国度经济生活的整个经济基础之急进改进以后,才能消灭,那么这种偏见之死灭过程不能不是很慢的。"由此可知,和民族利己主义者作斗争,是不但须用大力,还须用耐心的。——然而,有耐心,却也正是中国共产党已经具备了的美德。

感谢列宁!不但因为他这个教诲,而且因为从一九○○年他为义和团起义写了一篇《中国的战争》斥责沙皇俄国的侵略政策以来,他和他的党,以及他的苏维埃联邦,一直是始终不渝地用物质和精神援助着我们中国人民的。首先取消不平等条约,帮助孙中山,帮助我们抗战,现在又首先和我们新生的中华人民共和国建立邦交。对于这样诚挚的友谊,有良心的中国人,都是从心底里感激的。而这,无疑地,也大大地加强了我们的一边倒的国际主义的精神。

我们从来不曾孤立斗争过(只是有时不能获得直接的物质援助而已),将来当然更不会如此。"十月革命不是社会主义在一个国家内胜利吗?"有人还想用这反诘来辩护他的铁托观点。诚然,十月革命是社会主义在一个国家内胜利。但是请看看斯大林的话吧:"不待说,为要社会主义完全胜利,为要完全保障免除旧制恢复的危险,是必须有数国无产者们共同努力的。不待说,除非有欧洲无产阶级来援助我们的革命,我们俄国无产阶级便不能挡住那种合力的进逼。……不待说,我们是需要援助的。但什么是西欧无产阶级对我国革命的援助呢?欧洲工人对于我国革命的同情,他们破坏帝国主义者武装干涉计划的决心,——所有这些是不是援助呢？是不是严重的帮助呢？当然是严重的帮助。如果没有这种援助，如果没有这种不仅欧洲工人，而且各殖民地国家和依赖国家所给予我们的帮助，俄国无产阶级就会处于困难地位了。"

感谢斯大林，为了他这从十月革命总结出来的经验。因为他的话，只需换几个字，就可以引用于我们中国。又因为他的话，说到殖民地国家与依赖国家（包括中国在内）所给予苏联的帮助。而这，无疑地，也大大地鼓舞了我们的一边倒国际主义的精神。

就是这样：我们学习十月革命的经验，像温习自己过去的历史。我们牢记列宁、斯大林的教诲，像刻在心上的永不磨灭的印记。

那么让我们庆祝这一节日——十月革命三十二周年纪念日——好像庆祝自己的生日吧！

（署名冯契，原载《展望》第 4 卷第 16 期，1949 年）

论浪子精神

　　大家都已烂熟了的名词——"新民主主义"、"人民民主专政"、"中华人民共和国"等等,都包含着一个根本意思:我们(中国人民)现在是(真正是)自己国家的主人翁了。

　　请细细咀嚼一下这"主人翁"三字的滋味!再扪心自问:"我有了做主人翁的感觉,有了做主人翁的态度了吗?"

　　这是个有严重意义的问题。如所周知,做主人翁有权力和权利,也有责任和义务。常言道:"成家立业。"我们在基本上已战胜强大的内外反动派,刚举行过开国盛典,这是"成家"。我们正开始全力以赴地从事经济建设和文化建设,这是"立业"。那么我们是不是应该有成家立业的权力感和责任感呢? 无疑是应该有的,人人都应该有的。

　　但是说"人人都应该有",并不等于说"人人都已经有"。"应该"是理论,"已经"是事实。有些人理论上认识(当然并不真切)自己是国家的主人翁,事实的表现却正相反。有些人口头上承认,心里却不想这样。又有些人倒是言行相符,心口一致的,摇头说:"我从来没作过成家立业的打算咧!"

　　这中间的成分也相当复杂:有潜伏的反动分子,他们还在梦想复辟,这是我们专政的对象。有市侩主义的拥护者,"活过了一天——阿弥陀佛!"那是高尔基痛骂过的"机械的公民"。还有浪子,旧时代的叛徒,也可说革过命来的,到现在还保持着他那种流浪者的本色,不乐于成家立业。这,便是我们现在要讨论的。

所谓浪子,不仅是不安分的人,而且他常常安于他的不安分。有两句不知谁作的俗语诗说得好:"讨饭三年官不做,当家三日狗俱嫌。"这就是浪子的口吻。习惯是一种势力,人生在一定限度内也遵守牛顿的惰性定律。做流浪汉讨饭,习惯了,反觉逍遥自在。而当家人(过去的当家人是反动派),那是"恶水缸",连狗也不愿去嗅一嗅的。抱定了这样习之既久的想法、看法和做法,到今天,进入了新社会,头脑没转过来,手脚没变过来,自然要惊讶说:"啊,要我也来做主人翁吗?"

他自由惯了,他是彻头彻尾的自由主义者,受不了这拘束。他宁愿继续流浪,继续无目的地彷徨。

"路漫漫其修远兮,

吾将上下而求索。"(屈原:《离骚》)

鲁迅曾借此作为他的小说集《彷徨》的题词。同时以"一丛野草,在明与暗、生与死、过去与未来之际,献于友与仇、人与兽、爱与不爱者之前作证"说:"我独自远行。我将用无所为和沉默求乞!"

只提出《野草》中的对话体的诗篇《过客》来谈一谈。——鲁迅借那状态困顿而倔强的流浪者的口中发问:"你可知道前面是怎么一个所在么?"老翁迟疑说:"前面? 前面,是坟。"小女孩抢着说:"不,不,不的。那里有许多野百合、野蔷薇,我常常去玩,去看他们的。"过客对两者的回答都首肯,又都不相信。因为"绝望(坟)之为虚妄,正与希望(孩子气的想法)相同"。但是就此终止流浪,回转去吗?"那不行!"过客说,"我只得走。回到那里去,就没有一处没有名目,没有一处没有地主,没有一处没有驱逐和牢笼,没有一处没有皮面的笑容,没有一处没有眶外的眼泪。我憎恶他们,我不回转去!"

这就是旧时代的孤独的伟大的灵魂!不但鲁迅曾一时如此,屈原也如此。旧时代的伟大灵魂,多半是孤独的,多半具有浪子精神。

所以高尔基把薄伽丘以至伏尔泰、拜伦、歌德、托尔斯泰等——这些文学上的巨匠,批判的现实主义和革命的浪漫主义的最优秀的作家——称为"资产阶级的浪子"。高尔基说:"资产阶级的浪子们的文学,由于它对现实的批判态度而有很大价值。"但是,"一般说来,叛逆的个人,在批判自己的社会的生活的时候,是极少而且很难认识到自己对于这个社会的可耻的实际所负的责任的,尤其是他的批判现存制度的根本动机,更少是出自对于社会经济原因的意义之深刻而且正确的了解,他的批判的起因,通常如果不是一种对于自己在资本主义的狭窄的铁笼里的生活感到绝望的心情,就是一种为了自己的生活的失败以及它的耻辱图谋复仇的愿望"。——高尔基说的是作家,但也说了一般的浪子。他指出了浪子们的优点,同时又指出了他们的毛病。

在人类追求真理和光明的长途中,浪子们"上下求索"的劳绩,虽然远比不上劳动人民的贡献,却也有它的重大的价值。"生年不满百,常怀千岁忧。"这是"何不秉烛游"的借口,但也道出了历史加于忧世之士心头上的重量（所谓忧世之士，或多或少地具有浪子精神）。人类历史，自从形成了阶级社会以来，就充满着不平的现象，丑恶的事件。这是造成浪子的历史根源和社会条件，也是浪子们所要攻击、批判或逃避的对象。

曾有一个相当长的时期，侠义小说在我们的青年和孩子们中间极为流行。它酿成许多恶果，不必讳言。但必须指出的是："路见不平，拔刀相助"，正是革命的浪漫主义，正是浪子精神的一种表现。当孩子们一个个都想做朱家、郭解、吉诃德的时候，社会上不平之多，就可以想见了。

吉诃德大战风车，只落得一个笑柄。他没有打倒任何敌人，因为他根本不曾找到对手。他是盲动主义者，他只有在疯狂的状态中死去。于是哈姆莱特代替吉诃德，侠义心肠在横眉白眼下面隐藏起来。勇敢的孩子长大了，世故了，从苦痛的经验中得到了许多教训。浪子精神取得了另一种形态，那便是批判的现实主义。

历史上的徐文长写过"祢衡打鼓骂曹"的快人快事（《渔阳弄》杂剧，《四声猿》之一），后来是发疯、杀妾、坐牢之后死了的。民间传说中的徐文长却变成个玩世不恭、尖酸刻薄、对一切都加以冷嘲的读书人。他碰到知府，就故意横卧在街心晒肚皮，借因头讽刺几句。他遇着乡下佬，小尼姑，挑粪担的，卖鸡蛋的……也要捉弄一番，讨一点小便宜。老百姓没有弄错，这个刻薄无情、游戏人间的落魄秀才，正是热辣辣的《渔阳弄》的作者。因为两者原是同一个浪子的化身。

孔子在陈，思念故乡的狂者，称赞他们"进取，不忘其初"（不忘其初就是孟子所谓"大人者,不失其赤子之心者也")。狂者都是浪子"其志嘐嘐然,夷考其行而不掩者也"。论语上的现成例子是曾晳:"浴乎沂,风乎舞雩,咏而归";鲁国的大夫季武子死了,则"倚其门而歌"。游戏人间,和徐文长是一样的。然而批判没有了,冷嘲没有了,尖酸刻薄也没有了。曾晳之流的狂者,对现实持超然的不关心的态度,为自己创作了一个精神天地,在里面独往独来,优哉游哉。"芒然彷徨乎尘垢之外,逍遥乎无为之业",是曾经猛烈抨击礼义的庄周。"啸傲东轩下,聊复得此生",是曾经"与世多忤",不为五斗米折腰的陶潜。

这便是旧时代的有血性的个人主义者"上下求索"的全部历程:先是打抱不平,面向现实地攻击;再是批判,侧转眼睛来嘲弄一切;然后是逃避,背过身子来走向山林。由愤世、忧世变为避世,游侠化为游仙和游山水。"游",是一贯的。不能适应现实,对人世间的俗恶方面不说肯定的和文雅的"是",也是前后一致的。

然而人是社会的动物。没有真正孤立的个人,也没有孤立的个人是真正的强者,要贯彻浪子精神,始终独往独来,是并不容易,甚至是不可能的事情。

　　　　"王孙兮归来!
　　　　山中兮不可以久留。"(淮南小山:《招隐士》)

这是"招怀天下俊伟之士"的王子的召唤,叫浪子回到宫庭里去做他的宾客。耶稣举过一个有名的"浪子比喻",说有个小儿子分了父亲的产业,跑到远方去,任意放荡,耗尽了一切所有,受了许多苦,饿着肚皮,衣衫褴褛地又回到他父亲身边。他父亲不但不生气,反而急忙吩咐仆人:"把那上好的袍子快拿出来给他穿!把戒指戴在他指头上!把鞋穿在他脚上!把那肥牛犊牵来宰了!我们可以吃喝快乐。因为我这个儿子,是死而复活,失而又得的。"耶稣说:"一个罪人悔改,在天上也要这样为他欢喜,较比为九十九个不用悔改的义人,欢喜更大。"

不用说,这宫廷的召唤和天国的声音是动人的,特别是对于"身在山林,心存魏阙"的人具有吸引力。陶渊明说:"富贵非吾愿,帝乡不可期。"并不是所有的浪子都同陶渊明一般"淡泊"的。游仙正是期望帝乡,帝乡中有"灵妃顾我笑,粲然启玉齿"。"何不秉烛游"的歌者,当然羡慕"南邻击钟磬,北里吹笙竽"的王侯们的生活。

而且彷徨向来是苦事,做叛徒是要受众人的指摘的。在所有的顺民、乡原、市侩们眼中,做浪子就是犯罪,就是堕落。"十目所视,十手所指",这是不易抗拒的压力。鲁迅论"娜拉走后怎样",说:"从事理上推想起来,娜拉或者也实在只有两条路:不是堕落,就是回来。"像娜拉这类女流浪者,就她所处的时代说,如果她负不起"堕落"的罪名,又不想寻死,在听了耶稣的"浪子比喻"之后,记起了丈夫和孩子也有过甜言蜜语,是一定会重返她的"傀儡家庭"的。

我在做小学生时读《西游记》,恨死了唐僧的紧箍儿咒,满心为孙行者惋惜,他为什么竟上了当,戴上了观世音送的那顶花帽子!要不然,重回花果山水帘洞去自称齐天大圣,再闹一番天宫,岂不好吗?后来年龄大起来,阅历多了一点,才知这是必然的道理。孙行者是个野心家,是个个人英雄主义者。他既脱离群众,又最慕虚荣,所以他逃不出如来佛的掌心(如来佛之帮助玉皇大帝,正像尘世的宗教帮助封建君主一样)。个人英雄主义的叛徒,都是容易"招安"的。招安的办法就是恩威并用:先给他压力,把他压在五行山下;再放他出来,给他花帽子戴。如果野心复发,那就念几遍紧箍儿咒,不怕他不服服帖帖了。——这,就是旧时统治者"招隐士"的故事,也就是宗教家诱导浪子"改邪归正"的老方法。

但是真正的狂者"不忘其初",真正的浪子在套上了紧箍儿之后,也还燃烧着浪子精神的。这就构成了旧时代的伟人们的悲剧——双重的性格,不可解的内心的矛盾。恩格斯论歌德,说:"在他里面经常发生着天才诗人与佛兰克贵族的谨慎的儿子或韦玛的枢密顾问官之间的斗争;前者对于环绕在他四周的卑劣抱着嫌恶的心情,后者使自己必须和它妥协,适应于它。因此,歌德有时候是极端伟大的,有时候是渺小的;有时候他是反抗的、嘲笑的、蔑视世界的天才,有时候是拘谨的、满足于一切的、狭隘的市侩。"列宁论托尔斯泰,用的差不多是同样的词句:"一方面,(托尔斯泰)是最清醒的现实主义,撕毁一切的假面具;另一方面,鼓吹世界上最可讨厌的一种东西,即是宗教——企图用具有真诚信心的神甫来代替官派的神甫,即是培养一种最巧妙的,因而是最可恶的神甫主义。"

或者是可耻的"改邪归正"的喜剧,或者是不可解决的自己捶打自己的悲剧。浪子重返老家的结局,不外乎这么两种。——但是无论哪一种结局,都有其替反动派作爪牙的一面或全面:歌德反对法国革命,托尔斯泰提倡无抵抗主义;孙行者做了唐僧的保镖,便跟自己的结拜弟兄牛魔王打仗;梁山泊好汉受了招安之后,就被大宋皇帝利用来攻灭田虎、王庆和方腊(他们原是和宋江共称"四大寇"的)。

如此说来,浪子精神岂非永远不该抛弃的了? 为什么我们现在要劝浪子们"成家立业"呢?

并不是"永远不该抛弃",而是到现在,就应该把浪子精神扬弃了。"成家"和"回家"不同:成家是成人民的新居,回家是回反动派的老家。僧侣主义的老家,封建主义的老家,市侩主义的老家,那的确是回不得的。回去了,做孝子,做奴才,就是人民的敌人。在旧时代,浪子是自己的阶级(剥削阶级)的叛徒,所以被劳动人民称为朋友(虽然是不很可靠的朋友)。到新时代,却是人民成家了。浪子参加不参加这个新家庭呢? 如果参加,那就是做主人翁,终止流浪,开始"立业"。这个立业,是为人民服务,跟孙行者做唐僧的保镖是完全不同的。如果不参加,继续彷徨,那便没有做主人翁的感觉,而是想走第三条路。第三条路妨碍人民的事业,所以等于替反动派服务。走第三条路的人,是有意识或无意识地留恋着"老家",还背着从老家带出来的"包袱"的。

什么是老家带出来的包袱? ——剥削阶级的意识:个人英雄主义,脱离群众,贱视劳动,不从事生产,享乐观念,寄生虫心理,等等。就是如此,所以浪子们的彷徨总是蹒跚而行,不能勇往直前。他们通常只向后看,而难得向前看。不向前看,就看不见目的,认不清人类的道路和历史发展的规律。吉诃德盲目地攻击一切,徐文长盲目地嘲笑一切,庄子和陶渊明盲目地逃避一切。这

"一切"中固然包括狞恶的主子,恭顺的奴才,道貌岸然的乡原,嬉皮笑脸的市侩,但是也包括着受苦的和反抗的劳动人民。所以高尔基虽认为"资产阶级的浪子们的文学,由于对现实的批判态度而有很大价值",却又以为它"过去并不曾而且现在也不能培养社会主义的个性"。

如何才能培养社会主义或新民主主义的个性?那便要丢掉旧包袱,那便要丢掉剥削阶级的意识。不做个人英雄主义者,而做集体英雄主义者。密切联系群众,重视劳动,从事生产,与人民共甘苦,不再做寄生虫。如此,你便能勇往直前,不至于三步一回首,四步一转身。如此,你便向前看,看见目的,认清人类的道路和历史发展的规律。你的头脑清醒了,你的眼睛睁开了。你分清敌我,知己知彼。只攻击那应该攻击的,嘲笑那应该嘲笑的,而决不逃避现实。你有了做主人翁的权力感和责任感,你知道最重要的事情是:在建设人民的大业中,尽你的一分力。——总之,你不再彷徨,你扬弃了浪子精神。

鲁迅给浪子们指示了正确的道路:他曾经是"过客",曾经"荷戟独彷徨"。但是他终于"走完了那坟地"(那老翁说的坟地),而获得了新生。鲁迅的新生不同于浮士德的最后升天,又回到玛格莱特的身边(歌德在他的诗剧中说:"永恒的女性,引导我们上升"),也不同于尼古拉·列文作了个精神的沐浴,得到闪电一般的启示(托尔斯泰在他的小说中说:"依从神意,为自己的灵魂而生活")。引导鲁迅的不是什么永恒的女性,而是广大人民;他依从的不是什么神意,而是广大人民的意志。因此他不但为自己的灵魂而生活,而且"为友与仇,人与兽,爱者与不爱者"而工作。——现在我们常讲"四个朋友"和"三个敌人"。用鲁迅的语言说：朋友是"人"，是"爱者"；敌人是"兽"，是"不爱者"。跟爱者共同"成家立业"，对不爱者给以无情的反击。这就不但"横眉冷对千夫指"，而且"俯首甘为孺子牛"。这就是为人民服务的精神，这就是有做主人翁的态度和感觉了。

> "往者不可谏，
>
> 来者犹可追。"《论语》

楚狂接舆的歌声，在现在，在人民的时代，应该作新解释："往者"是可憎的老家，"来者"是人民的新居。尚在彷徨中的狂者们，浪子们！莫回头，莫迟疑，急起直追，勇往直前，奔向人民的大家庭，结束你的流浪生涯吧！

（署名冯契，原载《展望》第 4 卷第 19 期，1949 年）

我们有信心

在某次集会上，听得一位高教同仁说起："我们起初以为高等教育工作者的自我改造是非常困难的。但开过几次学习小组会之后，大家都有了信心。"

这话，我以为颇能代表一般高教同仁的意见。——一方面，我们自觉相当困难，因为我们有一些比较上的弱点，使我们不易摆脱旧意识与旧习惯的影响。另一方面，我们却又很有信心，因为我们也有一些比较上的优点，而且我们是已经生活在解放区，已经处在和过去大不相同的形势下面了。

那么，高等教育工作者的比较上的弱点和优点是哪些呢？

第一，高等教育工作者是知识分子。知识分子有其共通的特征：劳心而不劳力，一般地具有根源于小资产阶级性的自由主义倾向。和工农相比，这都是弱点。但中国的小资产阶级，因为深受帝国主义、封建主义、官僚资本主义三重压迫，却也是革命动力之一。而"五四"以来的知识领域，自然科学本来很少封建毒素，社会科学则早已为马克思主义征服，现在且公认毛泽东思想为指导原理了。这些，又都是优点。

第二，高等教育工作者是高级知识分子。文化水平高，社会地位高，年龄也比较大。这就不免发生两种毛病：或则自大自满，以为"万般皆下品",唯有"老子天下第一";或则心情入中年,壮志消磨,再没有那份年轻人的热情了。自满和缺乏热情,都是学习的大障碍,但是,反过来:水平高,则理解力强,易于触类旁通;年龄大,则经历多,步调沉着,不至于同少年似的浮躁求进,反而犯"助长"之过。这些,却又是对学习有大帮助的。

第三,高等教育工作者的工作园地是大专学校,学校中人常被人讥为有"书呆气"。所谓书呆气,就是和实际脱离。学以致用,我们在课堂上讲的学问,在过去已很少有用,在今天越发不合乎具体情况了。可见这点书呆气很碍事。但是,做教员却也有好处。跟高级公务员(也是高级知识分子)比较一下,就可看出高等教育工作者的优点来了。在国民党统治时期,各学校也黑幕重重,官僚化的程度,却总还不及政府机关。在学校里,贪污、剥削,只有少数主管人有机会。绝大多数教职员,是清廉而且清苦的。学校(尤其大学),是官僚资本主义比较薄弱的一环,也是封建主义和帝国主义比较薄弱的一环。这是为什么国民党统治区的革命行动常常从学生运动开始的主要理由之一。教师本来跟学生生活在一起,如果他在思想上能指导学生于前,在行动上能追随学生于后,那么他就被誉为"民主教授"。被誉为民主教授的人颇不少,可见高等教育工作者是已有了革命的传统的。

第四,我们是上海市的高等教育工作者,又必须注意上海的特点。常听人说,"上海是罪恶的渊薮"。因此,上海的学校,比起他地来,"罪恶"也特别多一些。丁文渊解聘教授,屠杀学生,是法西斯主义制造的罪恶。若干学校企图用宗教麻醉青年,甚至不许讲进化论,那是帝国主义制造的罪恶。今天,上海已经解放了。

然而罪恶尚未从根拔去,反动派余孽仍在作祟。放空气,呵冷气,大有人在。而且上海很久以来是个商业社会,大投机市场,这也给教育界一种坏影响。不容讳言,今天嘴里高喊新民主主义的,有一部分人也只是想投机取巧,不见得是真心要学习。但是,这并不是说上海只有罪恶而已,上海却也另有其光明的一面。我们这个都市里工人多、学生多、文化人多、高等教育工作者也多,而历次光荣的革命的斗争("五卅"以至解放前的护厂、护校斗争等等),又大大地提高了上海人民的政治觉悟。这些理由,再加上今天的上海是解放过的上海,有人民政府和共产党的正确领导,这就保证了:上海市的建设工作(包括高等教育的建设在内,也包括高等教育工作者的自我改造在内),一定能够胜利地完成。

再加上全国胜利已在眼前,实行人民民主专政的联合政府即将成立;再加上毛主席已号召要"在全国范围内全体规模上用民主的方法"进行各阶层人民的自我教育和自我改造工作;那么,我们高等教育工作者当然能够肯定地说:"我们有信心!"

问题只在于:如何在这绝对有利的形势下,在这自由的土地上,发挥我们的优点,克服我们的弱点,使我们的自我改造或学习运动得以加速度地进行?

一方面应该尽量发挥优点:我们有知识,就可以从政治学习下手。我们要步调沉着地,利用理解力,一步步往前探索。我们要继承过去的革命传统,师生打成一片。更进一步,和上海工人,和全上海革命人民,和全中国革命人民结合起来,而且为他们服务。

另一方面应该加紧克服弱点:为了克服自由主义的倾向,我们的学习就必须采取集体的方式。为了克服自大自满的毛病，我们就必须虚心，"满招损，谦受益"这古话必须牢记。年龄大，并无关系。"大人者，不失其赤子之心者也。"我们要从头做小学生，把赤子的热情唤起来。洗掉书呆气，把我们的学习和实际情况相联系。毛泽东思想正是叫人如此。不马虎敷衍，不投机取巧，实心实意地学习。而后才可以"自得"，而后才不致受残余的反动势力的影响，而后才能够主动地去改造反动派，使我们高教同仁以至全上海、全中国的革命统一战线更巩固、更扩大起来。远处着眼，近处下手。远处是在使高等教育工作者成为革命统一战线的坚固的一部分，使高等教育发展起来，能充分地为人民服务。近处呢，那就是从政治学习开始。而关键在于是否能用集体的力量，慢慢地克服根源于小资产阶级性的自由主义。上海市大专学校教职员团体联合会主办的"暑期学习会"，照我想，就是这种"远处着眼，近处下手"的办法。这是一个开端——集体学习的开端。但它有一个无限光明的远景，我们已可隐约地看到。要达到这远景，困难尚多，道路还很曲折。然而我们有的是信心，我们有充分的信心。那么，让我们抱着信心来参加暑期学习会，让我们抱着信心来为暑期学习会而努力吧！

（署名冯契，原载《文汇报》1949 年 7 月 21 日）

人民铁路建立为人民服务观点^①

编者先生：

送上一万一千元汇票一纸，人民币一百元，作为劳军捐款。这是沪杭路杭州站退回给我的补票款，完全出乎我意的。

事情的经过是这样的：我于本月八日从杭州乘火车回上海，买了一张下午六时的快车票，但赶到城站，却已是七点钟了。我便去问讯处询问，是否可用这快车票改乘八点的慢车？那问讯处的人坐在老远的地方，爱理不理地说了声："到站长室去！"到站长室去须经过轧票的进站口，那轧票员却告诉我："尽管上车好了，不必找站长。"我因轧票员的态度好得多，便深信不疑。不料开车之后，查票员来了，他说："这车票未经站长签字，只能作废票。"叫我照章花一万一千一百元补票。到上海后，我便写了一封信给杭州站长，提出两点意见：一、应该让铁路上的工作人员明白现在的铁路是人民的铁路，特别是问讯处的人，态度要和善。二、应该让所有的工作人员知道铁路上的规章与办法，以免自相矛盾，使旅客为难。我的信去了几天，回信就来了。署名的是杭州站站长董

---

* 标题为《解放日报》编者所加。在此标题下刊出冯契信件的同时，加有该报的评论。——编者

道、副站长徐明翼。信上说他们检讨过了,把我提出的意见,留作参考。大家"以为在人民铁路服务的人员,对待旅客的态度,应该十分的和善",并把我在车上的补票款退回给我。

从这一件小事,我们可以看出现在的人民铁路和以前国民党反动派统治时期的铁路,是完全不同了。我自己迟到,当时不去问站长弄个明白,也是懒惰,车上补票,其实是自己酿成的错误。倒是杭州站工作人员这种热心为人民服务与勇于自我批评的精神,是值得大大地表扬的。

冯契

(注:该款已由本报代收)

(原载《解放日报》1949 年 10 月 29 日)

第三辑　学　而　思

"五四"的真理

听了各位前辈的话,等于上了一次课。沈尹默先生是五四运动的领导者之一,今天给我们着重指出:第一,"五四"一开始就是政治运动,而并非单纯的文化运动。第二,五四运动发动时,胡适之根本不曾参加。把"五四"说成单纯的文化运动,是胡适之、傅斯年之流"吃五四饭"的人的故意歪曲。这澄清了许多错误的见解。实际上,从来没有单纯的文化运动,"五四"尤其不是。国民党的要人先生们,先歪曲"五四",把它说成单纯的文化运动,后来索性抹杀"五四",想取消"五四",连纪念"五四"都被视为有"赤色嫌疑"。的确是有"嫌疑",因为"五四"的真精神正是由共产主义者继承与发展下去的。

"五四"值得我们学习的地方很多,不说别的,只说孙福熙先生讲的:那时的青年们求知欲十分旺盛,走在街上也总是捧着一本书,一路走一路读,现在上海学习情绪虽高,还没这种现象。所以纪念"五四",我们应该学习"五四"这种渴求真理的精神。"五四"是在十月革命的影响下发生的。"五四"之后,很多优秀的知识分子走到工农群众中去,与工农密切结合,化身为工农,为工农大众的利益而斗争。毛主席就是个代表。鲁迅后来也坚决地站到人民大众方面,"俯首甘为孺子牛"。这是"五四"的真精神。这是前驱者给我们指示的道路,亦即马列主义的道路。马列主义与中国革命实践相结合,马列主义被中国的革命的人民大众掌握了,便是毛泽东思想。这就是"五四"以来的,中华民族的优秀儿女,历尽千辛万苦,流了血,牺牲了无数生命,所追求到的。

（本文是冯契在上海市纪念"五四"座谈会上的发言记录稿,原载《解放日报》1950年5月3日第6版）

扛黑板到翻砂间的工校教师翟子枚

　　如果你现在跑到杨树浦国棉机器公司第一厂，一进大门，你就可以看到一幅报喜的大红字："一人模范，全校光荣，翟子枚先生已被上海教育工会市委员会推举为模范教师"。如果你想知道底细，工人便会领你到一个教室，指给你看。里面挂着一块匾："模范班"。这模范班和它的模范教师翟子枚，就是市立二十四工校（设在国机第一厂内）的光荣，也是全上海从事工人教育的教师们的光荣。

　　翟子枚先生四十多岁，从事教育已二十多年，解放后原在五十八工校教书。"二六"大轰炸之后，五十八工校一部分搬到国机第一厂内，成为二十四工校，翟先生便是二十四工校的文盲班的教师。"二六"轰炸后，生产不正常，部分工人缺乏信心："再来个炸弹，工厂就完蛋。""饭也吃不好，还读什么书！"报名参加文盲班的有廿二人，但实际上课，最高记录也只有十三人。而文盲班是在饭厅里上课的，进进出出的人多。常有识字的工人过来搭山头，说几句风凉话，就弄得文盲难为情起来，这也很影响学习情绪。……由于这种种原因，到四月初，文盲班只剩三个学生了。这样一来，大家有些灰心，行政、工会都以为这学习班是一定垮了，没有办法了，同仁们也表示没有希望，但是翟先生想：教书是革命工作,教的又是工人,难道这点困难不能克服吗? 又想到了陶行知先生的名言"教育送上门",于是决心准备深入了解工人们的顾虑,提出了下车间的计划。同仁们都赞成,于是四月十四日第一次下车间,但大家只讲大道理,工人们提不起兴趣,有的躲避,有的不理,这次"车间教育"碰了钉子,教师们并不灰心,便进一步自我检讨,找出了教条主义的毛病,重新干起来。这一回,翟先生在工人中午休息时候,扛着黑板走进翻砂车间(翻砂工人中文盲最多)。工人们开玩笑说:"老先生你发神经病啦!"但他不声不响地把黑板竖起来,写上"工人"二字。有个姓丁的工人说:"工人,工人! 工字出头,就要入土。"翟先生便抓住机会解释:"这个工字啊,上面一划是天,下面一划是地,中间一竖是我们工人。我们工人是顶天立地的大好佬,所以说劳动创造世界。"说得工人们都哈哈大笑,自动地提出了许多问题来。最后,翟先生说:"我们明天再来好吗?"大家也就点头赞成了。

第二天,翟先生又进翻砂车间,向大家说:"昨天教的工人二字还记得吗?"鼓励大家到黑板上写,写错了就纠正,同时便解释正确的笔法。这样一连几天,便把工人们的学习兴趣提起来了,休息时间里常有工人蹲在地上,用手指在沙地上学写字。一个姓朱的老工人学会了三个字,便扳着手指算起来:"一天学三个字,十天学卅,除去礼拜,一个月可学到七十八个字。用不到一年,不是就能写信看报了么?"翟先生便趁此机会劝大家到工会去领铅笔和格子簿,好把已经学到的字一个个记下来,学生们立刻同意了。这样在翻砂车间的一角里进行了一个多星期的识字教育,翟先生和他的学生们的关系,便同鱼水一般了。现在他走进车间,工人们不但不开玩笑,而且要抬个木箱,抹抹干净再请他坐,但偶尔也还有个别识字的工人跑来打岔,说俏皮话。翟先生便又趁机提出:在车间里学习不方便,还是中午休息时到教室里去学习吧,大家又立刻同意了。

现在是同学们自己去做动员工作了。一个劝一个,一个拉一个,厂里的文盲、半文盲陆陆续续都来报名了。特别是几个在群众中有威信的老师傅参加了学习之后,加入文盲班的就更多了。旧教室容纳不下,便决定搬新教室。新教室没有地板、天花板,同学们自己动手,搬地板,糊花纸,挂毛主席像,把新教室布置得干干净净,漂漂亮亮。五月间,开了一次文盲座谈会,同学们都把"本心闲话"讲出来了。大家诉说了过去不识字的痛苦,又说:"现在识了几个字,眼睛有点开啦,我们这个班不该再叫作文盲班了。"于是纷纷提议:有的主张叫解放班,有的主张叫民主班、进步班……最后大家通过用"模范班",是表示同学们都有争取做识字模范的决心。五金工会听得这个消息,便特地制了一块匾,送给二十四工校的低级班。这便是上面提到过的那块光荣的匾额的来历。

翟先生能获得这样大的成绩,是有原因的:第一,翟先生在生活上完全能和工人打成一片,所以他摸得着工人的心理;第二,是因为翟先生善于把课本文字跟工人的生产和生活结合在一起,使学生们"学到了就能派用场"。这就是实事求是的精神,这就是理论与实际一致的教学方法。譬如:教"翻身"二字,翟先生便告诉同学,翻身的翻和翻砂的翻是一个字,大家便容易记牢。成年人学算术觉得很困难,翟先生便先教单位牌价,怎样算工钱,怎样扣饭钱等等,大家便学得有劲道了。

　　到暑期结束时,二十四工校的低级班共有学生五十二人,约占全厂文盲的百分之七十。其中最多的已认识二百多字,平均都在一百四十字左右,而且大多数能写简单的家信和便条,算工资和缴会费都可以不求人了。其余的文盲,这学期也差不多都报名参加学习了。所以国棉机器公司第一厂的扫除文盲工作,是很快就可以完成的。厂里的工人称道翟先生说:"老先生耐心迁就啊,还有啥闲话?"我们的教育工作者,如果都能同翟子枚先生一样,"耐心迁就"劳动人民,做到工农大众"呒啥闲话";那么,"教育为工农兵服务"这句话,就算是百分之百地做到了。

　　　　　　　　(署名冯契,原载《解放日报》1950 年 9 月 14 日第 8 版)

"一二·九"的道路：从课堂走向战场

"一二·九"运动一开始，就提出了十分明确的行动口号："全国民众总动员武装对日作战"，"以民族革命战争争取中华民族自由解放"。所以在讲课期间，同学们便向当时的教育当局和校方要求："实施国防教育。"

反动的教育当局说：教育和国防怎样联系起来？学生的天职是读书，读书就是救国。

但是在几个主要大学中，在进步教授帮助之下，学生救国会却开出许多国防课程来了，例如："国防化学"，"军用公路"，"军事保护"，"日本侵华史"等。我是清华的文学院学生，那时也满有兴趣地每夜摸上电机馆的三层楼去学习"军用电报"。"·——"是A，"·——·"是P，现在也还有点记得。

然而，在反动政府压迫之下，国防教育终于成了"昙花一现"。第二学期开学，在清华，校方便只允许开一门全校选修不计学分的，好像叫做"救亡常识"之类的笼统的讲座了。不用说，这只是敷衍敷衍同学而已。

课堂上学习不到军事科学了，同学们便跑到课堂外去学习。下乡扩大宣传，就是长途行军，就是练习抗战。宣传团的组织即是战斗组织，每一团有先遣队、交通队、救护队等。行进时有骑自行车的队员前后侦察,晚间住宿时轮班值岗。发现有军警追踪,便黑夜行军,或故布疑阵,让敌人迷失方向。虽然到后来,四个团(北京三团,天津一团)都先后被军警特务包围,分别押送回校;但在十多天的宣传、行军和战斗中间,我们每个人都学得了战士的勇气和纪律,也学到了一点打游击的初步战术。

学习斗争的方法

这种游击战术,以后在校内和"老法"(国民党法西斯)的斗争中,在街头作宣传和游行示威的过程中,又得到许多应用和学习的机会。"六·一三"大游行非常成功。在西单,大队被军警开枪冲散了,便化整为零,钻进许多小胡同。扬言到天安门广场集合,派少数人到那一带活动,吸引了军警的注意力。其实主力早已到地安门,开起轰轰烈烈的群众大会来了。北海前面展开了长久的拉锯战,敌进我退,敌退我进。虽然大家都挨了皮鞭、枪托,但是终究为一片"中国人不打中国人"的哭喊声所感动,警察和宪兵终于一个个放下了武器。

回想起来也有趣:为了学习打游击,我们一组民先队员,还几次到圆明园和西山一带去研究地形,描绘地图。假想日本人一旦打到北京,占领了西苑和清华园,我们将如何以西山为根据地,以圆明园的芦苇田为青纱帐,日日夜夜地扰乱他们。

但是,这样的学习毕竟是很不够的。已经行动起来,便要求更进一步的行动。"我们要建设大众的国防",正如救亡歌所唱的,就应该"走出田庄、工厂、课堂。到前线去吧! 走上民族解放的战场"。

到抗日的前线去

于是许多同学，丢下书本，背上小背包：到东北去，参加东北义勇军；到绥远去，参加绥远抗战；到延安去，这是人人想望的。可惜路上危险太多。阎锡山受了红军"渡河东征"（一九三六年二月至五月）的刺激，打起了进步的假招牌。平津同学便乘机派了许多干部去帮他组织"牺牲救国同盟会"。在牺盟会领导下建立的"决死纵队"，抗日战争中曾起过很大作用。（这就是所谓山西新军。后来受阎锡山旧军无理攻击，便并入八路军了。）

东北同学身受亡国之痛，爱国热情最高。蒋介石为了分散北平同学的力量，命令东北大学迁西安。但他却想不到，东北同学到西安，就纷纷参加东北军。东北军热烈响应中共向他们提出的"打回老家去"的口号，终于发动了"西安事变"。

第二年，"七七"抗战爆发，各校同学越发大量地涌上抗日前线和革命根据地。我在抗战初期，曾到过陕西、山西、河北等省，几乎在每一个县城，每一个支队，都可以碰到"一二·九"运动中的战友。这些战友，有的已经英勇地为祖国献出了最后的一滴血，大部分则已经成为人民解放军优秀的指挥员和政工人员了。

光荣的道路

从课堂走向战场——这便是"一二·九"的光荣的道路；我

想,也是今天同学们的光荣的道路。不过,比起"一二·九"时代的青年人来,今天的青年是幸运得多了,用不着由学生会来争取设立国防课程,更用不着到下乡宣传和游行示威中去学习游击战术。现在人民革命军事委员会和政务院号召爱国青年踊跃参加各种军事干部学校,学习军事知识,加速国防建设。青年同志们,这正是时候,到祖国需要我们的地方去,担负起保卫祖国边疆与世界和平的庄严伟大的光荣任务吧!

"抗日者,杀无赦"使长城线十师守军痛哭南撤,这时正是"爱国有罪","一二·九"运动中所喊的口号中就有"争取爱国自由"一条。

然而,十五年后,是麦克阿瑟代替日本天皇君临东京,也有为其"恩赦"出来的重光葵和冈村宁次等追随左右,但十五年前的蒋介石和何应钦之流,今世已无法效犬马之劳。而无线电中,竟是侵略军队土崩瓦解的恶讯频传。中国人民的抗美援朝怒潮,排山倒海涌来,而消息传来,朝鲜人民竟相欢呼平壤重光,事竟至此,除了烦躁地"一个人手拿烟斗,在东京第一大厦的第六层楼房间内慢慢地踱来踱去"外,又将奈何?

十五年前,悲悽忧伤的"我的家在东北松花江上"的歌声,如今已被万千保家卫国志愿出征健儿们的进行曲代替,有"一二·九"光荣传统的中国青年学生们,正奋起响应祖国号召,决心报名参加捍卫祖国的国防建设。这不在今天开始,远在毛主席向全世界昭告"中国人民从此已经站起来了!"时起,帝国主义就命定着只有战栗和发抖了。

十五年前,有人患过"恐日病"、"唯武器论",而蒋介石、何应钦、陶希圣之流更高唱"亡国论"。但历史不会开玩笑,在历史垃圾堆中被埋掉的正是帝国主义和它的大吹大擂的侵略武器以及与人民为敌的卖国贼们。

十五年后的美帝如果迷信于武器,想走日帝老路,我们代它惋惜也没用,我们会用力量去教训它。例如那些有意无意,上了美帝欺骗宣传的当,也患"恐美病"或是"唯武器论"病的人们,我们应该帮助他们清醒起来,仔细看看我们扬眉吐气的祖国和世界人民的力量才好!

（署名鱼忘,原载《宁波时报》1950年12月9日第4版）

关于历史唯物论的几个问题（上）

（一）是不是每种生产方式的形成都是由自发而自觉的？还是只有进入社会主义与新民主主义社会才是由自发而自觉的？

从自发的发展过程到人们的自觉活动，从进化到革命，从量变到质变，——这是适用于一切社会经济形态的规律，并非只有社会主义社会和新民主主义社会的形成过程才是如此。

"当欧洲年轻资产阶级在封建制度时期开始建造巨大手工工场企业，以与细小行业作坊并列，因而推进社会生产力时，他当然不知道，当然没有想到他这种革新办法会引起怎样一种社会结果。"这是自发的发展过程。但这只是到一定时候为止。后来新生产力成熟了，资产阶级越来越清楚地意识到：封建的生产关系、地主阶级的统治、农奴的劳动、行会的闭关自守与狭隘性，已成了生产力进一步发展的严重障碍。于是资产阶级的思想家，如伏尔泰、孟德斯鸠、卢骚①等，便提出资产阶级民主的要求，竖起自由主义的旗帜，高呼打倒贵族的特权，要求变革封建的专制政体……这种新的社会思想与政治理论，起了组织和动员群众的伟大作用，群众在资产阶级领导下，结成一支政治军队。这样便爆发了

---

① 即卢梭。——编者

资产阶级革命,建立起资产阶级专政的新政权,而这个新政权便用强力消灭生产关系方面的旧秩序而奠定新秩序。这便是资产阶级的自觉的活动。

所以斯大林说:"不仅在社会主义制度和共产主义制度下,而且在其他社会形态下,都能在这种或那种程度内利用经济过程、经济规律以利于社会。"[①]认识经济法则,掌握和运用它们以改造社会,亦即变革生产关系使之与生产力状况相适合,这就是社会先进力量(在一定历史条件下的先进力量)的自觉活动。没有社会先进力量的某种程度内的自觉活动,生产关系是不可能从根本上变革的。

当然,无产阶级的自觉活动(社会主义革命和新民主主义革命)跟其他阶级的自觉活动是有严重的区别的。其他阶级的革命,为其狭隘阶级利益所限制,消灭了某种形式的剥削,却又用另一种剥削代替它,所以是片面的革命。而到了一定时期,原来是先进的阶级变成了衰朽的社会力量,自觉性完全失去,反而盲目地反抗新生力量了。例如资产阶级便是如此。但无产阶级的阶级利益却是和社会绝大多数人的利益融合在一起的,无产阶级革命不是消灭这种或那种形式的剥削,而是消灭一切剥削。无产阶级是最彻底的革命阶级,因此也就具有最彻底的自觉性。无产阶级不会变成衰朽的社会力量,不会变成盲目。正相反,无产阶级在改造社会中不断改造自己,提高自己,引导全人类进入共产主义社会,这也就是说,它的自觉性将越来越增强,它的前途是无限

---

① 斯大林:《苏联社会主义经济问题》,《斯大林选集》(下卷),人民出版社 1979 年版,第576 页。

量的。

（二）生产关系的改变必须用革命的强力手段，所谓革命的强力手段指什么？为什么中国从新民主主义转变到社会主义又可以采取和平过渡的办法？

所谓革命的强力手段，就是革命的人民群众举行武装起义来推翻现存政权和建立革命政权，并运用革命政权来镇压残余的反动势力。当社会分成两个敌对阶级，而占统治地位的阶级利用国家机器及其他上层建筑物，采取一切办法来维护旧的生产关系，因此使生产力受了束缚，不能进一步发展；这时候，代表新生产力与新生产关系的阶级，动员和组织群众，结成一支革命队伍，于是革命爆发，革命队伍用强力手段来推翻现存政权和建立革命政权，以达到改变财产所有权和建立新的生产关系的目的。所以强力革命是自下而上的革命，是爆发式的。

但爆发只是革命的一种形式。"生产关系的改变必须用革命的强力手段"这句话，只适用于分成两个敌对阶级的社会（即奴隶社会、封建社会和资本主义社会），在那里，统治阶级所体现的生产关系到后来成了生产力发展的严重障碍，因此非进行爆发式的革命不可。

革命还有另一种形式，即逐渐过渡的形式。例如苏联曾在八年到十年的时间中逐渐实现了农业集体化。这是一个在乡村中消灭旧的资本主义的生产关系和建立新的社会主义的生产关系的革命。

斯大林说："这是一个极深刻的革命，是从社会的旧质态转变到新质态的飞跃，照其结果来说，它是与一九一七年十月革命具有同等意义的。这个革命的特殊处，就在于它上有国家政权来提倡，下有千百万农民群众反对富农盘剥，争取自由的集体农庄生活这一斗争的支持。"[①]在这里，革命并不是经过推翻现存政权和建立新的政权来实现的，而是由现存政权主动进行，并获得农民基本群众的拥护而实现的。掌握政权的统治阶级（工人和集体农民）所体现的生产关系（社会主义的生产关系），不但不是生产力发展的障碍，而且正是适合于生产力发展的。这样的革命不是爆发式的，而是逐渐过渡式的，即是经过"新质和新结构的要素的逐渐积累，经过旧质要素的逐渐死亡来实现的"[②]。当然，在农业集体化的过程中要消灭富农阶级，有些富农分子造反，苏维埃政权也用强力手段镇压。但对于广大农民基本群众，却只能用教育、说服的方法，而决不能用强力手段的。

中国从新民主主义到社会主义的革命转变，情况与此相似，这个革命转变将是自上而下的革命，并获得广大人民群众的拥护而实现的。在农村方面，通过互助组把个体农民组织起来，进一步发展为农业生产合作社，将来再过渡到集体农庄。对于私营工商业，进行"五反"教育，进行民主改革与生产改革，通过加工定货、租让、公私合营等方式，引导私人资本走上国家资本主义的轨道，将来再过渡到私人企业国有化。这便是逐渐过渡式的革命，而不是爆发式的。所以毛主席说："我们的国家就是这样地稳步前进，经过战争，经过新民主主义的改革，而在将来，在国家经济

---

① 斯大林：《布尔什维克党为实现农业集体化而斗争》，《联共（布）党史简明教程》，人民出版社1975年版，第336页。

② 斯大林：《马克思主义和语言学问题》，《斯大林选集》（下卷），第518页。

事业和文化事业大为兴盛了以后,在各种条件具备了以后,在全国人民考虑成熟并在大家同意了以后,就可以从容地和妥善地走进社会主义的新时期。"[1]

(三)为什么说新民主主义的经济制度是适合于中国目前生产力状况、推动生产力向前发展的? 为什么过早实行社会主义只会妨碍生产力的发展?

在半殖民地半封建的旧中国,是什么东西束缚着社会生产力呢? 那就是帝国主义、封建主义、官僚资本主义。新民主主义革命胜利了,取消了帝国主义在中国的特权,没收封建阶级的土地归农民所有;没收四大家族为首的官僚资本归新民主主义的国家所有,亦即归全体人民所有,这就改变了买办的封建的生产关系,解放了一切被束缚的生产力。新民主主义的经济制度(包括五种经济成分),作为半封建半殖民地的经济制度的对立物而产生,正是根据中国目前的生产力状况建立起来的。

以农村为例。封建的生产关系,地主阶级对农民的残酷剥削与压迫,是造成农村穷困与落后的根本原因。经过土地改革,废除了地主的土地所有权和封建剥削,实现了耕者有其田的土地制度,并逐步地按照自愿和互利的原则,组织了各种形式的劳动互助和生产合作。这新的生产关系(个体经济形式与合作社经济形式)是适合于生产力的,起了生产力主要推动者的作用。这推动作用具体表现在:农民的生产积极性发扬起来了,农业生产技术已有了初步改进,农村经济迅速恢复和发展,粮食棉花等产量已

---

[1] 毛泽东:《在全国政协一届二次会议上的讲话》,《毛泽东文集》第6卷,人民出版社1999年版,第80页。

大大超过战前的最高水平。

那么马上实行社会主义，普遍建立集体农庄是不是好呢？这却又是不适合生产力的。目前我国农村的生产力状况是：农民使用铁犁耕田，而不是使用拖拉机；使用镰刀收割，而不是使用康拜因机。然而，"社会主义不是依靠小生产可以建设起来的，而是必须依靠社会化的大生产，首先是工业的大生产来从事建设。只有社会主义才可能消灭一切的贫困，才可能最后来解放农民，才可能使阶级逐步归于消灭。但我们要达到社会主义，实现社会主义的工业和农业，必须经过新民主主义经济一个时期的发展，在新民主主义社会中大量地发展公私近代化工业，制造大批供给农民使用的农业机器，并因此将农民的个体经济逐步地转变为集体农场经济之后，才有可能。没有工业的大量发展，没有大量的成千成万的农业机器供给农民使用，并使农民有可能团结于集体农场之中，而要实行社会主义的农业，那只能是反动的幻想。……想在孤立的单个小生产经济的基础上，……来企图实现社会主义，……其结果，决不是什么社会主义的农业，而将是社会生产力的破坏与倒退"（摘自新华社信箱：《关于农业社会主义的问答》）。而且，我们知道，要变革生产关系，不但要有已经成熟的新的生产力，而且还要有社会先进力量的自觉活动（所谓自觉，就是已被新的社会思想武装起来）。要实现农业集体化，不但要准备大量新式农业机器和驾驶这些机器的技师；而且还要对农民进行长期的政治教育和示范性的教育，通过合作社培养农民集体管理经济的习惯，使农民群众意识到有这一变革（集体化）的必要，于是当工业能供给大量拖拉机的时候，农民便自觉地行动起来，展开集体

农庄运动。这两方面的准备(物质的准备和思想的准备),是需要
相当长的时间的。如果过早实行农业集体化,既无拖拉机和技
师,又违背农民自愿原则,即使在形式上组成集体农庄,实际上又
有什么好处呢? 农民心里不乐意,你强迫他加入集体农庄,把他
私有的土地变为公有,这只能使他失去生产积极性。生产力中最
重要的因素——人,没有了生产积极性,那便是严重地妨碍生产
力的发展了。

(署名冯契,原载《文汇报》1953 年 6 月 19 日第 6 版)

关于历史唯物论的几个问题（中）

（四）新民主主义中国是否亦有阶级斗争？其斗争形式是怎样的？有什么特殊性？中国工人阶级与民族资产阶级的斗争是否亦是不调和的斗争？若是不调和的斗争，又怎能建立统一战线？

新民主主义中国有两种阶级斗争。

第一种就是和人民敌人的斗争，亦即和统一战线外部的帝国主义、封建主义、官僚资本主义的斗争。新民主主义革命的胜利，摧毁了蒋匪帮反动政权，建立了人民民主专政的国家。人民手里掌握了强大的国家机器，便运用国家权力来没收官僚资本，取消帝国主义在华特权。接着又展开三大运动，即抗美援朝、土地改革和镇压反革命。阶级斗争的形式是和解放前不同了，原因在于：矛盾的主要和非主要方面已互相转化，中国的社会性质和国家性质已起了根本变化。从前是反动派站在社会的支配地位，人民自下而上地进行革命斗争。现在却是革命的人民站在支配地位了，我们运用国家权力对人民敌人实行专政。专政的方式就是今天中国人民对敌人进行斗争的方式。

第二种是人民内部的斗争。人民内部也有矛盾，有矛盾也要进行斗争。但人民之间的斗争和跟敌人的斗争是有原则上的差别的。毛主席曾指出：人民民主专政有两个方法，对敌人说来是用专政的方法，对人民说来则是用民主的方法。所谓民主的方法，就是教育和说服的方法，批评与自我批评的方法。而批评与自我批评的目的，就在于巩固革命统一战线。

"三反"、"五反"、思想改造、农村的互助合作运动，都是对人民的自我教育，都是采取批评与自我批评的方法进行的斗争。那么批评或斗争的对象是什么呢？农村的互助合作运动在于逐步克服农民的自发的资本主义趋势，知识分子的思想改造在于划清工人阶级与资产阶级的思想界线，国家机关的反贪污斗争在于整顿工人阶级的队伍，击退资产阶级的进攻。至于"五反"运动，则是跟资产阶级进行面对面的斗争，使他们循规蹈矩，接受工人阶级的领导。由此可见统一战线内部的斗争，实质上都是工人阶级与资产阶级之间的斗争的不同表现或不同反映。（当然，既是不同表现、不同反映，便也决不可以混同起来。）

那么今天中国工人阶级与资产阶级的斗争是不是不调和的斗争呢？今天中国资产阶级是有两重性的：一方面，他们在一定条件下能参加反帝反封建的运动，为了合法利润而有发展生产的兴趣，因此也能遵守共同纲领，接受工人阶级和共产党的领导。这一方面，就是资产阶级可以参加革命统一战线的基础。但另一方面，他们对革命敌人容易动摇妥协，他们具有唯利是图、投机取巧、损人利己的阶级本性，其自发的趋势就是进行五毒活动，破坏革命和建设事业。这另一方面，则是必须与之进行不调和的斗争的。所以我们对待资产阶级的政策是又联合又斗争的政策。而斗争正是为了联合，只有运用正确的批评与自我批评的方法，跟资产阶级的动摇和腐朽方面进行不调和的斗争，革命的统一战线才可能巩固。要是放弃斗争，容忍资产阶级的五毒行为，那便会使统一战线内部腐化起来，造成极严重的恶果的。

（五）阶级斗争是不是新民主主义社会发展的动力？社会主义社会和共产主义社会没有了阶级斗争，又是靠什么力量向前发展的？

阶级斗争无疑是新民主主义社会发展的动力。通过抗美援朝、土地改革、镇压反革命（这三大运动是与人民敌人的斗争），又经过"三反"、"五反"、思想改造、工厂的民主改革与生产改革、农村的互助合作运动等（这些运动中都包含着工人阶级思想与资产阶级思想的斗争），新民主主义中国是一日千里地往前发展了。

社会发展的最基本的法则是生产力与生产关系的辩证法则。在阶级社会中，生产力与生产关系的矛盾表现为阶级对抗，衰朽的统治阶级维护着旧的生产关系，束缚着生产力的发展，反抗着新生的力量，于是必须有先进阶级动员和组织群众，推翻衰朽的统治者，改变旧的生产关系，解放生产力，并建立新的生产关系来推动生产力的发展。所以说，阶级斗争是社会发展的动力。

但是在社会主义制度下，例如在苏联，阶级剥削和阶级对抗已经消灭了，在社会的成分中已没有那些能组织反抗的衰朽的阶级，所以虽然生产关系的发展总是落后于并且将来也会落后于生产力的发展，二者之间的矛盾还是有的，但在领导机关的正确政策之下，这些矛盾不会变成对立，也就不会弄到社会的生产关系和生产力发生冲突的地步，而这也就是说，社会总是能及时地改变落后了的生产关系去适合生产力的性质。这样，当然就不会有什么阶级斗争了。那么,代替阶级斗争的又是什么呢?

社会主义的生产关系,作为过去那些统治和服从形式的生产关系的对立物,是同志式的合作与社会主义的互助的关系。在统治和服从关系的基础上,展开敌对阶级的斗争。而在合作和互助关系的基础上,却是人们之间的精神上和政治上的一致。

在苏联,这种精神上和政治上的一致,表现在苏联各民族间的友谊,表现在苏维埃的爱国主义,表现在斯大林宪法,表现在党和非党分子的联盟,表现在卫国战争的年月里,也表现在伟大的共产主义建设之中……

"当然,就是在社会主义制度下,也会有落后的惰性的力量,它们不了解生产关系有改变的必要"[①];于是,他们就盲目地维护旧的生产关系,成了生产力发展的障碍。当然,这并不是什么"能组织反抗的衰朽的阶级",他们只是由于缺乏认识,意识落后于存在,所以成了惰性的力量。对于这些人,必须进行教育、说服,亦即进行批评与自我批评。在社会主义制度之下,新与旧之间的斗争,新生的与衰亡的之间的斗争,便是用批评与自我批评的形式来进行的。

只有在精神上和政治上一致的基础上,批评与自我批评才能进行,而批评与自我批评正是为了加强精神上和政治上的一致。所以二者是一件事情的两个方面。总起来说,作为阶级斗争的对立物,社会主义社会发展的动力,就是社会的精神上和政治上一致的基础上的批评与自我批评。

---

① 斯大林:《苏联社会主义经济问题》,《斯大林选集》(下卷),第 577 页。

新民主主义社会是从半封建半殖民地社会到社会主义社会的过渡阶段。在这过渡阶段中,社会发展的动力也具有过渡性质。阶级斗争是它的动力,精神上和政治上一致的基础上的批评与自我批评也是动力。随着新民主主义社会的发展,社会主义成分的比重越来越大,新中国在精神上和政治上的一致越来越加强,批评与自我批评起作用的范围越来越扩大;到最后,实现了私人企业国有化和农业集体化,城乡资本主义成分消灭了,社会上没有了阶级剥削,阶级斗争的法则便退出舞台,完全让位给社会的精神上和政治上一致的基础上的批评与自我批评的法则了。

(六)为什么每个人都无例外地处身于一定的生产关系? 小生产者和谁结成一定的生产关系? 他在生产关系中所处的又是什么地位?

没有生产就没有社会。反过来说,没有社会也就没有生产。既然每个人都无例外地处身于社会(而且是一定的社会形态)之中,当然也无例外地处身于一定的生产关系之中。

问题也许是这样发生的:生产关系是人们在生产过程中的相互关系,但是有些人,例如乞丐,并不从事生产,那么他怎么能在生产关系之中呢? 又如小生产者,他的生产是单独进行的,那么他又跟谁结成生产关系呢? 斯大林说:"人们同自然界作斗争以及利用自然界来生产物质资料,并不是彼此孤立、彼此隔绝、各人单独进行,而是以团体为单位,以社会为单位来共同进行的。因此,生产在任何时候和任何条件下都是社会的生产。"[1]因为生产

---

[1] 斯大林:《论辩证唯物主义和历史唯物主义》,《联共(布)党史简明教程》,第134页。

是社会的生产,所以一定的社会形态就是一定的社会生产组织或社会生产体系,亦即一定的生产关系。乞丐虽不从事具体的劳动生产,却也处在一定的社会生产组织之中。离开了他所处的社会生产组织或生产关系,他就无处乞讨,无法过他的寄生生活。小生产者似乎是单独进行生产的,其实只是相对地单独而已。他们彼此之间,和别的社会集团之间,经常在"交换自己的活动",这种交换便是在一定社会生产体系中进行的。拿铁匠来说,离开了他所处的社会生产体系或生产关系,他不能拿铁器去交换粮食和布匹,那便只能饿死、冻死了。

一切阶级、阶层都是在一定社会生产体系中的社会集团,亦即一定生产关系的产物。原始公社没有乞丐,在社会主义制度下也没有乞丐。乞丐、强盗、流氓等游民无产者阶层,是奴隶制度、封建制度、资本主义制度的产物。由此亦可见乞丐是不能离开一定生产关系的。

同样,小生产者也是一定生产关系的产物。小生产者是在原始公社解体的时候出现的,在奴隶制度、封建制度和资本主义制度之下都存在着大量或小量的小生产者,但在今天的苏联,却已快要完全消灭了。那么小生产者在生产关系中的地位如何呢?却是随着生产关系的改变而改变的。不能把小生产者看作固定不变、独立自存的东西,不能把它孤立起来考察。必须从它所由产生的具体历史条件(亦即一定的生产关系)出发,小生产者在社会中的地位才可以被理解。

以农民为例。在封建制度之下,领主(地主)占有主要生产资料——土地,农奴(农民)一方面受封建关系的束缚,对领主或地主阶级有人身的依属；另一方面，农奴（农民）以本身劳动为基础而占有小量生产资料和自己的小小的经济。农民的这种两重性具体表现了封建生产关系的对抗性的矛盾。农民为了保存自己的小经济和劳动的所有，为了解除封建束缚和封建剥削，便和地主阶级进行不断的斗争。

进入了资本主义社会，农民的地位便起了变化。作为从封建制度遗留下来的一个阶层，农民并不是资本主义生产关系中的基本阶级。它是个中间的过渡的阶层。一方面，农民是劳动者，受地主和资本家压迫，这是和无产阶级相似的。而另一方面，农民是小私有者和小商品生产者，"经常地、每日每时地、自发地、大批地产生着资本主义和资产阶级"（列宁）。农民的这种两重性反映了资本主义生产关系的对抗性的矛盾。随着资本主义的发展，中间阶层不断分化、瓦解，绝大多数破产了，加入了无产阶级队伍；极少数则爬到了资产阶级的地位。农民不再是统一的阶级，它分成了乡村无产阶级（雇农）与乡村资产阶级（富农）。

资本主义的道路是使农民贫困破产的道路，社会主义的道路则是使农民自由幸福的道路。经过社会主义革命或新民主主义革命之后，农民在工人阶级和社会主义经济领导下，逐步组织起来，向合作社方向发展，最后实现农业社会主义化。从此农民就不再是小生产者了。

（署名冯契，原载《文汇报》1953 年 6 月 20 日第 6 版）

关于历史唯物论的几个问题(下)

（七）工人和农民之间并无剥削关系，但他们也会在不同程度上发生矛盾和斗争。在资本主义社会、新民主主义社会和社会主义社会中，工农的矛盾各表现在哪里？是用什么办法解决的？

在第六题中我们已说明了农民的两重性。一方面，工人和农民有共同的利害关系，即反对地主和资本家的压迫，消灭一切剥削制度，共同建设社会主义社会。另一方面，工人阶级是无产者，掌握近代大生产技术，从事集体劳动，并和资产阶级处于完全对抗的地位；而农民却是小私有者，使用落后的生产工具，从事分散的个体劳动，并且自发地产生着资本主义。这便是工人和农民的矛盾方面。但是，在这两个阶级之间，共同的利益是超过它们的矛盾的，所以这种矛盾是非对抗性的矛盾。如何解决这种非对抗性的矛盾？那就在于加强在工人阶级领导下的工农联盟，用社会主义精神教育农民，采取批评与自我批评的方法，克服农民的自发的资本主义趋势。

因为农民有自发的资本主义趋势，所以对于革命便有不稳定性。它虽然是无产阶级的天然的同盟军，却也可能跟着资产阶级跑。为了克服农民的不稳定性和巩固工农联盟，在资产阶级民主革命时期，无产阶级政党便要坚决支持农民的土地要求；又跟资产阶级进行揭露性的斗争，让农民群众明白：地主和资本家原是一鼻孔出气的。同时，为了保证无产阶级对土地革命的领导作用，又必须实行"依靠贫雇农（农村无产者半无产者），团结中农（农村小资产阶级），中立富农（农村资产阶级）"的政策。至于在资本主义国家进行社会主义革命的时期，按照十月革命的前例来说，城乡小资产阶级都是动摇的，所以当时列宁对待农民的策略是：与贫苦农民结成紧密联盟，中立中农，打击富农。这便又和资产阶级民主革命时期不同了。

除了必须克服农民的不稳定性外，还必须注意：农民运动的革命内容中常混杂一些反动的落后的成分。例如毛主席在《晋绥干部会议上的讲话》中曾指出："现在农村中流行的一种破坏工商业、在分配土地的问题上主张绝对平均主义的思想，它的性质是反动的、落后的、倒退的，我们必须批判这种思想。"[①]

至于革命胜利之后，例如在苏联新经济政策时期和中国新民主主义建设时期，工农之间的矛盾便是社会主义经济和个体经济的矛盾。社会主义工业是有计划、按比例地发展的，但是小农经济却自发地盲目地进行生产，它是无政府状态的，国家无法加以统计和监督。这便是计划性和自发性的矛盾。同时，社会主义工业按照扩大再生产的规律往前发展，生产量和积累都逐年增长；小农经济不但跟不上，甚至连单纯再生产也不一定有保证。农业落后于工业，便也要影响工业的发展，因为城市的粮食、若干工业原料都是由农村供给的，而且农村还是工业品的市场咧。

---

① 毛泽东：《晋绥干部会议上的讲话》，《毛泽东选集》第 4 卷，人民出版社 1991 年版，第 1315 页。

用什么方法来解决这工农业之间的矛盾？那便是列宁的有名的合作社计划:用逐渐过渡的方式把个体农民组织起来,联合到生产合作社中,即联合到大规模的农业企业、集体农庄中。而国家工业便要加紧给农民供应拖拉机和其他机器,为集体农庄建立现代大生产的技术基础。同时,为了促进城乡物资交流,还必须发展国营贸易、合作社贸易和集体农庄贸易。

农业集体化的过程是社会主义在农村中战胜资本主义的过程。为了消灭资本主义,必须展开对富农阶级的斗争,以至最后在农业全盘集体化的基础上把富农阶级消灭。同时,还必须对农民基本群众进行长期的耐心的教育,提高他们的觉悟程度,使他们能自觉地展开集体化运动。

农业全盘集体化标志着社会主义社会的建成。工业和农业再不是两种经济,而是同一种经济即社会主义经济了,工人和农民的矛盾日趋泯灭,而政治上和精神上的一致越来越加强了。但是国家企业和集体农庄是彼此有差别的社会主义所有制,工人和农民仍有阶级差别,因此一定程度的矛盾还是存在的。斯大林已经指出:在苏联,集体农庄集团所有制已在开始阻碍"由国家计划化来完全包括全部国民经济、特别是包括农业的事业"。所以将来必须把集体农庄所有制提高到全民所有制的水平,到那时,工农矛盾便最后消灭了。

(八)苏联已消灭了剥削,为什么还有阶级存在?

为什么阶级不是随着剥削的消灭而立即消灭?

列宁在《伟大的创举》中给阶级下了经典的定义。所谓各个阶级,就是在历史上一定的社会生产体系中所处地位不同的各个社会集团。而所谓"在一定的社会生产体系中所处地位不同",是包括着:(甲)对生产资料的关系不同;(乙)在社会劳动组织中所起的作用不同;(丙)因而领得自己支配的那份社会财富的方式和多寡各不相同。在过去阶级社会中,由于彼此在一定生产体系中所处地位不同,于是某一集团能占有另一集团的劳动,这就是剥削。

产生剥削的前提有二:(一)有剩余劳动可供剥削;(二)生产资料的私有制。原始公社没有这两个前提,所以既无剥削,也无阶级。在社会主义的苏联,基本上消灭了生产资料私有制,全部国民收入都是劳动人民的财产,大约四分之三以满足个人的物质和文化需要,其余部分则用来扩大社会主义生产和供给其他全国需要和社会需要。[①] 这就是说,在苏联并没有什么剩余劳动。因此,在苏联也没有剥削。

但是在苏联现时仍有阶级差别,这是历史发展的结果。有阶级剥削便有阶级对抗,对抗当然也是差别。但是不能反过来说。因为差别不一定是对抗,有阶级差别不一定有阶级剥削。在封建制度下,农奴和手工业者有阶级差别,但他们之间并无剥削关系,他们都是受封建领主剥削的。在资本主义制度下,农民和工人有阶级差别,但他们之间也无剥削关系,他们都是受资产阶级剥削的。

在苏联,由于城市和乡村、工业和农业的历史条件不同,于是在统一的社会主义生产体系中,形成了两个所处地位不同的社会

———————

① 见马林科夫在第十九次党代表大会上关于联共(布)中央工作的总结报告。

集团,这是因为:(甲)社会主义所有制包括两种形式:全民所有制和集体农庄集团所有制。(乙)以同志的合作与社会主义的互助为特征的社会劳动组织也包括两种形式:国营企业和合作社。(丙)按劳取酬的社会主义分配也包括两种形式:工人向国家支取工资,而集体农民是按劳动日数由集体经营的收入中支取报酬的。——这些,便是工人和农民之间的阶级差别。

斯大林已经指出:由社会主义逐渐过渡到共产主义,必须把集体农庄所有制提高到全民所有制的水平,并使产品交换制来代替商品流通制。到那时,工人和农民之间的阶级差别当然消灭了。虽然,由于工业和农业的工作条件有差别,某种非本质的差别无疑是还会存在的。

（署名冯契,原载《文汇报》1953 年 6 月 21 日第 6 版）

关于中国革命史的几个问题

（一）半封建半殖民地社会是否比封建社会进了一步？如果是的,那么是否可说帝国主义的侵入对于中国是有利的？

历史的发展是前进的、上升的运动,但在前进和上升之中也常有暂时后退和下降的现象。中国由封建社会变为半封建半殖民地社会,这是一个进步,同时也是一个后退和下降。

进步在哪里？在于封建已变成半封建,封建的自然经济已局部解体,民族资本主义有了一定程度的发展,新的社会阶级——中国资产阶级和无产阶级已经形成而且发展起来了。

但同时,中国由独立国一步一步地变成了半殖民地（甚至局部地变成了殖民地）,这却显然是个下降的过程。中国广大人民,在帝国主义（联合封建主义与官僚资本主义）的残酷统治之下,贫困化和不自由的程度按照同一比例增长,长期过着牛马不如的奴隶生活。一百年来中国人民所受的苦难与耻辱,真是罄竹难书,我们每次回想起来,就不禁愤怒填膺。

是谁使我们中国沦为半殖民地？是帝国主义。我们过去所受的一切苦难与耻辱的根源是什么？首先是帝国主义。那么怎么还能说帝国主义的侵入对于中国是有利的呢？果然有利,我们也不必反对什么帝国主义,进行民族解放运动了。

问题在于:上面说的自封建社会变为半封建半殖民地社会也有其进步方面,这是否能归功于帝国主义的侵略呢?

有人说:"外国资本主义对中国封建经济曾起破坏作用,这是有利的。"不错,洋布侵入中国,土布就被打倒。这是对中国封建经济的破坏,但同时,这也是对整个中国社会经济(包括封建经济与非封建经济)的全面的破坏。洋布打倒土布是意味着什么呢?是帝国主义对中国人民的疯狂的掠夺。而且,事实上,帝国主义倒是不想彻底破坏中国的封建经济的。——"帝国主义及其在中国的全部财政的和军事的力量,乃是一种支持、鼓舞、培植和保存封建残余及其全部军阀官僚上层建筑的力量。"①

有人说:"帝国主义侵入中国,给中国带来了资本主义,提高了生产力,这是有利的。"这里面包含着一些思想上的混乱。第一,并不是帝国主义带了一颗资本主义种子到中国来,使中国产生了资本主义。"中国封建社会内的商品经济的发展,已经孕育着资本主义的萌芽,如果没有外国资本主义的影响,中国也将缓慢地发展到资本主义社会。"②第二,帝国主义侵入中国的目的,是要把中国变成它们的半殖民地和殖民地,而决不是要把中国变成资本主义国家。日本帝国主义的口号是:"工业日本,农业中国。"它希望"农业中国"永远成为"工业日本"的市场和原料供给地。美帝国主义的心肠也完全一样。中国之所以不能按照资本主义的方式走上工业化道路,首先就因为帝国主义不容许。那么怎么

---

① 斯大林:《中国革命和共产国际的任务》,《斯大林全集》第9卷,人民出版社1954年版,第260页。
② 毛泽东:《中国革命和中国共产党》,《毛泽东选集》第2卷,第626页。

能说帝国主义提高了我们的生产力呢？

或以上海为例："帝国主义在上海造了许多高楼大厦，创办了许多工厂，这岂非好事？"且不论帝国主义在这个半殖民地的大城市造成了多少罪恶。就拿高楼大厦和工厂来说，难道是寄生在上海的帝国主义分子创造的吗？并不是。这些都是上海工人阶级的劳动成果。有人说，"资本是帝国主义的。"但试问帝国主义分子的资本是从哪里来的？还不是从中国人民身上剥削、搜括来的吗？

又或说："外国资本主义刺激中国民族工业的发展，所以有有利的一面。"刺激，是不错的。一切敌人对我们都有刺激。中国人为了抵抗帝国主义，曾经努力发展民族工业，因而在一定程度内提高了社会生产力。这也就是上文说的中国社会的进步的一面。但这一点进步和发展，是非常艰难的。因帝国主义操纵了中国财政、经济的命脉，控制了中国政治、军事的力量，所以严重地束缚、阻碍以至破坏了中国民族工业。第一次世界大战时，欧美帝国主义忙于自相残杀，对中国放松了一点，民族工业便获得比较迅速的发展。而解放以后，由于我们已彻底打退了帝国主义的侵略，民族工业（包括国营的与私营的）才真正是一日千里地进展了。这摆在眼前的事实，正可说明过去帝国主义对于中国的影响究竟是如何了。

总而言之，旧中国的发展有两方面：就其曾下降为半殖民地来说，主要是帝国主义造成的。就其进步方面来说，却是中国人民自己努力的结果，而并非帝国主义所赐。所以我们对于帝国主义者，只有仇视，决不能给他们丝毫温和的眼色。

（二）无产阶级为什么要去搞资产阶级民主革命？这对无产

阶级有什么好处?

"马克思主义教导无产者不要避开资产阶级革命,不要对资产阶级革命漠不关心,不要把革命中的领导权交给资产阶级,相反地,要尽最大的努力参加革命,最坚决地为彻底的无产阶级民主主义、为把革命进行到底而奋斗。"[1]

为什么无产阶级要"尽最大的努力参加"并争取领导资产阶级民主革命呢? 当然不是为了资产阶级的利益,而是为了无产阶级本身的利益。列宁说过:"从某种意义上说来,资产阶级革命对无产阶级要比对资产阶级更加有利。"[2]

那么利益何在呢?

第一,中国广大人民受帝国主义、封建主义和官僚资本主义的长期压迫,其中受压迫最重、受痛苦最深的不是资产阶级,而是无产阶级和广大的农民(特别是贫雇农)。无产阶级之所以要尽最大的努力参加反帝反封建反官僚资本的革命,正是为此。

第二,无产阶级的最高利益是实现社会主义(共产主义)。但为了实现社会主义,就必须领导资产阶级的民主革命。无产阶级在资产阶级民主革命中争取到领导权,便保证了革命的社会主义的前途。毛主席说:"两篇文章,上篇与下篇,只有上篇做好,下篇才能做好。坚决地领导民主革命,是争取社会主义胜利的条件。"[3]

---

[1] 列宁:《论社会民主党在民主革命中的两种策略》,《列宁选集》第 1 卷,人民出版社 1995 年版,第 558 页。
[2] 同上书,第 556 页。
[3] 毛泽东:《为争取千百万群众进入抗日民族统一战线而斗争》,《毛泽东选集》第 1 卷,第 276 页。

由此可见，无论从无产阶级现阶段的利益出发，或从未来的利益出发，都应该去领导资产阶级民主革命。

反过来说，如果不去领导，那就是把领导权让给资产阶级。则结果又将如何呢？

结果不是别的，只能是革命的夭折，民族的灭亡。中国资产阶级有两部分：一部分是买办资产阶级，他们是国际资产阶级的附庸，是附属于帝国主义的。这一派完全是投降派。汪精卫投降日本，蒋介石投降美国，由于他们的卖国行为，曾使中国人民遭受莫大的祸害。另一部分是民族资产阶级，他们虽也有一定的反帝反封建反官僚资本的要求，在一定时期中和一定程度上能够参加或同情革命。但由于他们本身的软弱性，由于他们和帝国主义、封建主义、官僚资本主义具有千丝万缕的联系，更由于他们害怕群众革命的力量，所以他们没有彻底的革命性，不但不能充当革命的领导者，而且还有中途变节，变为反革命助手的危险。

由此可见，无产阶级如果不去领导资产阶级民主革命，便是对无产阶级（以及全国广大人民）的极大不利。

所以无论从正面看，从反面看，中国无产阶级都应该把资产阶级民主革命领导起来。而事实上它也早已领导起来，并且已经获得胜利了。

（三）为什么农民不能领导革命，却又说它是中国革命的主力军？为什么农民单靠自己的力量不可能建立新的社会制度？

农民是一个小生产者阶级，他们有自己的小小的经济，用落后的技术进行分散的个体劳动，几千年来受封建统治阶级的压迫。这种经济条件决定了农民的阶级性格：不但有其勤劳、勇敢、坚决反抗封建压迫的一面,同时也有其落后的一面,即私有性、保守性、散漫性。因为有私有性,所以农民参加革命的目的不是要求消灭私有财产权(而是要求分得小块土地),其革命性不是最彻底的。因为有保守性,所以农民眼光短浅,常看不到共产主义的远景。又因为有散漫性,所以农民虽数量庞大却不易形成为一个全国统一的集中化的政治力量。——由于有这些缺点,农民便不能充当革命的领导者。而这也就可以说明:为什么翻遍中外历史,却找不到一次由农民自己领导而获得完全胜利的农民革命。

但是,尽管有这些缺点,农民却始终是中国资产阶级民主革命的主力军。这不但因为农民占全国人口绝大多数,是最广大的革命动力;而且因为农民无不积极要求推翻封建制度,实现"耕者有其田",在资产阶级民主革命时期,农民是真正的革命民主派。毛主席说:"农民——这是现阶段中国民主政治的主要力量。中国的民主主义者如不依靠三亿六千万农民群众的援助,他们就将一事无成。"[1]我们的人民解放军,就是共产党组织起来的握了枪杆的农民。我们的三次国内革命战争和一次抗日民族解放战争,都是在无产阶级领导下的农民战争。由此可见农民对中国革命的贡献实在非常伟大。

以无产阶级为领导,以农民为主力军,这便是我们的工农联盟的公式。一方面,农民如果离开无产阶级的领导,那么,便不能克服它的阶级性格中的弱点,以组成一支有严密组织的政治军队。另一方面,无产阶级如果不和这个民主革命中的主要力

---

[1]　毛泽东:《论联合政府》,《毛泽东选集》第 3 卷,第 1078 页。

量——农民建立联盟，那么，便不能实现它的革命领导权。列宁说："只有在农民群众加入无产阶级革命斗争的条件下，无产阶级才能成为在为民主制奋斗中获得胜利的战士。"

在革命胜利后，我们要进行新民主主义建设，逐步向社会主义过渡。在这个建设工作中，农民也将起极伟大的作用。因为"农民——这是中国工业市场的主体。只有他们能够供给最丰富的粮食和原料，并吸收最大量的工业品。"①没有全国广大农民的积极支援，要实现国家工业化是不可能的。

但同时，没有工人阶级的领导，农民也不可能走上社会主义的大道。靠小农经济是摆脱不了贫困境遇的。只有接受共产党与共产主义的长期教育，并由社会主义的工业供给拖拉机、联合收割机及其他农业机器，农民才能经由合作社的道路，实现农业集体化，最后脱离贫困与被剥削的地位，永远过富裕的幸福的生活。

曾经有一派农业社会主义者，以为单靠农民自己的力量，在小农经济基础上也能实现社会主义，废除剥削制度。他们所理想（其实是空想）的社会是一个没有贫富的小农社会，或多或少地和原始时代的农村公社相似。在中国历史上，曾有若干次农民革命试行这种社会主义（例如太平天国），但结果都归于失败。当然，就其反对地主阶级、要求平分土地这一点来说，在一定历史条件下，这种空想的社会主义也是有其革命性的。但以小农社会为"理想"，却是开倒车的想法，违背社会发展的规律，是决不可能实

---

① 毛泽东：《论联合政府》，《毛泽东选集》第 3 卷，第 1077 页。

现的。

历史发展的道路是这样:(一)如果农民在资产阶级领导下实现土地改革,例如过去在美国和法国,那么在农村中建立起来的是资本主义社会制度。小农经济由于自由竞争而向两极分化,极少数上升为富农,大多数下降为贫农、雇农。(二)如果农民在工人阶级领导下实现土地改革,例如在苏联和中国,那么便可经由合作社的道路,逐步过渡到社会主义。——但并不是建立在个体化的小农经济基础上的空想的社会主义,而是建立在集体化的大生产基础上的真正的社会主义。

二者必居其一:或者受资产阶级领导,建立资本主义社会制度,或者受无产阶级领导,建立社会主义社会制度。没有贫富的小农社会永远是空想,这就是说,单靠农民自己的力量是不可能建立新的社会制度的。

（署名冯契,原载《文汇报》1953 年 9 月 2 日第 6 版）

关于生产发展状况与社会革命问题

为什么一个生产落后的国家（例如中国）不能立即实现社会主义，消灭阶级剥削？美国生产力水平很高，为什么也还不能实现社会主义？俄国比美国落后，中国和蒙古更落后，为什么革命却先获得胜利？

这些问题彼此有牵连，不妨放在一起来讨论。现在就分三点来说明。

第一点，关于生产发展状况与革命性质。

社会革命的原因是新的生产力与衰亡中的生产关系之间的冲突。社会革命的性质决定于：它所要消灭的是什么生产关系和它所要建立的又是什么生产关系。生产力水平不同，生产关系就不同，生产力与生产关系的矛盾也跟着不同，因之社会革命的性质也就不同。

如果某个国家是封建的或半封建的社会，为了解放生产力，首先必须摧毁封建的生产关系，那么它的革命按其性质说就是资产阶级民主主义革命。中国革命和蒙古革命都是这一类。如果某个国家是资本主义社会，它的革命的任务在于消灭资本主义生产关系和确立社会主义生产关系，那么这革命按其性质说便是无产阶级社会主义革命。俄国十月革命是一例。美、英等国如果爆发革命,也将是这类革命。

为什么中国不能马上实现社会主义革命? 旧中国是个非常落后的农业国家,工业生产大约只占全部国民经济的百分之十。我们急需发展民族工业,但帝国主义控制着中国工业的命脉。民族工业须以广大农村为市场,而在帝国主义与封建地主阶级的残酷剥削之下,农民却日益贫困化以至破产,购买力非常薄弱。可见帝国主义、封建主义(以及它们的混血儿——官僚资本主义)是中国社会生产力发展的最大障碍。这就规定了现阶段中国革命必须以反帝反封建为任务,而不是以反对本国资本主义为任务,因此按其性质说是资产阶级民主主义革命,而不是社会主义革命。

第二点,关于消灭阶级剥削与实现社会主义。

中国新民主主义革命胜利,便是消灭了三种剥削势力:帝国主义、封建主义、官僚资本主义。但在新民主主义社会中,还存着两种剥削,即私人资本主义的剥削与富农经济的剥削。为什么容许这两种剥削存在? (一)因为中国太落后,民族资产阶级和富农既有一定的发展生产的积极性,只要他们合法经营,能提高社会生产力,对人民还是有利的。(二)中国现在还是个小生产国家,从广大小生产者(农民和手工业者)中间,不断地、自发地产生着资本主义(从中农产生富农,从手工业者产生资本家),所以在现阶段,城乡资本主义的剥削,事实上也是不可能消灭的(当然,加以适当的限制是完全可能的)。——只有当社会生产力大大提高之后,近代化大企业在国民经济中已占相当大的比重,才可能实行私人企业国有化和农业集体化,那时,便是实现社会主义,消灭城乡资本主义剥削,亦即最后消灭阶级剥削了。

在苏联,十月社会主义革命胜利之后,也并不是马上就消灭了一切阶级剥削的。俄国在革命前虽已发展到帝国主义阶段,但在帝国主义国家中是比较落后的一个,小生产所占比重还是相当大的。在政治上战胜资本主义(建立无产阶级专政)和在经济上战胜资本主义(建成社会主义社会)是两件事。为了在经济上建成社会主义社会,必须有一个过渡时期——新经济政策时期,以改造全部国民经济,使之建筑在社会主义大生产技术基础上(亦即实现国家工业化与农业集体化)。苏联的新经济政策时期到一九三六年斯大林宪法颁布时才算结束。这就是说,到一九三六年,苏联才真正实现了社会主义,最后消灭了阶级剥削。

生产发展状况不但决定革命的性质,而且决定革命胜利后将经历怎样的过渡阶段以实现社会主义。苏联是由资本主义社会过渡到社会主义,中国是由半封建半殖民地社会过渡到社会主义。中国的过渡时期(新民主主义社会),较之苏联的新经济政策时期,有相似之处,也有不同的特点。一般说来,由于中国比苏联落后,所以我们在过渡时期中要比苏联多经历一些过渡步骤或中间环节。例如,在农业合作化道路上,我们要经过半社会主义性质的生产合作社形式,这在苏联便是不必要的。(当然,这不是说中国的过渡时期一定要比苏联的过渡时期长。我们今天有苏联的援助,并有苏联的经验可以吸取,因此可以加快速度缩短时间。)

至于蒙古,原是一个没有一点近代工业、以游牧经济为主的封建国家,在革命胜利后,在由封建主义到社会主义的过渡期间,当然要经历更多的中间环节。到一九四〇年乔巴山宪法颁布时，蒙古已基本上消灭封建剥削制度，建成了非资本主义发展方向的新经济基础(主要是两种经济成分：牧民和手工业者的小商品经济，以及国营——合作社经济)。蒙古现在正超越资本主义，向社会主义过渡中。(附带说明一句：有人以为蒙古现在已是社会主义社会，这是不对的。)

第三点，关于革命胜利的条件。

"美国生产力水平很高，为什么也还不能实现社会主义？"为了实现社会主义，即建成社会主义社会，在美国目前的条件下，总得经过一次政治革命。从上面两点讨论，我们可以得到的结论是：第一，如果美国发生革命，必是无产阶级社会主义革命。第二，革命胜利后经过较短的过渡时期便可建成社会主义。但是，问题在于：为什么美国至今还不爆发社会主义革命？

革命何时爆发，这却不是生产发展状况所能完全决定的。在帝国主义时代，抽象地讲，革命的可能性、生产力与生产关系的冲突，是一切资本主义国家和殖民地半殖民地国家都存在的。但是何时何地爆发革命，却要由各项具体条件来决定。

列宁指出：革命将首先在帝国主义统治最薄弱的环节上爆发，而不一定是在那生产力水平最高、工业比重最大、工人最多的国家。

什么是帝国主义统治最薄弱的环节？那就是革命时机或革命形势成熟的地方。

列宁说："要进行革命，单是被剥削被压迫群众认识到不能照旧生活下去而要求改革，还是不够的；要进行革命，还必须要剥削者也不能照旧生活和统治下去。只有当'下层'不愿照旧生活而'上层'也不能照旧维持下去的时候,革命才能获得胜利。这个真理另一个说法是:没有全国性的(既触动被剥削者又触动剥削者的)危机,进行革命是不可能的。"①

这便是客观的革命形势。这样的革命形势是由三方面的条件造成的:第一,工人阶级与革命群众已经觉悟,明了革命的必要,抱有为革命牺牲的决心。第二,反动政府已完全孤立,已充分暴露其软弱无力,因而使革命者有可能迅速推翻现存政权。第三,有利的国际条件。

但是,"并不是从一切革命形势中,都能发生革命"。为了获得革命的胜利,还必须在客观条件之上加上主观因素。什么是革命的主观因素? 就是革命的政党,善于根据客观形势来制定正确的战略与策略,及时提出战斗口号,动员和组织广大群众进入战斗。

客观和主观两方面条件是具有辩证的关系的。主观力量能推动客观发展,造成革命形势;而有利的客观形势又能使主观力量不断增强。只有当客观的革命形势已充分成熟,而主观的革命力量也已充分强大,两者结合起来,才能实现革命而且获得胜利。

为什么中国革命在一九四九年获得了胜利? 我们可以从客观和主观两方面进行分析。就客观形势说:第一,广大人民已经觉悟,积极参加革命,这从老解放区人民如何支援解放战争,蒋介石统治区人民如何进行反内战、反饥饿、反迫害的斗争等事实可

① 列宁:《共产主义运动中的"左派"幼稚病》,《列宁选集》第 4 卷,第 193 页。

以证明。第二,蒋介石政府的反动卖国的本质已完全被揭穿,它的软弱无力已完全暴露,连蒋匪帮内部的许多人都已明白他们的灭亡是不可避免了。第三,经过第二次世界大战,苏联的国际影响已空前增长,东欧出现了许多人民民主国家,帝国主义阵营已大大削弱,日本帝国主义已被打败,美国帝国主义也因为广大人民厌战而无力对中国革命进行大规模的武装干涉……这形势对中国人民是极有利的。而苏联的解放东北,尤其有重要意义。

就主观条件说:中国人民经过一百年的奋斗,特别是中国共产党诞生以来的二十八年的奋斗,已经获得了许多宝贵的经验。毛主席说:"一个有纪律的,有马克思列宁主义的理论武装的,采取自我批评方法的,联系人民群众的党。一个由这样的党领导的军队。一个由这样的党领导的各革命阶层各革命派别的统一战线。这三件是我们战胜敌人的主要武器,这些都是我们区别于前人的。依靠这三件,使我们取得了基本的胜利。"[1]

同样,俄国一九一七年十月革命和蒙古一九二一年革命之所以能获得胜利,也是由于具备客观革命形势和主观革命力量的。我们在这里不必多谈了。(只指出一点:对蒙古来说,苏联的直接援助是具有决定意义的作用的。)

但是美国如何呢?显然,至目前为止,美国还没有出现那种"下层"不能照旧生活和"上层"不能照旧统治的全国危机。今天,美国一般落后群众对共和党政府还存在着幻想,甚至因为中了"美国世纪"、"世界主义"宣传的毒,以为白宫正在"称霸世界"呢。

---

[1] 毛泽东:《论人民民主专政》,《毛泽东选集》第4卷,第1480页。

自南北战争(一八六一——一八六四)以来,美国一直处在"和平"时期,而未曾掀起革命风暴。(而我们中国自一八四〇年以来,曾经历多少次革命风暴啊!)当然,美国工人阶级已经发动过多次的罢工斗争以及其他形式的斗争,并且正在逐步使革命斗争更深入扩大。而美国工人阶级先锋队还必须做更多的宣传鼓动的工作,组织的工作,发动工人进行更多的斗争,以便累积革命经验,把自己锻炼得更强大有力。形势在发展,革命力量在增长,美国人民终将获得革命的胜利,这是肯定的。

(署名冯契,原载《文汇报》1953 年 9 月 3 日第 6 版)

关于社会思想意识的问题

（一）超阶级思想的根源是什么？为什么有超阶级思想而无超阶级存在？是否与"存在决定意识"有矛盾？

"存在决定意识"是马克思主义哲学的根本原理。既然在阶级社会中并无超阶级存在，当然也没有超阶级思想。自从人类分化成为阶级以来，各个人的政治、法律、道德、宗教、艺术、哲学等观念，都是一定阶级意识形态的表现，反映着一定阶级的利益与要求。

因此一切所谓"超阶级思想"，以及什么"人类之爱"、"超然物外"、"客观主义"等等，都应该加上引号，以表示它们都是冒牌货色，挂的是羊头，卖的其实是狗肉。

在旧社会中，牌子和货色不一致的情形是很普遍的。许多善良的人们因此上了当、吃了亏。所以我们要学会善于辨别货色，而不要为牌子所欺骗。这也就是说：主要的是要抓住事物的内在本质，而不要为表面的虚假现象所蒙蔽。

那么这种必须加上引号的"超阶级思想"的虚假现象是怎样产生的呢？在虚假现象下深藏的阶级本质是什么呢？

从来的剥削阶级，特别是资产阶级，都宣称自己的思想体系是"全人类的"、"超阶级的"、"超党派的"思想体系。刘少奇同志说得好："其实在这种'超党派'、'超阶级'的胡说后面，就隐藏着剥削阶级同样多的实际利益。"资产阶级本质的内容，"超阶级性"的表现形式，这便是资产阶级的思想体系。

资产阶级思想（以及其他剥削阶级思想）之所以要采取"超阶级性"的表现形式，这是因为：第一，他们在被剥削者面前，不敢承认自己的剥削阶级的丑恶本性；第二，他们以此来掩盖阶级矛盾，抹煞阶级斗争，麻痹工农群众的阶级意识。所以"超阶级性"形式的思想体系是资产阶级手中的武器，是他们在精神上奴役劳动人民的工具。

而小资产阶级知识分子，由于他们的小资产阶级的"好心肠"，由于他们的长于幻想和害怕严重的实际斗争，由于他们的无知，因而自发地倾向资产阶级；于是便很容易地上了当，落了资产阶级的圈套，也跟着高谈什么"超阶级"、"超党派"、"不问政治"、"泛爱人类"等等。小资产阶级知识分子思想之所以常具"超阶级性"的形式，固然是受了资产阶级的影响，却也是小资产阶级的软弱性、动摇性的表现。

列宁说："非党性是资产阶级思想，党性是社会主义思想。"①（所谓党性，就是阶级性的集中表现。）列宁为我们划了一道黑白分明的思想界线。二者必居其一：或者是以"无党性"、"超阶级性"的表现形式来掩盖资产阶级的本质；或者是旗帜鲜明地坚持党性原则，公然申明自己的理论是为工人阶级服务的。党性与"无党性"、阶级性与"超阶级性"的斗争，是社会主义思想体系与

① 列宁：《社会主义政党和非党的革命性》，《列宁选集》第 1 卷，第 676 页。

资产阶级思想体系之间的不可调和的斗争。

（二）既然存在决定意识，意识落后于存在，为什么没有共产主义社会就有共产主义思想？

共产主义思想在共产主义社会出现之前就已产生，这情形正好像气象台正确地预测明天的天气，又好像瓦特在创造第一架蒸汽机之前，就已在他脑子里形成了关于蒸汽机的观念。马克思、恩格斯的共产主义思想之为科学，最可宝贵处，就在于它的预见性。

科学的预见性和"存在决定意识"的原理似乎相冲突，其实并不。正是根据"存在决定意识"的原理，马克思主义者从现存的客观事实出发来研究社会发展的规律，做出科学的正确结论，因而便能根据规律预见将来，及时地提出革命任务，规定革命策略，动员、组织广大群众进行战斗，以争取把那今天仅是可能的东西到明天变为现实。所谓"可能的东西"就是理想。理想必须从实际出发，必须是合理的（合乎客观规律的）。要不然，无根无据，便谈不上什么科学预见性，而只不过是空中楼阁、乌有子虚先生的幻想罢了。科学社会主义和空想社会主义的差别就在于此。

斯大林说："新的社会思想和理论，只有在社会物质生活的发展已向社会提出新的任务以后，才会产生。"①马克思也说："任务本身，只有在解决它的物质条件已经存在或者至少是在生成过程中的时候，才会产生。"②马克思和斯大林说得很明白：共产主义的科学思想之所以会产生，是因为在社会面前已提出了社会主义革

---

① 斯大林：《论辩证唯物主义和历史唯物主义》，《联共（布）党史简明教程》，第 130 页。
② 马克思：《政治经济学批判·序言》，《马克思恩格斯选集》第 2 卷，第 33 页。

命(并进而建设共产主义社会)的任务。而这一革命任务之所以会发生,则是因为客观上已经存在解决这一任务的"物质条件"。"物质条件"是什么? 就是大工业生产和无产阶级。

如果没有资本主义的大工业生产,如果没有无产阶级和无产阶级所领导的工人运动,科学的共产主义是决不可能产生的。不是在别处,正是在这些"物质条件"之中,共产主义的物质的胚胎,共产主义的现实的可能性,是已经存在着了。资本主义大企业的生产过程的公共性质,无产阶级的高度集中化、集体化的劳动,强烈地要求着生产资料的公有制。这个要求就是共产主义的要求。列宁说:"共产主义社会,就意味着土地和工厂都是公共的,实行共同劳动——这就是共产主义。"①马克思主义的导师们,从资本主义大生产的劳动过程的公共性质,看到了把土地和工厂一概公共化的可能性与必然性,于是创立科学的共产主义思想体系,以指导工人阶级的革命运动。

烧开水的时候,蒸汽能把茶壶盖冲开,这是常见的现象。但瓦特却从这里看见了一架蒸汽机的胚胎。科学家高出一般人的地方,就在于能够看见胚胎状态的东西。在资本主义社会中已经具有共产主义的胚胎,一般人熟视无睹,马克思和恩格斯的伟大处,就在于他们具有天才的洞察力,把胚胎状态的东西给大家指了出来。因此所谓预见将来,不外是洞察现在。一切具有预见性的科学理论,都不过是当前现实的正确反映。在这里,依然是客观存在在先,思想意识在后,完全合乎唯物论的原理。

---

① 列宁:《青年团的任务》,《列宁选集》第 4 卷,第 293 页。

（三）根据什么来决定某一阶级（及其思想意识）是进步的还是反动的？为什么历史上的剥削阶级（及其思想意识）并不是任何时候都是反动的？为什么工人阶级（及其思想意识）又是最进步的？

社会发展史首先便是生产发展史。因此，要判断某一阶级（及其思想意识）是进步的还是反动的，那便看它在它所处的历史条件下，是在推动社会生产的发展呢，还是在阻碍社会生产的发展。如果某一阶级的活动（及其思想意识），在一定历史条件下，是在提高社会生产力，是在变革、破坏旧生产关系，是在建立、巩固新生产关系；那么，这个阶级在当时便是起了进步的历史作用（例如今天中国的工人阶级和农民阶级）。反之，那些维护旧生产关系、破坏社会生产力的阶级（例如地主和官僚资产阶级），便是完全反动的。至于有些阶级或阶层，在一定历史时期，对于生产发展既具推进作用也起阻碍作用，则是进步性与反动性兼而有之的（中国的民族资产阶级便是一例）。

社会发展史主要是劳动群众的历史。我们所说的进步与反动的标准，正是从劳动群众和工人阶级的立场出发的。什么是劳动群众和工人阶级的根本利益？就是社会的进步、生产的发展。因此，凡是在一定历史阶段推动社会生产发展的阶级，即使是剥削阶级，在当时，在某种程度内也是和广大劳动人民利益相一致的。可见"剥削"和"反动"并不是同义词。历史上的剥削阶级，虽然最后无例外地都成为反动阶级，成为劳动人民的敌人；但在其初起时，却都有过一定的（当然是有限度的）进步作用。而从剥削阶级中间产生的先进思想家、学者、诗人，也能在一定程度内反映人民的利益，因而对于社会文化发展也是具有不可磨灭的功绩的。

例如：在希腊、罗马的初期，在奴隶制开始形成和发展的时候，奴隶主也曾是社会的进步力量。它运用奴隶制来组织大规模的奴隶劳动，促进了社会分工，因而使生产力达到氏族公社所不能梦想的水平，并且同时还产生了荷马的史诗、索福克里士①的悲剧、亚里士多德的哲学。当然，这些都是奴隶劳动的成果；但是如果没有奴隶主，当时就没有人来组织奴隶劳动、利用奴隶劳动，那也就结不出这些果实来了。

对于新兴的封建领主和资产阶级的历史作用也应该这样说。马克思在《共产党宣言》中无情地揭露了资产阶级的丑恶面目，并指出它的灭亡是不可避免的；但同时却又承认："资产阶级在历史上起过非常革命的作用"，因为它破坏封建的、宗派的关系，建立资本主义制度，并促使生产工具经常发生变革。"资产阶级在它的不到一百年的阶级统治中所创造的生产力比过去一切世代总共创造的全部生产力还要多，还要大。"②而培根和伏尔泰的哲学、雨果和歌德的诗篇、贝多芬和柴可夫斯基的音乐，作为资产阶级上升时期的意识形态，都是具有深刻的人民性的，所以至今仍为广大人民所喜爱。

但是，先前的一切阶级（无论剥削者与被剥削者），其进步性都是有一定限度的。在现时，在帝国主义时代，就世界范围内来

---

① 即 Sophocles，今译作索福克勒斯。
② 马克思、恩格斯：《共产党宣言》，《马克思恩格斯选集》第 1 卷，人民出版社 1995 年版，第 277 页。

说,资产阶级已腐朽不堪,一切中间阶层都随着大工业的发展而日趋瓦解和衰亡。只有无产阶级一天比一天壮大,因为它是大工业本身的产物,代表着社会最先进的生产力,所以是最先进的阶级。摧毁那过了时的资本主义的生产关系,以解放社会生产力,这一历史任务便落在无产阶级肩膀上。而无产阶级的意识形态——马克思列宁主义的哲学、科学和艺术,在这时便发挥了社会先进观念的威力,起了极伟大的动员和组织的作用。一百多年来的共产主义运动,今天苏联、中国和各人民民主国家的生产力的无止境的发展,都说明了这一事实——工人阶级(及其思想意识)是最进步的、最革命的。

（署名冯契,原载《文汇报》1953 年 9 月 4 日第 6 版）

"除虫的经验"

山东泰安县渐汶河村有个老汉叫徐振利。他过去常说:"六十岁的人就是黄土埋到了脖子,社会主义还在云彩影里呢,我这辈子是看不到边了。"最近听了总路线的报告,知道只要全国人民在共产党领导下努力奋斗,国家经过一个并不太久的时间,就能过渡到社会主义社会,他兴奋得睡不着觉,心里想:"国家好比一个朝气蓬勃的青年,我怎么能承认自己是老了呢?"于是便刮了刮脸,买了顶制服棉帽来戴在头上。他的小孙子们笑着说:"爷爷年轻啦!"他伸一伸胳臂:"难道你爷爷老了吗?"引得孙子们直笑。他早已被选为乡文教委员,这时就非常积极起来:动员群众为学校修补校舍,到处宣传走大家富裕的路,自己带头卖余粮两千斤给国家,并和邻居们积极准备建立农业生产合作社。家里人怕他起早落夜太劳累了,他却笑笑说:"人就是这样,只要心里痛快,就不觉老了,不嫌冷了,也不好睡了,这样还会比过去更壮实更长寿咧。"(见十二月十六日《大众日报》)

这是千百个动人事例中的一个。总路线的灯塔照亮了许多人的心,使老年人变得年轻,年青人变得更加年轻。

但是,在这万物欣欣向荣的春天,却也有一些草木在枯萎。有一种人,恰和那位可爱的山东老汉相反,论年纪,也许不及那老汉的一半,然而暮气沉沉,活像是"黄土埋到了脖子"似的。你看吧:这里有一个,伏在办公桌上,伸长又缩短,接连打呵欠,瞌睡虫已经钻到他鼻孔里去了;另一个地方又有一个,捧着总路线的文件,看来似乎是在埋头钻研吧,然而眼睛里没有一点火花,脸上同土地菩萨一般没有丝毫表情;第三个,是已经回家了,跨进房门,放下公事皮包,叹口气说道:"又过了一天,阿弥陀佛!"草木为什么枯萎?原因不外两个:或者是缺乏阳光和养料,或者是有虫子咬。人为什么暮气沉沉?理由也相似。徐振利老汉听了总路线报告,像许多人一样,获得了充足的阳光和养料,就变得年轻起来了。那些手上捧着总路线文件而眼睛依然没有一点火花的人,那些办公后嘴里念着"阿弥陀佛"的人,阳光同样照着他,养料同样供给他,可是对他没有用,显然是因为有虫子咬的缘故。这种虫子不管形状有大小,种类有不同,可是都和一个东西有联系,这东西叫资本主义思想。

据有经验的老农民说,虫灾比火灾还可怕,因为发生火灾,马上能发觉,因此也马上能扑灭它,而藏在稻秆中、根底下的虫子呢,却一时不容易发觉,稍一麻痹,当发觉时已经形成灾祸了。这些被虫子细细咬的人,往往也是一时不能发觉自己的病根的,有的人带了病还自得其乐呢!这样麻痹的结果,到发现病时,就必然已成灾祸了。

老农民对除虫的经验是:"打早,打小,打了。"这条经验对被虫咬的人也十分适合。

（署名商翼,原载《解放日报》1954 年 2 月 28 日第 6 版）

从斯大林著作中吸取思想力量

斯大林同志逝世已一周年。去年今日从莫斯科发出来的电波，恍惚又在耳边，激动着每一颗正直的心。

每一颗正直的心都深切地感觉到，斯大林并没有离开我们。全世界劳动人民把斯大林的名字怀在心头，因此获得源源不绝的活力。苏联、中国和各人民民主国家的人民以及全世界一切要求和平、要求解放的人们，这一年来，在斯大林的名义下，增进了友谊，加强了团结，因而变得更强大有力了。

这一年来，我们祖国在抗美援朝斗争中，在经济战线上，在总路线的宣传教育方面以及其他各项工作中，都获得了新的巨大的胜利。这一切胜利也都是和斯大林的名字分不开的。当斯大林同志活着的时候，"我们围绕着他，不断地向他请教，不断地从他的著作中吸取思想的力量"。在今天，在斯大林同志去世之后，我们还是这样。不能设想，没有列宁斯大林的学说，而能够有中国革命的一切胜利。斯大林过去是、现在是、将来也仍然是中国人民的伟大导师和最真挚的朋友。

特别是在这全国大规模进行过渡时期总路线的宣传教育的时候，学习斯大林同志的有关著作，对中国人民尤其具有不可估量的重要意义。

关于过渡时期的基本原理和基本政策,列宁在《论粮食税》和《论合作制》等一系列著作中已作了明确规定。但列宁来不及看到"新经济政策的俄罗斯变成社会主义的俄罗斯",他甚至没有等到苏联国民经济的完全恢复,便于一九二四年一月廿一日与世长辞了。于是领导苏联人民进行社会主义建设的庄严责任,率领苏联人民过渡到社会主义社会的巨大任务,就由斯大林继续担承。斯大林捍卫而且发展了列宁关于过渡时期的理论,并使这个理论在苏联成为现实。

一九二五年十二月举行联共(布)第十四次代表大会,斯大林在大会报告中说到:"把我国(苏联)由农业国变成能自力出产必需装备品的工业国,——这就是我们总路线的实质和基础。"就在这次代表大会上,苏联共产党决定了社会主义工业化的方针。斯大林曾指出:不是随便发展任何工业就叫做工业化,而是必须发展重工业,特别是作为工业的神经中枢的机器制造业。两年之后,在联共(布)第十五次代表大会上,斯大林又提出农业集体化方针。他规定农业的社会主义改造的道路,"就在于循序渐进,然而一贯到底地,不是用强迫的方法,而是用表彰和说服方法,把小的和极小的农庄统一为大的农庄,以公共的共耕制的集体的耕种制做基础来采用农业机器和拖拉机,采用增加农业强度的科学方法"。

为了奠定重工业的基础和进行国民经济各部门的社会主义改造,苏联于一九二八年开始实施有名的第一个五年计划。大家知道,在斯大林的英明领导下,苏联第一个五年计划是在四年零三个月的期间,即到一九三三年初,就提前完成了的。接着开始第二个五年计划。到一九三六年,斯大林宪法颁布,苏联由资本主义到社会主义的过渡时期胜利结束,而进入了新的发展时期,即完成社会主义社会建设和逐渐过渡到共产主义社会的时期。

这些都已是历史事实,不容任何人怀疑的了。但是当斯大林开始提出社会主义工业化和农业集体化方针,当苏联共产党决定实施第一个五年计划的时候,却不是人人都表示相信的。欧美各国资产阶级报纸,从一开始就嘲笑:"空想!""梦呓!""乌托邦!"而那些叛国分子则更为恶毒,说什么"在俄国,人们不至饿死的地方,只有监狱","所有苏联公民,鞋子都是破的,眼光都是阴惨的"等等。(见巴比塞《从一个人看一个新世界》所引)

这类资产阶级"评论家"和叛国分子,正像斯大林说的,是"中古时代掘出的顽石一类的东西",不值得加以批评。

但是社会主义建设和社会主义改造确也是非常艰巨的任务。实现工业化需要大量资金,这便要求全国人民提高劳动生产率和厉行节约。在斯大林号召之下,苏联人民"作出牺牲,在各方面厉行节约,节约饮食,节约教育经费,节约布匹,以便积累建立工业所必要的资金"[①]。然而,因为买奶油要排队,等上个把钟头,有的主妇就抱怨;因为外套缺乏,登记了三天还买不到,有的市民就摇头;因为工作都是新的,必须从头学起,有的知识分子就泄了气……社会上有这么一小部分怕艰苦怕困难的人,在政治上就产生了所谓托洛茨基主义。托洛茨基高唱"不断革命",似乎"左"得可爱,其实骨子里是十足的失败主义者。他认为在资本主义包围

---

① 斯大林:《在克里姆林宫举行的红军学院学员毕业典礼上的讲话》,《斯大林选集》(下卷),第369页。

之中,苏联决不可能建设社会主义。苏维埃国家的前途只能"二中取一":或者是连根枯朽,或者蜕化为资产阶级国家。

这是一种极端危险的失败主义论调,而且显然是和上面说的资产阶级评论家们一鼻孔出气的。托洛茨基分子不断地吹嘘冷气,向人们灌输一种不相信自己国家的革命力量的心理。斯大林说:"不击破托洛茨基主义,便不能在新经济政策条件下达到胜利,便不能把现今的俄罗斯变成社会主义的俄罗斯。"斯大林领导全党和全国人民跟托洛茨基派作坚决斗争,终于把它彻底粉碎了。

列宁早已说过,过渡时期乃是资本主义与社会主义间的殊死斗争。"谁战胜谁"——问题就是这样摆着的。斯大林根据列宁的公式,特别强调指出过渡时期的经济政策的双重性的本质。斯大林说:"新经济政策是无产阶级国家所采取的一种特殊政策,它预计到在经济命脉掌握在无产阶级国家手中的条件下容许资本主义存在,预计到资本主义成分和社会主义成分间的斗争,预计到社会主义成分的作用日益增长而资本主义成分日益削弱下去,预计到社会主义成分战胜资本主义成分,预计到消灭阶级和建立社会主义的经济基础。谁不了解新经济政策的这种过渡性即两重性,谁就是离开了列宁主义。"[1]——今天我们还可以加上一句:谁不了解斯大林这个新经济政策的经典定义,谁就离开了过渡时期总路线,就要犯右倾或"左"倾的错误。

一方面,托洛茨基这类括号里的"左"派,不了解社会主义成

---

[1] 斯大林:《关于中央委员会政治报告的结论》,《斯大林全集》第7卷,人民出版社1958年版,第302—303页。

分必定能战胜资本主义成分。而另一方面,又有一些右倾机会主义者,以布哈林为代表,不了解资本主义成分与社会主义成分间必然要展开殊死斗争。布哈林提出"发财吧"的口号,主张完全的贸易自由,不应稍加限制;主张尽量发展个体经济,并认为富农可以和平长入社会主义。他制造了什么"阶级斗争熄灭论",以为在过渡时期,阶级斗争将愈来愈缓和,很快会完全熄灭。

在托洛茨基主义被粉碎之后,右倾分子便成了主要危险。在过渡时期,党对资本主义成分采取利用、限制和改造的政策,阶级斗争换了一种方式,变得更复杂更细致了。这便使得有些人的眼光模糊起来,以为既然容许资本主义成分存在,既然要利用资本主义成分来加强工农的经济联系,以提高社会生产力;那么,又有什么阶级斗争呢? 这些人忘记了资本主义成分对于社会主义经济的破坏作用,忘记了对于资本主义成分必须加以限制、改造,以至最后拔除它的老根。在新经济政策的条件下,阶级斗争不但不会熄灭,而且会日益尖锐化。斯大林说:"历史上还没有过垂死的阶级自动退出舞台的事情。……垂死的阶级进行反抗,并不是因为他们更有力量,而是因为社会主义比他们增长得快,他们愈来愈比我们弱。正因为他们愈来愈削弱,他们觉得自己的末日到了,于是不得不用尽一切力量,采取一切手段来进行反抗。"[1]

所以很显然,布哈林的"阶级斗争熄灭论",不过是一种替资本主义分子辩议,用来麻痹工人阶级和劳动人民的战斗意志的工具。这是一种彻头彻尾反马克思主义的危险论调,如果任其滋长

---

[1] 斯大林:《论联共(布)党内的右倾》,《斯大林选集》(下卷),第 140 页。

起来,那就必然会造成资产阶级的复辟和社会主义的灭亡。幸得斯大林及时加以揭发,领导全党和全国人民跟它作坚决斗争,终于把它彻底粉碎了。

列宁的忠实学生和斯大林的亲密战友奥尔忠尼启泽说:"斯大林的粉碎托洛茨基和粉碎右派的胜利,实在好比十月革命的一次新的成功。"而这个战斗,对于正处于过渡时期的中国人民来说,也是具有严重意义的教训。开始学习总路线时,有些人不大体会社会主义建设是个艰苦奋斗的过程,于是一接触现实问题,觉得困难重重,便产生动摇心理和消极情绪。也有些人,学习了总路线,也仍然不体会过渡时期的阶级斗争的性质;于是在这容许资本主义存在的条件下,在小资产阶级还像汪洋大海似的包围着我们的环境中,便失去了革命警惕性,政治嗅觉迟钝起来。诸如此类的现象,如果不及时地加以批判,任其滋长发育起来,是十分危险的。

如何才能克服这类现象? 最恰当的办法就是向斯大林请教。学习斯大林的著作和苏联共产党的历史,从中吸取历史的教训,就能帮助我们克服麻痹心理,纠正消极情绪,就能使我们的政治嗅觉敏锐起来,战斗意志无限地加强起来。

斯大林的著作是马克思列宁主义的无尽宝藏。我们纪念着斯大林,便要学习斯大林的著作,从中吸取源源不绝的思想力量。我们要学习斯大林的榜样,要像斯大林那样对阶级敌人毫不留情,要像斯大林那样为共产主义事业而贡献出一切力量。

(署名冯契,原载《文汇报》1954 年 3 月 5 日第 6 版)

爱孩子的人

去年暑假中的风波，大家都还记得。当中学入学考试揭晓时，许多小学毕业生见自己名落孙山，就痛哭失声，认为前途什么都完了。爱孩子的人，总是不愿听孩子们的哭声的。可是，偏偏在这问题上，爱孩子们的人却显得有些"残酷"了。有的家长告诫儿女："你再不用功，叫你在家里打老牛屁股！"有的教师教育学生："你不好好学，考不进初中，叫你在家里种田、晒太阳、爬泥塘，看你难过不难过？"于是孩子们把"打老牛屁股"、"爬泥塘"视为畏途，心情变得沉重万分。为了争取考上中学，便只好从早到晚伏在书桌上死啃书本，天真活泼失去了，健康也受到严重损害。

都应该承认，解放后人们的思想是有很大进步的。对"天子重英豪，文章教尔曹；万般皆下品，唯有读书高"的神童诗，都会说："封建！"可是碰到实际问题，这种剥削阶级观念却又同地蚕一般地在蠢动了。背着这种思想的父母教师们，他们认为是爱，却原来是去咬着祖国土地上的幼芽。

现在徐建春和其他优秀的高小毕业生已经树立了参加劳动的榜样，证明"爬泥塘"、"打老牛屁股"也是大有出息的事。那些曾经以"爱"压迫过孩子们的人，回想一下，就只有感到心痛了。由此可知，人的思想是很重要的，思想不正确，好事也要变成坏事,爱也变成压迫了。当此暑假即将到来之时,回忆一下去年的教训是有益的,让我们更好地爱护祖国的花朵。

（署名商翼,原载《解放日报》1954 年 6 月 6 日第 3 版）

小鸟儿的世界

中国古书上有个寓言：北海有只大鹏鸟，它的翅膀拍水，击动三千里海面，鼓起了大风，盘旋而上，达到九万里的高空，而后往南飞，一飞就是六个月，飞到南海。但是小鸟儿却摇头不赞成，笑着说："我飞跃起来，不过几尺高，在蓬蒿之间飞飞，也自得其乐。它为什么要达到九万里的高空再往南飞呢？"

我们祖国正以大鹏鸟的气势飞向社会主义。但是却有一些人拘束于小鸟儿的眼界，满足飞于蓬蒿之间。这种人表现在学习上就是"差不多主义者"。

把小鸟儿的话翻译成"差不多主义者"的话就是："我学习起来，只要懂得大概的道理，在讨论会上可以随便发发言，也就心满意足了。我又不是领导干部，何必要钻很深的理论呢？"

现在学习总路线初步告一段落，转而学习《联共（布）党史》和《经济建设常识读本》时，"差不多主义者"就又有一种妙论："总路线的一般道理我已经懂了（真懂了吗？），让我安安稳稳地工作吧，何必也要我们去学习理论，让领导同志去学吧，我跟着走就得了。"翻译成小鸟儿的话就是这样："我已学会低低地飞了，让我在蓬蒿之间安安稳稳地飞吧，要学高飞，那是大鹏鸟的事了。"

亲爱的小鸟儿，安安稳稳地在蓬蒿里飞吧。不！最好不要再飞了,飞着不是太吃力了吗? 还是乖乖地躲到鸟笼里去吧,既不要飞,又可以让人家喂得饱饱的。

但是我们的祖国,是要以大鹏鸟之势向前飞翔的。

(署名简子,原载《解放日报》1954 年 6 月 8 日第 3 版)

关于体力劳动和脑力劳动关系的一些问题

手和脑怎样分家的?

学过社会发展史的人都知道,从猿转变到人的有决定意义的一步,就是手从脚分化出来。当我们的祖先开始直立行走,开始用双手来制造工具进行劳动生产的时候,便把自己和猿类区别开来,真正成为人类了。由于手的发展,由于共同劳动的需要而产生有音节的语言,我们祖先的脑髓也跟着发展起来。首先是双手教导头脑,而后是聪明的头脑又教导双手变得更灵活起来。手与脑交互作用,相互推动,使得人类的生产和其他活动越来越带有明确的目的性和计划性,人类离开其余动物便越来越远了。

这样经过了几十万年的发展,后来出现了私有财产和剥削,社会分裂为敌对的阶级,于是手脑合作的关系便被破坏了。剥削者及他的奴才们独占了从事脑力活动和受教育的权利,被剥削的劳动群众却只能在鞭子和棍棒的强制之下进行繁重的体力劳动。从此头脑脱离了双手,思想脱离了土地,"劳心者治人"而"劳力者治于人",两者之间的关系变成了相互对抗。斯大林说:"产生脑力劳动和体力劳动之间的对立的经济基础,是脑力劳动者对体力劳动者的剥削。"①可见这种对立、对抗的关系,完全是剥削制度造成的。数千年来,轻视劳动人民的心理支配着社会,"万般皆下品,唯有读书高",一切体力劳动都被认为是卑贱、龌龊的事,是戴白手套的上等人所不屑为的。

但是在人民革命胜利之后,工人阶级掌握了国家政权,劳动人民取得了统治地位,使头脑的产物重新从属于自己,"劳心者治人,劳力者治于人"的时代便永远结束了。在我国,封建的剥削制度已经消灭,资本主义的剥削制度正在变革,到了社会主义社会建成,脑力劳动和体力劳动相对立的经济基础便将完全消失。

轻视体力劳动是中了旧思想的"毒"

然而,思想意识的变化,往往落后于物质条件的变化,几千年来形成的轻视体力劳动的心理,目前并没有能够根绝。即使在青年同学里面,也还有许多人把体力劳动看作是"又脏、又累、又没出息"的事。有些小学生不愿参加农业生产,有些大学生死钻技术理论,不乐意做"铸工"、"锻工"。土木工程学校有的同学认为学公路是"做铺路小工",读上下水道的课程是"当粪管大王"。助产学校和护士学校有些同学甚至噘起嘴巴发牢骚:"在病房里除了拿小便壶和大便桶以外,便是折折产妇用的草纸。一个初中毕业生,在做人家的佣人!""我在家里手帕也叫人家洗的,现在来洗这许多脏东西! 我生的女儿死也不叫她做护士!"……诸如此类

---

① 斯大林:《苏联社会主义经济问题》,《斯大林选集》(下卷),第 558 页。

的想法和议论,播散着剥削阶级的尸臭味,才真的是"又脏又没出息"！这些同学不明白:如果他们不克服这种轻视体力劳动的剥削思想,那么他们即使学到了一套理论知识,也是不能替劳动人民服务,而终究要变成社会的废物。

为什么待遇有高低呢?

又有一种论调:"脑力劳动的待遇比体力劳动高,这不就是表示脑力劳动的贡献比体力劳动来得大吗?"这也是一种糊涂想法。难道知识分子对于革命事业和建设事业的贡献,比工人阶级和农民更大吗? 除了个别狂妄自大的知识分子之外,谁也不敢这样说。当然,根据"按劳取酬"的原则,不同质量的劳动要给不同的报酬,但是决不能一般地说脑力劳动的报酬应该比体力劳动大些。脑力劳动如果不和体力劳动相结合,不对物质生产发生直接或间接的作用,那它就不是"有用劳动",因而也就不应取得任何报酬,整天胡思乱想的人,不管他怎样绞脑汁,国家是不会给他工资的。

正确的说法是,复杂劳动(熟练劳动)的贡献比简单劳动要大些。陈永康积累了多年生产经验,接受了先进农业技术的指导,成了丰产模范。徐建春高小毕业后参加农业劳动,也成了改进农业技术的先进旗手。他们两人从不同的道路实现了脑力劳动与体力劳动的结合,他们的劳动比普通农民要复杂些,对祖国的贡献也大一些。在工厂里,有些工人提高到了技术人员水平(例如朱顺余、陆阿狗),有些工程师真正做到了"技术与劳动相结合",

他们的劳动不但比普通工人要复杂些,也比那些缺乏实际经验的技术人员要复杂些。他们应该领得较多的工资,因为他们对于积累社会财富和提高劳动生产率作了较大的贡献。

就是这样,在我们的社会里,一方面,技术人员和学生正在靠近劳动人民,向劳动人民学习;另一方面,工人和农民的文化水平又在逐步提高。首先是灵活的双手教导头脑,而后聪明的头脑又教导双手变得更加灵活。社会主义过渡到共产主义的时期,体力劳动与脑力劳动两者的本质差别也会日渐消失。到了共产主义的高级阶段,社会的一切人都能全面发展他们的体力和智力,这时就不致由于现存的劳动分工而终身束缚于某一种职业——这便是我们共同奋斗的目标。

(署名冯契,原载《文汇报》1954 年 7 月 26 日第 6 版)

论新生力量

新陈代谢的规律

由李希凡、蓝翎两个年青同志首先发动的对《红楼梦》研究中的资产阶级思想进行不调和的斗争,其最重要的意义之一,就在于又一次有力地证明了马克思主义哲学的著名原理:新的、进步的东西是不可战胜的。

毛泽东同志说:"新陈代谢是宇宙间普遍的永远不可抵抗的规律。"在自然界、社会和人类认识的发展过程中,时时刻刻有新的东西在产生,旧的东西在死亡。新东西不断地排挤旧东西、代替旧东西,所以世界日新不已,发展就表现为前进的、上升的运动。时间是留不住的,前进的、上升的运动是不可能阻止的。新生的、进步的东西合乎规律地成长,因而必然会获得胜利;而那衰朽的、没落着的东西则合乎规律地死亡,哪怕它表面上看起来相当强大,也是必然要失败的。俞平伯先生三十年来被称为"红学"的权威,为什么竟被两个初出茅庐的小伙子战败了呢? 这就是因为俞平伯先生的《红楼梦》研究在本质上是腐朽了的东西——资产阶级的唯心论观点,而李希凡、蓝翎所代表的却是不可战胜的新生力量。

但是新东西的成长决不是一帆风顺、平平稳稳的。问题在于：在发展的道路上有着旧东西，它虽然已经变得不合理了，却还要坚持本身的生存，阻挠着新生事物的成长。所以新生的东西必须大喊大叫着进行战斗，克服旧势力的一切反抗，然后才能获得完全的发展。大家知道，李希凡和蓝翎同志正是经过了艰苦斗争，克服了重重困难，才获得此次战斗的第一个回合的胜利的（他们在《中国青年》第二十二期上发表的文章已很好地说明了这个问题）。

一切的发展过程都是新和旧的斗争，但这在自然界和社会又有区别。自然界力量是自发的力量，它们之间的斗争是无意识的。当小鸡在蛋壳中形成时，蛋壳就成了小鸡发展道路上的阻力，这阻力是一种无意识的力量；而小鸡之进行战斗，也不过是凭本能动作，啄破蛋壳，它就自然而然地诞生了。但是社会中的新事物的诞生却和小鸡的诞生不同，因为社会的力量是有意识的力量，社会的新陈代谢是通过有意识的斗争来进行的。根据社会发展的规律，新的东西必然要萌芽，必然要发生。但是问题在于：社会的旧势力要作有意识的反抗，社会的衰朽阶级要利用一切反动理论（以及一切属于他们的上层建筑物），来维护他们的阶级利益，巩固他们的旧秩序。因此，为了要克服旧势力，建立新制度，社会的新生力量必须用（也必然会用）革命理论把自己武装起来，亦即使自己的战斗行动越来越成为自觉的。在社会中，自发的斗争决不能推翻旧势力，只有经过新生力量的自觉的（具有充分革命意识的）斗争，才能完成社会从旧质态向新质态的飞跃。

谁是新生力量的自觉的代表者？

在今天来说，什么是社会的新生力量？——工人阶级。什么是社会的革命理论？——马克思列宁主义。要判断一个人是不是新生力量的自觉的代表者，就要看他是否站在工人阶级立场，是否掌握了马克思列宁主义。

人们习惯说：青年是社会的新生力量。这句话是有道理的，因为青年人受旧思想、旧习惯的影响较小，一般说来总是朝气蓬勃，对于新鲜事物特别敏感。但是这句话也是有条件的。今天还有一些青年，由于受了资产阶级思想的腐蚀，一味只知追逐名利、贪图享受，甚至也有个别堕落到和流氓毫无差异的地步。这些人，年纪虽轻，实质上却是或多或少在腐朽了。而另外还有不少青年，由于认识不足，觉悟不高，不能明辨是非，划清先进与落后的界限，于是常常犯政治上的盲目性错误：有时无目标地进行斗争，有时又和旧事物和平共居。这些同志还必须多多学习马克思列宁主义，多多在实际工作中进行锻炼。只有当他们克服了政治上的盲目性之后，才算真正成为新生力量的自觉的代表者。

正确地说，新和旧是不应该用年龄来区别的。有的年轻人思想上已未老先衰，有的老年人却像二十来岁的青年。据说北京师范大学某次集会，大家听了苏联专家普希金教授的报告之后，主席致词表示感谢，说专家已经那么大年纪了，还不辞辛劳来中国指导我们的教育事业，所以特别值得钦佩云云。普希金教授听了翻译之后，却生起气来。他站起来说："在苏联，在十月革命之后就没有老年人了!"普希金教授的这种青年气概,值得我们每个人学习。

在学校里,教师的年龄一般都比学生大一些。但是决不能因此得出结论说:学生是新生力量而教师是旧势力。"老夫子"和"冬烘先生"不容许再存在了,人民教师应该永远年轻,永远和学生一样年轻。辩证唯物论教导我们:新生的东西必然成为(也应该成为)发展的主导方面。根据这一原理,可知教师为要在教学过程中起主导作用,那就必须成为新生力量的自觉的代表者。教师的主导作用和他的自觉性成正比例,而自觉性的源泉,就在于教师本身的马克思列宁主义的修养的不断提高。

自觉地代表新生力量就是幸福

我们的学校不但要培养有用的人,而且要培养幸福的人。幸福,是每个人都想望着的,然而并非所有的人都已找着幸福。

我们有些同志,论工作,也能按期完成任务,论学习,考试时可以得四分五分;但是他们心里没有幸福的感觉,老觉得劳动是"沉重的负担"。所以有时候,工作繁重一点,就唉声叹气;学习上碰到一些困难,就变得意气消沉起来。为什么会产生这种病象?他们的劳动岂非社会主义的劳动吗?那只是因为这些同志还没有自觉地成为新生力量的代表者,他们对于自己的劳动缺乏新鲜的感觉。

如果我们对于自己的日常平凡的劳动没有一种永远新鲜的感觉;如果我们在劳动时不是热情洋溢,朝气蓬勃,不是满怀着革命乐观主义的精神；如果我们在学习时不是津津有味，在工作时不是唱着春天的歌；——如果我们没有这样的心情，那么，即使能按期完成工作任务与学习计划，也还不能称为新社会的主人和共产主义的战士。

共产主义，按照马克思和恩格斯的说法，就在于把人们的"劳动从沉重的负担变成愉快"，从累赘"变成生活的第一需要"。共产主义，就是幸福，就是要使每个劳动者都变成自觉的人。

在旧社会里，新事物的成长，新生力量的自觉，是非常缓慢而艰难的。善良的人们梦想着幸福，然而生活里更多的却是悲苦。现在的情形可不同了。新生力量在社会中已经取得主导地位，党和人民政权无微不至地关怀着每一新事物的生长。幸福不再是可望而不可及的了，在党和人民政权的培养下，每个人（只要他不自暴自弃）都能成为新生力量的自觉的代表者，都能在现实生活中找到巨大的幸福。

（署名石渠，原载《文汇报》1954 年 12 月 4 日第 6 版）

反对客观主义

不能把严肃的思想斗争看作"文坛笔战"

最近展开的对《红楼梦》研究中的资产阶级观点的批判，是思想战线上的又一次严重斗争。这一战斗正方兴未艾，它将逐步扩大而且深入下去，并将获得丰富的战果，这是可以预期的。

但是也还有不少同志对这次斗争的意义认识不足，至今仍抱着漠不关心的态度，以为"《红楼梦》和自己的业务无关，我又没有受过胡适反动思想的影响，何必花时间去关心这'笔战'"。报纸上登载了许多文章，倒也"蛮闹猛"，随意浏览浏览，那只是为了一些茶余饭后的谈话资料而已。

这些同志不曾认识：对《红楼梦》研究中的错误观点的批判，并非仅仅有关于《红楼梦》一书和俞平伯一人的小事情，而是过渡时期工人阶级对资产阶级进行的巨大斗争在思想战线上的反映。对于过渡时期的阶级斗争，谁能置身事外，袖手旁观呢？如果你袖手旁观，把严肃的斗争看做"文坛笔战"，用看热闹的态度来对待它，从趣味主义的观点来吸取一些谈话资料；那么，你就不是站在工人阶级一边，而是有意无意之中站到资产阶级一边，站到胡适反动唯心论那一边去了。

问题这样提法，有人也许觉得是过甚其词。但是，请以俞平伯的"《红楼梦》研究"为镜子来照照我们自己吧。俞平伯主张"两美合一"，把林黛玉和薛宝钗平等看待，以为"必如此方极情场之盛，必如此方极文章之妙"。上述同志的"文坛笔战"论和俞平伯的这种不辨是非、无所爱憎的客观主义之间，显然是有着精神上的共同性的。俞平伯曾经宣称，他对文学的研究只是"趣味的研究"，只是"逢场作戏而已"。他为了满足自己和某些读者的低级趣味，写专文讨论"秦可卿之死"，不厌其烦地论证秦可卿与贾珍私通，她和贾宝玉也有暧昧关系等等。他又用很大篇幅来考证"寿怡红群芳开夜宴"，说明当时出席几人，座位如何安排，行令用的骰子是几粒……而最后作结论说："如右所陈皆为形迹，聊资谈助而已，作者之心夫岂然耶。""聊资谈助"就是供给读者以谈话资料。俞平伯可以满足了，不但他的"趣味的研究"，而且他的"趣味的研究"之被批判，同样都供给了读者以"谈助"。

当然，我们说有些同志有意无意之中站到胡适、俞平伯一边去了，却并非说其间毫无差别。胡适早已投降美帝国主义，俞平伯却在新中国服务，在政治上必须加以区别。俞平伯三十年如一日，运用胡适派资产阶级观点进行客观主义的烦琐的研究工作，他的著作已在读者中间造成极大危害；而我们的某些同志之抱客观主义态度，则大半由于认识不足之故：这也是必须加以区别的。

客观主义的危害性

但我们决不可以"认识不足"为借口而原谅自己的客观主义态度。——由于认识不足而产生政治上的盲目性,由于盲目性而不能分辨是非,不能划清工人阶级与资产阶级的思想界限,于是嗅觉就变得迟钝起来,失去了革命警惕性,于是就和资产阶级思想和平共居,而终至于向资产阶级思想投降,成为敌人的俘虏。客观主义必然达到投降主义,这可算是一条定律。而且还应该指出:客观主义在今天社会里并非偶然现象,而是相当普遍地存在着的。对政治不关心;对社会主义事业缺乏热情;对周围的新鲜事物没有感觉;对工作缺乏积极负责的精神;对学习抱任务观点,敷衍了事;对自己的机关没有主人翁的态度,倒好像他是在陌生人家里作客……所有这些,都是客观主义的表现,都是不利于祖国和人民的现象。

客观主义也存在在学校里。例如,上海有些学校里会连续发生偷窃、欺骗、读黄色小说、乱搞男女关系等恶劣行为,这是社会上垂死的剥削阶级向工人阶级进攻的最恶毒的方式之一。这是个极严重的问题。然而,更严重的,却是有一些学校领导和教师,对于这种品德堕落的行为竟熟视无睹,漠不关心。不是别的,正是这种客观主义的态度,使得这一些学校里邪气上升,正气下降。长此下去,阿飞、流氓、小偷、骗子必将肆无忌惮,这些学校也必将蜕化成为资本主义的学校。

由此可见,反对客观主义,揭露它的丑恶本质,使大家认识它的危害性，实在是今天思想战线上刻不容缓的任务。对《红楼梦》研究中资产阶级观点进行批判的重大意义之一，也就在于此。

客观主义的欺骗性

客观主义，作为资产阶级的思想体系，是一种最富于欺骗性的思想。"当局者迷，旁观者清"，这似乎很有道理。客观主义者自命为"旁观者"、"第三者"，超然处于敌对双方之外，对于双方抱着"一视同仁"的"纯客观"的态度。

有没有这样的"纯客观"呢？毛泽东同志不止一次地说过："第三条道路是没有的。"鲁迅也早已反对过"第三种人"。所谓"第三者"的"纯客观"，不过是一件骗人的外衣罢了。

现代资产阶级哲学，如罗素、如杜威（这两个人比较为中国人所熟知），都宣称唯物论和唯心论的争辩是无意义的，而他们自己的哲学则是"中立的"、"纯客观的"。为什么他们要提倡客观主义？真正的用意就在于反对马克思主义的唯物论。马克思主义者说：在阶级社会中，哲学派别的斗争是阶级斗争的反映，哲学是有阶级性、党性的。罗素、杜威之流以"超阶级"、"无党性"的"第三者"自居，以为这样就能蒙蔽群众，和马克思主义的党性原则对抗，并把他们的主观唯心论偷运出去。

杜威的忠实门徒、实验主义在中国的买办——胡适，口口声声说："拿证据来！"似乎很"客观"，但他所谓"多谈问题，少谈主义"，其实是叫人少谈马克思主义。而在他的客观主义的外衣下面，装的是什么货色呢？胡适说："真理原来是人造的，是为了人造的,是人造出来供人用的,是因为它们大有用处所以才给它们'真理'的美名的。"——原来,不过是主观唯心论而已!

俞平伯在学术研究工作上,跟胡适一样,口口声声说要"辨伪存真",似乎也很"客观"。而他的"趣味的研究",实质上却是用了一些主观观念往《红楼梦》身上硬套。(关于这点,报上发表的一些文章已经批评很多了,此处不赘。)

客观主义的外衣,主观唯心论的内容,——这是从罗素、杜威之流一直到胡适、俞平伯等人的资产阶级思想体系的共同的公式。

所以,今天思想战线上的斗争——无产阶级思想体系与资产阶级思想体系的斗争,是唯物论与唯心论的斗争,也是党性原则与客观主义的斗争。为了彻底粉碎客观主义,就必须坚持无产阶级立场,坚持党性原则。这便是我们的结论。

(署名石渠,原载《文汇报》1954 年 12 月 6 日第 6 版)

破除权威迷信

自居权威者与盲从权威者

在对《红楼梦》研究中的错误观点进行批判的同时，《人民日报》正确地指出了：目前文艺界还存在着"权威迷信"的腐朽观念，喜欢"大名气"，忽视"小人物"，对"权威学者"的资产阶级思想不惜委曲求全，而对社会新生力量则摆出贵族老爷式的态度。

各地报纸随后又揭露了不少崇拜权威、轻视群众的现象。不但文艺界，而且教育、科学、技术各部门，权威迷信观念都是存在着的。

权威迷信观念表现在两种人身上：

有一种人以"权威"自居。肚子里并无多少真才实学，却自称为"专家"，自命为"名流"，自封为"老子天下第一"。这就好比寓言中讲的一头驴子，身上蒙着一张老虎皮，乍看真像是"百兽之王"，树林里的小动物没有不害怕的。架子大，派头足，对人说话总用训斥口吻，这是他们的共同特点。这样的"权威"如果做了领导者，他就把他领导的那一部门看作个人的独立王国，进行学阀式的统治。他最喜欢的是奉承、阿谀，最不喜欢的是批评、监督。

群众对他提一点意见,他马上吹胡子瞪眼,大发雷霆。

另一种人盲目崇拜权威。碰到什么问题,马上引经据典:"某专家如何说","某名流如何讲"。用了一张大封条把问题封住,自己既无需开动脑筋,叫别人也不用再开口。读文章,先看作者有没有名气;听报告,先问报告者有没有地位。如果作者有"大名气",报告者是"权威学者",那么即使文章和报告的内容都是狗屎,也都把它当作黄金。这样的同志,应该说,不但脑筋有些糊涂,而且鼻子也不大灵敏。

权威迷信世界就是由这两种人组成的:自居"权威"者在上,盲从权威者在下。(当然,盲从权威者对于更在其下者又往往自居"权威"。)很显然,这个世界其实不过是那剥削者世界(主子与其顺从的奴才所构成的世界)的缩影而已。

权威迷信的社会根源

原始社会并没有超乎社会之上的权威人物。对于社会权威的崇拜是剥削制度的产物。剥削阶级为了保护它的经济利益,巩固它的现存秩序,一方面在政治上建立超乎社会之上的国家权力机关,另一方面又在意识领域内采取一系列的措施来愚弄劳动人民。孔子说:"民可使由之,不可使知之。"老子说:"古之善为道者,非以明民,将以愚之。"这两位封建社会的圣人说得非常坦白:剥削者的统治艺术,就在于使老百姓永远处于愚昧无知盲目服从的状态。如何才能使老百姓永远愚昧无知呢?一个办法是提倡宗教,另一个办法是培植权威迷信观念。抬出孔孟、程朱来作为

"道统"，提出四书、五经来作为圣典，谁敢违背或怀疑，那就判他个"离经叛道"的罪名，请他进班房，甚至杀头。这样，权威高踞宝座，"群氓"伏地膜拜。被统治者苟且偷生，安于被奴役的地位，剥削制度便可以万古长存，永不被推翻了。——这就是剥削阶级的如意算盘。

但是历史却不是按照反动派的意愿发展的。劳动人民从一开始就不安于被奴役的地位，不断地反抗着权威。随着社会生产力的提高与阶级斗争的发展，自然科学与社会科学先后产生了。理智的光明像太阳一样，拨开了迷信的云雾，照见了自然界和人类历史的本来面目。譬如说，有了电学这门科学，人们能够利用电来照明、通话、发动机器，关于雷公电母的迷信便从此被粉碎了。十九世纪四十年代诞生了马克思主义这门科学，先进的工人阶级掌握了这个理论武器，就能够按照科学法则来变革社会——消灭一切剥削制度和建立社会主义社会；于是对封建"道统"的迷信和对资产阶级权威的崇拜，便也在人们头脑里逐渐被破除了。迷信观念的社会根源在于剥削制度，所以只要把剥削制度消灭，一切迷信观念和偶像崇拜便失去现实基础，必然会或早或迟地化为乌有子虚。

如何跟权威迷信作斗争

但这决不是说对于权威迷信观念无需进行斗争。尽管一切迷信在它们被破除之后都不过是"无物之物"而已，然而在被破除之前，鬼魅、魑魅、泥菩萨都能作祟。几千年来的旧传统、旧习惯是一股不可忽视的力量。何况我国正处在过渡时期,社会上尚存在着资产阶级与小资产阶级,权威迷信观念还有它的现实的基础,还有它的广阔的市场。所以虽然权威迷信是已经腐朽了的观念,跟它作斗争却决不是轻而易举的事情。

那么,我们如何来跟权威迷信作斗争呢?我们唯一的武器是马克思列宁主义。

马克思列宁主义不承认任何偶像。不论什么"权威"的言论,"名流"的主张,我们都要用唯物辩证法作为解剖刀来把它解剖一下;用脑子想一想,用鼻子嗅一嗅,辨明是非善恶,然后再决定:或是拥护它,或是反对它,或是拥护其中合理的部分而又反对其中不合理的部分。马克思列宁主义和怀疑论毫无共同之处,我们并不是说一切"权威学者"的话都是靠不住的。俞平伯先生研究《红楼梦》的资产阶级唯心论观点必须加以严格批判,但他所做的工作中有某些成绩,我们也给以肯定。跟不合理的、腐朽的东西作斗争,把那合理的、有价值的东西保存下来,这是唯物论者的实事求是的态度。

至于那些盲从权威者之所以甘心作权威的奴隶,那也只是因为他们缺乏马克思列宁主义的科学认识。对于这些同志,我们要劝他们加紧学习。但是同时也应指出:科学是不能从权威迷信的观点来学习的。如果你把马克思列宁主义也当作"权威"来迷信,"偶像"来崇拜,学来学去只会引经据典:"马克思如何说","列宁如何讲";那么,你始终只是在字句上打转,丝毫也没有触到理论的实质。马克思列宁主义和"子曰"、"诗云"之类毫无共同之处,它并不是叫人当作"圣经"来背诵、来膜拜的。马克思列宁主义是科学,它要求人们把它当作科学看待。而科学之所以叫作科学,就在于它一刻也不脱离实际。如果我们真是诚心诚意要学好马克思列宁主义,那就不能眼睛向上看"权威",而必须眼睛往下看群众。只有那相信群众、不膜拜偶像的人,只有那善于掌握群众的脉搏和倾听实践经验的呼声的人,才能成为真正的马克思主义者。

而也只有那真正的马克思主义者,真正热爱科学、热爱群众的人,才能彻底破除权威迷信观念。

（署名石渠,原载《文汇报》1954 年 12 月 11 日第 6 版）

开展学术上的自由讨论

《关于〈文艺报〉的决议》

中国文学艺术界联合会主席团和中国作家协会主席团最近检查了《文艺报》的工作,作出了具有历史意义的《关于〈文艺报〉的决议》。《决议》中指出:《文艺报》及其他文艺刊物"应该对资产阶级的各种错误的文艺思想进行斗争,坚决克服投降主义的倾向;应该积极扶植马克思主义的新生力量,坚决克服轻视和压制新生力量的倾向;应该有领导有计划地开展文艺思想的自由讨论"。

这个决议不仅为文艺界而且为文化学术的各部门指出了如何在马克思主义思想指导下健康地发展的道路。

"发展是对立的斗争",这个辩证法原理是众所周知的。没有自由的讨论和批评,没有不同意见的争辩,科学就不可能进步;不依靠新生力量来跟资产阶级腐朽思想进行斗争,我们的社会主义文化事业就要枯萎、蜕化。这也是大家承认的规律。然而正是这大家承认的规律、众所周知的原理,竟常常被人忘记和忽视了。

我国国际地位的蒸蒸日上,第一个宪法的制定,经济建设事

业的飞快发展,劳动人民生产积极性的不断提高……这一切使得
外国资产阶级都感到惊讶不已。相形之下,我们的文化战线却显
得大大落后了。在这里,生气蓬勃的现象固然也有,但腐朽了的
东西仍被视为不可侵犯的"权威"。在这里,如俞平伯先生等人的
著作,公开传播胡适派反动的实验主义思想,竟能销售数万册,好
像其中有什么时髦货色似的。而如新人出版社出版的《革命人生
观讲话》及其"续编",披上马克思列宁主义的外衣来偷运投机取
巧的资产阶级个人主义的毒物,竟能够一版、再版……剪剪贴贴
重排后又到了十五版(参看十一月十四日《解放日报》的书
评)。——为什么我们的文艺界、学术界竟能容忍、麻痹到这个地
步呢? 因为在这里,万事大吉的气氛麻痹了战斗意志,那个众所
周知的辩证法原理竟被人视为是多余的了。

现在,李希凡和蓝翎两位青年同志已投射出了"可贵的第一
枪",全国文联和作家协会又作出了《关于〈文艺报〉的决议》,郭沫
若先生也提出了"广泛地开展学术上的自由讨论,提倡建设性的
批评"的号召。文艺界、学术界的沉闷空气已开始改变,蓬勃的战
斗精神和活泼的自由讨论的风气正在培养起来,文化战线的落后
状态应该能逐渐扭转过来了。

积极开展,稳步前进

但是,对于如何开展学术上的自由讨论,却还并非每个人都
已有了正确的认识。

有一些同志很性急,把此次对《红楼梦》研究中的错误观点的

批判看作一个突击性的"大运动",以为只需雷厉风行地搞它一阵,把某某几个人骂倒了,就算胜利完成。这是一种很幼稚的想法。这些同志不了解:在学术上跟资产阶级思想作斗争是一个长期的任务,即使在今天的苏联,这个斗争也还非常尖锐。突击一下决不能完成任务,谩骂只会阻碍批评的进行。就算把某某几个人骂得哑口无言,他们口服心不服,并未解决思想问题。学术上的自由讨论风气必须逐步培养,并使之经常化。只有经常性的自由的争辩,才能解决思想上的战斗。

另有一些同志则强调"慢慢来"。他们的论调是:"意识落后于存在,文化战线有些落后于经济、政治,是不足怪的。中国人缺乏批评的习惯,一争辩就会变成吵架,所以必须慢慢来。"这些同志是"自流论"者。他们不明白:正因为中国人对于批评不大习惯,所以必须积极推进,而不能牛步慢行。在最初,批评也可能出一些小毛病,但我们不可因噎废食。至于说"意识落后于存在",这话只是就意识的根源性来说的。辩证唯物论认为存在与意识的关系还有另一方面,即意识对存在有反作用。就这后一方面说,意识可分为两种:先进意识与存在相适应,它积极推动客观现实的发展;落后意识与存在不相适应,它对客观现实的发展起阻碍作用。所以,如果我们的文化战线长期处于落后状态,它和经济、政治不相适应,它就要阻碍经济、政治的发展。这怎能说是"不足怪"呢?

所以,我们既反对急性病,也反对慢性病。我们的方针应该是:积极开展,稳步前进。鲁迅是思想战线上的旗手,我们应该学习他的韧性的战斗精神。

明辨是非，与人为善

还应该指出，我们开展学术上的自由讨论，并非为讨论而讨论，而是为了追求真理。我们的自由讨论不同于"摆龙门阵"，不同于魏晋人的清谈，更不同于资产阶级之间的互相竞争、互相攻讦。我们的讨论、争辩、批评是在马克思列宁主义指导之下进行的，是具有高度原则性的。我们反对无原则的笔战。

郭沫若先生在中国文联和中国作家协会联席会议上的发言中指出，建立建设性的批评必须以十六个字为目标，即："明辨是非，分清敌友，与人为善，言之有物。"这也就是布尔什维克式的批评精神，是毛泽东同志在他的著作中屡次给我们指示了的。

现在还存在着一些不正确的看法。例如，自己受了批评，就认为是"触霉头"、"失面子"，甚至心中恨恨不已。这就是由于不懂得批评是为了"明辨是非"的道理。如果我自己有一些资产阶级思想，别的同志来帮助我，给了我正确的批评，使我头脑清楚起来，眼睛明亮起来，使我能够辨别是非善恶，跟资产阶级划清思想界限；那么，我只有衷心感激，而决不应该怀恨在心。至于所谓"失面子"，那不过是失去了资产阶级的"面子"而已。难道可以自暴自弃，让自己长期蒙在资产阶级的"面子"之下，而不下决心去追求共产主义的真理吗？当然不可以如此。

又如，有些同志心肠很软，见某某人受了批评，马上引起"恻隐之心"，觉得他很可怜，并劝别人还是不要"打落水狗"吧。这是一种取消主义理论。这些同志不懂得，批评是"与人为善"，而并非"与人为难"。鲁迅早已说过,倘是恶狗、哈巴狗之类,你既已把它打落水里,还必须继续打下去,以免它再爬上岸来。对于资产阶级思想,战斗必须进行得彻底。但是我们对于"狗"(资产阶级思想)和"人"(具有一些资产阶级思想的同志)却必须加以区别。打"狗"正是为了救"人",不打落水"狗"却是害"人"。描写苏联科学界反对世界主义斗争的电影《荣誉审判会》是很多人看过了的,其中有这样两行对话:

"他已经受打击了,震惊了。躺下的人是不应该再打的。"

"应该打的,为的是让他站起来。如果是朋友这样做,那就更好。……"正因为我们爱朋友、爱同志,所以战斗越是不调和,对朋友和同志的帮助就越大。

苏联是我们的老师。我们要开展学术上的自由讨论,也应该向苏联学习。大家知道,苏联不但举行过许多次有关生物学、生理学、哲学史、语言学、政治经济学等等的有名的讨论会,而且在苏联,批评就像空气和水一样,被认为是日常生活与科学研究中所必不可缺少的东西。

所以,我们不但应该在学术上提倡建设性的批评,而且还应该在日常工作与生活中培养正确批评的习惯,使它成为我们的生活必需品,使它成为我们的第二天性。

(署名石渠,原载《文汇报》1954 年 12 月 13 日第 6 版)

韩友范有没有劳动观点

在讨论韩友范是不是好学生时,有的同志认为既然学生"应当把学习本身看作是一项主要劳动",韩友范学习这么努力,经常看书看到深夜十一二点钟,那就不能说他没有劳动观点,相反的应该说他劳动观点很好(参看十二月十八日本报所载读者王焕章同志来信)。

韩友范究竟有没有劳动观点? 或者换一个提法:什么样的学生才叫作有劳动观点? 这是个值得讨论的问题。

学习是学生的主要劳动,这话一般说来是正确的。韩友范在学校时很用功,对书本肯钻研,被评为全校的"学习模范",似乎应该说他是热爱"劳动"的了。但是问题在于:韩友范的"好学不倦",只是死啃书本而已。他轻视体力劳动与体力劳动者,正像旧时代的士大夫一样:寒窗十年苦读,是为了一举成名,做个"人上人"。这分明是剥削阶级思想,和我们所说的劳动观点是毫无共同之处的。

劳动的根本意义就是人们变革周围世界的物质活动,或如马克思所说,是"人与自然之间的物质变换"。自然界供给劳动以材料,劳动便把自然的材料变为人类生活所必需的物质财富。所以劳动首先是指物质资料的生产劳动,亦即体力劳动而言的。精神活动或脑力劳动,只有当它直接、间接地为物质生产服务时,才能称为有用的劳动。如果精神活动脱离物质生产,并和物质生产对立起来,例如资本家在肚里搬算盘,投机商人听听对讲电话,自称"赛半仙"的给人看相算命,旧日的士大夫吟风弄月、做八股文,……这些都是剥削者和寄生者的行为,决不能称为生产性劳动的。

今天学生的学习之所以称为劳动,是因为这是他们以后参加祖国社会主义建设(直接或间接参加物质生产)的准备工作。学生并不是为学习而学习,学习的目的不在于学习本身,更不在于学得一套追逐个人名利的本领。如果不是明确地意识到学习是为了把自己培养成祖国社会主义建设的有用人材,那么即使你能呆读死记,同书蛀虫一般把书啃得烂熟,考试时门门可得九十分、一百分,也决不能因此就说你已有了劳动观点。像韩友范这类"学习模范",一心只想做免除体力劳动、脱离物质生产的资产阶级"专家",似乎是"好学不倦",其实是一点也不能算"好学"的。

所以,为了培养学生树立正确的劳动观点,教师应该教导他们:明确学习的目的,端正学习的态度,划清劳动与剥削的界限,认识脑力劳动对体力劳动的依存关系,确立终身为劳动人民、为祖国社会主义建设事业服务的决心。这也就是说,首先要解决的问题是"为什么学习"和"为谁学习"的问题。

只有这个"为什么"和"为谁"的问题正确地解决了,学生的学习才真正成为整个社会主义劳动的一部分,才真正成为有用的劳动。我们说学生"应当把学习本身看作是一项主要劳动",正是对这样的学习而言的。

(署名石渠,原载《文汇报》1954 年 12 月 29 日第 6 版)

提倡独立创造精神　克服依赖保守心理

富有创造精神的时代

我们的时代是富有创造精神的时代，正像蕴藏在我国地下的矿藏被不断地发掘出来一样，蕴藏在劳动群众中间的革命精力正在无穷无尽地奔放出来。

在中国历史上，从来没有一个时期，能像今天这样朝气蓬勃和充满革命的英雄气概。在我们周围，到处跃动着青春的强烈的脉膊，到处有新鲜事物在生长。抗美援朝的斗争，一百四十一项巨大工程，康藏和青藏公路的通车，武汉大桥的兴工……数不完的奇迹，数不完的创造奇迹的人们。千百年来志士仁人的梦想正在我们这一代人的手上变为事实。我们的祖国一天比一天美丽，一天比一天年轻。……

这真是个年轻的时代，是一切青年人大有作为的时代。加里宁曾经说过："青年人的特点就在于他们抱有作理想事业的宏愿。青年人随时都充满着自我牺牲精神；青年人随时都希望去环行世界，充当海员，成为船长，开辟新大陆等等"；青年人"具备力求建树奇迹，力求成为神奇勇士，力求在科学及其他方面愿为人民作出宏大事业的这种特质"。青年人的这种特质——勇于进取的性格,献身于理想事业的热情,喜爱独立活动和大胆创造的精神,正是我们的时代和我们的社会主义事业所最需要的。

学校的任务在于培养社会主义建设人材。既然社会主义建设人材,如上所说,是必须具有独立创造精神的;那么,我们在学校里当然就必须根据青年人的特点来培养学生进行独立思考和独立工作,使他们那种"力求在科学及其他方面愿为人民作出宏大事业"的特质获得充分发展。最近几年来,教师们在这方面已作了很大努力,青年学生的独立工作能力已有了显著进步。毕业生分配到各个工作岗位上,大半都能积极负责,运用在学校中学得的知识来解决实际工作中存在的问题。例如,上海第二医学院一九五三年毕业生冯广益分配在内蒙古工作,在医疗器械缺乏的情况下,他创造了用六把镊子割治阑尾炎的方法。像这类令人兴奋的事例,我们还可以举出许多。

为什么青年学生中间尚存在着依赖保守心理

但是决不能说,每个青年学生都已充分发展了独立创造精神。事实上,在今天各级学校里,具有依赖保守心理而不善于独立活动的学生是并不少的。他们或者死记死背,满足于现成结论,不肯开动脑筋钻研;或者一知半解,只求考试及格,而并不自觉地要求用人类创造出来的全部知识宝藏来丰富自己的头脑;或者自己不做习题,借旁人做好的照抄;或者一味依赖教师,甚至把学不好和考试不及格的责任都推到教师身上;⋯⋯诸如此类现象,都是学习尚未成为创造性劳动的表现,都是未来的社会主义建设者所不应该有的。

为什么会产生这类不健康的现象和依赖保守心理呢? 为什么在某些青年学生身上,活泼泼的进取精神消失了,散发出来的尽是一些陈旧腐败的气息? 为什么有些本该是充满青春活力的青年,竟没有了胆量和勇气,缺乏想象力和斗争心,反而变得同老头子一般,小心过分,拘谨过度,处处循规蹈矩,说出话来人云亦云,做起事来缩手缩脚? ——这一切的原因是什么呢?

在万物欣欣向荣的春天,偶而也有些草木,或者因为有了虫子寄生,或者因为在阴暗处不见阳光,于是变得毫无生气,甚至枯萎凋零。与此相似,今天某些青年学生身上之所以存在着一些不健康的现象,也是因为他们看不见社会主义的阳光,在学习上有着某种程度的盲目性;而盲目性则又使得某种寄生虫——资产阶级个人主义思想——极易在他们的灵魂里繁殖起来。这便是一切依赖保守心理的根源。

参加了互助合作运动的农民们形容小农经济说:"好比老鼠尾巴尖上的疮,发不大";"好比黄瓜敲锣,越敲越短"。从个人主义出发来进行学习,就像那些只求"发家致富"的单干农民一样,必然会感到学习的劲头"发不大",学习的信心"越敲越短"。上述依赖教师、借抄作业、自己不肯开动脑筋钻研等等现象,都是缺乏学习动力、缺乏"源头活水"的表现。在今天,什么是学习的"源头活水"? 不是个人主义思想,是共产主义的人生观。

只有确立了共产主义人生观,抱着终身为共产主义事业奋斗的决心,把自己的学习和祖国的伟大前途密切联系起来,学习的动力才会源源不绝,学习才真正成为创造性的劳动。虽说青年人一般都有着勇于进取的性格和对于新鲜事物的敏感,然而这并不等于青年人天生来就有共产主义人生观。为了确立共产主义人生观,那就必须系统地学习马克思列宁主义,并和资产阶级思想划清严格的界限。而这却必须经过长期的劳动和锻炼,决非一朝一夕所能办到的。

反对老爷态度和教条主义

所以,从教师方面说,为了培养学生的独立创造精神(这是培养青年一代的共产主义道德品质的重要方面之一),就必须努力培养学生的共产主义人生观。培养共产主义人生观是个大题目,它包括多方面的问题,这里不能多谈。

我们在这里还需要说明的是,学生中存在着的依赖保守心理,除了现在尚有其社会基础之外,同时也是旧教育遗留给我们的祸害。旧时学校为了替剥削阶级训练管理人员和忠顺的奴仆,便提倡呆读死记,强迫学生接受许多陈腐的、反动的东西。《圣经》不容人怀疑,"权威"只应该服从。把儿童好问好学的天性活活扼杀,把青年喜爱独立活动的特质用礼教束缚起来。谁若是进行独立思考,竟至大胆提出剥削制度是否合理的问题来,那便罚他面壁、下跪,给他一顿结结实实的板子。

所以,我们今天提出克服依赖保守心理和提倡独立创造精神,实在是为在教育战线上肃清旧思想、旧影响而进行斗争的重要方面之一。而为了把这方面的斗争进行彻底并取得胜利,我以为，教师们首先应该注意的就是下面两点：

第一，教师们"应当从各个方面用各种方法鼓励青年们的前进精神，放手让他们独立地从事各种创造性的活动"；而不应该"用资产阶级贵族老爷的态度，这也指责，那也挑剔，以致使他们感到一无是处，左右为难"（《人民日报》一九五四年十一月十四日社论）。旧时学校中的体罚是已经废除了，然而变相的体罚在今天还是存在着的。如果有教师并不热爱新生力量而一味摆老爷架子，那么他手中虽然没有板子或戒尺，他的严厉申斥和吹毛求疵的挑剔在实际上却都是变相的体罚，都是对于青年人的进取精神的摧残。现在有一种专喜欢教训青年的人（倒不一定是教师），见这一个青年说他想当飞机师，便给他扣个帽子："个人英雄主义"；见那个青年说他想当作家，便又给他扣个帽子："资产阶级名位观念"。其实，这些帽子正是这位先生自己头上戴着的，他的一切训斥不过是"推己及人"罢了。

所以，如果我们真正热爱青年学生并且真想把他们培养成为具有创造精神的社会主义建设者，那么我们就必须反对这类老爷态度和变相的体罚。这是第一点。

第二，那就是必须克服教学上的教条主义。这是很显然的道理：如果教师自己对课文并未深入钻研，对教材并未融会贯通，而只是平铺直叙地照本宣读；那么，便不可避免地会养成学生呆读死记的习惯。不能讳言，书本脱离实际的倾向在今天还是相当严重的；而一切脱离实际的教学，就决无创造精神可言。教条主义者都是思想上的懒汉，照本宣读比起力求融会贯通和密切联系实际来实在是轻便得多了。很不幸，这类好逸恶劳的懒汉在今天是还并不少的。

至于如何在教学过程中不断地教导学生端正学习态度,如何采取具体步骤来指导学生进行独立工作,如何通过各种教学方式来启发学生的积极思维等等问题,本文为篇幅所限,只能从略。

(署名冯契,原载《文汇报》1955 年 1 月 20 日第 6 版)

批判胡适思想将增强我们的思想力量

马克思在《黑格尔法哲学批判》中论到"人的解放"说："这个解放的头脑是哲学，其心脏是无产阶级。"又说："哲学在无产阶级之中找到它的物质武器，同样地，无产阶级也在哲学之中找到它的精神武器。"——马克思的这几句充满着智慧光辉的名言，值得我们每个人细细咀嚼。一方面，哲学家们（首先是马克思本人）根据自然和社会的发展规律提出了最美妙的理想，为了使这个理想化为现实，就必须依靠无产阶级这个物质力量。另一方面，无产阶级为了解放自己以及解放一切被剥削被压迫的群众，又必须以马克思主义哲学为其革命斗争的理论武器。二者结合起来，哲学指导着无产阶级的行动，无产阶级为实现其哲学理想而进行不屈不挠的斗争。这便是"人的解放"事业，这便是到达自由和幸福的光明大路。

但是，社会上有着两个彼此对立的阶级，同时也就有两种彼此对立的哲学。和无产阶级的唯物论根本相反，资产阶级唯心论像鸦片烟一般毒害着人民群众，阻挠着"人的解放"。唯心论的派别虽然很多，归根结底，却都是为了替现存的反动剥削制度辩护，教导劳动人民安于被奴役的状态。如果（按照唯心论的说法），精神是第一性现象，物质是第二性现象；那么，社会上的剥削阶级，他们只从事一些脑力活动来指挥劳动组织而并不参加物质生产，当然就理应永久骑在劳动人民头上了。所以无产阶级既然要在社会上消灭一切剥削制度，同时就必须进行哲学上的斗争，亦即展开唯物论对唯心论的斗争，使劳动人民从资产阶级世界观的影响下解放出来。不这样做是不行的，没有哲学斗争也就不能完成社会革命。

因为不破不立，不塞不流，不把资产阶级唯心论打倒，就不能有无产阶级唯物论的统治。而没有唯物论哲学的统治，也就是没有巩固的社会主义。

由此可见，今天我们正在进行的对胡适派资产阶级唯心论的斗争，实在是具有非常重大的意义的。这是现阶段哲学斗争的中心问题，也是我们的"人的解放"事业的必不可少的部分。

胡适思想并未完全死亡

有人说："批判胡适思想是'打死老虎'。"也有人说："未免把'过河卒子'抬得太高了。"是不是胡适思想已经毫不足道，甚至已经完全死亡了呢？

不能这样说。胡适个人虽然早已逃到外国，胡适派哲学思想却并没有逃走。胡适曾在中国的资产阶级学术界称王称霸，他的影响是相当广泛的。传统就是力量，思想意识的改变往往落后于物质条件的改变。更何况在今天过渡时期，社会上既存在着资产阶级与小资产阶级，胡适派唯心论也还有它的现实的物质基础。因此，那种以为胡适思想已不堪一击的想法是没有根据的，这只会引导到投降主义,使资产阶级唯心论变得猖獗起来。

还应该指出,以胡适为代表的资产阶级唯心论之所以至今尚具有相当广阔的活动地盘,也是下述情况造成的:在我们的革命队伍里,许多同志的马克思列宁主义水平和业务水平都还很低,因而在工作与学习上常常存在着一定程度的盲目性。正如科学认识必然达到唯物论一样,盲目无知往往引导到唯心论。譬如说,早晨出门听见乌鸦叫,下午发冷发热生起疟疾来了;由于缺乏医学知识,于是便把自己生疟疾的原因,归之于听见乌鸦叫得了晦气。这一种唯心论的解释,是大家都觉可笑的了。同样,我们某些同志由于缺乏马克思列宁主义的科学认识,便把一时一地的工作经验夸大为科学法则,拿个人一己之见来代替党的政策,于是到处乱套,到处碰壁,造成工作上极大损失。这也是犯了唯心论的毛病,不过人们不常觉察而已。

大家知道,胡适的哲学叫做实用主义,是主观唯心论的一个变种。实用主义者以为眼前有用有效的就是真理。我们某些青年同志,他虽然没有碰过一下胡适的书,甚至本来连胡适的名字也不知道。但是由于他存在着唯心主义思想,他就在无意之中犯了实用主义的错误。我自己曾碰到过这样的一些学生,他们说:"读马克思主义经典著作毫无用处,因为课堂讨论和考试考查的时候一个字也用不上。"我也碰到过这样的一些教师,他们把"教什么、学什么"的口号片面地理解了:"我不教政治,所以我用不着学它。"——这些同志的论调,很显然,是和胡适思想有相通之处的。

所以,不能因为自己没有直接受过胡适影响,就认为身上干干净净,没半点儿胡适派资产阶级唯心思想。抱着这种想法的人,由于他的盲目性,恰好就是最容易接受唯心论的。同时,也不能以为哲学是深奥莫测的东西:"我不搞学术,当然就不必关心这个战斗。"这同样是盲目性的表现。少数学者垄断哲学的时代早已过去了,把哲学弄成深奥莫测、玄妙不可说,那是剥削阶级搞的花样。我们的哲学斗争不仅是学术思想上的斗争,同时也是每个普通人的思想意识上的革命。如果到那么一天,我们每个人都真正学会在日常生活和日常工作中坚持唯物论的观点,不犯一点唯心论错误;那么,我们的革命事业、"人的解放"事业真可说是大功告成了。

为了年青一代

在新社会里,教师被称为人类灵魂的工程师。这意味着:教师的庄严责任就在于教育年青一代,使他们真正成为灵魂自由的人。教师们利用什么材料来塑造年青一代的灵魂呢?难道可以用资产阶级唯心论吗?当然不可以。教师们必须严格地谨慎地选择材料,用真正有价值的美好的东西——科学、艺术、道德等等,来充实儿童和青年的灵魂。而安放在这一切的中心,作为灵魂的最本质的东西应该是什么呢?不能是别的,必须是马克思列宁主义的哲学。为什么我们国家的教学计划对各级学校教师都提出了一个共同要求:通过各科教学来培养学生确立共产主义的世界观?理由就在此。

然而,教师们在塑造儿童与青年的灵魂的时候,总是或多或少地以自己为模型的。如果我们自己没有摆脱唯心论的束缚,那我们怎能灌输学生以唯物论哲学呢?为了年青一代,为了更好地完成国家交给学校的任务,教师们必须积极参加哲学上的斗争,使自己的灵魂从旧世界观的影响下解放出来。

有人说:"批判胡适思想与我们的教学工作无关。"这是不对的。大家知道,胡适的老师是杜威。杜威提出"教育即是生长"、"教育无目标"的学说,主张儿童本位,忽视教师在教学过程中的主导作用。这种极富欺骗性的唯心论思想,在解放前曾被许多人奉为圭臬,在解放后我们虽然对"活教育"等错误思想初步进行过批判,但是对杜威和胡适的教育思想还没有彻底加以清除。今天,我们决不可再容忍了。旧思想决不会自动让位给新思想,让我们在教育战线上来积极展开反对杜威、胡适思想的战斗吧!这是刻不容缓的任务。任何犹疑、动摇的心理,漠不关心的态度,都会危害我国教育事业,也就是对不起年青一代。

而如果我们能够把战斗积极展开,那就必然会大大增强我们的思想力量。因为打垮胡适思想,就等于进一步加强了马克思主义的哲学阵地,更好地锻炼了工人阶级手中的精神武器。而这,如上所说,也就等于进一步推进了"人的解放"事业。

(署名冯契,原载《文汇报》1955年2月19日第6版)

从一位教师的情书谈起

有一些人,并未听过胡适的演讲,也没有读过胡适的书,然而在有意无意之中,做了胡适的私淑弟子。

例如,胡适是公开提倡个人主义的,他曾不止一次地引用易卜生的话来教导青年:"我所最期望于你的是一种真实纯粹的为我主义,要使你有时觉得天下只有关于你的事最要紧,其余的都算不得什么。……你要想有益于社会,最好的法子莫如把你自己这块材料铸造成器。"——在今天,在新中国的土地上,胡适派"真实纯粹的为我主义"的信徒,是还并不需打着灯笼火把才能找寻到的。

请看下面这一段文字,这是从江苏省某初级师范学校的一位美术教师写给他的妻子(某小学教师)的忠恳嘱托中反映出来的:

"你的课程,我想一定很忙,不过还需要善于处理作业,这是非常重要的。比如说六十本簿子,一小时可以看完,三十分钟可以看完,甚至十分钟也可以看完,同样地没有什么毛病。所以在这些地方,自己即需聪明些,能少布置习题就尽量少布置习题,习题要容易些,便于自己看一些。老实说,像你们这样的待遇,实在没有卖命的必要,真是把人家点亮了自己也就完了。因此,每天最好能抽一些适当的时间(最好固定下来),在早晨或是在午饭后自己多自修自修。我想只要有恒心,时间是会挤得出的。能够多懂一些东西,对自己说总是有好处的,何况在未来的新社会里,知识对人是何等重要啊!"

俨然是胡适的口吻!这一段话,如果把它放进《胡适文存》中去,那是同把垃圾倒进垃圾箱去一样合适的。然而,这却是一个"亲爱的丈夫"(他有着人民教师的光荣称号),赠给他"亲爱的妻子"(她也有着人民教师的光荣称号)的金玉良言咧。

不错,知识对人是重要的。不但"在未来的新社会里",而且在今天的新社会里(这位美术教师似乎以为今天并不是新社会),知识都是极其重要的。每个人都应该挤出时间来学习,而且要学得有恒心。但是问题在于:你学习是为了什么?是为了能搞好工作、教好学生、为社会主义事业多贡献一份力量呢?还是为了争个人的地位和待遇?工人阶级思想与资产阶级思想的界限,就是从这个"为了什么"的问题上来划分的。这位美术教师,他以为学习是自己的,必须抓紧;工作是别人的,不妨偷工减料。他自以为是聪明人,以他的耳之聪与目之明,能听到和见到什么"美术"呢?人情之常,乐于把最美的东西赠给爱人。这位聪明的美术教师赠给他妻子的一席话,概括起来,不过是胡适所说的"天下只有关于自己的事最要紧,其余的都算不得什么"而已。那么,他在课堂里能教给学生以什么样的"美术",也就可想而知了。

我不知道他的妻子在接到这封信时是一种什么感觉。如果她是一个名副其实的人民教师,那么她应该感到愤怒,并为着自己挑选了这样的一个丈夫而感到羞愧和痛心。被人泼了污水,我们就忍不住要说他几句,除非对方向我们道歉才罢。资产阶级个人主义比阴沟里的污水还要臭上百倍,而有人却通过情书或密谈的方式来泼给自己的爱人。这算是爱情吗? 这不应该受到严厉的批评吗?

在我们对资产阶级唯心论展开严重斗争的时候,我以为,一切爱者与被爱者,都不妨抽出一点时间来把抽屉里的东西检查一下,看看其中是否包着一些个人主义的污水,是否有些字句像是从《胡适文存》中摘录下来的。也许,这位美术教师的情书,竟是无独有偶的哩。

（署名商翼,原载《文汇报》1955 年 3 月 10 日第 6 版）

有实际工作就有唯物主义

人们在劳动生产过程中变革着自然界,利用自然界的物质和能量,造成人们生活上需要的东西。对于工人、农民来说,自然界以及机器、原料、牲畜、农具等物质的东西的客观存在,是不容怀疑的。一切生产工作者都确认唯物主义的根本原理:物质是离开人的意识而独立存在的。

列宁说:"生活、实践的观点,应该是认识论的首要的和基本的观点,这种观点必然会导致唯物主义。"①谁热爱生活、热爱劳动、热爱实际工作,谁就是自觉或不自觉地站在唯物主义的基础上。

工作就是战斗。战斗者必须严肃地对待斗争的对象,肯定它的存在,估计它的力量,以便能正确地作出计划和采取步骤来跟它战斗。有时由于估计错误,主观的认识不符合客观的对象,于是使战斗遭受挫折。这就必须更严肃地对待对象,作出更精确的估计,修改计划,改变步骤,然后才能取得战斗的胜利而达到预期的目的。所以,不论我们是在什么工作岗位上,只要我们是在认真地工作,作出了一定的成绩,我们总是依据着唯物主义原理客

---

① 列宁:《唯物主义和经验批判主义》,《列宁选集》第2卷,第103页。

观现实在先,主观认识在后;物质是第一性现象,精神是第二性现象来进行工作的。

以教师工作为例。教师必须严肃地对待教育的对象,熟悉学生的情况,摸清他们的脾气,然后才能在课内和课外进行有效的教育。优秀的教师决不能是那种只知有己、不知有人的主观主义者。相反,他坚决承认儿童的客观存在,十分认真地注意着、研究着儿童的实际情况和他们的个性发展。如果孩子有某种坏习惯,他决不意气用事地把他当众辱骂一顿;而要进行个别谈话、家庭访问,全面了解孩子的生活环境,深入分析孩子犯错误的原因,而后作出决定,采取一系列的具体步骤来教育他。这种实事求是的态度,就是唯物主义精神。

不但教育对象是客观存在的,而且教材本身也是具有客观性的。教师把科学知识传授给学生。而科学之为科学,就在于它是客观世界的规律性的正确反映。"二加二等于四","氢二氧一化合为水","生产关系一定要适合生产力性质",……这些科学知识,谁也不能随意加以更改。所以,教师在课堂上决不能信口开河,而必须严肃地对待教材,使他的教学内容具有严格的科学性。而这种严肃对待教材的态度,也就是唯物主义者的态度。

由此可见,唯物主义是非常"切近人生"的,它并不存在于什么虚无缥缈的地方,而是植根在我们的一切实际工作之中。唯心主义是天上的哲学、神的哲学,因而是虚幻的。唯物主义却是地上的哲学、人的哲学,所以是真实的东西。

（署名冯契,原载《文汇报》1955 年 3 月 15 日第 6 版)

学习哲学是对症下药

有一种论调叫做哲学无用论。例如，教师们中间就有这种说法："我不学哲学也能把业务搞好。"或说："我业务学习忙不过来；学哲学，远水救不了近渴，不能马上解决业务上的问题。"

这种说法对不对呢？如果哲学和我们的业务无关，我们就不必学；如果哲学对于改进和提高我们的业务是"远水"，那么就不妨过几年再学。

口渴必须喝水，这是不错的。为了搞好教学，每个教师必须精通自己的专业，所以我们在学校里提出"教什么，学什么"的口号。但是这个口号却是不能片面地理解的，它决不意味着教师可以不学政治。大家知道，通过各科教学来进行政治思想教育，是全体教师的共同任务。而政治思想教育的任务，如政务院指示所说，"是树立社会主义的政治方向，培养辩证唯物论世界观的基础和共产主义的道德"；那么，教师怎么能不学哲学呢？

如果语文教师不掌握辩证唯物主义，他就不能用现实主义美学观点来分析文学作品；如果历史教师不掌握辩证唯物主义，他就不能用历史唯物主义来讲解历史事实。理、化、生物各科教师，只有在他们学习了哲学之后，才能把能量转变与守恒定律、元素周期律、达尔文主义原理等解释透彻。哲学对于自然科学、社会科学、文学艺术都具有指导意义,它是它们的共同的科学方法,共同的理论基础。可见辩证唯物主义不是"远水"而是"近水",是各科教师为了"解渴"(为了搞好业务)都必须喝的。

有一些教师,备课不是不认真,然而总是不能掌握教材的科学性、思想性、系统性,于是到了课堂上,背诵条文,罗列现象,公式一大串,材料一大堆,叫人听起来像一本流水账。又有一些教师,根本忽视教学上的系统性原则,一味投合学生的兴趣,东拉西扯,尽谈些有趣的琐细情节,把每一堂课都讲成像"故事课";他们说,"教师上课像一只大锅菜,要适合大家的口味"。——这两种都是目前课堂教学中存在的大毛病。为了克服这两种毛病,对症下药的办法,就是学习哲学。辩证唯物主义能教导人从现象深入到本质,从表面的琐细情节深入到事物的内部联系;它能使人的头脑逻辑化,使人的头脑里的知识变得系统化起来。

以系统的科学知识武装学生,使学生逐步形成辩证唯物主义世界观,这是贯彻社会主义的全面发展教育的主要途径。而为了贯彻全面发展教育的方针,教育者自身必须受教育。在广大教师中间展开关于学习辩证唯物主义与批判资产阶级唯心主义的理论运动,乃是刻不容缓的任务。因此,以为"哲学是远水"、"不学哲学也可以搞好教学"等想法,是完全错误的。

(署名冯契,原载《文汇报》1955 年 3 月 17 日第 6 版)

如何才能提高一步

我们老觉得自己的水平赶不上祖国社会主义建设的需要。正像小孩子渴望着快点长高一样，我们渴望着把自己的政治和业务水平提高一步。人们这种善良的愿望，是很可宝贵的。它是推动社会和个人前进的动力。

如何才能提高一步呢？除了刻苦地学习之外，没有别的办法。我们必须向苏联学习，向经典作家学习，向一切有价值的书学习，还必须在自己的实际工作中学习。

但是我们有些同志的学习效果却不够好。书本是啃下去了，只是老停留在胃里，消化不了。他既没有做到融会贯通，更谈不上灵活运用；学了半天，不过能同鹦鹉学舌一般，把书本上的话复述一遍而已。

为什么会产生这种食而不化的现象？主要原因在于读书时不善于开动脑筋。原来脑筋里的思想活动，也跟客观事物一样，有它自己的规律性的。谁掌握了它的规律性，按照规律来进行思想活动，就叫做有了正确的思想方法，亦即善于开动脑筋。什么是思想的规律性？不是别的，就是辩证法。

我们又有不少同志，做过许多实际工作，经验非常丰富，但是他对于自己的经验，总感觉消化不了，因此也就不能提高一步。

上级叫他做个总结,从经验中找出一条规律来,这使他抓耳挠腮,苦恼得不得了,甚至说:"我不怕飞机大炮,只怕做总结报告。"这是又一种食而不化和不善于开动脑筋的现象。曾经有个哲学家说过:譬如打铁,你手里得先有个铁锤作为工具,然后才能打出第二个、第三个铁锤来;同样,你脑子里也得先有个理论作为工具,然后才能总结经验,从其中提炼出理论来。什么是总结经验的工具? 不是别的,就是唯物辩证法。

两个人同样读一本书,理解可以相差很远;同样做一件工作,收获可以大不相同。那精通了马克思主义哲学的,能透过字句抓住它的精神实质,能从经验中取得工作的规律。他的劳动是创造性的劳动,他的进步很快。那不肯学哲学理论的,总不会开动脑筋,虽然也读了书,做了工作,却像一头磨坊里的驴子,蒙上了眼睛,辛辛苦苦地老在同一个地方打转。

有人也许觉得这个比喻未免太挖苦人了。但我想,如果有这样的同志,他到今天还睡着觉,还不知道这个宣传辩证唯物主义与批判资产阶级唯心主义的理论运动的伟大意义;那么,应该挖苦他一下,他也许就能够惊醒起来,投入战斗的。

(署名冯契,原载《文汇报》1955 年 3 月 18 日第 6 版)

"要幻想！"
——纪念"五四"青年节

在"五四"纪念日，很自然地想跟青年们谈几句话。

大家知道，"五四"开辟了一个新时代，即新民主主义革命的时代。我们今天的许多东西——马克思主义与中国革命实践的结合，党，社会主义现实主义的文艺等等，都是在"五四"时期萌芽的。我们的今天曾是"五四"的"明天"，我们的现实曾是"五四"时期的青年人的理想。——因此，我便想到来谈谈理想的重要性和理想的力量问题。

最近我有机会观摩中学里的一个班会。听到同学们在会上热烈地发言：这个说要做技术工人，那个说要做拖拉机手，第三个说要做人民教师，第四个说要做原子能专家……这真是令人十分兴奋的事！十多岁的小孩子，都已严肃地考虑到，他们将为祖国贡献些什么，将为实现自己的美妙理想而作如何的努力。他们坚信，在人民民主制度之下，青年人面前的道路是无限广阔的，他们的一切美妙理想都将化为现实。

类似这样的班会，可惜在今天还是太少了点。我们常常听到这类意见："现在的学生都很用功，但是缺乏想象力。""我们的青年人不够大胆，不够泼辣，做起事来显得小手小脚。""许多年青同志工作很积极,只是太少年老成了一些,不够活泼愉快。"这类意见并非无中生有,而是反映了相当普遍的现象的。为什么理应生龙活虎一般的青年人,会显得少年老成、小手小脚、缺乏想象力呢？这就因为有些青年缺乏远大理想,或者说,共产主义的理想还没有变成他们的血肉。所以,我以为,那种谈理想、愿望的班会,各种足以鼓舞青年人的进取精神的活动,应该大力提倡。

有些青年人缺乏远大理想和进取精神,是不应归咎于这些青年人自己,而应该由现在的成年人——教师以及指导青年工作的干部来负责的。现在的成年人,他们的青春是在旧社会中度过的。旧社会的重重压迫,使得他们未老先衰,过早地消耗了青春的活力。所以到今天,当他们负起教导青年、指导青年的责任的时候,往往不能按照青年的特点来进行工作。青年人原是喜欢幻想,喜欢冒险,喜欢建树奇迹的。但是如果成年人不善于引导他们、启发他们,那么他们这种可宝贵的特质也就不能发展起来。

列宁在他的《怎么办？》一书中号召工人阶级:"要幻想！"并且引用皮萨略夫的话说:"如果一个人完全没有这样来幻想的能力,如果他不能在有的时候跑到前面去,用自己的想象力来给刚刚开始在他手里形成的作品勾画出完美的图景,那我就真是不能设想:究竟有什么刺激力量会驱使人们在艺术、科学和实际生活方面从事广泛而艰苦的工作,并把它坚持到底。"[①]很可惜,我们今天有些同志,是太怕谈到幻想或梦想,太怕谈到未来的东西了。

如果列宁在一九〇二年的俄国就已教导人们"要幻想",那么

---

① 列宁:《怎么办》,《列宁选集》第 1 卷,第 448 页。

在今天,在向社会主义过渡的中国,还有什么理由不教人们去幻想呢? 我们在建设中的困难很多,我们必须节衣缩食。我们的劳动人民有的住在简陋的木房中,有的还住着草棚,我们的小孩子还没有牛奶吃。我们是个落后国家,本来缺乏科学与技术,我们必须特别刻苦地学习苏联先进经验。——总之,我们的日子是颇为艰难的,铺在我们前进的道路上的荆棘很多很多。但是,正因为如此,我们就尤其需要精神力量来支持。只要我们看到明天,只要我们能"一只脚跨到未来"去(高尔基曾经这样形容过列宁),那么,我们就会眉开眼笑,兴高采烈,充满着革命乐观主义的精神来进行工作,而决不会在困难面前表现出丝毫犹疑、畏缩的神情来。

我们是唯物主义者,我们的双脚站在地上,决不脱离现实。但我们又是懂得辩证法的,我们善于依靠理想的翅膀,飞跃前进。马雅可夫斯基在一首歌颂库兹涅茨克钢铁基地的建设者的诗里,生动地描写出理想与信念的力量,其中有一段说:

> 在这个潮湿的地方
> 手足抽筋!
> 工人们坐在黑暗中
> 嚼着濡湿了的面包,
> 可是耳语的力量,
> 胜过了饥饿——
> 也压倒了雨声:
> "再过四年,

在这块地方将出现

花园般的城市!"

怀着远大的理想与坚定的信念,处于困难之中也能兴高采烈地工作,这便是苏维埃人的形象,也就是我们中国青年应该学习的榜样。

今天,我们正在开辟另一个新的时代,所以,我以为,我们应该在"五四"青年节,把列宁的有名口号"要幻想!"(也即"要有理想")重新提出来。这也就是我写这一篇小文章的主旨。

（署名冯契,原载《文汇报》1955 年 5 月 4 日第 6 版）

金豆子与灰末

朝鲜有个民间故事说：一个孩子到树林里遇见一只受伤的小鹿，他用牙齿替它拔去了脚上的木刺，解除了它的痛苦。后来这只鹿每年来看他一次，每次留给他五颗豆子。这些豆子到了孩子手里，经他的手一摸，就马上变成了金的。邻居中有个富翁知道了这事，偷偷地到孩子家里去偷金豆子。但是很奇怪，金豆子一到富翁手里就变成了灰末。富翁惊诧不已，恨恨地说："这是怎么回事啊？"这时，窗口出现了那只小鹿，它回答富翁说："劳动的手能把最平常的东西变成金子，不劳动的手就把金子变成灰末。"

类似上述的故事在中国各地和世界各民族中都有，这类故事里面包含着一个真理：为人类所占有的许多事物，其价值常随占有者而转移。同样一种东西，在劳动人民和社会先进阶级手里是无价之宝，到了反动的剥削阶级手里却变成腐朽之物。一定阶级的本性，决定着它掌握中的事物的社会价值，也决定着它头脑里的思想意识的性质。

试以"思起于疑"这一句话为例。自孔子和苏格拉底以来，曾经有许多哲学家说过：惊异或疑难是思想之母，思想的功用就在于破除疑难和惊异。马克思主义的辩证法，其实也不过是一个分析问题与解决问题的方法而已。但是，只要我们追问一句：思起于疑,疑又起于什么呢?资产阶级唯心主义者和工人阶级唯物主义者的解释便完全不同了。在唯物主义者那里,人们头脑中的问题,被看作是客观事物的矛盾的反映。为了解决问题,便必须"用心想一想",把事物的矛盾作一周密的分析,然后综合起来,掌握其内在的规律性,并依据规律来创设条件。但是在唯心主义者那里,情形就不同了。胡适派实用主义离开客观现实与客观规律来提倡"怀疑精神",把一切疑问解释为旧思想与新经验之间的无理"吵闹",甚至还提出"有无屈原其人"、"夏禹是神是人还是一条虫"等等毫无根据的荒谬问题来。这样,"思起于疑"这句话,就成为引诱猎人进入"不可知论"的迷路的狡猾的小兔子了。

同样,诸如"民主"与"科学","实验的方法"与"历史的态度","根据事实来提出假设"与"用实践来证实真理"等等,在革命群众、科学家和唯物主义者手里,原来都是掷地能作金石声的概念和口号。但是转手之间,到了胡适派实用主义者那里,就都变成了骗人的假招牌和毒物了。

天下最可恶的莫过于似是而非的东西。现代资产阶级比那朝鲜故事中的富翁狡猾得多,他们把手里的灰末揉成金豆子模样,使得许多善良的人上了大当。所以,我以为,我们一刻钟也不应该忘记尤·伏契克的遗嘱:"人们,你们可要警惕啊!"

（署名冯契,原载《文汇报》1955 年 5 月 12 日第 6 版）

各人心目中的世界不一样吗?

在日常谈话中,我已经不止一次地碰到这样的议论:"同一桩事情,你这样解释,他那样解释,因此引起争论。'癫痢头儿子自道好',每个人都有偏爱,每个人都有一些主观看法。"由此,有人便得出结论:"可见各人心目中的世界是很不一样的,你有你的世界,我有我的世界。"再引申下去,那便是"等到我死了,眼睛闭上,失去了知觉的时候,这个世界对我来说就是不存在了",等等。

发这类议论的人,未必读过《胡适文存》。他们不一定知道,在胡适的那篇《实验主义》里面,有一段文字和他们的议论极为相似。胡适说:"我们各有特别的兴趣,兴趣不同,所留意的感觉也不同。因为我们所注意的部分不同,所以各人心目中的实在也就不同。一个诗人和一个植物学者同走出门游玩,那诗人眼里只见得日朗风轻、花明鸟媚;那植物学者只见得道旁长的是什么草,篱上开的是什么花,河边栽的是什么树,这两个人的宇宙是大不相同的。"

人们对于同一事物有不同的感觉、看法或解释,这是常有的情形。问题在于是否由此可以推论出来:"各人心目中的世界是很不一样的","两个人的宇宙是大不相同的","等到我死了,这个世界对我来说就是不存在了",等等。如果这样的推论是正确的,那么主观唯心主义和唯我主义就能成立。如果这样,那么科学研究就成为不必要——因为既然没有什么离开"我"的意识以及离开一切人的意识而独立存在的客观世界和客观规律,科学又能在什么基础上建立起来呢? 如果这样,那么搞革命工作就是傻瓜的事——因为当前的革命事业和未来的共产主义社会,对于"我"来说,在"我"失去了知觉的时候,就是"不存在"了;为了这到头来是"不存在"的东西,人们何必白费气力呢?

理智清醒的人很容易发现上述推论的错误。打个譬喻说,张三照了许多相片,有大的,有小的,有正面像,有侧面像,有照得好的,有照得不好的。难道我们能说这些相片照的不是同一个张三,一经照相之后,便有了许多个能吃能喝的张三的化身了吗? 意识之反映客观世界,也好比照相(虽然并不等于照相)。正如张三本人并不因为被照了相就起变化一样,宇宙也并不因为被感觉、被认识就变成许多个。主观唯心主义者以观念为实在,从(关于同一客观世界的)主观上的反映之某些差异出发,来论证客观世界之随个人的意识而转移,这在逻辑上是偷换概念,在实际上是一种骗人的把戏。

或许有人要辩护:"我所谓各人心目中的世界不一样,原是指的意识中的世界。那相片里的张三,有大有小,有正面像,有侧面像,岂不是张张不一样吗? 尽管我们承认有一个共同的客观世界,但是我们还得承认在主观上'你有你的世界,我有我的世界'。"——"世界"二字的这一用法,就等于观念世界。于是问题就变为:观念世界(观念体系)是否因人而异,彼此"大不相同"呢?

人们在观念上的差别是多种多样的:有时细微,有时巨大,有

时是偶然的差异，有时是方面的不同，而在敌对阶级的意识中，则
达到体系完全相反的地步。工人阶级的唯物主义观念体系是关
于客观世界未来面目的反映，资产阶级唯心主义观念体系则是完
全歪曲的反映。我们的确应该说，这两个阶级"心目中的（观念）
世界"是根本不同的。但是对于工人阶级和唯物主义者，我们能
否这样说呢？答案是否定的。虽然我们同志之间也常因意见不
一而引起争辩，虽然各人也有偏爱，因而产生"癫痫头儿子自道
好"的情形，然而这些都是在次要问题上的偶然的差异，而并非在
根本问题上——例如思维对存在的关系问题、人类发展的方向问
题、阶级斗争问题等——有什么观念上的分歧。至于诗人和植物
学家所见不同，乃是对于同一实在的不同方面的反映。只要他们
都是唯物主义者，他们的反映都是真实的，他们便可以用语言文
字彼此交换观念：诗人能够接受植物学家的科学知识，植物学家
也能欣赏诗人的诗篇。可见他们两人的观念世界也是相通的。

所以除了敌对的观念体系之外，我们是不应该说"你有你的
（观念）世界，我有我的（观念）世界"的。正如张三的那些相片，虽
有大小、正侧面的差异，然而张张都是张三本人的相片，彼此是具
有共同内容的。我们——工人阶级唯物主义者，有着共同的世界
观，共同的观念体系即马克思列宁主义。马克思列宁主义是客观
真理，它是客观实在的真实反映，是不随这个那个人的意识而转
移的。在这一共同的基础上，我们各人的观念又存在着无数差
别：或者反映的方面不同，彼此可以互相补足；或者具有个性的差
异，那往往是偶然的。在实际工作中，我们必须十分重视这些思
想意识上的差别。然而，我们却决不能过分夸大差别性，抹煞共

同性,以至于达到"各人心目中的世界大不相同"的结论。我们各人的观念原是"大同小异"的,如果把"小异"夸张为"大异",而不见那"大同",这就为不可知论和主观唯心主义开辟了道路。

(署名冯契,原载《文汇报》1955 年 5 月 22 日第 6 版)

哲学根本问题不能"以不了了之"

大家知道,全部哲学的最重大的根本问题,乃是思维对存在、精神对物质的关系的问题。哲学家依照他们如何答复这个问题而分成唯心主义与唯物主义两大阵营,这两大阵营的斗争就是阶级斗争在哲学上的反映。

但是杜威、胡适之流却以为这是"哲学家作茧自缚的问题",关于这一问题的唯物主义与唯心主义的斗争,只须"以不了了之"。杜威说:"如果哲学不弄那些'哲学家的问题'了,如果哲学变成解决'人的问题'的哲学方法了,那时候便是哲学光复的日子到了。"什么是"人的问题"呢? 就是如何应付人生周围的环境,"改变所接触的事物,使有害的变成无害的,使无害的变成有益的"。

实用主义这一说法很能迷惑人,而且在今天,也还不乏它的"同调"。"当前理论战线上的斗争只是少数哲学家、学者的事,并非有关'(一切)人的问题'。"——持这种看法的人是并不少的。

其实,像实用主义者那样把"人的问题"和哲学根本问题割裂开来,并把后者一笔抹煞,是压根儿办不到的事。按照实用主义的说法,"人的问题"是各人如何应付环境的问题。而按照辩证唯物主义的说法,"人的问题"则是人们如何科学地认识世界与革命地改造世界的问题。但无论哪一种说法,这里面总包含着人与环境、主体与对象、意识与存在的关系问题。简单的例子如"我看见飞鸟","她缝一件衣服",也都是对立两方面的统一:一面是作为对象的飞鸟,另一面是我关于这飞鸟的知觉与观念;一面是缝衣所用的工具和布料,另一面是她脑子里的缝衣计划。既然有对立的两方面,当然就有这样的问题:哪一方面是基本方面,亦即第一性现象呢? 两方面是否相符合呢? ——可见意识对存在的关系问题,正是一切有关"人的问题"中共同的根本问题。

而对于这个根本问题的答复,人们只能在唯物主义与唯心主义之中任择其一,第三条道路是没有的。实用主义者口头上说"以不了了之",实际上却是也给了一个答案的。哈利·威尔斯在《实用主义——帝国主义的哲学》一书中说到实用主义有三步论证:第一步,抹煞哲学根本问题,既批评唯物主义,也批评唯心主义,自居"第三者立场";第二步,在"进化论"与"实验科学"的伪装下,用实用主义的方法来论证有效即是真理的学说;于是便达到第三步,"真理是人造的",亦即重新恢复了那在第一步中被假装抛弃了的东西——主观唯心主义。

《镜花缘》里描写"两面国"的公民,说他们前面的一张脸倒也显得和善,那脑后包在头巾里的却原来是一副狰狞面目。现代资产阶级哲学有一个共同的骗人的公式:前面露出的是一张

"中立的"、"纯客观的"、"第三者"的脸,而脑后包在头巾里的却一概是主观唯心主义。当然,那包在头巾里的是真面目,是现代资产阶级的不变的本质。

（署名冯契,原载《文汇报》1955年6月2日第6版）

什么是人的本质？

既然思维对存在、意识对物质的关系问题是一切有关人的问题中的最根本的问题，那么，这是很容易明白的，为了要正确地解决这个哲学根本问题，就必须正确地把握人的本质。

什么是人的本质？或说，什么是"人之异于禽兽者"？——这是人们最感兴味的问题之一。在日常谈话中，我们说那蛮横无理的家伙"简直是畜生"，把那没有道德观念的人比做"衣冠禽兽"，称那些不从事劳动生产的剥削分子为"寄生虫"，等等；这就是说，理性、道德和劳动生产等是人的特征，谁失去了这些特征，便不能称为人。这种常识的看法是很有道理的，只是还必须说明一下，在这些特征中间哪一个是起决定作用的，亦即最本质的特征呢？

实用主义者以为人类只是动物的一种，其间并无本质的差别，只有程度的不同。胡适在介绍杜威思想时，曾举蛆、蜜蜂和人三者为例说："许多蛆在粪窖里滚去滚来，滚上滚下；滚到墙壁，也会转弯子。……蛆的应付环境，完全是无意识的作用。蜜蜂能用光线的指导去寻出路，已可算有意识的作用了，但他不懂得光线有时未必就是出路的记号，所以他碰着玻璃就受窘了。人是有智识能思想的动物，所以他迷路时，不慌不忙的爬上树顶,取出千里镜,或是寻着溪流,跟着水路出去。……以上三种应付环境,所以高下不同,正为智识的程度不同。"

不言而喻,胡适派实用主义的这一种庸俗进化论的说法,其真正意图在于反对马克思主义。如果人和动物并无本质的差别,那么,人类社会的发展当然也受生物进化规律(事实上实用主义还歪曲了生物进化规律)的支配。由此便应得出结论:人们只需通过一点一滴的改良来促使社会进化,而马克思主义的社会革命论便是根本错误了!

应该指出,实用主义和庸俗进化论关于人和动物只有"智识的程度不同"的理论,在今天,特别在一些自以为具有"科学头脑"的人们中间,是还有着销售市场的。我们常常听到这类意见:"人比猴子聪明些,正像猴子比山羊聪明些一样";"老马识途,狗看见主人手里夹着肉骨头就摇尾巴,这不是意识作用吗";"雌鸟在山上叫,雄鸟在山下应,可见动物也能用语言交换思想"……

不错,人类和动物界是有着亲属关系的,高等动物的某些行为,确也很接近人的有意识的行动。我们并不否认这一点,而且还可以举出更好的例子来,如:"狐在遇到猎人追逐时能利用对它有利的地势来中断它的踪迹,显得颇有计划";"巴甫洛夫的实验证明了,在香蕉周围点上蜡烛,猿能够学会取水熄火,以获得香蕉"等等。但是,即使像狐和猿的行为,也不能算作严格意义的意识行动,因为正如恩格斯已经指出了的,它们并不能在自然界打下"意志的印记"。如何才能在自然界打下意志的印记? 必须具有抽象和概括的思维能力,透过事物的表面现象去把握其内在的规律性,并依据规律来迫使自然界服务于自己的目的。这一点,是只有人才能做到的。

但实用主义的错误尚不止此。胡适把人和动物之所以有高下不同,归之于智识程度不同;又说,"人的生活所以尊贵,正为人有这种高等的应付环境的思想能力"。这就是说,人之所以为人者,人的最根本的性质,乃是思想、智识,亦即属于精神的东西。这显然是唯心主义理论。

马克思主义与之相反,以为人之所以为人者,人的最根本的性质,乃是劳动生产。劳动生产是人们变革周围世界(而非如胡适所说"应付环境")的物质活动,或用马克思的话说,是"人和自然之间的物质变换"。不是由于别的,正是由于劳动以及从劳动当中产生的语言,才促使猿的脑髓逐渐地变成人的脑髓,使人类获得了抽象思维能力与意志力量,获得了愈来愈明白的意识(关于这一点,恩格斯的论文《劳动在从猿到人转变过程中的作用》已作了充分说明)。虽然意识和劳动一样,也是人的本质的特征;但劳动是第一性的,是起决定作用的方面,而意识是第二性的,是从属于劳动的现象。按照胡适的说法:人和动物的"应付环境,所以高下不同,正为智识的程度不同"。而按照我们的说法:人的意识所以在本质上不同于其他动物,正为人是进行劳动生产的动物。——这便是辩证唯物主义对于"什么是人的本质"这一问题的科学的解决。

数千年来的哲学家探索着这个人的本质问题,却一直找不到科学的答案。唯心主义者是不必说了,即使是那些唯物主义者,也总是只用头脑及其产物来区别人和动物。马克思和恩格斯在历史上第一次指出了：双手比起头脑来是更基本的东西，劳动是人和其他动物的最主要的区别。这是一个极伟大的发现，它使得哲学发生根本变革，使得意识对物质的关系问题获得了彻底的唯物主义的解释。

（署名冯契，原载《文汇报》1955 年 6 月 8 日第 6 版）

"行动在先"

关于物质第一性、意识第二性的原理,人们通常用两句话来说明:(一)观念是存在的反映,先有水,后有水的观念;(二)思维是发展到高度完善的物质的产物,即人脑的产物。——这无疑是正确的。但是,是否充分了呢?

辩证唯物主义以为只说上述两句话是不够的,还必须加上一句,即:(三)实践是认识的基础。如果不加上这第三句话,那便不是完整地说明了物质第一性、意识第二性的原理,那便只是机械唯物主义而不是辩证唯物主义。

马克思主义经典作家曾不止一次地引用歌德的《浮士德》中的名言:"行动在先。"什么是人的行动或实践? 就是人们改造世界的物质活动。在这里面,最重要的是劳动生产,其次是阶级斗争和科学实验等。

譬如说,现在的水和二千年前的水是一样的,现在人的头脑和二千年前人的头脑也并无多少差别,但是人们对于水的认识却已起了很大变化,现在人的一些观念,如"水是氢氧化合物"、"利用水力能发电"等等,乃是二千年前的人做梦也想不到的。这是什么原因呢? 是因为物质生产发展了,科学实验进步了,人们的认识也跟着提高了。所以,"先有水,后有水的观念"虽是正确的,然而"人们先变革水,而后有关于水的观念"却是一句更深刻的话;"思维是人脑的产物"固然也是正确的,然而"劳动的双手推动着头脑的思维向前发展"却是一句更富有意义的话。

试考察一下周围的世界,作为我们的意识对象的事物,有哪一样不是先在实践中和它接触,而后才被我们认识了它的本质的? 土地经过耕种,山林经过改造,海洋上有船只航行……地面上被认识了的一切,都有人的劳动凝结在上面。至于天空的星球,那也只有当它们和人类社会实践(生产、实验、利用仪器进行观测等)相联系时,它们的规律才能被人发现。恩格斯说得很对:"人的思维的最本质和最切近的基础,正是人所引起的自然界的变化,而不仅仅是自然本身;人在怎样的程度上学会改变自然界,人的智力就在怎样的程度上发展起来。"①

再考察一下意识主体——人类本身。不仅人的头脑以及头脑运行思维时必须利用的语言和工具(笔、仪器等)是长期社会劳动的产物;而且,更重要的是人类在劳动过程中结成了一定生产关系,形成为不同的社会集团,这就决定了人们有不同的思想样式。农民与地主、无产阶级与资产阶级,就头脑的生理构造说并无两样,但由于他们在社会生产关系中所处地位不同,在社会实践(生产活动与阶级斗争)中所起作用不同,因而他们的思想样式便有了本质的差别。

由此可见,"观念是存在的反映"与"思维是人脑的产物"这两句话是决不能离开社会实践来理解的。在实践的基础上产生人

---

① 恩格斯:《自然辩证法》,《马克思恩格斯选集》第 4 卷,第 329 页。

的认识,而认识又转过来为实践服务,并在实践中受到检验。凡是为实践证明了的理论,就是对客观现实的正确反映,亦即真理。人们获得了真理,即是解决了主观与客观的矛盾,达到了思维与存在的统一。辩证唯物主义由于把握了实践的观点作为认识论的基石,因而不仅正确地说明了物质第一性、意识第二性的原理,同时也解决了思维与存在之同一性的问题。所以说,"实践的观点是辩证唯物主义的认识论之第一的和基本的观点"。抓住这个基本观点,坚持"行动在先",就能正确地解决哲学的最根本的问题。而轻视或歪曲这个基本观点,那便是离开马克思主义。教条主义者"为理论而理论",是明显的轻视实践。经验主义者缺乏理论的指导,拘守一己的狭隘经验,不知社会实践的总体为何物,同样是缺乏实践观点。有人高喊"哪里有生活,哪里就有斗争",似乎再重视实践也没有了,而实际上却是在这一口号掩护之下,引导人们离开工农群众的现实生活与政治斗争,亦即离开当前最主要的实践。

(署名冯契,原载《文汇报》1955 年 6 月 9 日第 6 版)

创造性的观念是怎样产生的？

或问："唯物主义说存在决定思维，先有树，后有树的观念；先有电灯、火车、蒸汽机，然后反映到人们头脑里，才有关于电灯、火车、蒸汽机的观念。这对于普通人说是正确的，但对于发明家说就不然。例如，在巴祖诺夫发明第一架蒸汽机的时候，分明是在他的头脑中先产生蒸汽机的观念，然后才根据观念创造出蒸汽机来。同样，在马克思、恩格斯创立科学社会主义理论的时候，客观上也并无社会主义的存在。这也分明是先有社会主义的观念，然后才根据观念产生出社会主义社会。——是不是唯物主义原理在这类场合不适用了呢？"

存在决定思维的原理是放之四海而皆准的原理，科学上的发明与创造也不能例外。当然，巴祖诺夫在创造第一架蒸汽机之前，就已在他脑子里形成了关于蒸汽机的观念。但这决不是说，他的蒸汽机的观念是凭空捏造出来的。正相反，他的这个观念是科学的观念，是有着客观的根据的。客观的根据是什么？第一，物理学家早已发现了"热可以转变为动能与功"的客观规律；第二，当时的工业生产已经达到这样的技术水平，利用热能作机械功已成为客观实在的可能。巴祖诺夫脑子里产生蒸汽机的观念，正是那客观规律与物质条件（工业生产上的条件）所提供的"可能的东西"在科学上的反映。客观实际中已经存在着"可能的东西",一般人熟视无睹;发明家高出一般人的地方,就在于他们具有科学的预见,善于抓住那"可能的东西",并善于运用物质的条件使之变为"现实的东西"。

同样,我们也应该说,在马克思和恩格斯创立科学社会主义理论的时候,社会主义也已经是客观实在的"可能的东西"。第一,从一八二五年开始的周期性经济危机,充分暴露了资本主义所有制与生产社会化的矛盾;这个矛盾必然引导到资本主义制度的灭亡与社会主义制度的诞生,这是不可抗拒的客观规律。第二,在十九世纪三十至四十年代,已经爆发了像法国里昂工人起义、英国宪章运动和德国西里西亚纺织工人起义等规模巨大的斗争,这就表明,运用上述客观规律来实现社会主义革命的物质力量(即无产阶级)业已非常强大。——这就是在十九世纪四十年代所以能产生科学社会主义理论的物质前提。正是在这些物质前提之中,社会主义的实在的可能性,社会主义的物质的胚胎,是已经存在着了。马克思和恩格斯的伟大处就在于他们具有天才的洞察力,把胚胎状态的东西给大家指了出来,及时地提出革命任务,规定革命策略,动员、组织广大群众进行战斗,以争取把那今天仅是可能的东西到明天变为现实。

由此可见,一切具有创造性、预见性的科学观念,都不过是当前现实中的"可能的东西"的正确反映。在这里,依然是客观存在在先,主观思维在后,完全合乎唯物主义原理的。

（署名冯契,原载《文汇报》1955 年 6 月 10 日第 6 版）

必须解决主观与客观的矛盾
——辩证唯物主义认识论通信之一

乃平同志：

你的热情的信给了我极大鼓舞。你说到你和你的"红领巾"们如何筹备着国庆节的班会活动，你说到你怀着特别兴奋的心情迎接国庆节，你说得真好："如果我能让我的青春在这样勤奋的工作中度过，那我的生命就不算白白浪费了。"——你说的这一切，都使我非常感动。

你在来信中提出了这样的一些问题："为什么我过去辨别能力那么低，和反革命分子同坐在一个办公室里，却不认识他？""我心里怀疑：自己不是全面发展的人，怎么能培养全面发展的下一代呢？"你希望我指出一个"从根本上解决问题的办法"。

你这种迫切要求提高自己的水平的愿望是很可宝贵的。但是，我以为，你不应该用"怀疑"这类字眼。你对自己没有信心吗？决不会。我听说教师们中间有一种论调："教师按照自己的面貌教育学生，既然教师自己不是全面发展的人，也就不能培养全面发展的下一代。"也许，你是受了这种论调的影响。

其实，这种论调是完全错误的。如果一定要教师自己是什么样，然后才能教育学生成为什么样，那么下一代就决不能超过上一代,人类社会永远不能进步,而只能长期停滞或倒退。所谓"教师按照自己的面貌教育学生",跟"上帝按照自己的形象创造人类"的创世说同样地是唯心主义的理论。

教师应该按照什么来教育学生呢? 不能按照自己主观的面貌、主观的想法,而应按照社会的客观的标准、客观的要求。全面发展的教育方针是我们祖国、我们的社会主义的现实提出来的客观的要求,教师们应该而且完全可能贯彻这一教育方针,这是因为:(1)它为客观的物质基础——社会主义生产关系所决定;(2)它由党和人民政权的领导来保证。认识了这个道理,那么,即使教师自己还没有全面发展的"面貌",但只要能够掌握党的政策和马克思主义理论的精神实质,依靠集体的力量,贯彻这一方针,应该是完全可能的,同时在实践的过程中改造自己,使自己也成为全面发展的人,这就解决了主观面貌与客观要求之间的矛盾。

我以为,你所提的那些问题,如辨别能力低等,都是一个主观与客观的矛盾问题。所以,"从根本上解决问题的办法"就是要使主观和客观之间好好符合起来。

毛泽东同志在《中国革命战争的战略问题》一书中说到:"为什么主观上会犯错误呢? 就是因为战争或战斗的部署和指挥不适合当时当地的情况,主观的指导和客观的实在情况不相符合,不对头,或者叫做没有解决主观和客观之间的矛盾。人办一切事情都难免这种情形,有比较地会办和比较地不会办之分罢了。事情要求比较地会办,军事上就要求比较地多打胜仗,反面地说,要求比较地少打败仗。这里的关键,就在于把主观和客观二者之间好好地符合起来。"①

毛主席说得很明白，人犯错误，打败仗，不会办事，都是由于没有解决主观和客观之间的矛盾。那么，如何才能解决这个矛盾呢？宰牛必须善于用刀，解决问题必须有正确的方法。毛主席在上述著作中指出，打仗必须学习打仗的方法。"什么方法呢？那就是熟识敌我双方各方面的情况，找出其行动的规律，并且应用这些规律于自己的行动。"②——这几句话，就是对于科学的认识方法（亦即认识发展的规律性）的一个极概括的说明。

而这也就是辩证唯物主义的认识论所要研究的。所以，我以为，除了必须深入实际（教学的实际、阶级斗争的实际）之外，你最好学一学辩证唯物主义的认识论。掌握了认识发展的规律性，你就能自觉地解决主观与客观的矛盾，那就能不断地提高认识能力了。

通过此次肃反斗争，我们的许多同志都提高了阶级觉悟。我们深刻地体会到：我们身上的任何漏洞，我们工作中的任何错误，在这个复杂而尖锐的阶级斗争的环境中，都有被敌人利用来钻空子的可能。什么是漏洞、错误？就是主观与客观不对头。辩证唯物主义教导我们：当我们的主观认识符合于客观现实的时候，它是推动客观现实发展的积极力量；而当我们的主观认识不符合于客观现实的时候，它就成了客观现实发展的障碍。反动派一心一意要阻碍现实的发展，他们的主观认识是和客观现实的发展趋势完全相反的，而且他们还虚构一套理论来替自己的错误作辩护，

① 毛泽东：《中国革命战争的战略问题》，《毛泽东选集》第 1 卷，第 179 页。
② 同上书，第 178 页。

这是他们的唯心主义的世界观的本质的特征。反动派用唯心主义作为武器,对我们革命队伍进行腐蚀、破坏;他们天天"窥测方向",看我们的队伍中哪儿有一些主观和客观不对头、不符合的地方,他们就钻空子,竭力使这些不对头、不符合扩大起来,发展到主观与客观完全相反,亦即发展到唯心主义。

当然,唯心主义都是错误,我们的错误、缺点却并不都是唯心主义。人的主观往往免不了要犯错误和有缺点,因为主观与客观的矛盾及其解决,乃是人的认识发展的必然规律。唯心主义与唯物主义的区别,不在于犯不犯错误,而在于是否坚持错误,是否造作虚构的理论来掩饰错误。所以,为了不使我们的错误、缺点发展到唯心主义而便利于反革命分子的破坏活动,我们便必须正视自己的缺点,修正自己的错误,而这也就说明,掌握辩证唯物主义的认识论,学会解决主观与客观之间的矛盾,对于当前的肃反斗争是具有何等重要的意义了。

我祝你欢度国庆节,也祝你在肃反斗争与教学工作中获得更大胜利。

冯契　9月30日

(原载《文汇报》1955年10月1日第3版)

"写检讨书"

暑假之前,上海铁路学校决定要对毕业班特别加强纪律教育;铁路电话电报专业第五班班主任高冠昌老师便对本班同学宣布说:"谁犯了错误,就要写检讨书!"

于是,谁没上课间操,就写检讨书;谁课外活动时没唱歌,也写检讨书;谁吃饭时把饭粒落在桌上或把剩菜倒掉了,也写检讨书……

检讨书满天飞。同学们把这叫作"开刀",叫作"独特的机械教育"。但也有人开玩笑说:"明天拿张蜡纸印几十份检讨书准备着,免得麻烦。"

某次,有个同学在吃晚饭时端了饭碗到门外乘风凉。照例,班主任又宣布了:写检讨书! 但是这个同学却有点牛脾气,他说:"我过了十几年学校生活,虽不能算个好学生,检讨书却从未写过。"于是高冠昌老师便找他进行个别谈话,威吓他说:"看样子'文'来是不行了。你一定要我动'武'吗?"("动武"的意思,据这位老师自己解释,就是要把事情交给校长去处理。)这位同学满心委屈,为了避免"动武",到底还是写了十二个字的检讨:"我吃饭跑出了饭厅,这是不对。"

对于诸如此类的"纪律教育"的事例(我说"诸如此类",因为除了这位高老师之外,我们还可以举出若干其他类似的例子来),本来只需如实地报道一下,加上"无庸评论"四字,就可以搁笔。但是,我们这位高冠昌老师也已经作了自我检讨:"我本来认为叫学生写检讨书是要他们认识错误,但由于我的工作不细致,引起了学生的不满,我当接受教训,来改进今后工作"云云;因此,我们就必须再加上几句"评论"了。

这仅仅是由于"工作不细致"吗?教师在作风上有些粗枝大叶(虽然这也必须克服),学生是会原谅的。把写检讨书作为认识错误和改正错误的手段之一种,原也无可非议。问题在于:为什么学生普遍地怀着抗拒情绪,竟至把进行纪律教育叫作"开刀"呢?

学生说得不错,这位班主任确实是在"开刀"。他这种"文"来的办法,实际上等于动"武"。

马卡连柯说:"人们时常把纪律理解为纯粹表面的秩序或表面的手段。这是一种只有在教育机关中才会犯的最有害的错误。对纪律这样的理解,纪律便永远只是压制的方式,永远会引起儿童集体的反抗,并且除了反抗和希望摆脱纪律的限制之外,什么也培养不出来。"①

我们这位高冠昌老师的错误,正是这种在教育机关中的"最有害的错误"。在他的头脑里,有的是资产阶级的强制纪律的观念,而并无社会主义的自觉纪律的观念。

如果他的头脑里有自觉纪律的观念,那么他就应该懂得马卡

---

① 马卡连柯著,刘长松、杨慕文译:《论共产主义教育》,人民教育出版社 1954 年版,第 163 页。

连柯的名言："不应把纪律仅仅看成教育的手段,纪律是教育过程的结果。"马卡连柯在捷尔任斯基公社时,有次曾因为发现钢琴上有尘土而处分值日的分队长;受惩罚者却自愿接受惩罚,毫无怨言。这是为什么呢? 就因为"纪律是教育过程的结果"。

所以,如果高冠昌老师真的"接受教训",要求改进他的"叫学生写检讨书是要他们认识错误"的工作;那么,我以为,首要的问题是他应该把他头脑里的关于纪律教育的观念扭转过来。

(署名商翼,原载《文汇报》1955 年 11 月 2 日第 3 版)

"谁种谁收谁享受"

大家知道,在服从共产主义的教育方针与学校教养任务的前提之下,在可能范围内组织学生参加适当的体力劳动,乃是对学生进行劳动教育的有效方式之一。然而,如果离开了上述前提,事情却也可能适得其反。

安徽宿县第四初级中学为了贯彻劳动教育与响应国家增产节约的号召,曾于上学年大力发动学生开荒地、种蔬菜。学校领导在周会上提出"谁种谁收谁享受"的口号来鼓励学生的劳动热情,并规定"土劳分红"比例:学校收地租和收回种子得百分之六十,参加劳动的学生得百分之四十。于是各班学生纷纷抢地种,计算着收获之时如何分配劳动果实,但也常议论说:"我们和学校是租佃关系","农业生产合作社按地四劳八分红,我们学校收的地租太高了"等等。而到了蔬菜和葱蒜可以收割的时候,又有个别教师(教师也参加生产)带头把几十颗白菜卖给伙食团。于是学生也纷纷要求卖掉蔬菜分钱、把大葱分给个人"享受",也有到别班地上去偷拔大蒜的,也有因受坏人挑拨而闹不团结的……总之,全校乱成一团,好不容易才把这场风波平息下来。

这是一个由于资产阶级思想泛滥而几乎冲垮了社会主义教育阵地的具体事例。它说明了:劳动教育的形式,也可以被装进资产阶级思想的内容。在错误的思想指导之下，劳动失去了光荣的、豪迈的性质，却引导到可耻的有害的结果，它不但不能培养年轻一代的共产主义道德品质，反而使得自私自利和损人利己的观念滋长起来。

粗粗一看，"谁种谁收谁享受"的口号也颇有道理，它岂非能鼓励学生的劳动热情吗？其实，这就和那"发家致富"的口号一样，鼓励的是小私有者的自发资本主义趋势，而并非社会主义的劳动热情。

宿县第四初级中学的这个事件之所以值得特别提出来谈一谈，不是因为这是一桩特别的难得遇见的事情，而是因为"谁种谁收谁享受"的口号，实际上在今天各级学校里都是相当普遍地流行着的（当然，表达的方式往往是不同的）。学生最基本的劳动是学习。然而，在诱导和鼓励学生的学习热情时，岂不是还有不少的教师和家长利用未来的个人地位、待遇等作为钓饵吗？"你这样不用功，看你还考得上大学吗？""下多少米，煮多少饭。你现在下苦功，将来做大专家，坐小汽车，多光彩！"……类似这样的口吻，都包含着"谁种谁收谁享受"的意思。如果不加纠正，那么，不用说，最后也必然会引导出可耻的有害的结果的。

（署名商翼，原载《文汇报》1955 年 11 月 5 日第 3 版）

"留得青山在，不怕没柴烧"

此刻摆在我面前的是一封远从四川大竹县寄来的读者来信，它的标题就是"留得青山在，不怕没柴烧"。信中说到他们那里有一位小学女校长，原来工作也还起劲，曾得到领导上的表扬。只因为争取入团未被批准，又因上学期搞民校工作，未经领导同意即召开群众大会，受了乡支部书记的批评，弄得吵架了事，从此她的工作劲头便低落下来，常常唉声叹气说："领导看不起我，不相信我，即使工作得再卖力些，还不是做在背地里，有啥益处呢？"又说："'留得青山在，不怕没柴烧'，我现在把身体保养好了，将来好过社会主义幸福生活。"于是对学校工作就抱"做一日和尚撞一日钟"的态度，得过且过，敷衍了事。空课时就睡觉，学习也马马虎虎，尽量争取时间多休息，这就是她的"养生之道"。

这位小学女校长的上级领导和她那里的乡支部书记，在培养干部的问题上，当然不是无可非议的。但那是我们这篇杂文的题外的话。我们现在要提出来谈谈的是这位女校长的"养生之道"。我们要问她：你"留得青山在"是为了什么目的呢？你把"柴"养得茂盛起来，是准备给谁"烧"的呢？

这位女校长对于祖国和人民交给她的任务已经怠工了，可见她并不是在为了社会主义而保养身体。她说"将来好过社会主义幸福生活"的话原来是假的,你看,她连现有的社会主义生活(她的工作和学习岂不就是社会主义生活吗?)都不愿好好地过呢。

中国古时有个杨朱,认为天下最可宝贵的是自己的生命和身体,应该无微不至地加以保养。所以他主张"不入危城,不处军旅,不以天下大利,易其胫一毛"。按照这种哲学观点看来,我们的革命烈士和解放军战士都是大傻子,他们为什么要去冒生命的危险呢? 跟"天下大利"的社会主义事业比较起来,个人的一些小问题(例如受乡支部书记的批评之类)原不过是"拔一毛"而已。然而,杨朱们却是决不肯"拔一毛而利天下"的,他们把自己全身的"毛",或者说满山的"柴",保护得无微不至。

当然,生命是极可宝贵的,我们共产主义者也要注意身体的健康。如果有同志生病,我们也要用"留得青山在,不怕没柴烧"的话来劝他保重身体。健全的体魄是建设社会主义的幸福生活的基本条件之一,所以毛主席给青年提出"三好"的号召,第一就要"身体好"。但"身体好"和"学习好、工作好"是分不开的。像那位女校长,她学习得不好,工作得不好,她的思想很不好,所以"常常唉声叹气"。她用"空课时就睡觉"的办法来保养身体,养上三年五载,也许能把身体养胖,但是,这就算是什么幸福生活吗?

或说:你把一个青年女子一时闹情绪比做杨朱,未免太刻薄了。但我情愿负这个刻薄的罪名。我想,如果我的这点刻薄能使那些"空课时就睡觉"的同志们感到痛楚,因而就惊醒过来,再也不唉声叹气,那么,刻薄也就转化为它的对立物,变成善意了。

(署名商翼,原载《文汇报》1955 年 12 月 3 日第 3 版)

是可爱的，不是可怕的

人编造了鬼话，也就有人被鬼话吓倒了。

共产主义运动及其理论原是社会发展的必然产物。但是，从它产生的第一天起，就被它的敌人——各色各样的反动派造谣中伤：什么共产党人要"消灭家庭"呀，"施行公妻制"呀，"毁灭道德"呀，"扼杀自由"呀……总之，共产主义被描绘成为一个极其可怕的"怪影"。

反动派造这些鬼话，是为了自己害怕共产党，所以就想造成一种恐怖空气，来吓别人，使大家都反对共产党。可是不幸的是，被吓倒的首先是反动派自己。

马克思和恩格斯便写了一篇《共产党宣言》，用科学的理论和真实的语言，来向全世界人民宣传共产主义的主张。于是那些反动派的"共产主义怪影"的谣言，都完全被击破了，只是更暴露了谣言制造者的一副可憎的面目。

一百多年来，认识到这个历史必然规律的人越来越多了，在地球的很大一部分地区里面，共产主义思想成了统治思想。但是虚构的鬼话也会在一部分人中间发生作用，对这部分人说起来，"破除迷信"的宣传工作就特别重要。譬如：面临社会主义改造的工商界中的某些人，听到了共产主义的巨大的脚步声，对共产主义仍怀着某种害怕的心理,有着许多不必要的顾虑:怕个人没有前途,生活水平没有保障,等等。他们说,如果共产主义一定要来,那也最好慢慢儿来。

其实,共产主义真的可怕吗? 不! 它可爱得很。共产主义不但不是什么"怪影",相反,它正好是人类已经获得的和将要获得的一切有价值的东西的总名。千百年来志士仁人所梦寐以求的"大同之世",在过去的世代只是空想,而到我们这一代人手上,就要把它变成事实了。我们今天进行着社会主义建设和社会主义改造,逐步消灭阶级和剥削;明天就会达到共产主义的高级阶段,亦即"大同之世"。到那时候,地球上的一切富源将尽量发掘出来,每个人都不必再为"糊口"而操心,也不必再在什么强权面前屈膝;个性将获得全面发展,人真正成为自由的人。

对共产主义的害怕和顾虑,都是由无知引起的。对于中国的资本家来说,还由于他们生产资料私有者的地位,在一定程度上限制了他们的认识。当人们对于电无知的时候,也曾被那虚构的雷公雷母的"怪影"所吓倒。但等到掌握了电的科学知识,能够利用电来照明、通讯和发动机器的时候,雷公雷母的迷信观念就被驱除了,而电对于人们来说就成为非常可爱的东西。同样的道理,今天对共产主义还存着某种害怕心理或顾虑情绪的资本家们,只要他们肯学习共产主义的科学理论和接触共产主义的具体事实,只要他们能够用脑筋想一想、用眼睛看一看、用手掌摸一摸共产主义到底是怎么回事,那么,关于"共产主义怪影"的残余影响,就会被驱除干净,而共产主义对他们来说,也就会成为非常可爱的东西,而且应该说是人间最可爱的东西了。他们,也就有决心摆脱自己的剥削的地位,而高高兴兴地跟着人们一起进到社会主义、共产主义,做一个自食其力的公民。

（署名商翼,原载《解放日报》1955 年 12 月 18 日第 6 版）

谈 幻 想

爱幻想是青年的特点之一

许多学者和作家都说过,爱幻想是青年人的特点之一,也是优点之一。幻想,这就是向未来飞翔,而未来正是属于青年人的。如果一个青年没有一点儿幻想,那就是没有对未来的憧憬,没有对明天的期望,他怎么还能叫作青年呢？我们不妨说,一切精神上年轻的人(不论年龄大小),都是善于幻想的人。

托尔斯泰在他的小说《幼年·少年·青年》中极为细致地描写了青少年的美妙的,但也有点飘忽无定的幻想。小说的主角——尼考拉,时而幻想自己当了骠骑兵去打仗,挥动长刀砍杀敌人,一个,一个,又一个;时而又想象自己为了人类的幸福而发现了新的真理,成了真正的伟人;有时,他相信自己将在某一天为一个理想的女性而牺牲一切;有时,他又热烈地想象着全世界的人都爱他,包围着他,为了什么事而感谢他;如此等等,我们不必一一枚举。

无疑地,今天中国青年的头脑里的幻想是已经和托尔斯泰所描写的有了很大不同了。比较起来,今天中国青年的幻想要美妙得多,丰富得多。而尤其重要的一点是,在共产党的教导和马克思列宁主义的指导之下,我们的青年人更善于把自己的幻想从最初往往有点飘忽无定的状态,逐渐转变成为具有明确的方向。什么是新中国的青年们的幻想呢? ——成为英勇的解放军战士;做一个出色的拖拉机手;发明一种威力无比的利用太阳能的新机器;写一部反映中国社会主义革命的伟大诗篇;到西藏和西康的终年积雪的高山上去探寻矿藏;把新疆的大戈壁改造成为美丽的花园;乘了星际飞艇到月球和火星去旅行,到那里探究宇宙的秘密;……诸如此类的幻想,激发着青春的火焰,鼓舞着革命的胆略,推动着我们年青一代去破坏旧事物,开辟新道路,做出掀天动地的大事业来。

但是现在却有一些同志,他们完全不懂得幻想的积极意义。他们说,实际就是一切,革命者是从不幻想的。他们同列宁已经批评过的右倾机会主义者一样,引用马克思的话作为根据,说:"'人类始终只会提出自己所能够解决的任务',那么,你怎么有权去幻想呢?"

如果人们没有权去幻想,那么有权去做什么呢? 大概是有权保守着旧思想、旧眼光吧! 一切右倾保守主义者都是不善于幻想,甚至害怕幻想的人,他们的眼睛只看见过去,看不见未来,他们墨守成规,安于现状,这样那样地阻挠着新生力量的成长。如果让保守主义者去领导和指导青年,他们便不按照青年的特点,而按照老夫子的式样进行工作。青年人是喜欢幻想,喜欢冒险,喜欢建树奇迹的。而保守主义者却这也指摘,那也指摘,把一切生机横加摧残。他们见这个青年说他想当飞机师,便给他扣个帽子:"小资产阶级幻想";见那个青年说他想当作家,便又给他扣个帽子:"资产阶级名位观念"。其实,我看倒不是青年们的幻想或愿望有什么不好,而是这些东也挑剔、西也挑剔的保守主义者,很有点像资产阶级贵族老爷。现在我们的青年人中间有一些不够大胆、怕犯错误、过早地少年老成的现象,多半是这些资产阶级贵族老爷们造成的罪恶。

列宁曾不止一次地教导我们:"要幻想!"他在《怎么办?》一书中引用皮萨略夫的话说:"如果一个人完全没有这样来幻想的能力,如果他不能在有的时候跑到前面去,用自己的想象力来给刚刚开始在他手里形成的作品勾画出完美的图景,那我就真是不能设想:究竟有什么刺激力量会驱使人们在艺术、科学和实际生活方面从事广泛而艰苦的工作,并把它坚持到底……"[1]

说得再明白也没有了。列宁的这个"要幻想"的口号,正是我们反对保守主义的最有力的武器。

幻想与现实的关系

但是,我们决不可以把"要幻想"的口号庸俗化。数年前,我看到一个中学女学生的作文本,上面说到她的唯一的幻想是嫁一个好丈夫,有固定的收入,年龄比她大两岁,留一点小胡须,有时还抽抽烟;她自己什么事也不做,只系着花围裙料理家务,做得一手好蛋糕,每天晚饭后弹弹钢琴;如此等等。这个女学生的幻想

---

[1] 列宁:《怎么办?》,《列宁选集》第 1 卷,第 448 页。

中的天地,不过是一个小市民妇女的安乐窝而已。此外,她便什么也看不到了。

另有些人的幻想却似乎广阔无边,无拘无束。"大胆地鼓起幻想的翅膀飞翔吧!"他们说,"一切都是可能的。也许我会忽然成名,到处受人尊敬;也许我明天早晨一觉醒来,就变成了百万富翁。"这种幻想,就是通常所谓空中楼阁。空中楼阁是虚构的东西,但它既经虚构出来,便往往会成为束缚人的力量。起初以为是在无拘无束地幻想,弄到后来,却使自己作了这种幻想的俘虏。一个人长期沉缅在空想之中,那就好比抽鸦片烟上了瘾、中了毒,是一桩非常危险的事。例如某些受了黄色小说毒害的青年(现在是绝少绝少了),满脑子的才子佳人、侠客剑仙,弄得梦魂颠倒,精神失常,甚至有变成疯子的。

这一类空中楼阁以及小市民的庸俗化的幻想,当然和我们共产主义者的幻想毫无共同之处。从幻想对现实的关系来考察,人们的幻想可分为两种:一种正确地反映了现实发展的要求,是积极的幻想;另一种违背着现实发展的要求,是消极的幻想。

各色各样的空中楼阁,都是极明显地和现实相违背,因而是有害的。那小市民的安乐窝的幻想,似乎很实际,其实却是把自己缩在个人主义的蜗牛壳里,跟广大群众的社会主义实际割裂开来。因此,这也是不符合现实发展的要求,对生活只起消极作用的。

而我们共产主义的青年们的幻想,例如上面提到过的,幻想成为英勇的解放军战士,幻想做一个出色的拖拉机手,以至幻想到月球和火星去旅行,到那里探究宇宙的秘密等等,却都是正确地反映了现实发展的要求的。固然,对幻想者来说,这些还都只是可能性而已。但这些可能性是现实的客观规律所提供的要素,是符合祖国和人民的利益的。

列宁教导我们"要幻想",就是要我们把握这种客观规律所提供的有利于人民群众的可能性。一方面,作为唯物主义者,我们双脚踏在坚实的土地上,反对一切消极的幻想。马克思说:"人类始终只会提出自己所能够解决的任务。"①这话是一点也不错的。我们的幻想植根于当前的现实之中,正如胚胎孕育在母体之中一样。但另一方面,作为辩证论者,我们又反对右倾保守主义者的害怕幻想、扼杀幻想。可能性虽然植根于现实之中,但它本身尚未成为现实。人们必须依靠幻想,才能从胚胎看出幼儿的形象,才能从当前实际生活中的某些萌芽的东西想象出祖国(以及个人)的未来的远景。而当我们善于这样来幻想,善于完满周到地推想出发展的前途和明天的东西的时候,我们的幻想便成为极大的积极力量,它为我们增添了有力的翅膀,使我们大大地加快前进的速度。

这便是辩证唯物主义者关于幻想和现实的正确的理解,也就是"要幻想"这一口号的理论前提。虽然我们的青年人一般都具有爱幻想的特质,然而爱幻想还不等于善于幻想。为要善于幻想,就必须首先把握这个幻想与现实之间的唯物主义的辩证关系。

---

① 马克思:《政治经济学批判·序言》,《马克思恩格斯选集》第 2 卷,第 33 页。

从真实的预感到科学的预见

不能把人们的幻想(我说的是正确地反映现实发展要求的幻想)看做是一成不变的;相反,随着人们对现实的认识的深入与扩大,人们的幻想也变化发展着。

我们常说,青年人特别富于对新鲜事物的感觉,这是不错的。但是,正如毛泽东同志说过的:"感觉到了的东西,我们不能立刻理解它,只有理解了的东西才能更深刻地感觉它。"①所以,单有感觉是不够的,应该把我们的认识从感觉提高到理解,才能更深刻地把握新鲜事物。

当我们的认识处于感性(感觉)阶段的时候,我们的幻想具有预感的性质。预感如果是真实的,当然也极可宝贵。但它往往朦胧而不够明确,浮面而不够深入,这便是缺点。而当我们的认识提高到理性(理解)阶段的时候,我们的幻想便具有了科学的预见性质。科学的预见能给我们指出明确的发展途径,它比起预感来有着积极得多的力量。我们通常所谓理想,就是指发展到了具有明确的科学预见性质的幻想。

举一个例子。恩格斯在 19 岁的时候写过一篇题名"黄昏"的诗,愤怒地揭露当时德国的暗无天日的景象,同时他又坚决相信:黑暗即将过去,自由的曙光就在眼前。他幻想着"明天"的到来,那时:

---

① 毛泽东:《实践论》,《毛泽东选集》第 1 卷,第 286 页。

鲜花铺满了整个大地，

一切植物都改换了生长的国家，

和平的棕榈美化了北国，

冰冻的原野开遍了玫瑰花。[①]

青年恩格斯的这个美丽的幻想，是对"明天"的真实的预感，是从他对群众的革命脉搏的感觉中获得的。但是，青年恩格斯当然还没有深刻地理解革命的进程，也还没有具体地把握"明天"的面貌。只有到后来，到他和马克思一道建立起科学的共产主义理论的时候，关于到达"明天"，即关于实现共产主义社会的条件、进程及一般结果，才被他深刻地、具体地把握了，也就是科学地预见到了。

我们中国人民自古以来就是最富于求实精神而又最爱幻想的。中国历史上的许多先进人物和广大劳动人民，早已感觉到和预言了剥削制度的将被消灭与"大同之世"的将会实现。这种感觉和预言是人民群众的真实的愿望，它们以幻想的形式保存在民间传说与神话之中，也被写在诗人和哲学家的著作里面。但是，到底通过什么样的具体的道路，才能推翻罪恶的剥削制度和到达美好的"大同之世"呢？从孔夫子到康有为都不曾作出正确的答案，也就是说，两千多年来始终没有获得科学的理解和科学的预见。

只有在马克思列宁主义传到中国，在中国的土地上出现了共

---

① 叶·斯捷潘诺娃:《恩格斯传》，人民出版社 1955 年版，第 12、13 页。

产党之后,人们才开始真正理解了这回事情,找到了正确的答案,获得了关于社会发展的科学的预见。千百年来关于"大同之世"的梦想,从此被安放在科学的基础上,真正成了共产主义的理想。而且这个理想,通过在共产党领导下的中国人民的广阔而持久的战斗,正在逐步地化为现实。中国的面目已起了根本变化,新的现实不可避免地又要激发更为丰富的新的幻想,而新的幻想则又将通过群众的革命实践转化为更新的现实。如此循环往复,现实激发人们的幻想而幻想又推动现实的发展,历史的巨轮便愈来愈迅速地向前推进了。

祖国的建设是发展得这样地快,"一日千里"还不足以形容它的速度。在这种情况下,科学理论的研究探讨就显得更为重要了。感觉不能把握较长的历史进程与太快的发展速度。和科学的预见比较起来,即使是完全真实的预感,也是近视的。所以,为要善于幻想,我们青年人必须向科学进军。只有掌握了科学——首先是马克思列宁主义的科学,我们才能把自己的幻想提高到理想的水平,高瞻远瞩地用科学的预见来把握历史的进程,而不致因为现实的迅速发展而迷失方向。

为理想而奋斗

马克思主义者之所以重视理想(重复地说:所谓理想,就是指发展到了具有明确的科学预见性质的幻想),是因为,也仅仅是因为它们能指导实践,并通过实践来推动现实的发展。理想的东西作为实践的目标,吸引着、鼓舞着我们为它而奋斗,因而我们的行动便具有明确的方向，我们前进的步伐便可以大大加速起来。理想的可贵处，就在于此。

但是有一些同志，他们说自己也有幻想，也有理想，天花乱坠地吹一通，听起来倒也美妙得很；只是空谈一阵之后，他们便把理想束之高阁，而并不曾考虑如何付诸行动。这些人叫做空谈家。

又有一些同志，他们起初倒也打算为理想而奋斗，只是奋斗总是艰苦的，行动不可避免地要碰到一些困难，他们看了看前进道路上的荆棘，心里便害怕起来；他们感到自己无力把理想变为现实，于是心情动摇、意气颓丧。这些人叫做胆小鬼。

对于空谈家和胆小鬼，理想未被实践，便失去现实的意义，变成抽象的空洞的东西了。所以，不仅才子佳人、侠客剑仙之类是空中楼阁，在空谈家和胆小鬼那里，连最美妙的共产主义理想，也会变成空中楼阁的。

我们的真实的理想跟一切空中楼阁根本不同的地方，不仅在于它是客观规律所提供的要素，尤其在于它将通过革命的实践而转化为现实的东西。只有当我们认真地考虑如何把理想付诸行动的时候，理想才能展开它的丰富的内容，取得纲领、规划、计划、方案等形式。最近中共中央政治局提出的《1956 年到 1967 年全国农业发展纲要》（草案），描绘出我国农村的繁荣幸福的明天，也规定了实现农业社会主义改造和发展农业生产的具体计划。在这里，理想不是一个空洞的名词，而是已被完满周到地推想出来，成为一幅美丽生动的图景和一个动员群众的纲领了。

但纲领、计划等等也还并不是行动。只有当我们真正着手用行动来实现理想的时候，理想才能充分表现它的真实的威力。理想,以及具有现实意义的幻想,使得我们在行动时满怀信心,使得我们善于用革命的乐观主义精神来对待前进道路上的一切困难。有人以为工作中有困难,便是"事情不如理想"。这是一种错误的想法。正好相反,为理想而奋斗就是意味着克服困难,理想的力量正是表现在敢于面对困难和征服困难上面。考察一个人是否真有理想,是否善于幻想,不能只听他嘴里说得如何,而要看他如何实践,看他在实践中如何对待各种困难。马雅可夫斯基在一首歌颂库兹涅茨克钢铁基地建设者的诗里,生动地描写出理想和幻想的力量,其中有一段说:

　　　　在这个
　　　　　　　潮湿的
　　　　　　　　　地方
　　　　手足
　　　　　　抽筋!
　　　　工人们
　　　　　　坐在黑暗中
　　　　嚼着
　　　　　　濡湿了的
　　　　　　　　　面包,
　　　　可是耳语的力量,
　　　　　　　　　胜过了饥饿——
　　　　也压倒了
　　　　　　雨声:

"再过四年，
在这块地方将出现
花园般的城市！"

（署名冯契，收入潘文铮等著：《青年修养的几个问题：谈勇敢、荣誉、幻想、个性和才能》，上海人民出版社，1956 年）

谈 美

杨柳如烟,桃花盛开,春天已为大自然披上了美的服装。我们祖国的社会主义事业也正同这欣欣向荣的春天一样,它使得我们的生活一天比一天更幸福,一天比一天更美丽。

报刊上展开了关于改进服装的讨论。很多人以为:现在我们的服装,特别是妇女和儿童的服装,无论在色泽和式样上都太单调,这和我国丰富多彩的现实生活很不相称,更不用说跟春天的季节的不协调了。

通过服装问题的讨论,人们很自然地提出了更为重要、更为本质的问题,那就是关于美和审美教育的问题。因此,我便想到写篇小文章来谈谈美,这也无非是抛砖引玉的意思。

世界上存在着无数美的事物:含露的花朵,玫瑰色的朝霞,"大漠孤烟直,长河落日圆"的景色,背了书包、戴了红领巾去上学的儿童,步伐整齐的解放军的队伍,……为什么这一切都是美的呢? 它们的共同的本质是什么?

车尔尼雪夫斯基回答说:"美是生活。"又说:"任何东西,凡是我们在其中看见生活,一如我们所理解和希望,一如我们所喜欢的,那便是美。"车尔尼雪夫斯基的话无疑是正确的。但是问题在于:如何来理解生活?

人类的生活是社会生活,而"社会生活在本质上是实践的"
(马克思)。马克思主义者把实践理解为人们革命地改造世界的
活动,其中最基本的是劳动生产。其他一切活动,只有当它们直
接或间接地为劳动生产的发展服务的时候,才具有革命的实践的
意义。所以,车尔尼雪夫斯基所谓在美的事物中"看见生活",正
确的解释应该是:在其中"看见革命的实践",也就是直接或间接
地在其中"看见劳动"。

江南人把劳动叫做"生活",这是很有道理的。农民做"生
活":耕田、插秧、除草、收割,这就把他的劳动凝结在对象(土地、
水稻、谷子)上面,也就是把劳动"对象化"了。当然,从春耕到秋
收,是按照自然规律进行的。但是那按照自然规律进行生产的农
民,却在劳动对象和生产物上面投射了自己的形象。从作品可以
看见作者,从水稻可以看见农民。当人们在夏天看见一片绿油油
的水稻,长得茂盛而又整齐,或是在秋天看见田间一片金黄,在太
阳光下闪闪发亮的时候,便禁不住赞叹说:"多美啊!"这是对自然
的景色的赞美,同时也是对农民的劳动的歌颂,人们通过感性的
形象(田间的景色)看到了农民的"生活"了。

反之,如果人们看见田里的水稻长得乱七八糟,稀稀朗朗地
"同癫痫头婆娘的头发一样"(用农民自己的话来形容),那么,人
们便禁不住要摇头:"多难看啊!"显然,这田间的景色之所以变成
丑的,是因为这块田的主人"生活"做得不好。他可能是个懒惰的
人,也可能是个不善于按照自然规律来进行生产的人。他的"生
活"是不能叫做革命的实践的,或者干脆说,是不能叫做"生
活"的。

　　这只是一个浅显的例子而已。广义的劳动就是革命的实践,它不仅是指人们的生产活动,而且还包括先进阶级和劳动人民的阶级斗争、道德实践、科学研究、艺术创作等等。所谓美的事物,按其内在的本质来说,正是这一切具有革命实践意义的劳动的"对象化",而并非赤裸裸的自然物本身。一切自然界景物,如果不和人类的社会生活相关联,是无所谓美与不美的。

　　譬如说,清晨的彩霞、露珠、鸟的鸣声等等,它们似乎并不包含人类的任何劳动,为什么也是美的呢? 这是因为它们使人朝气蓬勃,觉得生活中充满喜悦,预感到一天的工作必定是很愉快的。可见这些自然的现象,对于社会生活的本质的东西,也就是新生的前进的东西来说,是具有比喻或象征的意义的。"迢迢牵牛星,皎皎河汉女",这夜晚的星光(诗人以为)象征了"纤纤擢素手,扎扎弄机杼"的少女的美的感情。而人的感情,固然也以自然为基础,却主要是从劳动中发展起来的。

　　人类在改造世界的过程中改变着自己。不能把人性看做一成不变的,正相反,人类的肉体和灵魂都是随着社会生产和社会斗争的发展而逐渐变得美好起来的。儿童的天真的笑容,青年的红润的脸色和热情,战士的强健的体魄和意志力量,中国劳动人民的勤劳而勇敢的性格……这一切,作为美的对象,都是劳动(祖先的劳动和今天人们自己的劳动)的产物。

　　可见一切美的事物——不论是自然物、生产品或人本身——都是"对象化"的劳动。美的对象的本质就是社会生活的真实的本质。从这个意义来说,"美"和"真"是同一的。但这却不是说"美"和"真"毫无区别。美感和科学认识不是一回事:科学认识通过概念和规律的形式来把握客观事物的本质,而美感则抓住那最足以反映生活的本质的感性形象。形象的生动性是美感的特点,也是一切美的事物的特点。

并不是一切形象都是美的,更不是一切的人们都善于把握美的形象而获得美感。审美能力并非自然的恩赐,它也是人们在社会实践的过程中培养起来的。马克思说过:"生产不仅为主体生产着对象,并且也为对象生产着主体。"又说:"艺术对象创造着有艺术情感和审美能力的群众。"一方面,人们把劳动"对象化",把自然美化,并且还创造出许多艺术作品来。而另一方面,美化的自然和艺术作品又反过来作用于主体,使得人们的审美能力越来越发展起来。只有多听美的声音和歌曲,才能训练出善于欣赏音乐的耳朵;只有多看美的景色和图画、雕塑,才能训练出善于把握形式美的眼睛。

这里便有了进行审美教育的基本原理。为了培养年轻一代的审美能力(这是共产主义教育的一个重要方面),教师们应该善于引导学生去接近大自然的美的景色和欣赏各种优秀的文学艺术作品。美化学校的环境,并且要求教师和学生们都把衣服穿得整洁而美观(倒不一定是花衣服),对于审美教育无疑也是有重大意义的。

同时,还必须严格批判资产阶级的审美观点。在阶级社会中,审美观点是有阶级性的。贵族妇女穿戴得珠光宝气,装出个多愁多病、弱不禁风的样子,以为这就合乎"美人"的标准了。其实,不过是把自己"丑化"罢了。对于那大腹便便的古董商人,王羲之的墨迹和王维的画,不过是"价值连城"的商品而已。在他的眼睛中,最"美"的是金钱。他没有任何艺术的感官,而只有一副唯利是图的心肠。一切社会衰朽阶级的审美观点,都是病态的、虚伪的。

只有社会先进阶级和劳动人民的审美观点才是健康的、真实的。这不是别的原因,而是因为先进阶级和劳动人民的活动(发展生产和对衰朽阶级进行斗争等)是革命的实践,所以便善于通过美的形象"看见"生活的本质。但是在旧社会里,劳动人民由于被剥夺了享受文化生活的权利,审美能力却未能得到充分的培养和发展。只有到今天,在掌握了政权和成为社会的主人之后,才有可能用美化环境和欣赏艺术作品的办法,来把自己培养成为具有高度的审美能力的人。

共产主义的新人正在成长。他是最美的人的形象,同时也是最善于审美的主体。

(署名冯契,原载《文汇报》1956 年 4 月 14 日第 3 版)

学习列宁的《青年团的任务》，并论"向科学进军"

在纪念列宁诞生 86 周年的时候，来温习一下他的有名的著作《青年团的任务》，这对于正在作"科学进军"的我国知识青年，是有极大好处的。

《青年团的任务》是列宁 1920 年在俄国共产主义青年团第三次全国代表大会上的演说。列宁在演说中指出："青年团以及所有一般想走向共产主义的青年，都应该学习共产主义。"[①]这也就是摆在中国青年面前的基本任务。

但是，应该怎样来理解"学习共产主义"呢？为了求得共产主义知识，我们应该学习什么和如何学习呢？

当然，我们首先应该学习马克思主义的著作。但这却不是说，我们只需要读一些马克思主义的书本和小册子就够了。如果以为只从书本里学得了几个共产主义的结论和几句共产主义的口号，就可以算作共产主义者了，这就未免太轻而易举了。

列宁指示我们：为了要成为共产主义者，第一，必须"用一番极认真、极艰苦而浩繁的功夫"，用"人类创造出来的全部知识宝

① 列宁：《青年团的任务》，《列宁选集》第 4 卷，第 282 页。

藏来丰富自己的头脑",使自己具有"独立养成共产主义观点的本领";第二,还必须"把自己学习、教育与训练中的每一步骤同无产者劳动者反对旧的剥削者社会所不断进行的斗争联系起来",使自己真正成为具有共产主义德性的人。——这两点,虽然并不能包括列宁的《青年团的任务》一书的全部丰富内容;而我想,这却是我们向科学进军时应该注意的首要问题。

列宁说:"共产主义是从人类知识总和中产生出来的,马克思主义就是这方面的典范。"①所以,为要成为马克思主义者,便必须领会马克思主义所由产生的全部丰富的知识。我们现在正在建设社会主义的文化。但是,社会主义文化是不能凭空产生的,它乃是人类世世代代所创造出来的全部文化的发展的必然结果。我们必须继承过去的遗产,然后才能把科学和文化向前推进。

但这决不是说我们应该同旧时代的学校教育那样"崇尚书本"和提倡"呆读死记的方式"。列宁说:"旧时资本主义社会所遗留给我们的最大祸害之一,就是书本与实践完全隔离。"②列宁不止一次地教导我们:必须坚决反对教条主义的学习态度和书呆子习气。

我们今天有着许多科学书籍,它们当然是很可宝贵的,因为它们是多少千年来人类进行生产活动和阶级斗争的经验的总结。但是,书籍之所以可贵,并不在于书籍本身,而是在于它的内容是科学。而真正的科学理论,便一定具有双重的作用:一方面,它逻辑地说明现实,正确地反映了客观现实的规律性;另一方面,它密

---

① 列宁:《青年团的任务》,《列宁选集》第 4 卷,第 284 页。
② 同上书,第 282 页。

切地结合实践，为实践照耀着前进的道路。这两方面的作用当然是分不开的：只有那逻辑地说明了现实的理论，由于它把握了现实发展的趋向，才能正确地指导实践；也只有那在实践的过程中受了检验，因而证明其具有现实性和力量的理论，才是真正说明了现实。

现代的科学大半已发展为具有严密的逻辑性的科学。所以，为要攻克科学堡垒，便必须像列宁所说的：经过自己的"深思熟虑"，力求"融会贯通"，来把握科学理论的逻辑性。当然，书本里的科学知识也往往掺杂一些论据不够充分或甚至完全错误的东西，这就又要求我们善于"用批判的态度来领会这些知识"，而不是把它们生吞活剥，良莠莫辨。

在我们接受文化遗产的时候，并不需要去重复前人的全部经验，这在事实上也是办不到的。但为了牢固地掌握科学知识，使它变为自己的血肉，那便必须像列宁所说的，要"根据自身经验"来领会这些知识即让科学理论和实践经验结合起来。在学习物理学、化学、生物学的时候，必须做实验和进行生产实习或野外实习；在学习社会科学的时候，必须进行参观访问和社会调查。不掌握丰富的实际的资料，是根本谈不上什么向科学进军的。

只有一方面力求在理论上融会贯通，另一方面又密切结合实践，我们的学习才是真正创造性的劳动，而独立研究的能力和"独立养成共产主义观点的本领"也就会逐渐发展起来。反之，如果用教条主义的方法学习，一不肯动脑筋，二不肯动手，那么即使把书本读得烂熟，能够倒背如流，也不过是把"一堆无用的垃圾充塞着"自己的脑子而已。

列宁自己给我们树立了最好的榜样。如果我们读一读他的著作《国家与革命》,再看看他为准备这一著作所做的那些笔记,就很容易明白,他是怎样地"用一番极认真、极艰苦而浩繁的功夫"的。列宁仔细地钻研了马克思和恩格斯的一切论国家问题的著作,深刻地分析批判了各种错误理论,特别是第二国际机会主义的理论,再依据自己的亲身经验,即俄国 1905 年革命和 1917 年二月革命的经验,丰富和发展了马克思主义的国家学说,写成《国家与革命》这一著作,为十月革命实现无产阶级专政奠定了理论的基础。

这只是一个例子而已。列宁的其他许多著作也都是理论和实践结合的典范。甚至他的任何一篇短小的论文,任何一个通俗小册子,都像马雅可夫斯基的诗句所描写的:

　　伊里奇的小册子放射着闪闪的电光。

为什么列宁的著作会有这样巨大的力量呢? 马雅可夫斯基已经给了回答:

　　列宁得到了群众的力量和思想,
　　他也跟阶级一同成长壮大。

只有那不仅用科学知识武装了自己的头脑,而且还用工人阶级的意识充实了自己的心脏的人,才是真正的共产主义者,才是列宁式的科学战线上的战士。

所以，在我们谈到"学习共产主义"或"向科学进军"的时候，决不可片面地理解为寻求知识，而忘掉了培养阶级意识的问题。我们掌握科学知识，并不是为科学而科学，而是要为祖国服务，要为工人阶级和劳动人民的事业而奋斗。

如果一个人满脑子名利观念，他只关心自己而不关心旁人，稍有一点成就便自高自大，眼睛里再也看不见群众；那么，他一定是个非常脆弱的人，决不会有足够的勇气和毅力来向科学进军的。即使他也能掌握一点科学技术知识，那也一定是暗淡无光、软弱无力，甚至会给革命事业带来危害的。

我们应该牢牢记住列宁的教诲："应当这样安排自己的全部学习任务：在每个乡村和城市里，青年每天都能实际完成共同劳动中的某种任务，那怕是最微小，最平常的任务。""每个青年都去参加星期六义务劳动，看到他们利用每个近郊菜园来帮助居民，那时人民就不会用从前的眼光来看待劳动了。"①如果片面地强调学习科学，竟至只想关在实验室和图书馆里，再也不肯参加一点社会工作，那便是一种可耻的行为了。

让自己的劳动和工人、农民打成一片，真正做到和群众共命运、同呼吸，不断地提高自己的阶级觉悟和道德品质，这是向科学进军的必要的前提。

（署名冯契，原载《文汇报》1956 年 4 月 25 日第 3 版）

---

① 列宁：《青年团的任务》，《列宁选集》第 4 卷，第 295—297 页。

"匹夫不可夺志也"

尊重人的意志，强调人的尊严——是人道主义的基本观点。

对付顽抗的敌人和反革命分子，我们决不可有丝毫的人道主义态度。所以鲁迅主张"打落水狗"，并且写了一篇小说《铸剑》，歌颂复仇精神。

但当敌人放下武器的时候，情况便不同了。在我们的解放军队伍里，实行保护俘虏的政策：关心他们的健康，照顾他们的自尊心，不搜他们的腰包。这就是一种高尚的人道主义精神的表现。

至于对待并肩作战的同志和革命群众，那就更应该发扬人道主义的精神了。通常说的阶级友爱或同志爱，也就是工人阶级的人道主义的同义词。没有爱，便没有革命的团结；而真正的爱，必须建立在人道主义的基础上。

孔子是个伟大的人道主义者。他说，"三军可夺帅也，匹夫不可夺志也"。对于每个"匹夫"，只有尊重他的意志，使他感到为人的尊严，你才能和他建立亲密的同志般的关系。

可惜今天有些干部同志，嘴里讲走群众路线，对于孔子的话却很少体会。他似乎也听取群众的意见，但因为他不尊重别人的意志，所以便听得不认真，尤其不喜欢听取反对他的意见。他不适当地强调"集中"，忘了集中应以"民主"为基础。他习惯于用行政方式进行工作,不甘进行耐心的说服教育。他以为:一旦权在手,只需一纸命令,便可以强夺匹夫的意志了。……

在大运动中(例如在肃反运动中),有时发生一点过火的斗争,伤了自己人的感情,甚至错误地搜了自己人的腰包,这也是难免的。但是有些领导干部,把"难免"二字作为免战牌,陶醉于"运动是健康的,成绩是主要的",于是把"亡羊补牢"的善后工作草草了之——这同样也是缺乏人道主义的表现。

革命的暴风雨时期已经过去了,现在我们的任务主要在于调动一切积极因素来推动社会生产迅速向前发展。如果说在进行紧张的对敌斗争时,对于自己人不够关心或错误地伤害了自己的同志,还可以取得别人的原谅,那么在今天,人们有权要求更多的关怀和更大的尊重了。对于那些缺乏人道主义精神的干部,也就要给他更多的责备了。

(署名石渠,原载《文汇报》1956 年 10 月 16 日第 3 版)

"为人谋而不忠乎？"

"社会大学"正在展开关于"在新社会如何为人——人与人如何相处"的问题的讨论：应该像"软绵绵的小鸡"（善与人同）呢，还是宁可做"周身是硬壳的乌龟"（大胆存异）？——我因此想起了《列子》书上的一个寓言。

寓言大意说：海边有个人很喜爱海鸥，他每天到海上跟海鸥一同游戏。海鸥成百只地飞到他身边来，而且越来越多。有一次，他父亲说："我听说有许多海鸥跟你一同游戏，你捉一只来给我玩玩吧！"他答应了。却不想第二天到海上，海鸥只在空中盘旋飞舞，再不肯落到他的身边来了。

照我想，这个寓言已经很好地回答了人与人如何相处的问题。如果你胸怀坦白，以热诚待人，那么自然会有很多人聚集到你身边来，乐于跟你做朋友。反之，如果你有一点"机心"，待人不够诚恳，那么，当你走到人堆里去的时候，人们便散开去了。

在忠诚坦白、互相信任的前提下，"与人同"或"与人异"的问题便容易解决。好朋友之间，有什么话不可以谈呢？意见相同，彼此心心相印，当然很好。意见分歧，那便争论一通，同《水浒传》里的好汉一般，"不打不成相识"，打了一架，便更增进了友谊。

反过来，如果你用不诚恳、不信任、不够朋友的态度来对待自己人,那么你"与人同"也罢,"与人异"也罢,都不会得到好结果的。即使你能做到喜怒不形于色,别人从你的语气、眼色也能窥到你的内心。你说"同",人家心里明白:这是敷衍;你说"异",那便更增加彼此的隔阂。

所以,我以为,关于"在新社会如何为人——人与人如何相处"的问题,我们很应该向曾子学习,每天反省一下:"为人谋而不忠乎?"

(署名石渠,原载《文汇报》1956年10月26日第3版)

谈 算 账

1953 年底在农村进行总路线的宣传教育的时候，各地农民都算了三笔账：第一，回忆对比一下，农民在解放后已得到了哪些政治上和经济上的利益，这些利益是哪里来的？第二，农民把粮食和其他农产品卖给国家，这对国家和农民自己有什么好处？第三，农民组织起来，成立互助组和合作社，这对国家和农民自己又有什么好处？——经过这样的算账，农民群众普遍地提高了觉悟，扩大了眼界；他们从切身经验出发，看到了长远利益和党的总路线的伟大意义。

最近一段时期，在某些知识分子的谈话和文章中，也常出现"算账"或类似"算账"的字眼。过去有些误会、牢骚等，原来埋在心底里，现在把它们摊出来，淋漓尽致地说个清楚，对党或行政的领导再无隔阂。这样的算账，当然也是十分必要的。俗话说："亲兄弟，明算账。"如果嘴里不讲明白，各自在肚里"暗算账"，那是要破坏手足之情的。

但是，兄弟或朋友之间算账毕竟是自己人的事，不能算得过于精细。如果一草、一叶、一毛头都要斤斤计较，那也要伤害彼此的感情。"水过清则无鱼，人过察则无友。"小心眼儿太多，就叫人难以跟你打交道了。

那"明足以察秋毫之末"的人,反而看不见"舆薪"。"小账"算得太多,有时便把"大账"忘掉了。

其实,照我想,我们知识分子很应该同农民一样来算算三笔大账:第一,回忆对比一下,知识分子在解放后已得到了哪些政治上和经济上的利益,这些利益是哪里来的? 第二,知识分子现在能把知识技能贡献给社会主义事业,这给国家和知识分子自己带来了什么好处? 第三,党的团结和改造知识分子的政策,以及最近提出的"百花齐放、百家争鸣"的方针,给国家和知识分子自己又带来了什么好处?

这样,不仅算"小账",而且也算"大账",我们胸怀坦白,眼界开阔,看到长远利益和党的领导的正确,便能够工作得更积极,生活得更愉快了。

(署名石渠,原载《文汇报》1956 年 11 月 9 日第 3 版)

不能"讳疾忌医"

邓初民先生听了毛主席在最高国务会议上的讲话后说:"譬如说,一个人一辈子不患病,那是很危险的,反之,常常有病的人倒不大危险。因为,常常有小病的人,就能经常注意,不要使小病变成大病,不要使偶然的感冒造成致命的危险,这在一个人的身体上说是如此,在思想上说也如此。如果一个人在思想上常常有点小个人主义、小官僚主义、小主观主义,就会由于自己的注意和别人的批评,不至于使小个人主义变成大个人主义,小官僚主义变成大官僚主义,小主观主义变成大主观主义。当然,这不是说,一个人在思想上有点小个人主义、小官僚主义、小主观主义就不要努力克服了。"(见《听了毛主席的讲话以后》,刊 3 月 12 日本报①)

这一段话真是说得亲切！对于我们这些在思想上都或多或少有点毛病的人来说,确是一个极大的鼓励——不是鼓励我们把毛病扩大起来,而是鼓励我们来注意和正视自己的毛病,勇敢地揭露自己的缺点,虚心地接受别人的批评,这样,小病不致变成大病,思想便越来越健康。所以,思想有病固然不好,但只要能及时

---

① 即《文汇报》。——编者注

发觉,努力克服,消极因素便转化为积极因素了。

关键在于能否及时发觉和努力克服。照理说,有病便感到痛,自己是不难发觉的。然而确也有一种"讳疾忌医"的人,生了病还硬说没有病,死不肯去请教医生,为的是怕要给他打针吃药;于是拖延日久,小病便发展成大病了。

譬如说,有的同志埋怨领导为什么不提拔他。"要我稳定在现在的岗位上,没有发展前途,我就只能起消极疲塌作用。"这说话的同志已经不安心工作了,他显然是有了一点心理上的病痛。但是,如果你问他一句:"是不是你脑子里有点个人主义呢?"他却立刻反驳说:"我不过有点'盼高向上'的念头罢了。一个人总是要求上进的,我也很想发挥我的积极性来给革命多做点工作,这怎么可以给我扣自私自利的个人主义的帽子呢?"——这就是"讳疾忌医"的一个例子。

孔子说:"过而不改,是谓过矣。"思想上有点小个人主义之类,如果经常注意克服,倒反可以避免犯大错误,但讳疾忌医,掩饰自己的缺点和过错,死不肯用批评和自我批评的方法来克服思想上的毛病,那才是真正的危险。

(署名鱼忘,原载《文汇报》1957 年 3 月 15 日第 3 版)

谈"火烛小心"

子羽同志在《整风和争鸣》一文(见3月19日本版)中说到他的一位朋友的议论:"在争鸣的时候我毫无顾虑地发表了好多反面的意见,到了整风的时候将不免要挨整一顿。今后还是火烛小心,少说为妙。"

在日常生活中,能够"火烛小心",免得发生意外事故,这无疑是好的。在争鸣的时候,能够采取比较审慎的态度,反复思考后才发表自己的意见,这也无疑是好的。但是如果为了怕"挨整"而小心过分,以致得到"少说为妙"的结论,甚而至于达到闭口无言的地步,那就是因噎废食了。

所以我很同意予羽同志的意见。——他已在他的文章里说明整风和争鸣的联系,并且奉劝他的那位朋友"大胆地争,大胆地鸣"。

如果那位朋友确实有"好多反面的意见",只因为采取了"火烛小心"的态度,便埋在心里不说,这显然是对人、对己都无好处的。也许,他的反面的意见是正确的,而那正面的意见是错误的,那么,他这个"火烛小心"就等于拒绝给别人帮助;也许,他的反面的意见是错误的,而那正面的意见是正确的,那么他这个"火烛小心"就又等于拒绝别人给他帮助。无论哪一种情形(或者两种情形兼而有之），都显得有点不好了。

　　不过有人之所以产生"火烛小心"的心理，教条主义者却也要负一部分责任。教条主义者摆起个老爷架子，用粗暴的态度批评别人，而不是采取与人为善的态度来帮助同志。这样，即使批评是正确的，也使得受批评者觉得是"挨整"；至于错误的批评，那就更令人反感了。

　　粗暴的批评和害怕批评，同样是争鸣过程中的障碍物，同样不是追求真理的表现。为了更好地争，更好地鸣，我们都必须来培养积极的"与人为善"的态度，逐步地克服教条主义和"火烛小心"的心理。

　　　　　　　　（署名鱼忘，原载《文汇报》1957 年 3 月 26 日第 3 版）

人好比船

马雅可夫斯基在他的长诗《列宁》中，把人们比做无数的船驶过海上，不可避免地会有各种各样的肮脏的贝壳，粘上船身的两侧。

可是后来，
　　　　当你冲破了
　　　　　　　狂怒的风暴，
你便可以停下——
　　　　　　为了驶向太阳的近旁，
你先洗掉
　　　一团团绿色的
　　　　　　海藻
和那深红色的水母的黏液。

这几行诗句，正好用来形容现阶段的中国人民。我们已经冲破狂怒的阶级斗争的风暴（虽然它并未终止，有时还相当激烈），为了驶向光芒万丈的社会主义社会，我们必须来洗清自己——在反右派斗争的同时，进行一次全民大整风。

稍稍认真地检查一下，便不能不使你大吃一惊。有什么办法呢？既然你的船是从旧社会航行过来的，既然你曾经同穿马褂的土财主、大腹便便的商人、流氓、奴才、小偷等等生活在一起，你被粘上了许多肮脏的贝壳、海藻和水母的黏液，原是不可避免的事。事实如此，便必须承认，必须加以正视，然后就着手做洗刷的工作。

可笑的是某些自封清高的知识分子，还不肯承认和正视这一事实，当然更谈不上洗刷的工作了。他们以为自己一直和书打交道，很少跟社会接触，所以他们的船身干干净净，就同刚下水时一样。

这自然是自欺欺人之谈。其实，和书打交道，也等于和人打交道，因为书都是人写出来的。也许，你精通《庄子》，喜欢他的"山木"之喻："今子有大树，患其无用。何不树之于无何有之乡，广莫之野，彷徨乎无为其侧，逍遥乎寝卧其下，……"这便无意中粘上了一片虚无主义的贝壳。也许，你朗读过《古诗十九首》对于"人生忽如寄，寿无金石固"、"所遇无故物，焉得不速老"等名句，特别击节称赏，这便又无意中粘上了一撮悲观主义的海藻。也许，你熟读李后主词，陶醉于"人生愁恨何能免，销魂独我情何限"、"胭脂泪，留人醉，几时重，自是人生长恨水长东"，这便又无意中粘上了一抹感伤主义的黏液。

我随手拈了《庄子》、古诗、李后主词作为例子，绝不是说这些书不可读、不该读。这些书里面也包含着有价值的东西，我们可以批判地加以接受。但是，为了接受，便必须批判；为了吸取其精华，便必须遗弃其糟粕。

　　当你自己满身被粘上糟粕的时候,又怎能对书进行批判呢?水就湿,火就燥,物各从其类。为了善于和书打交道,能够批判地吸取其中有价值的东西,也必须把自己洗洗干净。

　　当然,洗清自己,不仅是为了善于读书而已。它有着更重大的意义,那就是:

　　　　为了向革命的大海
　　　　　　　　驶得更远。

　　　　　　　　(署名稷与,原载《文汇报》1957 年 9 月 29 日第 3 版)

龙蛇与蝬蚁

慎子说:"飞龙乘云,腾蛇游雾。云罢雾霁,而龙蛇与蝬(即蚯蚓)蚁(即蚂蚁)同矣,则失其所乘也。贤人而诎(屈)于不肖者,则权轻位卑也。不肖而能服于贤者,则权重位尊也。尧为匹夫不能治三人,而桀为天子能乱天下。吾以此知势位之足恃,而贤智之不足慕也。……"

在战国时代,儒家和墨家都主张"尚贤",慎子作为法家的代表人物之一,提出"重势"的理论来反对他们。他所谓"势",就是政治权力。在阶级社会中,政治权力具有决定性的作用,这本是客观事实,不过慎子敢于明白指出,而许多人却不肯承认罢了。历史上一切剥削阶级,在没有上台之前,一定要靠枪杆子来夺取政权。而在上台之后,又一定要想尽办法来巩固和加强政权,决不肯自动走下台来。他们都是不乐意扮演"云罢雾霁,而龙蛇与蝬蚁同矣"的悲剧的。

马克思主义者从剥削阶级那里学到了这个"龙蛇托于云雾之势"的道理,便也公然宣称:"革命的基本问题是政权问题。"无产阶级为了解放自己和解放全人类,必须利用各种斗争形式来夺取政权,实现无产阶级专政;而在取得政权之后,又必须不遗余力地来巩固和加强无产阶级专政,直至阶级完全消灭、帝国主义完全死亡为止。——到那时,政治权力便将自行消亡了。

　　但慎子过分强调政治权力,他的"无用贤圣"的结论是太走极端了。按照马克思主义的观点看来,先进阶级好比龙蛇,一旦"托于云雾之势",便能充分发挥飞腾的才能;没落阶级好比螾蚁,终将"失其所乘",被历史所淘汰。今天在中国,无产阶级和劳动人民已经掌握政权,就能充分发展他们的革命精力和智慧,产生出许多杰出人物来,而那些地主资产阶级的"贤者",如果不转变立场,是一定要变成蚯蚓和蚂蚁的。

　　　　　　　(署名稷与,原载《文汇报》1957年10月6日第3版)

鱼和熊掌

有一天,有几位青年学生来看我,谈起政治和业务的关系问题,说:"业务应该服从政治,这道理我们也懂得。为了参加当前的政治战线上和思想战线上的社会主义革命,有时候要把书本放下来,是应该的。但是心里总觉得少读了书是一种牺牲,难免有些不愉快。"

我说:"你们把读书看作自己的事,把政治看作大家的事,是这样吗?"

他们承认这一点,但说:"那是因为我们对专业很热爱,很有兴趣。"

我接着说:"对专业热爱和有兴趣,自然是好的;只有这样,才能对业务进行刻苦钻研。但同时必须解决集体利益和个人利益的关系问题。为了集体利益,为了当前的伟大的革命斗争,我们有时必须牺牲一点个人的爱好和兴趣。应该想想过去的革命烈士,像方志敏、王孝和、黄继光……他们为了革命事业,不惜牺牲自己的生命。我们今天少读了一点书,作了一点微不足道的牺牲,又算得了什么呢?"

这回答,使他们都点头了。但是点头之后,有个学生又提出问题。"照我想,"他说,"牺牲不论大小,总是痛苦的。一个人有牺牲之感,便并非心甘情愿。这样说来,为了服从'统一意志',我们有时候便不能有'个人心情舒畅'了?"

这问题使我怔了一下。我想:我们不是要造成一个"又有统一意志,又有个人心情舒畅,生动活泼的政治局面"吗?那为革命事业而不惜牺牲自己的生命的共产主义战士,难道没有个人心情舒畅吗?马克思主义者并非苦行者,党并不要求人们愁眉苦脸地来担负革命任务。

我想起了孟子的一段有名的话:"鱼,我所欲也;熊掌,亦我所欲也。二者不可得兼,舍鱼而取熊掌者也。生,亦我所欲也;义,亦我所欲也。二者不可得兼,舍生而取义者也。"——"你们看",我对学生们说,"孟子早已把我们的问题解决了。他说的'我所欲也',就是我们说的'个人利益';而他说的'义',在我们说来便是共产主义道德。鱼和熊掌都是我所喜爱的,吃不到鱼固然不愉快,但是比较起来,熊掌能给我更大的满足。牺牲生命自然是痛苦的,但若一个人有高度的阶级觉悟,把共产主义道德看作个人的最大利益,那么,在他必须'舍生取义'的时候,也会因为得到道德上的满足而感到心情舒畅。这就是为什么许多革命烈士在就义时能够那么从容不迫、慷慨高歌的道理。可见在真正的共产主义战士身上,集体利益和个人利益、统一意志和个人心情舒畅在基本上总是统一的。"

"回到我们的问题,如果我们真正懂得业务应该服从政治的道理,那么便会把对专业的兴趣看作'鱼',而把自己在整风运动中获得的政治上的进步和道德上的提高看作'熊掌'。有时候,二者不可得兼,舍'鱼'而取'熊掌',我们也决不会感到不愉快的。

……"

　　以上,是我同几个青年学生的对话。我之所以把它整理出来发表,是因为考虑到,也许它还能够帮助某些读者,增加一点"个人心情舒畅"。

　　　　（署名稷与,原载《文汇报》1957 年 11 月 17 日第 5 版）

论个人利益和集体利益的一致
——答左兵同志

　　左兵同志对我的一篇杂谈《鱼和熊掌》提出了批评（见11月27日本版《政治与业务是二者不可得兼吗？》一文），我衷心表示感谢。他的基本论点：从个人主义立场出发，总是要把政治和业务对立起来；而从集体主义立场出发，政治和业务从根本上说来是统一的——这我是完全同意的。

　　不仅我完全同意，而且在《鱼和熊掌》中跟我对话的几位青年学生也是同意的。一方面，他们说："业务应该服从政治，这道理我们也懂得"；另一方面，当他们说"心里总觉得少读了书是一种牺牲，难免有些不愉快"时，我提出了批评："你们把读书看作自己的事，把政治看作大家的事"，他们也"承认这一点"——即承认这一批评是正当的。显然，我的谈话对象（青年学生）也力图从集体主义立场出发来解决政治和业务的关系问题。

　　但是左兵同志批评我说："在文章中肯定了'业务是自己的，政治是大家的'的错误观点，而解决的方法呢？则以'鱼和熊掌'的比喻，得出政治与业务'二者不可得兼'的错误结论。"我完全相信左兵同志的批评是出于善意的。不过，为要批评对方，便应该仔细地读读对方的文章，看他是针对什么实际问题而发的，他的中心思想和主要论点是什么；如果粗枝大叶、不求甚解，提起笔来便进行批评，便免不了成为无的放矢。

什么是《鱼和熊掌》一文的主题？大家知道，马克思主义伦理学有一个基本原理：在个人利益服从集体利益的前提下，个人利益和集体利益在基本上是一致的。但是，困难的问题在于，在实际上，却有这样一种情况：当我们某些同志力图从集体主义立场出发，使个人利益服从集体利益的时候，感到心情并不舒畅，也就是感到个人利益和集体利益并不一致。难道上述共产主义道德原理对他们不适用吗？这些同志无疑地都是好同志，然而正如我在文章中说的："马克思主义者并非苦行者，党并不要求人们愁眉苦脸地来担负革命任务。"如何才能使他们不愁眉苦脸，而感到心情舒畅？要从思想上解决这一问题，我以为，首先应该指出：这些同志还有着个人主义的根子没有拔除，例如"把读书看作自己的事，把政治看作大家的事"之类；但是单是批判还不够，必须进一步用正面教育的方法，从伦理学来说明个人利益和集体利益的统一。《鱼和熊掌》一文指出：应该在个人利益（即"我所欲也"）之中分别主要的和次要的（这种分别是客观存在的）。如果"一个人有高度的阶级觉悟，把共产主义道德看作个人的最大利益，那么，在他必须'舍生取义'的时候，也会因为得到道德上的满足而感到心情舒畅。……可见在真正的共产主义战士身上，集体利益和个人利益、统一意志和个人心情舒畅在基本上总是统一的"。——正是这一论点，可以表明马克思主义的伦理学不同于快乐主义，也不同于理性主义，而把两者都克服了。也正是这一论点，我以为"也许它还能够帮助某些读者，增加一点'个人心情舒畅'"。

　　对于上述基本论点,左兵同志不求甚解,只字不提,却断言:《鱼和熊掌》一文"大意是说:业务是自己的,是个人利益,政治是大家的,是集体利益。……"这真的是我的文章的"大意"吗?只须看看下面这段文字就够了:"孟子早已把我们的问题解决了。他说的'我所欲也',就是我们说的'个人利益'……如果我们真正懂得业务应该服从政治的道理,那么便会把对专业的兴趣看作'鱼',而把自己在整风运动中获得的政治上的进步和道德上的提高看作'熊掌'。有时候,二者不可得兼,舍'鱼'而取'熊掌',我们也决不会感到不愉快的。……"在这里,我说的是要把自己在政治上的进步和道德上的提高看作主要的个人利益。业务是大家的,也是自己的(自己对专业的兴趣),政治是大家的,也是自己的(自己在政治上的进步)。而业务服从于政治,二者之间有主次之分。

　　业务和政治互相联结而又有差别,二者之间存在着矛盾。既有矛盾,便难免有时候要发生"二者不可得兼"的状况。这一点,左兵同志也是承认的。他说:"例如,我们为了参加当前的整风、反右派的政治思想运动,当然是会相对的减少了钻研业务的时间,为了认真的改造我们的思想,学习马列主义或参加劳动锻炼,这当然也要占去一定的时间。这是一种矛盾……"为要解决这种矛盾,他提出采取适当措施使政治和业务两不误,并且指出,从长远利益考虑,政治上的提高将会大大地推动我们去努力提高业务水平。这些我都完全同意。但是,他却断言我得出了"政治与业务'二者不可得兼'的错误结论"。既曰"结论",那便具有一般性、经常性。且看我的原文:"为了参加当前的政治战线上和思想战线上的社会主义革命,有时候要把书本放下来,是应该的。""有时候,二者不可得兼,舍'鱼'而取'熊掌',我们也决不会感到不愉快的。"有时候者,并非经常也。左兵同志似乎完全没有看到"有时候"三字!

由于左兵同志粗枝大叶,我便不得不花点笔墨来咬文嚼字。又由于他不求甚解,所以我又只好把《鱼和熊掌》一文的主题重述一遍。但我重复地说,我相信他的批评是出于善意的。而且,《鱼和熊掌》一文过于短小,语焉不详,由于他的批评,使我又得到一个机会把上述伦理学问题提出来,求正于对此有兴趣的读者和哲学工作者,这是我衷心表示感谢的。

(署名商翼,原载《文汇报》1957 年 12 月 14 日第 3 版)

"难免"论
——驳尉迟葵《说"难免"》并对《"匹夫不可夺志也"》一文作自我检讨

一

在去年 10 月中至 11 月初,本刊曾展开关于"在新社会如何为人——人与人如何相处"的问题的讨论,我连续写了三篇杂谈:第一篇《"匹夫不可夺志也"》(10 月 16 日),谈领导应尊重群众;第二篇《"为人谋而不忠乎?"》(10 月 26 日),谈自己人之间应有互相信任的气氛;第三篇《谈算账》(11 月 9 日),谈群众(主要是指知识分子)应该信任党的领导的正确,不要斤斤计较地只算"小账"。在构思时,自以为从这样三方面,就可以把问题说全面了。然而事实却证明,《"匹夫不可夺志也"》一文是具有严重的片面性错误的。

在这篇小文章中,我说应该用"打落水狗"的态度来对付顽抗的敌人和反革命分子,但是对待革命群众,就应该发扬人道主义的精神。其中有一段话说:"在大运动中(例如在肃反运动中),有时发生一点过火的斗争,伤了自己人的感情,甚至错误地搜了自己人的腰包，这也是难免的。但是有些领导干部，把'难免'二字作为免战牌，陶醉于'运动是健康的，成绩是主要的'，于是把'亡羊补牢'的善后工作草草了之——这同样也是缺乏人道主义的表现。"

这一段话，被一位叫尉迟葵的看中了。他在《人民日报》(去年10月29日)发表了一篇《说"难免"》，引用了我这段话之后，称赞了一句："这段话说得很好。"接着又下了一个转语："不过，"他说，"我觉得还可以补充一点意见。说是'难免'的事，未必都是真正难免的事。至于把'难免'二字作为免战牌挂起来的地方，我看那下面简直就不是什么难免的事。"于是他便恶毒地诬蔑我们的肃反运动的领导干部，说他们"早就预期着'难免'，结果当然就有人'不免'。他们其实是粗枝大叶，浮光掠影，安闲得很，又有什么'难'在那里！所以他们说起'难免'时也就那么飘飘然"。照这位尉迟葵的意见，不仅"难免"二字"不是一概推诿得的"，而且"定任何罪之先都要力求其无罪"，也就是说，对于一切肃反对象都应该要"无罪推定"。这种荒谬的右派言论，岂止鲁迅所斥的"费厄泼赖"而已，完完全全是在为反革命分子张目了。

《说"难免"》一文已有柳小如同志作了批评(见《也说难免》载于去年12月30日《人民日报》)，本来不用我再多说。我自己认为：在大运动中，某些偏差确实是难免的——这一主张，并不因为尉迟葵"赠送"了一篇欧阳修的《泷冈阡表》(他在《说"难免"》一文中如此说)，我便有所改变。人犯错误，就是主观与客观不符合，这不仅有主观的原因，也有客观的理由。以肃反运动为例：一方面，反革命分子很狡猾，利用各色各样的外衣(假象)来隐蔽自己和欺骗我们;另一方面,我们的干部和群众并不是一开始都有充分的肃反经验的,而要划清思想问题、政治历史问题和反革命问题之间的界限,也颇不容易。因此,领导干部虽力求主观指导与客观情况相符合,也难以保证不出一丝一毫的偏差。或则让个别反革命分子漏了网,或则伤害了一些自己人的感情——这类个别性的错误,确实是难免的。谁若以为天下没有什么难免的事,要求急风暴雨式的阶级斗争同绣花一样不挑错一针一线,那便是叫人不要进行社会主义革命。这当然是一种右派论调。

二

但是,对我来说,严重的问题在于:为什么我这段话竟可以被利用、被"补充",经过尉迟葵之手,一变而为右派言论呢? 这一年来,特别在整风运动中,常常痛苦地考虑这个问题。我想,那总是因为这段话里面有空子可钻,也就是在我身上存在着某种不健康的东西。

有一点极为显然,我说的"把'难免'二字作为免战牌"云云,客观上对领导干部(因而也对肃反运动)起了泼冷水的作用。党的方针非常明确:"有反必肃,有错必纠。"通过反右派斗争,更证明了这一方针的正确性。当然,如果某一单位在肃反运动中发生了伤了自己人的感情的现象,善后工作自不应草草了之。但是,如上所说,肃反运动中的某些偏差,即使主观指导力求正确,也不可能完全避免。在这种情况下,领导干部在承认和纠正错误的同时,完全可以而且应该说明:运动是健康的,成绩是主要的,个别性错误为什么是难免的。不说明,便不是实事求是的态度。而从受了伤害的好人一方面来说,如果一听说"错误难免",便立刻生起气来,认为领导干部的承认和纠正错误并非出于真心,不该光用"运动是健康的,成绩是主要的"这一正确论断来自我陶醉;那其实是感情用事,没有顾全大局。自然,创痛的平复需要时间,这是可以谅解的。但是感情用事往往使人忘了大是大非的界限,就当事人说,本也应该努力用理智来克制自己的感情,不要斤斤计较地只算"小账"(事实上,许多好人正是这样做了的);而我是一个作者,下笔便应该顾全大局,却相反地用打抱不平的态度,也跟着说气话,泼冷水,那便是丧失一个革命者应有的立场了。我那一段话,在客观上有利于敌人而不利于自己。我对社会主义革命泼了一瓢冷水,便等于助了资产阶级右派一臂之力。

这个严重的政治性的错误,从思想根源来说,则是由于我脑子里有着浓厚的资产阶级思想,因而对于社会主义的人道主义缺乏正确理解。我用孔子的话"匹夫不可夺志也"作为文章的标题,以为对于自己人,对于每个"匹夫",只有尊重他的意志,使他感到为人的尊严,你才能和他建立亲密的同志般的关系——我认为,这是党的群众路线的实质,也就是人道主义的基本要求。这一论点,粗粗一看,好像是正确的。而其实,我是离开了阶级观点,抽象地谈论"意志"和"人的尊严"。我当时完全忘记了:在人民内部,"匹夫"有着阶级立场的差别,资产阶级及其知识分子,在他们进行思想改造之前,怀抱的是资产阶级的意志,要求的是个人主义的尊严。从工人阶级的观点看来,这有什么好尊重的呢?妨碍人们之间建立亲密的同志般的关系的,岂不正是资产阶级个人主义吗？当然，对于服从党的领导和接受社会主义改造的资产阶级分子和资产阶级知识分子，我们也要尊重他们(尊重他们接受改造，也尊重知识分子贡献给社会主义事业的劳动)，把他们当自己人看待。不是用暴力或命令主义来强夺他们的意志，而是用民主的方法、用批评与自我批评的方法，使他们能够越来越自觉地进行自我改造，逐步地克服资产阶级的意志，转变到工人阶级的立场。所以，"强夺"是不对的，官僚主义应该反对；但是若以"匹夫不可夺志也"作为借口，抗拒思想改造，坚持个人主义，那尤其应该反对。肃反运动以后，个别在运动中受了伤害的好人发些牢骚、说些气话，固然是由于创痛的平复需要时间，但是他这种痛苦，却也往往掺杂个人主义的成分。正是这种个人主义的成分，使得他不能平心静气地考虑：为什么过火的斗争竟落到自己头上？——这不仅有客观的原因，也往往能在他自己身上找到根据，如有严重的落后思想或有历史问题未作交代之类。而如果创痛长期不能平复，领导者诚恳地赔礼道歉，也终不能取得他的谅解，那么，这便应主要地归咎于他自己的资产阶级思想了。在这种情况下，我空谈人道主义，抽象地强调人的尊严，实质上就是在鼓励资产阶级的意志，同思想战线上的社会主义革命对抗。这就无怪那一段话为尉迟葵赏赏，并被"补充"、引申，一变而为右派言论了。

由此可见，我的错误不仅是严重的，而且也是并非偶然的。

(署名石渠，原载《文汇报》1957 年 12 月 25 日第 3 版)

古 与 今

仅仅从时间顺序考察古和今，把前天、昨天和今天看作先后相继的阶段，那是不够的。古和今，过去和现在，历史和现实，互相排斥而又互相渗透，有着内在的辩证的联系。历史是以现实为前提，现实是历史的产物。今天作为昨天的否定因素，是在昨天的母胎中孕育出来的。孩子的血管中有着母亲的血液，过去的历史渗透到当前的现实之中。

我们的立足点是今天。今天的诞生，就是昨天的否定。但所谓否定，并非简简单单地说个"不"字。辩证法的否定包含着三层意思：第一是批判，第二是继承，第三是提高。传统是一种势力，它有积极一面，也有消极一面。悠久的历史可以成为压在现实身上的重担，成为产生保守主义的根源。只有经过科学的批判，经过新和旧的斗争，今天对昨天、前天的斗争，才能把传统力量的保守方面加以克服。而所说的克服，却并不是把历史当作一只破草鞋，丢在路旁不管了。传统中的积极因素，不是被抛弃，而是被继承下来了，成了今天的养料。这样，既批判又继承，现实便由于自己运动而提高了一步，也就是说，推陈出新，达到了比昨天更高的新的阶段。

马克思主义者从来就主张批判地继承历史遗产，取其精华而弃其糟粕,我们一方面反对颂古非今的复古主义,另一方面也反对粗暴地对待历史遗产的态度。孔子"述而不作,信而好古",颇有颂古非今的倾向,老子主张"绝圣弃智",对夏、商、周三代的传统采取一笔抹煞的态度,却叫人回到更古的小国寡民的社会去。墨子才是比较正确的,他说:"吾以为古之善者则述之,今之善者则作之,欲善之益多也。"(《墨子·耕柱》)"述"和"作"不可偏废,但应以哪一个为主呢? 墨子也未能说明。

我们党提出了厚今薄古的方针。这个方针不但同颂古非今的复古主义相对立,而且包含着这样的意思:"作"为主,"述"为次。研究和解决当前的现实问题,是我们的首要任务。当然,"述"也是必要的。但"述古"是为了"创新",批判地继承历史遗产,是为了发展我们的社会主义事业。同时,为要汲取其精华而弃其糟粕,便必须掌握鉴别精华与糟粕的标准;而为要掌握这个标准,便必须站在无产阶级的立场和运用马克思主义的观点。所以,不"厚今",便也不能做到"古之善者则述之"。马克思说过:"人体解剖对于猴体解剖是一把钥匙。反过来说,在低等动物身上所表露的高等动物的征兆,反而只有在高等动物本身已被认识之后才能理解。"①猿猴作为从高等动物发展到人类的一个必经的阶段,它所具有的那些特征,它的机体组织和器官,在生物进化过程中到底具有什么样的意义呢? 这只有当我们解剖了人体之后,才能作出正确的估价。同样的道理,历史上的各个社会经济形态(从原始公社到资本主义社会),它们所具有的种种特征,它们的

———————

① 马克思:《政治经济学批判·导言》,《马克思恩格斯选集》第 2 卷,第 23 页。

经济结构和思想体系,在人类社会发展过程中到底具有什么样的意义呢？这只有当我们深入地研究了社会主义和共产主义之后,才能作出正确的估价,拿哲学来说,我们真正掌握了辩证唯物主义和历史唯物主义,回过头来研究古代的哲学、中世纪的哲学和资产阶级的哲学,便能正确地评价:其中哪一些是唯物主义的因素,哪一些是辩证法的因素,而哪一些又是必须抛弃的糟粕。站在高处,便能把低处看得清清楚楚。

当然,转过来说,猴体解剖也有助于人体解剖,对低等动物的研究,也有助于我们对高等动物的认识。我们主张厚今薄古,同时也主张古为今用。现在有个很流行的口号:"以武松打虎的劲头、唐僧取经的决心、愚公移山的精神来争取生产大跃进。"可见武松、唐僧、愚公等等古人,也能为今天的社会主义建设服务。"古之善者则述之",把传统哲学中的唯物主义因素和辩证法因素发掘出来,便能促进马克思主义哲学的发展;向具有深刻的人民性和高度艺术价值的古典作品学习,便能给社会主义的艺术带来新的养料。不仅如此,即使是历史中的糟粕,经过科学的批判之后再加以抛弃,也能给我们反面的教育,使我们增强抗毒的能力。我们马克思主义者有一副结实的牙齿、一个灵敏的舌头和一个强健的胃,能够正确地辨别、分析和溶化历史遗产中的各种成分,利用它们来增强我们自己的体质。为了社会主义的利益来批判地继承历史遗产,这在客观上是必要的,在主观上也是我们完全办得到的。我们有充分的自信,当然,也得做许多细致的工作。

(署名稷与,原载《文汇报》1959 年 4 月 17 日第 3 版)

什么是"最紧要的课题"?

——评《美学,研究人的形象吧!》

读了朱彤先生的《美学,研究人的形象吧!》一文(见 10 月 24 日《文汇报》),我也发生了一些疑问。其中最使我疑惑不解的一段是:

"内心形象确实相对独立地存在着,它和人的外形在一起,构成整体的人的形象,但它本身自有本质和表现本质的内在形式。从相对独立的角度看,在一切形象中,它是最复杂、最丰富、最精微、最难把握而又最富于美学意义的,是古往今来一切艺术家穷年累月力图探求的东西,因而也是研究人的形象最紧要的课题。"

后来读到了匡直先生和朱彤先生之间的《学术通信》(见 12 月 10 日《文汇报》),看见匡直先生也觉得这一段话不好理解。他说:"艺术、文艺是社会意识形态之一。它们来源于客观的人民生活。凡是从事于艺术、文艺的,应该去探索人民生活,然而(朱彤)先生却以为……艺术家所要力图探索的、所要研究的最紧要的课题,是'内心形象',而不是人民生活。这该怎样理解?"

对这一问题,朱彤先生在复信中未作正面答复。不过他说:"'客观实在'即客观世界,乃是第一性的,'意识'属于第二性,只能反映社会现实。这当然是对的。"并且,他在论文中也对欧洲资产阶级美学家提出过批评,认为他们的看法,"都不是从阶级观点出发的,脱离客观现实的影响,孤立地进行'精神分析',是唯心的观点"。从这里,朱彤先生似乎也应该得出这样的结论:艺术家所要探索的最紧要的课题,是客观的社会生活。所谓"内心形象"(我们姑且跟着朱彤先生使用这一意义颇为含糊的名词)的"秘密",只有从客观现实的根源来解释。

但是,朱彤先生认为,决不可以将人"包孕在生活形象里"。他所谓"整体的人的形象",是由体态外形和"内心形象"两方面构成的;而这两者之中,"内心形象"则是主要方面,它是"研究人的形象最紧要的课题"。这些论点,能同上述唯物主义的根本观点相一致吗?

毛泽东同志说过:"中国的革命的文学家艺术家,有出息的文学家艺术家,必须到群众中去,必须长期地无条件地全心全意地到工农兵群众中去,到火热的斗争中去,到唯一的最广大最丰富的源泉中去,观察、体验、研究、分析一切人,一切阶级,一切群众,一切生动的生活形式和斗争形式,一切文学和艺术的原始材料,然后才有可能进入创作过程。"[1]可见,按照马克思主义的理解,"研究人的形象吧!"的呼吁,应该是呼吁文学家艺术家到群众的斗争中去,去观察和研究一切阶级的人们的"一切生动的生活形式和斗争形式",把它们集中起来,创造出各种各样的典型人物,帮助群众推动历史前进。这才真正是"研究人的形象最紧要的课题"。

---

[1] 毛泽东:《在延安文艺座谈会上的讲话》,《毛泽东选集》第 3 卷,第 860—861 页。

　　当然,人的体态外形是要研究的,人的心理活动也是要研究的。只不过我们认为,体态外形和心理活动,都不能离开人们的生活形式和斗争形式来考察。资产阶级实验美学家讲形体美,主观唯心主义者讲"精神分析",他们也考察人的形象,只是恰恰没有考察人的形象的最主要方面,即生动的生活形式与斗争形式。他们叫艺术家脱离社会实践来描写人体,描写心理。而所谓描写,则又不过是用罗列现象的方法,来把社会生活的本质和阶级斗争的规律掩盖起来罢了。用这种美学理论作指导,当然不可避免地要把艺术引导到死胡同里去。

　　而真正的艺术家又如何研究人的形象呢? 从作品可以看出作者进行探索的途径。任伯年的《玩鸟人》①,画的是一个剥削者的生活形象。玩鸟人一手举鸟笼,一手执羽毛扇;宽大的长袍,便便大腹隐约可见;多肉的面部,表情俗不可耐;眉眼露出洋洋得意的神态,嘴角微翘,啧啧地逗鸟之声仿佛可闻;……所有这些动作、衣饰、体态、表情,都是作为一个具体的生活形式(玩鸟)的组成部分来描绘的。这幅画相当成功,因为它通过一个日常生活事件,揭露出了清朝末年的城市剥削阶级的寄生的本质,所以称得上是一个典型形象。而任伯年之所以能做到这一点,那是由于他当时在上海苏州等地,经常接触到这些人,对他们的生活形式有深入的观察和研究。

　　至于革命的艺术家,那就更要自觉地根据实际生活和阶级斗争的现实来塑造人物了。《阿Q正传》是大家都熟悉的。从"优胜

────────

① 这幅画在 1961 年 12 月 10 日《文汇报》上有介绍。

记略"到"革命",以至最后"大团圆",正是通过一系列的生活形式
和斗争形式,来展开阿Q这一典型性格的。当然,鲁迅也描写了
阿Q的形体,例如他头皮上的癞疮疤,但那是同未庄的闲人们好
拿他开玩笑这一生活事件连结在一起的。鲁迅也多次地描写了
阿Q的心理活动,例如在绑赴法场的路上,"他的思想仿佛旋风似
的在脑里一回旋:《小孤孀上坟》欠堂皇,《龙虎斗》里的'悔不
该……'也太乏,还是'手执钢鞭将你打'罢"等等,但这些心理活
动,同紧接着的"过了二十年又是一个……"的呼喊结合在一起,
正是作为阿Q式的斗争形式来描写的。

　　不错,鲁迅的《狂人日记》,几乎全篇都是心理描写,充满着朱
彤先生所谓"视象和潜语"。但鲁迅从来不是为描写心理而描写
心理,他的《狂人日记》,正如他自己说的:"意在暴露家族制度和
礼教的弊害"①,这就是说,是在揭露当时中国社会生活的本质。
所以,问题并不在艺术作品的心理描写占多大比重,而是在于:
一、是脱离社会实践来描写心理呢,还是把心理活动看作客观现
实的反映和表现? 二、是停留在心理现象的罗列呢,还是作了取
舍、分析,揭露出了人物的阶级本质?

　　朱彤先生的"内心形象"论,对于第一个问题的回答,上文已
说,可能是同唯物主义的前提不一致的。而对于第二个问题的回
答,我觉得,也有值得商榷之处。朱彤先生认为,资产阶级美学家
所谓"精神分析","剔去糟粕,也有可借鉴处。他们都承认,人的
内心并非赤裸裸地只有本质,还有体现本质的内在形式"。"这形

---

① 鲁迅:《〈中国新文学大系〉小说二集序》,《鲁迅全集》第6卷,人民文学出版社2005年
　　版,第247页。

式,就是指意识活动(思想感情活动)的个性化的状貌",它是"佛语所谓'心水'、'心波'","仅仅在一天之内,又何止变化千百次!"……总之,所谓"内心形象",就是人人不同的意识现象之流。这里有一个个别与一般、现象与本质的关系问题。借口个别来抹煞一般,利用现象来吞没本质,并进而把意识现象和客观存在等同起来,是现代资产阶级经验主义(=主观唯心主义)惯用的手法,也广泛存在于资产阶级美学著作之中。这种糟粕,朱彤先生在"借鉴"之际,是否剔除干净了呢?

朱彤先生强调了个别,并且引用了列宁的话:"一般只能在个别中存在。"但是他忽略了列宁的另外的话:"任何一般只是大致地包括一切个别事物。任何个别都不能完全地包括在一般之中,如此等等。"①列宁说得很明白,个别和一般是统一的,又是相矛盾的。现象和本质的关系也是这样。朱彤先生只说"内在形式紧紧包孕着阶级本质",而没有说其间存在着矛盾。似乎,现象都是和本质直接符合的! 他也没有说到,科学和艺术的认识的任务,是在于从现象进入本质,又转过来用关于本质的认识来解决现象问题,把现象之间的本质的联系同非本质的联系区别开来。狂人的心境,"仅仅在一天之内,又何止变化千百次!"但是鲁迅并没有将狂人的"心理航程"中的全部"岛屿、沙滩、暗礁",以及"撞击在岛屿礁石上溅起的浪花或怒涛",都一起搬上纸面,而只是从其中挑选了"那赵家的狗,何以看我两眼呢?""妹子是给大哥吃了"等等。显然,这里面有个"去粗取精、去伪存真、由此及彼、由表及里的改

---

① 列宁:《谈谈辩证法问题》,《列宁选集》第2卷,第558页。

造制作工夫"。没有这个改造制作工夫，就不叫做研究了人的性格，也不叫做研究了人的形象。

同时，"内心形象本身自有本质"，它"紧紧包孕着阶级本质"这类说法，确也容易引起匡直先生所说的疑问：意识能包孕、提供客观存在吗？朱彤先生在复信中作了解释，他说：意识之反映现实，"仅仅拿客观第一性来解释，是不够的"。"客观世界独立存在，是因；意识反映它，是果。……（但）同一'因'，也引起不同的'果'，这就必须追溯代表'果'的那一面性质，即不同人的意识，在特定的历史条件下，如何具有社会性的不同本质。"这"特定的历史条件"不是客观存在吗？同一"因"（社会）不是有着不同的阶级吗？为什么"果"（意识）那一面的阶级性质，不能用独立于意识之外的阶级对立的原因来解释呢？难道社会意识不是社会存在的反映吗？这就又回到了老问题：这些论点，是否同唯物主义的根本观点有不一致之处？

以上所说，也许全部是由于我的愚昧而引起的不必要的疑惑；也许，确也有一些是由于朱彤先生思考不周，在"借鉴"时有了疏忽。本文或有过当之处，那便应归罪于我的愚昧。只附带声明一下：我们决不反对借鉴，哪怕是资产阶级的东西。但要善于借鉴，便须善于批判。这一点，想来朱彤先生也是同意的。

（署名稷与，原载《文汇报》1961 年 12 月 22 日第 3 版）

《学而思小札》

前　言

　　这薄薄的小册子分为三辑。第一辑是在 1955 年初党中央提出宣传唯物主义思想和批判资产阶级唯心主义思想的号召时写的，发表在《文汇报》"社会大学"版，当时用的总标题是"学习笔谈"。第二辑是 1954 年以来零零碎碎地发表在《解放日报》和《文汇报》副刊上的一些"思想小品"，其中有几篇曾被收入上海新文艺出版社的小品文选《秘密被拆穿了以后》和重庆人民出版社的《思想与生活》。第三辑则是在展开反右派斗争和党提出了全民大整风的号召之后写的，也发表在《文汇报》"社会大学"版，用的总标题便是"学而思小札"。以上，共计三十则小品①。论形式，躯体都很短小，每则均在千字左右，很少有超过 2000 字的。论内容，则卑之无甚高论，不过作者自己在学习马克思列宁主义哲学，想努力使理论和实际联系起来，于是常从现实斗争中找点"习题"，结合书本知识来思考思考，便写成了这些小文章。其所

---

① 此次收入本书的共 28 则，有 2 则未收。——编者注

以大胆交给报纸发表,而现在又把它们集合起来印成小册子出版,并不是由于这些小东西有什么"可观",而是因为考虑到:也还有一些读者同我一样,也想学哲学,也想做点"习题",也想通过理论联系实际的方法来改造自己;我的这些小品,对他们或有参考价值。又因为如上所说,我是一面学习一面思考地作"习题"的,孔子说过:"学而不思则罔,思而不学则殆",便用了"学而思小札"作为书名。

冯契 一九五七年十二月

第一辑(1955 年)

哲学神秘吗?

谈起哲学,许多人都有点"望而生畏",以为那是一种"神秘"、"玄妙"、"高不可攀"的东西。这也有历史的原因。因为在旧时代,占统治地位的唯心主义哲学是少数贵族知识分子所专有的。他们有的是帝王的御用学者,有的终身关在书斋里面。他们认为哲学不是供劳动人民享用的食粮,不可以带一点泥土的气息。他们把他们的书写得像"天书",里面充满着"神"、"妙"、"玄之又玄"这类字眼。这就无怪乎大家要"望而生畏"了。

但一切装腔作势吓唬人的东西,戳穿了一看,都不过是"无物之物"而已。唯心主义者说:"上帝创造世界"、"天下无心外之物"、"亦为世界立法"(正像统治者为社会立法一样)等等,其实,都不过是骗人的谎言罢了。

和唯心主义的谎言根本相反,"唯物主义的自然观无非是对自然界本来面目的朴直的理解,不添加任何外来的东西"①。世界是什么样,我们就把它了解为什么样。唯物主义者只说老实话,有一说一,有二说二。我们对于客观世界,只应白描,而不应替它涂脂抹粉,加油加醋,把一些它本来没有的东西硬加到它身上去。这个唯物主义的根本态度,简简单单,明明白白,是丝毫神秘色彩也没有的。

天下的老实人都倾向唯物主义。什么人是老实人? 工人阶级和劳动人民是老实人,科学家是老实人。我们和资产阶级不同。资产阶级为了赚钱发财,须要施用各种欺骗手段,漫天撒谎,故弄玄虚,颠倒黑白,混淆是非。资产阶级由于它的这种不老实不坦白的阶级本性,就倾向于唯心主义而反对唯物主义。而我们却是在共同努力进行社会主义改造和社会主义建设。社会主义事业不是靠撒谎和弄玄虚所能建成的。我们必须老老实实地认清客观世界的面目,掌握它的规律性,用来指导我们的行动。如果我们把本来没有的东西当作实在,把主观的幻想的东西加之于客观,那么我们就免不了要碰大钉子。我们不老实,便无法增加生产;不老实,便不能搞好革命工作。所以我们倾向于唯物主义而反对唯心主义。

当然,自发地倾向唯物主义并不等于自觉地掌握了唯物主义。但是既有着这种倾向,自然就容易把唯物主义世界观培养起来。哲学"高不可攀"的时代已经过去了。马克思主义哲学完全

---

① 恩格斯:《自然辩证法》,《马克思恩格斯选集》第 4 卷,第 306 页。

可能而且也必然会被广大劳动群众和一切老实人所掌握。毛泽东同志说:"重要的问题在善于学习。"让我们打破哲学"神秘"、"玄妙"的谎言,共同来努力学习吧!

搞好团结的关键

克雷洛夫有一篇寓言,说梭子鱼、虾和天鹅合伙拉一辆小车:天鹅使劲儿往上向天空直提,虾一步步向后倒拖,梭子鱼又朝着池塘拉去。当然,三个家伙都白费了劲,无论它们怎样地拖呀,拉呀,推呀,小车还是停在老地方,一码也没有移动。

这篇寓言到今天还没有失去讽刺的效力。在我们的机关、学校、工会、合作社里面,还存在着一些"梭子鱼"、"虾"和"天鹅",他们一人有一条心肠,一人走一个方向,不仅彼此不能合作,尤其不能跟群众团结到一起。他们虽也像是在工作,然而无论他们怎样地拖呀,拉呀,推呀,都只不过是阻碍工作的进展而已。

为什么这些同志不能跟群众走一条路,而偏要往上飞、向后拖或朝着池塘拉去呢? 就因为他们的头脑装着一点主观主义,亦即(自觉或不自觉的)唯心主义。唯心主义者强调个人主观想法,忽视客观的发展趋势;所以做工作不依据客观标准,而专凭一己意见行事。从唯心主义思想出发,各行其是,不相为谋,必然使团结松弛,集体瓦解,造成工作上极大损失。

党的七届四中全会决议指出:个人主义骄傲情绪是对于党的团结的最大威胁。骄傲情绪的产生,是因为背了自高自大的包袱。而人们的自高自大,尽管表现各异,归根结底,却都是或多或少地以唯心主义作为思想基础。或者以为自己才能出众,或者以为自己有功可居,或者因为地位高而自命不凡,或者因为受了一点表扬而大大地自称自赞起来,……其实,这一切"自称自赞"、"自命不凡"、"自以为如何如何",都是主观的夸大,而并非他本人的原来面目。这也就是说,他是用了一些唯心主义的虚构,添加到他自己身上去了。

哪里闹不团结,哪里就有着唯心主义作祟。反之,为了加强团结,就必须进行辩证唯物主义的宣传教育。我们的团结是革命的团结。它是在辩证唯物主义的基础上建立起来的。如果我们大家都掌握了辩证唯物主义世界观,在根本原则上有了统一认识,那么,做工作便能依据客观标准奔赴共同的方向,对自己也不会作主观夸大,而会有谦逊的美德。而当彼此有些意见相矛盾时,也可以在共同的思想基础上展开批评与自我批评,把矛盾及时解决。所以,不论在什么地方,不论是什么工作部门,团结的加强总是和辩证唯物主义的宣传教育成正比例的。

知识分子,由于他们的劳动是精神劳动的关系,特别容易盲目夸大主观作用和闹不团结。"文人相轻,自古已然。"在今天,自高自大依然是许多知识分子的通病。所以,在知识分子中间,在文化机关和各级学校里面,加强辩证唯物主义的教育与展开对唯心主义的批判,尤为必要。

开幸福之门的钥匙

当自己的愿望落了空,客观事实粉碎了主观想法的时候,人们就说:"不如意","不称心",或"事与愿违"。

小资产阶级知识分子喜欢给自己订个人主义的"小五年计

划"。例如，有一个青年人在大学毕业时不是认真考虑怎样做好工作，而是打算：第一年"轻工业"建设，定制漂亮衣服；第二年"重工业"建设，置备收音机、手表；第三年找对象谈恋爱；第四年建立美满幸福的家庭；第五年成为全国知名的专家。——这种个人主义的主观愿望，碰上了社会主义的客观现实，当然要大打折扣，甚至完全毁灭。五年过去了，他买了衣衫，也置备了手表，但是他既没有成名，小家庭也不见得怎样美满幸福，于是怅然捧着脑袋自问："为什么事与愿违呢？"

我们有些工作同志，论革命品质，决非上述小资产阶级知识分子所可比拟。他们满心满意想把革命工作搞好，只可惜缺乏冷静的头脑，不会分析客观情况，不去摸一摸群众的脉搏，却用自己的主观愿望来代替群众的客观要求，凭一股子热情冲锋陷阵。这些同志，有勇无谋，就同程咬金一样，开头三斧头虽然厉害，接着就泄了气了。这是"事与愿违"的另一种形态。

所谓事与愿违，就是事实与愿望相抵触，存在着主观与客观的矛盾不能解决。关于事实与愿望、客观与主观、物质与精神的关系问题，是哲学的根本问题。唯物主义与唯心主义，便是在这个问题上划分界限的。

唯心主义认为精神决定物质，客观事实应该服从主观愿望。小资产阶级知识分子的"小五年计划"，程咬金式的有勇无谋，都是强调主观而忽视客观，所以就思想根源来说，或多或少都有点唯心主义。然而，客观是不容许你忽视的。你忽视它，它就要对你报复。从唯心主义观点出发，必然达到事与愿违的地步，这可以算是一条定律。

　　唯物主义正好相反,认为物质决定精神,主观愿望应该根据客观事实。唯物主义者处处尊重客观,尽力使自己的主观认识跟客观存在相符合,因此便能根据科学理论(即符合于客观存在的规律性的知识)来提出合理的愿望,并实事求是地创设条件,使愿望化为事实。当然,主观与客观的矛盾是常常有的。唯物主义者并不抹杀矛盾、取消矛盾,而只是善于认清矛盾和解决矛盾,使愿望与事实基本上达到一致。

　　根据客观事实提出愿望,又创设条件来把愿望变为事实,这便叫做"如愿以偿"、"称心如意"。事与愿违即是痛苦,痛苦的思想根源在于唯心主义。如愿以偿即是幸福,幸福的思想根源在于辩证唯物主义。人们都希望自己有幸福的一生,但并非每个人都找到了幸福。为要获得真正的幸福,必须找到开幸福之门的钥匙——建立辩证唯物主义的世界观。

学哲学能使人扩大眼界

　　中国古书上有个寓言:北海有只大鹏鸟,它的翅膀拍水,击动三千里海面,鼓起了大风,盘旋而上,达到九万里的高空,而后向南飞,一飞就是六个月,飞到南海。但是小鸟儿却摇头不赞成,笑着说:"我飞跃起来,不过几尺高,在蓬蒿之间飞飞,也自得其乐。它为什么要达到九万里的高空再往南飞呢?"

　　我们祖国正以大鹏鸟的气势飞向社会主义。但是我们却有一些同志,拘束于小鸟儿的眼界,满足于蓬蒿之间。做工作,他们只求能不掉队,做到"比上不足比下有余"的地步就心安理得。他们怕艰苦,不愿多负责任,不愿当干部,说是"无官一身轻"。他们贪图安逸的"小乐惠"生活：希望星期天能睡睡懒觉、吃吃老酒，多享受点小资产阶级的生活情调。

当然，星期天应该休息，我们也并不绝对地反对喝酒；这些同志既不掉队，对于工作也是有一定贡献的。但是问题在于：他们对自己要求不高，太容易自满了。他们缺少社会主义建设者应该具有的伟大气魄，缺少工人阶级的"以天下为己任"的自豪感。他们没有把自己的能力充分发挥出来，亦即没有具备"各尽所能"的共产主义劳动态度。

工人阶级的伟大气魄是和他的辩证唯物主义世界观分不开的。辩证唯物主义是关于自然、社会与人类认识的最一般发展规律的科学。自细微的电子、原子到庞大的天体，自简单的元素到复杂的社会形态，自机械运动到人类的抽象思维，——总之，宇宙间的一切现象，都是遵循着辩证规律变化发展的。所以，我们掌握了唯物辩证法，就能"从大处着眼"，看到运动的全貌和事物的总体，而决不会从狭隘的角度片面地看问题。工人阶级的这种宽大的眼界和心胸，为资产阶级个人主义者所不能了解，正如那大鹏鸟的高飞远举，要引起小鸟儿的怀疑一样。

为要成为名副其实的社会主义建设者，我们必须使自己的眼界扩大，学会从辩证唯物主义观点来对待工作和生活。而当我们学会"从大处着眼"时，我们就会看到：虽然日常工作都是一些平凡的劳动，都是一点一滴地"从小处下手"，然而这一切平凡的劳动综合起来，却是人类历史上空前未有的伟大事业。我们这一代的人特别足以自豪，因为在我们的手上，历史正在展开新的一页。

这里有什么虚夸的成分吗？丝毫没有。这只不过是对于客观世界的本来面貌的了解而已。"大处着眼,小处下手",这正是唯物主义的实事求是精神。相反,那些拘束于小鸟儿眼界,满足于蓬蒿之间的"小乐惠"生活者,表面上似乎很"现实",实际上却对客观现实缺乏正确认识。他们的那种自满保守观念,不符合社会主义建设的客观要求,这就是说,他们是沾染了一些唯心主义臭味的。

真理就是力量

英国的唯物主义哲学家培根说:"知识就是力量。"这当然是指正确地反映客观事物的知识而言的。例如,一般人都害怕老虎、狮子,这是因为缺乏对于老虎、狮子的知识,无力控制它们。而在马戏团里,却有人把老虎、狮子训练得服服帖帖。所以即使是凶猛的动物,人们有了关于它们的知识,也是有力量控制它们的。

知识的内容就是真理。人们认识了关于自然的真理,就能控制自然;认识了关于社会的真理,就能改造社会。我们认识了真理,爱上了真理,为真理而奋斗,我们就能变成具有坚定的信念和有力量的人,同生龙活虎一般永远生气勃勃。

教师工作的迷人处,就在于它的任务是要教育年青一代认识真理,把他们培养成为真理而奋斗的战士。教师应该永远和真理站在一起。苏联电影《乡村女教师》是很多人看过的。华尔华拉满怀热爱、充满信心地教导孩子们说:"我教你们读书、写字、算术,你们要成为识字的人。这样你们就有力量了,凶暴的人就不会欺侮你们了,因为你们知道了什么是社会上的真理。"后来,在苏联实现农业集体化期间，富农分子阴谋杀害她，她毫无恐惧地跑去指斥富农们说："我一生精力，全放在学校里教你们的孩子。他们上我这儿来的时候，像个瞎猫似的，而我教他们识字，教他们懂得真理。现在有的已成为有用的人了。所以，你们要杀死我，不行！除非把所有的孩子都杀死，否则没用的！"

这就是教师的榜样。华尔华拉简直就是真理的化身！所以她"理直气壮"，不畏强暴；并且永远生气勃勃，从没有懈怠或叫苦的时候。

然而我们今天有许多教师，工作虽然也负责，不肯马马虎虎；但是他们在情绪上有些被动，总觉得教师工作是"无声火花"，是苦事情。他们缺乏永远生气勃勃的精神，自己也知道"动力不足"。这是什么原因呢？气不壮是由于理不直，动力不足、情绪被动，总是由于还没有真切认识真理之故。如何才能真切地认识真理？这是个关键问题。

人类已经获得的真理虽然是有限的、相对的，但它已是一个相当庞大的复杂的体系，包括着许多方面，许多脉络。全知全能的人虽然是没有的，然而我们都应该，也都可能对于复杂的真理体系有一个全面的、亦即概括的认识。这种对于真理体系的概括认识就是哲学，——当然，我们指的是马克思主义哲学。马克思主义哲学是一切科学真理的枢纽，是关于自然界和社会的全面了解。不掌握全体，就不能正确地认识部分；不确立辩证唯物主义世界观，就不能正确地对待自己的工作。各科教师除了必须精通自己的专业之外，还必须学好哲学，抓住真理体系的枢纽，然后才叫做真切地认识了真理。

真理就是力量。只要教师们把哲学学好,确立了辩证唯物主义世界观,那么,我相信,那种"动力不足"的现象自会消失的。

哲学抽象吗?

人们往往以为哲学非常抽象,只有那具有高度理论水平的人,例如高级干部和大学教授等,才能学习,这其实是一种误解。

哲学所研究的问题是带根本性质的问题,所以哲学确实是很抽象的,而且应该说是最抽象的。但这所谓抽象,乃是列宁说的"科学的(正确的、郑重的、不是荒唐的)抽象"①,是深入事物本质的抽象,是和具体的东西密切相联的抽象。大家知道,数目和几何学上的点、线、面等都是抽象概念,但是小学生和中学生都能学习算术和几何学,运用其中的公式和定理来解决具体问题。可见抽象的东西并不等于难以把握的东西。根据高级党校及其他学校的经验,有一定文化程度(即今是初中文化程度)的干部,只要他善于用理论联系实际的方法来学习,都能把哲学学好。

以为哲学抽象难懂的成见,是教条主义者捏造出来的。教条主义者不懂得抽象的东西就是具体的东西,他们离开具体实际来空谈抽象理论,整天在词句中间打跟斗。教条主义者的"抽象"不是科学的抽象,而只是一些没有内容的僵化的公式和词句。这样的"抽象"的确使人难以理解,因为其中没有科学,也没有唯物主义。教条主义者强调抽象理论而忽视具体实际,他们把理论和实际割裂开来,这是形而上学的思想方法,和马克思主义辩证法根本相反。

---

① 列宁:《哲学笔记》,《列宁全集》第 55 卷,人民出版社 1990 年版,第 142 页。

马克思主义哲学是一门科学，是关于物质世界与精神世界的最普遍发展规律的科学。它既然是科学，当然就要求人们把它当科学看待。而科学之为科学，就在于它一刻钟也不能脱离实际。如果科学同实际脱离了关系，那就同鱼脱离了水一样，立刻要丧失生命。我们学习数学，必须演算习题；学习物理学、化学，必须做实验；学习生物学、地理学，必须利用直观教材和进行野外实习。同样，我们学习哲学的时候，也要做"习题"和进行"实习"。什么是哲学的"习题"？何处是哲学的"实习"场所？不必往远处找，在我们自己的工作里面，就有着许多哲学的"习题"。毛泽东同志说过："什么叫问题？问题就是事物的矛盾。哪里有没有解决的矛盾，哪里就有问题。"①既有问题，就应该正视问题，把矛盾的各方面加以分析研究，然后又综合起来，指明问题的本质，提出解决矛盾的办法，并付诸实行。这便是唯物辩证法的"实习"。只要我们多做这一类"实习"，我们就决不会觉得哲学抽象难懂，而是相反地会觉得它是非常具体的。

"'抽象的'真理是没有的，真理永远是具体的。"为了反对教条主义的"抽象"，马克思主义者如此说。

联系实际不能庸俗化

为了通俗化，为了使初学者容易理解哲学概念，我们须要利用一些极浅显的例子，如用瞎子摸象的故事来说明形而上学观点的错误，用种子抽芽、水变蒸汽来说明量变到质变的规律等，这是

---

① 毛泽东：《反对党八股》，《毛泽东选集》第 3 卷，第 839 页。

必要的。

但是实习不能停留在这个阶段。并且,决不可把通俗化变成庸俗化。有些人,一知半解地抓住了几个哲学术语,便用它们作大帽子到处乱套,大谈而特谈:桌子和椅子有什么联系,墨水瓶和茶杯有什么矛盾,夫妻吵嘴是否对立的斗争,吃西瓜包含着什么辩证法等等,看起来像是很会联系实际,其实却是不曾接触真正的实际。这种机械搬弄名词、庸俗化联系实际的毛病,跟那只知背诵公式的教条主义一样,是学习哲学的大障碍。

辩证唯物主义既是一门哲理科学,它就要求人们用科学态度对待它,老老实实地进行学习。在科学的领域里,不容许投机取巧、讨小便宜、睡懒觉。如果有谁以为学哲学可以不求甚解,用不着花艰苦的劳动,那便大错而特错了。思想上的懒汉,是至死也学不好科学的。而上述庸俗化的毛病,正是一种懒病。

如何才是老老实实的学习态度呢? 首先必须把哲学的一些基本概念搞明确。小孩子学话,咬字要咬得准。我们无论学哪一门科学,对于其中的基本概念决不可含糊过去,马虎了事。而为了搞清楚哲学的基本概念和基本问题,就不但须从理论体系来把握它们,同时更重要的是要与实际密切结合。但实际的事物有深有浅,有主要的和次要的。我们联系实际,不应浮在表面的次要现象上,而应该深入事物的内在本质。联系实际越深入,理解概念就越明确,这两者是成正比例的。庸俗化的毛病就在于只见泡沫与小浪花,不见江河的本质;名为联系实际,其实却是脱离实际。

那么,怎样才能真正做到理论与实际联系呢? 第一,向经典作家学习,特别是向毛泽东同志的著作学习,看他们是如何运用哲学理论来解决实际问题的。第二,不要好高骛远,不要贪懒取巧,从联系自己的工作与思想入手,是最能深入实际的途径。

而这两点,恰好就是我们的干部和知识分子都容易做到的。解放以来,大家都参加了政治学习,做了不少实际工作。毛泽东同志的重要著作,许多人都念过。我们温习一下,细细咀嚼咀嚼,看其中如何地贯穿着辩证唯物主义世界观,我们就能找到理论与实际联系的诀窍了。而我们做过的和正在做着的一些工作,本来都是在党的领导下进行的。党用什么来领导我们呢? 用根据辩证唯物主义制定出来的方针和政策。如果我们工作有成绩、有经验,那必定是由于我们善于结合具体情况来贯彻党的方针和政策,细细分析一下,就会发现我们原来是在按照着辩证唯物主义办事。而如果我们的工作做得不好,有缺点,那么一定是或多或少地违背了辩证法与唯物主义,亦即在我们的头脑中有着一点形而上学与唯心主义的秽物,必须立刻加以扫除才好。

"骑驴觅驴",人人都觉可笑。真理就在身边,为什要往远处找寻呢? 我们的学习,主要目的就在于改进工作和提高思想水平。这一点,从一开始就应该明确。

学习与批判

哲学和数学、自然科学有一个极重要的不同之处:"三角形三内角之和等于一百八十度","摩擦生热","牛顿三定律",是资产阶级和工人阶级同样都能学会的;但是辩证唯物主义的原理却只有工人阶级才能掌握,决非资产阶级所能领会。这并不是由于资产阶级不够聪明,而是由于从它的阶级利益出发,它必须反抗辩证唯物主义。例如,斯大林说过:"凡是真正存在的东西,即日益成长的东西,都是合理的;凡是日益腐朽的东西,都是不合理的,因而是必遭失败的。"①资产阶级如果承认这个原理,那么它就得承认自己的不合理和必遭失败。这是它所不甘心的。它不愿意被推翻,被消灭,却要作垂死挣扎,盲目反抗客观真理。

资产阶级用来反抗客观真理的工具就是唯心主义。这是很显然的道理:如果谁的头脑被资产阶级唯心主义占据着,辩证唯物主义当然就灌输不进去。唯物主义和唯心主义是水火不相容的。为了学好辩证唯物主义,就必须同时批判唯心主义。所以,学习就是战斗。

在我们知识分子中间,有谁敢夸口说自己干干净净,没有沾染一点唯心主义吗? 自高自大、崇拜权威、脱离实际、脱离政治、强迫命令、包办代替、言行不符、口是心非、闹独立、搞宗派、忽冷忽热、左右摇摆……各色各样的名目,都是唯心主义的这样、那样的表现形式,都是知识分子易犯的毛病。这正像夏天的苍蝇和秋天的蚊子,人们习以为常,便不觉得一回事,仔细听听,却听见到处是讨厌的嗡嗡、营营之声。——如果说学哲学真有什么困难的话,我以为,倒不是什么文化水平不够、哲学名词难懂之类,这种同苍蝇、蚊子一般到处飞舞着的唯心主义思想,才是在学习时必须克服的真正障碍。

列宁曾经说过,阶级的死亡和个人的死亡不同。个人死了,

① 斯大林:《无政府主义还是社会主义?》,《斯大林全集》第1卷,人民出版社1953年版,第275页。

只需用口棺材把他埋葬了就完事。但阶级无法装在棺材里,资产阶级的死,要在我们每个人身上腐朽、发臭。如果我们的嗅觉有点麻痹,嗅不到在我们周围和在自己身上的资产阶级唯心主义的臭味,那么我们自己就会中毒,并且用这种"毒"来危害工作,危害人民,危害祖国。

现在还有些同志对唯心主义的危害性和顽强性认识不足,他们以为不批判也能学好理论,他们总不肯接触思想实际,甚至听到"思想批判"或"思想改造"就有点害怕。在他们的头脑中,唯心主义还占着牢固的阵地,不肯自动退出。这样,他们学来学去,即使哲学著作啃了十厚本,又能学成个什么样子呢? 充其量,不过是个红皮白心子的大萝卜罢了。

可以"和平共处"吗?

有一个流传很广的故事叫"中山狼",大意说:赵简子在中山打猎,捉到了一只狼。正要用刀把它杀死的时候,来了一位好心肠的东郭先生,他见狼可怜,便向赵简子说情,把它放了。却不想狼跟着东郭先生走了一阵之后,忽然扑到他面前,拦住去路说:"我肚子饿了,我一定要把你吃了充饥!"⋯⋯

今天,在跟资产阶级唯心主义展开严重斗争的时候,也有个别"好心肠"的先生来替"狼"(唯心主义)说情。他们说:"世界上两种制度可以和平共处,为什么两种思想不可以和平共处呢?"或说:"工人阶级跟资产阶级在政治上建立统一战线,在经济上采取利用、限制、改造的政策,为什么在思想上一定要那么严格地划清界限呢?"

　　不错,我们在国际事务上,向来主张两种制度可以和平共处,这是符合各国劳动人民的利益的。但是和平共处有一个前提,即我们必须努力加强社会主义阵营,使我们有足够力量击退帝国主义的任何挑衅,使它不敢侵犯我们。不然,和平共处就决不可能。而为了加强社会主义阵营,摆在我国面前的庄严任务就是要加紧进行国防建设、经济建设和社会主义改造工作。我国人民能把自己国家建设成为强大的社会主义国家,便是对世界和平事业的伟大贡献。由于我国的特殊历史条件,我们的社会主义改造和消灭阶级剥削的工作,是通过和平的道路来进行的。但是走这条和平的道路又有一个前提,即必须由工人阶级及其政党来领导。只有在工人阶级领导之下,私营工商业才可能被利用、限制和改造;也只有在工人阶级领导之下,劳动人民与非劳动人民的统一战线才可能建立。否则,如果让资产阶级篡夺了领导权,这一切便都谈不到。

　　什么叫工人阶级的领导?就是用工人阶级世界观,而不是用资产阶级世界观,来观察国家的命运和指导国家的工作。在关于世界观的问题上,是否可以谈"和平共处"和"统一战线"?是否可以"利用"一下资产阶级唯心主义呢?绝对不可以。因为唯心主义是关于客观世界的虚构,是对于客观规律的歪曲的反映。用唯心主义作为指导思想,便是违反社会发展规律,这只会引起事情的混乱,社会主义建设工作的破坏;这只会使统一战线破裂,使我们对于私营工商业的利用、限制和改造的政策遇到挫折,并因而使保卫世界和平的事业遭受重大损失。

　　逻辑的推论便是如此,而逻辑是决不能违背的。"好心肠"的先生们，请温习一下"中山狼"的故事吧！

没有"反面的东西"吗？

对于实用主义的批判，很多人以为事不关己，可以不理会。"我没有进过师范学校，也没有学过杜威教育学；什么杜威、詹姆士，我听也没听说过"；"我只要正面学习辩证唯物主义就行了，反面的东西我根本没有；要批判实用主义，就得重头学习，这样一来也许倒反会受它的影响"；……

这使我想起了一个故事：相传扁鹊经过齐国时，见齐桓侯说："你有病在皮肤间，不医就要厉害起来。"桓侯说："我没有病。"过了五天，扁鹊又说："你有病在血脉中，不医就要厉害起来。"桓侯很不高兴，仍说："我没有病。"又过五天，扁鹊又说："你有病在肠胃里，不医就要厉害起来。"桓侯越发不高兴，理也不理他。又过五天，扁鹊远远望见桓侯，转身便走。桓侯派人问是什么缘故，扁鹊说："病在皮肤、血脉、肠胃的时候，可以用针灸药石医治。现在桓侯的病已入骨髓，就连命运之神也已无可奈何。"又过五天，桓侯果然病倒，不久便死了。

今天宣称"反面的东西我根本没有"的同志，口吻和齐桓侯极为相似。人们的肉体上的疾病，往往是在无意中传染上的，在潜伏时期，自己毫不知觉。精神上的疾病也是如此，自以为根本没有"反面的东西"，其实很可能在皮肤、血脉、肠胃之中，早已有许多实用主义的病菌在滋生繁殖。若不赶紧用针灸药石（批评与自我批评）加以医治，等到病入骨髓，那就后悔莫及了。

为什么那没有读过胡适的书、不知詹姆士和杜威为何物的人,也可能受了实用主义的影响呢? 这是因为社会存在决定社会意识,思想意识的产生与传播应该从它的物质基础(阶级根源)来解释。实用主义是现代资产阶级唯心主义的一种形态,它不仅通过詹姆士、杜威和胡适的著作大量散播,而且一切资产阶级分子都在有意无意地宣传它、实行它,并用它作为武器向劳动人民进攻。我们这些从旧社会过来的人,过去曾长期受资产阶级思想的腐蚀,今天也仍然处在阶级斗争的环境中,在确立辩证唯物主义世界观之前,实在无法写保票说自己完全没有"反面的东西"的。

既然可能有"反面的东西",那就必须认识它、揭露它,以便和它进行坚决的战斗。孙武子说:"知己知彼,百战不殆。"或知彼而不知己,或知己而不知彼,都是无法解决思想上的战斗的。所以,不但正面的学习非常必要,反面的揭露也不可缺少。那种"这样一来也许倒反会受它的影响"的顾虑是多余的,相反,只要我们善于揭露、善于批判,我们就能把那潜伏在皮肤、血脉、肠胃之中的病菌,逐渐消灭干净。

常识与哲学

有人以为哲学离开常识很远,其间有天壤之别,这是一种误解。正相反,辩证唯物主义是一种切近人生的哲学,它具有深刻的人民性,因而便具有丰富的常识感。物质的客观实在性首先为劳动所证明。按照劳动人民的常识,土地、耕畜、机器、产品等等的客观性质,是无庸怀疑的。在人民群众中间流传很久的那些故事、歌谣、谚语、格言之类,往往充满着哲学的智慧。例如,"守株待兔"的故事是对于形而上学思想方法的极好讽刺;"种瓜得瓜,种豆得豆"的俗语说明了事物具有因果规律性；而"不入虎穴，焉得虎子"这一句话，正可以形容实践对于认识的决定作用。

但是哲学和常识又必须加以区别，我们决不可把哲学降低到常识的水平。这是因为：第一，常识是个复杂的库藏，其中包含着真实的、合理的东西，但也常常掺杂歪曲的、不合理的成分；第二，常识即是经验，在缺乏理性指导的时候，经验往往是近视的，它只见目前而不见远处，只见小问题而不见大问题。

如果把哲学降低到常识的水平，那就要犯实用主义的错误。实用主义是自称为"常识哲学"的，据说，它就是普通人据以判断事物的一种经验。什么是普通人？就是市民。在他们中间有一种颇为流行的"常识"的看法："各人管自己，上帝管大家"；"莫问身后荣辱，只图眼前富贵"；"发财致富是天经地义，国家大事用不着小百姓过问"；"人为财死，鸟为食亡"；……总之，每个人只需考虑如何来"应付环境"，以获得有利于己的"效果"，这便是所谓"常识哲学"。

应该说，这种市侩气的常识，鼠目寸光的见解，至今在一些人的头脑里也还是根深蒂固的。我们有些同志死守着"老经验"不肯放，习惯于用头痛医头、脚痛医脚的办法来"应付环境"，而不善于从大处着眼、从根本上解决问题。有的甚至还有一种老于"世故"的论调："技术第一要紧，政治可不能当饭吃"；"政治学习不准备没啥，最多小组会不发言，业务可不能挂黑榜"；"唯物主义也罢，唯心主义也罢，我只管教我的书"；……总之，首先应该看重的是眼前的"效果"；那社会的根本问题——阶级斗争，却是用不着关心的。诸如此类拘守常识和脱离政治的倾向，如果不是受了实用主义腐蚀而生的结果,那也总该说是可能发育成为实用主义的幼芽吧!

所以,我以为,在我们学习哲学的时候,如能反躬自问,把自己的常识宝库检查一下,是大有好处的。看看其中哪些是健康的、合理的东西,哪些是病态的、不合理的成分。如此作一番鉴别、取舍的工夫,用辩证唯物主义指导常识,又把常识提高到哲学原则,这就能使我们的常识获得正常的发展,而哲学也会变得亲切有味了。

第二辑(1954—1957 年)

"黄粱梦"补

读了克东同志的《黄粱梦》(见一月二十二日《解放日报》),觉得应该补充几句。

我们并不一般地反对梦想。梦想,如果是社会主义的理想,那便是真实的愿望,它将成为我们前进的动力。开始学习过渡时期总路线,人们便满怀热情地梦想未来的幸福生活:电气化,机械化,富裕的集体农庄,壮丽的文化宫,遍地的鲜花,少男少女们的欢乐的歌声,……人们这样梦想,是很自然的。正是这个对共同的幸福生活的梦想,鼓舞我们、激动我们、催促我们以最快的速度"开着火车奔向社会主义"去。

但是个人主义的黄粱梦则不然。唐朝卢生的黄粱梦是"建功树名,出将入相,使族益昌而家益肥"。今天的卢生之流,那些准备"躺着卧车到社会主义"去的人们,梦见的是什么呢?是私人小汽车，独家小洋房，里面还有电气冰箱之类；……总之，他们所关心的只是个人的享受而已。至于如何用社会主义的劳动来缔造共同的幸福，那是不在他们的梦想之中的。

根据唐人传奇，那个卢生梦醒之后，曾经"忾然良久"，终于觉悟到死生穷达的大道理（虚无主义的道理）。元、明剧作家把它演为戏曲，就径直说卢生决心抛弃红尘（即脱离现实世界），跟着吕洞宾修仙学道去了。黄粱梦的故事告诉我们一个真理：个人主义的好梦动摇破碎之后，享乐观念便一变而为悲观思想，堕入虚无主义的泥坑。今天的卢生之流也一样，他们的好梦，在现实生活面前，必然要动摇破碎；而一经动摇，便也马上转化为悲观失望。正是这些做黄粱梦的人，因为有时候公共交通拥挤一点，便大发牢骚；因为某一天买不到某一种东西（譬如说，花生米），便愤愤然："这哪里是像在向社会主义过渡啊！"

当其做梦之时，使人麻痹；而一旦好梦动摇破碎，便又大放冷空气。不用说，这种麻痹心理和冷空气，或多或少地要影响到社会主义建设的速度。因此，所谓准备"躺着卧车到社会主义"，其实并不是躺在车上，而是躺在车前，卧在铁轨上，伸出两只螳螂似的小手臂，抵挡着前进着的社会主义列车。

抵挡自然是抵挡不住的。但是我们必须向今天的卢生之流指出：你们这样做梦，对个人说必然是小悲剧，而对祖国和人民说，便是有意无意地犯了罪。

一九五四年一月

"按酬效劳"

社会主义的分配原则是"按劳取酬",这是大家都知道的。但有些人却认为应该把这几个字略加更改,改为"按酬效劳"。他们说:"你给我一分工资,我给你一分工作;你给我十分工资,我便给你十分工作。等价交换,才是公平合理。"

这口吻,活像某些商店老板对顾客说的"一分银钱一分货色",看来是再公平不过的了。也同商店老板一样,主张"按酬效劳"的人,肚子里都有个小小的算盘。他拨拨算盘珠,"酬"多少,"劳"多少,算来算去,却总觉得自己为人民服务是一桩"亏本生意":"给我这么一点薪水,却要我做这么多工作!""任务一天天加重,待遇却老不调整,实在不合理!""某人工作很轻松,倒比我多拿十个工资分,这太不公平!"……于是唉声叹气,闹情绪,磨洋工,对于总路线的学习,当然更是索然寡味了。

有些商人嘴里的"公平交易",其实是并不公平的。在他收入的那"一分银钱"和脱手的那"一分货色"之间有一个差额,那就是放进他腰包里的利润。如何一方面抬高出售的价格,另一方面又降低货色的品质,以扩大其间的差额,亦即提高利润率,是老板们最关心的事情。同样,那些用生意眼来看待自己的工作岗位的人,最关心的也是一方面要提高待遇,另一方面又要减少工作。嘴里说"一分工资一分工作",心里想的却是"十分工资半分工作"。可见所谓"按酬效劳"的"公平"原则,其实是"多酬少劳"的剥削思想。这就难怪在小算盘上算来算去,总觉得自己为人民服务是一桩"亏本生意"了。

有句古话:跟井底的蛙无法谈论大海。"拔一毛而利天下不为也"的杨朱,决不能理解"摩顶放踵,利天下为之"的墨翟。抱着

"按酬效劳"的利己主义的观点,是学不懂国家总路线,认不清社会主义与共产主义的美好前途的。

一九五四年四月

"自甘落后论"

学习了过渡时期总路线,许多人批判了自己的资本主义思想残余,因而提高了政治觉悟,发挥出更大的工作积极性。但也有一些同志,既不接触思想问题,更不展开思想斗争,却找出各色各样的"遮羞布"或"挡箭牌",巧妙地把自己的资产阶级、小资产阶级的灵魂遮盖掩护起来。

截取马克思列宁主义的个别字句,加以歪曲,加以粉饰,是常用的遮羞布或挡箭牌的一种。这里有一个实例:某小组在漫谈学习体会时,有位同志以辩证唯物论的原理"意识落后于存在"作为论据,认为大家有一些落后的思想意识,原是毫不足怪的。而且说:"你看,苏联也还有许多资本主义思想残余哩!哲学上有世界主义,艺术上有形式主义,生物学上有魏斯曼、莫尔根学说。《收获》里有个家庭主妇,她很会做买卖,能够从邻居处半价收买到产品,然后以三倍的价格卖到城里去;又能够在乳酪里搀假,却花言巧语,劝服顾客们说她的货品是市上最好的。……"当然,所有这些落后意识,在苏联都已受到了严格的批判。可是这位同志却偏不说"受到了严格的批判",而强调"落后意识"。这位同志的结论是很明显的:我们也大可以心安理得,怀着或背着我们的资本主义思想,稳步向社会主义过渡了。

这种论调,无以名之,可名之为"自甘落后论"。自己落后,不以为耻,还要有论有据,劝大家在小资产阶级的王国里再徘徊徘徊,在资本主义的"自由"道路上再蹓跶蹓跶。若非别有用心,那也是麻木不仁到可惊的地步了。

辩证唯物论教导我们:意识往往落后于存在,但决不能长久落后于存在。因为现实生活中不断有新东西生长起来,它"叫着,喊着,坚持自己生存的权利"[1],它要和旧东西展开坚决斗争,最后把旧东西消灭干净。一切落后于存在的意识,或迟或早地将被克服。如果自觉地防微杜渐,那便能及时揭露,加以纠正。如果自甘落后,拖延日久,弄得病入膏肓,那便不是针灸药石(批评与自我批评)所能医治了。妄想怀着或背着资本主义思想,"稳步"向社会主义过渡的人,终究是不能"稳步"的。他一定要跌跤栽跟斗,弄得头破血流。

一九五四年六月

从安徒生的《影子》谈起

安徒生有一篇题名《影子》的童话,说有一个北方人到炎热的国度去旅行,忽然丢失了自己的影子。这个人回到北方,在自己的小屋里,工作得很辛勤,却越来越穷困。到后来,饿得又瘦又黑,大家都说他同影子一般了。忽然,有一天,一位高贵的着黑大衣的不速之客来拜访他,对他说:"我就是你的影子。从你这里逃出去之后,我发福了。而你现在却这么瘦。我们交换个位置吧。我要帮助你,使你吃饱。跟我来,从今后,你做我的影子吧。"他们

---

[1]《斯大林全集》第 10 卷,人民出版社 1954 年版,第 284 页。

便又出发到炎热的国度去旅行。具了人形的"影子",凭他的狡黠与无孔不入的本领,发了财,做了官,娶了公主。而变为影子的人,却被蔑视,被践踏。最后实在受不住苦楚,他站起来宣称自己是人,这时候,竟没有谁肯相信他了。

这篇童话是对旧社会的一个极好的讽刺。用来讽刺这样一个问题也是很合适的:本来是劳动人民创造了文化,头脑里的一切产物,例如科学、诗歌、艺术等等,都是从社会物质生产的基础上产生,亦即劳动人民的"影子"。然而在剥削制度之下,"影子"脱离了主人,披上黑大衣,戴上白手套,归附于剥削者的队伍;而劳动人民却饿得又瘦又黑,同影子一般被践踏在地下,蒙受了长期的屈辱与磨折。数千年来"劳心者治人、劳力者治于人"的社会历史,就是这样的一幅形影颠倒的图画。

然而,劳动人民终于从地上站起来了,宣称自己是"人"——一个大写的"人"。"人"用洪亮的声音对"影子"说:"请你脱去绅士的服装,回到原来的地位,再做我的影子吧! 只要你改邪归正,用科学、艺术、诗歌等等为物质生产和劳动人民的斗争服务,我们是可以重新建立'形影不离'的友好关系的。"——在新中国,随着剥削制度的逐步消灭,手和脑、体力劳动和脑力劳动、工农大众和知识分子,正由相互对立的状态转变为互助合作的关系。

但是社会上还存在着一部分人,因为看惯了旧社会的形影颠倒的图画,所以到今天仍旧把扛锄头、拿铁锤看作"下贱营生",而认为只有读书是"体面"的事。他们说:"升学比参加工农业生产要高一等。"又说:"硬碰硬,脑力劳动的地位比体力劳动来得高。"可见安徒生童话里的那个无血肉、无灵魂的"影子",尚未完全失去魔力,它还在支配着一部分人的血肉和灵魂咧。

甚至有些资产阶级知识分子还在梦想:"影子"在某一天又会发福,披上黑大衣,戴上白手套,升官,发财,娶公主,把劳动人民践踏在他的脚底下。——所谓"地位来得高",就是这个意思吧!

除非东海水枯干、昆仑山削平,除非天变为地、地变为天;不然,这种"形影颠倒"的梦想是决不能再成为事实了。

一九五四年八月

"菩萨心肠"

据说唐僧是如来佛的弟子投胎的,天生来具有"菩萨心肠"。每逢妖精变化成白发老婆婆或年轻美貌的女子来魅惑他的时候,他总把对方当作好人。亏得孙行者眼睛亮,举起棍子就向妖魔劈头劈脑打去。那妖魔使个解尸法,遁走了。这里唐僧却唠唠叨叨地责备孙行者,说上天有好生之德,他不该无故伤害性命;甚至听了猪八戒几句撺掇,就暗暗地念起紧箍儿咒来处罚孙行者。

读《西游记》读到这类地方,不能不叫人对唐僧的"菩萨心肠"发生怀疑。他对于多次救了他性命的大徒弟总不肯相信;而妖精一装死,他就大发慈悲,替他念佛,替他安葬。对敌人宽容,对自己人残酷,糊涂昏庸一至于此,还像个有"心肠"的人吗?如果真的有个妖怪把他捉去放在蒸笼蒸熟吃掉了,那倒是悔之晚矣!

文艺是现实的反映,即使像孙行者、唐僧之类的神话中的人物,也是有其现实的根据的。而且应该说,在今天,在我们周围,活的唐僧也还随处可以找到。明明是反革命分子,只因为他伪装成老婆婆一般慈祥,或伪装成年轻女子一般善于送秋波(当然也可以伪装成马克思主义者或披上宗教外衣之类），"唐僧"们就把他当作好人，并深信之而不疑。我们革命群众受了党的教育，逐渐锻炼出孙行者一般的火眼金睛，善于辨察伪装的反革命分子了。而那反革命分子一见群众举起棍子，便也同《西游记》中的妖精似的，立即"装死躺下"，并作一番假检讨，企图"滑过去"。这时候，具有"菩萨心肠"的人们就唠叨起来，他们一方面替那装死的反革命分子流眼泪，合掌念诵："善哉！善哉！"另一方面又劝诫和责备党与革命群众，说什么"应该适可而止"啦，"已经冤枉好人"啦，"运动出了偏差"啦，等等。显然，把敌人的装死叫作"出了偏差"和"冤枉好人"云云，其作用是和"紧箍儿咒"一样的，只不过今天的党和革命群众决不至于同孙行者一般头痛得在地上打滚而已。

在反动派统治的时代，剥削阶级是惯于用"慈悲面目"或"菩萨心肠"来欺骗劳动人民的。地主对农民说："我给你们地种，我养活你们。"资本家对工人说："我给你们工做，我不能让你们饿肚子。"说来似乎很好听，而实际上这些话都是为了掩盖和帮助他们进行残酷的剥削。反动的剥削阶级从来没有什么真正的菩萨心肠，他们所希望的是劳动人民长期过地狱的生活。当然，我们是社会主义的人道主义者，只要反革命分子彻底坦白，向人民投降，我们也给以适当的宽容。但这是在他决心改变反革命的立场，亦即从妖魔转变为人的时候，我们才如此。至于坚持做妖魔的家伙，那就必须把他当妖魔看待，而决不能用人道主义精神对待他的。唐三藏式的"菩萨心肠"，为亲者所痛，仇者所快，同社会主义的人道主义是毫无共同之处的。

一九五五年八月

"万无一失"

根据契诃夫的小说改编的苏联电影《脖子上的安娜》,描写了一位爱钱如命、同癞蛤蟆一样令人讨厌的七等文官。当公爵大人看中了他的年轻美貌的妻子,冒雪来他家访问的时候,这位七等文官知道自己梦想已久的"富贵"就要到来了;他张开手臂欢呼说:"我啊……啊……人类的命运要由我们来随便摆布了!"

以为富人、贵人能随意摆布人类的命运,就是这位七等文官的哲学,按照这种官僚和市侩的哲学,大鱼可以摆布小鱼的命运,小鱼可以摆布虾子的命运。谁要想命运牢靠,那便必须赚钱和弄权力。而在资本主义社会里,有钱就一定有权有势。金钱被认为具有支配一切的力量,"钱能通神","有钱能使鬼推磨",所以,人应该"爱钱如命"。

这种对金钱的崇拜,马克思早已指出,其实是和原始人的"拜物教"并无两样的。原始人崇拜毒蛇、猛兽或者一块怪石头,以为这类"图腾"支配着人类的命运。这在现代人看来,是极可笑的迷信。金钱在资本主义社会里,也是一种"图腾"。金钱是死的东西,它何尝真的具有所谓万能的上帝一般的力量呢? 只是因为人们迷信金钱,才使它好像具有无上的权力。因此,以为金钱能支配人类的命运,其实也是极可笑的迷信。

在某次集会上,有个工商界代表人物说:"人们有句俗话:'百不差,千勿愁,万无一失。'意思是说钱越多,命运就越牢靠。抗战胜利前,我已经爬到'万无一失'的地步,结果被日本鬼子一打,遭到很大损失,后来蒋匪经国搞金圆券,被他搞得精光。"这就可见千万富翁也不能无"愁",亿万富翁也不能无"失"。美国垄断资本家最有钱,他们能掌握自己的命运和摆布人类的命运吗？决不能！他们的命运只有两个字,就是"灭亡"。

归根结底,决定人类的命运的,不是金钱,不是少数的富人和贵人,而是广大的革命的人民群众。当然,人民群众之所以能决定社会的命运,是由于历史的客观规律必须通过人民群众的革命活动来开辟道路,而并非出于什么个人、集团或政党的"随意摆布"。依靠人民群众就是依靠历史的必然性,亦即依靠科学。科学和迷信毫无共同之处。科学是驳不倒的,革命的人民群众的力量是无敌的。那句"百不差,千勿愁,万无一失"的俗话,如果不是指钱越多越牢靠,而是指人越多越团结越有力量,那便是科学的真理了。

一九三七年苏联著名的飞行员奇卡洛夫等三人由莫斯科出发,飞越人类从未飞过的北极高空,穿过加拿大飞到美国。许多美国记者把苏联英雄们包围起来,有人甚至问起奇卡洛夫有多少财富。奇卡洛夫回答说："我有一亿七千万。""一亿七千万！"美国人惊奇了,"是卢布呢,还是美元？"奇卡洛夫笑笑："不,是一亿七千万人民。他们帮助着我,我也为他们服务。"

今天中国的私营工商业者,通过社会主义改造的实践和学习,能够认识到那种七等文官的哲学的虚妄,逐步改为采取奇卡洛夫的真实观点,把我国的六亿人民看作自己的最大财富,把个人的命运和祖国的命运结合起来,那便真的能达到"万无一失"的地步了。

一九五五年十二月

吃的美德

在参观山阴路的鲁迅故居时,有两件小事给我的印象很深:一是许广平先生记的小菜账,上面无非青菜、豆芽之类,鲁迅一家人通常每餐两菜一汤,吃得非常简单;另一是挂在楼上书室的窗口的竹篮,那是用来放老菱、荸荠、栗子之类的食物的,鲁迅工作到深夜,便剥两只风干的老菱或荸荠尝尝,这不仅是一种很好的享受,也颇能增加文思,——而在我们今天的参观者眼中,这又是一件特别富于诗意的事情。

这两件都是关于"吃"的小事。吃,固然是一切人的天生的本能和共同的欲望,在人和人之间却也有极大差别。有的人(例如鲁迅),吃得简单、朴素,却有风味、有诗意。而有的人正好相反,吃得豪华、浪费,却叫人看了觉得很有点"杀风景"。

《解放日报》曾经报道过一些上海社会生活中的奢侈浪费现象。例如,有次南华燕云楼到了几个客人,叫了满桌子的菜,大吃大喝,吃了三四个小时,一个个都酩酊大醉,最后有人便学美国兵的派头,掼盘子、敲瓶子,服务人员去劝告,也阻止不住,反而说:"今天我太开心了,打破了东西照价赔偿!"——像这样的吃,看了叫人作呕。

中国古代的哲学家说"礼乐"有两方面的功用:一是"节",即节制;二是"文",即美化。虽然古礼和古乐都早已失传了,但如果我们说:文化、道德、艺术等具有节制欲望和美化生活的双重功能,那还是完全正确的。那酒徒和饕餮者,不能节制欲望,把自己的生活丑化了,正是缺乏文化修养的表现。

我在这里说节制欲望,并不是要叫人"无欲"或"禁欲"。我们马克思主义者,不是道学家,不是清教徒;我们搞革命,搞社会主义建设,正是为了解放和发展社会生产力,使得劳动人民的物质和文化的需要能够越来越多地得到满足。

但是满足需要并不等于毫无节制。如果一个人对自己的欲望毫无节制,那是即使到了共产主义高级阶段,也永不会感到满足的。或者,暂时地"满足"了,如同南华燕云楼的醉汉一样,掼盘子、敲瓶子,当时感到"很开心",等到酒醒之后,也就觉得太无聊了。

今天,党中央再一次地提出了"节约"的口号。而且照我想,明天,后天,还会三次、四次地提出这个口号来的。这不仅因为我们建设社会主义必须用增产节约的方法来积累资金,同时也因为"文"和"节"是不能分割的,只有那养成了节约的美德的人,才会成为具有高度文化修养的人。

在我们上海,尽管副食品的供应已经有了若干改善,但总还免不了常常要"有啥吃啥"。你想吃鸡,却只能买到虾;你想吃冬笋,却只能买到荸荠。怎么办呢?动肝火,发脾气,责备供应部门吗? 当然,供应部门如有可以责备的地方,也是应该责备的。但若因为吃不到冬笋炒鸡丁而生气,却也大可不必。最好的办法还是稍稍节制一下。既然买到了虾,何不就把虾来"美化"一番,做一盆色香味俱全的炒虾仁? 既然买到了荸荠,那也不妨把它们丢进窗口的竹篮里,过几天风干了,剥来吃吃,也别有风味。

孟子在这一点上说得很对:"饮食之人无有失也,则口腹岂适为尺寸之肤哉?"有节制而又能美化,则饮食不仅是为了尺寸之肤,而是有了更高尚的意义了。

一九五七年一月

第三辑(1957 年)

诡辩术(一)

诡辩术并非新奇的货色,而是"古已有之"的。在中国先秦哲学家中,邓析"操两可之说",惠施主张"合同异",他们都是相对主义的诡辩论者。

惠施有一个有名的论题:"天与地卑,山与泽平。"一般人以为天地、山泽有上下、高低之分,不可混为一谈;惠施却以为高低只有相对的意义,其实高的也可以说低,低的也可以说高。因为"地之上皆天也",高山之上的天固然很高,但在那低凹的地方,天就很低,所以说:"天与地卑。"同时,不论高山和深泽,相对于复盖其上的天空来说,都是平等的。所以又说:"山与泽平。"

用同样的诡辩,当然也可以抹杀大小、长短、生死、寿夭等差别。黑白分明,大家都以为不能混淆;惠施、邓析一派辩者却提出"白狗黑"的论题,理由是:瞎了眼睛的狗叫瞎狗,那么白狗有黑眼珠,为什么不可以叫它作黑狗呢? 黑白可以混淆,是非也可以颠倒:真理即谬误,谬误即真理。

关于惠施、邓析一派的诡辩,荀子已从形式逻辑的角度作了批评:"此惑于用实以乱名者也。"客观事物(实)的性质和关系虽是有相对性的,然而它们有相对的确定性。因此人们用概念(名)来把握现实,也必须有确切的意义。如果认为现象既有相对性,概念便不能有确切的意义,宣称"高的也可以说低,低的也可以说高",那便是违背了形式逻辑的同一律。

唯物辩证法承认形式逻辑,但又要求比形式逻辑更进一步。辩证唯物主义者虽也承认客观事物的确定性是相对的,但它并不归结为相对主义。相对主义者抽象地谈相对,相对只是相对,它完全排斥绝对。辩证唯物主义者要求具体地把握事物的相对性,并且指出:相对之中有着绝对,决不可把相对和绝对割裂开来。对立的同一是相对的,对立的斗争是绝对的;事物的确定性(稳定状态)是相对的,客观现实的前进上升的运动是绝对的。一方面,我们必须具体地把握:在一定历史条件下,什么是香花,什么是毒草,而香花和毒草又如何随着条件的改变而相互转化。另一方面,我们又必须不断地用革命的实践来检验各种理论,为辩明真理和克服谬论进行坚持不懈的斗争。因为真理和谬论是不可调和的,二者之间的斗争是绝对的;而随着革命的实践的发展和通过反复的理论斗争,谬论不断地产生而又不断地被克服,真理便越来越丰富、越来越深刻、越来越生动,这也是绝对的。

诡辩术(二)

在先秦哲学中,同邓析、惠施一派辩者相对峙,还有另一派以公孙龙为代表的辩者,他们提出"白马非马"、"火不热"、"轮不碾地"等形式主义的诡辩论题。

为什么说"白马非马"? 这是因为在谈到"马"的时候,并不管马有什么颜色,黄马、黑马等一样合乎要求;但在谈到"白马"的时候,却肯定马的颜色是白的,黄马、黑马等便不合乎要求了。"白马"是特殊的东西,而"马"是一般的东西。按照公孙龙的说法,特殊和一般不仅在概念上有区别,而且在实际上可以割裂开来。"白马"和"马"乃是两种不同的存在物。

形而上学的"抽象思维"不可避免地要引导到唯心主义。关于公孙龙一派的诡辩,荀子早已作了正确的批评:"此惑于用名以乱实者也。"名实关系就是主观的观念形式和客观的实在内容之间的关系。公孙龙在头脑里作了一番概念(名)的游戏,便断定在实际上"白马"和"马"可以分割开来,离开了一匹匹的白马、黄马和黑马,另外在一个莫明其妙的地方,"藏"着一匹没有颜色的抽象的马。这便完全是唯心主义的虚构了。然而,客观现实是不随人们的意志而转移的,它并不因为有人作了一番诡辩,于是便改变了实际面貌和发展途径。据桓谭《新论》记载:"公孙龙常争论曰:'白马非马',人不能屈。后乘白马,无符传欲出关。关吏不听。此虚言难以夺实也。"这个小故事正好说明一个道理:在事实面前,诡辩论和唯心主义者没有别的出路,只有碰钉子一法。

诡辩术(三)

当希腊古典哲学趋于衰亡时,产生了一些折衷主义的学派;同样,当中国先秦哲学趋于没落时,也产生了"杂家者流"。杂家或折衷主义者——多半是一些随波逐流的投机分子——用无原则的或诡辩的方法把各种不同的论点杂凑在一起,似乎兼容并包,态度公正,其实不仅没有一点创造精神,而且在本质上是反动的。

列宁在他的名著《国家与革命》中说:"把马克思主义伪造为机会主义的时候,用折衷主义冒充辩证法最欺骗群众,能使人感到一种似是而非的满足，似乎考虑到了过程方面、发展的一切趋势、一切相互矛盾的影响等等，但实际上并没有对社会发展过程作出任何完整的革命的见解。"①

列宁这段话是针对考茨基之流第二国际机会主义者而发的，但也同样适用于今天中国的右倾机会主义者，亦即修正主义者。一切披了马克思列宁主义的外衣而实际在政治上为资产阶级效劳的人们，在方法论上总是千篇一律地用折衷主义的诡辩术来偷换辩证法——这可算是个定理。

孔子说："恶似而非者。恶莠，恐其乱苗也。恶紫，恐其乱朱也。"正因为如此，我们便必须特别当心地把唯物辩证法和折衷主义的诡辩术区别开来。唯物辩证法教导我们：为要揭露事物的本质，必须全面地把握现象，具体地分析各种矛盾，指出什么是主要矛盾，什么是非主要矛盾，什么是矛盾的主要方面，什么是矛盾的非主要方面，而主要的东西和非主要的东西又如何具体地（有条件地）互相联结和互相转化。折衷主义的诡辩术正好相反，它罗列一些非主要的矛盾现象，作一些似是而非的分析，正是为了掩盖事物的本质。

列宁说过："辩证法是具体的和革命的。"②只有具体地分析现实的矛盾，才能得出完整的革命见解；只有坚定地站在工人阶级的革命立场，才能具体地运用辩证法来解决问题。

---

① 列宁：《国家与革命》，《列宁选集》第3卷，第127页。
② 列宁：《无产阶级革命和叛徒考茨基》，《列宁选集》第3卷，第680页。

坏的见证[①]

自己用眼睛和耳朵获得的直接经验是极可宝贵的。那从书本上得来的知识,只有在得到感官的印证的时候,才觉得亲切有味。然而,这却不等于说感官是绝对可靠的证人。往往有这样的情形:由于某种谬误观点的指导,由于观察者具有一个"卑鄙的灵魂",他的眼睛和耳朵便为成见提供"论据",成了谬论的"见证"了。

《列子》书中有一个寓言,大意说:有人丢了一把斧头,他心里老怀疑是邻居的儿子偷的。于是他处处注意那人的行动:看他走路的样子,像是偷斧头的;看他脸上的颜色,像是偷斧头的;听他说话的语气,像是偷斧头的;总之,他的每一举动,每一态度,无有不像是偷斧头的。而其实,这都是无中生有。过了些日子,他在山谷里掘地,无意中把那把斧头又找回来了。

对这个寓言中的多疑的人来说,他的眼睛和耳朵乃是"坏的见证"。当然,这并不是由于他耳不聪、目不明。庸人自扰,只是因为他有一个庸人的灵魂。

太牢

"横眉冷对千夫指,俯首甘为孺子牛"——这是鲁迅的脍炙人口的诗句。在社会主义社会中,知识分子如能自比于耕牛,心甘情愿地为"孺子",也就是为工人阶级和劳动人民服务,将受到最

[①] 赫拉克利特说:"眼睛和耳朵对于人们乃是坏的见证,如果他们有着粗鄙的灵魂的话。"见北京大学哲学系外国哲学史教研室编译:《古希腊罗马哲学》,三联书店 1957 年版,第29 页。

大的尊敬。

但在封建社会中，为统治阶级所尊重的却不是耕牛，而是另一种在祭祀时用的被称为"太牢"的牛。按照儒者所说的古礼，这样的牛由皇帝亲自召见，"择其毛而卜之，吉，然后养之"；给它身上披锦绣，吃的是最好的嫩草和大豆；等到祭祀的时候，在庄严的古乐声中，又由皇帝亲自迎入太庙。……

封建的礼教，本是地主阶级用来维护等级制度的工具。"礼不下庶人，刑不上大夫"，对待一般老百姓，统治者是不讲"礼"而只用"刑"的。"士"位于"四民"（士、农、工、商）之首，也可算"庶人"的一部分，但一旦被统治者"礼遇"，便可以立刻上升为"大夫"，成为统治阶级的一分子。所以"礼之"、"下之"云云，没有别的意思，正是挑选一些"士"出来，使他们离开"庶人"，去为封建统治阶级的利益服务。

"士"离开"庶人"、知识分子离开人民群众，那便同牛变成了"太牢"一样，虽然身上披锦绣，其实已成为祭桌上的"牺牲"了。因为知识和文化，归根结底是在劳动人民的革命实践的基础上产生的；离开了劳动人民，知识分子便失去了知识的源泉、文化的土壤，很快就成为没有生命力的了。

在今天，虽也还有一些资产阶级知识分子，不能忘情于"太牢"身上披的锦绣，梦想入太庙去作"牺牲"；但他们之中的多数，已慢慢地觉悟过来了。鲁迅的诗句已成为越来越多的知识分子的座右铭，他们不愿意"昂首"受剥削阶级的虚伪的"礼"，而愿意"俯首"向工农群众学习，因而也就受到工农群众的真心的爱戴。

北宫黝

古时候有个勇士叫北宫黝。有人刺他的皮肤,他决不屈一下肌肉;有人刺他的眼睛,他决不转动眼珠避开;有人损害他一根毫毛,他就认为是奇耻大辱,好像在街市上受了鞭挞一样。他不能忍受一个穿宽大的毛布衣的普通人的侮辱,也不肯在万乘之君面前低头。他把刺杀万乘之君看作同刺杀一个普通人一样,他是不畏惧任何王公贵族的。不论对方是谁,只要攻击他一句,他一定立刻回骂。

这确实是一个勇敢非凡的人。但是,这种勇敢却也有可以批评的地方:他过于鲁莽,过于好勇斗狠,这倒是次要的缺点;更重要的是他不辨是非,不分敌友,对万乘之君和普通人、剥削者和被剥削者同等看待,这便难免有时要误用勇敢,走上错误的道路去了。

勇敢这种品德,在阶级社会里,也是有阶级性的。从劳动人民的立场看来,北宫黝不畏惧任何王公贵族,不肯在万乘之君面前低头,这自然是好的。但一个穿宽大的毛布衣的普通人,出于善意对他提出一点批评——譬如说,劝他不要过于好勇斗狠,应该克服自高自大的毛病和个人英雄主义等,他一听这话,便认为是损害他的毫毛,立刻冒火举起拳头来;这便是误用勇敢了。这时候,若有王公贵族在旁边看见,一定心里暗暗欢喜,知道这个莽汉于是可以用圈套俘虏过来,利用他来作为"爪牙"的了。

舍己从人

宗教家说上帝照着自己的形象创造人类,那是无稽之谈。正好相反,事实是人们照着自己的形象创造出种种神像。希腊哲学家克塞诺芬尼早已说过:"凡人们幻想着神是诞生出来的,穿着衣服,并且有着与他们同样的声音和形貌。埃塞俄比亚人说他们的神皮肤是黑的,鼻子是扁的;色雷斯人说他们的神是蓝眼睛、红头发的。可是假如牛、马和狮子有手,并且能够像人一样用手作画和塑像的话,它们就会各自照着自己的模样,马画出和塑出马形的神像,狮子画出和塑出狮形的神像了。"①

不仅塑造神像是如此,人们还各自照着自己的模样来塑造别人的灵魂。父亲希望儿子像自己,如果不像,便叫他作"不肖子"。各个时代的"灵魂工程师"——作家、艺术家、教师、保育员等等,都在有意无意中拿自己作为榜样,教育着年轻一代。

但是,有名副其实的灵魂工程师,也有灵魂的蛀虫。封建时代的冬烘先生,自己"非礼勿视,非礼勿听",教出学生来也一个个"非礼勿言,非礼勿动"。在资本主义社会里,诗人、作曲家和画家把艺术当作赚钱和追求个人地位的手段,在他们的作品的影响下,许多青年人走上了个人主义的罪恶道路。

克雷洛夫有一篇题名"作家和强盗"的寓言。他说:跟一个用甜言蜜语来传播毒素的著名作家比较起来,那在大路拦劫过客的强盗的罪孽就不算什么。在地狱里进行公正的裁判的时候,复仇女神对那强盗的惩罚较轻,对那作家的惩罚较重;她用越来越猛烈的火焰,长期地烧灼那作家的骨头。

教育者自身须受教育。但是,向谁受教育,按照谁的模样来

① 北京大学哲学系外国哲学史教研室编译:《古希腊罗马哲学》,三联书店1957年版,第46页。

教育自己呢？孟子有一段话说得很好："大舜有大焉，善与人同。舍己从人，乐取于人以为善。自耕、稼、陶、渔以至为帝，无非取于人者。取诸人以为善，是与人为善者也。"舜是原始社会的一个领袖(即所谓帝)，他在当时是人民群众的导师，很能够"与人为善"。而他之所以能够与人为善地来教育群众，则在于他能够"舍己从人"，善于向人民群众学习。

在今天来说，"舍己从人"的意思便是把"我"的地位摆在工人阶级和劳动人民之下，努力照着工人阶级和劳动人民的形象来改造自己的灵魂。舍己从人，便能与人为善。当教育者作为名副其实的灵魂工程师来教育别人的时候，也不过是照着工人阶级和劳动人民的形象来塑造别人的灵魂罢了。

人们利用规、矩来画圆形和方形，但规、矩原是自然界早已存在的圆形和方形的东西的集中。作家对于读者，教师对于学生，保育员对于儿童，都应该是生活的"规矩"；而真正的"规矩"，不能是别的，只能是工人阶级和劳动人民的形象的集中。所以，我以为，对于一切教育者，记住"舍己从人，乐取于人以为善"的话，是有帮助的。

染丝之叹

墨子见人染丝，便感叹说："染于苍则苍，染于黄则黄。所入者变，其色亦变。五入必(毕)，而已则为五色矣。故染不可不慎也。"

这个"染丝之叹"是很有名的。墨子以为人是环境的产物，他并不懂得环境正是由人来改造的，而在改造环境的过程中人又改造了自己。但这不妨害我们也来利用一下染丝的比喻（因为比喻原只是取某一方面的相似而已）：当婴儿呱呱堕地的时候，一概同素丝一样，很难说有色彩的区别。人们在性格上的种种色彩，是在社会实践中、在与他人进行交往的种种活动中，逐渐形成起来的。

社会实践之所以能塑造人的性格，关键在于养成习惯。中国人常说："习惯成自然。"欧洲人也说："习惯是第二天性。"一个人从事某种活动，习之既久，便形成了某种"动型"（巴甫洛夫用语），具有某种仿若天性的稳固的"倾向"了。

倾向、态度、德性，正像技巧一样，都是习惯的结果。一个人学弹琴，如要获得熟练技巧，必先养成弹琴的习惯。而习惯既经养成，一旦没有琴可弹，便会觉得手指痒，心中不乐。同样的道理，如要培养儿童的自觉纪律的德性，必先让他们在课堂上、操场上养成守秩序的习惯。这种习惯既经养成，儿童开始有了自觉遵守纪律的倾向，如果碰到某种秩序混乱的情况（譬如说，公共汽车站不排队上车），他便觉得心中不满，要挺身而出加以干预了。可见一切习惯都具有稳固性、持久性。事情违背习惯，便觉得看不顺眼，心里不舒服。而假如客观情况改变得很剧烈，必须完全放弃原有的习惯，破坏已经形成的"动型"，那便不可避免地要产生彷徨、忧郁的心情了。

但是习惯有好有坏，有的符合社会发展的要求和工人阶级的利益，有的却不符合，甚至是对抗的。列宁曾经说过，在旧社会里教养出来的人，"可以说从吃母亲奶的时候起就接受了这种心理、习惯和观点——不是奴隶主，就是奴隶，或者是小私有者、小职员、小官吏、知识分子,总之,是一个只关心自己而不顾别人的人"①。这样的一种心理和习惯,跟社会主义的原则是显然相违背的。

虽然我国的社会经济制度已经发生变革,然而习惯是有惰性的,从旧社会带来的"只关心自己而不顾别人"的习惯,依然是一个强大的势力。一方面,正因为它有力,工人阶级政党便必须坚持不懈地对群众进行集体主义的教育,用工人阶级的组织性和纪律性来跟旧习惯势力作斗争。另一方面,也正因为它有力,人们必须克服它而又一时不容易克服。

要把已经是灰色或黑色的丝改染成红色,要养成集体主义的新习惯和克服旧习惯,这需要一个实践和教育过程。这个过程有的长些,有的短些,有的直捷些,有的曲折些。但有一点可以断定:社会制度既已根本改变,客观条件已完全具备,关键就在于主观努力了。

蒙鸠之喻

荀子《劝学篇》是我很爱读的一篇文章。固然,论学习的具体内容,二千多年前的荀子和我们完全不同,我们要学习马克思列宁主义,而荀子却劝人"始乎诵经,终乎读礼"。但《劝学篇》里尽有些至理名言,如"锲而舍之,朽木不折;锲而不舍,金石可镂",又如"小人之学也,入乎耳,出乎口。口耳之间则四寸耳,曷足以美七尺之躯哉?"等等,给今天的青年学生读一读,依然很有鞭策

---

① 列宁:《青年团的任务》,《列宁选集》第4卷,第291页。

作用。

我最近又把这文章读了一遍，却特别注意到了下面这个小寓言。

"南方有鸟焉，名曰蒙鸠，以羽为巢，而编之以发，系之苇苕。风至苕折，卵破子死。巢非不完也，所系者然也。"

这很值得我们知识分子深思。知识分子的劳动，不论是写诗、作画、搞技术或研究科学，都可比喻为鸟儿筑巢。鸟巢是不能"悬空八只脚"，一无依傍的。知识分子必须依附于一定阶级。问题在于：你是依附于无产阶级呢，还是依附于资产阶级？你是筑巢在乔木之上呢，还是把它"系之苇苕"？在社会主义革命的大风暴中，资产阶级好比一枝芦苇已经折断，即将被连根拔去。原来依附在资产阶级身上的知识分子，如果还不肯赶快迁居，那就难免同蒙鸠一样，要遭受"卵破子死"的命运了。

荀子在下文说："君子慎所立乎！"翻译成白话，就是知识分子必须端正自己的立场！但人和鸟毕竟又不同。鸟儿筑巢，出于本能，本能是无法改变的。那愚蠢的蒙鸠，第一次"卵破子死"，第二次还要把它的巢"系之苇苕"。人的立场却是在社会生活中养成的，它完全可以通过革命的实践和教育来改变。原来站在资产阶级立场的知识分子，只要他有决心来改造自己，经过一段时间的锻炼，完全可以从苇苕迁到乔木，并为工人阶级的事业作出贡献。

幸福

在庆祝十月社会主义革命四十周年的节日里，全世界劳动人民的心向着莫斯科，谈论着苏联共产主义建设的伟大成就，谈论着人造地球卫星,谈论着"幸福"。

幸福、共产主义和苏联——简直可说是同义词。共产主义是在苏联开始的,全世界劳动人民的幸福也是在苏联开始的。

我因此想起了马卡连柯的一篇谈"幸福"的文章。他说:要知道,在我们的街道上已经看不见那些大腹便便的吸血鬼,看不见成群的食客、走狗和奴才,看不见被掠夺的、被怨毒所摧毁了的群众:这已经是我们莫大的幸福了。"而且,"马卡连柯说,"幸福还在于今后也再不会看见这些东西,幸福还在于我们无限美好的广大前途。"①

这位苏联的杰出的教育家和小说家所说的话,今天的中国人民特别感到亲切。我们在经济战线上(在生产资料所有制上)的社会主义革命已取得决定性的胜利,剥削制度已从根本上摧毁;因此不仅我们这一代人的幸福,而且子孙万代的幸福,已有了物质的保证了。

"幸福"在我们的国土上已经诞生,它每年、每月、每日、每小时都在壮大起来。

然而客观上有了物质的保证,还不等于主观上人人都有了幸福之感。我已不止一次听到人说:"生活太单调了! 早晨从家里到办公室,下午从办公室到家里,一天忙忙碌碌,没有一点新鲜的感觉。"说话的自然是一些知识分子,知识分子是惯于嘲弄自己的,这些人称自己的生活方式为"两点一线"。

能说这样的嘲弄是反映了真实情况吗? 当然不能。社会主

---

① 马卡连柯:《论共产主义教育》,第18页。

义的现实正在生气勃勃地向前发展,它的每一项工作都是创造性的工作,它的每一个细胞(家庭、学校、机关、工厂、合作社等)并不闭关自守,而是门窗大开着,同周围的丰富多彩的世界密切联系着的;即使你真的过的是"两点一线"式的生活,你也可以通过报纸、杂志、书籍、广播等等门窗来吸取阳光和新鲜空气。那么,又怎能说"生活单调"、"没有一点新鲜的感觉"呢?

马卡连柯在他的文章里又说:苏维埃人"已经学会了在工作中、在创造中、在胜利中、在斗争中成为幸福的人,学会了在知识中成为幸福的人,学会了在休息中成为幸福的人。……"[1]他这几个"学会了"说得很好。原来,我们的那些"一天忙忙碌碌,没有一点新鲜的感觉"的知识分子,还没"学会"在工作中、在知识中、在休息中成为幸福的人。这就是问题所在。

为什么还没学会?——决不能怪客观现实,只能怪自己的主观意识。一般说来,在客观上,今天知识分子的劳动已是社会主义事业的一部分;但在主观上,他们却还具有比较浓厚的资产阶级思想。资产阶级思想是腐朽的东西,它同社会主义的生动的现实是完全违背的——这就是许多知识分子感到情绪被动、在工作中缺乏爱和信心的根本原因。

一个人在工作中缺乏爱和信心,便不能充分发挥积极性。这对社会主义事业是不利的。而问题的严重性还在于:当右派分子向我们猖狂进攻的时候,那些感到情绪被动的知识分子,曾或多或少地表现出政治上的动摇。

---

[1] 马卡连柯:《论共产主义教育》,第 19 页。

所以,为了巩固社会主义制度和推进社会主义事业,同时也为了使人们(特别是知识分子)学会在工作中、在知识中、在休息中成为幸福的人,展开一个批判资产阶级思想和确立工人阶级思想的整风运动,是完全必要的。

第四辑　史　与　思

充分发挥学会的战斗作用

今天参加这个会议，我感到很高兴。十几年没有开这样的会了。我们这个哲学学会，同社联的其他学会有点不同，活动时间要长一些。全国刚解放不久，中央成立了中国哲学会，上海也就有了哲学分会。当时冯定同志是哲学分会的主席。到一九五八年，上海哲学学会作为社联的一个学会，队伍扩大了。在"文化大革命"前的十七年中，我们哲学学会不能说没有缺点和错误，例如在同工农结合方面是做得差一些；但是也做了不少工作，为当时普及哲学，开展对于修正主义哲学思想的批判，以及为国际上哲学学术的交流等作出了努力，工作是有成绩的，毛主席革命路线在我们哲学学会是占主导地位的，这些是不容抹煞的。"四人帮"一概否定上海市社联以及各学会的全部工作，实行文化专制主义。在哲学领域，他们恣意践踏辩证唯物主义和历史唯物主义，而只让唯心主义横行、形而上学猖獗。

一九七五年我和其他同志一起编了个《中国哲学史讲话》，其中提出研究哲学不能以所谓"儒法斗争"为线索，而必须以阶级斗争为指导线索。这个观点当时遭到了罗思鼎头目的训斥，责问我们矛头是指向谁的。又比如，在一次会见外宾的过程中，我说了一句"哲学史不应成为帝王将相史"的话，当即被罗思鼎的二头目打断;后来又指责我,说我是宣扬拉萨尔观点、修正主义观点,给我扣上几顶大帽子。"四人帮"及其余党对我们的打击、迫害,是几天几夜也说不完的。华主席为首的党中央一举粉碎了"四人帮",使我们哲学界也得到了解放。我感到非常舒畅。前几年在"四人帮"一伙的压制下,我不愿写书,只是零星做点笔记,搞些资料,心想司马迁写书,尚能"藏之名山,传于后世",可是我却不能,怕哪一天被抄了去,构成什么罪名。现在,我的这种顾虑消除了。从理论上深入批判"四人帮",第一个方面就是哲学。我们还要为高速度实现四个现代化,在哲学思想方面大造舆论。我们的担子很重,但是又很光荣,我们一定要解放思想,不要心有余悸,也不要怕犯错误,要敢想敢说,要正本清源,拨乱反正,在斗争中充分地发挥我们哲学学会的作用。

(署名冯契,本文是作者在 1978 年 2 月 21 日上海市社联委员扩大会上的发言整理稿,原载《解放日报》1978 年 2 月 24 日第 4 版)

马克思主义的科学态度
——学习毛泽东同志给李达同志的三封信

在纪念毛主席诞辰八十五周年的时候,我们捧读了他老人家给哲学家李达同志的三封十分亲切感人的信,使我们深受教育。这些信件反映了伟大领袖毛主席和李达同志的革命情谊。但这些信件决不只是给李达同志的私人信件,也是留给我们全国人民,特别是理论工作者的宝贵的教导。在今天,对于我们在理论战线上拨乱反正,澄清被林彪、"四人帮"长期颠倒了的是非,更是具有重要的指导意义。

毛主席这三封信的内容是与李达同志讨论哲学问题的。在信中毛主席谈到了对自己的著作《实践论》和《矛盾论》的修改意见,谈了对李达同志著作的评价和修改意见,以及对哲学普及工作的建议。信中提到《实践论》和《矛盾论》各有一处要修改。一处是关于太平天国这一具体历史事件的判断和评价问题,毛主席说:"《实践论》中将太平天国放在排外主义一起说不妥,出选集时拟加修改。"①另一处是关于矛盾发展的不平衡性的原理的概括和表述问题,信中说:"《矛盾论》第四章第十段第三行'无论什么矛

---

① 《毛泽东书信选集》,人民出版社1983年版,第407—408页。

盾,也无论在什么时候,矛盾着的诸方面,其发展是不平衡的',这里'也无论在什么时候'八字应删,在选集第一卷第二版时,已将这八个字删去。"①毛主席这种对待自己著作的马克思主义的科学态度,为我们在理论研究工作中坚持求实精神和革命学风,树立了榜样。

马克思主义是科学。既然是科学,它就要求人们用科学的态度来对待它。早在抗日战争时期,毛主席就说过:"科学的态度是'实事求是','自以为是'和'好为人师'那样狂妄的态度是决不能解决问题的。"②毛主席从来都认为马克思主义理论并不是天才头脑的产物,而是人民群众革命斗争的经验的科学总结。科学产生于实践。真正的科学理论在世界上只有一种,就是从客观实际抽出来,又在客观实际中得到了证明的理论,没有任何别的东西可以称得起科学理论。毛主席一向认为他的著作同其他革命导师的科学著作一样,是在实践中产生的,是时代的产物,当然也要由实践来检验。"在客观实践中得到检验,证明是真理,这才算是真理,不然就不算。"③在一九六二年扩大的中央工作会议上,毛主席又谈到他在抗日战争前夜和抗日战争时期写的一些论文,例如《中国革命战争的战略问题》、《论持久战》、《新民主主义论》、《〈共产党人〉发刊词》以及替中央起草的一些关于政策、策略的文件,都是革命经验的总结。"那些论文和文件,只有在那个时候才能产生,在以前不可能,因为没有经过大风大浪,没有两次胜利和两

---

① 《毛泽东书信选集》,第 445 页。
② 毛泽东:《新民主主义论》,《毛泽东选集》第 2 卷,第 662—663 页。
③ 毛泽东:《增强党的团结,继承党的传统》,《毛泽东文集》第 7 卷,第 90 页。

次失败的比较,还没有充分的经验,还不能充分认识中国革命的规律。"①这种把自己的著作看作是实践经验的总结,客观规律的反映,正是彻底的唯物主义的精神,丝毫不存在什么"先哲"一类的形式的甚至神秘的念头在里面。

科学产生于实践,它还要随着实践的发展而发展,永远不会停止在一个水平上。毛主席不仅在这些信中谈到对自己著作的修改意见,一九六一年他老人家还当面对李达同志说,《实践论》和《矛盾论》是二十多年前写的,现在革命实践发展了,有些地方也需要修改,可惜没有时间。这都说明革命导师从来不认为自己的著作是"终极真理",而是要随着实践发展而发展的科学理论。这是彻底的辩证法,与任何一种形而上学观点相对立。从前各式各样的哲学家、思想家,差不多都把自己的思想说成是最后的绝对真理。只有马克思主义哲学才破天荒地打破了这种妄想。它认为"真理是在认识过程本身中,在科学的长期的历史发展中"②。真理是过程。这个原则同样适用于马克思主义本身。毛主席对待自己著作的科学态度就表明,不但对于具体事件的分析和评价要随着实践和认识的发展,力求准确和符合实际;即使对于哲学普遍原理的概括和表述,也要随着实践和认识的发展,不断使之更加精确、更加完善。我们在运用普遍原理的时候,必须同具体革命实践相结合,这种结合的过程,也是通过实践来证实和发展马克思主义普遍真理的过程。随着我国实现四个现代化的革命

---

① 毛泽东:《在扩大的中央工作会议上的讲话》,《毛泽东文集》第 8 卷,第 299 页。
② 恩格斯:《路德维希·费尔巴哈和德国古典哲学的终结》,《马克思恩格斯选集》第 4 卷,第 216 页。

实践的发展,客观现实将会提出许多新的需要研究的课题,马列主义、毛泽东思想将会获得新的重大发展。辩证唯物主义认为,客观世界的运动变化永远没有完结,人们在实践中对于真理的认识也永远没有完结。"马克思列宁主义并没有结束真理,而是在实践中不断地开辟认识真理的道路。"①如果不是这样,马克思主义就会变成僵死的教条,科学的理论就会变成非科学的东西。这不仅损害了马克思主义理论本身,而且也将给革命事业带来极大的危害。

学习毛主席这三封信,还使我们深深地感到,发展马克思主义科学真理是与发扬社会主义民主分不开的。毛主席一贯认为领导科学要用民主的方法。对于科学上、艺术上的是非,应当保持慎重的态度,提倡自由讨论,不要轻率地作结论。那种利用行政力量,强制推行一种风格,一种学派,禁止另一种风格,另一种学派,就会有害于艺术和科学的发展。毛主席在信中与李达同志讨论哲学问题,就是用的这种方法。对李达同志文章的修改意见,总是用"请加斟酌"、"请加注意"、"未知以为如何"②这样的商量语气,毫不以自己的意见强加于人。在理论工作中,我们要认真学习毛主席这种平等待人的民主作风。这些年来,由于林彪、"四人帮"的干扰,这种作风是大大地被破坏了。用国民党特务张春桥的话说,百家争鸣,就是"一家作主,最后听江青的"。"四人帮"的一个顾问,竟说百家争鸣应改成"百鸟朝凤"。这哪里有一点科学上的民主,这完全是封建法西斯专政。我们一定要以

---

① 毛泽东:《实践论》,《毛泽东选集》第 1 卷,第 296 页。
② 《毛泽东书信选集》,第 407、445、487 页。

毛主席这三封信和他的一贯教导为武器,在理论战线上真正贯彻百家争鸣的方针,用社会主义民主的方法,用自由讨论的方法,去发展我们的文化和科学事业,以适应四个现代化建设的需要。

（本文由冯契、丁祯彦合作撰写,原载《文汇报》1978 年 12 月 29 日第 1 版）

略论荀子的思想方法

荀子是战国末期的唯物主义思想家。当时"诸侯异政,百家异说"(《荀子·解蔽》),在思想战线上提出的任务是对诸子百家的学说进行批判的总结,从而为即将建立的统一的中央集权的封建国家作理论准备。荀子说他自己的任务在于进行"辨说",也就是进行理论的分析批判。他用朴素的唯物主义批判地审查了诸子百家,涉及经济、政治、教育和各个文化领域。虽然他的分析批判深深地打上了剥削阶级的印记,然而正是在这个过程中,他在哲学思想上达到了朴素唯物主义和朴素辩证法的统一。本文试对荀子的思想方法作一简略的评介。

一、"符验"——用事实来检验理论

荀子在《性恶》篇中说了一段很重要的话。他说"善言古者必有节于今,善言天者必有征于人。凡论者,贵其有辨合、有符验。故坐而言之,起而可设,张而可施行。今孟子曰:'人之性善',无辨合符验,坐而言之,起而不可设,张而不可施行,岂不过甚矣哉!"这段话是直接批评孟子的性善论的,但他用朴素唯物主义的名实统一的观点来解决先秦哲学争论的三个主要问题,即古今之争、天人之辩和名实之辩,具有方法论的意义。

第一,在古和今的关系上,"善言古者必有节于今"。必须用当前的现实去检验古代传下来的道理。并不是不可以讲古,荀子很重视向历史学习,总结历史经验教训,不过要"以今持古"(《荀子·儒效》),"处于今而论久远"(《荀子·解蔽》)。只有认识了"后王之道",才能正确的评价"百王之法";而研究过去的"百王之法",也是为了"应当时之变"(《荀子·儒效》)。这是具有唯物主义精神的。为处于上升时期的地主阶级进行政治变革,提供了认识论的依据。

第二,在天人关系上,"善言天者必有征于人"。强调要用人的活动检验有关天的理论,如果离开了人事去冥想天道,就决不能认识万物的真实面貌。"错人而思天,则失万物之情"(《荀子·天论》)。正是人们的实践活动证明,没有什么神秘的天,天就是物质的自然界。列宁曾经指出:"人类的实践证明唯物主义认识论的正确性,并且把那些想离开实践而解决认识论的基本问题的尝试称之为'经院哲学'和'哲学怪论'。"①荀子虽然没有社会实践观点,但他从人们改造自然的生产斗争中,提出"明于天人之分"(《荀子·天论》),认识到自然规律是客观的,不依人们的意志为转移;而人又能"制天命而用之",掌握自然规律并利用它来达到自己的目的。这就既批判了孟子所宣扬的通过闭门思维唤醒天赋观念,从而役使万物,无限夸大人的思维能力的唯心主义;又批判了老庄一派"从天而颂之","因物而多之",(《荀子·天论》)一味歌颂天而蔑

━━━━━━━━━━

① 列宁:《唯物主义和经验批判主义》,《列宁选集》第2卷,第99页。

视人为的另一种形式的唯心主义。在当时的条件下,对天人关系作了比较正确的解决。

第三,在名实关系上,荀子说:"凡论者,贵其有辨合、有符验。"所谓"辨合",就是分析与综合;所谓"符验",就是要用事实来检验理论,看其是否符合。一切言论和理论,重要的是要有分析、综合,有事实验证;然后才可以布置安排,见诸实行。孟子的性善论,一无辨合,二无符验,三不可施行,岂不是错误的吗? 荀子用理论与事实一致、知和行统一的观点有力地批判了孟子的理论和事实相分离、知和行相脱离的唯心主义。

理论与事实一致、知和行统一,就是荀子所说的"符验"。正是从这一唯物主义观点出发,他要求按照"制名以指实"(《荀子·正名》)的原则来"辨同异",用唯物主义的思想方法反对先验主义的思想方法。恩格斯在批评先验主义的思想方法时曾经指出:"这一方法是:不是从对象本身去认识某一对象的特性,而是从对象的概念中逻辑地推论出这些特性。首先,从对象构成对象的概念;然后颠倒过来,用对象的映象即概念去衡量对象。这时,不是概念应当和对象相适应,而是对象应当和概念相适应了。"①孔子的"正名"论正是这种用玄想的概念去衡量对象的先验主义的方法。荀子与这种先验主义的思想方法相反,他反对从对象构造形而上学的概念,而强调概念对感性事实的依赖关系。他说:"何缘而以同异? 曰:缘天官。"(《荀子·正名》)凭着什么使名称或概念有同异呢? 凭着感官。人的感官接触外物,能把握千差万别的现

① 恩格斯:《反杜林论》,《马克思恩格斯选集》第 3 卷,第 437 页。

象。例如事物的形状、颜色，凭着眼睛来知觉它们的差别；声音的清、浊、和谐与不和谐，凭着耳朵来知觉它们的差别，等等。但是，异中有同。"凡同类同情者，其天官之意物也同；故比方之疑似而通。是所以共其约名以相期也。"（《荀子·正名》）人们同类同情，他们的感官对客观事物的反应也相同。所以只要把事物进行比较，把类似的概括起来，就可以交流思想。这就是人们所以能够共同约定名称、概念来互相交际的原因。但理性思维不能脱离感觉经验，概念必须用感性事实来验证（"征知"）。荀子认为，首先是感官接触外物而获得千差万别的个别印象，然后是理性从中概括出一般概念，而后又用事实作验证，这就是概念的形成过程。荀子站在唯物主义的立场上，从感性和理性的关系来阐述同异关系（一般和个别关系），提出了比较合理的见解。

二、"辨合"——分析与综合相结合

如果说荀子的"符验"，是朴素唯物主义观点，那么，"贵其有辨合"则是朴素辩证法思想。辨合就是分析与综合。分析与综合是辩证思维方法的核心。列宁在《哲学笔记》中指出："这个既是分析的又是综合的判断的环节，……应当叫做辩证法的环节。"[1]并且引黑格尔的话说，这种分析与综合的方法，即认识客观真理的方法，"不是呈现为外在的反思，而是从它的对象自身中取得规定的东西，因为这个方法本身就是对象的内在原则和灵魂"[2]。这

---

[1] 列宁：《哲学笔记》，《列宁全集》第 55 卷，第 190 页。
[2] 列宁：《哲学笔记》，同上书，第 189 页。

就是说,客观事物是具有许多规定的复杂的统一体,当人们的认识处于感性阶段的时候,事物是作为一个感性的具体反映到人们头脑中,这时的具体只是一种混沌的未经理解的东西,还不能反映事物的本质;只有经过一番分析工作,即将表象中那些偶然的、非本质的东西舍掉,抽象出那些必然、本质的东西,得到一些单纯的规定;然后对这些单纯的规定加以综合,使对象作为一个整体再现出来,才能进到对事物本质的、具体的认识。所以我们说分析与综合相结合的认识方法,不是从对象之外找些规定加到对象上去,而是从对象本身来认识对象,亦即用矛盾分析方法来认识事物。分析与综合相结合的思想方法,从本质上说就是分析矛盾、解决矛盾的方法。

在荀子看来,分析与综合的客观根据是事物的同异关系,要正确地进行"辨合",还必须运用"类"、"故"、"理"的范畴。他说:"辨异而不过,推类而不悖;听则合文,辨则尽故;以正道而辨奸,犹引绳以持曲直;是故邪说不得乱,百家无所窜。"(《荀子·正名》)这段话的意思是说:第一,要辨别差异而无过错,根据"类"的关系来进行推理而不悖乱;第二,听别人的意见要吸取其中合理的东西,进行"辨说"(论证和反驳)要全面地阐明所以然之"故"(根据或理由);第三,要用正道来辨别奸言,就好像用绳墨来衡量曲直。做到这三条,一切邪说就不能捣乱,诸子百家的谬论就无处逃窜了。这里讲到了三个互相联系的范畴:"类"、"故"、"道"(理)。这些范畴先是由墨家提出来的,荀子又有所发展,并把它作为方法(工具)来同邪说、诡辩进行斗争。

"推类而不悖",是说逻辑推理必须以事物的"类"即种属关系为根据。荀子运用这一原则批判思孟学派，说他们"案往旧造说，谓之五行"（《荀子·非十二子》）。旧时的五行说原指五种物质元素，子思却利用它来进行捏造，说："木神则仁，金神则义，火神则礼，水神则智，土神则信。"荀子认为这样比附就是"甚僻违而无类，幽隐而无说，闭约而无解"（《荀子·非十二子》）。怪诞而不可类推，神秘而不可论证，晦涩而不可理解。因为金、木、水、火、土是自然现象，仁、义、礼、智、信是道德规范，二者不同类，不能进行类比。思孟学派运用形而上学的抽象，把五行捏造为五个神秘主义的原理（木神、金神等），用它作为构造世界的模式，由此"类推"出仁义礼智信，这完全是穿凿附会，毫无根据。虽然荀子的"类推"带有很大的形而上学局限性，他说"古今一也，类不悖，虽久同理"（《荀子·非相》），不知道规律的历史性，但他坚持唯物论的反映论，批评思孟学派"略法先王而不知其统"（《荀子·非十二子》）（"统"，即"统类"）。提出"是非疑，则度之以远事，验之以近物，参之以平心"（《荀子·大略》）以及"以近知远，以一知万，以微知明"（《荀子·非相》）的原则，却是十分可贵的。

"辨则尽故"。后期墨家讲"辞以故生"（《墨子·大取》）。"故，所得而后成也"（《墨子·经上》）。"故"，从客观上说是现象产生的原因；就逻辑上说即"根据"。《墨经》区别了"小故"和"大故"。"小故，有之不必然，无之必不然"（《墨子·经说上》），是指现象所以产生的必要条件。"大故，有之必然，无之必不然"（《墨子·经说上》），是指某一事物或现象产生的充分而必要的条件。有了它这一现象必然发生，没有它这一现象必然不能发生。后期墨家讲"故"基本上属于形式逻辑的范围。荀子讲"辨则尽故"，则是说在辩论时要全面阐明其理由(或根据),具有辩证法因素。他在《非十二子》中批评了当时许多学派,说这些学派似乎"持之有故,言之成理",而实际上都违背了"辨则尽故"的原则,因为他们都是"蔽于一曲,而暗于大理"(《荀子·解蔽》),只看见矛盾的一方面而不见另一方面,以片面的理由作根据,构造出一套理论,用以欺骗和迷惑人民。

那么,怎样才能"辨则尽故"呢? 荀子提出"以道观尽"(《荀子·非相》)的原则,就是从"道"的观点出发,全面地看问题。这也就是"以正道而辨奸,犹引绳以持曲直"(《荀子·正名》)。荀子的"道"哲学上固然是指客观规律,但按其政治内容来说,无非是封建地主阶级的道。因此,他所谓"以正道而辨奸",实质上是用封建主义来批判各种思潮和学派。虽然,封建主义的"道"在当时的历史条件下具有一定的进步意义,但它终究是剥削阶级的意识形态。荀子说:"夫民易一以道而不可与共故"(《荀子·正名》),认为人民群众是愚昧无知的,易于用封建主义的道来统一他们的思想,却不能跟他们讲明所以然之故。"辨则尽故"只是君子的事,对老百姓是用不着的。这充分暴露了荀子的剥削阶级的偏见。

不过,在荀子看来"辨合"与"符验"是不能分割的。思想方法要遵循客观规律。他说:"辨说也者,心之象道也……心合于道,说合于心,辞合于说,正名而期,质请(情)而喻。"(《荀子·正名》)这是说:思维要符合客观规律,推理要符合逻辑思维,判断要符合推理形式,运用正确的名称来表示物象,根据事物的实际情况来说明事物,这才是概念、判断和推理之间的正确关系,而在唯物主义的基础上达到名实相符,则是总原则。恩格斯说:"头脑中的辩证法只是现实世界,即自然界和历史的各种形式的再现。"①又说:"我们的主观思维和客观世界遵循同一些规律,因而两者的结果最终不能互相矛盾,而必须彼此一致,这个事实绝对地支配着我们的整个理论思维。这个事实是我们的理论思维的本能的和无条件的前提。"②荀子讲"心合于道",就不自觉地肯定了这个理论思维的前提。

三、"解蔽"——破除思想上的主观片面性

要正确进行"辩合"就要"解蔽",即破除人们思想上的主观片面性,以便能全面地、正确地认识客观世界,把握客观事物的道理。荀子认为人们思想方法上的通病("心术之公患"《荀子·解蔽》),往往是根据片面的材料和局部的经验,而得出结论,其结果必然是"蔽于一曲,而暗于大理",被事物的一个方面("一曲")所蒙蔽,而看不见全面的根本的道理("大理")。凡是犯有这种思想片面性的人,总是"私其所积,唯恐闻其恶也;倚其所私,以观异术,唯恐闻其美也"(《荀子·解蔽》)。就是说,那些自以为是,抱有主观偏见的人,对自己的偏见唯恐听到别人的批评;对于别人的见解,唯恐听到有人赞扬。他自己背离了真理,又嫉妒别人掌握真理,自欺欺人,怎么能不走上错误的道路呢? 荀子在这里把思想上的片面性与主观性联系起来分析,这就揭露了片面性产生的主观主义根源。

荀子还分析了思想方法上的片面性产生的客观原因。他说:"故为蔽:欲为蔽,恶为蔽;始为蔽,终为蔽;远为蔽,近为蔽;博为

① 恩格斯:《自然辩证法》,《马克思恩格斯选集》第 4 卷,第 302 页。
② 同上书,第 364 页。

蔽,浅为蔽;古为蔽,今为蔽。凡万物异则莫不相为蔽,此心术之公患也。"(《荀子·解蔽》)"凡万物异则莫不相为蔽",这句话接触到了辩证法的一个重要问题。世界上的万事万物都有差异,差异就是矛盾。观察事物如果只看到矛盾的一个方面,知其一不知其二,为矛盾的一个方面所蔽,这就产生了认识的片面性。荀子所说的欲、恶、终、始等都是矛盾着的对立面。对于一件事情,只见其可欲的一面,而不知其可恶的一面,那就为欲所蔽,可是世界上的事情都是复杂的,没有绝对纯粹、绝对单一的东西。某事往往有其可欲的一面,又有其可恶的一面;有其利的一面,又有其害的一面。所以,"凡人之所取也,所欲未尝粹而来也;其去也,所恶未尝粹而往也"(《荀子·正名》)。一个人要求得到的,并不完全是他原来所希望的;他所去掉的,也不一定完全是他所厌恶的。因此,荀子要求人们"见其可欲也,则必前后虑其可恶也者;见其可利也,则必前后虑其可害也者"(《荀子·不苟》)。只有这样全面看到利害得失,才不会在行动上犯错误。

荀子"解蔽"的思想方法也是对前人的继承。孔子在认识论上提出"毋意、毋必、毋固、毋我"(《论语·子罕》),就是认为不要有私意,不要强加于人,不要固执己见,不要自以为是,这里已经有了反对主观片面性的意义。老子看到了名称、概念在表达客观发展法则上的局限性,但他夸大了这种局限性,主张"无名"论,引导到唯心主义和不可知论。不过他提出"涤除玄览,能无疵乎?"(《老子·十章》)(帛书《老子》乙本:"涤除玄监(鉴)能毋有疵乎?"[①])强调

---

① 参见《帛书老子校注》,中华书局 1996 年版。

"以身观身，以家观家，以乡观乡，以国观国，以天下观天下"（《老子·五十四章》），就是要求按事物的本来面貌去认识事物，不要受主观欲恶情感的影响，在认识论上有积极的意义。宋钘、尹文提出："接万物以别宥为始。"（《庄子·天下》）"别宥"也就是"解蔽"，破除思想上的主观成见。庄子是个相对主义者，但他指出人的认识往往受到时间、地点和所受教育的限制而妨碍认识客观真理。他说："井鼃（蛙）不可以语于海者，拘于虚也；夏虫不可以语于冰者，笃于时也；曲士不可以语于道者，束于教也。"（《庄子·秋水》）庄子认为只有认识到认识本身受种种条件的限制，才有可能去谈论认识真理的问题，这自然有合理的因素。

为了克服思想方法上的片面性，荀子提出了"兼陈万物而中县（悬）衡"（《荀子·解蔽》）的原则，也就是要从各方面去观察事物，并且根据正确的标准对各方面的观察作出判断和结论。荀子所说的"权"和"衡"，就是标准。有了正确的标准，事物之间的各种差异就不能互相隐蔽而搞乱了条理。什么是正确的标准呢？就是"道"。"何谓衡？曰：道。"（《荀子·解蔽》）"道者，古今之正权也。"（《荀子·正名》）从哲学上说，道有客观真理的意思。"夫道者，体常而尽变，一隅不足以举之。"（《荀子·解蔽》）是说"道"体现着事物的常态和不断变化，它是包括各个方面的全体。在荀子看来诸子百家都是"观于道之一隅"（《荀子·解蔽》），即认识了"道"的一个侧面，并被其所"蔽"。人们的认识往往是先认识一个侧面，再认识另一个侧面，这并不是"蔽"。问题在于不能把自己看到的某个侧面加以夸大，自以为什么都知道了，从而拒绝对事物作全面深入的认识，如果那样，就是片面性，就是有意欺骗愚弄群众。

怎样才能认识"道"呢？荀子认为要依靠思维器官——心的作用。他把心脏当作思维器官，这是受了古代科学水平的限制。不过荀子看到感觉的局限性，认为思维才能把握"道"，认识真理，这是正确的。他接着说："心何以知？曰：虚壹而静。"(《荀子·解蔽》)把"虚壹而静"看作心正确发挥作用的条件。所谓"虚"，就是"不以所已藏害所将受"(《荀子·解蔽》)。这是说"藏"和"虚"不是绝对对立的，它们是心的对立统一的两个侧面。心有认识外物的能力，并把它积累起来，就是"藏"；不以已经获得的知识妨碍接受新知识，就是"虚"。所谓"壹"，就是要专一，不要分心。荀子说："心生而有知，知而有异，异也者，同时兼知之。同时兼知之，两也，然而有所谓一。不以夫一害此一谓之壹。"(《荀子·解蔽》)心有辨别差异，同时兼知各种事物的能力，这是"两"；而要深刻认识事物，精通一种知识，就必须专心一意。"不以夫一害此一"，是说不要因为懂得了那一事物，而妨害认识这一事物。可见"两"和"壹"也不是绝对对立的。所谓"静"，就是要宁静，不要胡思乱想。心本来是动的，动和静是心的两种状态，也是对立的统一。"不以梦剧乱知谓之静"(《荀子·解蔽》)，不要让胡思乱想来扰乱正常的思维活动，就是"静"。荀子的这些说法包含有辩证法因素，不过他认为若能做到"虚壹而静"的修养工夫，使理性达到"大清明"状态，就能认识圣人之道，以之作为权衡标准，就"足以定是非决嫌疑"(《荀子·解蔽》)了。这种把真理标准归之于理性原则("道")的说法，是错误的。马克思说："人的思维是否具有客观的真理性，这不是一个理论的问题，而是一个实践的问题。人应该在实践中证明自己思维的真理性,即自己思维的现实性和力量,自己思维的此岸性。关于离开实践的思维的现实性或非现实性的争论,是一个纯粹经院哲学的问题。"①荀子认为只凭清明的理性本身就能掌握客观真理和判断是非,并离开实践来谈"虚壹而静"的修养工夫,这是一种经院哲学的倾向。

总之,荀子"符验"、"辨合"和"解蔽"的思想方法,基本上是朴素唯物主义的,其中有不少辩证法的因素。但是,由于他没有社会实践的观点,因而也就不能与唯心论彻底划清界限。他过分夸大理论思维的作用,说什么"心者,形之君也而神明之主也;出令而无所受令。自禁也,自使也,自夺也,自取也,自行也,自止也"(《荀子·解蔽》)。嘴可以被迫说话或沉默,形体可以被迫屈伸,心却不可以被迫改变意志。这就等于说心(理性)不受物质条件的限制,是一个独立活动的王国,从而背叛了他自己的唯物主义前提。同时,荀子的辩证法也是不彻底的,他的思想方法有形而上学的一面。他没有历史进化的观念,认为先王后王之道是一贯的。"以道观尽,古今一度也,类不悖,虽久同理。"(《荀子·非相》)还说:"百王之无变,足以为道贯;一废一起,应之以贯,理贯不乱。"(《荀子·天论》)"君臣父子兄弟夫妇,始则终,终则始,与天地同理,与万世同久。"(《荀子·王制》)这就是说,社会中的变化是循环的,变来变去还是老样子,有个根本的"道"是不变的,这个根本的"道"就是封建地主阶级的统治秩序。荀子思想方法上的这种形而上学局限性,正是他的剥削

---

① 马克思:《关于费尔巴哈的提纲》,《马克思恩格斯选集》第1卷,第58—59页。

阶级偏见的表现。

　　(本文由冯契、丁祯彦合作撰写,原载《上海师范大学学报》(哲社版)1979 年第 3 期)

关于中国哲学史研究的方法论问题

　　用马列主义的立场、观点、方法来研究中国哲学的逻辑发展，现在有着特别重要的意义。"四人帮"为了篡党夺权，鼓吹"儒法斗争为主线"，把一部中国哲学史弄得面目全非。他们之所以能这样做，是与我们还未能真正运用马列主义的方法来建立科学的中国哲学史有关。我们要用马列主义的立场、观点、方法，总结中国哲学史的发展规律，拨乱反正，使哲学为四个现代化作出贡献。恩格斯说："一个民族要想登上科学的高峰，究竟是不能离开理论思维的。"但理论思维的能力必须加以发展和培养，"而为了进行这种培养，除了学习以往的哲学，直到现在还没有别的办法"。①当然"学习以往的哲学"是指用马列主义的辩证方法，研究哲学史，总结逻辑思维的规律性，这对提高中华民族的科学文化水平，是有重大的意义的。

　　那么在哲学史领域如何具体运用辩证方法呢？为了总结中国哲学的逻辑发展，建立科学的中国哲学史，我以为在方法论上须特别注意下面四点要求。

---

① 恩格斯：《自然辩证法》，《马克思恩格斯选集》第 4 卷，第 284—285 页。

(一) 把握哲学历史发展的根据

运用辩证逻辑来研究某个领域,首先要求经过周密的调查研究,把握这个领域的根据,把握这个领域矛盾的各个方面的基本要素。那么哲学发展的根据是什么? 这就要从矛盾的普遍性和矛盾的特殊性的互相联结来把握它。哲学以理论思维的方式掌握世界,同其他意识形态和科学一样,来源于人类的社会实践,这是从矛盾的普遍性来说的。阶级斗争、生产斗争和科学实验是哲学的源泉,所以我们应该以阶级斗争理论作为分析历史上哲学思想的指导线索,同时也必须考察自然科学即生产斗争知识的发展,把两者结合起来,作为研究哲学思想的历史演变的普遍根据。一个哲学家参加社会实践往往是多方面的,不只是参加阶级斗争或政治活动,他还研究科学、整理文献,或者还从事教育工作和文艺创作等。只注意政治态度而不考察科学研究等方面,就不能全面地说明哲学家的思想是怎样从社会实践中产生的。

每一种意识形态都有它相对独立的发展。每一种意识形态都以它的先驱者留下的思想资料作为前提和出发点,但是这些思想资料如何演变和发展,归根到底是由经济关系来决定的。恩格斯说:"经济在这里并不重新创造出任何东西,但是它决定着现有思想材料的改变和进一步发展的方式。"① 又说,这一作用"多半也是间接决定的,因为对哲学发生最大的直接影响的,是政治、法律和道德的反映"②。经济关系、阶级关系决定着哲学的发展,但这

---

① 《恩格斯致康·施米特(1890 年 10 月 27 日)》,《马克思恩格斯选集》第 4 卷,第 704 页。
② 同上注。

种决定作用通常是通过中间环节政治思想和道德来实现的。同时，哲学作为自然科学和社会科学的概括和总结，它与科学有密切的联系。哲学有它的自然科学基础。恩格斯说："随着自然科学领域中每一个划时代的发现，唯物主义也必然要改变自己的形式。"①因此，必须考察哲学和自然科学的关系、哲学斗争和科学反对宗教迷信斗争的关系。政治思想斗争和科学反对迷信的斗争是推动哲学前进的两条腿，这两条腿立在同一个基础上，统一于社会实践，我们不能偏废。这是一个基本观点。

但这只是一般原理，对任何时代、任何国家的哲学都适用。重要的是要研究中国哲学史各个发展阶段的发展根据。中国哲学史不同于欧洲哲学史，中国古代哲学史也不同于近代，这要具体研究。不同的时代有不同的阶级矛盾，反映到意识形态，有不同的政治思想斗争。各时代的重大政治思想斗争对哲学的发展有着巨大的影响。以先秦来说，"古今礼法"之争确实反映了时代的中心问题，给予哲学以深刻的影响。诸子蜂起，从不同的阶级立场出发，对这一问题提出了自己的政治主张，进行了哲学的论证。如儒家、道家用唯心论来为保守复古的政治主张辩护；而墨家、法家则用唯物论作为反复古主义的理论根据。到了近代，资产阶级改良派反对封建阶级顽固派、资产阶级革命派反对资产阶级改良派的重大政治思想斗争也明显地影响了哲学思想的斗争。严复认为，中国和西方学说的最大不同点在于中国人"好古而忽

---

① 恩格斯：《路德维希·费尔巴哈和德国古典哲学的终结》，《马克思恩格斯选集》第4卷，第234页。

今",西方人则"力今以胜古"。① 所以中西之争也就是古今之争,这一问题的实质,就是是否赞成向西方寻求真理。而这一"古今中西"之争确实制约着近代哲学的发展。从先秦地主阶级革命时代和近代资产阶级革命时代来看,政治思想斗争制约着哲学斗争,转过来哲学革命又作了政治变革的先导,这种相互作用是非常明显的。但就在这样的时代,我们也不能忽视科学反对宗教迷信的斗争。墨家、荀子的朴素唯物主义形态是与古代的自然科学密切联系着的。严复的机械唯物论倾向和进化论思想是建立在近代西方自然科学的基础上的。

　　然而秦汉至鸦片战争前的情况,同先秦和近代这两个革命时期的情况有所不同。地主和农民的矛盾是社会的主要矛盾。农民阶级用实际行动来反对封建等级制度,与封建主义的"政权、族权、神权、夫权"进行了坚决斗争。在意识形态上,农民阶级反对地主阶级的斗争表现为农民要求平等、平均的思想同封建等级思想的对立,这当然是两种世界观的斗争。但农民阶级不是新的生产力的代表者,不可能建立新的生产方式,因而也不可能建立科学的哲学体系。在漫长的封建社会中,唯物主义和唯心主义的斗争主要是在地主阶级内部进行的,如王充反董仲舒唯心主义神学的斗争,范缜、张载反佛学唯心主义的斗争,王夫之、戴震反对理学唯心主义的斗争等。但在地主阶级内部,当然不可能有从根本上反对封建主义的政治思想。专门用地主阶级的革新派反对顽固派,或中小地主反对大地主的政治斗争来解释哲学上的唯物主

---

① 严复:《论事变之亟》,王栻主编《严复集》第 1 册,中华书局 1986 年版,第 1 页。

义和唯心主义的斗争,是缺乏说服力的。有些唯物主义者,如裴颜,是门阀士族的代表;有些唯心主义者,如慧能,在某种意义上反映了庶族地主的要求。韩愈和柳宗元是朋友,但一个是唯心论者,一个是唯物论者,能因此便说他们之间存在着革新派反对顽固派(甚至是法家反对儒家)的斗争吗? 不能这样说。那么封建社会哲学发展的根据是什么呢? 在中国封建社会中,推动哲学前进的,首先是自然科学和农业手工业生产力的发展。王充、裴颜等人都很关心物质生产,注意吸取自然科学的成就,他们的唯物主义都是与科学反宗教迷信的斗争分不开的。事实上王充反对董仲舒唯心论的斗争,同时也是科学反对谶纬神学即儒教的斗争。当然,由于这些唯物主义哲学家大多(并非全部)属于地主阶级的中下层,他们对豪强大地主的反动统治和土地兼并有所不满,对贫苦人民有所同情,这也是促使他们敢于面对现实而倾向唯物主义的一个重要因素。但这种不满和同情通常不会发展到反封建主义的地步,相反,我们经常可以看到他们的唯物主义与其阶级立场是有着矛盾的。所以,归根到底,首先是由于社会生产力的发展推动了科学反对宗教迷信的斗争,其次是社会矛盾促进了地主阶级内部的政治思想斗争,结合起来考察,就可以把握封建社会中哲学发展的根据。

总之,社会实践是哲学发展的源泉,劳动人民和革命阶级是社会实践的主体。从这样的观点来考察哲学发展的历史根据,我们既必须把握反映一定时代的经济关系、阶级关系的重大的政治思想斗争,又必须把握反映一定时代的社会生产力的自然科学的发展及科学反宗教迷信的斗争。我们研究中国哲学史发展的根据,就要具体考察各个历史时代的重大政治思想斗争与科学反对宗教迷信的斗争。这是从社会存在决定社会意识这一原理的普遍性来看的。

哲学还有它本身的特殊矛盾,有不同于艺术、道德、宗教等意识形态的地方,有不同于其他科学的地方。不研究哲学的特殊矛盾,就不能把握哲学发展的规律。全部哲学的根本问题是思维对存在、精神对自然界的关系问题。恩格斯说:"什么是本原的,是精神,还是自然界? ……哲学家依照他们如何回答这个问题而分成了两大阵营。凡是断定精神对自然界说来是本原的,从而归根到底以某种方式承认创世说的人……,组成唯心主义阵营。凡是认为自然界是本原的,则属于唯物主义的各种学派。"①就中国哲学史来说,在天道观上,首先就是争论世界统一原理的问题,统一于物质还是精神? 物质和精神哪个是第一性的? 这个争论表现在认识论和逻辑学上,就是知识和逻辑的来源问题:知识是先天就有的还是后天才有的? 逻辑是概念的先天结构还是在现实世界中有其客观基础? 在天道观上的争论还有第二个方面,就是关于世界发展原理的问题,世界(包括自然界和精神)是发展的还是不变的? 世界的发展是由自身矛盾引起的运动还是由外力推动的? 这就是辩证法和形而上学的对立。这个对立在认识论就表现在思维与存在的同一性问题上,把思维和存在的同一性了解为变化发展的过程,由不知到知,从知之不多到知之甚多,这是辩证法的观点。把思维与存在割裂开来就会引导到不可知论,而把思

① 恩格斯:《路德维希·费尔巴哈和德国古典哲学的终结》,《马克思恩格斯选集》第 4 卷,第 224 页。

维与存在的统一看成是一次完成的，直接同一的，就是形而上学的见解。在逻辑学上，形而上学以为范畴是固定不变的，辩证法以为范畴是灵活的、生动的，整个逻辑是从前进着的各种对立范畴中发展起来的。

把全部哲学的根本问题概括为思维与存在的关系问题，这是马克思主义对哲学发展史的总结。这一根本问题在不同时代有它不同的表现。我们研究中国哲学史就必须注意这一根本问题在中国历史各阶段是怎样表现的。以先秦来说，"天人之辩"与"名实之辩"是哲学斗争的中心。"天人之辩"主要是天道观和人道观上的争论，"名实之辩"主要是认识论和逻辑学上的争论。这两个问题由荀子作了总结，但后代仍以不同形式继续着。还有"道"与"物"的关系问题，先秦已经提出，后来发展为"有无（动静）"、"理气（道器）"的争论。到了魏晋，"有无"之争成了中心；在宋明，"理气"之争成为天道观上首要的问题。这说明天道观上的斗争在不同的时代变换着形式。在认识论上也是如此，除"名实之辩"外，"形神"、"心物（知行）"之争在先秦时也已提出。到汉以后，由于反对谶纬神学，形神关系问题就突出起来。在佛教盛行后，为从认识论上驳倒佛教，"心物（知行）"之争成了中心问题。可见在认识论上，哲学根本问题的表现形式在各个时代也是不同的。

思维和存在的关系客观上包括三项：一、自然界即物质世界，二、主观精神即人的头脑，三、自然界在人脑中反映的形式即概念、范畴、规律等。因此，在天道观上就有天人、理气等问题的争论。在认识论上就有形神、名实等各个方面的争论。而总括起来

则是物(气)、心、道(理)三者的关系。程朱讲"理在气先",陆王说
"天下无心外之物",都以精神为世界的本原,属唯心主义阵营。
王夫之说:"盖言心、言性、言天、言理,俱必在气上说,若无气处,
则俱无也。"①他以气为世界统一原理,具有鲜明的唯物主义观点。
在宋明时期,物质和精神哪个是第一性的问题,是通过"理气"、
"心物"之争展开的。

把思维和存在的同一作为一个辩证的发展过程来看,其中包
括感性与理性、绝对与相对、客观规律与主观能动性这些认识过
程的必要环节。这些环节也构成矛盾,在一定条件下也成为哲学
争论的重要问题。同时在争论上述问题时,哲学家都把逻辑范畴
作为工具,以一定的方式来论证自己的学说并驳斥别人,这样围绕
逻辑范畴和逻辑方法又引起了新的争论。先秦名家的"坚白"、"同
异"之辩,董仲舒与王充的"或使"、"莫为"之争,还有决定论与非决
定论的争论等就是关于逻辑范畴(类、故、理)的争论,是从属于哲学
根本问题的争论。以上说明哲学的根本问题在不同的历史时期有
着不同的表现,并和其他从属的问题联系着,必须具体考察。

综上所述,一方面,哲学和其他科学、其他意识形态具有共同
的普遍的根据,我们必须考察反映一定时代的经济关系、阶级关
系的重大的政治思想斗争以及反映一定时代生产力发展的科学
反对宗教迷信的斗争;另一方面,哲学发展还有其特殊的根据、自
己的历史,我们必须考察哲学根本问题在不同历史时期的不同表
现及围绕着这一根本问题而展开的矛盾运动。把上述两方面的

---

① 王夫之:《读四书大全说·孟子·尽心上篇》,《船山全书》第 6 册,岳麓书社 2011 年版,
第 1111 页。

考察结合起来，我们就能把握哲学的历史发展的根据。哲学史可以说是根源于社会实践的主要围绕思维和存在关系问题而展开的认识的辩证运动。

(二) 历史的方法与逻辑的方法相结合

这是黑格尔提出来的。他说："我认为，各个哲学体系在历史上的次序同观念的概念规定在逻辑推演中的次序是一样的。我认为，如果从哲学史上出现的各个体系的基本概念上完全除掉同它们的外在形式、同它们的特殊应用等等有关的东西，那么就会在观念的逻辑概念中得出观念自身的规定的不同阶段。"[①]黑格尔把逻辑看作绝对观念的结构，哲学史就是绝对观念的运动。他以为从历史上互相对立的哲学体系清除其外在的形式及属于其局部应用范围的东西，就能把握哲学的基本概念，就能把握哲学概念的逻辑的发展。他这一说法是唯心论的，但包含了合理的因素，就是历史的方法与逻辑的方法的统一。

举例说，哲学史上有经验论和唯理论的争论，我们清除了两派哲学体系中外在的形式及属于其局部应用范围的东西，就可看到：经验论强调感性、个别和归纳法，唯理论则强调理性、一般和演绎法。感性和理性乃是人类认识发展的必经阶段，个别和一般是重要的逻辑范畴，归纳法和演绎法是互相联系的逻辑方法，所以经验论和唯理论的斗争实际上包含着人类认识发展的必要环节。当然历史和逻辑也有矛盾，历史比逻辑更丰富、生动，历史是

---

① 转引自列宁《哲学笔记》，《列宁全集》第 55 卷，第 208 页。

曲折前进的,历史上有着许多无关紧要甚至起扰乱作用的偶然因素。所以一方面必须坚持唯物历史观,把现实的历史看作逻辑思维的出发点和基础;另一方面也必须善于摆脱外在的形式,摆脱历史偶然性的干扰,以便在历史现象中认出逻辑发展的环节来。历史从哪里开始,思维进程也就从哪里开始。所谓历史的方法,就是要把握所考察对象的基本的历史线索,看它在历史上是怎样发生的,根据是什么,又是怎样发展的,经历了哪些阶段。而真正要把握基本的历史联系,就要摆脱外在形式的干扰,去掉偶然的东西,对对象的本质的矛盾(即根据)进行具体分析,对每一矛盾的要素都力求从其典型形式上分别进行考察,又综合起来以把握其逻辑的联系。这也就是逻辑的方法。所以历史的方法和逻辑的方法应该是统一的。

怎样才能清除外在形式和偶然因素,揭露出各个哲学体系中所包含的基本概念,把它们作为人类认识过程的必要环节来进行考察? 这是我们首先要解决的问题。每一个时代的哲学都有其先驱者传下来的思想资料作为出发点和进一步改造的前提。墨子继孔子之后而又批判了孔子,黑格尔继康德之后而又批判了康德;哲学史表现为互相对立的哲学体系更迭的历史。这是哲学史家一开始就碰到的现象。历史上每个重要的哲学家都对当时哲学论争的主要问题提出自己的见解、自己的宗旨,并多方面进行阐明和论证,以维护自己的宗旨,驳斥别人的学说,这样便形成了独特的哲学体系。例如,孔子贵仁、墨子贵兼、孟子道性善,这是他们在“人道”观上各自标榜的宗旨,他们的哲学体系就是对自己的宗旨进行阐明和论证而形成的概念结构。但是对一切哲学家来说，"正是'体系'是暂时性的东西"①。哲学史家必须完整地、准确地把握历史上的各个哲学体系，而又必须粉碎这些体系，把其中所包含的作为人类认识史的必要环节揭露出来。而怎样来揭露历史上出现的互相更迭的对立的哲学体系中所包含的人类认识的必要环节呢？这就要求把历史上每一个哲学体系放在当时的历史条件中进行考察，从它的社会根源（阶级基础与科学技术条件）和认识论根源来进行分析。从社会根源说，唯物主义、辩证法一般反映革命阶级的利益并与物质生产和科学的发展相一致；唯心主义、形而上学一般反映反动阶级的利益，并与宗教迷信相结合。不过这是一般情况，要作具体分析，不能把问题简单化。同时，哲学体系还有认识论的根源。列宁在《谈谈辩证法问题》中讲到，人类认识世界的过程是一个活生生的、多方面的（方面的数目永远在增加着的）辩证的运动。这个辩证运动中的某个特征，或某个方面，某个部分，某个环节，如果把它片面地夸大了，变成脱离现实、脱离物质的绝对化的东西，就可以变成一个唯心论的和形而上学的体系。如果片面地夸大感性经验的作用，就会形成经验论的哲学体系；如果片面夸大理性，就会形成唯理论的哲学体系。割裂相对和绝对，割裂矛盾的斗争性和同一性，割裂客观规律性和主观能动性，把认识过程中的任何一个片断变成直线，都可能发展成唯心论和形而上学。列宁说："直线性和片面性，死板和僵化，主观主义和主观盲目性就是唯心主义的认识论根

---

① 恩格斯：《路德维希·费尔巴哈和德国古典哲学的终结》，《马克思恩格斯选集》第4卷，第219页。

源。"①当唯心主义形成为思想体系,就必然与宗教迷信结合而成为僧侣主义,那么反动统治阶级为了维护自己的利益就会把它巩固起来。当这些反动阶级被推翻以后,他们还要利用僧侣主义和唯心主义来欺骗群众,制造反革命舆论。所以考察一个唯心主义、形而上学的哲学体系,要看到它的阶级基础和社会条件,也要看到它的认识论根源。对唯物论和辩证法的体系也同样地要从社会根源和认识论根源来考察。唯物主义总是与人类的革命实践和科学认识的发展方向相一致,但是它也可能把某一个方面夸大了而成为形而上学的唯物主义体系。辩证法当然是比较正确、比较全面地反映了认识的矛盾运动,但历史上的辩证法也都有它的局限性,黑格尔也并没有能克服形而上学,而且黑格尔的辩证法是唯心主义的。总之,这些哲学体系都是在人类认识这棵活生生的大树上生长出来的。在我们作了阶级分析,考察了它的社会条件和认识论根源后,可以看到它在这棵活生生的认识大树上是有根基的,这就是它的基本概念。当然,这是指在哲学史上真正起了影响的哲学体系。至于那些末流,自封为哲学家,自夸建立了哲学体系,其实是抄袭人家的,那就不可能包含认识的必要环节。

对历史上各种各样的哲学体系作了具体分析以后,就能发现:凡是在历史上有影响的哲学体系,其所以能产生一定的影响,除了社会的原因之外,总是因为这些哲学体系包含着一些有根基的东西,反映了人类认识中的某个环节、特征或要素。我们在粉

---

① 列宁:《哲学笔记》,《列宁全集》第 55 卷,第 311 页。

碎了这些体系的外在形式，去掉局部偶然的东西之后，就看到人类认识运动的一些环节，而正是这些环节构成了人类的基于实践的认识运动。这样我们就能把握哲学历史的逻辑发展。当然实际的情况要复杂得多，虽然哲学家们总力图使自己的学说体系化，但体系本身包含着矛盾，而且一个哲学家的思想并不见得那么纯粹，往往带有庞杂的东西。孔子建立了一个"一以贯之"的哲学体系，他尊重理性，是认识史上的一个重要环节。他"不语怪力乱神"，是理智的态度。他说："知之为知之，不知为不知，是知也。"（《论语·为政》）这就有实事求是的精神，揭示了认识过程中"知"与"不知"的矛盾，不但"知"是知，而且自己知道"不知"也是知，是进一步求知的开端，这里有辩证法思想。但孔子把理性原则绝对化了，并认为理智的目标在"知天命"，所以从总体来说是唯心论的先验论。显然，孔子的"一贯"包含着矛盾，而矛盾的两方面在历史上都起作用。又如墨子的哲学基本上是唯物论的经验论的体系，但也讲"天志"、"明鬼"这样一些宗教迷信的东西，这同他的经验论有联系，但这种联系并非是必然的。尽管如此，这些次要的因素在历史上也起作用。所以历史的实际情况要复杂得多，当我们评价一个历史人物的时候，就不能只看他主要的方面是一个怎样的哲学体系，而应该比较全面地既看到主要的，也看到次要的东西。

用历史的方法与逻辑的方法相结合来考察哲学史，哲学史就表现为认识的矛盾运动：某个矛盾产生、发展、解决了，另一个新的矛盾又产生、经过发展得到解决，……这是一个循环往复的过程。这样的过程，就表现为黑格尔、列宁都说过的近似于一串圆圈,近似于螺旋形的曲线。人的认识并不是一条直线,而近似于一条螺旋形的曲线,这是因为客观现实是充满着矛盾的,而人们对这些矛盾的认识,往往是一些人考察了矛盾的这一方面,另一些人考察了矛盾的另一方面,经过矛盾斗争才达到比较正确、比较完整的认识。每一个矛盾的解决就表现为一个圆圈。旧的矛盾解决了,又出现新的矛盾,又要斗争,又要总结,又出现一个圆圈。这不是简单的重复,每经过一次矛盾斗争,就提高到一个新的阶段,所以是螺旋形上升的曲线。哲学史集中体现了人类认识运动的秩序,它经历了朴素唯物论和朴素辩证法相结合的阶段,而后经过机械唯物论的阶段,发展到辩证唯物论的阶段。辩证唯物论科学地解决了思维与存在的关系问题,所以哲学史就表现为这么一个大的圆圈。这个大圆圈又是由许多小的圆圈构成的。比如说,中国先秦哲学争论"天人"、"名实"的关系问题,到荀子作了比较正确、比较全面的结论,达到了朴素唯物论与朴素辩证法的统一,这可以说是完成了一个圆圈。秦汉以后关于"有无"、"理气"、"形神"、"心物"等问题的争论,到王夫之作了比较正确、比较全面的总结,也可以说完成了一个圆圈。中国古代哲学就是这么两个圆圈。这两个圆圈又可以分成若干更小的圆圈。正是这些圆圈构成哲学史发展的阶段,每经历一个圆圈就向前推进了一步。哲学史初看起来似乎是一个接着一个的哲学体系演变的历史,哲学体系一个接一个地被推翻和克服。如墨子批判了孔子,老子又批判了孔子、墨子。康德批判了经验论和唯理论,黑格尔又批判了康德。这样的克服、代替、批判是否都是辩证法的扬弃呢?孟子很好辩,他骂杨朱"为我"是"无君",骂墨子"兼爱"是"无父"，说"无父"、"无君"是"禽兽"。(《孟子·滕文公下》)尽管孟子的哲学体系里边包含有人类认识的必要环节，但这种谩骂不能算是辩证法的批判。人类的历史只有发展到一定的阶段才能进行自我批判，因此人类对过去往往只有片面的理解。虽然所有的哲学家都把过去的哲学体系看成是向自己发展的一些阶段，有些批判了，有些继承了，但只有达到一定的阶段，具备一定的条件，才能对以前的阶段进行比较客观、比较正确的总结。以中国的古代哲学来说，荀子和王夫之是处于这样一种历史能进行自我批判的特殊阶段，可以比较客观地、全面地来进行批判总结，这是可以从社会历史条件与哲学的发展来具体加以说明的。像荀子、王夫之、黑格尔这样的大哲学家，也同时是哲学史家，对他们以前的哲学作了批判的总结，他们考察了以往的哲学，甚至还试图把握它的历史演变的脉络。马克思主义的经典作家也都既是哲学家又是哲学史家。

总之，我们研究哲学史，首先要把握哲学历史发展的根据，和哲学基本问题在不同历史阶段的表现形式是什么。接着就要具体考察围绕哲学基本问题而展开的各哲学体系之间的斗争，对每个哲学体系进行马克思主义的历史主义的具体分析，并揭露它的认识论根源，以便清除它的外在形式，把握它的基本概念，把它作为人类认识运动的某个环节来进行考察。分别地考察这些互相矛盾的体系所包含的环节，又把它们综合起来，看矛盾在实际上是如何发展的，如何经过斗争达到比较全面、比较正确的解决。于是发展就表现为一系列的圆圈，哲学史就表现为近似于螺旋形的曲线。

(三) 运用科学的比较法

用比较法研究哲学史,这是资产阶级哲学史家已经做了的。他们早已拿西方哲学史和中国哲学史作比较研究,也提出了一些可取的见解,不过他们不懂辩证法,他们那种比较往往是抓住一点表面现象,把西方哲学史作为一个模式往中国哲学史上套,所以不免主观主义,不是科学的比较法。科学的比较法包含有两个方面的比较:一是把不同的过程、领域或不同的阶段进行比较(类比),比较它们在本质上的相同之点和相异之点;二是对事物、过程本身内部矛盾的双方进行比较(对比)。只有对过程本身进行矛盾分析,才能在不同过程之间进行类比。如,我们一方面拿中国革命与俄国革命进行比较,考察两者本质上的同和异,另一方面又要对中国革命本身的矛盾进行分析,对中国的阶级力量进行比较,看敌我双方力量对比如何。用这样科学的比较法来研究哲学史,可以拿中国哲学史与欧洲哲学史进行比较,同时一定要对中国哲学史本身进行矛盾分析。例如,把先秦哲学与欧洲近代哲学作比较,这两者在本质上当然有很大差异,近代欧洲是资产阶级革命时代,先秦是地主阶级革命时代;欧洲近代哲学是机械唯物论的阶段,而中国先秦哲学是朴素唯物论的阶段,这是本质上不同的。但是也可以看到本质上的相似之处,因为两者都是比较典型的革命的时代,都是哲学和科学获得迅速发展的时期。先秦与近代欧洲都比较鲜明地表现出这样的规律性,即阶级斗争(通过政治思想斗争)制约着哲学斗争,而哲学革命又成了政治变革的先导。欧洲近代进步思想家都反对封建主义,反对神学,从英法的唯物主义到德国的古典哲学,再到俄国的革命民主主义哲学,唯物论反对唯心论、科学反对宗教的斗争,都为资产阶级的政治革命作了舆论准备。先秦地主阶级的哲学家也都具有鲜明的反对奴隶制、反对宗教迷信的色彩,与"古今礼法"之争相联系的唯物主义和唯心主义的斗争,确实也为地主阶级的变法和建立统一的中央集权的国家作了理论的准备,哲学革命也作了政治变革的先导。

列宁在《谈谈辩证法问题》一文中举了欧洲哲学史的几个圆圈。从文艺复兴到近代,列宁举了三个圆圈。第一个是从笛卡尔、伽桑狄到斯宾诺莎。笛卡尔是一个唯理论者,二元论者,他主张天赋观念,导致了唯心论。伽桑狄反对笛卡尔的唯心论,他是一个唯物论的经验论者。笛卡尔和伽桑狄的对立是唯心论与唯物论的对立,唯理论和经验论的对立。斯宾诺莎是唯物论者,但他又是个唯理论者,有些辩证法思想,他说实体就是原因自身,就是说物质自己运动。这是一个圆圈,它包含的基本对立就是理性和感性的对立,斯宾诺莎在某种程度上作了总结,列宁打了一个问号,可能觉得还不够。列宁讲的第二个圆圈是霍尔巴赫经过贝克莱、休谟、康德到黑格尔。霍尔巴赫是法国唯物主义者中比较系统化的,写了《自然的体系》;贝克莱、休谟、康德都是唯心论者,休谟、康德是不可知论者;到黑格尔,他批判了康德,又批判了法国的唯物论,有辩证法思想,在一定的意义上说是总结了前人的成果。这里的主要对立是什么? 法国的唯物论,如霍尔巴赫的体系,是独断论的或者说是绝对主义的。休谟、康德打着反形而上学的旗号批判独断论,而他们自己又走向相对主义、不可知论,黑格尔在绝对、相对的关系上作了比较正确的总结。列宁又举了第三个圆圈,就是黑格尔到费尔巴哈再到马克思。黑格尔是唯心论者,有辩证法。费尔巴哈是唯物论者,又是形而上学。马克思批判了黑格尔,又批判了费尔巴哈,拯救了黑格尔辩证法的合理核心,把辩证法建立在唯物论的基础上,提出了实践的观点,科学地解决了思维和存在的关系问题,建立了辩证唯物论,实现了人类认识史上的空前大革命。回顾这三个圆圈,清除其外在的形式,把握它的基本概念,就可以看到人类认识运动中的三个主要的对立,这就是感性和理性、绝对和相对、唯物论和辩证法。这是三个在对立中统一的人类认识的必要的环节。

先秦哲学与这一段哲学史比较,当然有本质上的差异,要把握先秦哲学本身的矛盾运动,不能把西方哲学当作模式去套。但当我们去除掉先秦诸子百家的外在形式和偶然的东西后,也可以看到人类认识运动中的三个必要的环节。中国古代哲学开始于原始的阴阳说,到春秋战国,百家争鸣,墨子用经验论来反对孔子的先验论,而老子想要超越经验论和先验论,他提出"反者道之动"(《老子·四十章》),有辩证法思想。这一段主要是感性和理性的对立,在一定意义上可以看作是一个小圆圈。老子之后出现了黄老之学的唯物论和法家的唯物论,都带有独断论的色彩。孟子的唯心主义也是一种独断论。庄子用相对主义来反对这些独断论。名家的两派,"离坚白"、"合同异",也是绝对主义和相对主义的论战。接着《墨经》建立了唯物主义的逻辑学和认识论的体系。而荀子对"天人之辩"、"名实之辩"作了比较全面、比较正确的总结,可以说是达到了朴素唯物论和朴素辩证法的统一。在这里,我们看到了绝对和相对的对立,同时也看到唯物论与辩证法的矛盾,荀子对后一个矛盾（特别体现在客观规律和主观能动性的关系上）解决得比较好，而对绝对和相对的问题解决得比较差。荀子之后，韩非强调斗争，《吕氏春秋》强调统一，他们把朴素辩证法引导到形而上学去了。《易传》有丰富的辩证法，但它建立了一个唯心主义的体系，为汉朝的唯心主义神学开了先河。总体来说，我们可以把先秦哲学的发展过程看作一个圆圈，经过曲折的发展历程，到荀子达到朴素唯物论与朴素辩证法的统一。这个圆圈又包括两个小的圆圈：前一个是原始的阴阳说经孔子、墨子到老子，后一个是荀子经《吕氏春秋》和韩非到《易传》。而把先秦哲学同欧洲近代哲学比较，可以看到人类认识运动的矛盾过程，就是通过感性和理性、绝对和相对、唯物主义和辩证法（或客观规律性和主观能动性）这样一些互相对立的环节来展开和获得解决的。这里面包含着人类认识发展的普遍规律。

从欧洲哲学史的总体来看，经历了朴素唯物论和朴素辩证法相结合的阶段，经历了机械唯物论阶段，达到了辩证唯物论阶段，完成了整个人类认识运动的大圆圈。这是世界哲学史发展的普遍规律。中国哲学史也遵循这样一个发展规律，但要看到中国哲学史的特殊性，如思维与存在的关系问题，在不同的阶段，不同的时代就有不同的表现形式。中国有特别悠久的朴素辩证法和朴素唯物论的传统，形成两个发展的高峰，一个在战国，一个在明清之际，这是很宝贵的遗产。中国在长时期中，科学发展处于世界领先地位，因此中国哲学在很长时期也是领先的，中国古代哲学是具有世界意义的，是世界哲学史的重要组成部分。但到近代，中国落后了，中国的先进人物向西方寻求真理，学习了西方的机械唯物论和进化论,由于中国资产阶级的软弱性,机械唯物论没有发展到十八世纪法国唯物论的高度,没有建立那样完整的体系。到"五四",出现了短暂的百家争鸣,涌现各种思潮,中国无产阶级以独立的政治力量登上历史舞台,马列主义在中国广泛传播,中国资产阶级哲学就渐趋衰落。马列主义普遍真理与中国革命的具体实践相结合,中国哲学就进入了辩证唯物论和历史唯物论的发展阶段。这是马克思主义哲学在中国土地上的发展,同时也是中国哲学史的空前大革命。本来中国哲学与西方哲学是各自独立发展的,是世界哲学史的两个主要部分。马克思主义哲学作为无产阶级世界观和人类认识史的成果,本来是从西方哲学史发展出来的,以毛泽东同志等为代表的中国共产党人继承和发展了马克思主义哲学,标志着中国哲学史与西方哲学史已经开始汇合成统一的世界哲学史。这个汇合是一个过程,马列主义和中国革命实践(包括中国传统)相结合也是一个过程,这种汇合、结合的过程现在仍在继续着。

(四) 站在发展的高级阶段回顾历史

学习历史,就是要回顾历史,给以批判的总结。毛泽东同志说:"学习我们的历史遗产,用马克思主义的方法给以批判的总结,是我们学习的另一任务。……从孔夫子到孙中山,我们应当给以总结,承继这一份珍贵的遗产。"[1]我们对古代文化,要剔除其封建性糟粕,吸收民主性精华;在哲学上,要把辩证法和形而上

---

① 毛泽东:《中国共产党在民族战争中的地位》,《毛泽东选集》第2卷,第533—534页。

学、唯物主义和唯心主义分开,不是一概地排斥,也不是一概地承继,而是吸取有用的东西来丰富辩证唯物主义。

如何回顾历史,进行批判的总结呢? 马克思说:"人体解剖对于猴体解剖是一把钥匙。反过来说,低等动物身上表露的高等动物的征兆,反而只有在高等动物本身已被认识之后才能理解。"①拿哲学来说,要批判继承哲学遗产,就必须站在哲学发展的高级阶段,以辩证唯物主义的立场、观点、方法来把握哲学史的发展线索。但是不能拿高级阶段的结构作模式去向低级阶段套。把握了高级阶段的范畴就有助于揭露低级阶段所包含的基本概念,这只是在一定意义上来说的。马克思说:"如果说资产阶级经济的范畴适用于一切其他社会形式这种说法是对的,那么,这也只能在一定意义上来理解。这些范畴可以在发展了的、萎缩了的、漫画式的种种形式上,总是在有本质区别的形式上,包含着这些社会形式。"②高级阶段的范畴与低级阶段的范畴有本质区别,不能硬套。

反过来说,具体地研究了低级阶段的历史发展,就能帮助我们去掌握高级阶段的规律,因为高级阶段正是以前许多阶段的历史的总结。从哲学说,我们研究了哲学的历史发展,掌握了低级阶段的范畴,就有助于理解唯物辩证法的规律、范畴,掌握马克思主义哲学。我们一方面要站在高级阶段回顾历史,另一方面要把握以前各阶段的历史发展的线索,这样就能古为今用,这是"古"与"今"的辩证法。

---

① 马克思:《政治经济学批判·导言》,《马克思恩格斯选集》第 2 卷,第 705 页。
② 同上书,第 706 页。

　　站在高级阶段回顾历史,两千多年来的哲学史到底给我们留下了什么?我们可以从中吸取什么成果和教训?恩格斯说:"对于已经从自然界和历史中被驱逐出去的哲学来说,要是还留下什么的话,那就只留下一个纯粹思想的领域:关于思维过程本身的规律的学说,即逻辑和辩证法。"①几千年的哲学史非常丰富。自然哲学和历史哲学也包含着很多有价值的猜测,但总体说来是虚构;哲学史的主要成果是辩证法和逻辑学。一个时代的哲学发展到什么水平,就看它在解决思维和存在关系上达到什么水平,这就是辩证法问题,当然主要是指唯物主义基础上的辩证法。恩格斯关于古代希腊哲学有两个重要的思想,对我们研究中国古代哲学是有指导意义的。第一是说在古代希腊哲学那里"辩证思维还以原始的朴素的形式出现"②。中国古代哲学也是这样,它在辩证思维上有许多有价值的东西值得我们去吸取。我们要吸收中国哲学史的积极成果,主要要看以前的哲学家在讨论思维和存在的关系问题上取得了什么成就。首先是在唯物主义前提下,在认识的辩证法上作出了什么贡献?其次是在逻辑学上,在矛盾发展的逻辑范畴方面作出了什么新的研究?在方法论方面提出了什么有价值的东西?再次是在"天道"和"人道"方面,提出了什么客观辩证法原理?这就是从认识论、逻辑和客观辩证法三个方面来考察。第二,恩格斯还说:"在希腊哲学的多种多样的形式中,几乎

---

① 恩格斯:《路德维希·费尔巴哈和德国古典哲学的终结》,《马克思恩格斯选集》第 4 卷,第 257 页。
② 恩格斯:《自然辩证法》,《马克思恩格斯选集》第 4 卷,第 287 页。

可以发现以后的所有观点的胚胎、萌芽。"①这也是欧洲人不得不回到希腊人那里去的缘故。在中国也是这样,各种哲学体系在先秦已经萌芽,已有它的胚胎,而在以后的封建社会中又有所发展。当然,应当说历史上没有一个哲学体系不被扬弃了,形而上学和唯心论被推翻了,朴素的辩证法与朴素的唯物主义也由于缺乏近代科学的论证而被否定了。但正如黑格尔所说:"虽然我们自当承认,一切哲学系统都曾被推翻了,但我们同时亦须坚持,没有一个哲学是被推翻了的,甚或没有一个哲学是可以推翻的。……所谓推翻一个哲学,意思只是指超出了那一哲学的限制,并将那一哲学的特殊原则降为较完备的系统中的一成分罢了。"②对于在历史上有真正影响的哲学体系来说,它们虽然都被推翻了,但我们可以看到它们不是没有根基的,而是人类认识这棵活生生的大树上生长出来的。它们包含着人类认识的某些必要的环节,但只是把它夸大了,导致形而上学和唯心主义(即使是具有朴素唯物主义与朴素辩证法的哲学家,如王夫之、荀子,也难免在某一点上陷入形而上学和唯心主义)。所以研究哲学史可以得到很丰富的理论思维的教训,而这对我们今天提高识别能力和克服形而上学与唯心论,无疑能起借鉴作用。所以,不仅吸取哲学史上的积极的理论成果是重要的,吸取其理论上的失足教训也是重要的。

一个哲学体系所包含的积极因素与局限性常常是互相联系着的。例如老子提出了"反者道之动"的命题,他在中国哲学史上是第一个提出了否定的原理,这在辩证法发展史上是一个重要环

---

① 恩格斯:《自然辩证法》,《马克思恩格斯选集》第4卷,第287页。
② 黑格尔著,贺麟译:《小逻辑》,商务印书馆1982年版,第200页。

节。但老子只看到肯定中有否定,"物极必反",任何事物都要向着其相反的方面转化,他看不到否定之中有肯定,看不到否定与肯定的统一。老子向后看而不向前看。他从"反者道之动"得出了"弱者道之用"(《老子·四十章》)、"保此道者不欲盈"(同上)的消极结论,并把"无为"、"无名"绝对化而导致了唯心主义。这就是一个很好的理论教训,从中也可看到老子的哲学体系中的辩证法成就与局限性是互相联系着的。又如《易传》提出了"一阴一阳之谓道"的两点论。《易传》在辩证法上较老子更前进了一步,看到了否定与肯定的统一。它是向前看了,说:"天行健,君子以自强不息。"(《周易·乾象》)《易传》的辩证法确实是生气勃勃的,但它也有其局限性。它把由阴阳组成的六十四卦的辩证推移看作世界的模式,是先天的,认为人世间的一切大事业都是按这个模式造成的,这就是一个客观唯心主义体系。可见《易传》中的辩证法与形而上学这两个方面也是互相联系着的。

因此,对历史上有影响的哲学体系我们都不能原封不动地加以吸取,而必须在吸取其积极成果的同时,批判它的局限性,也决不能因为它有局限性而一笔抹杀,而是必须进行具体分析,批判地吸取其成果与教训。我们这里是指那些对哲学和民族文化的发展确实起过重大影响的哲学体系,不是指那些人云亦云,拾人牙慧的货色。至于对哲学家个人作评价,问题要复杂得多,不仅要看哲学,还要看其他方面,如孔子,不仅是哲学家,而且是政治家、教育家,对他作全面评价,那就不单是哲学的问题。就拿一个人的哲学思想来看,也并非是单纯的,还有偶然的东西,而且一个哲学家的早年与晚年有差别,这都要具体分析。所以对人物的评价与对哲学体系的评价并不完全一致。

（署名冯契，本文系《中国古代哲学的逻辑发展》（初稿）的"绪论"，原载《华东师范大学学报》（哲社版）1979 年第 3 期）

深切怀念徐怀启教授

我深切地怀念徐怀启先生。徐先生的去世，对我们学校、上海哲学界以至中国学术界，都是一个难以补偿的损失。我特别感到遗憾的是，我们没有能在徐先生生前给以足够的关心，使他能恢复健康，多活几年。假如他能再活五年、十年（这本来是可能的），完成《基督教史》的著作，并带出几个研究生来，那对中国学术界将是一个重要贡献。徐先生本来有条件完成两项重要工作：一是翻译亚里士多德的《工具论》和黑格尔的《宗教哲学讲演录》，二是基督教史的研究。在五十年代，他已决定搞这两项研究。《工具论》译了一部分。《宗教哲学讲演录》是列入了贺麟先生负责的《黑格尔全集》翻译计划中的，"文化大革命"把这个计划整个儿冲垮了，徐先生也进了"牛棚"。直到"四人帮"粉碎后，他才又有可能搞研究，但他的健康已远不如前。翻译的计划已不可能实现了，连把《工具论》的部分译稿再校阅一遍，也来不及了。他只希望还能在有生之年把《基督教史》写出来。他真是夜以继日地辛勤工作，写了三年，大约完成了第一卷约 30 万字的初稿。他过去是研究神学的，是个教徒，资料是非常熟悉的。但是，要把基督教作为一个科学对象来研究，就需要从那里钻出来，这是要经历一个痛苦过程，达到脱胎换骨才行的。在五十年代，请他教基督教史的课，他不敢；六十年代初，他讲课了，但公开申明："我只能介绍，不能批判。"而在粉碎"四人帮"后，他终于动手写书了。他跟我谈过他的一些见解，我也听了他的学术报告，讲犹太教到原始基督教的神学观点的演变，我感到很高兴，因为我认为他已经从神学的束缚中解脱出来了，他的《基督教史》将是一部真正的学术著作。我和任继愈同志通信商量，想给徐先生配备一二个助手，但找不到合适对象，于是就想用招研究生的办法来解决。想不到徐先生这么快就与世长辞，著作未完成，接班人也未能培养出来，真令人感到万分遗憾和悲痛！徐先生是个精通多种外语和学识很渊博的学者，但是令人感动的是，他从来不拒绝做细小的工作。在编写《辞海》时，为了写"新托马斯主义"一条，他查了许多资料，亲自跑到上海图书馆去借有关托马斯主义的杂志，还翻译了一篇马利坦写的文章，然后概括地写成几百字一个条目。于此可见他的治学态度的谨严。师大图书馆中的外文哲学资料，再没有谁比他熟悉的了。我们交给他一个任务，要他为图书馆挑选哲学、逻辑学等方面的外文书刊，到国外订购。他做得很认真。除了"四人帮"横行那几年外，他一直负责这一工作，他熟悉各国的图书馆目录，精心挑选。有的书，由于师大的外汇不够，他便建议上海图书馆或社会科学院订购。现在师大图书馆中哲学与逻辑学的外文资料能初具规模，是和徐先生的努力分不开的。作为一个教师，徐先生非常关心青年的成长，特别是在中青年教师的业务进修和提高方面，他做了许多工作。他在"文化大革命"前曾经专为青年教师开拉丁文的课，每周指导我们搞外国哲学史和逻辑学的同志学专业外语。粉碎"四人帮"后，在他年事已高，身体常有病的情况下,在 1978 年下半年,他还特别为哲学教研室中青年教师每周讲一个下午的专业英语课。就在他养病期间,还有许多同志到他家中去向他求教。直到他逝世前两天,还为何应灿同志解答了一些英语中的疑难问题。这样的动人事例是很多的。徐先生的这种谨严的治学态度和诲人不倦的精神,给我们留下了一个朴朴实实的学者的形象。我们以他为榜样,学习他的优良学风和高尚品德。他的未完成的学术工作,相信总会有人继续下去的。

(署名冯契,原载《华东师范大学校报》1980 年 3 月 1 日)

哲学要把握时代脉搏

我做学生的时候就读了《大众哲学》。尽管年龄相仿，艾思奇是我的老师，我到延安后也曾听了他的课。全国解放后我到北京讨论教材时又同艾思奇同志一起工作了几个月。艾思奇同志为人诚恳，对青年特别关心和爱护。他对一些理论问题钻研得很深、很透彻。我受他的教育很大。

《大众哲学》的特点是联系实际，使哲学为群众服务，为青年所掌握。这本书非常注意用哲学解决现实问题。

哲学要把握时代脉搏。艾思奇的《大众哲学》就是在当时抓住了这一点，所以才赢得如此众多的读者。搞哲学的人如果不能把握时代脉搏，不懂得这一点，所谓联系实际就会浮在面上。把握时代脉搏是理论联系实际的最根本点，理论联系实际就要从这根本点上来考虑。

哲学要体系，但体系是暂时性的东西，要发展变化的。哲学要随着实践的发展而发展，哲学工作者要运用马克思主义的立场、观点、方法来回答实际生活提出的问题。

（本文是冯契在上海市哲学学会"《艾思奇文集》出版座谈会"上的发言稿，原载《社会科学》(沪)1982年第4期)

辩证法否定原理的提出
——对《老子》哲学思想的分析

一、在古今、礼法之争中的否定态度

《老子》一书是否老聃的著作，历来有争论。很可能是成书在战国初期，即在儒墨盛行之后，但也包括老聃传下来的思想。对当时政治思想领域的中心问题——"古今"、"礼法"之争，《老子》基本上持否定的态度。

《史记》说老聃是"隐君子"，即隐士。隐士也属士阶层，大概多数是破落的贵族，他们在社会大变革中丧失了政治、经济特权，失去了社会地位，但有文化知识。他们对社会现状以及各种变革是不满的，却也无能为力，因而提出"无为而治"的政治主张。《老子》对儒墨的道德说教不满，对法家主张变法、革新也有反感，都采取否定态度。孔子讲"举贤才"，墨子讲"尚贤"，对此《老子》都表示反对，说："不尚贤，使民不争"《老子·三章》；"绝圣弃智，民利百倍"《老子·十九章》。对于礼和法，《老子》一概持反对态度，它说："礼者忠信之薄，而乱之首"《老子·三十八章》，认为儒家要恢复西周礼治只能造成祸乱。又说："天下多忌讳，而民弥贫；民多利器,国家滋昏;人多伎巧,奇物滋起;法令滋章,盗贼多有"(《老子·五十七章》),对法家所主张的法治和富国强兵、发展生产的政策也表示反对。

《老子》对文明社会的历史作总结,说:"失道而后德,失德而后仁,失仁而后义,失义而后礼。"(《老子·三十八章》)把道、德、仁、义、礼依次排了一下,认为历史就是这样堕落的。孔子讲周礼,墨子用夏政,《老子》对夏、商、周三代都持否定态度,主张回到小国寡民的社会中去,把原始社会那种不用"什伯之器",不用交通工具,不用兵器,没有文字,"鸡犬之声相闻,民至老死不相往来"(《老子·八十章》)的状况作为理想的社会。这种历史倒退论当然是错误的。

但是,《老子》在"古今"、"礼法"之争中这种否定的态度,却包含有批判精神。他不仅批判了礼和法,也批判了宗教迷信,说:"前识者,道之华,而愚之始。"(《老子·三十八章》)《老子》还说:"天下皆知美之为美,斯恶矣。皆知善之为善,斯不善矣。"(《老子·二章》)又说:"慧智出,有大伪。"(《老子·十八章》)"难得之货令人行妨。"(《老子·十二章》)他对文明社会所创造的"美"和"善",文化知识和物质财富,都持批判的态度。可以说,《老子》哲学是奴隶社会的自我批判。当然,他是站在破落奴隶主贵族立场上进行批判,有很大的局限性。不过,《史记》上说,老聃做过周朝"守藏室之史",管过图书馆。因而,他是个很博学的人,掌握丰富的文献资料,从中概括出丰富的辩证法思想。春秋战国之际生产和科学有了较大的发展,在天文、历法、音律、农学、医学、军事学以及某些政治家的言论中,萌发了许多朴素辩证法的因素,《老子》对此加以总结,成为中国哲学史上第一个辩证论者。

二、天人之辩上的"无为"

《老子》哲学的最高概念是"道"。这个"道"是世界统一原理,也是宇宙的发展法则。以下我们就天人之辩和名实之辩来论述《老子》的"无为"、"无名"学说。

就天人之辩来说,孔墨着重讲人道,而《老子》着重讲天道。孔子讲仁,墨子讲兼爱,虽有不同,但是都强调人的尊严,主张对人要有爱心。《老子》却说:"天地不仁,以万物为刍狗;圣人不仁,以百姓为刍狗。"(《老子·五章》)它以为自然界无所谓仁爱,圣人对百姓也不施仁爱,就像束草为狗,用作祭物,祭祀完了,就把它丢掉,根本无所谓爱憎。从天地的观点来看,人不过万物中之一物,所以不应强调"人道"原则。《老子》说:"大道废,有仁义。"(《老子·十八章》)像儒墨那样热衷于仁义,正是废弃了大道的表现。转过来说,真正要把握大道,那就要"绝仁弃义"(《老子·十九章》)。《老子》把天道和人道对立起来,以为天道就是对人道的否定。

在《老子》那里,天和人的对立就是"无为"(自然)和"有为"(人为)的对立。《老子》提出"无为"的思想,有其两重性。一方面,无为即自然。所谓"道常无为而无不为"(《老子·三十七章》),也即是说"道"对万物的作用是"生而不有,为而不恃,长而不宰"(《老子·十章》)"道"自然地而不是有意地产生、推动、长成万物,自然地产生而并不把万物据为己有,自然地推动而并不自恃有力,自然地长成而并不为之主宰。道并不是一个有意志的造作者,这就否定了墨子的"天志"。《老子》在天人关系上是无神论者,态度比孔子鲜明。

《老子》把物得于道者称为"德",德和道的关系,类似于儒家讲的性和天命的关系。然而《老子》说:"道之尊,德之贵,夫莫之命而常自然。"(《老子·五十一章》)认为道和德所以尊贵,正在于物之得于道者出于自然,而并非出于谁的命令。《老子》又说:"人法地,地法天,天法道,道法自然。"(《老子·二十五章》)意思是说,人要效法天地,而天地之道无非是自然法则。真正能效法天地之道的是圣人。圣人同道一样,"无为而无不为"。圣人的活动只不过是"以辅万物之自然而不敢为"(《老子·六十四章》),即按无为的原则辅助万物自然运行,而不敢有意造作。这种尊重客观自然法则的态度是合理的,具有唯物主义精神。

另一方面,《老子》的无为是反对实践,叫人不要有所作为。它说:"不行而知,不见而名,不为而成。"(《老子·四十七章》)认为一个人不要实践经验就可获得知识,无所作为就可得到成功。这种观点当然是错误的。

《老子》虽不讲上帝,说"莫之命而常自然",但它把"归根"于道叫做"复命",这个"命"具有规律性的意义,同时也是指自然命运。《老子》以为人在自然命运面前是无能为力的。它说:"天网恢恢,疏而不漏。"(《老子·七十三章》)冥冥之中有个广大的"天网",谁也逃脱不了它的支配。《老子》叫人顺从自然命运,这是和儒家的"天命论"相通,和墨家的"非命"观点相反对的。

可见,《老子》的"无为"思想也有其消极的一面。

三、名实之辩上的"无名"

在名实关系上,《老子》不同于孔墨,提出"无名"论。

《老子》一开始便说:"道,可道,非常道,名,可名,非常名。"(《老子·一章》)认为可以用普通语言、概念表达的道和名,就不是恒常的道和名。它说:"道常无名。"认为道处于"无名"的领域,名言、概念不足以表达它。列宁在《哲学笔记》中说:"一般的含义是矛盾的:它是僵死的,它是不纯粹的、不完全的,等等,而且它也只是认识具体事物的一个阶段,因为我们永远不会完全认识具体事物。一般概念、规律等等的无限总和,才提供完全的具体事物。"①一般概念对于具体事物和宇宙发展法则,确实有不足以表达的一面,有它的限制。但《老子》未免夸大了这一面。它称"道"为"无名之朴"(《老子·三十七章》)、"混成之物"(《老子·二十五章》),并认为这个混然一体的未经解剖的实体,不是感觉经验和理性思维所能把握的。《老子》说:"视之不见,名曰夷;听之不闻,名曰希;搏之不得,名曰微;此三者不可致诘,故混而为一。其上不皦,其下不昧,绳绳不可名,复归于无物。"(《老子·十四章》)把"道"说成是看不见,听不到,摸不着的,这也有一定的道理。因为世界统一原理、宇宙发展法则,当然非感官所能直接把握,因此也就不能用明(皦)、暗(昧)等概念来模写它。但《老子》把这一点绝对化了,说什么"不出户,知天下;不窥牖,见天道"(《老子·四十七章》),得出"塞

① 列宁:《哲学笔记》,《列宁全集》第 55 卷,第 239 页。

其兑,闭其门,终身不勤"①的结论,以为只有塞住感觉的窍穴,关上认识的门窗,才能终身没有毛病。这就是主张人闭目塞聪,与外界隔绝,引导到蒙昧主义去了。

所以《老子》的"无名"论有两重性,它对于感觉经验、理性思维的局限性有所认识,但夸大了这种局限性,完全否认感觉和概念的作用。可以说,《老子》哲学是对孔墨的人道原则的否定,也是对孔子的理性原则和墨子的感性原则的否定。

那么,怎样才能把握道呢?《老子》说:"为学日益,为道日损。损之又损,以至于无为。"(《老子·四十八章》)就是说,搞学问,直接知识、间接知识每日增加,离"道"则日远,要认识"道"就必须不断地破除知识,达到"无为"。《老子》又说:"致虚极,守静笃。万物并作,吾以观复。"(《老子·十六章》)就是说,把什么都破除了,心灵虚寂到极点,坚守清静无为,客观外界事物虽然纷繁复杂,我却只静观反复(即万物出于道而复归于道的循环往复)。这样,我就认识了常道,"知常曰明"(同上),也即获得真正的智慧了。《老子》还说:"涤除玄览,能无疵乎!"②《老子》认为心像一面镜子,把它洗干净,一点瑕疵都没有,这样就能把握"道",就达到"知常曰明"了。

《老子》的这种"静观"、"玄览"的认识论,也有其两重性。

一方面,要虚心,要破除主观性的东西。《老子》说:"不自见,故明;不自是,故彰;不自伐,故有功;不自矜,故能长。"(《老子·二十二章》)是说,一个人不要自我表现,不要自以为是,不要自我夸耀,不要自高自大,没有主观主义,就能获得成功和智慧。所以《老

---

① 《老子·五十二章》。马叙伦曰:"勤"借为"瘽",《说文》曰:"瘽,病也。"
② 《老子·十章》。"玄览",马王堆汉墓帛书乙本作"玄监","监"即"鉴"。

子》讲"涤除玄览"有其合理因素,那就是不要掺杂丝毫的主观成见,按事物的本来状态来认识它。

另一方面,《老子》讲的静观是一种神秘主义的直觉。它说:"古之善为道者,微妙玄通,深不可识。"(《老子·十五章》)以为这种微妙深远的直觉,非一般人所能了解,而只能用一些玄之又玄的话来形容它。还说:"用其光,复归其明,无遗身殃,是谓习常。"①就是说,用心灵固有的光,恢复它原来的智慧,不给自己带来祸害,就叫作因袭常道。这显然是先验论的观点。

四、《老子》的辩证法是半途而废的

把《老子》的"无为"、"无名"思想综合起来看,虽然其中有唯物主义因素,但其整个哲学体系是唯心主义的。

它把"无为"、"无名"绝对化,认为无是世界第一原理,说:"天下万物生于有,有生于无。"(《老子·四十章》)又说:"静为躁君。"(《老子·二十六章》)它把"无"看作"有"的根源,把"静"看成"动"(躁)的主宰,把世界本原归结到"虚静",这当然是唯心主义的观点。这样的"道"在实质上就是一种"绝对精神"。《老子》说:"道生一,一生二,二生三,三生万物。"(《老子·四十二章》)《老子》有时称"道"为"一",所以"道生一"即道自生;"一生二",即道分化为阴阳二气;阴阳二气的统一叫做冲气,"万物负阴而抱阳,冲气以为和"(同上)即由阴气、阳气、冲气三者产生万物。

---

① 《老子·五十二章》。"习",傅奕本、帛书甲本作"袭"。"习"、"袭"古通用。

　　在先秦哲学中，一些唯物主义者认为物质的气是万物产生的总根源，而《老子》则认为在气之外、在气之先有一个更根本的东西，就是"道"。从道产生气、产生天地万物。这样的宇宙生成论把道和物的关系头足倒置了。《老子》又说："道生之，德畜之，物形之，势成之。"（《老子·五十一章》）这是说，物都是从道产生出来的，德是物得之于道的本性，这种本性被赋予一定形体而成为具体事物，每一具体事物在一定形势下成长、发展。这就把客观事物看成是由"道"派生的第二性的东西了。这种由"道"产生出万物的哲学体系是一个客观唯心主义体系。

　　但同时，《老子》有很高的朴素的辩证法成就。它提出"反者道之动"的命题，指出事物向相反的方面转化是合乎规律的运动，在中国哲学史上首次提出否定原理，构成了辩证法发展史上的一个重要阶段。

　　《老子》认为，"道"不能用普通的概念、语言加以表达，所以说："道隐无名。"（《老子·四十一章》）但是否根本不能表达了呢？却也不是。在它看来，要如实地表达"反者道之动"（《老子·四十章》），只有采取"正言若反"（《老子·七十八章》）的方式，例如"大直若屈，大巧若拙，大辩若讷"（《老子·四十五章》）；"生而不有，为而不恃，功成而弗居"（《老子·二章》）；"曲则全，枉则直，洼则盈，敝则新"（《老子·二十二章》）等等，都可说是"正言若反"的论断。

　　马克思说："辩证法在对现存事物的肯定的理解中同时包含对现存事物的否定的理解。"[①]列宁也指出："一般说来，辩证法就

---

① 马克思：《资本论》第一卷第二版跋，《马克思恩格斯选集》第 2 卷，第 94 页。

在于否定第一个论点,用第二个论点去代替它(就在于前者过渡到后者,在于指出前者和后者之间的联系等等)。"①《老子》说:"天下皆知美之为美,斯恶矣;皆知善之为善,斯不善矣。"(《老子·二章》)表达了对事物的肯定的认识中包含着对它的否定。《老子》讲"正言若反",对一般人都加以肯定的"第一个论点"如"直者不屈"、"生而有"、"曲非全",它用"第二个否定的论点"去替代,说"大直若屈"、"生而不有"、"曲则全"等等。《老子》一书列举有无、难易、长短、高下、先后、善恶、美丑、智愚、损益、荣辱等多种矛盾,并指出:"有无相生,难易相成,长短相刑(形),高下相盈,音声相和,前后相隋(随)。"(同上)就是说,不论哪一种矛盾,对立双方互相联系、互相转化,是恒常的规律。由此,《老子》作出了一般的概括,说:"反者道之动。"

《老子》书中包含有不少军事辩证法,前人据此说《老子》是部兵书,实际不仅如此。《老子》把军事辩证法提高到一般辩证法。例如,它把"正复为奇,善复为妖"和"祸兮福之所倚,福兮祸之所伏"(《老子·五十八章》)联系在一起,说明战势的奇与正、社会生活中的善与妖、祸与福都是互相转化的。又如,它把"兵强则灭,木强则折"(《老子·七十六章》)同"人之生也柔弱,其死也坚强;万物草木之生也柔脆,其死也枯槁"联系在一起,并得出结论:"强大处下,柔弱处上"(同上),说明柔弱胜刚强不仅是战争的规律,而且是人类和自然界的一般规律。从个别的辩证法因素概括出一般的辩证法原理,正是《老子》一书的突出贡献。

———————

① 列宁:《哲学笔记》,《列宁全集》第 55 卷,第 195 页。

从个别上升到一般,包含有"类"范畴的运用。在这里,"类"范畴和矛盾分析联系着,《老子·十一章》:"三十辐共一毂,当其无,有车之用。埏埴以为器,当其无,有器之用。凿户牖以为室,当其无,有室之用。故有之以为利,无之以为用。"意思是说,车轮三十条辐拱一个毂,车毂中空,才有车辆的功用;抟和黏土作陶器,陶器中空,才有陶器的功用;开门窗造房子,房子中空,才有房子的功用。《老子》举了造车子、制陶器、造房子三个事例,进行类比,分析了"有"和"无"的矛盾关系,概括出一个原理:"有"给人以利益,是靠"无"起了作用。可见《老子》运用类范畴,在于通过类比和分析以揭示事物的矛盾本质。而作为归纳推理,这一章当然也是"故"范畴的运用。《老子》书中的"故",除了普通逻辑的意义(即"所以")外,也往往和矛盾分析相联系着。像这里的"故有之以为利,无之以为用",《老子·二章》的"故有无相生,难易相成……"等,揭示了内部矛盾是事物的动因,运动即对立双方的相反相成。而像"不自见,故明;不自足,故彰"(《老子·二十二章》),"以其终不自为大,故能成其大"(《老子·三十四章》)等,则是用"正言若反"的形式,表达了矛盾论点的转化。虽然《老子》并没有把"类"、"故"、"理"(道)作为逻辑范畴进行考察,但从其实际运用来看,已进入辩证思维的领域。

然而,《老子》的朴素辩证法有其局限性。列宁说:"对于简单的和最初的'第一个'肯定的论断、论点等等,'辩证的环节',即科学的考察,要求指出差别、联系、过渡。否则,简单的、肯定的论断就是不完全的、无生命的、僵死的。对于'第二个'否定的论点,'辩证的环节'要求指出'统一',也就是指出否定的和肯定的联系，指出这个肯定存在于否定之中。从肯定到否定——从否定到保存着肯定东西的'统一'，——否则，辩证法就要成为空洞的否定，成为游戏或怀疑。"①列宁在这里完整地阐述了辩证思维的根本规律。《老子》讲"反者道之动"、"正言若反"，正确地指出了简单的、肯定的论断(正题)中包含着差别、联系和转化，有见于思维"从肯定到否定"的辩证推移。但是它没有再往前进。它不知道对"第二个"否定的论点(反题)，还要求指出否定的东西与肯定的东西的联系，看不到"从否定到与肯定的东西的'统一'"，看不到发展是前进上升的运动。所以，《老子》的辩证法是半途而废的。

　　为什么会半途而废呢？可以从理论和实践两方面来说明。从理论上说，它以虚静为世界第一原理，把一切运动看作是出于虚无又复归虚无的循环往复，这种唯心主义和循环论的观点最终使它的辩证法窒息了。从实践上说，《老子》作者的没落阶级的立场决定其只能是向后看而不是向前看。《老子》在讲了"反者道之动"以后，又接着讲"弱者道之用"，以为懂得了物极必反的道理，最好是坚守柔弱的地位，"知其雄，守其雌"(《老子·二十八章》)。这是消极、保守的结论。

　　《老子》还说："知其白，守其黑。"(同上)又说："我愚人之心也哉，沌沌兮！俗人昭昭，我独昏昏。"(《老子·二十章》)主张自处暗昧的地位，装作混混沌沌的糊涂样子。这是一种反动的处世哲学，而运用于政治则成为"君人南面之术"②。《老子》的"无为而治"，是对奴隶主阶级统治经验的一种总结，但也有可以为地主阶级服

①　列宁：《哲学笔记》，《列宁全集》第 55 卷，第 196 页。
②　班固：《汉书·艺文志》，《汉书》，中华书局 1962 年版，第 1732 页。

务的东西,如愚民政策。《老子》还提出:"以无事取天下"(《老子·五十七章》),"国之利器不可以示人"(《老子·三十六章》)。但不是真的"无事",而是若无其事,不要露声色,要搞阴谋,弄权术,而且君主手里掌握的治国手段(权术)不可随便拿出来给人看。这种"南面之术",为法家所吸取,在中国历史上产生了极坏的影响。

总之,《老子》一书既有精华,也有糟粕。把哲学史作为人类认识史来看,孔子、墨子着重考察了人道,而《老子》着重考察的是天道。虽然《老子》否定人道原则有其片面性,但他提出了天道自然的思想,提出了辩证法的否定原理,因而在中国哲学史上有其重要的地位,对后世产生了深远影响。不过《老子》的朴素辩证法是半途而废的,它被包裹在唯心主义体系之中,所以也有很大的局限性。

(本文系冯契著《中国古代哲学的逻辑发展》(初稿)一书中的一节。原载《华东师范大学学报》(哲社版)1982年第4期)

精神文明的灵魂

　　青年面向着未来，最富于理想。他们热衷于探索未知的世界，渴望着干一番轰轰烈烈的事业。这是青年的特点和长处。每个青年都有他自己的理想。建设社会主义精神文明，就是要用真、善、美的理想来塑造青年的心灵。那么，什么样的理想是真、善、美的呢？八十年代的青年正在认真地思考着、争议着，作出自己的判断。而要寻找到正确的答案，就必须沿着马克思主义哲学的轨道前进。马克思主义哲学是精神文明的灵魂。

　　为什么唯有马克思主义哲学才能指明达到真、善、美理想的路呢？

　　从总体上说，真、善、美理想的建立是受马克思主义哲学支配的。人类在物质生产的基础上建造起精神文明的大厦，这所大厦是蕴藏着真、善、美的宝藏。人类真、善、美的理想，是分别由科学、道德和艺术——人类的理论思维、道德实践和审美活动这三种精神活动方式的成果来体现的。而哲学是研究自然界、人类社会和思维发展的最一般规律的学说，马克思主义哲学是概括这最一般规律的科学。客观实际的一般规律支配着特殊的规律，因而反映一般规律的哲学，也就随之支配反映特殊规律的具体科学。因此，马克思主义哲学对理论思维、道德实践和审美活动等具体领域,无疑是起着指导作用的。没有马克思主义哲学,人类理论思维、道德实践和审美活动就会走向片面性,因而无法达到真、善、美统一的理想境界。

现在,我们进一步分别地从科学理想(真)、道德理想(善)和艺术理想(美)来说明。

什么是科学理想? 大家知道,中国古代有一个"嫦娥奔月"的美丽神话,到了二十世纪七十年代,人类制订出了"阿波罗登月计划"。如果问:这两者谁是虚幻的空想,谁是科学的理想? 大家都会说:前者是虚幻的空想,后者是科学的理想。那么,这两者的根本区分何在呢? 马克思主义哲学对此已作了正确的回答:根本区分就在于是否反映了客观规律所提供的现实可能性。科学理想是在现实的母体里怀胎、在现实的土壤中植根的真实的东西。它以现实可能性为内容,只要条件具备,可能性就转化为现实,科学理想便得到了实现。空想则是虚假的可能性的反映,它们是在现实中缺乏根据、凭主观愿望和主观想象虚构出来的东西。它们可能包含着一点合理因素(如"嫦娥奔月"包含着人类要求征服自然的合理因素),但在总体上是虚构的,不能实现的。马克思的辩证唯物主义,要求人们在承认客观规律的前提下,辩证地看待可能和现实的关系,为我们确立科学理想指明了途径。

"文革"使社会主义事业受到了极大的破坏和严重的挫折,有一部分人就产生了怀疑:共产主义理想是不是科学? 理想的科学性问题,在社会领域比之自然界要复杂得多,也重要得多。因为社会发展史和自然发展史有个根本不同:在自然界中是无数不自觉的、盲目的力量相互作用,而在社会历史领域中的一切活动,都是人的有意识的、有预期目的的活动。然而人的目的和结果、人的意识等都是由人们的社会存在决定的。马克思以前的贤哲都迷惑于意识指导行动这一现象,把历史看作是天才人物的意识的产物。他们提出的形形色色的社会理想,如欧洲资产阶级启蒙学者提出"自由、平等、博爱"的理想,空想社会主义又提出改造资产阶级社会的种种方案,都由于缺乏科学根据,而为历史现实所粉碎。唯有马克思首先运用辩证唯物主义观察社会历史,揭示出社会发展的规律,社会理想的科学性问题第一次得到了解决,共产主义也就由空想变为了科学理想。由于生产力的发展,资本主义虽然合乎规律地取代了封建主义,但它又包含着自身的否定性,即社会化生产和无产阶级,这就决定资本主义合乎规律地走向崩溃,而让位于社会主义。所以,共产主义理想是社会发展规律的现实可能性的反映,是建立在对社会发展规律自觉认识的基础上的。一百多年来,它已培养出无数共产主义者,并首先在俄国,接着在我国和其他一些国家作为社会主义而初步成为现实。因此,共产主义理想是和阿波罗登月计划同样具有科学性的理想。尽管由于"文革"中"左"的空想造成极大破坏,因而使某些人产生怀疑情绪,但科学的共产主义理想一定会克服它,并且一定会在实践中更增强其生命力。

　　显然,我们如果脱离了马克思主义哲学,就不能对自然界和社会领域中的理想的科学性问题作出正确的回答。同样,真正的道德理想的建立,也离不开马克思主义哲学的指导。

　　人们的一切行为都是在人与人之间的关系中进行的,这种关系有其应当遵循的准则,即道德规范。道德规范是道德理想的具体化。如无产阶级的道德理想,在对待祖国和人民的关系上,表现为爱祖爱、爱人民;在对待同志的关系上,表现为互相合作与集体主义;等等。

在建设社会主义精神文明的过程中,忽视道德理想只求个人实惠的庸人见解,越来越没有市场了。但是另一种思潮对青年颇有吸引力,那就是认为无产阶级道德理想是属于老一辈人的,八十年代青年人的"新"的道德理想应是"主观为自我,客观为别人"。这个口号,强调道德理想是体现自我利益而不是体现阶级和民族利益的;是个人意志的绝对自由,而不受"客观"、"别人"的约束。这需要我们用马克思主义哲学来剖析。

资产阶级最早在道德理想的旗帜上写着:个人利益应是人类社会行为的基础。这是为了反对封建主义而提出的。但他们和封建时代的哲学家一样,囿于阶级和历史的局限性,不可能阐明他们的道德理想的客观的历史根据,却往往虚构形而上学的体系,把道德观念的来源归之于"天赋"或人的自然本质。马克思的唯物史观才真正揭示了道德的本质:道德作为人们的行为准则,是社会存在的反映。人的社会行为只有合乎一定社会集团的公利,才被这一社会集团的人们公认为是合乎于道德规范的行为。资产阶级的道德理想之所以强调个人利益,恰恰是因为它充分反映了这个阶级要求资本主义私有制永世长存的私利。因此,只体现个人利益的道德理想在实际生活中是不存在的。真正的进步的道德理想,则是体现了当时先进阶级、劳动人民或全民族的利益。资产阶级在其革命的时代,它的道德理想曾表现了它这个先进阶级的利益,因而是进步的。但是,资产阶级的道德理想不可能是"永恒"的。随着历史条件的变更,资本主义私有制的逐步崩溃,无产阶级革命的发展和社会主义公有制的出现,意味着强调个人利益的资产阶级道德理想已经过时了,应由无产阶级的道德理想取而代之。无产阶级的道德是人类史一切道德中优秀因素的结晶,许多集中体现了无产阶级道德理想的高尚的共产主义者的涌现,就表明了这一历史趋势。

对于意志自由,马克思主义哲学并不排斥,而且将其作为重要内容,提倡思想解放,自由讨论、自由言论、自由集会等等。同资产阶级、小资产阶级的意志自由不同的是,他们建筑在个人私利的基础上,我们则建筑在社会公利的基础上。善以真为前提。真正的道德理想既体现着社会先进阶级的利益,又有着客观的真实根据,即在一定程度上符合历史发展的规律。但道德规范不同于历史规律:规律是不以人的意志为转移的,是人不能违背的;而规范则是在行动中应当遵守的准则,并非不可违背,就像下棋、打球的规则可能不被遵守一样,它需要人用意志力加以贯彻。因此,在道德领域,我们不但不反对意志自由,而且认为特别要强调意志自由。

不过,我们讲的意志自由,不是脱离客观实际和社会,自己想怎么做就怎么做的"自己设计自己"。辩证唯物主义认为:"自由是对必然的认识"①,"意志自由只是借助于对事物的认识来作决定的那种能力"②。就是说,人的意志只能在认识客观规律的基础上获得自由决定的能力。因此,没有自己想怎么做就怎么做的

---

① 恩格斯:《反杜林论》,《马克思恩格斯选集》第 3 卷,第 455 页。
② 同上注。

"自由"，而应当使主观意志自觉地遵循客观规律和道德规范，使道德行为成为自觉的。但这决不是说道德规范像"天命"、"天理"那样强制着人们。我们在道德领域讲意志自由，同时也包含着这样的意思：道德行为应当是出于人们内心的要求，自愿的选择，只有这样，才会对自己的行为负起真正的道德责任。中国反动统治阶级，长期以来把"存天理，灭人欲"作为道德理想，把他们的道德规范"当作宗教教条一样强迫人民信奉"①。这种虚伪的道德说教是反动的，遭到了"五四"以来的新文化运动尤其是马克思主义的猛烈批判。为了贯彻道德的自愿原则，我们要从各个方面关心和维护青年的利益，使他们在人与人交往的实践中感到国家、人民和社会主义的利益是同他们的利益相一致的，从而自愿地遵守无产阶级的道德规范。无产阶级道德规范反映了最先进阶级的利益，以自觉把握了社会发展规律的共产主义科学理论为根据，同时又要求人们自愿地去遵守它。因此它是最进步而又最利于个性自由发展的。

现在，我们再来谈谈艺术理想。在艺术作品中，人及其社会生活的本质，体现于灌注着感情的生动形象，这就是艺术理想。艺术理想可以表现为意境（在抒情作品中），也可以表现为典型性格（在叙事作品中）。但不论哪种形态，都是理（理想）、事（形象）、情（情感）三者的有机结合。举一篇绝句为例："君家何处住？妾住在横塘。停船暂借问，惑恐是同乡。"（崔颢：《长干曲》）这里描写了日常生活中的一个画面（形象），抒发了异地遇同乡的欢乐心情

---

① 毛泽东：《反对党八股》，《毛泽东选集》第 3 卷，第 831 页。

(情感),情景交融,体现了一种真实的理想,即劳动者之间亲密的友谊关系。

当我们对艺术作品作美的巡礼的时候,也需要马克思主义哲学的指导。比如电影《牧马人》塑造了许灵钧这样的艺术形象——不愿去美国做百万富翁的继承人,而愿在社会主义祖国当个普通劳动者。许多人赞扬这个艺术形象。也有人认为:这样的人是个别的,因而不真实;许灵钧是道德概念的化身,不是艺术形象。这就提出了美与真、美与善的问题。

辩证唯物主义认为美必须以真为前提,但又认为只有深入事物的本质中去,才能把握事物的"真"。因而美以真为前提,就不仅是叙事(写景)、抒情要真实,更重要的是艺术理想要反映社会的人们及其生活的本质。所以,艺术家经常使用的夸张、虚构等手法,它并不是违背真实,而是为了使形象更好地表现生活的本质。同样,艺术家把个别人身上所表现出来的处在萌芽状态中的具有现实可能性的东西,加以典型化、理想化,也不是违背真实,而是更深刻地、本质地反映真实,以生动的形象使人清楚地看到生活的本质和趋势。从许灵钧身上我们不是看到了现实生活中的杜芸芸的影子吗?《牧马人》上演后各地报纸报道了许多许灵钧式的人物,不就说明许灵钧真实地代表了我国人民的爱国主义本质吗?

马克思主义哲学还认为人的思想总是一定的社会历史条件的反映。因此,艺术理想在反映生活真实本质的同时,必然反映了一定社会集团的道德要求。这就是说:美以善为前提。不过,我们反对宋代理学家提倡的"文以载道",把艺术变成干巴巴的道德说教,那是对艺术的破坏;同时,我们也反对"为艺术而艺术"的口号,这个口号在特定的条件下具有反对道德说教和概念化的作用,但它否认了艺术理想和道德理想相结合无疑是错误的。其实,诗人在抒写情感、选择形象时,通常总是作了评价的。"人生自古谁无死,留取丹心照汗青。"文天祥《过零丁洋》这首诗充分肯定了这种沉郁悲壮、刚强不屈的形象,这是出于一种爱国心的道德评价。而汪精卫的"凄然不作零丁叹,检点生平未尽心"的诗句,则表达了他甘当日本帝国主义走狗的汉奸"道德"。因此,艺术理想的生命力,不仅在于它的艺术技巧,而且在于它是否包含着进步人类的道德观念,有没有先进阶级的道德理想,有没有爱国主义和对人的尊重。不是吗?文天祥的诗句,历经七百年而不衰,成为激发民族奋进的绝唱,而汪精卫的诗句,只是在被人们用作反面教材时偶尔提到一下。所以,《牧马人》的编导努力使艺术形象灌注着爱国主义的道德思想,是正确的。

以上我们分别地说明了科学理想、道德理想和艺术理想都离不开马克思主义哲学的指导。因此,我们建设社会主义精神文明,培养具有真、善、美统一的共产主义理想人格的关键,就是要全面地而不是零碎地、实际地而不是抽象地掌握马克思主义哲学。

(本文由冯契、陈卫平合作撰写,原载《社会科学》(沪)1982 年第 9 期)

论中国传统哲学的特点

特点,是比较而言的。与西方哲学相比较,中国传统哲学有些什么特点? 这个问题,经过哲学史工作者的共同努力和多次讨论,在以下的几点上已取得了比较一致的看法。

中西哲学遵循着共同的规律,都是随着社会经济的发展而发展变化的,阶级斗争制约着哲学发展,所以必须运用阶级分析的方法来考察哲学史上的斗争;思维与存在的关系问题是哲学的根本问题,唯物主义与唯心主义的斗争贯串于全部哲学史中。但是,在西方,高度发展的是奴隶社会和资本主义社会;而在中国,奴隶制并不像古希腊罗马那样发展,资本主义也不像近代欧美各国那样发展;它有时间特别长、发展最充分的封建社会的历史,到现代又较早地(相对世界各国而言)进入了社会主义阶段。这一社会发展的特殊性就规定了中国古代哲学主要是封建时代的哲学,与欧洲相比,中国有着更为悠久的朴素唯物主义和朴素辩证法的传统,而像西方近代的机械唯物论哲学,在中国没有得到充分的发展。

不过,这不等于已把中国传统哲学的特点穷尽了,本来还可以而且应该从不同角度来作比较、探索,以求获得越来越深刻的认识。现在我们把哲学史作为人类认识史的精华来看待,把哲学史了解为根源于人类社会实践的主要围绕着思维和存在关系问题而展开的认识的辩证运动。从这样的角度来考察，中国传统哲学还有些什么特点呢？

哲学史上的认识论问题

有一种流行的见解：中国哲学家着重讲做人，西方哲学家着重讲求知。由于中国人较多地讲道德实践和修养，而较少讲知识，所以中国哲学中认识论不占重要地位，或者说认识论不发达。这种说法值得研究。既然我们把哲学史作为人类认识史的精华来看待，如果说中国传统哲学中认识论不占重要地位，那么中国哲学在世界哲学史中也就不会占重要地位了。

问题在于如何理解"认识论"一词。认识论包括哪些内容，哲学家们有不同的看法，按照辩证唯物主义的观点，思维和存在的关系问题作为认识论的根本问题，已经由列宁（根据恩格斯的观点）提出了"三个重要的认识论的结论"：

（一）物是不依赖于我们的意识、我们的感觉而在我们之外存在着的。……

（二）在现象和自在之物之间决没有而且也不可能有任何原则的差别。差别仅仅存在于已经认识的东西和尚未认识的东西之间。……

（三）在认识论上和科学的其他一切领域中一样，我们应该辩证地思考，也就是说，不要以为我们的认识是一成不变的，而要去分析怎样从不知到知，怎样从不完全的不确切的知识到比较完全比较确切的知识。①

　　列宁的这三个重要的结论把辩证唯物主义认识论同唯心主义、不可知论和形而上学划清了界限,同时也说明了认识论研究的内容包括:认识的来源(认识的最终来源是不依赖于我们的意识而存在着的物);知识之所以可能的条件(也就是尚未认识的自在之物化为被认识了的为我之物的条件);认识的辩证发展的过程。

　　不过基于实践的认识的辩证发展过程包含有不同环节,因而认识的成果(知识)有不同层次,而人在认识和改造客观世界的同时,也认识和改造着人自身。历史上的哲学家往往抓住了某个环节(层次)或某个方面提出问题,进行探讨。因此,认识论的问题就显得多样化了。我们站在辩证唯物主义认识论的高度来回顾哲学史,哲学史上提出过的认识论问题,大体说来可以概括为四个:

　　第一,感觉能否给予客观实在?

　　第二,理论思维能否达到科学真理? 换一个提法,普遍必然的科学知识何以可能? 用康德的话,就是纯数学和纯自然科学何以可能?

　　第三,逻辑思维能否把握具体真理(首先是世界统一原理、宇宙发展法则)? 用康德的话,就是"形而上学"作为科学何以可能?

　　上面三个问题,用德国古典哲学的术语来说,就是关于"感性"、"知性"、"理性"的问题。

――――――――――

① 列宁:《唯物主义和经验批判主义》,《列宁选集》第2卷,第77页。

第四，人能否获得自由？换一个提法，自由人格或理想人格如何培养？

这四个问题，可以说是在中西哲学史上反复讨论了的问题。感性和理性、绝对和相对、客观规律性和主观能动性这些人类认识的环节，正是通过上述问题的讨论而得到了考察研究。辩证唯物主义以实践标准作为认识论的基础，应用辩证法于认识论，从而对每一个问题的回答都贯彻了列宁所说的三个结论，同唯心主义、不可知论和形而上学划清了界限。

在欧洲近代，随着实证科学的发展，形而上学的思辨遭到不断的抨击，哲学的各部门（认识论、本体论、逻辑、伦理学、美学等）被分别地进行研究。这是一个进步，但也带来了局限性，产生了一种颇为流行的狭义认识论观点，以为认识论的范围限于研究实证科学知识之所以可能的条件，只研究上面列举的前两个问题，即"感觉能否给予客观实在"和"科学知识何以可能"。而后两个问题，即"逻辑思维能否把握宇宙发展法则"和"理想人格如何培养"，他们认为那是属于形而上学范围的问题。这种狭义的认识论特别为实证论各流派所鼓吹。实证论者主张取消"形而上学"，他们以为后两个问题是没有意义的，如果作回答，只能是虚妄的命题。至于前两个问题，他们虽然认为是有意义的，却也往往作出唯心主义和不可知论的回答。当然，持狭义认识论观点的不一定是实证论者，不过只要把认识论的范围限于前两个问题，便会觉得认识论在中国哲学中不占重要地位，因为在中国古代没有近代的实证科学，当然不会像休谟、康德那样来提出问题。

其实，稍作深入考察就知道，在中国古代，从孔、墨开始，就已在讨论感性和理论思维的关系了,庄子已对"感觉能否给予客观实在"和"逻辑思维能否把握具体真理"提出种种责难。所以不能说中国人不关心前两个问题。而就欧洲近代哲学来说,也不是只热衷于讨论前两个问题。德国古典哲学和马克思主义已经比较深入地考察了后两个问题。黑格尔和马克思主义关于辩证法、认识论和逻辑学统一的原理,就是在回答"逻辑思维能否把握具体真理或宇宙发展法则"这个问题时提出来的。而唯物史观的创立,就对"人如何由自在而自为、由必然王国进于自由王国而实现真善美统一的理想"这个既属历史观也属认识论的问题,作了科学的解答。所以,在辩证唯物主义看来,不应把认识论局限于前两个问题。

中国古代哲学就像欧洲古代和中世纪一样,还没有分化为各部门,许多科学也还没有从哲学的母体分离出去,因此就比较朴素。但也有个优点,那就是在中国古代哲学中认识论和辩证法、逻辑是互相联系着的,认识论和伦理学、美学也是互相联系着的,没有近代西方那种实证论的狭隘观点。而且应该说,由于中国古代哲学(从先秦到鸦片战争以前),同欧洲古代和中世纪相比,曾经历了更长期的持续发展,倒是较多和较长期地考察了上述后两个问题。逻辑思维能否把握宇宙发展法则的问题,发端于先秦的"名实"之辩;理想人格如何培养的问题,发端于先秦的"天人"之辩。"天人"、"名实"之辩贯串于整个中国哲学史,所以正是在对这两个问题的考察上,显示出中国传统哲学的特点。

下面我们来分别作一些说明。

在逻辑学和自然观上的特点

在中国哲学史上，认识论问题的讨论，首先是围绕着"名实"之辩而展开的。"名实"之辩包括概念（名）是否来源于感觉经验和客观实在、概念的知识是否具有客观必然性这样的问题，也包括言、意能否把握"道"，即逻辑思维能否把握宇宙发展法则的问题。在先秦，老、庄（特别是庄子）对言、意能否把握道的问题提出了许多责难，经过各学派的争论，由荀子和《易传》作了肯定的回答。秦汉以后，"名实"之辩仍以不同形式继续着，到魏晋，演变为"言意"之辩。到宋明，"名实"、"言意"之辩就和道与器（象）关系的争论结合在一起。言、意能否把握道的问题经过了长期考察之后，由王夫之作了肯定的回答，提出了朴素唯物主义前提下的名与实、言与意、象与道的对立统一学说，触及了唯物主义的认识论与逻辑学、客观辩证法三者统一的原理。

但是，认为中国传统哲学中认识论不占重要地位的人，大概都以为中国哲学"重人生而轻自然，长于伦理而忽视逻辑"。就是说，中国传统哲学不重视逻辑学与自然哲学的研究。据这些哲学史家说，中国哲学的这一弱点，是同中国文化的弱点分不开的。中国传统文化在政治、道德、文学、艺术方面确有突出成就，唯独在科学上缺乏贡献，因此影响到哲学，使得认识论、逻辑学和自然观成了中国哲学的薄弱环节。

英国著名科学史家李约瑟教授研究了中国科学技术史，他以大量无可辩驳的资料证明：在明代以前，中国人在科学技术上一直居于世界领先地位。现在,未必有人敢于坚持"中国传统文化缺乏科学"之类的说法了。但是,中国人对形式逻辑的研究,《墨辩》虽有很高成就,后来却被冷淡了,所以确实不如欧洲人和印度人热心。那么,中国古代有那么多科学发现和创造,是用什么逻辑、什么方法搞出来的呢? 这是一个需要我们认真研究的问题。李约瑟在他的《中国科学技术史》中提出了一个论点:"当希腊人和印度人很早就仔细地考虑形式逻辑的时候,中国人则一直倾向于发展辩证逻辑。与此相应,在希腊人和印度人发展机械原子论的时候,中国人则发展了有机宇宙的哲学。"[①]李约瑟关于中国科学思想的哲学基础的探讨(在他的巨著的第二卷中)是富于启发而可以争论的,但我基本上同意他的上述论点。

　　哲学的历史发展表现为一系列的圆圈,表现为近似于螺旋形的曲线。每当哲学发展完成一个圆圈,达到总结阶段,思维进入辩证法领域,这时便可能有哲学家、逻辑学家对辩证思维的形式进行考察,提出辩证逻辑的一些原理。又因为一定时代的人类思维是一个有机联系的整体,所以这时也可能有一些科学领域运用这些原理作为方法,或者倒过来说,这时会有一些科学领域的方法达到辩证法阶段,可以从中概括出辩证逻辑原理。我已经在别的地方说过[②]:先秦哲学的总结阶段,《荀子》《易传》《月令》《内经》已具有辩证逻辑的雏形;到宋明,从沈括、张载到王夫之、黄宗羲,辩证逻辑又有了进一步的比较大的发展。当然,古代的辩证

① 李约瑟:《中国科学技术史》第 3 卷,科学出版社 1978 年版,第 337 页。
② 参看冯契:《中国古代辩证逻辑的诞生》(载《中国哲学史研究》1981 年第 3 期)及《论王夫之的辩证逻辑思想》(载《中国社会科学》1982 年第 4 期)。

法是朴素的、自发的,还不具备严密的科学形态。但是说它自发,
是相对于唯物辩证法说的。如果古代哲学家已经提出某些辩证
思维的原理,而当时的科学家已在运用它们作为科学方法,那就
是有一定程度的自觉。从总体上看,人类的逻辑思维是一个由自
发到自觉、由较少自觉到较多自觉的历史发展过程。逻辑学作为
科学(包括形式逻辑与辩证逻辑),是对思维的逻辑(正确思维的
形式与规律)的自觉掌握,这个自觉掌握也是一个过程。辩证逻
辑在中国古代经历了长期的发展,有较大的成就,它虽然还是朴
素的(缺乏近代科学的基础),但已经具有高级阶段的许多要素的
萌芽,值得我们仔细地加以研究。

中国比较早地发展了辩证逻辑,也比较早地发展了辩证法的
自然观。这种自然观是以气一元论为基础的,认为气分为阴阳,
阴阳的对立统一就是道,即自然发展的规律。从伯阳父、荀子到
张载、王夫之,许多唯物主义哲学家都主张这种学说,而中国古代
科学如天文、历法、音律、农学、医学等等,也都是建立在气一元论
基础上的。已经有人指出,中国人讲的"气",很接近于近代物理
学的"场"。确实,中国人比较早地发展了类似"场"的思想,这可
说是在自然观上的特点。

在西方,原子论得到比较早的发展,自然观曾长期与原子论
相联系。类似"场"的思想虽然古代也有,但直到十九世纪电磁场
理论提出后,才受到充分重视。中国古代也有类似原子论的思
想,例如,《墨经》说:"非半弗斫则不动,说在端。"这个"端"就是指
不可分割的物质粒子。《庄子·天下篇》里记载着辩者的论题:
"一尺之棰,日取其半,万世不竭。"《墨辩》反对这种物质无限可分

的思想,以为一尺之棰,日取其半,达到一定阶段,便不能再取半
(即"非半"),于是就不能斫("弗斫"),亦即斫不动了,这就达到了
"端"。《墨辩》从经验科学的观点,肯定具有一定特性的物体是由
不可分割的粒子(端)构成的。不过,《墨经》的原子论思想在中国
古代哲学和科学中没有得到进一步发展,就如同它的形式逻辑没
有得到发展一样。

原子论思想和形式逻辑没有得到充分发展,这是中国传统哲
学的一个弱点。但是中国人比较早地发展了朴素的辩证逻辑和
朴素的辩证法自然观(气一元论),从而对逻辑思维能否把握宇宙
发展法则这个认识论问题作了肯定的回答和多方面的考察,这却
是一个优点。

在考察人的自由问题上的特点

接着我们来讲中国传统哲学在回答"人能否获得自由"或"理
想人格如何培养"这个问题上的特点。

中国传统哲学,特别是儒家哲学重人生、重伦理,这是人们一
致公认的。但是,所谓中国哲学"重人生"、"长于伦理"到底是什
么意思呢?难道西方哲学不重人生、不长于伦理吗?恐怕不能这
样说。黑格尔说孔子只是讲了些常识道德,东方哲学应被排斥在
世界哲学史之外;杜威说中国哲学偏重伦理人生,没有什么高超
的思想。这是由于他们对中国哲学的无知而产生的偏见。

关于人的自由,从认识论来看,首先是人和自然的关系问题。
不少的人认为中西哲学的不同,在于西方人把我与物、人与自然

对立起来，人生态度是"向外寻求"；而中国人则讲"天人合一"，以为"仁者浑然与物同体"[①]，"此道与物无对"[②]，我与物、人与自然本来浑然一体，所以人生态度是认定"重心在内"，只需"复性"（恢复"天命之性"）就获得自由、有了"孔颜乐趣"了。

在持上述观点的人心目中，中国哲学就以正统派儒学，特别是宋明理学为代表。理学唯心主义者确是用"无对"、"复性"（"复其初"）来讲"天人合一"的。我们从辩证唯物主义的观点来考察，认为程、朱、陆、王的哲学虽有其一定的历史地位，但中国哲学的优秀传统却主要不在这些理学唯心主义者那里。在中国哲学史上有不少唯物主义者和辩证论者，更值得我们注意。例如，荀子强调"明于天人之分"（《荀子·天论》），又讲"制天命而用之"（《荀子·天论》），认为人通过和自然作斗争，把握自然的必然法则，由此到达"天地官而万物役"（《荀子·天论》），人成了自然界的主人，也就是获得了自由。柳宗元和刘禹锡的哲学思想，可归结为"天人不相预"[③]和"天人交相胜"[④]。王夫之比较多地讲"天人合一"，但他讲"天人合一"是指天人交互作用，以为在气一元论前提下，"人定而胜天亦一理也"[⑤]；而且他认为人不能"任天"，而要"相天"、"造命"，即要发挥主观能动性，治理自然，并在人和自然界的交往中，不断改造自己，培养人的德性。在这些哲学家那里，不是把天人关系了解为"无对"、"复性"，而是朴素地把握了自然和人的

---

① 《河南程氏遗书》卷二上，王孝鱼点校：《二程集》上册，中华书局 2004 年版，第 16 页。
② 同上书，第 17 页。
③ 柳宗元：《天说》，《柳河东集》下册，上海古籍出版社 2008 年版，第 503 页。
④ 刘禹锡：《天论》，《刘禹锡集》上册，中华书局 1990 年版，第 68 页。
⑤ 王夫之：《续春秋左氏传博议·卷下》，《船山全书》第 5 册，第 587 页。

辩证关系,把人的自由看作是在人和自然交互作用的过程中获得的,并从而引申出"积善成德"(《荀子·劝学》),"性日生而日成"①的命题。这种理论虽然还是抽象的人性论,却包含着真理的因素。

程、朱、陆、王是儒家,荀子和王夫之等也是儒家。儒家作为一个总体来看,共同的观点不在于讲"无对"、"复性",而在于强调不能离开人和人之间的伦理关系来讲"天人之际"。就这一点说,从孔、孟、荀到程、朱、陆、王和王夫之、戴震等,都是一致的。孔子提出仁智统一学说,就是要在社会伦理关系中来培养理想人格。仁智统一,意味着人道(仁爱)原则和理性原则的统一,伦理学和认识论的统一。孔子讲认识论主要是讲伦理学("知人"),而讲伦理学也是着重从认识论角度来考虑("未知,焉得仁?")。这里也包含着这样的意思:人的道德规范是根据理性原则来的;真正的道德行为是自觉的,而这种自觉性来源于理性认识;正是根据这一点,人可以通过教育和修养而成为有道德的人。

道德行为,即合乎道德规范的行为,包含着三个要素:第一,道德理想表现于人的行为,在行为中具体化为处理人和人的关系的准则(规范);第二,合乎规范的行为应该是合理的,是根据理性认识来的,因此是自觉的行为;第三,道德行为应该是自愿的,是出于意志自由的活动,如果不是出于自愿选择而是出于被迫,那就谈不上行善或作恶。这些要素,在西方,亚里士多德在《尼可马

---

① 王夫之:《尚书引义·太甲二》,《船山全书》第 2 册,第 299 页。

克伦理学》中已经作了考察。① 在中国先秦，荀子也都提出来了。荀子既指出"心不可劫而使易意"（《荀子·解蔽》）、"其择也无禁"（同上），即意志能自主地进行选择，不受外力的强制；又要求"心之所可中理"（《荀子·正名》），不能"离道而内自择"（同上），即要求根据理性认识来判断是非，自觉地按照"道"来选择；这样自觉而又自愿地以"道"（礼义）作为准则，在行动中坚持不懈地加以贯彻，日积月累，就能"积善成德"。

虽然中国和西方的古代哲学家都已指出道德行为要自觉自愿，但自觉是理性的品格，自愿是意志的品格，二者是有区别的，因此在伦理学说上可以产生不同偏向。应该说，先秦儒家（孔、孟、荀）都注意到了自觉与自愿、理性与意志的统一，但是他们较多地考察了自觉原则，而较少地讨论自愿原则。儒家也重视"志"，认为道德行为要由意志力来贯彻，而这种意志力则是凭借理性认识和进行持久的修养锻炼来培养的。所以儒家认为意志应服从于理性，杀身成仁，舍生取义，都出于理性的自觉。这无疑是正确的，而且在历史上起了积极的影响。不过儒家这样讲意志，注意的是意志的"专一"的品格；而对意志的"自愿"的品格，并没有作深入的考察。孔子哲学的最高原理是"天命"，他以为要"知天命"、"顺天命"，而后才能"随心所欲不逾矩"（《论语·为政》）。这样讲人的自由，实际上已陷入宿命论去了。后代的儒家正统派为了替封建专制主义辩护，更加忽视了自由是意志的自愿选择这一点，更加发展了宿命论。理学家说："父子君臣，天下之定理，无

---

① 亚里士多德：《尼可马克伦理学》第三篇"意志"，参见周辅成编：《西方伦理学名著选辑》（上卷），商务印书馆 1964 年版，第 305—310 页。

所逃于天地之间。"①他们把三纲五常形而上学化为"天理",而天理即在人性之中,所以只须"识得此理,以诚敬存之"②,就可以达到"浑然与物同体"③的"无对"的境界,给人以无限乐趣。这种唯心主义理论,似乎也很强调理性的自觉,实际上是说"天理"或"天命"已决定一切,"存天理,灭人欲",以求"复性",不过是要求人们"自觉"地屈服于命运、屈服于封建专制主义的统治罢了。总之,中国传统哲学中的伦理思想以儒家为主体,儒家注重考察了道德行为的自觉原则,是一个贡献;但是占统治地位的儒家不仅忽视了道德行为的自愿原则,而且把宿命论精致化,使之披上迷人的画皮,似乎它能给人以"受用"的"境界",那却是反动的。

相比之下,如果说中国哲学较多地考察了伦理学上的自觉原则和"为学之方"(道德的教育和修养),那么西方哲学便较多地考察了自愿原则和意志自由问题。意志自由是道德责任的前提,所以是伦理学上的重要问题。伊壁鸠鲁学派用原子的偏离运动来论证意志自由,反对了斯多葛派的宿命论。卢克莱修对此作了详细讨论④,那是唯物主义者的学说。但是过分强调意志自由,就会导致唯心论。在西方,从中世纪到宗教改革,神学热衷于讨论原罪是否出于自由意志的问题;到近代,从康德、费希特、叔本华、尼采、柏格森、詹姆士以至存在主义,形成了一个很深的唯意志论传统。而在中国古代,虽然某些哲学家(如李贽、泰州学派等)有唯

---

① 《河南程氏遗书》卷五,《二程集》上册,第 77 页。
② 《河南程氏遗书》卷二上,《二程集》上册,第 16 页。
③ 同上注。
④ 卢克莱修著,方书春译,《物性论》,三联书店 1958 年版,第 111—114 页。

意志论倾向，却没有形成像西方那样的传统。到了近代，由于受了西方的影响，有些人以为提倡唯意志论可以反抗宿命论，有些人以为可以对儒家或法家学说作唯意志论的解释，这都只能造成思想上的混乱，在实践上是有害的。

人的自由不仅是认识论和伦理学问题，也是美学的问题。庄子反对儒家的"仁义"，提出了另一种自由观念，即他所说的"逍遥"。他以为伦理关系只能给人以束缚，人应该回到自然去。"天地有大美而不言"（《庄子·知北游》），自然界就是最美的音乐，人与自然为一，就得到了逍遥（自由）。庄子讲逍遥，包含着神秘主义。不过他用"庖丁解牛"等寓言来说明如何由"技"进行"道"而获得自由的过程，却触及了艺术创造的规律性。庖丁的技艺达到了非常熟练的地步，真正能"依乎天理"、"因其固然"（《庄子·养生主》），完全按照客观规律来活动；劳动成了完全自由的，人与自然过程为一，一举一动都合乎音乐与舞蹈的节奏。于是，劳动就成了审美的对象，庖丁欣赏着自己行动的节奏，解完了牛，"为之踌躇满志"（同上）。这可说已触及了由必然王国进于自由王国的问题，而这里的自由是指审美活动的自由。

同时，先秦儒家讲礼乐，提出了"言志"说。《礼记·乐记》（它可能是荀子《乐论》的发展）说人心感于物而动，于是有喜怒哀乐，发而为声，声音有节奏，就成为音乐。音乐、舞蹈、诗歌，都是人的思想感情体现于有节奏的艺术形象，而这些艺术又转过来培养、教育了人。儒家的"言志"说和上述庄子寓言中所包含的思想相结合，就逐渐发展成为中国美学史上的艺术意境理论。意境的理论是关于抒情艺术的理论，即如何用艺术形象来抒写思想感情，在艺术中实现人的自由的学说。

　　不论是中国还是西方,古代都有哲学家指出:人在艺术创造和艺术欣赏中是自由的,艺术对培养人的性格、陶冶人的性情具有重要作用。在艺术作品中,一定的审美理想体现于灌注着感情的生动的形象,构成了艺术形象。如果这种艺术形象侧重于抒情,就叫做意境;如侧重于人物造型,那就是描写了典型性格。亚里士多德的《诗学》总结了希腊人的艺术创造,特别是研究了希腊人的史诗和悲剧,他提出"悲剧是对于比一般人好的人的模仿"①。这是最早的典型性格的理论。西方人比较早地提出了美学上的模仿说(再现说)和典型性格理论,而中国人则比较早地发展了美学上的言志说(表现说)和意境理论,这是不同的特点。

　　当然,在唯物史观诞生之前,对人的自由问题不可能有真正科学的回答。过去所谓的理想人格(圣贤、哲人、英雄)都被打上了剥削阶级的烙印,不可能是真正自由的人格。但这并不是否认过去的哲学家也曾提出过一些合理见解。中国传统哲学从人和自然的交互作用来探讨人的德性的形成过程,比较早地考察了伦理学上的自觉原则和美学上的意境理论,从而对理想人格如何培养这个认识论问题(这个问题也牵涉到真、善、美三者的关系),提出了一些富于民族特色的合理见解。但是,中国传统哲学和西方哲学各有其不足之处。中国古代哲学中有一个以"乐天安命"为自由、以"浑然与物同体"②为最高"境界"的传统,那是非常腐朽的东西。

---

① 亚里士多德著,罗念生译:《诗学》,人民文学出版社 1962 年版,第 50 页。
② 《河南程氏遗书》卷二上,《二程集》上册,第 16 页。

形成中国传统哲学特点的原因

以上说的两个认识论问题，即"逻辑思维能否把握宇宙发展法则"和"理想人格如何培养"的问题，发端于先秦的"名实"之辩和"天人"之辩（当然，"天人"、"名实"之辩还包括其他方面的问题），一直为历代哲学家所注意。概括地说，中国古代哲学的优秀传统，就表现在对认识论的这两个重大问题作了朴素唯物主义和朴素辩证法的解答。与此相联系，在逻辑、自然观、伦理学、美学各方面，也都显示出了民族的特色。但与西方哲学相比，这些方面又都有其明显的不足之处。而同长期的封建专制主义统治相联系，形成的根深蒂固的宿命论思想，则是阻碍着历史前进的坏的传统。

接着我们来探讨一下形成这些特点的原因。

第一，从社会历史条件来分析。

关于中国历史的分期问题，学术界意见还不尽一致，不过大家公认：中国传统哲学主要是封建时代的哲学。中国封建制有两个显著的特点：一是和宗法制密切相联系，这是从农村公社、奴隶社会中承袭下来的；二是很早就形成了统一的封建专制主义的中央集权国家，形成了一整套越来越完备的维护封建宗法制度的上层建筑。有了这两个特点，再加上中国周围的其他民族的文化水平都及不上中华民族，这就使得中国的封建制具有特别的稳固性。不过，在长期的封建社会中，农业和手工业生产是向前发展的，生产水平和科学技术在当时居世界领先地位。同时，随着历史的前进,封建社会的阶级矛盾也越来越尖锐,农民揭竿而起反抗压迫和剥削,农民起义之多和规模之大在世界史上是仅见的。这就是说,中华民族有着勤劳(发展生产)、勇敢(反抗压迫)和智慧(追求科学真理)的传统。这种悠久深厚的进步传统,是中国古代哲学之所以具有源流深长的朴素唯物主义和朴素辩证法的社会原因。但是,封建专制主义和宗法制度也给哲学打上了很深的烙印,比如,宿命论与复古主义,就是这样的印记。严复说"中国委天数"①、"好古而忽今"②,这些中国传统哲学的缺点,就像中国封建制具有特别的稳固性一样,是非常顽固的。

第二,从哲学和科学及其他意识形态的关系来分析。

首先,科学和哲学一样,也是以理论思维的方式来掌握世界的,所以科学和哲学的关系特别密切。封建经济主要是农业经济。因此,和农业相联系的科学,如天文学、地学、历法、医学、农学、生物学等在中国古代得到较大的发展。中国古代这些科学把人和自然界看作是有机联系的,是相互作用的,因而就使朴素的辩证逻辑和辩证法的自然观得到人们较早的注意。中国古代哲学家把阴阳之气作为物质实体,这种自然观显然是和上面讲的那些与农业密切相关的科学得到较大发展有关的。而西方的原子论则是同那些与工业生产密切相关的科学,如光学、力学、化学等的发展有较大的关系。

其次,哲学作为一种意识形态,它的发展同其他社会意识形态也是联系着的。在一定的历史时期,往往有某一种意识形态占

---

① 严复:《论世变之亟》,《严复集》第1册,第3页。
② 同上书,第1页。

据支配地位。在西方,"中世纪的历史只知道一种形式的意识形态,即宗教和神学"①,"中世纪把意识形态的其他一切形式——哲学、政治、法学,都合并到神学中,使它们成为神学中的科目"②。而中国封建社会的情况却不是这样。中国人的宗教观念特别淡薄,全世界民族中,只有汉族最少有宗教信仰。即使是中国最初的原始神话如盘古开天辟地、女娲炼石补天等,也不过是把和自然界斗争的人加以神化。中国人一开始就重视现实,重视人世。当然,在中国的封建时代,佛教、道教也曾盛行,但占据统治地位的意识形态始终是儒学。正统派儒家的"天命"代替了西方基督教的上帝,礼教几乎起了西方宗教同样的作用,其他的意识形态都或多或少地成了从属于儒学的科目。儒学讲名教,同宗教一样,也是人的本质的异化。所以,正如欧洲近代资产阶级兴起时,把矛头对准中世纪的主要意识形态神学一样,中国明清之际的那些伟大思想家的批判锋芒直接指向占据支配地位的宋明理学,直至"五四"新文化运动,也是把矛头对准了孔家店。正因为在西方中世纪是宗教神学占主导地位,而中国封建社会是儒学占统治地位,所以西方的道德理论和宗教密切相联,而中国的道德思想和儒学不可分割。

再次,在艺术上,希腊人和印度人一开始是讲故事,而中国人一开始是写诗。中国人是抒情的民族,从《诗经》、《楚辞》到唐诗,一直热衷于写诗,而讲故事、写小说、演戏,是比较晚出的。

---

① 恩格斯:《路德维希·费尔巴哈和德国古典哲学的终结者》,《马克思恩格斯选集》第4卷,第235页。
② 同上书,第255页。

希腊人却早就写了史诗、悲剧、喜剧,这些著作给我们描绘了很多典型性格。还有人物雕塑,古希腊也已达到完美的程度。而在中国,造型艺术也要求给人意境。为什么中国人较早地发展了抒情艺术?这是个值得深入研究的问题。中国哲学表现在美学的"言志"说和意境理论上的特点,显然是和抒情艺术的传统有关的。

第三,从哲学本身的演变、发展来分析。

先秦的百家争鸣到秦汉统一而结束。在先秦,儒墨并称"显学";到汉代,却是一方面墨学衰微,另一方面儒术独尊。而儒术独尊实际是儒法合流,只不过法家隐蔽在儒家之后。以后到魏晋,儒道合一,产生了玄学。又经过隋唐时期儒、道、释三者相互作用,产生了理学。理学在宋、元、明、清一直处于支配地位。

墨家这个学派是和手工业生产密切相联系的,因此很自然地重视形式逻辑和产生原子论的思想。以后墨学衰微,原子论思想和形式逻辑也就得不到发展。而《荀子》、《易传》、《内经》、《月令》等所包含的朴素的辩证逻辑和辩证自然观则得到了较大的发展,产生了深远影响。

汉代儒学独尊以及后来儒道合一,使得儒、道中的积极的东西如儒家的仁智统一学说、道家的崇尚自然的思想得到了发展,伦理学上的自觉原则和美学上的意境理论得到了比较早的考察,这对整个民族文化起了很大影响。

墨学衰微,墨子的"非命"学说被遗忘了,儒、道的宿命论却深入人心。同时,儒法合流,法家藏在儒家的旗帜下了。封建专制主义者用仁义说教和刑罚两手来统治人民,造成王夫之所说的

"其上申、韩者,其下必佛、老"①的情况。统治者打着"天命"、"天理"的招牌,"以理杀人"②,老百姓感到无法和"天命"、"天理"相对抗,于是,宿命论就把人们引向佛老,到宗教中去寻求安慰。这是中国传统哲学中坏的一面。

中国传统哲学的优点,一直影响到近代。中国人比较快地找到了马克思主义,并把马克思主义和中国革命实践相结合,这同中国富有朴素唯物主义和朴素辩证法的传统有关。我们党形成三大作风,使党成为培养人教育人的学校,这和传统中注重自觉的原则有关。中国的艺术至今还是以意境来引人入胜,如京剧、山水画、园林艺术等等。我们的祖先对认识论上的两个重大问题作了探讨,提出了自己的很有民族特色的理论,形成了优秀的传统,至今还起着作用。但是这个传统也有着不足之处和缺点。中国古代哲学的辩证法是朴素的,因而有些界限就不分明,有时就和相对主义、中庸之道或独断论的"斗争哲学"相混淆。这就要求我们努力掌握马克思主义,使辩证法建立在现代科学的基础上。这就要学习西方的长处,学习它们的形式逻辑、数理逻辑和实验科学的方法。在培养理想人格方面,中国古代哲学家除了阶级和时代的局限之外,在理论上有着严重的宿命论倾向,我们要培养共产主义的人格,必须批判这种十分腐朽的东西。西方伦理学上的自愿原则和美学上的现实主义的典型性格理论可以弥补我们传统的不足,但在向西方学习时要注意抵制唯意志论。

总之,我们今天要站在共产主义的高度,在马克思主义哲学

---

① 王夫之:《读通鉴论·梁武帝》,《船山全书》第10册,第653页。
② 戴震:《与某书》,《戴震全集》第1册,清华大学出版社1991年版,第212页。

的指导下,发扬我国传统哲学的优点,克服其弱点,学习西方哲学的长处,避免其短处。这对于建设社会主义文化和培养共产主义新人是有帮助的,对于发展马克思主义哲学,促使中国和西方哲学进一步合流为统一的世界哲学也是必要的。

(本文系冯契著《中国古代哲学的逻辑发展》一书"绪论"的第二节,发表时有删节,原载《学术月刊》1983年第7期)

毛泽东同志关怀青年的学习

为纪念毛泽东同志九十诞辰而出版的《毛泽东书信选集》中收了《致林克》（1960年）一信。毛泽东同志在信中要林克同志找几本通俗的哲学小册子，以便送给他接近的青年同志阅读。这一件事充分说明，毛泽东同志十分关怀青年同志的学习和哲学的通俗化工作。

毛泽东同志热爱青年。他说青年人朝气蓬勃，好像早晨八九点钟的太阳，最有生气，最肯学习，最少保守思想，祖国的前途是属于青年的。所以，他十分关心年轻一代的成长。青年时期是人一生中学习文化、增长知识、培养共产主义世界观的最重要的阶段。教师、理论工作者、科学家、作家、艺术家都应关心青年的学习，全社会都应关心年轻一代的成长。毛泽东同志为我们作出了榜样。

在哲学的通俗化方面，毛泽东同志也是我们的榜样。他的著作写得深入浅出，语言生动，有中国气派，无教条气息。这是大家都熟悉的。1938年我在延安听过他的哲学课。上千的青年学员在抗大的操场上听他讲辩证唯物论，大家席地而坐，全神贯注，秩序井然。毛泽东同志讲课，不但逻辑力量足以掌握全体学员，而且时时穿插一些风趣的话，引起全场大笑。所以听他的课，既是受教育,也是一种享受。他那批评"老子天下第一"的幽默口吻,我至今记忆犹新。我也清楚记得,他举"叫化子耍蛇"为例,说:哪怕是像蛇那样可怕的对象,只要摸着了它的"脾气"(这是他使用的词),就能控制它,利用它,而不会害怕它了;也就是说,自由是对必然性的认识和对客观世界的改造。像这样娓娓动听地对青年讲哲学,确能使人永远铭记在心,使理论在人心中长久地起作用。

至于《致林克》一信中提到的我那本 1957 年出版的小册子《怎样认识世界》,现在回头看看,缺点不少。所举的例子有的已过时了,有的反映了当时已颇有影响的"左"的思想倾向。在理论阐述方面,也有不足之处,如没有着重阐明毛泽东同志提出"能动的革命的反映论"一词的历史意义和他在辩证逻辑方面的重要贡献等,说明那时我对毛泽东哲学思想的学习很不深入。在"文革"期间,这本小册子也以莫须有的罪名而成了批判对象。粉碎"四人帮"之后,中国青年出版社曾来跟我联系修订再版问题,但因这些年来忙于别的工作,拖下来了。以后定当认真修改,为哲学通俗化工作再尽一份力量。

(署名冯契,原载《解放日报》1983 年 12 月 26 日第 4 版)

论中国古代的科学方法

中国人在逻辑思维上有什么特点？这是一个有很大的理论意义和现实意义的问题，值得认真地加以探索。

爱因斯坦在一封信中说："西方科学的发展是以两个伟大的成就为基础的：希腊哲学家发明形式逻辑体系（在欧几里得几何学中），以及（在文艺复兴时期）发现通过系统的实验可能找出因果联系。在我看来，中国的贤哲没有走上这两步，那是用不着惊奇的。作出这些发现是令人惊奇的。"[①]这是一个外国的伟大科学家提出来的问题。中国古代有那么多科学发现和创造，是用什么逻辑、什么方法搞出来的？这确是一个令人惊奇、需要我们认真研究的重大问题。研究这个问题，对于我们今天建设有中国特色的社会主义，对于发展我国的科学文化，提高整个中华民族的科学文化水平，也是十分必要的。

人类无疑遵循着共同的逻辑规律。但过去东西方文化各自独立发展，形成了不同的传统，所以决不能忽视民族的特点。因此，对于中国人在逻辑思维方面的特点，需要探索研究。怎样研

---

① 爱因斯坦：《西方科学的基础和中国古代的发明——1953 年给 J·E·斯威策的信》，爱因斯坦著，许良英等编译：《爱因斯坦文集（增补本）》第 1 卷，商务印书馆 2009 年版，第 772 页。

究？我以为需要把中国古代的哲学、逻辑学与科学联系起来进行历史的考察，着重研究逻辑范畴和科学方法的历史演变。范畴与方法，是哲学、逻辑学和科学的交接点。方法的基本原理无非是范畴的运用。

我这里着重谈中国古代的科学方法，不多谈范畴，当然也会联系到一点。我也不全面地讲有关方法论的各方面的问题。讲哲学史，就需要研究孔孟的先验主义方法、庄子的相对主义方法、董仲舒的形而上学方法等等。这些，我将都不涉及，而只讲科学方法，并且只是蜻蜓点水般地谈一点看法。

一、墨家和荀子的方法论

有一个基本的观点需要先申明一下。我以为，有两种逻辑，两种科学方法。人们通过概念、判断和推理等思维形式来把握世界，概念必须与对象相对应，有一一对应的关系。所以思维形式有它的相对静止状态。在相对静止状态中，我们撇开具体内容而对形式作考察，这样就有形式逻辑的科学。而为要把握现实的变化和发展，把握具体真理，思维在遵循形式逻辑的同时，概念还必须是对立统一的、灵活的、能动的。密切结合认识的辩证法和现实的辩证法来考察概念的辩证运动，于是就有辩证逻辑的科学。这是我对形式逻辑和辩证逻辑的一个基本看法。可能有的同志不同意，这是可以讨论的。但是，如果不承认逻辑有层次上的不同，于是就有形式逻辑和辩证逻辑，有形式逻辑的方法和辩证逻辑的方法，那么，对中国古代哲学、逻辑学和科学的历史，就很难作出令人满意的解释。

墨家和荀子的方法论，就是层次不同的两种方法论。

墨子提出"言有三表"（《墨子·非命》），或叫作"言有三法"。他所谓的"法"，就是指先立一个标准作为法式，说："轮人操其规，将以量度天下之圜与不圜也，曰：中吾规者谓之圜，不中吾规者谓之不圜。……匠人亦操其矩，将以量度天下之方与不方也，曰：中吾矩者谓之方，不中吾矩者谓之不方。"（《墨子·天志中》）就是说，"规"为圆类之法，合乎规则为圆；"矩"为方类之法，合乎矩则为方。后来，《墨经》发展了墨子这一"法"的思想，指出："法，所若而然也。"《墨子·经上》"法：意、规、员三也俱，可以为法。"（《墨子·经说上》）意思是，人们按照"圆"的概念（"圆"的概念是"一中同长"），运用圆规作工具，作成一个个圆形，这就是按照作圆的方法、法式来制作圆形。同样，用矩作工具，根据"方"的概念，可以作出一个个方形。《小取》说："效者，为之法也。所效者，所以为之法也。故中效则是也，不中效则非也。"这里的"法"，也就是墨子讲的"言有三法"之法，指立论的标准、法式。所谓"效"，就是建立一个法式作为"所效"；符合法式的就是"是"（"中效"），不合法式的便是"非"（"不中效"）。可见，"效"作为论证方式，其实就是科学研究中普遍运用的建立公式、模型以进行推导的演绎法；而所效之"法"，应是所考察的类的本质的反映。

同时，《墨经》讲推类，认为不论是演绎法、归纳法，还是类比，都应该遵循"以类行之"这一原则。《大取》说："夫辞以故生，以理长，以类行也者。"这就是所谓"三物必具"（《墨子·大取》）。后期墨家把"类"、"故"、"理"三个互有联系的范畴完整地提出来，把它们作为逻辑思维形式的基本范畴来阐述,从而建立形式逻辑的体系。这是墨家的重要贡献。

《墨经》基本上从形式逻辑来考察这些范畴,并且着重考察了"类"范畴。《墨经》分析同异,其中最重要的是"类同"和"不类"。"类同"就是"有以同",即是说,不同的个体,凡有相同的属性,即属同类;如果是没有这种属性的个体,就是"不类"。个体与各种类与最高类之间,有着种属包含关系。《墨经》讲"推类",认为要根据"以类行之"或"以类取,以类予"(《墨子·小取》)的原则,就是指要根据事物的种属包含关系来进行推论、论证。"以类行之"是《墨经》讲的推理的基本原则,也是方法的基本原则。对于当时逻辑学上争论的"坚白同异之辩",《墨经》主张"别同异"、"盈坚白",基本上是从形式逻辑类范畴出发的。《墨经》还提出"异类不吡,说在量"(《墨子·经下》)的观点,认为性质不同类的事物不能作数量上的比较,逻辑思维不能违背"质决定量"和"异类不比"的原则。"异类不比",这也是形式逻辑方法论的重要原则。

总之,《墨经》的方法是形式逻辑的方法,它所了解的"类",就是那种具有种属关系,用"有以同"(《墨子·经说上》)来下定义这样的类。《墨经》运用形式逻辑方法研究具体科学,在几何学、光学、力学等领域中,都作出重要贡献。

那么,荀子的方法论是怎样的呢?荀子说:"五寸之矩,尽天下之方……此者,则操术然也。"(《荀子·不苟》)"术"就是方法。他也赞成用类概念作为法式来衡量对象。不过,荀子与墨家不同。《正名》指出:"辩说也者,不异实名,以喻动静之道也。"(《荀子·正名》)"不异实名"就是要求遵守形式逻辑的同一律,在辩说中不得偷换概念；但辩说又是为了"喻动静之道"，即把握现实的动静之道。怎么把握呢？荀子也强调要运用"类"、"故"、"理"的范畴。说："辨异而不过，推类而不悖；听则合文，辨（辩）则尽故；以正道而辨奸，犹引绳以持曲直；是故邪说不能乱，百家无所窜。"（《荀子·正名》）荀子讲"推类而不悖"，当然也要求按种属关系进行推理，遵循形式逻辑。但是荀子又提出了"统类"这个概念。说："倚物怪变，所未尝闻也，所未尝见也，卒然起一方，则举统类而应之，无所儗怎，张法而度之，则晻然若合符节。"（《荀子·儒效》）对于未尝见、未尝闻，即没有经验过的事物，如何来规范它？就要"举统类而应之"、"张法而度之"。这样讲"法"，讲"统类"，就与《墨经》不同。荀子讲"壹统类"，是要求把握全面的一贯的道理来规范事物。他在《非十二子》中批评子思、孟子："略法先王而不知其统。"就是说，他们不知道"统类"，不懂得孔子的一贯的道理。荀子讲"故"，要求"辨则尽故；讲"道"（理），又说"以道观尽"。"尽"就是全面的意思。他以为真正掌握了道，就能全面地看问题，"辩说"时，就能全面地阐明"所以然之故"。荀子讲的"类"、"故"、"理"都包含着全面性的要求，这也就是辩证逻辑的要求。

荀子批评当时的诸子百家虽"持之有故，言之成理"（《荀子·非十二子》），但是他们讲的"类"、"故"、"理"是片面的，是"蔽于一曲而暗于大理"（《荀子·解蔽》）即被事物的一个片面所蒙蔽，而看不见全面的根本的道理。于是，荀子提出了"解蔽"的口号，要求破除他们思想方法上的主观片面性。他说："凡万物异则莫不相为蔽，此心术之公患也。"（同上）"心术"就是指思想方法。人们在思想方法上容易犯的毛病就是对于存在着种种差异的事物，只见其一面，而不见其另一面。例如,"惠子蔽于辞而不知实,庄子蔽于天而不知人"(《荀子·解蔽》),"老子有见于诎,无见于信;墨子有见于齐,无见于畸"(《荀子·天论》)荀子认为诸子都各自看到矛盾的一个方面,即有所"见",然而恰恰是这个"见",使他们蔽而不见矛盾的另一方面。因此,要破除"蔽塞之祸"、"心术之患",就要全面地把握各种事物,"兼陈万物而中悬衡焉"(《荀子·解蔽》)。以道作为衡量一切的标准,这样就能不受蔽塞,就能认识事物的本来面目和固有的秩序。

为达到全面性的要求,克服片面性的毛病,荀子在方法论上提出"符验"和"辨合"两个原则。他说:"善言古者必有节于今,善言天者必有征于人。凡论者,贵其有辨合,有符验,故坐而言之,起而可设,张而可施行。"(《荀子·性恶》)在这段有名的话中,荀子对先秦哲学三个主要问题,即"古今"、"天人"和"名实"之辩,都作了总结。而方法论的基本原理是什么呢? 就是:第一,"贵有辨合",即要进行正确的分析和综合,也就是正确地运用类、故、理这些范畴,包括解蔽,以求全面地把握事物固有的规律。第二,"贵有符验",即理论要得到事实的验证,谈论古代的东西一定要从现今的事实加以验证,谈论天道一定要从人事上加以验证。辩证逻辑方法论的基本原理大致就是这两条。

不过,荀子说的"辨合",主要是指"辨同异",要求把握同中之异和异中之同。他讲的"心术之患",主要是指"万物异则莫不相为蔽",所以,"解蔽"就是要求达到"众异不得相蔽"(《荀子·解蔽》)。可见荀子讲方法,主要也是从类范畴加以考察。

其后,《易传》进一步提出:"一阴一阳之谓道。"(《周易·系辞上》)它把对立统一的思想贯彻于对"类"范畴的考察。《易传》在讲睽卦时说:"天地睽而其事同也。男女睽而其志通也,万物睽而其事类也。"(《周易·彖传》)又说:"睽,君子以同而异。"(同上)就是说,在把握类时,应注意同中有异,异中有同。"睽"本来是互相背离、互相排斥的意思,但是,"万物睽而其事类也",它们又是同类的。万物是互相排斥而又有类属联系的,所以每一类都是同与异的统一,它本身包含着矛盾,各类又是互相转化的。《易传》所谓"以类族辨物",就是要求比较各类事物的同异,把握所考察事物的类的矛盾运动与相互转化。这样运用类范畴进行比类的方法,就是辩证逻辑的比较法。这种方法,在古代运用于天文、历法、音律、医学这些领域,取得了很大的成绩。

总之,《墨经》的方法主要运用于几何学、力学、光学;荀子和《易传》的方法主要运用于天文、历法、医学这些领域。所以,在先秦已有了不同层次上的逻辑和方法论。但它们之间并不是水火不相容的。《墨经》讲"尽见"也提到全面性要求。荀子也并不反对形式逻辑,他说:"不异实名,以喻动静之道也",表明荀子坚持遵守形式逻辑,但又不限于形式逻辑。不过,《墨经》讲类主要是形式逻辑的观点。荀子虽然也用形式逻辑的种属包含关系讲名的限定、概括,但着重揭示出限定与概括(别名与共名)的辩证推移运动;他讲"统类",则显然已超出了形式逻辑的界限。

二、科学方法的历史发展

在先秦,儒、墨并称显学,但到汉代,随着封建专制主义的统一国家的建立和巩固,儒术独尊而墨学衰微。墨学为什么会衰微?这是一个需要研究的问题。

我认为,墨家代表着奴隶制下自由平民阶层的利益。这个阶层在封建专制主义的国家巩固时便趋于消灭,其中有些地位上升了,有些下降了,大多数转化为封建制下的小生产者,而散漫的小生产者把希望寄予封建君主的统治。中国的封建制和宗法制紧密联系,墨家兼爱学说对宗法制有破坏作用,所以不受欢迎。同时,在中国封建制度下,自然经济占主要的地位,统治者实行重农抑商的政策,因此,在中国首先发展的是与农业相联系的科学,如天文、历法、医学、农学等,而与墨学相联系的那些科学,如几何学、光学、力学发展缓慢。这些,可能就是墨学衰微的主要原因。墨学衰微,由墨家作出独特贡献的原子论思想没有得到发展,墨家的形式逻辑被人忽视了,这确是很惋惜的事情。

当然,科学的理论思维总是遵循形式逻辑,不过由于墨学衰微,名家又不受重视,于是对形式逻辑的研究就少了,科学也不重视从形式逻辑取得指导。而朴素辩证法的认识论与气一元论、阴阳学说相联系,在好多门科学领域中发挥了它的作用。就方法论来说,在"取象"(定性)和"运数"(定量)两个方面都做出了成绩。

在任何一门科学中,取象和运数都不能分,但在不同的科学中可以有所侧重。例如在医学、农学领域,科学家首先是比类取象;而在天文、历法、音律这些领域中,科学家首先是比类运数(度量)。《内经》可能成书在战国到西汉,它给中国医学奠定了理论基础。《内经·素问·举痛论》云:"余闻善言天者,必有验于人;

善言古者，必有合于今；善言人者，必有厌于己。"①这个说法基本上与荀子所说一致，而冠以"余闻"，很可能来源于荀子。《内经》还提出用"别异比类"的方法来取象。例如，在诊病时，"脉之小、大、滑、涩、浮、沉，可以指别；五藏之象，可以类推"②。就是说，各种脉象，医生可以用手指来度量、辨别；而五脏之象，则可由内脏功能反映在体表的现象来比类推测。这里讲的类推、比类，是指运用阴阳五行的范畴来作观察、比较和推测。这种比类显然已超出了《墨经》那种按种属关系进行推理的方法，而接近于荀子、《易传》所说的那种类推。《内经》把人体和自然现象归为金、木、水、火、土五类，又把这五类概括为阴和阳两种对立的属性。运用这些范畴来比类，实际上是把五行、阴阳作为代数符号以规范现象，这与荀子讲的"举统类而应之，张法而度之"（《荀子·儒效》）是一致的。这种方法可以为现象世界的各种事物、各种过程以及它们之间的互相联系和变化提供广泛的类比和推测，并经过这样的比类取象来形成正确的类概念。《内经》在这方面取得了很大的成就。它认为阴阳是对立统一的，五行之间有互相生克的关系，人体是一个有机的整体，人体和自然界也是有机地联系着的。《内经》的比类取象的方法实际上要求从普遍联系中比较各类事物的同和异，从而把握所考察对象的矛盾运动（阴阳消长的变化），以进行正确的推测。这是一种辩证逻辑比较法的运用。

　　而在另一类科学，如天文、历法、律学中，比类主要是通过度量、运数，着重从数量关系来把握类概念。中国古代很早就知道

① 王冰注：《素问·举痛论》，《黄帝内经》，中医古籍出版社 2003 年版，第 82 页。
② 《素问·五藏生成论》，《黄帝内经》，第 31 页。

用律管的长短来决定音的清浊,所以可以从数量上的比例来说明音律的不同;于是,逐渐形成"三分损益法"(《管子·地员》),并用"三分损益法"来说明十二律(《吕氏春秋·大乐》。同时,一年可分为四季,四季可分为十二月,所以也可以从数量上把握它们,即可以从日夜长短的变化、阴阳寒暑的消长来说明气候季节的变化。于是,《礼记·月令》、《吕氏春秋·十二纪》都以为十二律可以与十二月相配,认为音律和历法体现了共同的数量关系,它们的"类"(十二律即十二个类概念)可以运数来规定。这是我国古代的一个根深蒂固的观念。史书通常都有一篇"志"把律和历放在一起写,叫做《律历志》。推而广之,就以为天体的运行、自然界万物的生长和人类社会的演变,都与音律和历法一样,是阴阳对立势力的消长,在数量关系上有共同的秩序。因此,逻辑思维可以从数量关系来刻画它们。这种刻画就类似于建立数学模型来解释现象。所以比类运数的方法就是从数量关系来把握所考察对象的矛盾运动(阴阳消长的变化),形成正确的类概念以规范现象,进行预测。

不论侧重于取象,还是侧重于运数,这种比类方法,如果主观地加以应用,就不可避免地变为牵强附会的比附,得出荒唐的结论。如董仲舒、《纬书》即是。如果客观地运用比类方法,不违背《墨经》说的那种"异类不比"的形式逻辑原则,同时坚持荀子说的"辩合"、"符验"的辩证方法原则,那么,比类方法就可成为富有生命力的东西。医学、农学、天文、历法、律学是汉代最盛的科学领域,都取得了相当的成就。在这些领域,主要用的是朴素的辩证逻辑的比较法。当然也有人搞牵强附会的比附,于是助长谶纬神学的盛行。王充对谶纬神学展开全面的批判，他很强调验证，说："事莫明于有效，论莫定于有证。"[①]认为，第一要有事实的效验，第二要有逻辑的论证，以此来驳斥当时乌烟瘴气的谶纬迷信。王充坚持"异类不比"的原则，他所说的论证，基本上是形式逻辑的论证。他虽然没有像《墨经》那样研究形式逻辑的思维形式，但他在批判时所用的方法，主要是形式逻辑的。董仲舒说："以类合之，天人一也。"[②]即把自然界和人视为同类，进行比附。王充则强调不能用人类的有目的的活动比附自然现象，如果把自然界拟人化，就会变为神学。王充在驳斥谬论时，运用了演绎法和归纳法，更多的是运用类比。他注意了"异类不比"，是正确的，但辩证法却少了。

在王充之后，魏晋时人们比较注重名理的分析，形成了强大的"辨析名理"的思潮。先秦名家的那些论题又被重新提了出来，被遗忘了的墨学一度又受到了重视（鲁胜作《墨辩注》可以说明这一点）。魏晋之际，刘徽作《九章算术注》，为中国古代数学理论奠定了基础。这也是同当时"辨析名理"的思潮分不开的。刘徽提出一套算法理论。他在"序"中讲了演绎法的基本原理，即根据类来建立"法"，进行推导。这个演绎原理贯串于全书。不过，刘徽数学方法的特点是在严格遵循形式逻辑的同时，还揭示了数学中的辩证法因素。他用"得失相反"来说明正负的涵义，揭示了正和负的对立统一。他创造了求圆周率的割圆术，用的是极限方法，

---

① 王充：《论衡·薄葬》，黄晖校释：《论衡校释》第3册，中华书局1990年版，第962页。
② 董仲舒：《春秋繁露·阴阳义》，钟肇鹏校释：《春秋繁露校释》，河北人民出版社2005年版，第267页。

揭示出直线与曲线是可以互相转化的,有限和无限是对立统一的,包含了微积分思想的萌芽。他关于几何量的计算理论也是很出色的,明显地体现了形与数、几何学与代数学的统一,因此包含了解析几何的萌芽。刘徽的《九章算术注》虽然是一个演绎法的体系,但与欧几里得几何学却大不一样,这就是它在遵守形式逻辑的同时,着重揭示数学的逻辑思维的辩证形式,而没有像《几何原本》那样建立一个严密的公理系统。中国古典数学理论的这一特点,同律、历等科学中的比类运数方法是相联系着的,刘徽的《九章算术注·序》也说明了这一点。

　　另一方面,除医学以外,在农学领域,也主要运用比类取象方法,即定性的方法。汉代的许多农学著作已散失。到南北朝后魏时,贾思勰著《齐民要术》,为中国古典农学奠定了基础。从方法论说,《齐民要术》首先要求系统的观察(它的"相马法"就非常系统、全面),其次,要求在详细地占有资料的基础上进行科学的分类。它提出的生物学的分类方法,以为应按生物的本质特征来分类,以质性和功能作为分类的标准。例如给谷子分类,就用成熟期的早晚、苗杆的高度、质性的强弱、产量的多少、出米率的高低、米味的美恶等性状来加以分析,以揭示各品种之间本质上的同异,从而由经验提高到理论,并运用这种理论知识来指导实践。这些性状可归结为两方面:一方面是功能,一方面是质性。贾思勰在谈到畜养牛马时说:"服牛乘马,量其力能,寒温饮饲,适其天性。"①他还以为生物性能既是遗传的又是变异的,所以可以通过

---

① 贾思勰:《齐民要术·养牛马驴骡》,石汉声校释:《齐民要术今释》上册,中华书局2009年版,第493页。

选择来培养新的品种。

如果说，刘徽的《九章算术注》是与当时哲学上"辨析名理"的思潮相联系，那么贾思勰的《齐民要术》则反映了哲学和科学关于逻辑范畴"故"的探索达到了一个新的水平。先秦哲学主要考察的是"类"范畴。汉以后，关于"故"的范畴的讨论发展了，对此，我这里不去作详细论述。经验科学要成为科学，首先就要在详细占有资料的基础上进行分类；为要根据本质特征进行科学的分类，就必须探求事物之所以然之故；而真正要认识所以然之故，就必须使认识从现象的外在性深入到实体。魏晋时哲学家提出了"实体"概念（汉代王充讲"气自变"、"物自动"，但他无"实体"概念）。斯宾诺莎讲的"实体以自身为原因"，用中国哲学家的表达，就是"体用不二"。就具体事物来说，就是质和用的统一、性和能的统一。南北朝时范缜用质用统一的原理阐明形神关系，这是哲学上的重大贡献。同时期的科学家贾思勰用性能统一的原理作为科学分类的根据。他们二人是同一时代的理论思维的代表。

不过，理论思维要进一步探索。"体用不二"是讲运动原因在自身。那么，事物自己运动的源泉是什么？经过唐代哲学与科学的发展，柳宗元、刘禹锡提出物质本身的矛盾是运动源泉的思想。到北宋，张载、王安石更明确地指出，物质的运动变化是对立统一的过程。王安石说："耦之中又有耦焉，而万物之变遂至于无穷。"①张载则运用"体用不二"和对立统一原理作为方法论，对魏晋以来的"有无（动静）"之辩作了比较正确的解决。同时期，在科

---

① 王安石：《洪范传》，秦克等标点：《王安石全集》卷二十五，上海古籍出版社 1999 年版，第208 页。

学上,沈括写《梦溪笔谈》,使中国古代科学方法达到高峰。这本书反映了沈括在众多的科学领域中,如数学、天文学、地学、物理学、化学、医学、工程技术等方面都作出了创造性的贡献。这些是用什么科学方法作出来的? 值得很好的研究。

沈括的科学方法,比起前人来,特点在哪里? 我以为主要在两方面:第一,他不仅处处重视实际情况的调查,而且很重视实验手段,力求在由人控制的条件下,获得确凿的事实和数据。如他设计声的共振实验来验证共振理论,数年如一日地用仪器观察天象等等。第二,他不但同贾思勰一样,要求按事物的性能进行科学的分类,而且在进行比类、求故、概括出一般原理时,善于运用归纳和演绎相结合、一般与个别相结合的方法,特别是很重视矛盾分析的方法。如在研究音律时说:"阴阳相错"、"律吕相生"[①],要求从矛盾中把握音律的必然而不可改易的秩序。又如他用《内经》"五运六气"的理论来解释胆矾炼铜、钟乳石、石笋的生成等现象,以为这是"湿亦能生金石"的矛盾转化过程[②]。他在数学方法方面取得了很大的成就:他以为天体运行是匀与不匀、间断和连续的矛盾运动,因而可用圆法和妥法相结合的数学方法,从数量关系来刻画它们。在数学上,他发明了"隙积术"和"会圆术"。"隙积术"是用连续的模型来处理离散问题,"会圆术"则发展了刘徽"割圆术"所包含的辩证法。

沈括用这样的"法"来求"理"。他常讲"天理"、"常理"、"此理必然"等等,说明中国古代哲学、科学、逻辑学关于逻辑思维范畴

---

① 沈括:《梦溪笔谈》,杨渭生编:《沈括全集》中册,浙江大学出版社 2011 年版,第 307 页。
② 同上书,第 524 页。

的探讨更深入了。虽然"理"范畴也早已提出，但自唐宋以后，对"理"作了更深入、更多方面的探讨。沈括强调科学研究要"原其理"，他的科学方法对宋元时期的科学发展起了积极的推动作用。中国古代科学高峰在宋元，这同沈括在科学方法论上的贡献是有联系的。

三、为什么中国明清之际未能制订出近代实验科学方法

中国古代在许多科学领域中有理论、有方法，使这些科学获得了持续的发展，并曾在世界处于领先地位。所以，说中国古代没有科学理论和缺乏逻辑，这是不对的。但明中叶以后，中国的科学落后了，未能制订出近代实验科学的方法。

就哲学发展来说，中国古代哲学到明清之际处于批判总结阶段。在哲学领域里，王夫之用分析和综合相结合的辩证方法进行批判总结，几乎涉及了中国古代哲学家考察过的所有的逻辑范畴。在方法论上，对比类、求故、明理都提出了新的见解。如"比类"，提出了"象数相倚"；如"求故"，提出了在物物相依和变化日新中把握实体（即"由用以得体"）；如"明理"，提出"乐观其反"、"善会其通"的原理，细致地讲了分析和综合的统一。王夫之运用这样的方法，对中国古代哲学，特别是宋明以来的"理气（道器）"、"心物（知行）"之辩作了总结。在历史观上，他着重阐明了理势统一的历史观。"理势统一"原理在方法论上的运用，就触及了逻辑与历史的统一。

黄宗羲的《明儒学案》确在一定程度上体现了逻辑与历史的

统一。他主张"分源别派,使其宗旨历然"[1];在把握各派宗旨以后,又要把它们放在当时的历史条件下加以考察,对一偏之见、相反之论都进行比较分析,看它们是如何形成和演变的。然后综合起来,把握数百年之学脉,即把握它们的发展规律。这个方法在中国古代史学上达到了新的高度。

同时,顾炎武在研究音韵学、历史地理科学方面,强调进行历史的考察,疏通源流,掌握规律,联系现实,经世致用。他提倡的考据方法,要求把事实、文字资料进行反复比较、考订,提出独创的见解,也就是提出一个假设,然后用本证和旁证进行归纳论证。证据多,并且有力,而并无反证,就可作为定论;若有有力的反证,那便要否定原来的假设。顾炎武在古籍整理方面及研究历史地理、音韵学方面所用的方法,主要是这种归纳方法。

所以,不是说明清之际在方法论上没有贡献,应该说,这时的哲学方法、史学方法、考据方法都达到新的高度,而且对后世有积极的影响。

但是,为什么未能制订出近代实验科学方法呢?

首先,就社会发展来说,明中叶以后,欧洲超过了中国。当清兵入关时,英国资产阶级革命已开始。欧洲已经过文艺复兴时代,步入资本主义的近代。并且已经产生了培根、笛卡尔、伽利略等哲学家、科学家,制订了一套近代科学方法,即如爱因斯坦所说的"通过系统的实验发现有可能找出因果联系"的方法,于是促使自然科学获得了迅速的发展。但是,这时在中国,强大的封建统

---

① 黄宗羲:《明儒学案·自序》,吴光主编:《黄宗羲全集》第13册,浙江古籍出版社2012年版,第3页。

治像大石头一样压在刚处萌芽状态的资本主义身上。因此，社会未能给科学和工业提供强大的动力，这是最重要的原因。

其次，占统治地位的理学不是要人面向自然界，而是要人皓首穷经、空谈心性，作"存天理、灭人欲"的工夫。朱熹本人在科学方面虽有成就，具有一些科学精神，但他的哲学被封建统治者利用，确实阻碍了科学的发展。王阳明的心学亦如此。理学、心学严重地禁锢了人们的头脑。正因为此，明清之际的大思想家王夫之、黄宗羲、顾炎武都意识到首先要批判理学。否则，科学就不能发展，社会就不能进步。

就科学方法本身的发展来说，宋代沈括已重视实验手段，注意对资料进行数学处理。虽然这还算不上近代实验科学的方法，但是已非常接近。实验科学的方法主要有两条：第一，运用实验手段，在人工控制下进行观察，掌握数据。第二，用理论思维的方法提出假设，建立数学公式（模型），进行严密的推导、论证，再设计实验，进行验证。到明代，与培根、伽利略同时，中国出了大科学家徐光启。当时，西方传教士没有给中国带来新的科学，连哥白尼学说也没有介绍。但徐光启接触到一点西方的东西，凭他敏锐的眼光，看到了数学方法、实验手段的重要性。他用望远镜观察天体，只比伽利略迟三十年。他翻译《几何原本》，把欧几里得几何学介绍到中国。他很强调数学方法在科学研究中的重要地位，批评了当时人们不重视数学的倾向。认为这有两个原因：第一，"名理之儒土苴天下之实事"①，即儒家看不起现实中的事。第

① 徐光启：《刻〈同文算指〉序》，朱维铮等主编：《徐光启全集》第 9 册，第 284 页。

二,"妖妄之术谬言数有神理"[1],即唯心主义象数之学把数看作神理,搞迷信。徐光启指出数学好比工人手中的斧头、尺子这样的工具,不但能应用于律历,而且可以旁及万事。应该将数学方法运用到各门科学上去,就好比工人用斧头、尺子那样的工具来建造宫室器用一样。但是他没有像笛卡尔、伽利略那样制订出一套科学方法论。后来顾炎武注重归纳论证,方以智强调"质测",都有一点实证科学精神。这时中国的先进人士已从不同的方面接近了近代实验科学的殿堂,但是却始终未能完整地形成近代实验科学方法。

除了上述社会原因和理学的影响之外,这很可能同形式逻辑在中国古代没有得到长足的发展有关。先秦以来,科学家主要是从朴素的辩证逻辑取得方法论的指导。而西方却有悠久的形式逻辑的传统,首先体现在欧几里得几何学中,继之斯多葛学派和中世纪经院哲学作了许多研究。但中国人却把《墨经》丢在一边;玄奘介绍了印度因明,后来汉传因明被丢失了,藏传因明却有发展。徐光启译《几何原本》,意识到要把握西方的形式逻辑。但《几何原本》和《名理探》在中国都没有起多大的作用。中国古代的科学当然都遵守形式逻辑,但由于科学家主要是从朴素的辩证逻辑中取得方法论指导,故对形式逻辑注意不够,没有像西方哲学家、逻辑学家那样对形式逻辑加以探讨。刚才讲到,近代实验科学方法要运用数学方法。中国古代的数学理论重视揭示出数学的逻辑思维中的辩证法因素,从刘徽、祖冲之、沈括到宋元四大

---

① 徐光启:《刻〈同文算指〉序》,朱维铮等主编:《徐光启全集》第 9 册,上海古籍出版社 2011 年版,第 284 页。

家,都是如此。这是优点,说明在中国,形数统一的观念早就有了,微积分思想早已萌芽。但也带来一个弱点,即在逻辑的系统性方面较西方有逊色,没有建立像欧几里得几何学那样的公理系统。近代实验科学的发展是从力学开始的,而力学主要是研究机械运动,特别需要形式逻辑的方法。所以,忽视形式逻辑,很可能是妨碍中国人在明清之际制订出近代实验科学方法的一个原因。

当然,最根本的是社会原因。到了近代,中国人对西方文化接触多了,就认识到中国人在形式逻辑的研究方面之不足。所以严复翻译了《穆勒名学》,王国维和章太炎也都注意形式逻辑。随后,形式逻辑逐渐被人们重视,再也不像从前那样,被弃之不顾。现在,我们在形式逻辑方面还是落后,要加快步伐学习西方现代逻辑。同时,也要认真研究中国人在逻辑思维上的特点,以便发挥自己的优势,克服自己的弱点。

我没有全面、深入地研究中国逻辑史。班门弄斧,贻笑大方,请同志们多加批评指正。

(本文系冯契在第四次"中国逻辑史"讨论会上的发言稿,原载《哲学研究》1984 年第 2 期)

论王夫之的"成性"说

王夫之对中国古代哲学作了比较全面的批判总结,达到了朴素唯物主义和朴素辩证法的统一。本文只论述他所作的批判总结在人道观方面的一个重要表现——继承和发展了先秦儒家(荀子和《易传》)的"成性"说,比较正确和有力地驳斥了宋明唯心主义理学家的"复性"说。

一、"性日生而日成"

自李翱提出"复性"说后,程朱、陆王都继承了这一思想并加以发挥,说"复其初"、"复如旧"、"复心之本体"等等,以为只要通过"存天理、灭人欲"的工夫,恢复天命之性,就达到了圣人的境界。这种"复性"说的要害是宣扬宿命论。他们讲的"天理"即天命,实质上是封建伦理纲常的形而上学抽象;而所谓的"天命之谓性",是把人性中的一切都看作是命定的、无法改变的。"复性"就是要人们自觉地遵守封建统治秩序,认为这样就能自觉地与天命为一,于是"浑然与物同体"而达到"天人合一"了。

明代中叶以后,有一些思想家如泰州学派、李贽等起来反对这种"存天理、灭人欲"的"复性"说。但泰州学派强调"造命由我"，李贽说情欲"天成"，都表现出唯意志论的倾向。他们用唯意志论来反对宿命论，当时虽有一定的进步意义，但在理论上是不足取的。

王夫之的"成性"说，在人性论的问题上，提出"性日生而日成"的命题，反对了"复性"说的"天命之谓性"的宿命论，比较正确地阐明了天和人、命和力、性和习的关系，克服了泰州学派、李贽的唯意志论倾向。

关于天和人的关系，王夫之继承和发展了荀子"明于天人之分"的思想。这首先表现在他区分了"天之天"和"人之天"。他说：

> 人所有者，人之天也。晶然之清，晶然之虚，沦然之一，穹然之大，人不得而用之也。虽然，果且有异乎哉？昔之为天之天者，今之为人之天也；他日之为人之天者，今尚为天之天也。①

"天之天"是指张载说的"清、虚、一、大"之天，那是离开人们的意识而独立自存的物质世界，本来不是人所占有和利用的。但"天之天"可转化为"人之天"，这接近马克思主义哲学所讲的"自在之物"可以转化为"为我之物"的意思。王夫之认为人所有的一切都来自"天"，昨天的自在之物已转化为今天的为我之物，今天的自在之物有可能在明天转化为为我之物。所以，他说："人乎人者出

---

① 王夫之：《诗广传·大雅》，《船山全书》第3册，第463页。

乎天,天谓之往者人谓之来。"①"天之天"与"人之天"虽有"往来"(转化),但"人之天"既出乎天,人为领域当然也同自然(天)的领域一样,是自然的过程,就物质性来说,为我之物和自在之物并无原则差别。

在讲到命和力的关系时,王夫之一方面肯定"天之命,有理而无心者也"②。命,就是"理之流行",人决不能违背。另一方面,他又肯定人可以"造命",但不同于王艮说的"造命由我",而是指人能按照客观规律行事。王夫之认为不仅"君相可以造命",而且人人都可以造命,"修身以俟命,慎动以永命,一介之士,莫不有造焉"。③ 所以人在自然面前不是无能为力的。王夫之说:

> 人之道,天之道也;天之道,人不可以之为道者也。语相天之大业,则必举而归之于圣人。乃其弗能相天与,则任天而已矣。鱼之泳游,禽之翔集,皆其任天者也。人弗敢以圣自尸,抑岂曰同禽鱼之化哉?……夫天与之目力,必竭而后明焉;天与之耳力,必竭而后聪焉;天与之心思,必竭而后睿焉;天与之正气,必竭而后强以贞焉。可竭者天也,竭之者人也。④

这是说,人道也是天道,即人的活动法则也要遵循自然规律;但人

---

① 王夫之:《诗广传·大雅》,《船山全书》第3册,第463页。
② 王夫之:《读通鉴论》卷二十四,《船山全书》第10册,第936页。
③ 同上书,第937页。
④ 王夫之:《读春秋左氏传博议》,《船山全书》第5册,第617页。

不能以天道作为人道，人不能"任天"，而要"相天"，即要发挥主观能动性来辅助自然、治理自然；天给人以耳目心知，人具有听、看、思想等本能，但人必须"竭之"，即尽主观努力，本能才会得到充分的发展，达到耳聪目明，成为富有智慧和正气浩然的大丈夫。

王夫之强调"造命"、"相天"，强调了人力能胜天："天之所无，犹将有之；天之所乱，犹将治之。"①但他同时也指出："人定而胜天，亦一理也，而不可立以为宗。"②王夫之哲学的根本宗旨是"言心、言性、言天、言理，俱必在气上说"③。讲人定胜天是以唯物主义气一元论为根本前提的。

如果说以上这些思想基本是对荀子以及柳宗元、刘禹锡的"明于天人之分"的论点的发挥，那么，把人性的形成理解为天人合一（天人交互作用）的过程，则是王夫之在人性理论上的独特的杰出贡献。

王夫之在《诗广传》中说：

> 禽兽终其身以用天而自无功，人则有人之道矣。禽兽终其身以用其初命，人则有日新之命矣。有人之道，不谋乎天；命之日新，不谋其初。俄顷之化不停也，祇受之牖不盈也。一食一饮，一作一止，一言一动，昨不为今功，而后人与天之相受，如呼吸之相应而不息。息之也，其唯死乎！④

---

① 王夫之：《读春秋左氏传博议》，《船山全书》第 5 册，第 617 页。
② 同上书，第 587 页。
③ 王夫之：《读四书大全说·孟子·尽心上》，《船山全书》第 6 册，第 1111 页。
④ 王夫之：《诗广传·大雅》，《船山全书》第 3 册，第 645—646 页。

意思是说,人和禽兽是不同的,禽兽只能"用其初命",天生的本能决定了它们的一生,而人不满足于他的天生的本能,把自己和"天"(自然界)对立起来,这就有了"日新之命",即人在和自然界不断的交往("相受")过程中,改造自己,培养人的德性,因此,他在性和习的关系问题上,赞成"习与性成"的说法。他讲:"习与性成者,习成而性与成也。"①"习",就是人的习行,学习、习惯、习俗等等,所有这些人的活动,归根到底是人和自然的交互作用,人的德性正是通过这个交互作用而形成的。他还说:

> 夫性者,生理也,日生则日成也。则夫天命者,岂但初生之顷命之哉?②

就是说,人性是每天在生成着、发展着的,不是像动物那样,初生的命就决定了它的一生。人性是"未成可成,已成可革。性也者,岂一受成俪,不受损益也哉?"③人性不是一成不变的,而是可以变革、改造的,可以在人与自然界的交互作用中不断地完善起来。王夫之说:

> 生之初,人未有权也,不能自取而自用也。惟天所授,则皆其纯粹以精者矣。天用其化以与人,则固谓之命矣。生以后,人既有权也,能自取而自用也。自取自用,则因乎习之所

---

① 王夫之:《尚书引义·太甲二》,《船山全书》第 2 册,第 299 页。
② 同上注。
③ 同上书,第 301 页。

贯，为其情之所歆，于是而纯疵而莫择矣。①

在这里，王夫之说人在其初生时，天所授的都是"纯粹以精"，这是相对于禽兽而言的，但也为性善说留了后路。不过，重要的是他认为除了生之初是"惟天所授"之外，既生以后，便不仅是自然界授与人，而且人也有主动性，能够"自取自用"。

因此，在王夫之看来，人性的形成，一方面是"命日受则性日生"②，不断地接受自然界给予的影响的过程，另一方面也是已生以后，人进行权衡和选择而"自取自用"的过程。正因为这样，人们顺着自己的爱好和习惯去取用，习以成性，便形成纯疵之别了。所以，人性的形成不全是被动的，也是人主动地权衡取舍、自取自用的结果。王夫之说：

> 目日生视，耳日生听，心日生思，形受以为器，气受以为充，理受以为德。取之多、用之宏而壮；取之纯、同之粹而善；取之驳、用之杂而恶；不知其所自生而生。是以君子自强不息，日乾夕惕，而择之、守之，以养性也。③

这是说，人的视听、思维的发展，才能、德性的养成都是主客观交互作用的过程。形、气、理是自然的，人只能被动地接受，但人有意识，有主观能动性，能加以权衡取舍，君子之所以要自强不息，

---

① 王夫之：《尚书引义·太甲二》，《船山全书》第 2 册，第 300—301 页。
② 同上书，第 301 页。
③ 同上注。

就是因为培养什么样的德性、人格,人能够主动地选择道路,作坚持不懈的努力。

《易传》说:"一阴一阳之谓道,继之者善也,成之者性也。"王夫之对此作了许多发挥。他说:

> 甚哉,继之为功于天人乎;天以此显其成能,人以此绍其生理者也。性则因乎成矣,成则因乎继矣。不成未有性,不继不能成。天人相绍之际,存乎天者莫妙于继。然则人以达天之几,存乎人者,亦孰有要于继乎?[①]

王夫之用"继"来说明"天人之际":天有其良能,"阴阳健顺之德本善"[②];天之良能不断地赋予人,成为人之生理。人之生理即性,它是从天那里继承来的,是自然赋予的,也是人自强不息的结果。所以,"继"既是指"天人相绍"的自然过程,也是指人"自继以善无绝续"[③]的"作圣之功"。王夫之说:

> 性可存也,成可守也,善可用也,继可学也,道可合而不可据也。至于继,而作圣之功蔑以加矣。(同上)

一阴一阳的天道是人所不能占据的,但人可以认识天道而与之合一。人要达到与天道合一(成为圣人),必须在"继"字上用功。如

---

① 王夫之:《周易外传·系辞上传第五章》,《船山全书》第 1 册,第 1007 页。
② 王夫之:《张子正蒙注·诚明篇》,《船山全书》第 12 册,第 129 页。
③ 王夫之:《周易外传·系辞上传第五章》,《船山全书》第 1 册,第 1008 页。

何不断地择取善而摈弃恶,是人可以努力学习的。"善者,性之所资也"①,人能不断地用善之资来培养性,凝成性,并坚守不失,这便是"习成而性与成"了。

当然,"习与性成"是既可以"成性之善",也可以"成性之恶"的。自然界的形气有纯驳之别,而人的觉悟又有高低之差,"然则饮食起居,见闻言动,所以斟酌饱满于健顺五常之正者,奚不日以成性之善;而其卤莽灭裂,以得二殊五实之驳者,奚不日以成性之恶哉?"②因此,从人性的完成形态来说,有善有恶;而就其本源说,则天命之良能无有不善,所以王夫之也主张性善说。他在评论各家的人性论时说:

> 故专言性,则三品、性恶之说兴;溯言善,则天人合一之理得;概言道,则无善无恶、无性之妄又熸矣。③
>
> 悬一性于初生之顷,为一成不易之侀,揣之曰:"无善无不善"也,"有善有不善"也,"可以为善可以为不善"也,呜呼!岂不妄与!④

他以为性三品说、性恶说、性善恶混说等是离开了天道而专言人性的既成形态,性无善无恶说则离开了人来讲天道,他们都不懂得"继善成性"的道理;而不论哪一种说法,都是把人性看作一受

---

① 王夫之:《周易外传·系辞上传第五章》,《船山全书》第 1 册,第 1007 页。
② 王夫之:《尚书引义·太甲二》,《船山全书》第 2 册,第 302 页。
③ 王夫之:《周易外传·系辞上传第五章》,《船山全书》第 1 册,第 1008 页。
④ 王夫之:《尚书引义·太甲二》,《船山全书》第 2 册,第 302 页。

成形便不再变更了,因而都是不懂得"性日生而日成"的道理。程朱、陆王主张"复性"说,都认为在初生之顷的天命之性是完满具足的,所以这里"岂不妄与"的批评对他们也是适用的。王夫之在《读四书大全说》中说:

> 愚于《周易》《尚书》传义中,说生初有天命,向后日日皆有天命,天命之谓性,即亦日日成之为性,其说似与先儒不合。今读朱子"无时而不发现于日用之间"一语,幸先得我心之所然。①

虽然他说朱子"先得我心",实际上他很清楚地知道他的"性日生而日成"的理论是同先儒的"复性"说相悖的,毋宁说它正是在批判理学唯心主义中提出来的。

当然,王夫之的理论是一种抽象的人性论,不可能科学地说明道德的客观基础。他说:"何以谓之德? 行焉而得之谓也。何以谓之善? 处焉而宜之谓也。"②这是讲道德上的善。他试图为道德上的善寻找本体论的根据,说"阴阳健顺之德本善",于是也主张性善说,这就陷入了先验论。但他提出的"性日生而日成"的命题,把人性了解为一个过程,超过了以往任何一种理论,向真理迈进了一大步。

二、"成身成性"

王夫之的"成性"说与理学家"复性"说,既是人性论上的对

---

① 王夫之:《读四书大全说·大学·传一章》,《船山全书》第 6 册,第 407 页。
② 王夫之:《礼记章句·大学补传衍》,《船山全书》第 4 册,第 1483 页。

立,也是"成人之道"或"作圣之功"上的对立。

王夫之继承了儒家的传统观点,以为人的德性是可以教育培养成的。学习、修养以至哲学理论的探讨之所以必要,归根结底,是因为"自非圣人,必以学为成人之道"①。他说的"继善成性",既是指人性发育的自然过程,也是指培养德性的作圣之功。王夫之在给"德性"下定义时说:"德性者,非耳目口体之性,乃仁义礼智之根心而具足者也。"②这没有超出儒家的眼界。但王夫之心目中的理想人格,却不同于道学家所要培养的"醇儒"。他说:

> 吾惧夫……薄于以身受天下者之薄于以身任天下也。③

他的理想人格是勇于"以身任天下"的大丈夫,这样的人决不是禁欲主义者,而是对天下人的幸福和疾苦感同"身受"。所以,他认为"成性"(造就德性)不能离开"成身"。这同理学家讲的"灭人欲""复性"是完全不同的。

张载已说过"君子之道,成身成性以为功者也"。王夫之发挥了这一论点。他说:

> 身者道之用,性者道之体。合气质攻取之性,一为道用,则以道体身而身成;大其心以尽性,熟而安焉,则性成。④

---

① 王夫之:《四书训义·论语·宪问》,《船山全书》第7册,第780页。
② 王夫之:《张子正蒙注·天道篇》,《船山全书》第12册,第72页。
③ 王夫之:《诗广传·陈风》,《船山全书》第3册,第347页。
④ 王夫之:《张子正蒙注·中正篇》,《船山全书》第16册,第161页。

> 天以其阴阳五行之气生人,理即寓焉,而凝之为性。故
> 有声色臭味以厚其生,有仁义礼智以正其德,莫非理之所宜。
> 声色臭味,顺其道则与仁义礼智不相悖害,合两者而互为
> 体也。[①]

这是说,人之性一方面"有仁义礼智以正其德",另一方面"有声色
臭味以厚其生",两者本来是不可分割的。如果声色臭味"顺其
道",即合乎理性的权衡标准,那不仅和仁义礼智不相悖害,而且
两者还"互为体",具有互相促进的作用。所以,王夫之反对理学
家讲"无欲"或"灭人欲",主张应该合理地满足人的欲望,在"成
身"的过程中"成性"。

王夫之强调成身与成性的统一,也就是比较重视身与心、感
性与理性的全面发展。他用"成身"来解释孟子的"践形"(孟子
说:"形色天性也,惟圣人然后可以践形。"),以为"性者道之体",
"形者性之凝"[②]。也就是说,德性必须凝于形色,所以"成性"正在
于"践形"或"成身"。他说:

> "汤武身之也",谓即身而道在也。道恶乎察? 察于天
> 地。性恶乎著? 著于形色。有形斯以谓之身,形无有不善,
> 身无有不善,故汤武身之而以圣。[③]
> 　入五色而用其明,入五声而用其聪,入五味而观其所养,

---

① 王夫之:《张子正蒙注·诚明篇》,《船山全书》第12册,第121页。
② 王夫之:《尚书引义·洪范三》,《船山全书》第2册,第352页。
③ 同上注。

乃可以周旋进退,与万物交,而尽性以立人道之常。色声味
之授我也以道,吾之受之也以性;吾授色声味也以性,色声味
之受我也各以其道。乐用其万殊,相亲于一本,昭然天理之
不昧,其何咎焉![①]

即是说,道不能离开天地万物而被察见,性不能离开形色而显现,
所以只有亲身在形色中实践,才是成性,才能成为汤武那样的圣
人。只有进入五色、五声之中发挥聪明之性的作用,才可以在周
旋进退中合乎礼,在与万物交接中合乎义,才是"尽性以立人道之
常"。这一"成身成性"的过程是一个主客观交互作用的过程;客
观事物的色声等感性性质给予我以"道"(客观规律和当然之则),
我接受了"道"而使性"日生日成";我通过感性活动而使"性"得以
显现,具有色声等性质的客观事物各以其"道"(不同的途径和规
律)而使人的"性"对象化了。

显然,在这一人与自然的交互作用过程中,"我"即意识主体
起着关键的作用。所以,王夫之反对"无我"说:

或曰:圣人无我。吾不知其奚以云无也。我者,德之主,
性情之所持也。必挟其有我之区,超然上之而用天,夷然忘
之而用物,则是有道而无德,有功效而无性情矣。[②]

意思是说,我是德性的主体,如果说圣人"无我",那就没有了圣人

---

① 王夫之:《尚书引义·顾命》,《船山全书》第 2 册,第 409 页。
② 王夫之:《诗广传·大雅》,《船山全书》第 3 册,第 448 页。

之德,于是一方面便说天道超然,非人所能得,另一方面便冷漠地"循物以为功效",对外界的活动"犹飘风冻雨之相加",完全失去了人的性情。这样的人,怎么能叫做理想人格呢?

"圣人无我",是道家、佛家和理学唯心主义者的共同主张。程颐《易传》释"咸卦"说:"贞者,虚中无我之谓也";释"艮卦"说:"不获其身,不见其身也,谓无我也。无我则止矣。"①程颢《答横渠张子厚先生书》也说:"夫天地之常,以其心普万物而无心;圣人之常,以其情顺万事而无情。故君子之学,莫若廓然而大公,物来而顺应。"②理学家把心灵比做明镜,以为去人欲,存天理,把蒙在镜子上的尘垢擦拭干净,恢复虚明之体,便"无我"、"无心"、"无情",于是便能"物来而顺应"了。王夫之反对"无我"之说,当然不赞成明镜之喻。他批评朱熹道:

> 朱子说:"鉴空衡平之体,鬼神不得窥其际",此语大有病在。南阳忠国师勘胡僧公案,与《列子》所纪壶子事,正是此意。③

就是说,朱熹把圣人之心说成是"至虚至静鉴空衡平",正是落入了佛、老的神秘主义圈套。

王夫之认为《大学》说的"修身在正其心",是讲"欲修其身者

---

① 程颐:《周易程氏传》卷四,《二程集》下册,第 968 页。
② 程颐:《答横渠张子厚先生书》,《二程集》上册,第 460 页。
③ 王夫之:《读四书大全说·大学·传第七章》,《船山全书》第 6 册,第 426 页。

为吾身之言、行、动立主宰之学"。① 不能"无心"或"心不在焉",而是要"以道义为心"作言行动止的主宰。"以道义为心者,孟子之志也。持其志者,持此也。"②所以王夫之把"正心"看作就是"正志"。他说:

> 正其志于道,则事理皆得,故教者尤以正志为本。③

> 意之所发,或善或恶,因一时之感动而成乎私;志则未有事而豫定者也。意发必见诸事,则非政刑所能正之;豫养于先,使其志驯习乎正,悦而安焉,则志定而意虽不纯,亦自觉而思改矣。④

张载已用公与私来区分志(志向)与意(意向、动机),王夫之又对此作了许多发挥。他以为人格的培养以"正志"为本,而正志就是使志向服从于对道的理性认识,并努力地坚持下去。因一时之感动而发生的意向或动机,与个人的私见相联系,或善或恶,难以预定,但只要志向端正,并乐于坚持,那么,人便有了高度自觉性,一发现动机不纯,便能考虑加以改正。王夫之在这里比较正确地阐明了理智与意志的关系,他非常重视意志力量,而且他自己能够在患难中"介然以其坚贞之志,与日月争光"⑤。但是,他又强调

---

① 王夫之:《读四书大全说·大学·传第七章》,《船山全书》第 6 册,第 424 页。
② 同上书,第 423 页。
③ 王夫之:《张子正蒙注·中正篇》,《船山全书》第 12 册,第 188 页。
④ 同上书,第 189 页。
⑤ 王夫之:《尚书引义·君陈》,《船山全书》第 2 册,第 406 页。

"正其志于道",以为"志正而后可治其意",反对"无志而唯意之所为"①。这同上面讲过的对力与命的关系得到比较正确解决是相联系着的。可以说,王夫之既批判了理学家精致的宿命论,也反对了泰州学派的唯意志论倾向。

三、"循情定性"

王夫之的"成性"说和理学家的"复性"说,在"成人之道"上的对立,还表现在他以"循情定性"的理论反对了佛、老和理学唯心主义的"无情"、"忘情"之说。

王夫之把"我"或意识主体看作是理智、意志、情感的统一体。他认为情是性的表现,说:

> 情者,性之端也。循情而可以定性也。②

这里讲的"定性",其实就是"成性"的意思,和程颢讲的"定性"是根本不同的。王夫之说:"成,犹定也,谓一以性为体而达其用也。善端见而继之不息,则始终一于善而性定矣。"③情是由性发出来的端倪,善于因人之情加以引导,便可以使"善端见而继之不息",达到"定性"的效果。但情有真挚与浮夸之分。王夫之说:"古之

---

① 王夫之:《张子正蒙注·中正篇》,《船山全书》第 12 册,第 189 页。
② 王夫之:《诗广传·齐风》,《船山全书》第 3 册,第 353 页。
③ 王夫之:《张子正蒙注·诚明篇》,《船山全书》第 12 册,第 130 页。

善用其民者,定其志而无浮情。"①他认为应该去掉浮夸之情,而要
让情有助于志向的坚定与贯彻。"定其志"才能"定性",也就是说
情应从属于志,而志则根据于对道的认识。但这并不意味着情不
重要,"循情以定性"正是强调情的重要。王夫之讲德性的培养,
比较注意知、意、情三者的全面发展,因而包含有真、善、美统一的
意思。

如何来"循情以定性"呢? 王夫之认为要用诗歌、音乐等来陶
冶人的性情。他说:

圣人达情以生文,君子修文以函情。琴瑟之友,钟鼓之
乐,情之至也。②

认为诗歌、音乐等艺术创作是用以表达感情的,因而艺术对感情
具有文饰和节制的作用,礼乐对人格的培养是必不可少的手段。
这是先秦儒家早已有的观点。

王夫之的"循情以定性"这一理论的最大特色,在于比前人更
深入地探讨了"什么是美"的问题。王夫之说:"乐为神之所依,人
之所成。"③认为音乐是气的清通之神之所依,而由人创作出来的。
不仅音乐等艺术,而且一切美的创造,都是一方面有自然的根据,
另一方面有人为的加工。他说:

① 王夫之:《诗广传·唐风》,《船山全书》第 3 册,第 363 页。
② 王夫之:《诗广传·召南》,《船山全书》第 3 册,第 307 页。
③ 王夫之:《诗广传·商颂》,《船山全书》第 3 册,第 511 页。

> 天能生之,地能成之,而斟酌饱满以全二气之粹美者,人之能也。稼有可丰美之道而未尽昭著,后稷因天之能,尽地之利,以人能合而成之,凡圣人所以用天地之神而化其已成之质,使充实光辉,皆若此。①

关于美的定义,王夫之继承了孟子的"充实之谓美,充实而有光辉之谓大"和荀子的"不全不粹不足以为美"的观点。自然界的五谷本来有可丰美之质,但未充分显示出来,这是天地之"神",二气之"粹"。农民种植庄稼,利用自然界的"神",使五谷的可丰美之质变得充实而有光辉,这就是美的创造。而人本身的"神"是最美的:"天致美于百物而为精,致美于人而为神,一而已矣。"②所谓"乐为神之所依",这"神"不仅指自然界的二气之粹,也是指人的精神、德性。性表现为情,而情则通过音(声音)和容(容貌、形象)而与天地万物相交通。王夫之说:

> 交于天地之间者,事而已矣;动乎天地之间者,言而已矣。事者,容之所出也;言者,音之所成也。……天之与人,与其与万物者,容而已矣,音而已矣。卉木相靡以有容,相切以有音,况鸟兽乎?虫之蠕有度,穀之鸣有音,况人乎?……动而应其心,喜怒作止之几形矣;发而因其天,郁畅舒徐之节见矣。而抑不域之以方所,则天下之至清至明者矣。③

----

① 王夫之:《张子正蒙注·乐器篇》,《船山全书》第 12 册,第 317 页。
② 王夫之:《诗广传·商颂》,《船山全书》第 3 册,第 513 页。
③ 同上书,第 511 页。

自然界的草木在风中摇摆、互相摩擦，便有形象和声音；虫蠕动有尺度，鸟鸣叫有音韵。自然界的音、容与人心相感应，人的喜怒哀乐就表现于形象了；人情的感发因万物之自然，自然的节奏就表现于人的音容了，形象、节奏是不受地域限制的，所以通过音（音乐）与容（舞蹈）可以表现清明之"神"，或者说，可以使清明的德性在艺术作品中凝定下来。

这里所说的，与上面提到的"色声味之授我也以道，吾之受之也以性；吾授色声味也以性，色声味之受我也各以其道"意思是相似的。在审美活动和艺术创造中，声、色（音、容）授我以道，我则受之以"成性"；我授声、色（音、容）以性（性显现为情），声、色则受之各以其道（秩序、节奏）。这样，在艺术形象中人性便对象化了，人可以从中直观自身的本质。这样的艺术作品便能起到陶冶人的性情的作用。

正是上述观点，为艺术意境的理论提供了哲学根据。王夫之论诗，要求在情景交融中表现神理。他说：

> 夫景以情合，情以景生，初不相离，唯意所适。[①]
> 意为主，势次之。势者，意中之神理也。[②]

这里的"意"指意旨，大体相当于我们现在讲的艺术理想。情与景结合、展开，是为了表现艺术理想；艺术理想于情景的展开中表现为"势"，"势"即气势，它是包含在"意"中的"神理"的形象体现。

---

① 王夫之：《姜斋诗话·夕堂永日绪论内篇》，《船山全书》第15册，第826页。
② 同上书，第820页。

王夫之关于艺术意境的理论,也具有批判的性质。宋代理学家片面强调"文以载道",甚至说"作文害道",他们以语录教条代替文艺,把诗歌变成干巴巴的道德说教。这是对艺术的破坏。严羽的《沧浪诗话》则说:"诗有别材,非关书也;诗有别趣,非关理也。"他以为诗是"吟咏情性"的,强调要靠"妙悟"。这在当时具有反对道德说教的作用,但表现出为艺术而艺术的倾向。王夫之批评了这两种错误倾向说:"正不得以名言之理相求耳。"①"非理抑将何悟?"②他既肯定艺术要"以意为主",要表现理想,具有陶冶性情的作用;又指出艺术意境是意在情景交融中表现为势,不是抽象的概念。这是关于抒情艺术理论的一个批判总结,是同"循情定性"说密切相联系的。

　　总之,王夫之的"成性"说在人性论上提出"性日生而日成",反对了理学家的"天命之谓性";在"成人"(培养理想人格)的学说上,提出"成身成性"与"循情定性"的观点,比较注意身与心的全面发展,知、意、情的全面发展,反对了理学家"无欲"、"无我"、"无情"等说教;"循情定性"的理论还进一步对中国古代的艺术意境理论作了哲学上的总结。因此,我们说王夫之的"成性"说对中国古代哲学的发展具有重大的贡献。当然,他的"成性"说仍然有历史和阶级的局限。他说:"阴阳健顺之德本善"③,"天致美于人而为神"④,试图从阴阳之气和自然界中找寻善与美的根源,而不懂

---

① 王夫之:《古诗评选·司马彪杂诗》,《船山全书》第 14 册,第 687 页。
② 王夫之:《姜斋诗话·诗绎》,《船山全书》第 15 册,第 813 页。
③ 王夫之:《张子正蒙注·诚明篇》,《船山全书》第 12 册,第 129 页。
④ 王夫之:《诗广传·商颂》,《船山全书》第 3 册,第 513 页。

得人的德性、精神主要应从人的社会存在来说明。他的"成性"说提出的人性论依然是抽象的人性论，提出的理想人格依然是地主阶级的圣贤。

（署名冯契，原载《船山学刊》1984 年第 2 期）

论王守仁的"致良知"说

自南宋理宗把程朱理学钦定为官方哲学以后,经元至明,朱熹的地位被越抬越高,他的学说成了神圣的教条,学术界出现了像黄宗羲所说的"此亦一述朱耳,彼亦一述朱耳"①的现象。直到明中叶,王守仁提出"致良知"说,使理学中的心学一派取得完备的形态,盛行一时,才打破了程朱理学的独尊局面。

一、破"功利之见",倡导"狂者"学风

王学的盛行,是有着深刻的历史原因的。中国的封建制度演变到明中叶,已陷入深重的危机之中。土地兼并十分激烈,大量土地为皇室、官僚所占有,沉重的赋税转移到农民头上,迫使数以百万计的农民离开土地成了流民。在闽浙、荆襄等地区先后发生了农民起义,规模越来越大。公元一五一〇年,华北地区又爆发刘六、刘七农民大起义,直接威胁北京。而明王朝内部,皇室与藩王、官僚与宦官之间的斗争愈演愈烈,公元一五〇九年发生安化王的叛乱,一五一九年发生宁王的叛乱,明王朝岌岌可危。王守

---

① 黄宗羲:《孟子师说·题辞》,《黄宗羲全集》第1册,第46页。

仁力图挽救明王朝的统治危机。他带兵平定宁王的叛乱,又积极镇压江西南部的农民起义和广西少数民族的反明武装。他从亲身体验中感到"破山中贼易,破心中贼难"[①],认为要消弭农民的反抗,还须铲除人们的叛逆和不守本分的心理,而后者比前者困难得多。王学作为一种思潮,正反映了地主阶级想用加强思想教育的办法来挽救封建社会危机的努力。

什么是"心中贼"呢? 就是利欲。在"王霸"、"义利"、"理欲"之辩上,陆王和程朱并没有原则的区别。王守仁说:"学者学圣人,不过是去人欲而存天理耳。"[②]他也认为圣人之道所以不能通行,是因为大家讲功利主义的缘故。他说:

> 三代之衰,王道熄而霸术焻,孔孟既没,圣学晦而邪说横。……圣人之学日远日晦,而功利之习愈趋愈下。其间虽尝瞀惑于佛老,而佛老之说卒亦未能有以胜其功利之心;虽又尝折衷于群儒,而群儒之论,终亦未能有以破其功利之见。盖至于今,功利之毒沦浃于人之心髓而习以成性也几千年矣。[③]

在王守仁看来,"功利之见"是圣学的最主要的敌人。而要战胜功利之见,既不能借佛老之说,也不能靠以朱熹为代表的群儒之论。

---

① 王守仁:《与杨仕德薛尚诚》,吴光等编校:《王阳明全集》上册,上海古籍出版社 2011 年版,第 188 页。
② 王守仁:《传习录上》,《王阳明全集》上册,第 32 页。
③ 王守仁:《传习录中·答顾东桥书》,《王阳明全集》上册,第 62—63 页。

王守仁和陆九渊一样,认为朱熹学派的缺点主要在于"务外遗内,博而寡要"①。所谓"务外遗内",是指朱熹承认有客观的"理"。王守仁认为这是对唯物主义的让步。所谓"博而寡要",是指朱熹叫人"即物穷理"、"泛观博览",王守仁认为这是搞烦琐哲学,不如他的"致良知"学说来得明白简易。王学作为程朱学派的批判者,包含有两重性:一方面,它嫌朱熹的唯心主义不彻底,是从右面来进行批判;另一方面,它确实看到了程朱学派搞烦琐哲学,死抱住经书上的字句不放,用许多教条来束缚人。虽然王守仁反对烦琐教条的目的是要人们在培养封建道德意识上下功夫,但他的这种主张在当时具有打破精神枷锁的作用。

同时,王守仁是一个教育家。他居官时一直讲学,兴建书院,举办社学,并提倡一种不同于程朱学派的"狂者进取"的学风。这可以举例来说明。据《年谱》记载,嘉靖三年(公元 1524 年),王守仁在越,正月,"辟稽山书院,聚八邑彦士,身率讲习以督之";②八月,宴门人于天泉桥:

> 中秋月白如昼,先生命侍者设席于碧霞池上,门人在侍者百余人。酒半酣,歌声渐动。久之,或投壶聚算,或击鼓,或泛舟。先生见诸生兴剧,退而作诗。③(诗题《月夜》,有句云:"影响尚疑朱仲晦,支离羞作郑康成。铿然鼓瑟春风里,

---

① 王守仁:《传习录中·答顾东桥书》,《王阳明全集》上册,第 50 页。
② 钱德洪等撰:《王阳明年谱》,见《王阳明全集》下册,第 1423 页。
③ 同上书,第 1424 页。

点也虽狂得我情。")①

王守仁批评朱熹、郑玄"支离",而鼓励他的弟子们成为"铿然鼓瑟"的曾点,因而形成了一种比较生动活泼、教条气息比较少的学风。尽管王守仁的主观愿望是要维护摇摇欲坠的明王朝封建统治,但他所倡导的"狂者进取"学风对当时的封建传统却起了破坏作用。虽然这种学风后来也产生了很大的流弊,但李贽等人的异端思想就是从王学发端而来的。所以我们对王守仁的心学必须作具体分析,不能简单地加以肯定或否定。

二、"心外无物"、"心外无理"

王守仁晚年用"致良知"三字来概括他的全部学说,指出:"'致良知'是学问大头脑,是圣人教人第一义。"②

他所谓的"良知"是什么呢? 他说:

> 良知者,心之本体。③
> 良知只是个是非之心,是非只是个好恶,只好恶就尽了是非,只是非就尽了万事万变。④
> 良知是天理之昭明灵觉处。故良知即是天理,思是良知

---

① 王守仁,《月夜二首》,《王阳明全集》中册,第866页。
② 王守仁:《传习录中·答欧阳崇一》,《王阳明全集》上册,第80页。
③ 王守仁:《传习录中·答陆原静书》,《王阳明全集》上册,第69页。
④ 王守仁:《传习录下》,《王阳明全集》上册,第126页。

之发用。若是良知发用之思,则所思莫非天理矣。①

　　良知是造化的精灵,这些精灵生天生地,成鬼成帝,皆从此出。真是与物无对。人若复得他,完完全全,无少亏欠,自不觉手舞足蹈,不知天地间更有何乐可代。②

这几段语录给作为"心之本体"的"良知"下了三个彼此不同而互有联系的规定。

　　首先,"良知"即是孟子说的"是非之心",它能判别行为的是非,并进行好("好是")恶("恶非")的选择。所以"良知"就是伦理学上的"良心",亦即道德意识的主体。人事万变,都有个如何合乎道德准则,即判别是非、善恶而作出选择的问题。"良知之于节目时变,犹规矩尺度之于方圆长短也。"③"良知"把握了"规矩、尺度"(即道德规范、准则),就能正确地进行判别和选择,"而天下之节目时变不可胜应矣"。④

　　第二,"良知"是"天理之昭明灵觉处",即天赋的理性。陆王学派常讲"心即理",以为心的本质、内涵就是"天理"(天赋的理),而"良知"就是对"天理"的觉察、意识。思维若是不掺杂"私意按排",而是"良知之发用",那么所思的内容便是"天理"。

　　第三,"良知"是造化的精灵,它是"与物无对"的本体,天地万物鬼神人类皆从此出;而人的一切认识和实践的活动,都是为了

---

① 王守仁:《传习录中·答欧阳崇一》,《王阳明全集》上册,第81页。
② 王守仁:《传习录下》,《王阳明全集》上册,第129页。
③ 王守仁:《传习录中·答顾东桥书》,《王阳明全集》上册,第56页。
④ 同上注。

复归此本体。

上述三层意思是互相联系着的，王守仁实际上是用了先验主义的方法，把封建道德的"规矩、尺度"作形而上学的抽象，说它们是"天理"，并说"天理"是人的"良知"先天具备的，然后又转过来，说"良知"是造化的精灵，天地的本体，万事万物都是从它产生的。这种构造体系的思辨方法与朱熹没有原则的差别。

不过，朱、王还是有客观唯心论和主观唯心论的区别。朱熹在解释《大学》中的"大学之道，在明明德"一句话时说："明德者，人之所得乎天，而虚灵不昧，以具众理而应万事者也。"①王守仁把这一句话改成："虚灵不昧，众理具而万事出，心外无理，心外无事。"②"应万事"成了"万事出"，一字之改，表现了他是与客观唯心主义不同的主观唯心主义者。朱熹承认心（个别精神）之外有客观事物和理，王守仁则认为"心外无事"、"心外无理"。他说：

> 心者身之主也，而心之虚灵明觉，即所谓本然之良知也。其虚灵明觉之良知，应感而动者谓之意。有知而后有意，无知则无意矣。知非意之体乎？意之所用，必有其物，物即事也。……凡意之所用无有无物者，有是意即有是物，无是意即无是物矣。物非意之用乎？③

---

① 朱熹：《四书章句集注·大学章句》，朱杰人等主编：《朱子全书》第6册，上海古籍出版社、安徽教育出版社2010年版，第16页。
② 王守仁：《传习录上》，《王阳明全集》上册，第17页。
③ 王守仁：《传习录中·答顾东桥书》，《王阳明全集》上册，第53—54页。

就是说，心灵是身体的主宰，而心的灵明，在不为物欲所蔽时，就是本然的"良知"。"良知"之体（意识主体）应感而动，便有种种观念活动或意向作用，观念活动或意向作用便表现为事物，"如意用于事亲，即事亲为一物；意用于治民，即治民为一物"①等等。王守仁把"意"定义为："其虚灵明觉之良知，应感而动者谓之意"，把"物"定义为："意所在之事谓之物。"②在他看来，"良知"是"意"之体，而事物是"意"之用，所以说心外无事，心外无物。

王守仁又说"心外无理"。对于程朱学派说的"心具众理"和"在物为理"，王守仁赞成前一句，反对后一句。他说："在字上当添一心字，此心在物则为理。"③又说：

> 吾心之良知，即所谓天理也。致吾心良知之天理于事事物物，则事事物物皆得其理矣。④

就是说，事物的理是由"良知"中产生的。这与康德讲的"心为自然界立法"相似，不过康德讲的是自然界的因果律，而王守仁讲的则是封建道德规范，即他所谓"规矩"、"尺度"。

就"道器"之辩来说，朱熹强调"道器之间，分际甚明"，而王守仁则强调"理气"、"道器"都统一于心。他说：

---

① 王守仁：《传习录中·答顾东桥书》，《王阳明全集》上册，第 53 页。
② 王守仁：《大学问》，《王阳明全集》中册，第 1071 页。
③ 王守仁：《传习录下》，《王阳明全集》上册，第 137 页。
④ 王守仁：《传习录中·答顾东桥书》，《王阳明全集》上册，第 51 页。

> 夫良知，一也。以其妙用而言谓之神，以其流行而言谓
> 之气，以其凝聚而言谓之精。①

> "精"一之"精"以理言，"精神"之"精"以气言。理者气之
> 条理；气者理之运用；无条理则不能运用，无运用则亦无以见
> 其所谓条理者矣。②

就是说，气无非是"良知"的流行，理无非是"良知"的条理。"气"
和"理"不可分割，同是一个心的属性。王守仁认为天地万物都是
"良知"的发育流行，都是"同此一气"。正因为同此一气，所以天
地万物与人原来是一体的。他说：

> 我的灵明便是天地鬼神的主宰。……天地鬼神万物离
> 却我的灵明，便没有天地鬼神万物了，我的灵明离却天地鬼
> 神万物，亦没有我的灵明。如此，便是一气流通的，如何与他
> 间隔得？③

这里王守仁所说的，是主观唯心论的见解，同时又具有泛神论的
倾向。他把"我的灵明"提高到创世主的地位，当然是主观唯心
论；但又说我和天地万物是"一气流通"的，我的灵明也不能离开
天地万物而存在，这便又成了泛神论的观点。

主观唯心论走到极端便是唯我论。《传习录下》写道：

---

① 王守仁：《传习录中·答陆原静书》，《王阳明全集》上册，第70页。
② 同上注。
③ 王守仁：《传习录下》，《王阳明全集》上册，第141页。

又问:"天地鬼神万物,千古见在,何没了我的灵明,便俱无了?"曰:"今看死的人,他这些精灵游散了,他的天地万物尚在何处?"①

先生游南镇,一友指岩中花树问曰:"天下无心外之物,如此花树,在深山中自开自落,于我心亦何相关?"先生曰:"你未看此花时,此花与汝心同归于寂;你来看此花时,则此花颜色一时明白起来。便知此花不在你的心外。"②

这两个学生都从朴素唯物主义观点提出诘难,而王守仁则从主观唯心主义立场作了回答:一个人死了,没有这个精神主体,也就没有和他相对的认识对象,即天地万物了。深山中的花,只有在人看到它时,颜色才明白起来,颜色不能离开人的感觉而存在,所以天下无心外之物。这样的论证,以认识过程中的主客观互相关系和认识内容依存于认识活动为理由,推论到物质世界不能离开人的意识而独立存在,这里包含有逻辑上不能容许的跳跃,所以是主观唯心主义的诡辩。

不过,从王守仁哲学的泛神论倾向来看,则可说唯物主义已近在咫尺了。他说:

风、雨、露、雷,日、月、星、辰,禽、兽、草、木,山、川、土、石,与人原只一体。故五谷禽兽之类,皆可以养人;药石之

---

① 王守仁:《传习录下》,《王阳明全集》上册,第141页。
② 同上书,第122页。

类，皆可以疗疾：只为同此一气，故能相通耳。①

这样用"原只一体"、"同此一气"来解释为什么自然界物质可以供给人以营养和药物，很有点像唯物主义者的口吻。他又说：

> 耳、目、口、鼻、四肢，身也，非心安能视、听、言、动？心欲视、听、言、动，无耳、目、口、鼻、四肢亦不能，故无心则无身，无身则无心。但指其充塞处言之谓之身，指其主宰处言之谓之心。②
>
> 目无体，以万物之色为体；耳无体，以万物之声为体；鼻无体，以万物之臭为体；口无体，以万物之味为体；心无体，以天地万物感应之是非为体。③

这里讲到了身与心（形与神）、能与所（能知与所知）的统一。当然，王守仁是在肯定心为绝对本体的前提下讲这些话的，但他正确地指出：心要通过耳目等感官，才有视听等感觉；而人的视力、听力，一定要凭借形色、声音之物才能表现；人的思维能力，也一定要凭借对天地万物的感应而作出的判断是与非（合理与不合理）的活动，才能表现出来。所以心不是超验的、彼岸的，而是内在于天地万物的感应之中。以后刘宗周、黄宗羲、颜元等，正是顺着泛神论的道路前进，使唯物主义倾向越来越鲜明。颜元说：

---

① 王守仁：《传习录下》，《王阳明全集》上册，第 123 页。
② 同上书，第 103 页。
③ 同上书，第 123 页。

"'知'无体,以物为体,犹之目无体,以形色为体也。"①用语和王守仁相似,但基本上已是唯物主义的命题了。

三、"知行合一";"格物"即"格心"

宋明时期主要哲学论争是两个,即"理气(道器)"之辩与"心物(知行)"之辩。王守仁从心一元论的观点把这两个问题统一起来,变成一个问题的两方面。他在《紫阳书院集序》一文中说:"心外无事,心外无理,故心外无学。"②就本体("良知")来说,"心外无事","心外无理";就工夫("致良知")来说,"心外无学"。本体和工夫原是统一的,工夫无非是"复那本体",这就是他的"致良知"学说。

王守仁从"心外无学"提出"知行合一"说。他批评朱熹说:

> 外心以求理,此知行之所以二也。求理于吾心,此圣门知行合一之教。③

他以为朱熹外心以求理,是把求于外的知与发于内的行分作两个阶段,违背了"知行合一"。不仅朱熹说"论先后,知为先,论轻重,行为重",而且陆九渊也说"知之在先,行之在后"。王守仁认为,

---

① 颜元:《四书正误·卷一》,王星贤等点校:《颜元集》上册,中华书局 1987 年版,第 159页。
② 王守仁:《紫阳书院集序》,《王阳明全集》上册,第 267 页。
③ 王守仁:《传习录中·答顾东桥书》,《王阳明全集》上册,第 48 页。

陆九渊是沿袭程朱的说法，不复致疑，"然此毕竟亦是象山见得未精一处，不可掩也"①。当时许多学者、理学家受到朱熹的影响，认为必先知了然后才能行，于是只在讲习讨论上做"知"的工夫，说要等到知得真了才去做"行"的工夫。王守仁指出，他们实际上"终身不行，亦遂终身不知"②。他讲"知行合一"，是对症下药，即针对程朱学派的流弊而提出来的。程朱学派的讲学，只不过是"讲之以口耳"，并不身体力行；而真正的讲学应该是"讲之以身心"，做到"行著习察，实有诸己"③。总之，他一再要人们懂得，他讲"知行合一"是为了反对当时的烦琐哲学和教条主义。

王守仁认为，"知行合一"的工夫是求"复那本体"，而就本体来说，知行本来就是统一的。他用一个人"好好色"、"恶恶臭"为例来论证知行合一说：

> 《大学》指个真知行与人看，说"如好好色，如恶恶臭"。见好色属知，好好色属行。只见那好色时已自好了，不是见了后又立个心去好。闻恶臭属知，恶恶臭属行。只闻那恶臭时已自恶了，不是闻了后又别立了心去恶。④

这里讲的是一种直觉的本能的活动，一有感觉马上就会在行为上有反应。他还举知痛、知饥、知寒等作例子，也都是用本能活动来

---

① 王守仁：《答友人问》，《王阳明全集》上册，第 234 页。
② 王守仁：《传习录上》，《王阳明全集》上册，第 5 页。
③ 王守仁：《传习录中·答罗整庵少宰书》，《王阳明全集》上册，第 85 页。
④ 王守仁：《传习录上》，《王阳明全集》上册，第 4 页。

说明知行本体本来是一个。不过他以为,人类的一切复杂的活动,有意识的作为也都是"知行合一"的。他说:

> 知之真切笃实处,即是行;行之明觉精察处,即是知。[①]
>
> 知是行的主意,行是知的功夫;知是行之始,行是知之成。[②]

就是说,人类有目的的活动都是知行统一的过程,知之真切必见于行,行之明觉正在于知,这个统一的过程开始于观念,要由观念来指导,才开始行。但这不是说知先于行。他用人走路来比喻说,有欲行之意,即行之始。至于路途是否平坦,只有亲身经历才能知道,所以真正的知识是在行中完成的。故他既反对"冥行妄作",不思维省察便任意地去做,更反对悬空思索,揣摸影响,而不去身体力行。他很强调在习行中学习知识。他说,一个人学射,只有"张弓挟矢,引满中的",才说得上是学了射;一个人学书,只有"伸纸执笔,操觚染翰",才说得上是学了书;一个人学孝,只有"服劳奉养,躬行孝道",才说得上是学了孝。故"尽天下之学无有不行而可以言学者,则学之始固已即是行矣"[③]。

　　王守仁讲"知行合一",反对将知行割裂开来,反对程朱学派"离行以为知"、"讲之以口耳"的烦琐学风,在当时有它积极的意义。但王守仁讲的"知行合一"实际上如王夫之所指出的,是"销

①　王守仁:《传习录中·答顾东桥书》,《王阳明全集》上册,第47页。
②　王守仁:《传习录上》,《王阳明全集》上册,第5页。
③　王守仁:《传习录中·答顾东桥书》,《王阳明全集》上册,第51页。

行以归知,始终于知",即把知行统一于知,将行归属于知。王守仁说:"一念发动处,便即是行了。"①他以为有观念发动便是有意向、动机,便是行的开始。如果发现自己胸中潜伏着不善的念头,便须要彻根彻底加以克服,这便是行。很明显,这是将行消融于知,否定了客观的社会实践。而且,他所谓的"知行合一",是将知行等同,如好好色、恶恶臭等直觉的活动,谈不上知行之间的转化、飞跃,这种理论当然与辩证法讲的知行统一是截然不同的。而就其内容来说,王守仁所谓的"知",无非是封建伦理道德的自我意识。他所谓的"行",无非是封建伦理道德的实行。他讲"知行并进之功",目的是叫人在封建道德意识上下工夫,以挽救封建统治的危机。

王守仁还从"心外无学"来讲"格物致知"。朱熹在解释"致知在格物"时说:"言欲致吾之知,在即物而穷理也。"②王守仁反对朱熹的"即物穷理",他对"格物"作了另一种解释,说:

> 格者,正也,正其不正以归于正之谓也。正其不正者,去恶之谓也。归于正者,为善之谓也。③

他释格为"正",以为"'格物'如孟子'大人格君心'之格"④,所以格物就是"格心",亦即在心中做去恶为善的工夫,进行封建道德修

---

① 王守仁:《传习录下》,《王阳明全集》上册,第 109—110 页。
② 朱熹:《四书章句集注·大学章句》,《朱子全书》第 6 册,第 20 页。
③ 王守仁:《大学问》,《王阳明全集》中册,第 1071 页。
④ 王守仁:《传习录上》,《王阳明全集》上册,第 7 页。

养。"心外无学",格心就是一切,"天下之物本无可格者。其格物
之功只在身心上做"①。照此说法,根本没有外界独立存在的事物
可接触,人的认识无非就是唤醒自己的"良知",而"德性之良知,
非由于闻见"。那么,是不是要闭目塞聪,完全摒弃感性经验呢?
却也不是。王守仁说:

> 若主意头脑专以致良知为事,则凡多闻多见,莫非致良
> 知之功。盖日用之间,见闻酬酢,虽千头万绪,莫非良知之发
> 用流行,除却见闻酬酢,亦无良知可致矣。②

王守仁以为在确立"致良知"的"主意头脑"的前提下,"德性之知"
与"见闻之知",理性与感性是统一的。如果失去"主意头脑",只
求多闻多见,那么"适以资其务外好高而已"③。总之,学就是学此
心,唯一的功夫就是"致良知"。

王守仁又说:

> 若鄙人所谓致知格物者,致吾心之良知于事事物物也。
> ……致吾心良知之天理于事事物物,则事事物物皆得其理
> 矣。致吾心之良知者,致知也。事事物物皆得其理者,格物
> 也。是合心与理而为一者也。④

---

① 王守仁:《传习录下》,《王阳明全集》上册,第136页。
② 王守仁:《传习录中·答欧阳崇一》,《王阳明全集》上册,第80—81页。
③ 王守仁:《传习录中·答顾东桥书》,《王阳明全集》上册,第57页。
④ 同上书,第51页。

他认为使心中的"良知"明白起来,就是"致知",致"良知"于事事物物而使事物合乎秩序,就是"格物"。在这里"致"既是达到("致者,至也")之意,也是推行于事物之意。正如黄宗羲所说:"先生致之于事物,致字即是行字,以救空空穷理,只在知上讨个分晓之非。"①所以王守仁讲"致知格物",也包含"知行合一"的意思。当然,他所谓的"理",就是封建伦理,"致吾心良知之天理于事事物物",就是要使一切都合乎封建秩序。王守仁的这一"格物"说,一方面主张"格物"只在身心做;另一方面,他又认为真正的知就应该是行,把主观认识的"理"贯彻于事事物物,就是"格物"。这是一种主观唯心主义认识论。

这种主观唯心论认为,是非、真假的标准都在"良知"中。王守仁说:

> 尔那一点良知,是尔自家底准则。尔意念着处,他是便知是,非便是非,更瞒他一些不得。尔只不要欺他,实实落落依着他做去,善便存,恶便去。他这里何等稳当快乐。此便是格物的真诀,致知的实功。②

他以为"良知"就是是非之心,真理标准、道德标准都是"良知"所固有的,只要"致良知",那么是非、善恶便能判别、选择了。这是唯心主义的真理论。不过这种理论对传统具有破坏作用。王守仁在《答罗整庵少宰书》中说:

---

① 黄宗羲:《明儒学案·姚江学案》,《黄宗羲全集》第 13 册,第 185 页。
② 王守仁:《传习录下》,《王阳明全集》上册,第 105 页。

　　　　夫学贵得之心,求之于心而非也,虽其言之出于孔子,不
　　　敢以为是也,而况其未及孔子者乎? 求之于心而是也,虽其
　　　言之出于庸常,不敢以为非也,而况其出于孔子者乎?①

　　在他看来,内心的"良知"以为是错的,哪怕是孔子说的,我也不说
是,至于是朱熹说的,那就更不在话下了。如果我心中的"良知"
认为是对的,即使是平常人说的,我也不说非,更何况是孔子、朱
熹说的呢! 总之,要以心中的"良知"作为是非的唯一标准。这话
只要稍稍引申,就成了以后李贽讲的"不以孔子之是非为是
非"了。

　　正因为"良知"具有一切是非、善恶的准则,所以王守仁以为
"良知诚致,则不可欺以节目时变,而天下之节目时变不可胜应
矣"②。他说,一个人能够"致良知",就能"存天理,去人欲",成为
圣人。"圣人之所以为圣,只是其心纯乎天理,而无人欲之杂。"③
正如金到了足赤,才是精金,一个人没有一丝一毫的杂念、"人
欲",就是圣人。唐尧、虞舜、孔子、伯夷、伊尹都是圣人,只不过才
力大小有所不同,就好比都是精金,但分量有多少的差别。因此
一个人唯一重要的是努力"致良知",而不要在追求知识、才能上
多下功夫。如果不"致良知",丢了"学问头脑",那么知识才能只
会造成祸害,弄得"知识愈广而人欲愈滋,才力愈多而天理愈

---

① 王守仁:《传习录中·答罗整庵少宰书》,《王阳明全集》上册,第85页。
② 王守仁:《传习录中·答顾东桥书》,《王阳明全集》上册,第56页。
③ 王守仁:《传习录上》,《王阳明全集》上册,第31页。

蔽"①。王守仁把"致良知"提到第一位（用现在的话说，就是首先要解决思想意识问题、世界观问题），反对程朱学派的烦琐学风，客观上起了破坏封建教条的作用，构成了哲学发展的一个环节；但他走向了另一个片面，以为"致良知"就是一切，将学习知识、培养才能都放到次要的地位。他说："圣人之学所以至易至简，易知易从，学易能而才易成者，正以大端惟在复心体之同然，而知识技能非所与论也。"②《传习录上》还记载：

> 问《律吕新书》，先生曰："学者当务为急，算得此数熟，亦恐未有用，必须心中先具礼乐之本方可。……学者须先从礼乐本原上用功。"③

这只是一例，说明王学一味教人从"本原"（"良知"）上用工夫，而像蔡元定《律吕新书》、朱载堉《乐律全书》等著作所包含的科学知识被视为无用之物，甚至读书、写文章、增长见闻都被认为是"玩物丧志"，这样，王学末流就变得非常空疏并导致蒙昧主义了。

四、"理一而已"，展开为历史过程和发育过程

在方法论上，朱熹注重"严密理会，铢分毫析"，陆九渊则以为"急于辨析，是学者大病"。王守仁同意陆九渊的观点。他批评程

---

① 王守仁：《传习录上》，《王阳明全集》上册，第 32 页。
② 王守仁：《传习录中·答顾东桥书》，《王阳明全集》上册，第 62 页。
③ 王守仁：《传习录上》，《王阳明全集》上册，第 22—23 页。

朱学派的"辨析"之弊说:

> 洙泗之传,至孟子而息。千五百余年,濂溪、明道始复追
> 寻其绪。自后辨析日详,然亦日就支离决裂,旋复湮晦。[①]
>
> 言益详,道益晦;析理益精,学益支离无本,而事于外者
> 益繁以难。……则今之所大患者,岂非记诵词章之习! 而弊
> 之所从来,无亦言之太详、析之太精者之过欤?[②]

王守仁同陆九渊一样,强调"一"、"主一"、"合一",反对朱熹"析心
与理而为二"、"将知行分作两件",而主张"合心与理而为一",提
出"知行合一并进"之说,还说"动静合一"、"人心与天一体"、"心
一而已"、"理一而已"、"性一而已"等等。他的学生问他:"圣贤言
语许多,如何却要打做一个?"他回答说:"我不是要打做一个。如
曰'夫道,一而已矣'。又曰'其为物不二,则其生物不测'。天地
圣人皆是一个,如何二得?"[③]

对于"一",能否用概念把握、用名言表达呢? 庄子、禅宗已经
提出种种责难。王守仁赞成庄子"得鱼忘筌"、六经为"圣人糟粕"
之说。[④] 他说:

> 六经者,吾心之记籍也,而六经之实则具于吾心,犹之产

---

① 王守仁:《朱子晚年定论序》,《王阳明全集》上册,第 267 页。
② 王守仁:《别湛甘泉序》,《王阳明全集》上册,第 257 页。
③ 王守仁:《传习录下》,《王阳明全集》上册,第 138 页。
④ 王守仁:《五经臆说序》,《王阳明全集》中册,第 965—966 页。

业库藏之实积，种种色色，具存于其家。其记籍者，特名状数目而已。①

就是说，正如富家的财产被登记在簿籍上一样，吾心之实被记载在六经中。不应该把记载的"名目"当作"实积"，而应该循名以求实——"求六经之实于吾心"。他又用画像来作比喻，说："人心天理浑然，圣贤笔之书，如写真传神，不过示人以形状大略，使之因此而讨求其真耳；其精神意气，言笑动止，固有所不能传也。"②所以，既要看到须通过名言（圣贤经书）以"求真"，又要看到名言有其不能"传神"的局限性。他以为真正要把握"人心天理浑然"，只有靠亲身体验，正如"哑子吃苦瓜，与你说不得。你要知此苦，还须你自吃"③。

不过，王守仁以为"讲学中自有去取分辨"④。只要是为了引导人"就心地上着实用工夫"，以求把握"理一"，那么，用名言进行分辨还是必要的。所以他不像陆九渊那样囫囵吞枣，而是很注意从范畴的联系中来揭示绝对。例如，他说：

> 性一而已：自其形体也谓之天，主宰也谓之帝，流行也谓之命，赋于人也谓之性，主于身也谓之心。心之发也，遇父便谓之孝，遇君便谓之忠，自此以往，名至于无穷，只一性而已。

① 王守仁：《稽山书院尊经阁记》，《王阳明全集》上册，第284页。
② 王守仁：《传习录上》，《王阳明全集》上册，第13页。
③ 同上书，第42页。
④ 王守仁：《传习录中·答聂文蔚书》，《王阳明全集》上册，第97页。

犹人一而已:对父谓之子,对子谓之父,自此以往至于无穷,只一人而已。人只要在性上用功,看得一性字分明,即万理灿然。①

理一而已。以其理之凝聚而言则谓之性;以其凝聚之主宰而言则谓之心;以其主宰之发动而言,则谓之意;以其发动之明觉而言,则谓之知;以其明觉之感应而言,则谓之物。故就物而言谓之格,就知而言谓之致,就意而言谓之诚,就心而言谓之正。正者,正此也;诚者,诚此也;致者,致此也;格者,格此也。皆所谓穷理以尽性也。②

在王守仁的著作中,充满着诸如此类关于范畴的界说。他以为精神本体虽是绝对的、唯一的,但可以给以不同的称谓,也就是用不同范畴之间的联系来形容它。从泛神论的观点来说,精神本体内在于自然界,所以从其形体说可谓之"天",从它作为自然界的主宰说可谓之"帝",从它发育流行而为自然万物说可谓之"命";而这个精神本体赋予人便凝聚为"性",它为人的形体的主宰便是"心",心的发动便是"意",对"意"的明觉便是"知","知"之感应处即"意"之所在便是"物"。所有这些界说都是从心一元论观点出发,从范畴间的相互联系来说明范畴的涵义,并引导人们如何用工夫("格"、"致"、"诚"、"正"等),以求把握"理一"或"性一"。

王守仁并不否认"万理",而是把"万理"看作是一个互有联系的统一体,"万理"即是"一理"("一心")的体现,但人们对这个统

---

① 王守仁:《传习录上》,《王阳明全集》上册,第17—18页。
② 王守仁:《传习录中·答罗整庵少宰书》,《王阳明全集》上册,第86—87页。

一体往往所见不同，于是便产生各种学说。如关于人性，他说：
"性无定体，论亦无定体，有自本体上说者，有自发用上说者，有自
源头上说者，有自流弊处说者。"①他以为自本体上说，性无善无
恶；自发用上说，性可以为善可以为恶；孟子从源头上说性善；荀
子从流弊处说性恶；等等。"总而言之，只是一个性，但所见有浅
深尔。若执定一边，便不是了。"②又如一阴一阳之谓道，"仁者见
之便谓之仁，知者见之便谓之智，仁智岂可不谓之道？但见得偏
了，便有弊病"③。所以王守仁非常强调不能执着文义而成为"一
隅之见"，即使把道理说得非常周到，无一点隙漏，那也不能看作
固定的"格式"。因为"天理"就是易道，它"随时变易，如何执得？
须是因时制宜，难预先定一个规矩在"④。

正是根据"因时制宜"的观点，王守仁提出"六经皆史"的观
点。《传习录上》记载：

> 爱曰："先儒论六经，以《春秋》为史。史专记事，恐与五经
> 事体终或稍异。"先生曰："以事言谓之史，以道言谓之经。事即
> 道，道即事。《春秋》亦经，五经亦史。《易》是包牺氏之史，《书》
> 是尧、舜以下史，《礼》、《乐》是三代史。……"⑤

"六经皆史"，这不仅大大降低了六经的神圣地位，而且要求用历

---

① 王守仁：《传习录下》，《王阳明全集》上册，第130页。
② 同上注。
③ 王守仁：《传习录上》，《王阳明全集》上册，第21页。
④ 同上书，第21—22页。
⑤ 同上书，第11页。

史的观点来对待"经",把儒家经典都看作是一定历史条件下的产物。王守仁以为,"经,常道也","六经者非他,吾心之常道也"①;心之常道通过《易》、《书》、《诗》、《礼》、《乐》、《春秋》而展开、而被记载下来,是一个历史的过程。这虽是唯心主义观点,却包含有合理因素。

同泛神论倾向相联系,王守仁并不把心体("良知")看作是静止不变的,而是以为心之本体即内在于发用流行的过程中,所以他把六经看作是心体展开的历史过程,也把个人的智慧的增长看作是心体发育的过程。《传习录上》记载:

> 问:"知识不长进如何?"先生曰:"为学须有本原,须从本原上用力,渐渐'盈科而进'。仙家说婴儿,亦善譬。婴儿在母腹时,只是纯气,有何知识? 出胎后方始能啼,既而后能笑,又既而后能识认其父母兄弟,又既而能立、能行、能持、能负,卒乃天下之事无不可能。皆是精气日足,则筋力日强,聪明日开,不是出胎日便讲求推寻得来。故须有个本原。圣人到位天地,育万物,也只从喜怒哀乐未发之中上养来。……"②

婴儿在母腹中已具体而微,具有长为成人的"本原",出胎后经历了若干发育阶段,于是胎儿所具有的"本原"便充分展开。王守仁以为,为学也须从"本原"上用力,即着实下工夫致良知,以求见得自己心体(即"未发之中")。但心体的展开、发育也要经历一个过

---

① 王守仁:《稽山书院尊经阁记》,《王阳明全集》上册,第284页。
② 王守仁:《传习录上》,《王阳明全集》上册,第16页。

程,所以他说:"我辈致知,只是各随分限所及。今日良知见在如此,只随今日所知扩充到底;明日良知又有开悟,便从明日所知扩充到底。如此方是精一功夫。"①

王守仁的这些说法,当然是唯心主义的,从整体上看是错误的。但王守仁强调"合一"来同朱熹的"辨析"相对立,并把"一理"的展开,了解为一个过程,这就成为哲学前进运动中的一个重要环节。王守仁力图从范畴的相互联系中揭示"一理",并把"一理"的展开看作是人类认识的历史过程和个体知识的发育过程,这在方法论上具有重要意义。"六经皆史"的论点,对后代史学也产生了积极影响。而把知识的长进看作是发育过程,则贯彻于王守仁自己的教育方法之中。

五、"种树"之喻和"人要随才成就"

如何培养理想人格(圣人),是理学家的中心问题。在王守仁那里,"心外无学"之"学",即指学做"纯乎天理"(在唯心主义世界观和封建道德意识上非常纯粹)的圣人。所以"知行合一"、"格物即格心"等认识论命题也是伦理学命题。从历史过程和发育过程来把握"一理"的思辨方法,也即是培养世界观和培养人的德性的方法。

从唯心主义的天人合一论出发,通过"存天理、灭人欲"的途径以求"复性",是程、朱、陆、王的共同观点。不过,朱熹曾把"为

---

① 王守仁:《传习录下》,《王阳明全集》上册,第109页。

学之方"的环节一一加以分析,王守仁则继承了陆九渊"先立乎其大者"之说,强调圣学只是一个工夫,即"致良知"。他讲"知行合一"、"动静合一"、"居敬"与"穷理"只是一事,"格"、"致"、"诚"、"正"、"修"也只是一事,等等;不过他又认为,这个"一事"展开为一个过程。同"婴儿"之喻相似,王守仁多次以"种树"为喻而说明人的培养教育过程。他说:

> 譬之木,其始抽芽,便是木之生意发端处;抽芽然后发干,发干然后生枝生叶,然后是生生不息。若无芽,何以有干有枝叶? 能抽芽,必是下面有个根在。有根方生,无根便死。无根何从抽芽? 父子兄弟之爱,便是人心生意发端处,如木之抽芽。自此而仁民,而爱物,便是发干生枝生叶。……孝弟为仁之本,却是仁理从里面发生出来。①

> 与人论学,亦须随人分限所及。如树有这些萌芽,只把这些水去灌溉。萌芽再长,便又加水。自拱把以至合抱,灌溉之功皆是随其分限所及。若些小萌芽,有一桶水在,尽要倾上,便浸坏他了。②

> 诸公须要信得及,只是立志。学者一念为善之志,如树之种,但勿助勿忘,只管培植将去,自然日夜滋长,生气日完,枝叶日茂。③

---

① 王守仁:《传习录上》,《王阳明全集》上册,第29—30页。
② 王守仁:《传习录下》,《王阳明全集》上册,第109页。
③ 王守仁:《传习录上》,《王阳明全集》上册,第37页。

这里,"种树"之喻既用来说明人的德性的发展过程(从孝弟的"良知良能"发展到"仁民"、"爱物"),也用来说明人的认识的提高过程("与人论学"即通过教育来提高人们的认识的过程)和人的志向(为圣贤之志)由确立而得到培育和实现的过程,三者其实是同一心体的发育过程。

王守仁讲"知行合一",包含有理智与意志统一的意思,也包含有德性培养中的自觉原则与自愿原则统一的意思。正统派理学鼓吹宿命论而忽视自愿原则,王守仁在一定程度上纠正了这种倾向。虽然王守仁的目的也是要培养封建纲常名教的卫道士,也把礼教形而上学化为"天命"、"天叙"、"天秩"等等,但他很重视意志力量,把立志比喻为"植根",说:"夫学,莫先于立志。志之不立,犹不种其根而徒事培拥灌溉,劳苦无成矣。"①关于意志和理智的关系,他说:"既知至善之在吾心,而不假于外求,则志有定向,而无支离决裂、错杂纷纭之患矣。"②又说:"今欲别善恶以诚其意,惟在致其良知之所知焉。"③就是说,只有认识到"至善在吾心",才能确立为圣之志;而也只有"致其良知之所知",才能分辨是非、善恶,使为善去恶的意向(即动的观念)成为真诚的。王守仁以为"有知而后有意",知("良知")为"意"之体,所以他基本上是在唯心主义的基础上讲理智与意志、认识与意向的统一。

人的培养,世界观的教育,都要从儿童开始。王守仁也很重视儿童教育,他还是用树木为喻,说:"大抵童子之情,乐嬉游而惮

---

① 王守仁:《示弟立志说》,《王阳明全集》上册,第 289 页。
② 王守仁:《大学问》,《王阳明全集》中册,第 1068 页。
③ 同上书,第 1070 页。

拘检,如草木之始萌芽,舒畅之则条达,摧挠之则衰痿。今教童子,必使其趋向鼓舞,中心喜悦,则其进自不能已。譬之时雨春风,沾被卉木,莫不萌动发越,自然日长日化;若冰霜剥落,则生意萧索,日就枯槁矣。"①他要求适应儿童身心发展的特点进行教学,强调要用诗歌、习礼、读书来"顺导其志意,调理其性情",使之如春天的草木那样舒畅条达,感到"无厌苦之患,而有自得之美",于是自觉自愿地接受教育,便自然日进不已。因此,必须坚决反对用"鞭挞绳缚,若待拘囚"的方式来对待儿童,因为那只能使儿童"视学舍如囹狱而不肯入,视师长如寇仇而不欲见",又怎能教育他们呢? 这些,在当时都是可贵的见解。

王守仁的"种树"之喻也包含有要"因材施教"即"人要随才成就"②的意思。教小孩子以洒扫应对、向师长作揖致敬等,这便是"童子的格物致知",因为"童子良知只到此"。他说:"我这里言格物,自童子以至圣人,皆是此等工夫。……如此格物,虽卖柴人亦是做得,虽公卿大夫以至天子,皆是如此做。"③就是说,从孩子到圣贤,从卖柴人到天子,都应根据各自的具体情况作格物致知的工夫。《传习录下》有一段记载:

　　　　王汝中、省曾侍坐。先生握扇命曰:"你们用扇。"省曾起对曰:"不敢。"先生曰:"圣人之学,不是这等捆缚苦楚的,不是妆做道学的模样。"汝中曰:"观'仲尼与曾点言志'一章略

① 王守仁:《传习录中·训蒙大意示教读刘伯颂等》,《王阳明全集》上册,第99页。
② 王守仁:《传习录上》,《王阳明全集》上册,第24页。
③ 王守仁:《传习录下》,《王阳明全集》上册,第137页。

见。"先生日："然。以此章观之,圣人何等宽洪包含万象!
……设在伊川或斥骂起来了。圣人乃复称许他,何等气象!
圣人教人,不是个束缚他通做一般:只如狂者便从狂处成就
他,狷者便从狷处成就他。人之才气如何同得?"①

这段记载有几层意思:一是人之才气有别,要善于随才成就人。
二是教育不是束缚人,给人以苦楚,而是要像孔子那样引导人在
学习中自得其乐,因为"乐是心之本体"②。三是要培养一种比较
平等的、互相信任的师生关系,不能伪装道学的模样;也不要拿一
个圣人架势去与人讲学,叫人害怕,"须做得个愚夫愚妇,方可与
人讲学"③。作为教师,王守仁本人确实也比较能因材施教,循循
善诱,并在他的书院中培养了一种比较融洽而少拘束的师友关
系,使学生在弦歌诵读声中,感到"无厌苦之患,有自得之美",于
是比较能自觉自愿地接受教育,从而也使王学的影响迅速扩大,
成为风行全国的学派。

　　虽然从主观动机来说,王守仁大力办教育是为了挽救封建制
度的危机,用主观唯心主义世界观来武装学生,教他们为维护封
建名教而努力。但是,他和朱熹一样,确是认真从事教育工作的。
而教学的实践有其客观的要求,如教师必须有丰富的知识和融会
贯通的理论,必须以身作则,要善于根据儿童、青少年和成人的身
心发展的特点进行教育,要因材施教和启发学生自觉自愿地学

---

① 王守仁:《传习录下》,《王阳明全集》上册,第118页。
② 王守仁:《与黄勉之》,《王阳明全集》上册,第216页。
③ 王守仁:《传习录下》,《王阳明全集》上册,第132页。

习,只有对学生充分信任才能严格要求,等等。只有符合这些客观要求,学校才能有效地培养人;若教师是哲学家,他由此概括出某些哲学原理,也就有一定的合理因素。王守仁的"六经皆史"和"婴儿"之喻、"种树"之喻中所包含的认识论和方法论原理,正是由于它们是从教育实践中概括出来的,所以具有不可忽视的合理成分。不过这些合理因素又是同以为心体一切具足的先验主义结合在一起的。

　　(本文是冯契著《中国古代哲学的逻辑发展》下册(初稿)中的一节,原载《华东师范大学学报》(哲社版)1984 年第 3 期)

张载的天道观和逻辑思想

自魏晋以来,"有无(动静)"之辩长期成为天道观上论争的中心。盛行的玄学和佛学唯心主义都以"虚静"为世界第一原理;虽然不断遭到唯物主义者的批判,但都未能真正驳倒它们。向秀、郭象提出了有无统一的思想,却陷入了相对主义。柳宗元、刘禹锡向荀子复归,开辟了解决这一论争的途径,但他们未作充分论证,而且和佛学唯心主义划不清界限。只有到了张载,才在唯物主义的基础上,运用体用不二和对立统一的原理,对"有无(动静)"之辩作了一个比较正确的总结。此后,天道观上的这一论争就发展为"理气(道器)"之辩了。

一、对"有无(动静)"之辩的总结

张载在哲学上的突出贡献,是在气一元论的基础上比较正确地解决了"有无(动静)"之辩,明确指出理依存于气。

张载以气为世界第一原理,当然是"崇有"的。他在《正蒙·乾称》中说:

> 凡可状,皆有也;凡有,皆象也;凡象,皆气也。气之性本

　　虚而神,则神与性乃气所固有。(自注:舍气,有象否? 非象,
有意否?)①

　　就是说,可以摹写(认识)的对象都是有,实有的都是象,象都
是气。没有物质(气)就没有种种现实的物象,没有物象就不会有
人的概念(意)。这是唯物主义的气一元论。张载又说:"有无虚
实通为一物者,性也。"②他讲气的本性是虚而神,是说气本身是有
无、虚实的统一体,具有阴阳不测的神妙之德。他提出了"虚空即
气"或"太虚即气"的命题,说:

　　　知太虚即气,则无无。……诸子浅妄,有有无之分,非穷
　　理之学也。③

意思是说,不能把"有"和"无"对立起来,分割开来,空无一物的
"无"是没有的。"太虚即气",这话包含有两重意义:一是说广大
的天空是无形的,但充满着细微的物质,太虚是指物质的广延性。
这是刘禹锡说的"空者,形之希微者也"的发展。二是说"太虚无
形,气之本体"④。张载以为,从本体说,气虚而无形;从作用说,气
的运动(聚散)表现为万物的生灭、变化,而这种运动是有规律的。
他说:

---

① 张载:《正蒙·乾称》,章锡琛点校:《张载集》,中华书局 1978 年版,第 63 页。
② 同上注。
③ 张载:《正蒙·太和》,《张载集》,第 8—9 页。
④ 同上书,第 7 页。

> 由太虚，有天之名；由气化，有道之名。①

就体而言，太虚即气，可称为天；就用而言，气的运动变化是有规律的，可称为道。体用不二，"一于气而已"②。

张载在这种有无统一、体用不二的气一元论的基础上，批判佛、道的唯心主义。他说：

> 知虚空即气，则有无、隐显、神化、性命通一无二，顾聚散、出入、形不形，能推本所从来，则深于《易》者也。若谓虚能生气，则虚无穷，气有限，体用殊绝，入老氏"有生于无"自然之论，不识所谓有无混一之常；若谓万象为太虚中所见之物，则物与虚不相资，形自形，性自性，形性、天人不相待而有，陷于浮屠以山河大地为见病之说。此道不明，正由懵者略识体虚空为性。不知本天道为用，反以人见之小因缘天地。③

这里，既批评了老子、王弼"贵无说"的客观唯心论，又批评了禅宗的主观唯心论。他运用的武器是唯物主义的体用不二的原理。认为气之体是有无、虚实的统一，气之用（即物质的运动）则为万物的聚散、出入之所从来。他认为老子"有生于无"、"虚能生气"的观点是把虚、无看作是无限的，而把物质运动看作是有限

---

① 张载：《正蒙·太和》，《张载集》，第9页。
② 张载：《正蒙·神化》，《张载集》，第15页。
③ 张载：《正蒙·太和》，《张载集》，第8页。

的,体与用被截然割裂了。而佛教"万象为假有,心体本虚空"的观点,则是将形(相,即现象)和性、人的认识(人)和真实世界(天)看作是没有联系的,把山河大地看作是主观的幻觉。不论是老还是佛,都是把体用割裂开来,片面地夸大体的虚,而不知一切真实作用都本于天道,都是实体自己运动的表现。他们把人的主观强加于客观,成了唯心论。

张载的批判锋芒更多地指向佛教。他着重批判了佛学的缘起理论,《正蒙·大心》写道:

> 释氏不知天命而以心法起灭天地,以小缘大,以末缘本,其不能穷而谓之幻妄,真所谓疑冰者与!(自注:夏虫疑冰,以其不识。)[1]
>
> 释氏妄意天性而不知范围天用,反以六根之微因缘天地。明不能尽,则诬天地日月为幻妄,蔽其用于一身之小,溺其志于虚空之大,所以语大语小,流遁失中。其过于大也,尘芥六合;其蔽于小也,梦幻人世。谓之穷理可乎? 不知穷理而谓尽性可乎? 谓之无不知可乎?[2]

他以为佛教的根本错误在于"以心法起灭天地",佛教各派都以为天地万物是因缘和合而成的,而各种因缘则归结到"六根之微",于是说"万法唯识"、"三界唯心"。这样"以小缘大,以末缘本","以人见之小因缘天地",怎么可能认识客观规律呢? 不能认识,

---

[1] 张载:《正蒙·大心》,《张载集》,第 26 页。
[2] 同上注。

于是便说世界是幻相，人生如梦境，而反以为虚空才是真如（天性），并说虚空之大可纳于芥子等等，又怎能叫做"尽性"、"无不知"呢？张载揭露了佛家缘起说的唯心主义本质，确实抓住了要害。

张载讲太虚即气，气是有无的统一，也即说气是动静的统一。他在谈到"气化"时说：

> 气㙠然太虚，升降飞扬，未尝止息，《易》所谓"絪缊"，庄生所谓"生物以息相吹"、"野马"者与！此虚实、动静之机，阴阳、刚柔之始。①

> 天行何尝有息？正以静，有何期程？此动是静中之动，静中之动，动而不穷，又有甚首尾起灭？自有天地以来以迄于今，盖为静而动。天则无心无为，无所主宰，恒然如此，有何休歇？②

他以为太虚的气是永恒地运动着的，可用"絪缊"、"野马"（春日泽中游气）等形象化的语言来形容它。而这种运动（气化）正是动静的统一。这包含有两重意义：一是说自然界的运动是"无为"、统一（贞一）、恒然地合乎规律的，所以是"静中之动"。正因为此，它才永无止息之期，无所谓"首尾起灭"，若"有为"、杂乱，那便不能这样。二是从气之本体和万物的关系来说，气有聚散、阖辟："阖

---

① 张载：《正蒙·太和》，《张载集》，第 8 页。
② 张载：《横渠易说·复》，《张载集》，第 113 页。

户,静密也;辟户,动达也。"①这里的动静、阖辟是相对的,气本身具有动静的矛盾契机,表现为万物变化中的动静的对立。但是"一动一静,是道之常,专于动静则偏也"②。一阖一辟,一动一静,并无断续之时。张载在解释复卦时说:

> 剥之与复,不可容线,须臾不复,则乾坤之道息也,故适尽即生,更无先后之次也。③

物体形溃反原,可说是"剥"。"深其反也,几其复也。"才反原,便有新生之机复活,适尽即生,不能在剥与复、静与动之间划一条线。即动即静,即静即动,这才运动不穷,生生不已,所以说"天地之大德曰生"④。

那么,运动的源泉,生生不已的动力是什么呢?唯物主义者讲体用不二,就是说物质自己运动,运动的原因在物自身。哲学发展到唐宋之际,对"故"的考察深入了。柳宗元、刘禹锡指出事物运动的原因是其内部的矛盾,王安石讲"耦中有耦",张载更深入地探讨了动因问题,明确指出物质的运动变化是对立统一的过程。

张载也主张"莫为说",反对"或使说"。他以天体运行为例,说:"凡圜转之物,动必有机,即谓之机,则动非自外也。"⑤机,就是

---

① 张载:《横渠易说·系辞上》,《张载集》,第203页。
② 同上注。
③ 张载:《横渠易说·复》,《张载集》,第113页。
④ 同上注。
⑤ 张载:《正蒙·参两》,《张载集》,第11页。

动因。这是说，一切天体都由于内在的动因而作圆转运动，从整个物质世界说，气本身包含"虚实动静之机，阴阳刚柔之始"①。这里所谓的"机"、"始"，也就是讲变化运动的动因、源泉。正因为气本身具有虚实、阴阳的矛盾，所以"屈伸无方，运行不息，莫或使之"②。张载在《易说》中说：

> 乾坤，天地也；易，造化也。圣人之意莫先乎要识造化，既识造化，然后其理可穷。彼惟不识造化，以为幻妄也。不见《易》则何以知天道？不知天道则何以语性？……盖易，则有无，动静可以兼而不偏举也。③

是说，有了天地、乾坤的矛盾，就有生生不已的造化。圣人首先要人认识造化，即认识运动的源泉与演化的过程，然后才能认识天道。而佛教不识造化，不知源泉，所以认为世界是虚幻的。他讲易就是造化，就是有无、动静的统一，不能偏举其一。这里张载提出了造化就是对立统一的思想。他说：

> 一物两体，气也；一故神（自注：两在故不测），两故化（自注：推行于一）。此天之所以参也。④
>
> 神，天德，化，天道。德，其体，道，其用，一于气而已。⑤

---

① 张载：《正蒙·太和》，《张载集》，第8页。
② 张载：《正蒙·参两》，《张载集》，第12页。
③ 张载：《横渠易说·系辞上》，《张载集》，第206页。
④ 张载：《正蒙·参两》，《张载集》，第10页。
⑤ 张载：《正蒙·神化》，《张载集》，第15页。

就是说,气是对立统一的物质实体。就体来说,气是统一的,而又两在于阴阳,神妙莫测,即天德。就用来说,一阴一阳,一阖一辟,变化无穷,而又构成统一过程,即天道。体是一而二的,用是二而一的,体用不二也即是对立统一的运动。

张载又区分了物质运动过程中的变和化。他说:"变言其著,化言其渐。"①变是显著的变动,化是"推行有渐",即不停顿的变化。

> "变则化",由粗入精也。"化而裁之谓之变",以著显微也。"化而裁之存乎变",存四时之变,则周岁之化可裁;存昼夜之变,则百刻之化可裁。"推而行之存乎通":推四时而行,则能存周岁之通;推昼夜而行,则能存百刻之通。②

张载所谓"化",相当于我们现在讲的绝对运动。而他看来,绝对和相对的差别本是相对的,绝对运动(化)自然地可以裁分为不同过程、阶段,如一年可分四季,百刻可分昼夜,阶段之间的变动是显著的,这就是"化而裁之存乎变"。转过来说,四时合乎规律地推移,正体现了周岁之化的贯通,昼夜合乎规律地交替,正体现了百刻之化的贯通,这就是"推而行之存乎通"。这样,由于矛盾而引起的不停顿的运动,分为阶段、过程,形成各式各样的物体,统一的物质就分化为万物了。张载在这里已接触到了绝对运动与相对静止的关系,后来由王夫之作了进一步的阐明。

---

① 张载:《横渠易说·乾》,《张载集》,第70页。
② 张载:《横渠易说·系辞上》,《张载集》,第208页。

在讲到分化的万物时，张载也强调了矛盾。他说：

> 造化所成，无一物相肖者，以是知万物虽多，其实一物；无无阴阳者，以是知天地变化，二端而已。①

造化所成即由矛盾运动而造成的世界中，万物纷繁复杂，没有两个东西绝对相同，而又其实一物，即统一于气。任何一物皆具有阴阳的矛盾，所以天地万物的变化，无非是一阴一阳的对立统一。张载以为万物处于相互作用之网中，他把相互作用称为"感"。他说：

> 天性，乾坤、阴阳也，二端故有感，本一故能合。天地生万物，所受虽不同，皆无须臾之不感，所谓性即天道也。②

就事物本身说，一切事物都具有矛盾，都以阴阳为其天性，阴阳二端相互作用，构成统一体。而就事物之间的关系说，则"感之道不一：或以同而感，圣人感人心之道，此是以同也；或以异而应，男女是也，二女同居则无感也；或以相悦而感，或以相畏而感，……又如磁石引针，相感而应也"③。总之，感有多样的方式，一切事物"有动必感，咸感而应"，没有一刻不发生相互影响。所以世界是一个普遍联系的相互作用之网，没有孤立的事物，具体事物都在

① 张载：《正蒙·太和》，《张载集》，第 10 页。
② 张载：《正蒙·乾称》，《张载集》，第 63 页。
③ 张载：《横渠易说·咸》，《张载集》，第 125 页。

同异、屈伸、有无相感的关系网中。

张载有时用"攻取"来解释相感,"取"即相互吸引,"攻"即相互排斥。他说:

> 天地之气,虽聚散、攻取百涂,然其为理也顺而不妄。①

就是说,气的运动变化、凝聚和离散、吸引和排斥,虽有各种方式,但都是有规律的。聚散、攻取的一般规律是什么呢? 张载说:

> 气本之虚则湛一无形,感而生则聚而有象。有象斯有对,对必反其为;有反斯有仇,仇必和而解。②

清通无形的气由于阴阳的相互作用而聚结为种种形象,这些形象互相对立(对),互相排斥(反),互相斗争(仇),并通过斗争而达到"和而解"。张载用了两个"必"字,以为这里所表述的是必然规律。但他最后得出的"仇必和而解"的结论不完全正确。因为事物的矛盾有的经过排斥、斗争而达到和解,而有的则是一方战胜一方而得以解决。而张载认为"形聚为物,形溃反原"③,气聚而为万物,万物又散而为太虚,所以最后必然要"和而解",回到太虚去。这说明他并不懂得矛盾的解决是事物达到新的更高的阶段,他没有发展是前进上升运动的思想,未能克服循环论。这是马克

---

① 张载:《正蒙·太和》,《张载集》,第 7 页。
② 同上书,第 10 页。
③ 张载:《正蒙·乾称》,《张载集》,第 66 页。

思主义以前的辩证法所共有的缺点。

张载的天道观基本上是朴素的唯物主义与朴素辩证法的统一,但也包含有一些不够确切的表述和掺杂有一些唯心主义杂质,这特别表现在他的气一元论的泛神论倾向上。他说:"天之知物,不以耳目心思,然知之之理过于耳目心思。"①又说:"虚明照鉴,神之明也。"②以为天具有智慧、神明,这就把天说成是精神性的东西,成了上帝的别名。不过,这不是宗教的上帝,而是泛神论者的上帝。他又说:"鬼神者,二气之良能也。"③"鬼神,往来、屈伸之义。"④以为"物之初生,气日至而滋息",是气之"伸",叫做神;而"物生既盈,气日反而游散",是气之"归",叫做鬼。⑤这当然不是鬼神迷信,但是这样解释鬼神,无疑是给宗教留下了地盘。

二、张程"理气(道器)"之辩

张载和二程有密切交往,在学术思想上互有影响。但也有争论,主要表现于"理气(道器)"之辩。

世界统一原理是"气"还是"理"? 张载以为是气,二程以为是理。二程批评张载说:

---

① 张载:《正蒙·天道》,《张载集》,第14页。
② 张载:《正蒙·神化》,《张载集》,第16页。
③ 张载:《正蒙·太和》,《张载集》,第9页。
④ 张载:《正蒙·神化》,《张载集》,第16页。
⑤ 张载:《正蒙·动物》,《张载集》,第19页。

> 立清虚一大为万物之源,恐未安。①
>
> 又语及太虚,曰:亦无太虚。遂指虚曰:皆是理,安得谓之虚? 天下无实于理者。②

张载说:"太虚即气。"并说:"太虚为清,清故无碍,无碍故神。"③又说:"神无方,易无体,大且一而已尔。"④张载用"清、虚、一、大"形容气的本体及其作用,以为气是万物的本源。程颢反对这种观点。而程颐则直截了当否定张载所说的"太虚",说宇宙的实体就是"理"。按照二程的说法,"天者理也"⑤,"天为万物之祖"⑥。所以理是万物的本源。而张载则以为理是气之条理,理依存于物。他说:

> 理不在人皆在物,人但物中之一物耳,如此观之方均。⑦
>
> 阴阳者,天之气也(自注:亦可谓道)。……生成覆帱,天之道也(自注:亦可谓理)。……损益盈虚,天之理也(自注:亦可谓道)。……道得之同,理得之异(自注:亦可互见)。⑧

显然,张载对理气(道器)关系问题作了明确的唯物主义的回答。

---

① 《河南程氏遗书》卷二上,《二程集》上册,第 21 页。
② 《河南程氏遗书》卷三,《二程集》上册,第 66 页。
③ 张载:《正蒙·太和》,《张载集》,第 9 页。
④ 张载:《正蒙·神化》,《张载集》,第 15 页。
⑤ 程颢:《师训》,《河南程氏遗书》卷十一,《二程集》上册,第 132 页。
⑥ 程颐:《周易程氏传》卷一,《二程集》下册,第 698 页。
⑦ 张载:《张子语录》,《张载集》,第 313 页。
⑧ 同上书,第 324 页。

在张载的天道观中,道和理二词可以互换,不过通常说"理"是指具体事物的损益盈虚的规律,"道"是指自然造化的总原理。但不论道还是理,都不能离开物质的矛盾运动。

> 太和所谓道。……不如野马、绌缊,不足谓之太和。语道者知此,谓之知道;学《易》者见此,谓之见《易》。不如是,虽周公才美,其智不足称也已。①

张载所谓道就是自然界的和谐的秩序,也就是气化的过程。离开了如野马、绌缊的气,就无所谓和谐的秩序,无所谓道,无所谓易,也谈不上圣人的智慧了。"其智不足称也已"云云,可以看作是把二程之流包括在内的。

张载所谓的"气化"之道,就是指气的聚与散。他说:

> 气之为物,散入无形,适得吾体;聚为有象,不失吾常。太虚不能无气,气不能不聚而为万物,万物不能不散而为太虚。循是出入,是皆不得已而然也。②

"不得已而然"即必然。这就是说,气的聚为万物又散入无形,是必然的自己的运动。"形聚为物,形溃反原。"物象纷繁,运动不失常道,而"反原"就是回到气的本体。这样聚散、隐显,循环不已,都是必然的合乎规律的运动。这种说法固然未能克服循环论,但

---

① 张载:《正蒙·太和》,《张载集》,第 7 页。
② 同上注。

包含有物质不灭思想的萌芽。程颐特别反对张载这一理论,说:

> 凡物之散,其气遂尽,无复归本原之理。天地间如洪炉,
> 虽生物销铄亦尽,况既散之气,岂有复在? 天地造化,又焉用
> 此既散之气? 其造化者,自是生气。①

程颐以为物体消散,气就没有了。天地造化,不断地有气新生。
在程颐那里,气是一种无定量的质料,有生有灭,可增可减,所以
总是有限的;而"天理"却是不能说"存亡加减",是永恒的、无限
的。因此,张载批评道家"谓虚能生气,则虚无穷,气有限,体用殊
绝"②。这对程颐也是适用的。而气从何而生呢? 程颐在回答这
问题时陷入了矛盾:他一则说"屈伸往来只是理,不必将既屈之
气,复为方伸之气。生生之理,自然不息"③,以为有理便自然生
气,这是理在气先的主张;再则说"真元之气,气之所由生",以为
人身体中有一个"真元",自然生气,这便又成了理气二元论了。

　　张载以为天地万物的变化是对立统一的过程。二程也常说
"万物莫不有对,一阴一阳,一善一恶"④等等。这是不是辩证法
呢? 不是。二程虽然承认天地间有种种对立现象,但并不认为矛
盾是运动的源泉,也不认为对立统一是变化发展的规律。程
颐说:

---

① 程颐:《河南程氏遗书》卷十五,《二程集》上册,第163页。
② 张载:《正蒙·太和》,《张载集》,第8页。
③ 程颐:《河南程氏遗书》卷十五,《二程集》上册,第167页。
④ 程颢:《河南程氏遗书》卷十一,《二程集》上册,第123页。

> 所以阴阳者道,既曰气,则便是二。言开阖,已是感,既
> 二则便有感。所以开阖者道,开阖便是阴阳。①

他承认气有一阴一阳、一开一阖的变化和相互作用,但是所以一阴一阳、一开一阖的原因则是道,而并非阴阳、开阖的对立。而且,二程讲"有对",归结到中庸之道。他们说:

> 中之理至矣。独阴不生,独阳不生,偏则为禽兽,为夷
> 狄,中则为人。中则不偏,常则不易。惟中不足以尽之,故曰
> 中庸。②
> 中庸天理也。不极天理之高明,不足以道乎中庸。中庸
> 乃高明之极耳,非二致也。③

就是说,对待矛盾采取不偏不倚、调和折中的办法,是出于不变的常道;能够运用中庸、时中的办法来处理事务,正是因为自己掌握了天理。对待各种对立的现象,要择乎中庸;而"己与理一",则是处于"无对"的地位。这就是所谓"极高明而道中庸"。二程虽讲"有对",他们所追求的却是"此道与物无对,大不足名之"④,"天人本无二,不必言合"⑤,也就是一切对立的消泯。这是形而上学的观点。

---

① 程颐:《河南程氏遗书》卷十五,《二程集》上册,第160页。
② 程颢:《河南程氏遗书》卷十一,《二程集》上册,第122页。
③ 程颐:《河南程氏粹言》卷一,《二程集》下册,第1181页。
④ 《河南程氏遗书》卷二上,《二程集》上册,第17页。
⑤ 《河南程氏遗书》卷六,《二程集》上册,第81页。

正是从"天人无二"、"与物无对"的观点出发,程颢指斥张载的理论有漏洞:

> 神无方,故易无体。若如或者别立一天,谓人不可以包天,则有方矣,是二本也。①
>
> 气外无神,神外无气。或者谓清者神,则浊者非神乎?②

这里两个"或者"都指张载。程颢以为张载把"天"理解为自然界,说人不可以包天,就是人和天有了界限,成了"二本"了。程颢还以为神是"所以运动变化者",清浊之气的运动都出于神,所以不能只说清者神。程颢从唯心主义一元论的观点批评了张载。

张载讲天道,基本上是唯物主义观点。他说:

> 气与志,天与人,有交胜之理。③

重述了刘禹锡的论点。但是,张载在天人关系问题上并未能把唯物主义的一元论贯彻下去。他说:"神者,太虚妙应之目。"④赋予了天(太虚)以精神的属性。又说:"成吾身者,天之神也。"⑤因此,从神来说,他以为"天人之本无二"⑥,这就陷入唯心主义的天人合

---

① 程颐:《河南程氏遗书》卷十一,《二程集》上册,第121页。
② 同上注。
③ 张载:《正蒙·太和》,《张载集》,第10页。
④ 同上书,第9页。
⑤ 张载:《正蒙·大心》,《张载集》,第25页。
⑥ 张载:《正蒙·诚明》,《张载集》,第22页。

一论了。我们从唯物主义一元论的观点也要批评张载的理论有漏洞,但这同程颢的批评是根本相反的。

三、变化之理须存乎辩

张载说:"吾学既得于心,则修其辞命。辞无差,然后断事。"①他比较重视辞命,要求"辞无差",也就是要求合乎逻辑。

对逻辑思维能否把握宇宙发展法则,即言、意能否把握道的问题,玄学与佛学作了许多探讨,也提出了种种责难。到了禅宗,这个问题就显得更尖锐了。禅宗主张:"不立文字,直指本性",以为"说似一物即不中",任何语言都不足以表达真如,只能用"对法"来暗示。如果真的不立文字,这等于说,不需要逻辑思维,也不需要哲学了。

张载批评禅宗说:

> 遁辞者无情,只是他自信,元无所执守。见人说有,己即说无,反入于太高,见人说无,己则说有,反入于至下。或太高,或太下,只在外面走,元不曾入中道,此释老之类。②

这里,张载指斥禅宗的"对法"并不是中道,而是一种"遁辞"。他以为遁辞和质疑有别,如果心中有疑,见人说有,己即说无,那是可以的。但遁辞只是在语言上兜圈子,"在外面走",心中并没有

---

① 见《吕大临横渠先生行状》,《张载集》,第 383 页。
② 张载:《张子语录》,《张载集》,第 314 页。

真实的东西,却自以为这就是"中道"。

不仅是禅宗,许多"贵无"论者都以为"言不尽意",名言不足以表达道。张载不同意这种看法,他以为语言、概念是能够把握变化之道的。他说:

> 学未至乎知德,语皆有病。形而上者,得辞斯得象矣,故变化之理须存乎辞。言,所以显变化也。《易》有圣人之道四焉,而曰"以言者尚其辞"。辞者,圣人之所重。①
>
> "拟之而后言,议之而后动",不越求是而已,此皆著爻象之辞所以成变化之道,拟议以教之也。②

在理论尚未成为自己的德性时,说话难免有毛病,但是变化之理还是要用语言来表达。所以要"尚其辞","辞不可以不修"。③《易》关于爻象的判断,都是对变化之道的"拟议",这判断都不外乎是要"求是",即要求深入到实际的道理,以指导人的言行。怎样才能深入到"形而上"(无形)的领域呢?"得辞斯得象","象"就是关于形而上的天道的范畴。张载说:"《系辞》所以论易之道,既知易之道,则易象在其中,故观易必由《系辞》。"④这里讲到了辞、象、道三者的关系,他以为通过辞(判断)来把握易道,象(范畴)即在其中,因为道无非是象的联系。

---

① 张载:《横渠易说·系辞上》,《张载集》,第 198 页。
② 同上书,第 193 页。
③ 同上书,第 198 页。
④ 同上书,第 176 页。

　　张载说:"象,谓一卦之质。"①就是指每一卦的实质、原理。他以为象不限于见闻所及,但依存于气化的过程。他说:

　　　　有变则有象,如乾健坤顺,有此气则有此象可得而言;若无则直无而已,谓之何而可? 是无可得名。故形而上者,得辞斯得象,但于不形中得以措辞者,已是得象可状也。……若以耳目所及求理,则安得尽? 如言寂然湛然亦须有此象。有气方有象,虽未形,不害象在其中。②

这里的"象",也就是《易》的卦象,如乾、坤等,它们不是见闻所得的现象,也不是空无。若是空无所有,那就"无可得名"。如乾健、坤顺、寂然、湛然,都非耳目所及,是无形的,但它们都是气之象,即物质运动的范畴。《正蒙·神化》有类似的一段话:"所谓气也者,非待其蒸郁凝聚,接于目而后知之;苟健、顺、动、止、浩然、湛然之得言,皆可名之象尔。然则象若非气,指何为象? 时若非象,指何为时?"③也是说健、顺、动、止,这些范畴都是象,都是依存于气(物质)的。《易》的每一卦代表一个"时",每一个"时"都是范畴。运用这些范畴以及对这些范畴所作的判断(辞)就可以拟议变化之道。

　　那么,用来拟议易道的最基本的范畴是什么?《易传》说:"一阴一阳之谓道。""参天两地而倚数,观变于阴阳而立卦。"对此,张

① 张载:《横渠易说·系辞上》,《张载集》,第 180 页。
② 张载:《横渠易说·系辞下》,《张载集》,第 231 页。
③ 张载:《正蒙·神化》,《张载集》,第 16 页。

载发挥说:

> 地所以两,分刚柔男女而效之,法也;天所以参,一太极
> 两仪而象之,性也。
> 一物两体者,气也。一故神(自注:两在故不测),两故化
> (自注:推行于一)。此天之所以参也。两不立则一不可见,
> 一不可见则两之用息。两体者,虚实也,动静也,聚散也,清
> 浊也,其究一而已。①

最基本的范畴(象)是一(太极)和两(两仪),统一的气两在于阴
阳,叫做"神",阴阳两体推行于一,叫做"化",这是就天或气之本
性说的。效法(遵循)这对立统一的原理,具体的物便有刚柔、男
女、寒暑、鬼神等等的对立。而从气之本体与万物之间的关系来
说,则虚实、动静、聚散、清浊也都是对立的统一。

像上述表达对立统一思想的论断,确实都具有"兼体而无
累"②的辩证性质。不过张载以为表达"神"、"化"的论断还有
区别:

> 神为不测,故缓辞不足以尽神;化为难知,故急辞不足以
> 体化。③

---

① 张载:《横渠易说·说卦》,《张载集》,第233页。
② 张载:《正蒙·乾称》,《张载集》,第65页。
③ 张载:《正蒙·神化》,《张载集》,第16页。

对此,王夫之的注释说:"不测者,有其象,无其形,非可以比类广引而拟之。指其本体,曰诚、曰天、曰仁,一言而尽之矣。化无定体,万有不穷,难指其所在,故四时百物万事皆所必察,不可以要略言之,从容博行,乃可以体其功用之广。"①如说"阴阳不测之谓神","一阴一阳之谓道","一物两体,其太极之谓欤"等等,都在于用一言指明本体,这就是"急辞"。而在谈到"化"时,为要说明"推行有渐为化",便须"比类广引而拟之",这就要用"缓辞"。前面已讲了张载如何解释"化而裁之存乎变,推而行之存乎通",那是就客观过程说的。就主观思维而言,张载在解释"化而裁之谓之变,推而行之谓之通"二语时则说:

> 乾坤交通,因约裁其化而指别之,则名体各殊,故谓之变。推行其变,尽利而不遗,可谓通矣。②

意思是说,统一的物质由于乾坤的矛盾运动而分化为阶段、过程,形成各式各样的物体,人们可以用不同的名称、概念加以指别,作出裁断,以显示变化之理。而既经把握变化之理,则在理论上"顺至理以推行,知无不合"③。在实践上"推行其变,尽利而不遗",这就叫作"通"了。这里触及了名、辞、推三者的辩证关系问题,张载没有详细讨论,后来由王夫之作了许多发挥。

以上所说,基本是《易传》的逻辑思想的进一步发展,是相当

---

① 王夫之:《张子正蒙注·神化》,《船山全书》第 12 册,第 79 页。
② 张载:《横渠易说·系辞上》,《张载集》,第 206—207 页。
③ 张载:《横渠易说·乾》,《张载集》,第 80 页。

深刻的。不过张载也同《易传》一样,唯理论的倾向使他在方法论上陷入先验主义,这特别表现在他的推理学说上。他说:

> 今盈天地之间皆物也,如只据己之闻见,所接几何,安能尽天下之物? 所以欲尽其心也。穷理则其间细微甚有分别,至如编乐,其始亦但知其大总,更去其间比较,方尽其细理。若便谓推类以穷理为尽物,则是亦但据闻见上推类,却闻见安能尽物! 今所言尽物,盖欲尽心耳。①

张载以为穷理有一个逐步扩充的过程,这是正确的。比如礼乐,开始时只知个大体,经过比较分析,才知其细理,这是依据闻见进行推类。但他以为这还不能叫作尽物,真正要尽物,在于尽心;而他所谓的尽心,就是尽量扩展自己的“德性之知”,这种德性之知“不萌于见闻”。这样讲“推类”,便陷入先验论去了。《程氏遗书》中有一段记载说:

> 二程解“穷理尽性以至于命”:“只穷理便至于命。”子厚谓:“亦是失于太快。此义尽有次序。须是穷理,便能尽得己之性,则推类又尽人之性,既尽得人之性;须是并万物之性一齐尽得,如此然后至于天道也。②

虽然张载肯定物理是客观存在的,并认为穷理“尽有次序”,因而

---

① 张载:《张子语录》,《张载集》,第 333 页。
② 《河南程氏遗书》卷十,《二程集》上册,第 115 页。

和二程有区别。但他以为既尽得己之性（亦即"尽心"）便能通过推类以尽人之性、尽物之性而达到天道，即获得关于绝对真理的认识。这却是先验主义的思辨。

要防止和克服先验主义的错误，在逻辑上必须坚持荀子提出的"符验"。张载讲推类，未免忽视了这一要求。不过，张载批评了禅宗的"对法"，对逻辑思维能否把握宇宙发展法则问题作了肯定的回答，以为运用对立统一的范畴（象）和论断（辞）足以拟议变化之道，无疑使得"言意（象道）"关系问题的讨论深入了一步。

（本文系冯契著《中国古代哲学的逻辑发展》（下册）中关于张载一节的节录。原载《陕西师范大学学报》（哲社版）1984 年第 3 期）

论黄宗羲的"工夫所至即其本体"说

在明清之际的大思想家中,黄宗羲具有最鲜明的民主主义启蒙思想。他的《明夷待访录》是中国历史上第一部系统地阐发民主主义的著作,到近代民主革命时期成了"刺激青年最有力之兴奋剂"(梁启超语)。

同他在政治上用民主主义思想反对封建专制主义相联系,黄宗羲在哲学上也作出了最大贡献,他用一种具有泛神论倾向的学说批判了理学唯心主义,提出了"工夫所至即其本体"的新论点,把本体看作是随工夫而展开的过程。这一充满辩证法光辉的新思想,贯彻于方法论就表现为历史主义态度;贯彻于人道规则要求高度发挥人的主观能动作用,造就勇于面对现实和坚决为理想而奋斗的豪杰之士。黄宗羲的这种新颖的哲学思想,同他的民主主义思想一样,对后代产生了深远影响。

一、"心即气";"工夫所至即其本体"

黄宗羲对宋明理学进行了全面的批判总结。他认为宋明理学演变到明清之际,已经完全堕落,彻底破产了。他立足于现实,以鄙夷的口吻指斥当时的道学家:

今之言心学者，则无事乎读书穷理；言理学者，其所读之书不过经生之章句，其所穷之理不过字义之从违。……天崩地解，落然无与吾事，犹且说同道异，自附于所谓道学者，岂非逃之者之愈巧乎？①

他指出，当时信奉陆王心学的儒生连书也不读，鼓吹程朱理学的也不过是背诵一些章句。这些人虽然处于"天崩地解"的变革时代，却一点不关心现实，道学成了逃避现实、空说大话、死背语录的代名词。他特别鄙视程朱派道学家，斥之为"道学之乡愿"②，批评他们的"道统"说是"私为不传之秘。至谓千五百年之间，天地亦是架漏过时，人心亦是牵补度日，是人皆不可以为尧舜矣！"③

黄宗羲在批判理学的过程中，形成了自己的具有泛神论色彩的哲学理论。

就"心物"之辩来说，黄宗羲既说"盈天地间皆气也"④，又说"盈天地间皆心也"⑤，还说"心即气也"⑥。在他看来，世界统一原理即气即心，物质和精神原是合一的。黄宗羲是个态度鲜明的无神论者，他写了《读葬书问对》等文，运用当时的科学知识批判了种种鬼神迷信。但他把物质和精神视为一体，这就成了泛神论学说了。

---

① 黄宗羲：《南雷诗文集·杂文类》，《黄宗羲全集》第 20 册，第 561 页。
② 黄宗羲：《孟子师说》，《黄宗羲全集》第 1 册，第 134—135 页。
③ 同上书，第 154 页。
④ 黄宗羲：《明儒学案·蕺山学案》，《黄宗羲全集》第 17 册，第 1649 页。
⑤ 黄宗羲：《明儒学案·自序》，《黄宗羲全集》第 13 册，第 3 页。
⑥ 黄宗羲：《孟子师说》，《黄宗羲全集》第 1 册，第 57 页。

黄宗羲同他的老师刘宗周一样,没有完全摆脱心学的传统影响,而是把王守仁的心学往泛神论方向发展了。

在《明儒学案·蕺山学案》中,黄宗羲说:

> 盈天地间皆气也,其在人心,一气之流行,诚通诚复,自然分为喜怒哀乐。仁义礼智之名,因此而起者也。……盖离气无所为理,离心无所为性。佛者之言曰:"有物先天地,无形本寂寥,能为万象主,不逐四时凋。"此是其真赃实犯。奈何儒者亦曰理生气?所谓毫厘之辨,竟亦安在?①

在《先师蕺山先生文集序》中又说:

> 师以为指情言性,非因情见性也;即心言性,非离心言善也。形而上者谓之道,形而下者谓之器;器在斯道在,离器而道不可见。……性学不明,只为将此理另作一物看,如钟虚则鸣,妄意别有一物主所以鸣者。夫盈天地间,止有气质之性,更无义理之性。谓有义理之性不落于气质者,臧三耳之说也。②

这里所说,是刘宗周和黄宗羲的共同见解。

就"理气(道器)"之辩来说,他们反对离气言理、离器言道。认为程朱学派说"理生气",和佛老讲"有物先天地"一样,都是妄

---

① 黄宗羲:《明儒学案·蕺山学案》,《黄宗羲全集》第 17 册,第 1649 页。
② 黄宗羲:《南雷诗文集·先师蕺山先生文集序》,《黄宗羲全集》第 19 册,第 47 页。

想在具体事物之外找一个主宰，于是视"理"或"虚"为"另作一物"，陷入了和"臧三耳"相似的诡辩。黄宗羲说："'鸡三足'，'臧三耳'，谓二足二耳有运而行之者，则为三矣。四端之外，悬空求一物以主之，亦何以异于是哉？"① 这是对一切形而上学的"或使"说的有力驳斥。

他还说："在天为气者，在人为心；在天为理者，在人为性。"② 以为天和人都是即气即心、即气即理。论天道，不能舍屈伸往来之气别求所谓理；论人性，也不能舍明觉自然有条理之心别求所谓性。不是先有仁义礼智之性（理）而后发为恻隐、羞恶、辞让、是非之心（气），仁义礼智即是喜怒哀乐之气的当然之则，这是从本体来说的。

黄宗羲同王守仁一样，也以为本体与工夫是统一的。他在把心学改造为泛神论的同时，吸取了王守仁学说中的某些合理因素（首先是把心体视为过程的思想）加以发展。他在《明儒学案·自序》中说：

> 盈天地皆心也，变化不测，不能不万殊。心无本体，工夫所至，即其本体。③

在这里，他明确地否定了以心为绝对本体的唯心主义观念，而肯定即心即气的本体就是随工夫（精神活动）而展开的过程。他认

---

① 黄宗羲：《孟子师说》卷二，《黄宗羲全集》第 1 册，第 66 页。
② 黄宗羲：《明儒学案·诸学案中一》，《黄宗羲全集》第 16 册，第 1204 页。
③ 黄宗羲：《明儒学案·自序》，《黄宗羲全集》第 13 册，第 3 页。

为在这一过程中,此心"一本而万殊",所以工夫表现为"殊途百虑之学",而决不能独断地"必欲出于一途"①。这里包含有真理在过程中展开和通向真理可有不同途径的思想,是辩证法的观点。

讲工夫,就牵涉到认识论中的知行关系。黄宗羲肯定"学贵践履"②,即重视行。他在解释王守仁的"致良知"时说:"致字即是行字。"③以为王守仁讲知行合一,强调的是力行,就是实际去做,把良知之天理贯彻于事物。至于格物致知,黄宗羲则从泛神论观点作了新解释,他说:

> 夫心以意为体,意以知为体,知以物为体。……家国天下固物也,吾知亦有离于家国天下之时,知不可离,物有时离,如之何物为知体乎? 人自形生神发之后,方有此知,此知寄于喜怒哀乐之流行,是即所谓物也。……格有通之义,证得此体分明,则四气之流行,诚通诚复,不失其序,依然造化,谓之格物④。

这里的"体"有本原、根据的意义。黄宗羲认为,人的意识活动(心)以意向为根据,而意向以知识为根据,知识以客观事物为根据。泰州学派以意为心之主宰,有唯意志论倾向。黄宗羲(以及刘宗周)也很重视意,但以为意志要服从理智,知识要"以物为

---

① 黄宗羲:《明儒学案·自序》,《黄宗羲全集》第 13 册,第 3 页。
② 黄宗羲:《明儒学案·师说》,《黄宗羲全集》第 13 册,第 9 页。
③ 黄宗羲:《明儒学案·姚江学案》,《黄宗羲全集》第 13 册,第 185 页。
④ 黄宗羲:《南雷诗文集·答万充宗论格物书》,《黄宗羲全集》第 19 册,第 176 页。

体",这便与王学不同,具有唯物论倾向了。不过在黄宗羲看来,心物合一,即心即气,此知寄于喜怒哀乐之流行,就是家国天下之物。他说"格"有"通"的意思,以为喜怒哀乐之气不失其序,心与天地造化为一,就是格物。也就是说,格物是心与物相沟通,融合为一。这样"诚通",便是"诚复",亦即工夫所至,证得本体了。所以"诚通诚复",就是指本体随工夫而展开的过程。

正如王守仁以"种树"为喻,黄宗羲以"谷种"为喻,说:

> 仁之于心,如谷种之生意流动,充满于中,然必加艺植灌溉之功,而后始成熟。……"继之"者,继此一阴一阳之道。……"成之"者,成此"继之"之功,即《中庸》"成己仁也,成物知也"之谓。向非成之,则无以见天降之全,到得成之,方可谓之熟,不然苗而不秀,秀而不实,终归无用。①

这也是对《易传》的"继善成性"说的发挥。他认为谷种虽具胚胎、充满生意,但必须经过种植灌溉,才能长成禾苗结实;同样道理,人心中虽也具备"天降之全",但必须加"继之之功",经过格物穷理,以及如孟子说的"居仁由义","必有事焉而勿忘勿助长",直至达到成己成物,才是真正成熟。

黄宗羲也主张性善说,以为人和禽兽不同,就在于所受于天者,禽兽只有知觉而无灵明,人则知觉中有灵明,这点灵明便是孟子所说的"四端"。黄宗羲说:"端者,倪也。有端倪不可不穷分

---

① 黄宗羲:《孟子师说》卷六,《黄宗羲全集》第1册,第133—134页。

量,故须扩充。""扩充之道,存养此心,使之周流不息,则发政施仁,无一非不忍人之心矣。"①

黄宗羲把即心即气的本体随工夫而展开理解为一个发育、扩充的过程,固然可说是王守仁的以心体为过程的思想的进一步发展,但实际上已根本不同于程朱和陆王两派。

理学唯心主义都以心为绝对的虚寂的本体,他们讲工夫,最后都归结到"悟"字,以为一旦彻悟,便"复性"而与虚寂的本体合一了。黄宗羲批评说:

> 故求性者,必求之"人生以上",至于心行路绝而后已,不得不以悟为极则。即朱子之"一旦豁然贯通",亦未免堕此蹊径。②

朱熹讲"格物穷理",以为最后能达到豁然贯通,顿悟太极的全体,便是复归"人生而静以上不容说"的天地之性。这是神秘主义的理论。王守仁也说"无善无恶是心之体",说"利根之人直从本源上悟入……一悟本体,即是功夫"。③ 对此,黄宗羲诘难说:

> 若心体果是无善无恶,则有善有恶之意又从何处来? 知善知恶之知又从何处来? 为善去恶之功又从何处起? 无乃

① 黄宗羲:《孟子师说》卷三,《黄宗羲全集》第1册,第66页。
② 黄宗羲:《孟子师说》卷二,《黄宗羲全集》第1册,第65页。
③ 王守仁:《传习录下》,《王阳明全集》上册,第133页。

语语断流绝港乎！①

黄宗羲根本反对理学家虚拟个无善无恶、无声无臭的本体置于天地万物之上。在他看来，既然为学工夫就是"知善知恶"、"为善去恶"，那么"工夫所至即其本体"只能是一个"善"的扩充、发育过程，而决非从"无"生"有"而复归到"无"。

因此他同王夫之一样，也反对以"明镜"为喻。他说：

> 先儒之言性者，大略以镜为喻，百色妖露，镜体澄然，其澄然不动者为性，此以空寂言性。而吾人应物处事，如此则安，不如此则不安，若是乎有物于中，此安不安之处，乃是性也。镜是无情之物，不可为喻。②

就是说，性不是空虚寂静、物来顺应的镜子。人们在待人接物时，自然感到如此则安，不如此则不安，这便是知善知恶的良心。所以，心不是空虚的，而是有内容的，这内容便是善，亦即人天生来具有的性。而"心即气也"，心即天赋予人的精粹之气，性即这精气具有的生意。"如将一粒种看，生意是性，生意默然流行便是气，生意显然成象便成质。"③所谓工夫，就是让这点生意（生机）充分发展起来，扩充至乎其极。

总之，黄宗羲的泛神论思想虽还保留王学的"枝叶"，但他否

---

① 黄宗羲：《明儒学案·姚江学案》，《黄宗羲全集》第 13 册，第 227 页。
② 黄宗羲：《南雷诗文集·马雪航诗序》，《黄宗羲全集》第 19 册，第 83 页。
③ 黄宗羲：《孟子师说》卷六，《黄宗羲全集》第 1 册，第 128 页。

认心为绝对虚寂的本体,向唯物主义迈进了一大步,而"工夫所至即其本体"之说,则包含有深刻的辩证法思想。他指出即心即气的本体就是固有的生意(善的端倪)随工夫而展开的过程,并且他对这一过程又从两个角度作了考察:从总体,即从它是人类认识的历史过程方面说,他提出了历史主义的方法论;从个体,即从它是理想人格的培养过程方面说,他着重考察了理想人格(豪杰)的精神及其表现。以下我们分别加以论述。

二、历史主义的方法论

黄宗羲对宋明理学作了历史的系统的研究,著作有《明儒学案》、《宋元学案》。可以说,他正是把理学作为人类认识史来考察的。他的《明儒学案·自序》在提出"工夫所至即其本体"的论点之后,接着便指出:"穷理者,穷此心之万殊",于是就有"殊途百虑之学"。他说:

> 诸先生深浅各得,醇疵互见,要皆功力所至,竭其心之万殊者,而后成家,未尝以矇瞳精神冒人糟粕。①

就是说,那些在学术上卓然成家的学者,都努力想"竭其心之万殊",他们的途径不同,而工夫(人的认识活动)所至,各有所得,对本体(真理)各有所见。所以,真理正是在这些"深浅各得,醇疵互

---

① 黄宗羲:《明儒学案·自序》,《黄宗羲全集》第 13 册,第 3 页。

见"的学派纷争中展开的。他说"先儒之语录,人人不同,只是印我之心体,变动不居"①,这当然保留有心学的影响;但是他以为学派纷争的历史正体现了本体随工夫而展开的运动,并认为通过历史的考察可以把握其"一本而万殊"的脉络,这种把真理视为过程的历史主义的态度,包含有辩证法的合理因素。

黄宗羲运用于著作《学案》的历史主义的方法论,可以从以下几点来说明:

第一,要把握各学派的宗旨。他在《明儒学案发凡》中说:

> 大凡学有宗旨,是其人之得力处,亦是学者之入门处。②

对历史上各学派要在详细占有材料的基础上把握它的宗旨,因为这是这一学派的"得力处",也是我们研究这个学派的"入门处"。如果不能把握一个学派的宗旨,那么就会感到它的思想、言论犹如无头绪的乱丝,无从下手。如果读一个人的著作不能得其宗旨,就同张骞刚到西域,"不能得月氏要领"③的情况一样。真正要把握一个学者的宗旨、要领,那便要花工夫"从全集纂要钩玄",经过分析研究,认识"其人一生之精神"④。黄宗羲善于用简炼的语言概括一个学者、学派的宗旨。就哲学来说,宗旨是哲学体系的要领,抓住了宗旨来看哲学家如何进行论证、阐述,并驳斥别人,

---

① 黄宗羲:《明儒学案·自序》,《黄宗羲全集》第13册,第3页。
② 黄宗羲:《明儒学案发凡》,《黄宗羲全集》第13册,第5页。
③ 同上注。
④ 同上注。

就能把握他的体系。

第二,要注意研究各学派、学者的独创见解。黄宗羲说:

> 学问之道,以各人自用得着者为真。凡倚门旁户、依样
> 葫芦者,非流俗之士,则经生之业也。此编所列,有一偏之
> 见,有相反之论。学者于其不同处,正宜着眼理会。[1]

那种人云亦云、拾人牙慧的理论可以忽视,而应当重视学者的独特见解,应当用心研究各学派的不同之处。学问贵在创造,所以一偏之见,相反之论,只要有独特见解就应重视。这种说法反对了儒家道统说,具有民主精神。黄宗羲虽批判了道家、佛家,但也说对佛、道不能忽视,"道非一家之私,圣贤之血路,散殊于百家"[2]。所以道、佛也"不可谓无与于道者也"。这是赞成百家争鸣的民主态度。

第三,要把各学派联系起来进行考察,把握其一贯的脉络。黄宗羲说:

> 于是为之分源别派,使其宗旨历然。由是而之焉,固圣
> 人之耳目也。间有发明一本之先师,非敢有所增损其间。
> ……"学案宗旨杂越,苟善读之,未始非一贯也"。[3]

---

[1] 黄宗羲:《明儒学案发凡》,《黄宗羲全集》第 13 册,第 6 页。
[2] 黄宗羲:《清溪钱先生墓志铭》,《黄宗羲全集》第 20 册,第 379 页。
[3] 黄宗羲:《明儒学案·自序》,《黄宗羲全集》第 13 册,第 3—4 页。

就是说,要分源别派,看各学派如何提出自己的宗旨而对"一本"有所发明,于是联系起来,以求把握演变、发展的线索。但这不是像禅宗《传灯录》那样用立家谱的办法来"附会源流"。儒家各派,有的有师徒传授关系,有的则并没有。为要如实地反映各学派"发明一本之所在",黄宗羲强调要作历史的考察。如在《明儒学案·姚江学案》中他反复说明王学怎样在程朱学派发生流弊之后产生,同时也考察了王守仁一生中思想的演变。而从整个《明儒学案》来说,它的纲就是:"有明学术,白沙开其端,至姚江而始大明",到刘宗周达到总结。他认为这就是明代学术发展的主线。黄宗羲在谈诗的演变时也曾说:"正变云者,亦言其时耳。"①以为风雅有正有变,是时代条件造成的。虽然黄宗羲不可能有唯物史观,他讲"时为之也"也还是用精神的演变来解释精神现象,但他用"一本而万殊"的观点来看待学术史,以为经过"分源别派,使其宗旨历然"再综合起来,就可以把握"数百年学脉"②,这却是朴素的辩证法观点。

第四,把握了一贯的学脉,是为了引导人们去做切实工夫。黄宗羲把他的《明儒学案》比做一坛酒,说:

此犹中衢之罇,后人但持瓦瓯樺杓,随意取之,无有不满腹者矣。③

① 黄宗羲:《南雷诗文集·陈苇庵年伯诗序》,《黄宗羲全集》第19册,第41页。
② 黄宗羲:《明儒学案·自序》,《黄宗羲全集》第13册,第4页。
③ 同上注。

在他看来,一本万殊,各学派都是"心体"的表现,所以学者都可以从《明儒学案》中吸取于己有益的营养,以"印我之心体"。他说"修德而后可讲学"。[①] 如果自己的书只是"使学者徒增见解,不做切实工夫",就无补于后人,反而获罪于天下。他强调知行统一,做学问要指导大家力行,做工夫。

哲学有历史,哲学史也有自己的历史。《庄子·天下》是研究哲学史的第一篇论文。但中国真正的哲学史、学术史可说是黄宗羲开创的。黄宗羲提出的哲学史方法论尽管从整体说是唯心论的,但里面包含着今天可以借鉴的东西。可以说黄宗羲的方法中包含着逻辑与历史统一的思想的萌芽。他以为学术史或哲学史不是偶然事件的堆积,不是一个家谱,而是有其一贯的脉络,即合乎规律地发展的,这种规律或学脉可以从"分源别派,使其宗旨历然"中来把握。这是合理的见解。我们今天研究哲学史,也要善于把握各学派的宗旨,看它们如何进行论证而成体系;要着重把握各种哲学体系中的独创性的见解,因为正是在这种见解中,可能包含着认识史的必要环节;然后放在时代背景中进行分源别派,作比较分析;再综合起来,把握其规律性的发展,以指导实践。

三、理想人格(豪杰)的精神及其表现

"工夫所至即其本体"的思想贯彻于人道观,那就要求高度发挥人的主观能动作用,努力用"工夫"培养自己"证得本体分明"的

---

① 黄宗羲:《明儒学案·自序》,《黄宗羲全集》第13册,第3页。

理想人格。关于理想人格的培养与表现的问题,黄宗羲提出了和
理学家截然不同的学说。他说:

> 儒者之学,经纬天地。而后世乃以语录为究竟,仅附答
> 问一二条于伊、洛门下,便厕儒者之列,假其名以欺世。治财
> 赋者则目为聚敛,开阃扞边者则目为粗材,读书作文者则目
> 为玩物丧志,留心政事者则目为俗吏,徒以"生民立极、天地
> 立心、万世开太平"之阔论铃束天下。一旦有大夫之忧,当报
> 国之日,则蒙然张口,如坐云雾,世道以是溃倒泥腐,遂使尚
> 论者以为立功建业,别是法门而非儒者之所与也。①

黄宗羲心目中的理想人格是能"经纬天地"、"建功立业"的豪杰,
而并非朱熹所说的"醇儒"。他要求儒者成为懂得经济、政治、军
事的人才,也善于读书、写文章,而决不能像道学家那样只知背诵
语录,空说"为生民立极,为天地立心"之类的大话,却一点真才实
学都没有,当国家处于危难之际,只能蒙然张口,束手无策。这种
说法,同宋代浙东学派的事功之学有着明显的承继关系,但黄宗
羲的"豪杰"有其更为广阔的眼界和更为深刻的时代意义。他说:

> 从来豪杰之精神,不能无所寓。老、庄之道德,申、韩之
> 刑名,左、迁之史,郑、服之经,韩、欧之文,李、杜之诗,下至师
> 旷之音声,郭守敬之律历,王实甫、关汉卿之院本,皆其一生

---

① 黄宗羲:《南雷诗文集·赠编修弁玉吴君墓志铭》,《黄宗羲全集》第 20 册,第 450 页。

之精神所寓也。苟不得其所寓,则若龙挐虎跋,壮士囚缚,拥勇郁遏,坌愤激讦,溢而四出,天地为之动色,而况于其他乎?①

意思是说,从哲学、政治到文学艺术、科学等民族文化各领域,许多杰出的创造都是历代豪杰的精神之所寄寓。这也是他说的心体"一本而万殊"的表现。黄宗羲以为,豪杰的精神是一定要发挥出来的,如果它"不得其所寓",那便同"龙挐虎跋,壮士囚缚"一样,造成激烈的挣扎冲突、使"天地为之动色"。反过来也可以说,豪杰的精神也正是在反抗、挣脱"囚缚"中表现出来的。黄宗羲心目中的理想人格是充满反抗精神的战士。

那么,豪杰之士是怎样用"工夫"造就的呢? 黄宗羲说:

> 学莫先于立志。立志则为豪杰,不立志则为凡民。……如洛闽大儒之门下,碌碌无所表见,仅以问答传注,依样葫芦,依大儒以成名者,是皆凡民之类也。②

就是说,首先要立为豪杰之志,而不是只求依傍门户,做个凡民。真正立志,便要把志向坚持贯彻于言行。但志和气是统一的,"人身虽一气之流行,流行之中必有主宰"③。这主宰便是志。所以"持志"正在于"养气"。黄宗羲解释孟子"养气"一语说:"养气者,

---

① 黄宗羲:《南雷诗文集·靳熊封诗序》,《黄宗羲全集》第 19 册,第 53—54 页。
② 黄宗羲:《孟子师说》卷七,《黄宗羲全集》第 1 册,第 141 页。
③ 黄宗羲:《孟子师说》卷二,《黄宗羲全集》第 1 册,第 58 页。

使主宰常存,则血气化为义理。""志之所至,气即次于其所,气亦无非理义矣。"①就是说,坚持不懈地把"志"贯彻于知觉运动(气之流行),也就是使知觉运动一贯地合乎义理,这便是养浩然之气。所以说:"养气即是养心,然言养心犹觉难把捉,言养气则动作威仪旦昼呼吸实可持循也。"②这样讲养气即养心,认为不能离开人的感性活动来谈养心,同王夫之讲"成身成性"一样,包含有要求身与心全面发展的意思。

黄宗羲也要求知、意、情的全面发展。关于理智和意志的关系,他既指出"意以知为体",又指出养气持志,则"气亦无非理义矣",说明了二者的统一。关于理智与情感的关系,他在论文时说:"文以理为主,然而情不至,则亦理之郛廓耳。"③文章要求理与情统一,人格也要求理与情统一,因为文如其人,诗文本是人格的表现。

黄宗羲把"韩、欧之文,李、杜之诗,下至师旷之音声,郭守敬之律历,王实甫、关汉卿之院本"都视为豪杰精神之所寓,即理想人格的艺术表现。他在美学和文艺理论方面作了许多探讨,他所主张的"言志"说(表现说)也富于民主主义精神。他说:

> 凡情之至者,其文未有不至者也。则天地间街谈巷语,邪许呻吟,无一非文。而游女、田夫、波臣、戍客,无一非文

---

① 黄宗羲:《孟子师说》卷二,《黄宗羲全集》第 1 册,第 58 页。
② 同上注。
③ 黄宗羲:《南雷诗文集·论文管见》,《黄宗羲全集》第 20 册,第 581 页。

人也。①

　　所谓文者,未有不写其心之所明者也。……故名今来不必文人始有至文,凡九流百家以其所明者,沛然随地涌出,便是至文。②

他认为。诗文在于明理、达情,好作品都"自胸中流出",所以九流百家有真知灼见,游女田夫一往情深,都可以表现为"至文"。而那些只知比拟皮毛的文人,满口道德性命的道学家,他们的著作反而若"败梗飞絮",因为他们并无真性情。黄宗羲甚至认为:"盖自有宇宙以来,凡事无不可假,唯文为学力才禀所成,笔才点牍,则底里上露。"③文如其人,丝毫不能弄虚作假,落笔纸上,字里行间便显出作者的底细来了。所以他认为,"论诗者,但当辨其真伪,不当拘以家数"④。论风格,历代诗人各有其独到之处。如果一定要摹拟这一家、那一家,那只能窒息自己的性情。

　　不过,黄宗羲以为,"有一时之性情,有万古之性情"⑤。怨女逐臣,触景感物而为文,是一时之性情;而合乎孔子"兴、观、群、怨"标准的诗篇,却千百年来一直具有感染人的力量,使人能"观风俗之盛衰",发挥了教育群众和对不良政治进行批评的作用。这种具有"万古之性情"的艺术作品是怎样产生的呢? 黄宗羲以为作者必须有"学历才禀",特别是要"知性"。他说:

----

① 黄宗羲:《南雷诗文集·明文案序上》,《黄宗羲全集》第 19 册,第 16 页。
② 黄宗羲:《南雷诗文集·论文管见》,《黄宗羲全集》第 20 册,第 583 页。
③ 黄宗羲:《南雷诗文集·郑禹梅刻稿序》,《黄宗羲全集》第 19 册,第 57 页。
④ 黄宗羲:《南雷诗文集·南雷诗历》,《黄宗羲全集》第 21 册,第 787 页。
⑤ 黄宗羲:《南雷诗文集·马雪航诗序》,《黄宗羲全集》第 19 册,第 83 页。

> 彼知性者,则吴、楚之色泽,中原之风骨,燕、赵之悲歌慷慨,盈天地间皆恻隐之流动也,而况于所自作之诗乎![1]

他所谓知性,就是要真正把握即心即气、心性统一的泛神论世界观。有了这样的观点,作者便看到各地人们的美妙的色泽、悲壮的歌声,以及包含在其中的感染力和骨劲,都是气的流行、恻隐之心的表现,于是自己作诗,便自然会以艺术形象来抒写真挚的性情。黄宗羲说:

> 诗人萃天地之清气,以月露风云花鸟为其性情,其景与意不可分也。月露风云花鸟之在天地间,俄倾灭没,而诗人能结之不散。[2]

这里讲了艺术意境的创作就在于作为真性情流露的"意"(审美理想)与月露风云花鸟等景物的有机结合,自然景物不断变化,而诗人加以剪裁以体现性情,便凝结成艺术形象了。这是对传统的言志说与意境理论的发挥。

不过黄宗羲的特色,尤在于他具有豪杰的胸怀,不满足于"温柔敦厚"的"诗教",而召唤着变徵之声、风雷之文。他说:

> 不以博温柔敦厚之名,而蕲世人之好也。[3]

---

[1] 黄宗羲:《南雷诗文集·马雪航诗序》,《黄宗羲全集》第 19 册,第 84 页。
[2] 黄宗羲:《南雷诗文集·景州诗集序》,《黄宗羲全集》第 19 册,第 13—14 页。
[3] 黄宗羲:《南雷诗文集·金介山诗序》,《黄宗羲全集》第 19 册,第 80 页。

　　　　夫文章,天地之元气也。……逮夫厄运危时,天地闭塞,
元气鼓荡而出,拥勇郁遏,坌愤激讦,而后至文生焉。①

　　　　其文盖天地之阳气也。阳气在下,重阴锢之,则击而为
雷;阴气在下,重阳包之,则搏而为风。②

黄宗羲在这里发挥了韩愈"不平则鸣"的思想,以为真正的"至文"
往往产生在社会矛盾激烈的时代。社会矛盾激发为奔雷、为巨风,
表现为雄伟的艺术,悲恻动人,长久地具有兴观群怨的作用。所谓
"古今自有一种文章,不可磨灭,真是'天若有情天亦老'者"③,就
是指这种风雷之文。风雷之文正是豪杰精神之所寓。黄宗羲这
一理论触及到了壮美(崇高)的本质,在美学上是一个贡献。

　　总起来看,黄宗羲的具有泛神论色彩的哲学体系,虽保留了
某些心学的传统影响,却是向唯物主义方向推进了一大步,他提
出了"工夫所至即其本体"的新论点,在对宋明理学的批判总结中
提出了一套历史主义的方法论,并用矛盾斗争的观点来阐述理想
人格的精神面貌及其艺术表现,充满辩证法的光辉。他不仅为中
国近代勾画了一个民主主义的理想蓝图,而且用风雷之文召唤着
豪杰之士起来冲破"囚缚",为迎接新时代的到来而斗争。他确实
是一个立足于当时的现实而一脚跨进了未来的伟大思想家。

　　　　　　　　　　　　(署名冯契,原载《浙江学刊》1985 年第 2 期)

---

① 黄宗羲:《南雷诗文集·谢皋羽年谱游录注序》,《黄宗羲全集》第 19 册,第 29 页。
② 黄宗羲:《南雷诗文集·缩斋文集序》,《黄宗羲全集》第 19 册,第 11 页。
③ 黄宗羲:《南雷诗文集·论文管见》,《黄宗羲全集》第 20 册,第 582 页。

富于时代气息和理想光芒的哲学思考

15省市中学生的哲学、政治经济学优秀小论文汇集成书是一件很有意义的事。这本中学生自己写作的书,洋溢着时代的气息,闪烁着理想的光芒,是他们的理论思维水平的反映和精神境界的写照。

在世界古代文明史上,哲学之花在中国的土地上尤为鲜艳夺目。在众多的博学精思的哲学家中,不乏少年哲人。例如,魏晋时期的王弼,10多岁时"通辩能言",善于哲学思辨,当时,很有声望的哲学家何晏为此而感叹"后生之可畏"。读了这本书中的哲学小论文,我觉得小论文的作者也都"通辩能言",在他们的身上,寄托着中国的哲学理论研究的未来和希望。在近代,中国哲学落后于世界的潮流。马克思主义的传入,使中国哲学发生了伟大的革命。但是,由于长期"左"的影响,我们的哲学理论研究实际上跟不上时代的前进步伐。要改变这种落后的状况,需要哲学工作者和广大群众共同努力,而积极提高年轻一代的理论思维能力,是很重要的一步。这些哲学小论文使我们充满信心,因为它从一个侧面说明:青少年一代将来一定会在哲学理论上作出无愧于我们的伟大民族和伟大时代的贡献。

哲学的生命力在于它对时代的脉搏的把握。这些哲学小论文之所以使人感到生气勃勃而不是干巴巴的说教,不仅仅是因为作者们有青春的朝气,更主要的是在字里行间洋溢着时代的气息。建设有中国特色的社会主义是当今中国的中心课题。不少小论文都能以小见大,通过生活中的事例,从哲学的高度来思考发展经济和科学文化,以及改革和开放中的种种问题。由"马路剖肚皮"联想到要以整体的观点来改革管理体制,运用具体矛盾具体分析的思想去规划舟山海岛的发展前景,以"立体"比较的方法来议论中国社会主义和西方资本主义的本质,从教学过程中的"多"与"少"提出用对立统一观点来指导教学改革,等等。这些都反映了小论文的作者力图用哲学理论来把握时代的脉搏。这是这些小论文的一个很显著的特点。

这些小论文的另一个显著特点,是对人生问题作了严肃认真的思索。马克思主义哲学作为世界观,给人们指明了共产主义的理想社会和共产主义的理想人格,因而能够鼓舞人们为达到这样的理想而奋斗。什么是人生的价值?立志做什么样的人?这些是青少年一代在经常思考、议论的问题。值得高兴的,是他们以马克思主义哲学作为探索这些问题的武器,从中汲取了思想力量,从而使他们的小论文闪烁着理想的光芒。例如,《愿做乡村女教师》等文,都认为人生的价值凝结在对社会的奉献之中,这样的人生是值得赞美和自豪的。再如,《宁可"掉进坑里",也不"躺在坑里"》等文,都提出了要从唯物辩证法的事物是曲折前进的观点中吸取力量,做一个勇于进取、敢于拼搏的强者,而不做"不求有功,但求无过"的庸人。这说明了青少年一代正努力以马克思主义哲学陶铸自己的灵魂,以求把自己培养成为有理想有信念的新一代。

我认为这些中学生写的论文,对于中学乃至大学的政治理论课的改革也是很有启发的。常常听到人们说青少年对政治理论课不感兴趣。这个现象是存在的。产生这个现象的原因是复杂的,其中之一是由于我们的哲学理论教学中,内容比较陈旧,不适应时代的要求,也不注意研究青少年最关心的人生理想等问题。因而,哲学就给人以缺乏生气的干巴巴的教条和冷冰冰的说教的感觉。这自然就不能产生吸引青少年的理论力量。如果我们通过改革,能够克服这些弊病,那么,哲学一定会被广大青少年视为良师益友。这些优秀小论文不是证明了这一点吗?我想,我们哲学理论工作者和教学工作者应当从这里获取营养,增强改革哲学理论教学的紧迫感和责任感。

最后,我希望这些论文的作者不要自满,而要以此为起点,继续前进。要看到自己的不足之处,如果要立志攀登哲学理论思维的高峰,那当然要刻苦学习。只有经过长期的系统的劳动,才能培育出人类的最高智慧的花朵。

(署名冯契,原载《政治教育》编辑部编的《中学生优秀十佳文选》,上海教育出版社,1986 年)

让哲学在生活中放出光彩
——评《生活中的时间学》

古往今来,人们在生活的实践中都深深懂得时间的宝贵。但是,往往很少有人去认真思索时间中的哲理,而哲学大师们的艰深难懂的时间理论,对很多人来说,又感到同他们的生活相隔太远。金哲、陈燮君合著的《生活中的时间学》,既开发了为人们所熟视无睹的时间现象中的哲学理论,又把这些哲学理论寓于沸腾的生活之中。这本书留给我们的一个鲜明的总体印象是:哲学在生活中放出了光彩。

随着现代科学和现代社会的发展,把时间理论作为哲学和科学中的一个重要问题加以专门研究,是很有必要的。这在我国来说,还是一个新的课题。《生活中的时间学》对这一新课题作了初步的研究。它在马克思主义时间观的指导下,力图探索时间的性质、结构、形态、特点、计算、管理和使用的一般规律,把颇有新意的时间理论寓于读者熟悉的生活实例之中,通过社会生活的各个侧面,引申出关于时间的新道理。比如,作者从人们常见的潮汐涨落现象入手来论述时间的周期问题,归纳出周期增缩率、周期集中律、周期相位律、周期重演率、周期演进律等新名词,读来不使人感到枯燥、深奥,而是觉得由浅入深,亲切自然。

这本书之所以能让哲学在生活中放出光彩，还因为它十分注意时间理论在众多领域中的运用。作者介绍和提出了各种利用时间的科学运筹法，告诉人们时间学在广大的领域中都有用武之地。在《向企业时间管理要时间》里，企业管理者会获得如何科学安排工时的方法。从《把生态时间纳入"认识半径"》中，生态学研究者将领悟到掌握食物链的时序性在实际生活中的重大意义。艺术工作者也会从"时间控制法"、"时间跳跃法"、"时间错觉法"、"时间滞留法"等艺术时间方面的研究成果中，受到艺术创造的启迪。老年人能在书中找到及时防病、按时求医和适时投药的延年之道。为记忆力衰退而焦虑的成年自学者，则能从书中的"时痕记忆法"、"分时记忆法"、"首尾记忆法"和"循环记忆法"中得到增强记忆力的"秘诀"。读了这些篇章，谁都会说时间理论确是我们生活中的好帮手；谁都会感到哲学理论在生活中多么有意义。

《生活中的时间学》从"卷首的旋律"——《时间畅想曲》到卷末《未竟的尾声》，全书洋溢着热爱生活的炽热之情，激起人们尤其是青年在生活的道路上同时间赛跑的拼搏精神。其间有歌颂生活的乐曲，也有鞭策人们奋进的警句；有优美抒情的散文笔调，也有引人入胜的理论阐述。情理交融，笔锋中带着感情，又富有哲理的文字，在书中随处可见。人们在作者的激情的感染下，会不知不觉地思考时间的哲理对于生活的意义。

这本书还有其他的优点，如视野开阔，搜集了古今中外很多时间方面的材料，写作方法上也比较新颖活泼等。但是，必须看到要在时间的理论研究上有重大的突破，不是一件轻而易举的事情。在以往的哲学史、科学史上，很多大思想家和大科学家对时间作了艰苦的思辨,但仍然留下了不少未能彻底解决的难题;现代科学特别是现代物理学的发展,又对时间理论的探索提出了很多新的课题。因此,要从哲学理论上来系统地阐述时间理论,不仅需要深厚的哲学素养,更需要丰富的现代科学知识。相信金哲和陈燮君两位同志在已获得的初步研究成果的基础上,会向更高的目标前进。

注:该书由江苏省科学技术出版社 1985 年 7 月出版。

(本文由冯契、陈卫平合作撰写,原载《红旗》1986 年第 3 期)

瞿秋白的哲学思想

瞿秋白曾担负党的主要领导工作,是我党早期探寻中国革命理论和革命道路的最优秀的先行者之一。他多才多艺,在文学创作、文艺批评和翻译等方面都有杰出的贡献,在中国近代哲学史上也有其重要地位。本文试图对他在马克思主义哲学方面的贡献作一简要的论述和分析。

一、"新时代的活泼稚儿"

瞿秋白在《赤都心史》中写道:

> "我将成什么?"盼望"我"成一人类新文化的胚胎。新文化的基础,本当联合历史上相对待的而现今时代之初又相补助的两种文化:东方与西方。现时两种文化,代表过去时代的,都有危害的病状,一病资产阶级的市侩主义,一病"东方式"的死寂。
>
> "我"不是旧时之孝子顺孙,而是"新时代"的活泼稚儿。……"我"的意义:我对社会为个性,民族对世界为个性。①

---

① 瞿秋白:《赤都心史·"我"》,《瞿秋白选集》,人民文学出版社 1959 年版,第 145 页。

这里讲的"我",包含个人之"我"与民族之"我"两重意义。因此,"我将成什么"的问题,既是指个人的目标,也指民族的前途。

从个人说,在这东西文化相对立、冲突和相交流、补充之际,我不做旧时代之孝子顺孙,而要做"新时代的活泼稚儿"。当然,个人是渺小的,但要始终积极为新文化的创建而奋斗。"我自是小卒,我却编入世界的文化运动的先锋队里。"①这就是瞿秋白的个人抱负。他认为,现在投身于"开人类文化的新道路"的斗争中,我能同时"实现自我的个性"。从民族来说,中华民族也应成为"新时代的活泼稚儿"。为此,既要反对"东方文化派""盲目固执一民族的文化性,不善融合适应,自疲其个性,为陈死的旧时代而牺牲";也要反对"全盘西化派"醉心于资产阶级文明,"仅知如蝇之附臭,汩没民族的个性,戕贼他的个我"。② 他盼望中华民族能在中西文化的交流中孕育出"人类新文化的胚胎",这才"足以光复四千余年文物灿烂的中国文化",实现民族的个性。

这里所说,包含着一种新的文化观。瞿秋白用"文化"一词,是广义的。他说:

> 所谓"文化",是人类之一切"所作"。③

他用"人类之所作"代替了梁漱溟的"民族生活的样法",这便把文化安置在社会实践的基础上了。从生产力状态、经济关系、社会政治

---

① 瞿秋白:《赤都心史·"我"》,《瞿秋白选集》,人民文学出版社,第145页。
② 同上注。
③ 瞿秋白:《东方文化与世界革命》,《瞿秋白选集》,人民出版社1985年版,第15页。

组织以至"依此经济及社会政治组织而定的社会心理,反映此社会心理的各种思想系统",都属于人类在一定时间、一定空间中之"所作"。他认为,对于这各个民族、各个时代的"所作"即文化进行研究,只能采取唯物史观的观点,而不能采取唯心史观的"竖蜻蜓"式的头脚倒置的态度。当然,"我们决不否认精神上的力量能回复其影响于物质的基础",社会意识往往落后于经济的发展而表现出"历史的惰性律","然而最根本的动力,始终是物质的生产关系"。①

瞿秋白从这样的文化观出发,来讨论中西文化问题。他说:

> 文化本无东西之别。文化只是征服天行;若是充分的征服自然界,就是充分的增加人类驾御自然界的能力。此种文化愈高,则社会力愈大,方能自强,方能独立,方能真正得自由发展。②

发展文化就是为了增强人类驾御自然界的能力,而这种能力是一切独立、自强的民族所必需的。所以,不能像梁漱溟那样说东西文化是"道路不同",当然更不容许像戴季陶那样以维护"民族文化"作幌子来鼓吹"道统"说和反对革命。③ 对中国人来说,应该尽

---

① 瞿秋白:《东方文化与世界革命》,《瞿秋白选集》,人民出版社,第 17 页。

② 同上注。

③ 1925 年,国民党右派戴季陶打着维护"民族文化"的旗号,反对孙中山的联俄、联共、扶助农工三大政策。他鼓吹孙中山是"孔子以后第一个继往开来的大圣",说孙中山学说是继承了"尧舜禹汤周孔的道统",主张用民生哲学的仁慈主义,消弭阶级斗争等等。瞿秋白首先起来批判戴季陶主义,指出"戴季陶等这种思想的根本点,便是一种唯心论的道统说",他们是资产阶级的民族主义者,借"民族文化"的幌子,"讲'中庸'、'调和'、'统一'而反对阶级斗争,其结果是为买办阶级的力量所利用,完全到右派及帝国一方面去"(见《中国国民革命与戴季陶主义》)。

量吸取西方的先进文化;而封建宗法社会的旧传统与帝国主义侵略势力相勾结,则是阻碍中国文化进步的主要力量。为此,必须坚持进行反帝反封建的斗争。从客观形势来说,"帝国主义沟通了全世界的经济脉络,把这所谓东方西方两文化融铸为一;然亦就此而发生全人类的文化,——世界无产阶级得联合殖民地之受压迫的各民族,以同进于世界革命"①。中国的民族民主革命已经是世界无产阶级革命的一部分,前进的方向已非常明确,不过如何具体进行,运用什么方法,经过哪些阶段,却需要"极慎重的研究"。

瞿秋白一贯强调现实主义,强调一切从中国的现实生活出发。他运用马克思主义来研究中国国情,提出了许多精辟的见解。例如,他分析了中国资本主义关系的发展程度,指出中国民主革命应由无产阶级来领导;他强调了必须坚决支持农民运动,发挥农民的革命作用,又指出要注意克服革命队伍中"农民意识笼罩一切"的危险;他也论述了武装斗争的作用,等等。特别值得注意的是,他多次强调,在中国要警惕"死鬼抓住活人"而造成的祸害。他说:

> "死鬼常常会抓住活人的。"过去时代的意识往往会残留在现代,何况统治阶级总是些"骸骨迷恋者",时常想利用"死鬼"来钳制"活人",而一些小资产阶级的文人学者,也会无意之中做了死鬼的爪牙。②
>
> "死人抓住了活人。"……袁世凯的鬼,梁启超的鬼,……

---

① 瞿秋白:《东方文化与世界革命》,《瞿秋白选集》,人民出版社,第 19 页。
② 瞿秋白:《马克思文艺论底断篇后记》,《瞿秋白选集》,人民文学出版社,第 347 页。

的鬼,一切种种的鬼,都还统治着中国。尤其是孔夫子的鬼,
他还梦想统治全世界。①

虽已经过辛亥革命,推翻了封建之朝,然而专制主义的鬼、玄学
鬼、孔教鬼,仍然统治着中国。瞿秋白把这叫做"僵尸统治",并且
指出:这些僵尸还会改变形态,比如,"在他们这些僵尸的血管里,
注射一些'欧化'的西洋国故,⋯⋯再加上一些洋场流氓的把戏,
然后僵尸可以暂时'复活'";而"这些欧化绅士和洋场市侩后来就
和'革命军人'结合了新的帮口",成为新的统治集团。② 瞿秋白在
三十年代提出的"死鬼抓住活人"的这一论点,是十分深刻的。

瞿秋白在《文集·自序》中说,中国无产阶级一开始自己的运
动,便不得不直接参加政治斗争,因此"很急切的催迫着无产阶级
的思想代表,来解决中国革命中之许多复杂繁重的问题"③。但中
国无产阶级的思想代表却是幼稚的,"'没有牛时,迫得狗去耕
田',这确是中国马克思主义者的情形"④。这是瞿秋白在 1927 年
说的话。他当时自称是"马克思主义的小学生",但已是党的领导
人之一。他说:"应用马克思主义于中国国情的工作,断不可一日
或缓。"他认真地这样做了,对革命事业作出了不可磨灭的贡献。
但是,作为"新时代的活泼稚儿"和"马克思主义的小学生",总有
些稚气,难免在理论上有某些不成熟或不正确的论点,在工作上

---

① 瞿秋白:《画狗罢》,《瞿秋白选集》,人民文学出版社,第 269 页。
② 瞿秋白:《〈鲁迅杂感选集〉序言》,《瞿秋白选集》,人民出版社,第 537 页。
③ 瞿秋白:《〈瞿秋白文集〉自序》,《瞿秋白选集》,人民出版社,第 311 页。
④ 同上注。

有某些失误,这是完全可以理解的。而且应该说,他犯错误也是出于对革命事业的满腔赤诚。他一旦认识了便勇于承担责任,坚决改正。他始终怀着一颗革命者的"赤子之心"。

二、"社会的有定论"与"历史工具"说

瞿秋白于1923年到上海大学讲课,并根据讲稿写成《现代社会学》《社会哲学概论》。1924年又根据在上海夏令讲习会上的讲稿写成《社会科学概论》。以上著作均于1924年发表,首次在我国系统地传播了马克思主义哲学基本理论。他这些著作主要是介绍马克思主义经典著作(如《反杜林论》等)中的哲学原理,以及当时苏联哲学界(包括布哈林等)的见解,对中国的青年是具有启蒙意义的。瞿秋白当时把辩证唯物论称为"互辩律的唯物论"。他基本上是依据布哈林的见解来阐述唯物史观,说:"社会乃包含人类之一切经常的互动(相互作用)而且依据于人类的劳动联系上的最广大的'系统'",并强调指出:唯物史观主张"社会的有定论"(即决定论),而反对"目的论"和"无定论"。

这时瞿秋白又写了《自由世界和必然世界》一文。这篇文章可以看作是对1923年发生的"科学与玄学论战"的总结。当时玄学派诬蔑唯物史观是宿命论,而"科学"派则宣传非决定论。瞿秋白的这篇论文用唯物史观比较正确地阐明了意识与存在、自由与必然、理想与现实的关系。这就既驳斥了玄学派的诬蔑,又批判了非决定论。瞿秋白写道:

　　社会现象是人造的,然而人的意志行为都受因果律的支
配;人若能探悉这些因果律,则其意志行为更切于实际而能
得多量的自由,然后能开始实行自己合理的理想。因此,"必
然论"是社会的有定论,而不是"宿命论"。社会的有定论说
明"因果的必然性",只有不知道"因果的必然"的人,方趋于
任运的宿命主义,或者行险的侥幸主义。①

　瞿秋白在这里所说的"社会的有定论",包含有几层意思:首
先,从意识和存在的关系来说,"社会现象是人造的",而人的活动
都是有意识有目的的活动,人的意识、意向确是"历史发展的一因
素";然而归根到底,社会存在决定人的意识,人们的种种意向都
是经济发展的结果,再回过来成为影响社会发展的因素。其次,
从自由和必然的关系来说:社会现象都受因果律的支配,"只有认
识此因果律之必然,方能得应用此因果律之自由";"不知因果律,
便无从决定行为,只有孤注一掷的赌博的侥幸心,而绝无所谓意
志自由"。② 再次,从理想和现实的关系来说:"社会有定论的科学
方法断定社会现象里有因果律;然后能据此公律推测'将来之现
实',就是'现时之理想'。"③当前的现实是过去的果,也是将来的
因。真正的社会理想是合乎规律地产生的"将来之现实",是必然
可以达到的目标。瞿秋白说:"先知道中国'是什么?'然后说'怎

---

① 瞿秋白:《自由世界与必然世界》,《瞿秋白选集》,人民出版社,第 122 页。
② 同上书,第 117 页。
③ 同上书,第 127 页。

么样?'……至于我们'要什么?'且放在最后再说。"①首先要认识中国国情(是什么),然后来确定革命道路(怎么样),以求最后达到共产主义理想(要什么)。这就是他所谓"实际的论证方法"、"唯实的、历史的唯物论"态度。

瞿秋白根据社会的有定论的观点,讨论了社会和个性的关系问题。他说:

> 社会发展之最后动力在于"社会的实质"——经济;由此而有时代的群众人生观,以至于个性的社会理想。因经济顺其客观公律而流变,于是群众的人生观渐渐有变革的要求,所以涌出适当的个性;……由个性而阶级而人类,由无意识而有意识,成为群众的实际运动。②

瞿秋白指出,不论是英雄人物还是一般群众,他们的人生观归根到底是"因经济顺其客观公律而流变"的,所以人生观是一历史的范畴。社会理想虽然是由杰出人物、思想代表提出来的,但"无不根据于当代的社会心理(时代的人生观)",任何人都"不能跳出当代社会而以他'绝对自己'的观点为立足地",只不过杰出人物能"先见"社会心理中的新东西,首先觉察到了历史流变的必然趋势,于是提出新的社会理想(个性的人生观),成为"群众动机的先锋,阶级动机的向导"。这种合乎必然规律的社会理想、先进理论,"由个性而阶级而人类"地扩展,使得革命的群众运动由自发

① 瞿秋白:《赤都心史·新的现实》,《瞿秋白选集》,人民文学出版社,第168页。
② 瞿秋白:《自由世界与必然世界》,《瞿秋白选集》,人民出版社,第127—128页。

而成为自觉。

瞿秋白以为,在这社会与个性的交互作用过程中,杰出的个性都只是"历史的工具"。他说:

> 每一个伟人不过是某一时代、某一地域里的历史工具。历史的演化有客观的社会关系,做他的原动力,伟人不过在有意无意之间执行一部分的历史使命罢了。①

伟人无非是先觉的个性,而这种先觉的个性都是应社会斗争的需要而产生的历史工具,"他是历史发展的一因素,他亦是历史发展的一结果"②。正因有此历史工具能运用历史必然规律以武装群众,于是群众斗争发展为自觉运动,这就开始了"从'必然世界'进于'自由世界'的伟业"。③

在瞿秋白看来,这一由个性而社会、由自发而自觉的演变,也就是由利己而利他的过程。他认为个性动机总是利己的,而社会中的个性动机实际上(客观上)又是社会的和阶级的。"人类往往以利己主义出发而得利他主义的结果,一切利他互助主义都产生于利己斗争的过程里。"④原始人出于利己的动机而向自然进攻,使得他们逐渐认识一些自然规律,并且结成"共产部落而同进于较自由之域——实在是利他"。同样的道理:

---

① 瞿秋白:《历史的工具——列宁》,《瞿秋白选集》,人民出版社,第 137 页。
② 瞿秋白:《自由世界与必然世界》,《瞿秋白选集》,人民出版社,第 127 页。
③ 同上书,第 128 页。
④ 同上书,第 125 页。

　　　　无产阶级的"阶级个性"依利己主义而向现存制度进攻；
　　　阶级斗争的过程里发现社会现象的公律，能使无产阶级觉
　　　悟："非解放人类直达社会主义不能解放自己"，——实在亦
　　　是利他。个性之于阶级，亦与阶级之于人类的关系相同。①

就是说，由个性而阶级，由"阶级个性"而人类，都是由利己而利他
的过程。瞿秋白在这里用"利己主义"一词，并无贬意。他同李大
钊一样，强调个人与社会、利己与利他的统一，以为在社会主义条
件下，"不但各民族的文化自由发展，而且各个人的个性亦可以自
由发展呢"②。瞿秋白根据马克思恩格斯的学说，描绘了大同社会
的图景，说："社会主义的文明是热烈的斗争和光明的劳动所能得
到的，人类什么时候能从必然世界跃入自由世界，——那时科学
的技术文明便能进于艺术的技术文明。那不但是自由的世界，而
且还是正义的世界；不但是正义的世界，而且还是真美的世界！"③
社会主义文明将使人类真正获得对于自然的解放，形成人与人之
间新的关系，而有真正高尚的道德，并且技术将进而具有艺术的
性质，劳动"或竟如剧院的移易布景，小孩子的搬弄玩意儿，纯粹
只要求'美感'"了。——瞿秋白的这种描绘，洋溢着乐观主义的
情绪和信心，表现了赤子之心的天真。
　　瞿秋白的"社会有定论"培养了革命者坚定的信念，他的"历
史工具"说指出领导者不应以"先知先觉"自居，这在当时无疑是

---

① 瞿秋白：《自由世界与必然世界》，《瞿秋白选集》，人民出版社，第126页。
② 瞿秋白：《东方文化与世界革命》，《瞿秋白选集》，人民出版社，第20页。
③ 瞿秋白：《现代文明的问题与社会主义》，《瞿秋白选集》，人民出版社，第109页。

有进步意义的。

不过也应指出，瞿秋白的理论也包含有某些片面性。他说："一切历史现象都是必然的。所谓历史的偶然，仅仅因为人类还不能完全探悉其中的因果，所以纯粹是主观的说法。决不能因为'不知因果'便说'没有因果'。"①这里的"历史的偶然……纯粹是主观的说法"云云，等于否定了偶然性的客观性，把必然性理解为完全摆脱偶然性的光溜溜的规律了。这是不正确的。这样的"有定论"不可避免地要导致教条主义。同时，他在强调杰出人物是历史工具时，没有适当地指明：在历史过程中，每个人既是工具又是目的。而忽视了人本身是目的，便会忽视作为主体的人在历史发展中的作用，造成片面性。从群己关系来说，瞿秋白起初讲利己与利他的统一，后来又强调个人是集体的一分子，要"自己对于自己的个人主义作斗争"，要依靠群众来"克服他的个人主义"②。——把集体主义与个人主义对立起来，要求用集体主义来克服个人主义（而不是像李大钊那样强调"合理的个人主义"与"合理的社会主义"的统一），成了三十年代以后的马克思主义者的共同观点。这固然有其历史的理由，但对于个性解放和人是目的这方面未免有些忽视了。

三、对实用主义、经验主义的批判

瞿秋白在哲学上的贡献，还在于他批判了胡适派实用主义以

---

① 瞿秋白：《自由世界与必然世界》，《瞿秋白选集》，人民出版社，第116页。
② 瞿秋白：《普洛大众文艺的现实问题》，《瞿秋白选集》，人民出版社，第475页。

及党内以陈独秀为代表的经验主义。

瞿秋白在 1924 年写《实验主义与革命哲学》一文,运用"互辩律的唯物主义"对在当时颇有影响的实验主义作了比较深入的分析。他指出:中国五四运动前后,出现胡适的实验主义,实在不是偶然的。在欧美,实用主义已"纯粹是维持现状的市侩哲学"[1],但用之于中国,有其革命的一面,也有其反动的一面。他说:

> 实验主义不愿意做锁闭的系统。他要成一种新的研究方法,有这方法可以研究现实生活,并且改革现实生活。他的根本精神就是使一切"思想"都成某种行动的"动机";他时时刻刻注重现实生活的实用方面及积极性质。这都是实验主义的优点。然而实验主义的弱点,却亦在他们的轻视理论,因为实验主义的宇宙观根本上是唯心论的。[2]

瞿秋白肯定实验主义倡导"新的研究方法",注意"改革现实生活"和反对封建的"锁闭的系统",这在中国当时是有积极意义的。所以他说,实验主义这种"行动的哲学",适应了"中国'第三阶级'(指资产阶级)发展时的思想革命"的需要。同时,他又指出,实验主义是唯心主义,它和互辩律的唯物主义是根本对立的。实验主义"轻视理论",因此它所谓"方法",不过是怎样应付环境罢了。"市侩所需要的是'这样亦有些,那样亦有些':一点儿科学,一点儿宗教,一点儿道德,一点儿世故人情,一点儿技术知识,色色都

---

[1] 瞿秋白:《实验主义与革命哲学》,《瞿秋白选集》,人民出版社,第 145 页。
[2] 同上书,第 147 页。

全,可是色色都不彻底,这样才能与世周旋。"①可见,实用主义决不是革命哲学,它所谓"改革",不是要根本变革现存制度,而是"只要琐琐屑屑,逐段应付"②,作点滴的改良罢了。它不赞成用革命的方法改造社会,亦即根本反对马克思主义的实践观点。所以瞿秋白说,"实验主义是多元论,是改良派"③(他用"多元论"一词,主要是指折衷主义)。

瞿秋白着重批评了实用主义的真理论。他指出,实用主义者以为一切理论自身本无何等价值,对人有用才是真理。这种观点是根本错误的。在实用主义者看来,现实世界是人的种种色色的感觉之总和,人们凭自己的利益和需要来选择感觉的内容,以形成观念,因此真理都是主观的,都是为我们行为的方便而设。这完全是主观唯心主义理论。瞿秋白在批判实用主义的同时,阐述了辩证唯物主义的反映论,说:

> 互辩律的唯物论的根本观念,是承认我们对于外物的概念确能与外物相符合。因此,我们要利用外物,只能尽他实际上所含有的属性,来满足我们的需要,达到我们的目的。客观的现实世界里所没有的东西,不能做我们行动的目标。现实只有一个,真理亦只有一个。……某种意见是真理,并不因为他对于我们有益;这种意见对于我们有益,却因为他

---

① 瞿秋白:《实验主义与革命哲学》,《瞿秋白选集》,人民出版社,第145—146页。
② 同上书,第146页。
③ 同上书,第145—146页。

是真理,换句话说,就是因为他切合于客观的现实世界。①

就是说,我们的见解与客观现实相符合才是真理。因为是真理,所以能为我们的行动提供目标,对我们有益;而不能倒过来说,对我们有益的意见就是真理。当然,人总是根据自己的需要和利益而行动,因此"在心理方面说来,每一社会阶级对于自己有益的真理,对于那种能够做自己阶级斗争的好工具的学说格外接近些"②,但这却不是说人的愿望和目的可以做"外物的标准、真理的规范"③。我们不能愿望什么便做成什么,"现实生活处处时时矫正我们的行动"④,只有当我们的观念正确地反映客观现实时,我们的行动才不致于"碰钉子"。实用主义者以有用为真理,便强调真理是可变的。瞿秋白说:客观的现实世界确是变易不息的,但科学要在变易之中求"不易",而不能以暂时有益于我们的便算真理。我们获得了科学的真理——确定的真理,才能彻底地改造社会,而不安于"琐屑的应付"。⑤

陈独秀在接受了马克思主义之后,并未能划清马克思主义与实用主义的界限,因而他没有清除实证论、经验主义对自己的影响。1927 年,陈独秀、彭述之等犯了严重的右倾错误,瞿秋白首先起来进行揭发和批判,写了《中国革命中之争论问题》的小册子,后在党的"五大"上散发给代表们。瞿秋白的批评是相当全面的。

① 瞿秋白:《实验主义与革命哲学》,《瞿秋白选集》,人民出版社,第 151 页。
② 同上书,第 150 页。
③ 同上书,第 151 页。
④ 同上注。
⑤ 同上注。

在政治上,他着重批评陈独秀、彭述之放弃革命领导权。他对当时中国社会政治及阶级关系作了具体分析,指出:"争取无产阶级对国民革命的领袖权之客观条件是具备的了,必须主观上明了这一革命中的战术计划:应当以无产阶级、手工工匠及农民的联盟做进攻统治者阶级的主力军,并且要征(争)取一般小资产阶级群众,而使民族资产阶级的妥协主义丧失其作用。"①而陈独秀、彭述之都不懂得这些,因为他们根本轻视理论,"主观上没有真正分析中国实际状况而宣传主义的意志",因此就犯了一系列严重错误。从哲学上说,这种错误是什么性质的呢? 瞿秋白指出:

> 彭述之主义②,本是唯心主义的多元论的敷衍涂砌的实验主义的。③

为什么说他们是实用主义或经验主义的? 瞿秋白举彭述之的文章为例,说:"彭述之'解释'辛亥革命的现象,排列了:(1)商买铁路,(2)商办矿务,(3)农民抗捐,(4)贫民失业(天灾),可是不能一以贯之追求正象的因果;他在《谁是中国革命的领导者》一篇文章里,亦是排列着资本家、工人、农民、小商人等许多阶级,而不能研究各阶级自身的流变及各阶级间之相互关系。这真正是一种多元论(Eclectics)。"④就是说,他们只是折衷主义地列举各种现

---

① 瞿秋白:《中国革命中之争论问题》,《瞿秋白文集·政治理论编》第 4 卷,人民出版社 2013 年版,第 488 页。
② 瞿秋白在当时批评"彭述之主义",实际上是反对陈独秀等的右倾机会主义错误。
③ 瞿秋白:《中国革命中之争论问题》,《瞿秋白文集·政治理论编》第 4 卷,第 530 页。
④ 同上书,第 466 页。

象、不同社会集团,而不能把握其间的因果联系,揭示隐蔽在现象背后"一以贯之"的规律性。这便是经验主义。他们不认识"各阶级自身的流变及各阶级间之相互关系",当然就一定"不能指示前途,而只是逐段应付环境",这便成了实用主义。他们起初一口咬定民族资产阶级"几等于零",是似有实无的"鬼",所以领导权天然在工人阶级手里;后来又说买办阶级戴着民族资产阶级的假面具,霸占了国民革命军的军权;最后又主张利用上海大商人抵制国民党新右派的军队势力,以为上海大商人是"代表些许民族资产阶级意识的"。因此,瞿秋白讽刺彭述之:"他可以今天说:'这人没有,已经成鬼',明天又说:'这人确有,然仅系其思想存在',如此合成其有鬼论!"①

　　党在幼年时期,既缺乏经验,又缺乏理论,因而难免犯错误。但重要的是要从错误中总结出教训,从经验中概括出理论来,而不要主观主义地从零碎经验和书本中构造出死公式来"教"大家。瞿秋白指出,陈独秀、彭述之本来是"'好为人师'的书生,一则喜欢打人家手心,二则喜欢充博学"。像这样的领导者,在党内和群众中进行宣传教育,只能是注入式的,而不会是启发式的。他们根本不愿意适合群众的一般水平来作宣传工作。因为他们自认为"我即列宁,我即主义,我已经懂了,放在肚子里,逐段地抽出来,按公式教导党部下级人员及群众……"②一个领导者具有这种蔑视群众(实际上也畏惧群众)的心理,当然只能抑制群众的自动创造力,而去利用落后分子的盲从,把革命事业拉向后退。这种

---

① 瞿秋白:《中国革命中之争论问题》,《瞿秋白文集·政治理论编》第4卷,第530页。
② 同上书,第527页。

领导方式及其所推行的右倾的政治路线，"不但是非马克思主义，并且客观上简直是卖阶级！"①而从理论根源来说，这当然是唯心史观。

瞿秋白对陈独秀的这两点批评（实用主义，蔑视群众），确是击中要害的。不过，面临着大革命失败后的严峻形势，在克服了陈独秀的右倾机会主义之后，党内却又滋长了左倾盲动情绪，瞿秋白自己也犯了错误。当时，党还是在幼年时期，接受共产国际领导，全面学习苏联的理论和经验，这是必要的。但因此也助长了教条主义倾向，终于导致了以王明为代表的左倾路线在党内占据统治地位，而瞿秋白则受到了残酷打击。

瞿秋白在1935年英勇就义前写下了《多余的话》。这一篇颇有争议的著作，其真实意图是什么呢？作者引《诗·黍离》："知我者，谓我心忧；不知我者，谓我何求"作为题词，说明他是想在向自己的同志作最后告别时谈谈内心的隐忧。但他身在监狱，无法使他的"心忧"为同志们所"知"，于是便采取了自我检讨的形式，估计这样也许"能够到得读者手里"②。在文中，他表示他愿意把自己的躯壳交给医学校的解剖室，这正说明他愿意把自己的灵魂解剖开来给自己的同志作参考。他作检讨说，他对这几年的党中央的领导，"始终没有勇气说出自己的怀疑来"③。他衷心以为，教条主义的泛滥，他也有一定的责任，因为正是他首先把苏联的一套"一知半解"地搬了过来。他讲自己是个"文人"、"书生"，由于"历

---

① 瞿秋白：《中国革命中之争论问题》，《瞿秋白文集·政治理论编》第4卷，第530页。
② 瞿秋白：《多余的话》，《瞿秋白文集·政治理论编》第7卷，第693页。
③ 同上注。

史的误会"①而做了党的领导者,实在是不称职的。他说:"书生对于宇宙间的一切现象,都不会有亲切的了解,往往会把自己变成一大堆抽象名词的化身。"②但是他所从事的文学事业却使他要求"亲切地了解人生和社会,了解各种不同的个性,而不是笼统的'好人'、'坏人',或是'官僚'、'平民'、'工人'、'富农'等等。摆在你面前的是有血有肉有个性的人,虽则这些人都在一定的生产关系、一定的阶级之中"③。总之,他通过解剖自己,鞭挞自己,从而曲折地说出了自己的"心忧":抽象的名词代替了实感,教条主义在扼杀个性,这就是当时党和革命事业的最大危险。

马克思主义哲学在中国的传播和发展经历着曲折的历程:在克服了经验主义(实用主义)之后,又面临着对教条主义的斗争。瞿秋白作为"新时代的活泼稚儿",他期望在开辟人类新文化的道路上"实现自我的个性"。他用历史决定论为人类将由必然世界进于自由世界的信念作了论证,并着重批判了实用主义、经验主义的非决定论以及"轻视理论"的错误。但他后来发现:理论成了教条,并在摧残个性。他为这种悲剧性的后果感到很痛苦,而这正说明:他已多少意识到了他的历史决定论是包含有某种片面性的。

(署名冯契,原载《浙江学刊》1987 年第 5 期)

---

① 瞿秋白:《多余的话》,《瞿秋白文集·政治理论编》第 7 卷,第 714 页。
② 同上书,第 715 页。
③ 同上注。

李大钊由进化论到唯物史观的转变

李大钊是中国第一个由革命民主主义者转变为马克思主义者的革命家。李大钊这一世界观的转变过程具有深刻的时代意义，它标志着近代中国的古今中西之争进入了新阶段：革命者开始向西方学习马克思主义真理来回答中国的现实问题，开始立足于无产阶级和人民群众的"今"来回顾中国的历史传统；它也标志着中国近代哲学革命进入了新阶段：由进化论阶段发展到了唯物辩证法阶段。

下面我们就来阐述李大钊由进化论到唯物史观的转变。

一、与理性主义相结合的进化论

当李大钊还是革命民主主义者的时候，他与当时的很多先进人物一样，以进化论作为哲学基础。

李大钊认为："天演之迹，进化之理"是自然界和人类社会都不能逃避和违抗的。[①] 他用进化论去观察和说明自然界、人类社会以及道德变迁。他在《自然的伦理观与孔子》一文中写道：

---

① 李大钊:《民彝与政治》,《李大钊全集》第 1 卷,人民出版社 2006 年版,第 152 页。

　　吾人以为宇宙乃无始无终自然的存在。由宇宙自然之真实本体所生之一切现象,乃循此自然法而自然的、因果的、机械的以渐次发生渐次进化。道德者,宇宙现象之一也。故其发生进化亦必应其自然进化之社会。而自然变迁,断非神秘主宰之惠与物,亦非古昔圣哲之遗留品也。[①]

这段话有这么四层意思:第一,在自然观上,宇宙是一个遵循着机械的因果律和进化的法则演变着的客观实在过程;第二,社会历史是一个自然进化的过程(他用"自然进化"、"自然变迁"这样的字眼);第三,道德是与自然进化的社会相适应的,应作为宇宙间的自然现象之一来考察;第四,旗帜鲜明地反对神学的宇宙观。他认为道德的进化、社会的自然进化,不是神秘的主宰——上帝的赐予,也不是圣人的创造。过去中国、印度和欧洲的种种宗教与许多哲学派别,都讲宇宙有一个大主宰:"曰天,曰神,曰上帝,曰绝对,曰实在,曰宇宙本源,曰宇宙本体,曰太极,曰真如,名称虽殊,要皆指此大主宰而言也。"[②]他强调这种种"大主宰"都是没有的,只有"惟一自然之真理"。人类社会和道德规范,都来源于这"惟一自然之真理",而并无"超乎自然之上"的渊源。

　　李大钊的进化论具有泛神论的倾向。他认为宇宙就是"我"的扩大。他说宇宙是大实在的瀑流,"吾人的'我',吾人的生命,也永远合所有生活上的潮流,随着大实在的奔流,以为扩大,以为

---

① 李大钊:《自然的伦理观与孔子》,《李大钊全集》第1卷,第246页。
② 同上注。

继续,以为进转,以为发展"①。这样不断扩大、发展,"至无穷极以达'宇宙即我,我即宇宙'之究竟"②。这种语言与陆王心学的语言十分类似。他以为人的任务就在于不断扩充"我",随着进化的洪流生生不已。"国家之成,由人创造,宇宙之大,自我主宰。"③这是和龚自珍、梁启超、章太炎等同样的口吻。可见,在思维与存在的关系这个问题上,李大钊当时还不是唯物主义者。

李大钊的进化论有一个显著特点,即贯穿着理性主义的精神。这突出地表现在他所讲的"自我",在本质上是理性主义的。在他看来,法国人的革命之所以能成功,就是因为那些启蒙思想家"振其自我之权威,为自我觉醒之绝叫"使人民认识了"自我之光明",即理性。④ 他所谓"自我之光明",或"民彝之智察",就是孟子所说的良知良能。他认为理性是天赋的,人人天生就能分辨是非真妄。"是非真妄宜听民彝之自择",即应让人们凭良知良能自己来作判断和选择。

李大钊从这种理性主义观点出发,反对甘心做环境的奴隶的宿命论。他说:

> 盖文明云者,即人类本其民彝改易环境,而能战胜自然之度也。文明之人,务使其环境听命于我,不使其我奴隶于环境。太上创造,其次改造,其次顺应而已矣。⑤

① 李大钊:《"今"》,《李大钊全集》第2卷,第193页。
② 同上书,第194页。
③ 李大钊:《厌世心与自觉心》,《李大钊全集》第1卷,第137页。
④ 李大钊:《〈晨钟〉之使命》,《李大钊全集》第1卷,第168—169页。
⑤ 李大钊:《民彝与政治》,《李大钊全集》第1卷,第163页。

人类文明的标志就在于根据他们的天赋的理性来改造环境,做环境的主宰,而不做环境的奴隶。所以他强调要"变弱者之伦理为强者之人生","变'求'之幸福为'取'之幸福"①,而从这意义来说,就要重视意志的作用,克服一味屈服于环境的宿命论。他说:

> 故吾人不得自画于消极之宿命说(Determinus),以尼精神之奋进。须本自自由意志之理(Theory of free will),进而努力,发展向上,以易其境,俾得适于所志,则 Henri Bergson 氏之"创造进化伦"(Creative Evolution)尚矣。吾民具有良知良能,乌可过自菲薄,至不侪于他族之列!②

柏格森的生命哲学是一种唯意志论和直觉主义的理论。但李大钊推崇柏格森的创造进化论,用"自由意志之理"来反对宿命论,这在当时却具有反封建的意义。

李大钊在这里所讲的"自觉",概括地说有两个方面:第一,要唤醒天赋的理性、"自我之光明";第二,要发挥意志的力量,要凭自由意志来进行建设、创造。中国人要凭自己的理性和意志力来创造新世界和新文明,改造旧社会和旧文化,而不应是顺应旧环境,安于命运。

李大钊的进化论与理性主义相结合,其中包含着唯物主义的因素。这表现在以下两个方面:

首先,李大钊十分尊重真理,强调"真理的权威"。他说:"真

---

① 李大钊:《〈晨钟〉之使命》,《李大钊全集》第 1 卷,第 170 页。
② 李大钊:《厌世心与自觉心》,《李大钊全集》第 1 卷,第 139 页。

理者人生之究竟,而自信者,又人生达于真理之途径也。"①就是说,人要有自信心,相信自己有良知,有天赋的理性、智力,努力加以扩大、发展,就能够达到真理。但是"言论之挟有真理与否",是有客观标准的。他说:"其当拳拳服膺、严矢勿失者,一是察事之精,一在推论之正。二者交备,则逻辑之用以昭,而二者之中,尤以据乎事实为要。"②第一是对事实材料作去粗取精的工夫,查清事实真相,第二是合乎逻辑地进行推论。二者必须结合,而根据确凿的事实是首要的。

其次,李大钊尊重群众的理性和意志。他说:"秉彝之本,无甚悬殊也。"以为人类天赋的智能是没有大的差别的。这种理性主义观点包含有民主精神。就民众和英雄,凡民和圣智的关系来说,李大钊批评卡莱尔③的英雄史观为"专制政治产孕之思想",而同意托尔斯泰在《战争与和平》中的观点:

> 托氏(托尔斯泰)之说,则正与加氏(卡莱尔)之说相反,谓英雄之势力,初无是物。历史上之事件,固莫不因缘于势力,而势力云者,乃以代表众意之故而让诸其人之众意总积也。是故离于众庶则无英雄;离于众意总积则英雄无势力焉。④

---

① 李大钊:《真理之权威》,《李大钊全集》第 2 卷,第 103 页。
② 同上注。
③ 卡莱尔(Thomas Carlyle,1795—1881),苏格兰散文作家和历史学家。曾在爱丁堡学习,1865 年任该校校长。主要著作有《法国革命》、《宪章运动》、《论英雄、英雄学科和历史上的英雄事迹》、《过去和现在》等。马克思和恩格斯 1850 年曾在《新莱茵报》上,批评卡莱尔的英雄史观。(参见《马克思恩格斯全集》第 7 卷,第 300 页—310 页)
④ 李大钊:《民彝与政治》,《李大钊全集》第 1 卷,第 156 页。

这是说,"势"是由民众的意志造成的,英雄人物当时之所以有力量,是因为他代表了群众的意志。李大钊还指出,即令英雄、圣智能造福于民,"一方承其惠恩,一方即损其自性;一方蒙其福利,一方即丧厥天能",推崇圣智、抬高英雄的地位,也会使民众"失却独立自主之人格,堕于奴隶服从之地位"。所以他说"孔子生而吾华衰",又说"唯民主义乃立宪之本,英雄主义乃专制之原"①。他反对英雄主义,强调民主主义就是要尊重民众的意志,要让群众"知自重其秉彝"。他说:"盖政治者,一群民彝之结晶;民彝者,凡事真理之权衡也。"②他以为民主政治就是民众的理性的结晶,而民众的理性就是一切事理的权衡标准。

总之,李大钊前期的进化论包含有自发的辩证法因素并与理性主义相结合。他的理性主义虽有唯心论的一面,但包含着尊重真理,尊重群众的思想,促使他进一步向唯物史观迈进。

二、运用唯物史观论述心与物、群与己的统一

李大钊转变为马克思主义者以后,由进化论向唯物史观转变。这首先就表现在他用唯物史观的基本原理,来回答社会历史领域里心物关系、群己关系这两个相互关联的问题。

李大钊在介绍马克思的唯物史观时说:

喻之建筑,社会亦有基址(Basis)与上层(Uberbau)。基

---

① 李大钊:《民彝与政治》,《李大钊全集》第1卷,第157页。
② 同上书,第150页。

址是经济的构造，即经济关系，马氏称之为物质的或人类的社会的存在。上层是法制、政治、宗教、艺术、哲学等，马氏称之为观念的形态，或人类的意识。从来的历史家欲单从上层上说明社会的变革即历史而不顾基址，那样的方法，不能真正理解历史。上层的变革，全靠经济基础的变动，故历史非从经济关系上说明不可。[①]

> 新历史观……教吾人以社会生活的动因，不在"赫赫""皇矣"的天神，不在"天亶""天纵"的圣哲，乃在社会的生存的本身。一个智识的发见，技术的发明，乃至把是等发见发明致之于实用，都是像我们一样的社会上的人人劳作的结果。这种生活技术的进步，变动了社会的全生活，改进了历史的阶段。这种历史观，导引我们在历史中发见了我们的世界，发见了我们的自己，使我们自觉我们自己的权威，知道过去的历史，就是我们这样的人人共同造出来的，现在乃至将来的历史，亦还是如此。[②]

显然，从上述两段话中，可以看到李大钊心物关系、己群关系的观点较之以前有了很大的变化。原来他认为历史的动因在民众个人的理性、意志。后来，他认识到应从社会存在本身去找社会发展的动因，社会存在决定社会意识，经济基础决定上层建筑，而经济基础的变动，"乃以其内部促他自己进化的最高动因，就是

---

① 李大钊：《马克思的历史哲学与理恺尔的历史哲学》，《李大钊全集》第 4 卷，第 328 页。
② 李大钊：《史学要论》，《李大钊全集》第 4 卷，第 445 页。

生产力"①。而人类赖以满足生活需要的生产的发展和技术的进步,是普通劳动群众造成的,所以劳动人民是历史的主人。人们有了这种认识,看到"一切进步只能由联合以图进步的人民造成,他于是才自觉他自己的权威,他自己在社会上的位置,而取一种新态度"②。这种"新态度"就是共产主义者的自觉的态度。李大钊这时讲"自觉",已不再是唤醒良知、扩大"自我之光明"的意思,而是在于认识社会存在的演变的客观规律,于是"在历史中发见了我们的世界,发见了我们的自己",主动地把个人与图进步的人民群众结合在一起,这样才"自觉我们自己的权威"。所以,"自觉"是在唯物主义基础上的心与物相符,己与群统一——也可以说是历史辩证法由自发而开始转变为自觉。

李大钊运用唯物史观的原理指出了中国传统思想意识的物质基础。他说:"中国的大家族制度,就是中国的农业经济组织,就是中国二千年来社会的基础构造。一切政治、法度、伦理、道德、学术、思想、风俗、习惯,都建筑在大家族制度上作他的表层构造。"③现在由于中国的农业经济因受了重大的外力压迫而发生变动,"大家族制度既入了崩颓粉碎的命运,孔子主义也不能不跟着崩颓粉碎了"④。他以唯物史观作理论武器,对新文化运动提出的"打倒孔家店"口号的合理性作了有力的论证。

李大钊进而用唯物史观阐明了大工业生产对群己关系提出

① 李大钊:《我的马克思主义观》,《李大钊全集》第 3 卷,第 27 页。
② 李大钊:《唯物史观在现代史学上的价值》,《李大钊全集》第 3 卷,第 220 页。
③ 李大钊:《由经济上解释中国近代思想变动的原因》,《李大钊全集》第 3 卷,第 144 页。
④ 同上注。

的新要求。他说,"现代的经济组织,促起劳工阶级的自觉,应合社会的新要求,就发生了'劳工神圣'的新伦理",这种新伦理同孔门贱视劳工的说教是根本对立的,所以"中国的劳工运动,也是打破孔子阶级主义的运动"。① 这样,他便又把新文化运动和刚开始的走向自觉的工农运动有机地联系起来了。而要使工农群众真正自觉地起来进行斗争,就要有知识分子作先驱。李大钊大力提倡知识阶级与劳动群众结合,说:"我们很盼望知识阶级作民众的先驱。民众作知识阶级的后盾。知识阶级的意义,就是一部分忠于民众作民众运动的先驱者。"②

三、唯物史观的社会组织进化论和"崇今"学说

李大钊由进化论转向唯物史观,还表现在他用唯物史观来解释社会的进化,并把唯物史观和进化论的"崇今"思想相结合。

李大钊说:"马克思的唯物史观有二要点:其一是关于人类文化的经验的说明;其二即社会组织进化论。"③第一个要点就是用社会存在说明社会意识,用经济基础说明文化;第二个要点就是用生产力和生产关系的矛盾运动说明社会经济形态的进化。

李大钊在介绍马克思的唯物史观时写道:

> 社会组织即社会关系,也是与布帛菽粟一样,是人类依

① 李大钊:《由经济上解释中国近代思想变动的原因》,《李大钊全集》第 3 卷,第 149 页。
② 李大钊:《知识阶级的胜利》,《李大钊全集》第 3 卷,第 174 页。
③ 李大钊:《我的马克思主义观》,《李大钊全集》第 3 卷,第 27 页。

生产力产出的产物。……生产力在那里发展的社会组织,当初虽然助长生产力的发展,后来发展的力量到那社会组织不能适应的程度,那社会组织不但不能助他,反倒束缚他、妨碍他了。而这生产力虽在那束缚他、妨碍他的社会组织中,仍是向前发展不已。发展的力量愈大,与那不能适应他的社会组织间的冲突愈迫,结局这旧社会组织非至崩坏不可。这就是社会革命。新的继起,将来到了不能与生产力相应的时候,他的崩坏亦复如是。①

中国近代哲学经历了历史进化论反对复古主义和历史循环论的斗争,又经历了在进化论内部的革命反对改良的斗争,到这时,有了唯物史观的社会组织进化论,才使得进化论的历史观真正具有了科学的形态。因为历史进化论的动因真正被科学地阐明,社会经济形态演变和社会革命的规律真正被人们把握了。这也意味着:历史辩证法由自发而进于自觉。

历史的辩证法是在时间中展开的,历史观与时间理论密切联系着。李大钊在"五四"之前已强调历史进化是个新陈代谢过程,指出"'过去'、'未来'的中间全仗有'现在'以成其连续,以成其永远",所以要抓住"现在","以努力为'将来'之创造"②。他接受唯物史观之后又写了《今与古》和《时》等文,对西方近代崇今派与怀古派的论战作了历史的考察,把唯物史观和"崇今"的时间理论相结合,更深入地从理论上反对了"退落的或循环的历史观"。

---

① 李大钊:《我的马克思主义观》,《李大钊全集》第 3 卷,第 27 页。
② 李大钊:《"今"》,《李大钊全集》第 2 卷,第 194 页。

　　李大钊用唯物史观来阐述"崇今"学说,首先是批评过去的哲学家用空间的线来比拟时间的说法。他指出,把时间比喻为一条"引而弥长"的线,则"既已引者,悉属过去;未曾引者,当在未来;现今之点,列于何所?"[①]他以为这种说法等于取消了"现在",所以是说不通的。

　　李大钊其次是以唯物史观作依据,提出了"今是生活,今是动力,今是行为,今是创作"的思想。他说:

　　　　三世代迁,惟今为重,凡诸过去,悉纳于今,有今为基,无限未来,乃胎于此。……我乃沉思,更得一义:既引的线,确属过去,未引的线,确在未来;然此线之行,实由过去趋向未来必有力焉,引之始现。此力之动,即为引的行为;引的行为,即为今点所在。过去未来,皆赖乎今,以为延引。今是生活,今是动力,今是行为,今是创作。苟一刹那,不有行为,不为动作,此一刹那的今,即归于乌有,此一刹的生,即等于丧失。[②]

李大钊认为,人的每一实践活动都是现实的、现在的,都是"引的行为",它纳过去于今,胎未来于此,是推动历史由过去趋向未来的动力。所以"今"不是一个割裂过去与未来的点,不是一个没有内容的刹那,而是当时我们可以抓得住的生活、行为。而现实的行为即是劳作。"一切过去,都是供我们利用的材料。我们的将

---

① 李大钊:《时》,《李大钊全集》第 4 卷,第 350 页。
② 同上注。

来,是我们凭借过去的材料、现在的劳作创造出来的。"①我们只要抓紧现在的劳作,就能凭借过去,以创造未来。所以说"今"(即现实的活动)是"动力",是"创作"。

因此,李大钊以为,抓住"今",便是抓住了"时的首脑"。他说:

> 要知时的首脑,不在古初,乃在现在。……吾人是开辟道路的,是乘在这时的列车的机关车上,作他的主动力,向前迈进他的行程,增辟他的径路的,不是笼着手,背着身,立在旁观的地位,自处于动转以外的。②

就是说,人若能抓住"今",即抓住现在的、现实的活动,就能成为历史的火车头。积极主动地推动历史前进。历史是敢于投身现实斗争的人们创造的,因此,不能对现实采取冷眼旁观的消极态度。

李大钊的上述"崇今"理论,表现了马克思主义的实践观点和历史辩证法思想。从这样的角度来看人类社会的历史,就自然会得出这样的结论:

> 不把人事看作片片段段的东西,要把人事看作一个整个的,互为因果,互相连锁的东西去考察他。③

---

① 李大钊:《史学要论》,《李大钊全集》第 4 卷,第 444 页。
② 李大钊:《时》,《李大钊全集》第 4 卷,第 352 页。
③ 李大钊:《史学要论》,《李大钊全集》第 4 卷,第 411 页。

在李大钊看来,时间是"有进无退,一往不返"的,那"纳过去于今,胎未来于此"的"引的行为"必然有"一定的倾向",这便是进化的规律性。"循环的而又退落的历史观"不符合"时的本相"。历史的进程虽有循环,但那是"螺旋的进步,不是反复的停滞"①。当然,"时"通过"今"来展开,历史的事件与人物都是"一趟过的","只演一回的",所以决不能忽视其个性化的特点。但是也不能像梁启超和新康德主义者那样,用个性化来否认一般,否认历史受因果律支配。

李大钊正确地指出,历史进化的规律和个别历史事件是统一的。他认为,世界上一切现象都要受规律支配,人事间现象不能例外。他说:"在现实个个特殊的时会,种种事情纷纭缠绕,交感互应,实足以妨碍一般的理法以其单纯的形态以为表现。以是之故,此理法常仅被认为一定的倾向。此一定的倾向,有时而为反对的势力所消阻。虽然,此理法的普遍的存在,固毫不容疑,不过在人事关系错综复杂之中,不易考察罢了。"②人类历史有"一般的理法"(即普遍规律)是不容置疑的;但一般即在个别之中,个个特殊事件都是一趟过的,错综复杂地互相作用着的,所以历史进化规律就表现为事件相续、"交感"中的"一定的倾向"(即必然的发展趋势)了。

四、唯物史观的社会理想是社会主义和人道主义的统一

李大钊在介绍西方的社会主义由空想发展为科学时说:

---

① 李大钊:《时》,《李大钊全集》第 4 卷,第 352 页。
② 李大钊:《史学要论》,《李大钊全集》第 4 卷,第 412 页。

空想的社会主义与科学的社会主义的不同点,就在两派
对于历史的认识的相异——就是历史观的相异。……

社会主义的思想,由马克思及恩格斯依科学的法则组成
系统,以其被认为历史的必然的结果,其主张乃有强固的根
据。社会主义的主张,若只以人的理性为根据,力量实极薄
弱,正如砂上建筑楼阁一样。今社会主义既立在人类历史的
必然行程上,有具有极大势力的历史为其支撑者,那么社会
主义之来临,乃如夜之继日,地球环绕太阳的事实一样确
实了。①

中国近代同西方一样,社会主义也经历了一个由空想到科学的发
展过程。康有为、孙中山讲的大同理想以及李大钊本人在转变为
马克思主义者前讲的"唯民主义",都"只以人的理性为根据",具
有空想的性质。李大钊转变到唯物史观立场上来后,运用唯物史
观对中国的政治情况作了初步研究,认为"中国的经济情形,实不
能超出于世界经济势力之外。现在世界的经济组织,既已经资本
主义以至社会主义,中国虽未经自行如欧、美、日本等国的资本主
义的发展实业,而一般平民间接受资本主义经济组织的压迫,较
各国直接受资本主义的压迫的劳动阶级尤其苦痛。中国国内的
劳资阶级间虽未发生重大问题,中国人民在世界经济上的地位,
已立在这劳工运动日盛一日的风潮中,想行保护资本家的制度,
无论理所不可,抑且势所不能。……所以今日在中国想发展实

① 李大钊:《桑西门(Saint-Simon)的历史观》,《李大钊全集》第 4 卷,第 315—316 页。

业，非由纯粹生产者组织政府，以铲除国内的掠夺阶级，抵抗此世界的资本主义，使社会主义的组织经营实业不可"[1]。就是说，客观形势决定了只有社会主义才能救中国。

那么，怎样才能实现社会主义的理想呢？李大钊根据马克思的学说，强调要通过严重的阶级斗争，并经过一个无产阶级专政的过渡时期，达到阶级的消灭，才真正能实现大同理想。在这之前，讲大同理想的如康有为、孙中山都强调"博爱"、"互助"，反对阶级斗争学说。李大钊则认为，阶级斗争与"互助"、"博爱"，科学的社会主义和人道主义是可以统一的。他说：

> 这最后的阶级竞争，是改造社会组织的手段。这互助的原理，是改造人类精神的信条。我们主张物心两面的改造，灵肉一致的改造。[2]
>
> 我们主张以人道主义改造人类精神，同时以社会主义改造经济组织。不改造经济组织，单求改造人类精神，必致没有结果。不改造人类精神，单等改造经济组织，也怕不能成功。[3]

李大钊多次讲到"物心两面的改造，灵肉一致的改造"，以为精神改造和物质改造两者如"车的两轮，鸟的双翼"，不能偏废，但经济组织的改造是基本的一面。他认为，通过阶级斗争来消灭阶级，

---

[1] 李大钊：《中国的社会主义与世界的资本主义》，《李大钊全集》第 3 卷，第 277—278 页。
[2] 李大钊：《阶级竞争与互助》，《李大钊全集》第 2 卷，第 356 页。
[3] 李大钊：《我的马克思主义观》，《李大钊全集》第 3 卷，第 35 页。

是"必须经过的，必不能避免的"，只有这样，才能粉碎剥削制度，"创造一种'劳工神圣'的组织"来代替它，实行"人人都须作工，作工的人都能吃饭"的原则。到那时，本来受到限制的人道主义精神便将得到充分发扬，"互助"、"博爱"的道理真正得到贯彻，"使人人都把'人'的面目拿出来对他的同胞"①。这样一个实现"物心两面的改造，灵肉一致的改造"的社会，就是大同世界。

这样的大同世界，李大钊称之为是既有"个性解放"又有"大同团结"的新组织，他说：

> 现在世界进化的轨道，都是沿着一条线走，这条线就是达到世界大同的通衢，就是人类共同精神联贯的脉络。……这条线的渊源，就是个性解放。个性解放，断断不是单为求一个分裂就算了事，乃是为了完成一切个性，脱离了旧绊锁，重新改造一个普通广大的新组织。一方面是个性解放，一方面是大同团结。这个性解放的运动，同时伴着一个大同团结的运动。这两种运动，似乎是相反，实在是相成。②

要求个性解放是人道主义和民主主义的实质，大同团结是社会主义的理想。不论是西方还是中国，近代社会的进化都遵循着共同的轨道：开始于要求个性解放的反封建的斗争，随后又兴起了社会主义的运动，而其目标就在于实现既有个性自由又有大同团结的社会新秩序，也就是达到《共产党宣言》中所说的"每个人的自

---

① 李大钊：《"少年中国"的"少年运动"》，《李大钊全集》第3卷，第12页。
② 李大钊：《平民主义》，《李大钊全集》第4卷，第122页。

由发展是一切人的自由发展的条件"的联合体。

五、以唯物史观为依据的革命人生观

李大钊以为,历史观和人生观是密切联系着的。他说:"历史观者,实为人生的准据,欲得一正确的人生观,必先得一正确的历史观。"①他认为,旧史观与新史观(即唯心史观与唯物史观)给人以截然不同的人生观:

> 一则给人以怯懦无能的人生观,一则给人以奋发有为的人生观。这全因为一则看社会上的一切活动与变迁全为天意所存,一则看社会上的一切活动和变迁全为人力所造,这种人类本身具有的动力可以在人类的需要中和那赖以满足需要的方法中认识出来。②

就是说,唯心史观把历史演变的动因归之天意或变相的天意,只能使人养成懦弱无能的人生态度,而唯物史观从人类的物质生活和物质生活资料的生产方式中认识了历史进化的动力,看到了历史是劳动人民所创造。这就使人们认识到:"现在已是我们世界的平民的时代了,我们应该自觉我们的势力,赶快联合起来,应我们生活上的需要,创造一种世界的平民的新历史。"③于是"我"主

---

① 李大钊:《史观》,《李大钊全集》第 4 卷,第 252 页。
② 李大钊:《唯物史观在现代史学上的价值》,《李大钊全集》第 3 卷,第 220—221 页。
③ 同上书,第 221—222 页。

动地与人民群众结合为一,与历史发展的趋向结合为一,这便有了奋发有为的人生观。

在李大钊看来,由于唯物史观科学地阐明了现实与理想的关系。这就给人生观以双重的影响:一方面,它要求人们以科学的态度对待历史和现实生活,正是"这种科学的态度,造成我们脚踏实地的人生观"。另一方面,它给人们指明了历史进化的方向,"我们在此进步的世界中、历史中,即不应该悲观,不应该拜古,只应该欢天喜地的在这只容一趟过的大路上向前行走,前途有我们的光明,将来有我们的黄金世界。这是现代史学给我们的乐天努进的人生观"①。

反对天命而强调人力,强调实事求是和为理想而奋勇前进,这可以说是对中国近代优秀革命传统的继承和发扬。但在李大钊这里,这种革命的的人生观已建立在唯物史观的基础上,便有了和前人显著不同的特点。特别是他提出的"尊劳主义"和群众"自己解放自己"的观点,是以前的革命家所不能达到的崭新的思想。

李大钊同许多反封建的思想家一样,肯定"避苦求乐,是人性的自然,背着自然去做,不是勉强,就是虚伪"②。但是,怎样求乐呢? 他说:

> 我觉得人生求乐的方法,最好莫过于尊重劳动。一切乐

---

① 李大钊:《史学要论》,《李大钊全集》第 4 卷,第 444 页。
② 李大钊:《现代青年活动的方向》,《李大钊全集》第 2 卷,第 318 页。

境,都可由劳动得来,一切苦境,都可由劳动解脱。①

这就是他所谓的"尊劳主义"。但是,当时的社会却是"少数劳动的人,所得的结果,都被大多数不劳动的人掠夺一空",劳动者成了"最苦痛最悲惨的人"②。因此,必须用革命的手段来推翻剥削制度,建立一种"劳工神圣"的组织,使大家能从劳动中得到快乐。同时,李大钊根据马克思主义的观点,强调劳动者要自求解放,不能乞求统治者的恩赐。他说:

> 真正的解放,不是央求人家"网开三面",把我们解放出来,是要靠自己的力量,抗拒、冲决,使他们不得不任我们自己解放自己;不是依赖那权威的恩典,给我们把头上的铁锁解开,是要靠自己的努力,把他打破。从那黑暗的牢狱中,打出一道光明来。③

这里所说,包含有后来中国共产党人所十分重视的群众观点。李大钊还指出,对群众决不能用压服的办法:"压服的事,由于强力;悦服的事,由于意志;被动的事,操之自人;自由的事,主之自我。"④就是说,要使群众心悦诚服地接受马克思主义的教育,认识自己的力量,出于自由意志,积极主动地参加解放事业,这才是"自己解放自己"。

---

① 李大钊:《现代青年活动的方向》,《李大钊全集》第 2 卷,第 318 页。
② 同上书,第 319 页。
③ 李大钊:《真正的解放》,《李大钊全集》第 2 卷,第 363 页。
④ 李大钊:《平民主义》,《李大钊全集》第 4 卷,第 119 页。

　　以上几个方面可以说明,李大钊不是单纯地介绍唯物史观的基本观点,而是把它同中国近代哲学传统有机地联系起来。由此我们可以看到,中国近代哲学由进化论向唯物史观转变,是一种合乎逻辑的发展,犹如水到渠成。同时,李大钊讲唯物史观,丝毫没有教条气息,而是一种面向现实切近人生的革命学说。正因为如此,他使马克思主义在中国获得了一个富于生机的开端,显示出了强大的生命力。

　　当然,正因为李大钊是从旧营垒转变过来的,他对唯物史观的理解也难免有不够精确的地方。例如,他在《由经济上解释中国近代思想变动的原因》一文中讲南道文明与北道文明,未免夸大了地理环境的作用。又如,在《物质变动与道德变动》一文中,他讲道德"乃是社会的本能",而这种社会的本能"也不是人类特有的,乃是动物界所同有的"。这种提法包含有社会达尔文主义的残余。不过,这些都是次要的东西。

　　李大钊说过:"我们的扬子江、黄河,可以代表我们的民族精神,扬子江及黄河遇见沙漠、遇见山峡都是浩浩荡荡的往前流过去,以成其浊流滚滚,一泻万里的魄势。"①哲学是民族精神的精华。我们民族的哲学也如大江、长河一样,具有"浊流滚滚、一泻万里的魄势",无畏地奔赴共产主义的真理。这种魄势的造成是同李大钊等一批杰出的革命思想家的"雄健的精神"分不开的。因此,中国近代哲学的主流,具有特别雄健的精神和战斗的品格。

　　(署名冯契,原载《华东师范大学学报》(哲社版)1987年第6期)

---

① 李大钊:《艰难的国运与雄健的国民》,《李大钊全集》第4卷,第375页。

王国维的哲学思想与治学方法

在本世纪初年，当革命派和维新派进行激烈的论战时，有一个甘于寂寞的学者却在沉思宇宙人生的问题，为哲学学说的"可爱"与"可信"的矛盾而感到苦恼。他就是王国维。

一、哲学学说的"可爱"与"可信"

王国维是一个对哲学很有兴趣的人。他确实认真地钻研了哲学，然而他在三十岁时所写的《自序》中说：

> 哲学上之说，大都可爱者不可信，可信者不可爱。余知真理，而余又爱其谬误。伟大之形而上学，高严之伦理学，与纯粹之美学，此吾人所酷嗜也。然求其可信者，则宁在知识论上之实证论，伦理学上之快乐论，与美学上之经验论。知其可信而不能爱；觉其可爱而不能信。此近二三年中最大之烦闷。①

---

① 王国维：《静安文集续编·自序二》，谢维扬等主编：《王国维全集》第 14 卷，浙江教育出版社、广东教育出版社 2009 年版，第 121 页。

　　王国维对当时西方传来的两种哲学思潮,作了上述的评价,反映了他内心的矛盾。他说的"可爱者不可信",是指康德、叔本华哲学。他以为康德、叔本华的哲学是"伟大之形而上学,高严之伦理学,与纯粹之美学"。他说的"可信者不可爱",是指像严复所介绍的实证论的哲学。实证论者通常在伦理学上主张快乐论,在美学上主张经验论。王国维作为科学家,他倾向于实证论,因为实证论是同实证科学相联系的。但在感情上,他觉得叔本华的非理性主义和唯意志论更可爱。

　　经验论和先验论的对立,实证论与形而上学(包括非理性主义)的对立,这是西方近代哲学史中令人瞩目的现象,也是中国近代哲学史中不容忽视的事实。正是这种对立,使王国维深切地感到可爱与可信的矛盾,产生了思想上的极大苦闷。这当然同他个人的气质有关,但也有着深刻的认识论根源和社会根源。两种哲学思潮的对立,是近代的科学与人生脱节、理智与情意不相协调的集中表现。同时,哲学本身具有意识形态和科学的两重性:作为意识形态,一种哲学学说总是反映一定社会集团的要求,使这一集团的思想代表觉得"可爱";但它只有作为科学知识的概括,才令人觉得"可信"。显然,站在人民立场上来看那既具有人民性又具有科学性的哲学学说,"可爱"与"可信"是可以达到一致的。但王国维既尊重科学,又固执学术、超脱政治(即超脱当时维新派与革命派)的立场,所以便感到无法解决这个矛盾了。

　　王国维在感情上与叔本华的贵族主义、悲观主义发生共鸣。他写了《叔本华之哲学及其教育学说》等文,系统地介绍了叔本华的学说。叔本华认为"意志为吾人之本质",意志也是"世界万物之本质"，"知力者，意志之奴隶也"①，理智要服从意志。叔本华所谓意志，就是生活之欲。"生活之本质何？ 欲而已矣。"欲望是永远不会得到满足的，一种欲望得到了满足，又会产生新的欲望；人的欲望始终处于不满足状态，所以就老是感到痛苦。"故欲与生活与痛苦，三者一而已矣。"②如何才能解脱这种痛苦呢？ 叔本华认为，"惟美之为物，不与吾人之利害相关系；而吾人观美时，亦不知有一己之利害"。因为在审美时的"我"，是"纯粹无欲之我也"，暂时解脱了利害的桎梏，暂时免除了痛苦。通常的人在审美活动时，在欣赏艺术时，可以得到暂时的解脱，而最终的解脱，则只有达到佛教所谓的涅槃境界，即生活的欲望完全消灭时，才能实现。王国维说："故最高之善存于灭绝自己生活之欲，且使一切生物皆灭绝此欲，而同入于涅槃之境"，"此叔氏伦理学上最高之理想也"③。王国维早年醉心于叔本华的学说，曾深受其影响。他写《红楼梦评论》，完全以叔本华学说为立足点。不过，文中已经对叔本华学说提出了疑问。后来他进而"悟叔氏之说，半出于其主观的气质，而无关于客观的知识"④。所以他虽觉得叔氏哲学可爱，但是认为不可信。

　　王国维始终未能解决他所谓的"可爱"与"可信"，即非理性主义与实证论之间的矛盾。不过，既然矛盾的方面存在于一个人身上，当然会互相作用、互相渗透。剥去非理性主义与实证论的哲

① 王国维：《静安文集·叔本华之哲学及其教育学说》，《王国维全集》第1卷，第38页。
② 王国维：《静安文集·红楼梦评论》，《王国维全集》第1卷，第55页。
③ 王国维：《静安文集·叔本华之哲学及其教育学说》，《王国维全集》第1卷，第41页。
④ 王国维：《静安文集·自序》，《王国维全集》第1卷，第3页。

学形式,我们将看到,在王国维的性格中,既有对思辨哲学(他所谓"纯粹之哲学")的"酷嗜",又有尊重"客观的知识"的实证精神。正因如此,他能用实证精神对"概念世界"进行反思,并从哲学的高度来总结治学方法,使得他在分析批判传统哲学范畴和自觉运用实证方法两方面,作出自己的独特贡献。

二、对传统哲学范畴的分析批判

王国维所写的《论性》、《释理》、《原命》等文,其基本立足点虽然没有超出康德、叔本华哲学,但他通过中西哲学的比较,对中国哲学史上的"性"、"理"、"命"等范畴作了系统的考察和分析,是颇有实证精神的。特别是《释理》一篇,对程朱之所谓"理"作了分析批判,确实提供了新的东西。

王国维认为理有广狭二义。广义的理即"理由":就自然界说,一切事物必有所以存在之故,即理由;就人的知识说,一切命题必有其论据,亦即理由;所以充足理由律为"世界普遍之法则"与"知力普遍之形式"。狭义的理即"理性",就是"吾人构造概念及定概念间之关系之作用,而知力之一种也"。王国维根据康德、叔本华的观点,以为理由、理性都是"主观上之物",并无客观的意义。但是"朱子之所谓理,与希腊斯多噶派之所谓理,皆预想一客观的理存于生天、生地、生人之前,而吾心之理不过其一部分而已"。这种形而上学意义的"理"是怎么产生的呢? 王国维说:

此亦有所自。盖人类以有概念之知识,故有动物所不能者之利益,而亦陷于动物不能陷之误谬。……而概念之不甚普遍者,其离实物也不远,故其生误解也不多。至最普遍之概念,其初固亦自实物抽象而得;逮用之既久,遂忘其所自出,而视为表特别之一物,如上所述"有"之概念是也。夫离心物二界别无所谓"有"。然古今东西哲学,往往以"有"为有一种之实在性,在我中国则谓之曰太极、曰玄、曰道,在西洋则谓之曰神,及传衍愈久,遂以为一自证之事实,而若无待根究者,此正柏庚(培根)所谓"种落之偶象",汉德(康德)所谓"先天之幻影"。人而不求真理则已,人而唯真理之是求,则此等谬误不可不深察而明辨之也。理之概念亦岂异于此!其在中国语中,初不过自物之可分析而有系统者,抽象而得此概念,辗转相借而遂成朱子之"理即太极"说。①

就是说,普遍概念本是从具体事物中抽象出来的,如果忘记了它的来源,以为离开具体实物别有一种实在性,如把"有"视为离心物二界的"特别之一物",那便成了形而上学的概念了。"理"的本义是剖析,"物之可分析而粲然有系统者,亦皆谓之理"。但是,朱熹却把"理"形而上学化,说"理即太极",并以为"天理"可以体认、"自证"等等,其实不过是培根所谓种族的偶象、康德所谓先天的幻相罢了。这种幻相"不存于直观之世界,而惟寄生于广莫暗昧之概念中"②,是求真理者必须加以深察明辨的。

以上所说,大体可看作是戴震对程朱理学的批评的继续。戴

---

① 王国维:《静安文集·释理》,《王国维全集》第 1 卷,第 27—28 页。
② 同上书,第 28 页。.

震批评理学家不在具体事物上求"分理"、"条理","而转其语曰
'理无不在',以与气分本末,视之如一物然,岂理也哉?"王国维也
批评程朱的根本谬误在于把"理"视为"别若一物",不过他从认识
论的角度作了比戴震更为细密的分析。同时,也应指出,他与戴
震还有重要不同之处:他以为"理性之作用,但关于真伪,而不关
于善恶",所以理之概念也不应有伦理学上的意义;而戴震则和朱
熹一样,把真与善"尽归诸理之属性"。朱熹说:"有个天理,便有
个人欲,盖缘这个天理,须个安顿处,才安顿得不恰好,便有人
欲出来。"戴震则说:"天理云者,言乎自然之分理也。自然之分
理,以我之情絜人之情,而无不得其平是也。"王国维说:

> 朱子所谓"安顿得好",与戴氏所谓"絜人之情,而无不得
> 其平"者,则其视理也,殆以"义"字、"正"字、"恕"字解之。于
> 是理之一语,又有伦理学上之价值。其所异者,惟朱子以理
> 为人所本有,而安顿之不恰好者,则谓之欲;戴氏以欲为人所
> 本有,而安顿之使无爽失者理也。①

王国维严格区分了真与善、理性与德性、行为之理由(动机)与行
为之标准(善恶),以为"理性者,推理之能力也,为善由理性,为恶
亦由理性",所以"毫无关于伦理之上价值"②。这样严格划分认识
论与伦理学的界限,当然会带来新的问题和局限性。不过,在中
国哲学近代化的过程中,对传统哲学的重要范畴"理"作细致的分

---

① 王国维:《静安文集·释理》,《王国维全集》第 1 卷,第 30 页。
② 同上书,第 33 页。

析,确定其认识论的意义(理由、理性),指明其掺杂有形而上学的意义和伦理学的意义,于是使这一范畴的内涵比较清晰了,这无疑是一个进步。

而这也正是严复所倡导的工作。王国维同严复一样,很重视逻辑。他曾翻译耶方斯的《辩学》。他以为中国人过去不重视逻辑与文法,正说明西方科学所擅长的"抽象与分类二者",是中国人所缺乏的,而也足见"我国学术尚未达自觉(selfconsciousness)之地位也"①。怎样才能达到自觉? 他以为关键在于发展抽象思维能力。他说:

> 夫抽象之过,往往泥于名而远于实,此欧洲中世学术之一大弊。而今世之学者犹或不免焉。乏抽象之力者,则用其实而不知其名,其实亦遂漠然无所依,而不能为吾人研究之对象。何则? 在自然之世界中,名生于实;而在吾人概念之世界中,实反依名而存故也。事物之无名者,实不便于吾人之思索。②

在他看来,就自然过程来说,名生于实;而就概念领域来说,实被抽象为概念的内容,取得语言的外壳,则是"实依名而存"。所以既不能"泥于名而远于实",也不能"用其实而不知其名"。中国人的缺点在于缺乏抽象力,所以很需要哲学家结合实证知识来对"名",即"概念之世界"进行加工,包括对传统的概念进行分析、琢

---

① 王国维:《静安文集·论新学语之输入》,《王国维全集》第 1 卷,第 127 页。
② 同上注。

磨,正确地引进新学语,创造出新概念等。王国维对传统哲学范畴理、性、命等的考察,就是他用实证精神对"概念之世界"进行反思(加工、琢磨)的工作的一部分。

三、科学的治学方法

王国维的治学方法则可以说是自觉地贯彻了他对名实关系的哲学观点,既肯定"名生于实",要求从事实材料出发,又强调抽象的重要,要求从哲学的高度来考虑问题。他继承了清代朴学的传统,也汲取了西方实证科学的精神,他的哲学思辨能力帮助了他,使他的治学方法超越前人而有以下几个特点:

第一,与前人不同,他治学很善于运用比较法,熔古今中西于一炉。陈寅恪在《海宁王静安先生遗书序》中讲到,王国维治学的方法可概括为三条,这主要是从比较法说的。第一,"取地下之实物与纸上之遗文互相释证"。第二,"取异族之故书与吾国之旧籍互相补正"。第三,"取外来之观念与固有之材料互相参证"[①]。王国维研究甲骨文、上古史,是拿地下实物与文字记载互相释证;他研究边疆地理、辽金元史,是拿中外古籍进行互相补正;他写《红楼梦评论》、《宋元戏曲考》、《人间词话》这些著作,则是把西方传来的观念同中国传统的思想资料进行参证。他和梁启超一样,比起前人来,眼界确实要宽广得多,他能看到地下实物、外国典籍,能够拿外国人的思想观点,同中国固有的思想资料进行比较

---

① 陈寅恪:《海宁王静安先生遗书序》,见《王国维全集》第 20 卷,第 212—213 页。

研究。

第二，他有比较自觉的历史主义态度。历史主义可以上溯到浙东史学。不过章学诚讲"道不离器"、"时异而理势亦殊"，他所谓"道"、"理"是比较笼统的一般。王国维已受了历史进化论和实证科学的洗礼，他说研究历史在"求事物变迁之迹而明其因果"①，这就是要求比较具体地揭示历史事物的演化规律。在他看来，历史上的一切学说，一切制度、风俗，皆有其所以存在与变化的理由，"即今日所视为不真之学说，不是之制度、风俗，必有所以成立之由与其所以适于一时之故。其因存于邃古，而其果及于方来"②。虽然王国维有唯意志论倾向，但他以为在经验世界中，自由"不过一空虚之概念"。他说："一切行为必有外界及内界之原因。此原因不存于现在，必存于过去；不存于意识，必存于无意识。而此种原因又必有其原因，而吾人对此等原因，但为其所决定，而不能加以选择。"③所以，在现象世界、历史的领域，他是个决定论者。怎样来把握历史的因果律？他说：

> 欲知古人，必先论其世；欲知后代，必先求诸古；欲知一国之文学，非知其国古今之情状学术不可也。④

就是说，对历史人物和事件，一要研究其社会背景，二要追溯其历

① 王国维：《国学丛刊序》，《王国维全集》第 14 卷，第 129 页。
② 同上书，第 130 页。
③ 王国维：《原命》，《王国维全集》第 14 卷，第 62 页。
④ 王国维：《译本琵琶记序》，《王国维全集》第 14 卷，第 133 页。

史渊源;要了解一国之文学,非了解其社会情状与文化学术的古今沿革不可。王国维对历史遵循因果律抱有比较坚定的态度,不像梁启超那么动摇。他的一些名著,如《殷周制度论》、《宋元戏曲考》等都能以丰富的资料作根据,"究其溯源,明其变化之迹",具体探索了历史现象的演化规律,作出了创造性的贡献。当然,他的历史主义也有其局限性,如把周初的政治制度和典礼的变革,归之"皆为道德而设",把元代杂剧发达的原因,归之"元初之废科目"等,这说明他不懂得唯物史观,不可能揭示出历史演变的根本原因。

第三,他强调要从个别与一般的统一来把握事物。他说:

> 天下之事物,非由全不足以知曲,非致曲不足以知全。虽一物之解释,一事之决断,非深知宇宙、人生之真相者不能为也。而欲知宇宙、人生者,虽宇宙中之一现象、历史上之一事实,亦未始无所贡献。①

就是说,要从曲和全,即从个别与一般、部分与整体的统一来把握事物。一方面,要深知宇宙人生真相,就要有哲学思想来作指导;另一方面,他认为宇宙间任何一个现象、任何一个历史事件,不分大小、近远,统统都要力求把握其真实。一方面把握全,一方面把握曲,归纳与演绎相结合,并作系统的历史的考察,才有可能把握所考察对象的"所以存在之由与其变迁之故"。这种治学方法,正

---

① 王国维:《国学丛刊序》,《王国维全集》第 14 卷,第 132 页。

如王国华所说,"虽有类于乾嘉诸老,而实非乾嘉诸老所能范围。其疑古也,不仅抉其理之所难符,而必寻其伪之所自出;其创新也,不仅罗其证之所应有,而必通其类例之所在。此有得于西欧学术精湛绵密之助也"①。就是说,不论是疑古还是创新,一方面尽可能把握丰富的史料,考证其真伪;另一方面要通其类,考察其是否与一般原理相符合。他这样自觉地运用个别与一般、归纳与演绎相结合的方法,显然已吸取了西方实证科学的精神,超过了乾嘉学派。

不过,所谓把握全,由全以知曲,归根结蒂是要把握揭示宇宙人生的真相的哲学。从这方面说,他的方法论有其局限性。因为他不懂得唯物史观,他受康德哲学的影响,以为因果律是主观的,断言"理之为物,但有主观的意义而无客观的意义"②。他认为,不论是作为知识的普遍形式(范畴)的理由,还是作为构造概念的知力的理性,都是主观的。这种先验主义观点削弱了他的方法论的科学性。

但王国维能从哲学的高度来讲治学方法,用实证精神来分析传统哲学概念,正说明他在某种意义上已把"可爱"的"纯粹哲学"与"可信"的实证知识统一起来了。他把他认为可爱的"纯粹之美学"与对中国传统的诗词戏曲的研究结合起来,提出了美学上的"境界"说,这是一个更为重要的贡献。

(署名冯契,原载《河北学刊》1987 年第 6 期)

---

① 王国华:《海宁王静安先生遗书序》,见《王国维全集》第 20 卷,第 215 页。
② 王国维:《静安文集·释理》,《王国维全集》第 1 卷,第 29 页。

《马克思主义原理教程》绪论（节录）

在当今世界上，没有别的学说像马克思主义那样，赢得了那么多人的赞成，又遭到了那么多人的反对，虽然赞成者和反对者未必全都真正理解它。

本书的任务在于尽可能正确而简明地阐述马克思主义的基本原理，以便帮助青年读者理解它。马克思主义不能强加于人，只有在理解的基础上，在自由讨论中经过比较，作出肯定的选择，才可说是真正赞成它。编写者期望，本书的阐述能给赞成者提供有说服力的论据，也给反对者的论点以适当的辩驳，使怀疑者能经过比较而解除疑惑。

（节录自冯契主编的《马克思主义原理教程》一书"绪论"，该书于 1988 年 7 月由上海人民出版社出版，这里节录的是定稿时冯契在"绪论"部分增写的内容）

我与陆良中学工作有关情况的回忆

1945 年前后，由我介绍到陆良中学的进步教师中，中共党员有刘国铁、董大成、黄知廉、李循棠、吴子见、何杨等；民青盟员有陈端芬、张进（张琴仙）、吴维芝等；进步青年有秦光荣（秦泥）、邓艾民、钱宏、刘以治、郑道津、马凌云、俞斯炎、廖克平等。以上不是党员的同志，后来大多成了党员。

最初去的几位同志中，董大成是由地下省工委派去的；刘国铁是与南方局联系的。当时地下党都是单线联系，刘国铁和董大成是两条线，上面跟谁联系是彼此不知道的。熊从周老县长是党员，我们也是不知道的。据我们知道未成立支部。我到陆良去时，请董大成、刘国铁、熊复来（熊当时不是党员）三人一起开了个会，明确以后有事由三人一起商量，刘为召集人，重大问题向熊老县长汇报。

陆良这个地方，从战略上说很重要。当时有熊老任县长是个有利条件，可以撒播革命种子。我们的工作，首先是要把学校办好，真正在群众中树立起威信来。这些，就是最初的考虑，也是当时上级党委的意见，经过同志们的努力，学校很快就改变了面貌，取得了群众的信任。于是便又有进一步的打算，如了解圭山地区情况，为熊老培养一批青年干部，等等。这些，也是向上级党委汇报了的。

1946 年 1—2 月,办县政人员训练班,就是想给熊老县长培养青年干部的一个步骤。过春节时,我和赵芳瑛到陆良去了,和参加训练班工作的许多同志(陆中教师和昆明去的其他同志)欢聚。

我只是做了点联系工作,未参加陆良中学的实际工作。董易(董大成)、黄平(黄知廉)是实际负责的。

(署名冯契(冯宝麟),原载《曲靖党史资料》第四辑,中共曲靖地委史志工作委员会编,1988 年 11 月印行)

中国传统文化研究的一个重要领域
——《中国伦理学说史》评介

近年来,学术界对中国传统文化的研究颇为热门,而总结和反思中国传统伦理思想,为现实生活中的观念变革提供历史的和理论的借鉴,则是一个缺门。然而,沈善洪、王凤贤经过多年的辛勤笔耕,率先写出了建国以后第一部《中国伦理学说史》(全书分上下卷,由浙江人民出版社出版),并已引起了国内外学术界的关注。

该书不满足于仅仅对历史上的伦理思想资料的归纳和叙述,而是力图运用历史和逻辑的方法,进行比较深入的研究。作者以人性问题为历代伦理思想论争的焦点,展开了中国伦理思想的本质特征的五个方面,即人性、道德起源和本质、道德规范、道德修养、道德理想,并以此为纲,统帅全书,主旨鲜明,一以贯之。同时又删繁剔冗,将中国伦理学说的发展分为六大阶段:(1)春秋战国时期。孔孟侧重"仁"的"先天道德"说与管荀侧重"礼"的"后天道德"说所代表的两种不同倾向,对传统文化、民族心理的形成与发展产生重大影响。(2)两汉时期。董仲舒的三纲五常伦理体系,使大一统的封建伦理思想及准则定型化和系统化。(3)魏晋南北朝隋唐时期。随着玄学兴起和佛学传播,儒家伦理思想经历了一个从否定到重新肯定的过程。(4)宋元明时期。以程朱陆王为代表的理学各派全面批判吸取玄学和佛学,使封建伦理思想趋于完备,但从此也开始了它的衰落过程。(5)明代中叶至清前期。启蒙主义思潮从各个方面对理学的封建道德进行批判和否定。(6)从鸦片战争到"五四"运动时期。西方伦理思想传入,资产阶级开始批判吸取传统伦理学说创造新道德的尝试。书中对中国伦理思想的特点和演变轨迹的揭示是否妥当完备,是可以讨论的,但是作者力求站在发展的高度来回顾历史,透过纷繁复杂的伦理思想,提要钩玄,使人读来似有一叶在掌、通观全局的感觉,这是与作者深厚的哲学素养分不开的。

该书力图用马克思主义的观点,对中国伦理学说史的一些重要的理论问题提出创见,并有所突破。其一,道德的剖析。作者指出,任何一个社会的道德首先必须是整个社会共同遵守的社会行为规范,但在阶级社会中却又是为统治阶级利益服务的,这实际上反映了道德现象的普遍性与特殊性的矛盾统一、抽象命题与具体解释的矛盾统一。其二,作者认为,应当把阶级评价与历史作用评价区分开来。既应批判封建道德的虚伪性、欺骗性,也应肯定它对维护国家统一、调整社会关系、限制剥削,以及促进中华民族的形成与融合及塑造民族文化传统、心理和习惯方面的积极作用与影响。其三,作者以敏锐的洞察力,从有助于深入洞察国情,有助于正确认识道德的社会作用,以及有助于建立适合我国国情的社会主义道德等三个方面,回答了研究中国伦理学说史的现实意义,从而对争论多年的关于伦理遗产的批判继承问题,发表了有一定说服力的见解,它是一部具有民族特色的伦理思想史专著。

该书不是将中国伦理思想作为一种孤立的现象，而是将它放在中国传统文化的大背景下，注意从政治、经济、哲学、宗教、艺术等广阔的视野上加以透视；不是凭主观的好恶去涂抹历史，或者仅仅是随感而发，而是在浩如烟海的伦理思想领域中做了艰巨的拓荒工作，广搜博采，寻踪觅迹，详细地占有第一手资料，做到语出有源、不为无据，因而使该书的论证显得丰富、厚实可靠。同时，全书脉络清晰，论证缜密，文笔朴实，深入浅出，具有较强的可读性。

（本文由冯契、李志林合作撰写，原载《人民日报》1989 年 6 月 2 日第 6 版）

怀旭麓

　　1988年12月1日晚上,从电话里得知旭麓猝然去世,正如晴天霹雳,令我大为震惊,悲痛不已。记得前不久见面闲谈时,都说起自己有许多工作要做,他便说:"我们都要争取活到廿一世纪,成为跨世纪的人。"我说:"我缺乏信心。你身体比我好,你行。"他说:"现在寿命都长了,七十小弟弟,八十不稀奇。活到八十几岁,就跨世纪了。我们都行的。"想不到他这个满有信心活到下个世纪的人,竟抛下他未完成的工作,突然与世长辞,这真是学术界难以弥补的损失!

　　我和旭麓是四十多年的老友了。建国前,因同为《时与文》撰稿,参加大教联活动,便已相识了。上海解放后,在筹备高教联和教育工会期间,接触就更多了。真可说是一见如故,我感到他为人爽直、热情,以赤子之心对待朋友,是很难得的。他邀我到大夏兼点课,我同意了。后来院系调整,成立华东师大,他和佛年都劝我正式到师大来工作,并且要我把家也搬来,旭麓有次说:"你搬进来,早晚可以一道散步、聊天、喝酒。"这使我想起了陶渊明的几句诗:"昔欲居南村,非为卜其宅。闻有素心人,乐与数晨夕。"

　　自从搬进了师大校园之后,在佛年、旭麓和我之间,确实建立了一种"乐与数晨夕"的关系,因此"文革"时,造反派便说我们是师大园内的"三家村",专门为此开了批斗会。在隔离期间,造反派还要我交代"三家村黑话",我说:"天南地北,无所不谈,谈过了也就忘了。"因为我说"忘了",被造反派骂了一通,说:"你们三个都是老顽固,死不交代!"其实,我说的"忘",也包含这样的意思:好朋友在茶余酒后聊天,有一种"鱼相忘于江湖"的乐趣。人生在世如果没有几个能平日聊天时"相忘",到困难时"相濡以沫"的朋友,那是会感到寂寞、空虚的。

我们之间谈得最多的是学术问题。旭麓和我专业不同,但都兴趣广泛,喜欢涉猎各种书籍。见面时介绍自己最近读了些什么新书,这几乎是每次谈话必有的一个内容。"奇文共欣赏,疑义相与析",这是可以使人欣然忘餐的。我们也经常把自己正在研究、思考的问题提出来和对方讨论,这种讨论是无拘无束的,互相启发和诘难,问题便忽然迎刃而解了。我提出"古今中西"之争制约着中国近代哲学发展的观点,是和旭麓反复讨论过的。旭麓在《近代史思辨录》中有关"革命与改良"、"中体西用"等文章,在写作时,也都曾和我讨论过。近年来,他在整理《中国近代社会的新陈代谢》一书,而我则在整理《中国近代哲学的革命进程》,讨论的问题便更多了。我于1987年夏把《革命进程》完成后,请他把全部书稿通读了一遍,他提出了许多宝贵意见,例如洪秀全与儒家的关系,胡适和西北的关系等,他的指正,我基本上都采纳了。他本来说等《新陈代谢》一书完成后,也要请我通读一遍,但是很遗憾,他竟抛下他凝聚了数十年心血的手稿走了!

旭麓本来应该多活若干年,多留下几种著作再走。他是个热爱祖国,富有理想,决心把毕生精力贡献给人民事业的杰出的史学家。然而我们中华民族是那么多灾多难,我们祖国前进的道路是那么坎坷不平,总是使得有心报国的人难以尽其才。而且,在今天,王充所慨叹的"庸人尊显、奇俊落魄"的不合理现象还到处存在,王符所指斥的"言方行圆,口正心邪,行与言谬,心与口违"的伪君子也并不少见。旭麓是个有侠义心肠的人,见到虚伪的、不合理的现象,便横眉怒目,甚至拍案而起,因此难免得罪了一些人,并使他长期受到了不公正的待遇,这也影响了他的才能的发挥。近年来,他的心情好了一些,但是死神却夺去了他的生命,真是令人惋惜、悲痛!好在他已培养了一批弟子,相信他的著作还是可以整理出来,传之后世的。

（署名冯契,原载《陈旭麓先生哀思录》,1989 年印行,后收入上海历史学会编《上海史学名家印象记》,上海人民出版社,2012年）

坚持价值导向的"大众方向"①

这个题目很重要,很好,很有理论意义和现实意义。在改革开放的条件下,要进行社会主义建设,发展有计划的商品经济,在这个情况下导向应该怎样,很有意义。我没有研究,想了一下,是否这个道德的导向问题,也不能脱离一般的价值取向问题,应该从一般的价值观来考虑伦理学的价值导向问题。从价值论的角度来考虑,不仅善,而且美、真、功、利都有一个价值导向的问题。从这个角度看,价值导向就是要坚持价值观的大众方向。大众方向,用的是周恩来的词。毛泽东同志在《新民主主义论》中指出要建设"民族的、科学的、大众的文化",周恩来对此作了进一步发挥:新文化要有"民族的形式、科学的内容、大众的方向"。大众的方向可以作为一般的价值论的取向。这个问题展开来有三点:1.什么是价值观上的大众方向,我们赞成什么样的导向? 2.坚持价值观上的大众方向,要批判什么? 3.世界观人生观教育如何引导?

---

① 本文是冯契 1991 年 6 月初在华东师范大学哲学系主办召开的"改革开放与社会价值导向"全国学术研讨会上的讲话记录稿,由朱文秋根据记录整理。

一、价值观的大众方向的意义

　　毛泽东提出这个问题,周恩来讲大众的方向,皆是就文化而言,是从文化上来说建设民族的、科学的、大众的文化。一百年来古今、中西之争,关于如何继承民族传统向西方学习,马克思主义如何同中国实践结合,怎样改革开放,也是这个问题。要同中国的国情结合起来,使文化实现民族的形式、科学的内容、大众的方向。文化的核心问题是价值,创造文化就是要创造价值,这就有了价值导向问题,共同的价值取向问题。大众的方向上,文化的价值就应像毛泽东所说的,必须是能使人民群众得到真实的利益的东西,才是好的东西①。所谓好,就是广义的价值。一切好的东西,都以真实的利益,以满足人民的需要作为内容。一切好的东西,包括真、善、美,一切有利于人民的事,一切文化上的创造都是为了使广大群众得到真实利益,以人民群众的目前利益和长远利益的统一为出发点。这样讲利不是说就是忽视了精神价值。一切精神价值,就起源来说都不是超功利的,都是为了得到真实利益。但精神价值都有内在价值,从人性的自由发展来说,精神价值本身是目的。建设社会主义,解放生产力,丰富社会财富,根本目的是培养人,使人得到自由发展,是为了建设"每个人的自由发展是一切人的自由发展的条件"的社会,不能对人民群众的真实利益片面认识。要把功利和道义,功利的价值和精神的价值统一

---

① 参见毛泽东:《在延安文艺座谈会上的讲话》,《毛泽东选集》第3卷,第864—865页。

起来,目的是为了实现理想。正如马克思所说:我们的事业是为了人,也是由于人。为了人,就是要培养社会主义的、共产主义的新人。由于人,就是通过人民群众自己来培养教育自己、靠自己的手脑建设社会主义,共产主义不靠上帝、救世主和什么人的恩赐,自己解放自己,自己把自己培养成新人。大众方向就是把人民大众培养成新人,途径是人民自己培养自己,不能把群众看成是阿斗,认为自己是诸葛亮,是来教育阿斗的。而应让群众心悦诚服地接受马克思主义教育,让群众认识自己的力量,以自由意志参加解放事业、共产主义事业。李大钊提出个性解放和大同团结相统一,这是一百多年来先驱人物的理想在"五四"时期的总结。中国近代存在两个运动:反封建,个性解放;反帝国主义,建立理想社会、大同社会。两个运动达到一个统一目标,即个性解放和大同团结的统一,是合乎科学的,合乎《共产党宣言》所说的"每个人的自由发展是一切人的自由发展的条件"的理想。这也就是大众的方向的目标,这一目标是由群众自求解放达到。这就是价值观的大众的方向的含义。

二、坚持价值观上的大众方向,必须反对权力迷信、拜金主义和伪君子

自由是历史的产物,价值观是社会历史条件的需要。马克思把社会历史分为三个阶段。最初是自然经济的阶段,以人的依赖关系为特征;商品经济的社会,以建立在物的依赖性基础上的人的独立性为特征;共产主义社会,既摆脱了人的依赖关系,也解脱

了对物的依赖性,人的个性、能力真正获得了自由发展。

马克思认为自由劳动是人的最本质的东西,自由劳动的主体是劳动着的人。所以大众的方向就是要使劳动者逐步获得自由,但在第一、第二阶段,劳动的异化是不可避免的。劳动异化现象在自然经济条件下表现为权力迷信。上级有权力,下级处于服从地位,为了维护这种依赖关系,伦理学上就用“三纲”等道德规范。商品经济条件下,物的依赖性、劳动异化表现为商品拜物教和拜金主义。虽由于人的独立性发展,人的才能、生产能力有了发展,但财富、货币造成了对人的束缚以及利己主义,由此破坏了爱和信任的关系。这是不可避免的。中国 1840 年以来的半殖民地半封建社会,以自然经济为主,资本主义商品经济没有得到充分发展,但毕竟有所发展,反映到意识形态上,就是权力迷信和拜金主义都有,两者常常结合。讲价值观的大众方向,就要反对权力迷信和拜金主义,反对这种异化。1949 年人民革命取得伟大胜利,社会主义建设也取得了伟大成就。但毕竟是从旧社会过来的,旧社会的痕迹不是那么容易去掉的,有千百年来的习惯势力的影响。权力迷信相当害人。个人迷信造成了“文革”的严重后果;改革开放,大力发展商品经济,产生官倒现象,官僚主义相当严重。所以,二者严重腐蚀着社会主义社会和党的肌体。坚持价值观的大众方向,要坚持不懈地反对权力迷信和拜金主义。我的观点是一定要反对上述二者。

同时,反对、克服不那么容易。中国社会如鲁迅所言,有顽固的劣根性。中国儒家过去用礼教维护封建等级制,后来自己破坏礼教。表面装着遵守,礼教虚有其名,名不副实,产生伪君子,假道学。表面看来体面，骨子里是价值观的虚无主义，对自己提倡的也不相信。

　　一切的价值，善、美、功、利，包括科学本身在内，一切好的东西都要以真为前提，基本的：一方面要符合社会发展的方向，符合客观真理；另一方面，人民群众的真实利益的要求，是人民群众的真实需要。两方面的结合是一切价值的基础。只管好听，不符实际，造成逆反。价值领域，虚伪是最大破坏，表里不一，言行不一，破坏价值。现在讲克服信仰危机，当然有客观的原因，大气候的原因，但不能责怪群众，克服要多方努力，但领导阶层说真话，心口如一，言行一致很重要。不然的话，说明领导自己没有真正的信念，怎么引导群众？反对权力迷信、金钱崇拜，同时也要反对伪君子。

三、关于世界观人生观教育

　　导向有一个引导的问题，教育的问题。人的培养、教育的最核心问题是价值观问题，要坚持自觉自愿的原则。教育者不能摆导师的架子，即使是很好的教师也不要摆架子。鲁迅从不摆诸葛亮的架子。李大钊说：对群众不能摆出教育人的架子。以诸葛亮自居，群众就是阿斗，就是被动。教育者自身要受教育，做群众的学生（毛泽东语）。马克思主义不能强加于人，应在群众理解的基础上，通过自由讨论，自觉自愿地选择。党的群众观点、群众路线包含有反对命令主义，反对尾巴主义的意义。忽视自愿，片面强调自觉、强调提高认识，可能会犯命令主义的错误。反之，可能会犯尾巴主义的错误。防止这两个错误要求二者结合,理智与意志的结合,提高理性认识和意志自由的结合。坚持二者结合,决不能对群众采取独断的教条式的态度,要与人为善,平等自由讨论,百家争鸣,不能强加,因为群众的需要、觉悟是不同的。应根据不同的情况引导群众前进,不能有划一的标准,不能用千篇一律的办法。价值观是多方面、多层次的,因人而异的,每个人品德的培养要经历过程,不能一下子达到理想。在一定的历史阶段、一定的社会组织之间有共同的价值原则、共同的规范,但还是要看到千差万别的情况,看到程度、层次的差别。例如劳动态度,社会主义条件下,劳动是共同的规范,但劳动态度还是可以有不同层次的差别。焦裕禄是共产主义的不计报酬的劳动态度的榜样;很多同志辛勤劳动,按劳取酬,维持生活,也是社会主义的。个体劳动自己赚钱,对发展生产有贡献。价值观上要有宽容精神,不强求一律。共同的原则、规范要宣传,高标准如焦裕禄要宣传,个人劳动对社会有贡献的都要肯定。要在不同的基础上引导群众,每个人品德的培养也是要经历过程的,不可能一下子就达到理想。总之,价值观上要有宽容精神。道德的因素在各价值领域都很重要。

　　不妥之处,请批评指正。

"中国近现代社会思潮研究丛书"总序

　　从鸦片战争开始的近代一百余年间,中华民族面临着前所未有的文化挑战和民族危机,中国社会发生了甚至春秋战国时代也难以与之相比的激烈动荡和深刻变迁。这是一个由封闭走向开放,由专制走向民主,由农业社会走向现代化工业社会的转折时期。围绕着"中国向何处去"的历史中心问题,中国的思想界不断掀起轩然大波,形成了思潮蜂起、波澜壮阔的历史图卷。略举荦荦大端,其中即有进化论思潮、社会主义思潮、无政府主义思潮、民族主义思潮、唯意志论思潮、自由主义思潮、文化保守主义思潮、佛教复兴思潮、科学救国思潮、平民教育思潮等等。在短短百年间,特别是在 19 世纪末至 20 世纪前半叶的数十年间,如此多的思潮纷呈涌动,在数千年的中华文明史上可以说是没有前例的,它集中地表现了中华民族在近代历史条件下,思想的空前活跃,争鸣的空前激烈,精神的迅速高扬。就具体的思潮而言,它们可能是有得有失,有积极面有消极面,有的甚至可能是负面影响大于正面影响;但是,思潮蜂起的总画面表现了民族精神在寻找救国救民、走向现代化的道路,这一点是毫无疑问的。正是在这一长期艰苦的探索中间,形成了值得珍视的近代文化传统。

　　说及传统,人们通常容易只理解为古代传统。诚然,中国古代有悠久的文化传统,需要我们去批判地继承,为发展社会主义的新文化服务。但是,构成当代人直接精神背景的,决不是原封不动的古代文化传统。古代文化中那些在当代生活中依然有生命力的东西,大多是经过近代历史的筛选,并发生了不同程度变形的东西。中国近代是中西文化冲撞、汇合的时代,西风东渐,文化的渗入,思潮的传输,在中国这片国土上形成了既不同于古代中国又不同于近代西方的特点。即以我们前述诸社会思潮而言,它们中大部分经过了西方的媒介,但几乎无一例外都与它们在发源地时有相当的不同。中华民族历来是富于创造性的民族,近代严峻的历史条件的挑战,更激发了她的创造性。所有这一切,即古代文化传统在近代的转变,西方文化的传入及其与中国文化的融合,近代民族文化的独特创造,就构成了中国近代的文化传统。这是对当代中国人更有影响力的文化因素。我们只要回顾一下当代文化讨论中的许多问题,大多是在近代史上已经反复争论过的问题;某些当代人的思想观念、精神倾向完全可以在前几十年中找到模本,就不难理解近代文化的这种持续性、连贯性。其中,既有许多历史的经验与教训,也可以深入寻访历史发展的趋势与规律。

因此,加强对中国近代社会思潮的研究,把握近代文化传统,进而把握历史的流向,无论对于推动中国近代社会、思想、文化的学术研究,还是作为历史的反思,给现实提供一种有益的借鉴,都有不可低估的意义。但是,因为种种原因,近代社会思潮研究在我国学术研究中还几近空白。现在,上海人民出版社同意出版这套"中国近现代社会思潮研究丛书",是很令人高兴的。

　　本丛书的宗旨，是以在中国近现代历史上曾经发生过重大影响的社会—文化思潮为对象，通过描述这些社会思潮的兴衰、演变、交错迭代的轨迹，提供一种研究近现代社会历史的新视角。丛书的每一部著作都对某一社会思潮中的人物、流派、思想作动态的研究，并对其社会根源、影响及教训作多侧面的理论探索，全套丛书汇总，希望能够帮助人们达到对中国近代社会—文化变迁的某种总体性理解。

　　收入本丛书的著作，它们所研究的，可以主要是哲学思想，或者政治思潮，或者文化及宗教思潮，即每一部著作的侧重面可能颇不相同，但作为丛书整体，强调的是社会思潮。换句话说，不管这些思潮的侧重面在哪里，它们都是对整个社会发生广泛影响的思潮，而不是只在狭窄的专业圈之内发生影响的理论。所以，收入本丛书的著作与一般的近代哲学史或思想史的著作将有很大的不同，它常常需要跨越政治、哲学、宗教、文学艺术、教育乃至俗文化、社会生活方式等诸多领域，从而反映出社会思潮自身的广度与深度。在方法上，本丛书注重研究在中国近代特定的社会历史条件下，西方思想如何传入并影响中国，而中国古代传统又如何被发掘、继承及转化，从而使形成的一系列社会思潮既具有时代特征，又富于民族特点。由于其中相当一部分社会思潮是在西方同类思潮的传播下发展起来的，所以为了把握它们的近代民族特点，又需要通过中西比较的途径。我们希望借助这种研究跨度和研究方法，提高社会思潮研究的学术价值，以期引起多种学科的专业工作者的注意，同时也可以帮助一般读者对中国国情与近代传统获得进一步的认识。

　　本丛书的作者,多为从事中国近代哲学、思想、文化研究的中青年学者,他们思想敏锐、神旺笔健,学养也日臻丰厚。收入本丛书的著作多系他们近年来的研究成果,现在奉献给读书界。能够得到广大读者和专家的批评指教,并因此有助于推进对中国近代思想文化的研究,是我们共同的期望。

冯契

一九九一年七月

在"牛棚"共处的日子里

在"文化大革命"之前,我和常溪萍接触是比较多的。他在思想上和工作上给了我许多帮助。他党性强,作风艰苦朴实,平易近人,始终是我学习的榜样。他和我住处相距不远,他有什么事要与我商谈,就亲自上我家来。我也常到他家里去。夏夜,我经常到他家院子里乘凉,与他谈哲学问题;有时,他还要我评论他的墨迹。

"文化大革命"开始不久,常溪萍就遭到诬陷和迫害。我由于是所谓"反动学术权威",在上海社会科学院也被"揪"出来了。于是我们就停止了往来。但在1967年底的一个晚上,我被几个戴着大口罩的人绑架到华东师大第五宿舍三楼的一个"牛棚"被隔离了。接着,常溪萍也被押送到这里。这样,我们就成了"牛棚战友",在一起生活了四个月之久。

这个隔离室窗子上装有铁丝网,日夜有"造反派"轮流看守,大小便也有人跟着。开始时关了四个人。除常溪萍和我之外,有一个是所谓"反动学生",他跳楼自杀,没有死,跌坏了脚,不能走动了。还有一个是教师,他和"造反派"吵了一通,深夜里上厕所,趁着看守的人不防备,从三楼的窗子跳了下去,据说受伤很重,送到医院后死了。"牛棚"的气氛是够紧张的。不过我从来没有想到自杀,我相信常溪萍更不会,他比我坚强得多。

他不承认自己是"大叛徒",专案组的人常常训斥他,骂他,指责他在交代中这也"翻案",那也"翻案"。他总是回答说:"我相信党,相信群众!"有时,来外调的人要他写材料,威胁他,说他"包庇别人,罪该万死"!他总是回答说:"我实事求是。"他从不跟"造反派"顶撞,但是柔中有刚,坚持原则。这种不卑不亢的态度,正说明他的坚强。

他不断地被拉去大会、小会批斗,多次遭毒打。如何毒打,我虽没有看见,但他夜里在床上呻吟,翻个身都忍不住喊痛,我是听见的。有一次呻吟得很厉害,看守的人把专案组的人叫来,来人就训斥他:"妈的,你喊痛啊!挨打是活该!"一次,我在打扫楼梯,见常溪萍上楼来了,他扶着墙,一步一停,摇摇晃晃就像要跌倒的样子。我赶紧下去扶他,问他:"又挨打了?"他摇摇头,说:"我跌了一跤。"明明是挨了打,但他却否认,那是因为在当时若他对我说"挨了打"而被专案组的人听见,那么我们两人都很可能要受到训斥和写交代的。

在这期间,政教系"造反派"召开了一次所谓"批判修正主义建党路线"的大会,拿我作主要靶子进行批斗。常溪萍当然也被拉去了。令我吃惊的是:在进门时,我虽然被吆喝了一顿,挨了两拳,还不能算是毒打;而常溪萍却被几个打手围住了,劈里啪啦地左右开弓打他耳光,不知打了多少!批斗的内容无非是说我是"反动学术权威",是被常溪萍等拉进党内,长期受他们包庇的;还把常溪萍如何支持我工作、关心我的生活的一些事例,都当作"罪行"来揭发批判;而结论则是:应立即把我清除出党。这天晚上,我想了很多:我感到迷惘,因为是非黑白完全被颠倒了。常溪萍爱护知识分子,是为了党的事业。他曾不止一次地对我说:"要办好学校,党要爱护专家,支持专家的工作;但作为党员专家,首先要意识到自己是党员,要努力为党的事业作出贡献。"他这话给了我很大教育,我一直记着。我又感到难过,我连累了常溪萍。这次我可亲眼看到他遭到了毒打。

在"牛棚"里,我的处境比他要稍好一些。进"牛棚"不久,我便向专案组提出要订一份《人民日报》。常溪萍说:"算我们两人合订的吧,轮流付报费。"这份报纸,便成了我们共同学习的资料。除了《毛泽东选集》是进"牛棚"时都带着的以外,我又请专案组通知家里把《马恩选集》、《列宁选集》等书送来。常溪萍有空时(即不被批斗、不写交代时)就学习,读他自己带着的《毛泽东选集》,也借我的书去看。他学习很认真,还常写学习心得之类。后来,看守比较放松了些,晚上值班的往往早走,于是我们两人便交谈三言两语,也不敢多谈,因为看守的人随时可能回来给以训斥。交谈的内容主要是学习。常溪萍有时问我:"读马、恩哪些著作最能帮助理解《实践论》?"有时也发表一点议论:"毛泽东思想,集中了一切哲学思想的精华。以后,还得抽出时间好好学习。""以后"二字是指脱离"牛棚"以后,这在我们交谈中,是彼此心照不宣的。他这话正说明他对未来充满着希望和信心。

常溪萍在"牛棚"里也对我很关心、爱护。有时,我咳嗽了(我患慢性支气管炎),他就问:"你要药么? 我有药。"这真是"相濡以沫"了,对我是莫大的安慰。还说:"天暖和起来了,叫家里给你送衣服来吧!"我也问他:"你还感到肝痛吗? 对专案组说说,请医生看一看!"常溪萍这时已被折磨得很瘦弱了,他患有肝炎、糖尿病,未能得到治疗。他每顿饭都是到肝炎病房的食堂去打饭菜拿回来吃,我看他饭盒子里装的越来越少,胃口显然是越来越差了。不过,到食堂去打饭菜,起初是有人跟着的,后来让他独自来回了,这说明对他的管制似乎放松了一些。

1968年4月下旬,我被通知离开第五宿舍三楼的那个"牛棚"转移到楼下,和政教系其他几位教师在一起。虽然仍然是隔离,但平时可以到室外劳动,星期天可以请假回家。常溪萍也被转移到楼下,他独自被关在一个房间里,但没有人值班看守了。我当时以为,我们两人的处境都稍有改善,也许常溪萍和我共同盼望着的"以后",很快就会到来。

但是我估计错了。一个月之后,我在劳动时突然听人说常溪萍"跳楼自杀",送到医院就死了。我吃惊地叫了一声,不禁热泪盈眶。专案组的人把我叫了进去,训斥说:"常溪萍死有余辜!你兔死狐悲!"

对常溪萍的死,我心中一直打着问号。我根本不信"跳楼自杀"说。

我原来以为,以后,我还有机会同他一起乘凉谈哲学问题的。这个"以后",终于没有来到。但是常溪萍在逆境中坚持原则,勤奋学习,关心他人的崇高品德,深深地印在我的脑子里。常溪萍永远是我学习的榜样。

(署名冯契,原载《常溪萍》,中共莱西市委办公室编,1991年9月印行)

论社会伦理关系和道德品质

道德理想化为现实，包括两个方面：一方面是社会伦理关系，另一方面是有道德品德的人，即人的品德。

一、社会伦理关系

道德理想化为现实，规范体现在人际关系之间，就成为伦理关系。用中国传统哲学的范畴讲，主要是仁和义的关系，也就是人与人之间公正的、正义的关系以及人与人之间爱和信任的关系。这种关系得到增进，得到发展，对社会组织就起了极大的巩固的作用，就具有道德凝聚力。

1. 社会伦理的凝聚力

一定的伦理关系首先是在客观的经济政治条件下自发地形成的。"仓廪实则知礼节，衣食足则知荣辱"(《管子·牧民》)这句话还是正确的。具体地来说，在社会经济发展到一定阶段产生了家庭，在这个基础上产生了维护家庭、维护一夫一妻制的伦理，如孝道、贞操之类的道德。社会伦理都有其客观基础。社会的组织都是在一定的历史条件下形成的，不论劳动组织、家庭组织，还是学校、教会、政党、国家等社会组织，既形成就需要一种道德的凝聚力，都有其伦理的性质。适应一定社会集团的道德理想、道德规范,通过人们有意识的道德行为,反作用于现实,就起了极大的积极作用。如孝道对家庭、对宗法制起了巩固作用,爱国主义对国家组织起了极大的巩固作用。

道德凝聚力具体表现在三方面:(1)使群体有明确的正义目标,大家同心同德为这一目标努力奋斗,来维护这种社会组织。(2)使这个社会组织中间的个人与个人之间有一种爱和信任的关系,个人在集体中受到尊重,有一种幸福感。(3)形成道德风尚、社会舆论,渗透到社会生活的各个方面,如在中国旧社会中,孝、节等观念,凭借社会风尚、社会舆论,就维护着宗法制,维护着家庭,这种力量是很大的。在近代反帝斗争中,爱国主义深入人心,谁要有叛国行为,当汉奸,则全国共讨之。

这种道德的凝聚力有很大的作用,它起着把一个民族、一个阶级发动起来进行伟大的行动的作用。伟大行动当然有客观的社会经济、政治根据,但是能够使全社会动员起来的道德力量是很重要的。进行革命、战争等伟大的行动,就要使参加行动的群众都意识到自己参加的是正义事业,自己在道德上是合理的,于是就受到道德风尚、社会舆论的鼓舞。如抗日战争中,中国人有一种巨大道德力量的支持,感到我们反对侵略战争是正义的。爱国主义使中国人受到极大鼓舞,在战争中成为团结全国人民的伟大力量。战争的胜利确实使中国人扬眉吐气,觉得我们反侵略战争的正义事业得到胜利,大大提高了民族自豪感,提高了爱国主义的精神。后来在反对蒋介石集团的斗争中间,在抗美援朝的战争时期,我们民族的道德凝聚力不断地得到加强,这是很重要的。

但是很可惜,后来中国人犯了很大的错误,"文革"期间以至最近,道德凝聚力遭受到很大破坏。这里蕴含着极大的危险。如果民族所从事的事业,不能加强道德凝聚力,不能使大家同心同德,反而离心离德,那是很危险的。其实任何一个团体,任何一个社会组织,它要坚强的话,就需要一种道德力量。小到一个家庭、一个学校、一个劳动组织,都需要道德力量,需要爱和信任、公正和正义的关系把大家团结起来,同心同德地去工作。

2. 文明的交际方式

道德行为就其内容来说,在于巩固和发展合理的人际关系,使社会组织具有道德的凝聚力;它还有形式的方面,即文明的交际方式,亦即中国人讲的"礼"。封建礼教需要批判,但文明礼貌、文明的交际方式,在任何社会都是需要的。道德的内容、合理的人际关系要用语言、动作、仪式等等表现出来。而用语言、动作、仪式来表现的方式,应是文明的,而不是没有文化的、落后的、愚昧的、封建的方式。中国过去讲礼,以为礼有"节"和"文"的双重作用。一方面是节制,因为人们之间的欲望、爱好、意愿往往有矛盾,个人利益与集体利益之间也常有矛盾,这便需要有适当的节制,要用道德规范来作为权衡的标准,运用意志力量来对自己的情感、欲望有所节制,以便使自己的行为真正能起到巩固合理的人际关系的作用。另一方面是"文",即文饰、美化。荀子解释礼说:"称情而立文,因以饰群。"(《荀子·礼论》)这就是说,礼是和人的情相称的,有文饰、美化的作用。人们在交往时讲礼节、礼貌,讲仪式,对群体、个人的行为都有美化的作用,甚至可以说使伦理关系取得了艺术的形式。儒家是把礼和乐放在一起讲的。为什么要礼乐并举？因为使礼成为美化的艺术形式，可以陶冶人的情趣。封建礼教中许多是糟粕，儒家的礼教讲得很烦琐。但我认为以"节"和"文"的双重作用作为礼的基本精神是好的，各个社会都需要文明的交际方式，发挥节和文的作用。

"节"和"文"也有心理学方面的依据。人生来具有一种内在的本能冲动，通过社会生活，对人的本能的欲望就要有所节制，也要美化。按弗洛伊德的学说，这些本能受到抑制，就会产生变态。过分的压抑是不好的，但要适当的节制。同时，如果能加以美化，把它升华到文学艺术，就可以在文化的创造中起到作用。所以正是有这种"节"和"文"的作用，使出于本能的欲望越来越成为人的，越来越成为合理的，使人的情感、欲望越来越取得文明的形式。我们并不赞成禁欲主义观点。如果我们仍然用传统的"仁"和"义"的范畴来说，仁就是以"爱"为内容，爱，当然在人的本能方面有根据。"义，利也"（《墨子·经上》）。利，最后的根据是快乐。所以讲仁、义决不是以禁欲主义去压抑自己，但是作为仁义根据的爱心、情感和避苦求乐的欲望，确实需要加以"节"和"文"。所以这个学说，包含合理的见解。我认为"节"与"文"的学说是儒家的一个贡献。在批判了儒家封建的、烦琐的东西后，我们今天还是讲交际方式要文明。这种文明的交际方式，对于培养人的品德和建立合理的人际关系是必要的。应该通过教育，从小培养儿童、青年的文明习惯，使这种交际方式习以成性，道德规范取得现实的形态。

3. 礼和法、伦理和法制的关系

中国古代哲学有礼法之争，即伦理和法制之争：是伦理重要，还是法制重要？后来演变为王霸之辩，或者说人道原则和暴力原则的争论。儒家强调以德服人，反对以力服人。法家主张用暴力，用刑法使人民服从统治者的权威，以为只有这样才能有好的道德风尚。按法家的理论，首先要有法制、刑法，然后才有道德。后来汉代统治者讲"霸王道杂之"①，即采用暴力与德教并用的两手策略，对人民一方面欺骗，一方面镇压。在封建社会剥削阶级统治的条件下，道德和法制的关系不可能真正得到解决，即使王霸杂用，这并不等于说是从理论上实践上真正解决了德教和暴力二者的关系。因为剥削者对劳动人民讲德教，总是包含有掩盖残酷剥削的非人道的性质；而说用法治就能加强社会伦理更显然是骗人的，事实上镇压劳动人民，最后总是官逼民反。所以在旧社会，这个问题不可能真正解决。但要建立一个合理的新社会，也需要解决法治和伦理的关系。英国哲学家边沁讲社会制裁包括经济、宗教、道德、法律。经济和宗教的制裁作用，我们这里不去讲它。但进到道德、伦理领域，道德的约束和法律的制裁关系，确实是很重要的问题。

法律规范和道德规范有区别：法律规范是国家颁布执行的。国家对敌人是暴力机关。在人民的国家，维护国家安全的法，也有其暴力一面，用以对付敌人、对付破坏人民国家的罪犯。同时，法律对于国民也有强制性质，违背法令要受处罚。这就是法律的制裁。但是真正的人民的法律，应该贯彻道德的精神，体现人道的原则，对人民进行法制教育，要使人民自觉自愿地来遵守。人

---

① 班固：《汉书·元帝纪》，《汉书》，第 277 页。

民国家的法律与过去的法律不同。过去的法家"以吏为师","以法为教"(《韩非子·五蠹》),即还是统治者讲了算数,广大人民只能被迫遵守。我们进行法制教育,要人民以主人翁态度自觉自愿地遵守。这是真正的教育。但尽管如此,法律总是具有外在的强制性。侠以武犯禁,有些义侠行为在道德上可赞赏,但犯了禁也要受法律制裁。有些行为不道德,但只要守法而不违法,就会受到法律的保护。

而道德对人的约束力是内在的,它诉诸良心。当然,道德的约束是依靠社会舆论来鼓励和制止的。社会舆论对违背道德的行为要谴责,对有道德的人,则给予荣誉。但舆论对行为的道德评价总是诉诸人的理性认识,通过教育的方法来唤醒人的良心。人如在道德上有所违背,则人自己内心就觉得惭愧,感到羞耻,这就是受到良心的责备;而遵循道德规范行事,则使人心安理得。所以,道德的评价不是法律上的赏或罚。法律由司法机关执行,因而一定要明文规定。制订法令要求合乎文法,逻辑严密,以免产生歧义。道德却只有少数的明文规定,如党纪,在党章中有规定。一些社会团体里,也可以规定一些守则、规则,如教会的有教规。但道德规范大量的不是明文规定的,而是在习惯中形成的,在一定的社会组织中得到公认。因为道德规范、文明礼貌多数是不成文的,所以极容易被曲解。曲解了就可以造成虚伪,可以产生假道学。近代社会联系越来越复杂,不像以自然经济为主的古代社会那样单纯。从整个社会来说,是需要实行法治。民主与法制不可分割。法制不健全,政治也不可能民主化。所以社会越是近代化、民主化,法制就越重要。但在民主社会中,法制一定要贯彻道德精神。近代社会人际关系越来越复杂,社会就更需要道德的凝聚力,所以进行道德教育,提高全民族的道德,这是非常重要的。

4. 中国近代的伦理变革

中国过去称为礼义之邦,有一套非常完备的封建宗法制度的道德规范的体系。古代的帝王标榜以孝治天下,就是把家长制下形成的家庭伦理,扩大到国家、扩大到政治组织,把君臣关系说成是和父子关系一样,这就使得当时的政治有了道德的内容,显得温情脉脉。在中国的传统观念中,君为臣纲和父为子纲是相互联系着的,政治与伦理有其一致性,哲学家再用天命来给它作论证。这一套是在自然经济基础上的人的依赖关系的反映。近代思想家对这种旧的伦理关系发动了多次的抨击和批判。近代思想家感到中国旧伦理对人的束缚非常大,因为旧伦理强调人的依赖关系,在下者要依赖在上者,依附于在上者。君为臣纲、父为子纲、夫为妻纲,片面地强调依附关系,就使人失去了人的独立性。旧的封建伦理强调人的依附关系,而近代进步思想家则强调人的独立性,这是根本不同的。孔孟说"言必信,行必果"并不重要,认为这仅仅是小人之事。孔孟的这一论点受到近代进步思想家不断的批评。严复说,在民主制度下,你说我说话不算数,是侮辱我的人格,我马上与你决斗。如你自己言不信,行不果,就表明你不自尊也不尊重别人。对近代人来说,人格独立,对自己言行负责,应摆到第一位。这同旧时代的纲常名教确是根本对立的。所以近代思想家都认为要进行道德革命。梁启超提出道德革命的口号;章太炎写《革命的道德》等著作;"五四"时期新文化运动中那些主将,用新道德反对旧道德,集中对旧礼教进行批判,鲁迅的《狂人日记》抨击礼教吃人,陈独秀讲伦理的觉悟是最后的觉悟。就整个价值领域的革命来说,道德是首当其冲的。当然,道德问题的真正解决,需要改革政治制度,变革经济基础。后来的认识比较深入了些,但在道德伦理领域,究竟如何进行变革?虽然激烈的言论甚多,但是其成绩现在看来并不很大。尽管讲道德革命讲了很久,要言必信,行必果,讲独立人格,可是理论上的探讨也不够。由于道德与政治关系密切,马克思主义者产生过分强调阶级性的倾向,对旧道德作了许多"左"的批判,结果还是搞个人崇拜。个人崇拜就是变相的家长制,变相的君为臣纲。仅这点就可以说明社会伦理观念和习惯势力的顽强。对道德的批判继承问题争论了很久,可是在理论上和实践上没有得到解决。在我看来,主要问题在于把道德和政治捆绑在一起,忽视了道德的特殊性。有一种流行观点,认为德育就是进行政治思想教育,而政治思想教育要服从于政策,可是政策又是经常在变。这怎么能从道德上培养人? 政策老变,思想教育今天这样讲,明天那样讲,结果只能培养随风倒的人。这对道德伦理是破坏。有一个观念是梁启超提出来的,他说,君使臣以礼,臣事君以忠,"全属两个私人感恩、效力之事",根本不涉及个人对国家、对群体应尽的道德责任。讲感恩效力的私人关系,把社会伦理变成了私人之间的关系网,便没有了个人对群体、对国家的道德责任,便不是真正的爱国主义、集体主义精神。中国人过去的伦理观念,一方面缺乏人格的独立性,忽视自愿原则;另一方面,讲人的道德义务并不是个人对国家、对集体负责,而是看成应服从有恩于自己的个人,服从在上者。

　　道德变革的问题很复杂。因为道德规范与社会习俗、习惯势力密切相关,而社会习俗、习惯势力的惰性很大,用疾风暴雨的方式难以奏效。长期在自然经济基础上形成的宗法观念,当然会随着商品经济代替自然经济、工业社会代替农业社会而逐步改变,但还是需要大家从理论上阐明这个问题,同时从教育各方面来培养新的伦理关系。道德革命的目标主要是要反对那种与人的依赖关系相联系的规范,与此同时也要反对与对物的依赖关系相联系的规范。中国问题的复杂,恐怕就在这里:在半殖民地半封建社会,权力与金钱结合在一起,官僚和奸商结合在一起,权力迷信与拜金主义结合在一起,这样就使得道德革命、思想革命非常艰巨。从积极的建树方面说,道德革命要求建立李大钊提出来的人道主义和社会主义统一的、个性解放和大同团结统一的那样的伦理关系。这是十分艰巨的事业。李大钊提出的这一理想和鲁迅所说的那种觉悟知识者的人格,是我们奋斗的目标,要从这样的高度来看近代社会的伦理改革。当我们方向对头的时候,社会确实进步很快。如抗日战争、解放战争和建国初期,在革命群众中间,权力迷信和拜金主义受到蔑视、受到批判,整个社会的道德凝聚力在增长。但是后来个人崇拜受到鼓励,权力迷信大大增长,发展到“文革”,干部被迫作假检讨,无数群众迷信权威,后来发现是受骗上当。所以许多人都感到自己受到了侮辱,受了良心的责备,道德的凝聚力受到很大损害,干群之间、党和人民之间伦理关系遭到破坏,离心力增长了,助长了一盘散沙的状态。在“四人帮”被粉碎以后,有一段时间确实又感到民族的凝聚力有所恢复,但没有很好地吸取教训,忽视了如何在建设中培养全民族的凝聚力的问题。这种情况如不改变,是很危险的。

二、道德品质

道德理想化为现实,一方面是建立合理的社会伦理关系,另一方面是培养个人的道德品质。

1. 品德和实践精神

"品德"一词,主要指人的道德品质。社会伦理关系和个人品德是统一的,又是有区别的。我们讲仁人义士,仁人有仁爱的品德,义士有正义的品德。有这种品德,并不等于说,他们在社会上处在爱和信任的关系、公正和正义的关系中。显然,社会伦理关系和个人道德品质不是一回事。古代人讲智仁勇是三达德。从道德规范化为现实来说,仁义是人的最主要的道德品质,或者说应该有的品德,智和勇则可以是道德意义的,也可以是非道德意义的。一个人知识丰富,一个人很勇敢,这不一定表现在道德行为上。但是对于有道德的人来说,智与勇确实是重要的道德品质。因为真正的道德行为要出于理性认识而有自觉,也要出于自由意志而见义勇为。所以与仁义相联系的智勇,是属于品德的范畴,不过不是社会伦理关系的范畴。

我们讲理想人格要真、善、美统一。热爱真理,爱美,也是品德,但讲品德,总是首先在于善。如果一个人缺乏应有的道德品质,那么他的聪明可能被误用,知识可帮助他做坏事,美貌也可以用来欺骗。一个普通劳动者,他的知识水平不高,长得也不漂亮,但是他为人忠诚朴实,令人敬爱,便是有品德的人,特别在关键时刻,看一个人是不是坚持道德原则,是不是有操守,就可以看出这个人的品德如何。

一个真正有道德品质的人,是一个在道德上自由的人,他的道德行为一定是自觉自愿的。自觉,是说他对道德规范有理性认识,并且有明觉的心理状态,这就是智(知)。苏格拉底讲,美德即是知识,孔子讲仁智统一,这是有道理的。孟子讲仁义礼智,也把智摆在品德里讲。他说:"仁之实,事亲是也;义之实,从兄是也;智之实,知斯二者弗去是也。"(《孟子·离娄上》)对仁义有明确的认识,并进行"必有事焉而勿正,心勿忘,勿助长"(《孟子·公孙丑上》)的修养,保持着它,这就是智的品德。实践精神是一种合理的意志。道德的主体有意志力,这首先表现在自愿地作道德选择上。动机总是有善有恶,善的动机之间也可能有矛盾,通过动机的斗争(有时是很剧烈的,如母亲送子参军),经过权衡,作出选择,要靠意志力。其次,意志力也表现在行动中。人格应是坚定的、有操守的,能够凭意志力把道德原则始终如一地贯彻在自己的行动中。如果他不能一贯地坚持,言行不符,那就不能说有坚定的品格。意志的独立和坚定是实践精神或合理的意志的本质的特征,也就是一个有道德的人的性格的特征。看一个人是不是有某种品德,不是根据他自己所说,而是要看他的行动,看他的动机与效果是不是统一,是不是自觉自愿地选择了道德规范,是不是在行动中一贯坚持下去,能够克服困难、克服障碍,贯彻下去。不过,这个问题比较复杂。不应把实践精神、善良意志绝对化,把它同本能感情、欲望割裂开来。有一些非理性、无意识的力量,还有在社会实践中形成的自在的习性,往往对人的性格起着重要的作用。如母爱、性爱有着深厚的非理性的本能,如长期在苦难中被迫害的人们中蕴藏着一种自发的反抗精神,这种自发的、非理性的本能,往往表现出难以估计的道德力量。当然这从社会历史条件进行分析,是可以理解的。我们讲品德不能离开人的实践精神。就道德规范化为人的品德而言,也要注意历史性。在一定的历史阶段,在一定的社会组织之间,有一些共同的道德原则和规范,要求大家共同遵守。如今天在人道主义和社会主义统一的原则下,爱祖国、爱人民、爱劳动、爱科学、爱护公共财物以及自觉遵守纪律等等,都是道德规范,或说是道德理想的具体化。但是如前所述,道德是多方面的、多层次的,而且每个人的品德的养成,都要经历培养的过程,所以不能用形而上学的态度对待。一个人对祖国要有爱国主义,对自己的工作要有职业道德,与一般人的交往要有文明礼貌,在家庭里要彼此亲爱体贴,等等。一个人可能满怀爱国热忱,但在职业道德上有欠缺;可能是劳动模范,但对人不够礼貌等等。而且无论哪一种道德品质,可以有程度、层次上的差别。如劳动态度,在社会主义阶段,勤劳的人可能是为谋生而劳动,可能是为集体而劳动,以至于可能不计报偿义务劳动,但无论什么人,只要有勤劳的品质,都是好的。劳动致富也是合法的允许的,不能要求大家都是大公无私地贡献自己的劳动。在道德上要有宽容的精神,不要强求一律。

2. 异化的品质

"品德"一词,常用于作为正面意义,但有时也用作负面意义。如某个人做了坏事,批评者说:这是品德问题。在社会存在异化的条件下,人的本质可以异化,人的创造物可以转过来成为支配人的力量。如安徒生的童话《影子》里所写的,有个人忽然丢失了影子。后来影子穿着黑大衣回来了,它发财发福了,成了很体面的绅士,就转过来叫原来那个人做它的影子。人和影子换了位置,人就被残酷虐待,受践踏,当他挣扎起来喊"我是人"时,没有人相信他了。这就是异化。异化的力量,从社会发展史来看,主要是两个:一个是基于人的依赖关系的权力迷信;另一个是基于对物的依赖关系的拜金主义。在这两种异化力量支配下,权势欲和贪欲发展起来了,成了剥削者的品质。这就是最主要的异化品质。这种品质在一定历史条件下,也有其历史作用,如恩格斯所说,成了历史发展的杠杆,但终究是违背人的自由发展的要求的。在专制的独裁者心目中,权力就是一切,他对任何人都不相信,实际上这样的独裁者自己也是权力的奴隶。一个守财奴,固然可以用金钱来奴役人,但是他自己也是金钱的奴隶。所以,归根结蒂,这种异化力量是违背人的自由发展要求的。

不仅是贪欲、权势欲,还可举中国人的面子的观念为例。中国过去讲纲常名教,要求在下者片面地服从在上者的权力。并按照礼教规定不同等级有不同的身份,受不同的礼遇。于是养成了所谓"面子"观念。面子、面具、名目等本来是人制作出来的东西,可是在等级制度下,习惯成自然,重面子而不重视实际,简直成了一种国民心理。礼教确实在最初有节、文的作用,但是发展到后来,却虚有其表了。在道学家以及鲁迅所说的那种"做戏的虚无党"那里,存在心口不一,表里不符的状况。这种面子本来是外加的东西,是人扮演的角色,可是扮演久了,就正像是他本人,而真正的面目失去了。这就是异化的现象。正如鲁迅所说,面子是

"中国精神的纲领"。这是中国人长期在礼教下造成的。

异化的品质虽然归根到底是虚弱的,但既经异化了,就具有极大的破坏作用,使人们之间失去了凝聚力,失去了应有的正义和友爱的关系。品质的异化使人失去了爱心,失去了正义感,表现为对人的残忍、迫害等恶行。当品质异化的时候,智和勇就可能被利用来做坏事。因为有这个情况,所以章太炎讲俱分进化:善也进化,恶也进化。科学发展了,战争就更残酷。当然我们不应当这样悲观。从整个人类发展史来看,人类总是要走向自由,克服异化现象。马克思讲的社会历史发展的三种形态理论是正确的。人类社会总的发展方向是人摆脱对人的依赖关系和对物的依赖关系,达到每个人的自由发展是所有人自由发展的条件的社会,即共产主义社会。

3. 道德境界和智慧

道德品质在不同人的身上以及同一个人的不同阶段上,可以有层次的差别,所以人的品德和他所处的道德境界可以有高下之分。人的善的品质是一个发育过程。孟子讲:"可欲之谓善,有诸己之谓信,充实之谓美,充实而有光辉之谓大,大而化之之谓圣,圣而不可知之之谓神。"(《孟子·尽心下》)就是讲人的道德品质有高下之分。当然在今天不会像孟子那样讲有圣人、神人,但是人的道德境界有差别,有的人道德境界比较低,有的人道德境界比较高,这是要承认的。不过,如爱国、勤劳这些品德,尽管有层次上的差别,但都是道德,而且经过实践和教育,都可以提高。这样,实践精神也就可以由比较低的境界发展到比较高的境界。中国过去的哲学家认为有一种最完美的道德境界,即圣、神的境界,如孟子讲的"浩然之气"那样的境界。照他说,"浩然之气"是"塞于天地之间",人可以上下与天地同流。这种理论,在历史上有其积极作用。如文天祥的《正气歌》也讲天地有正气,显然受到了孟子学说的影响。人在道德上很坚定,可以达到以身殉道、杀身成仁那样的崇高境界,但理学家讲"存天理、灭人欲",最后可以达到至善的境界,"吾之心正,则天地之心亦正矣;吾之气顺,则天地之气亦顺矣"①,于是便"天地位焉,万物育焉"。这当然是一种幻觉,具有欺骗人的作用。从理论上来说,理学家有一个错误,即是把当然之则形而上学化为天命,把当然之则等同于自然的必然性。照他们的说法,人只要通过道德修养、道德实践,就可以和"天命"合一。这就是正统的儒家的"天人合一"论,这是形而上学。

我们从人道原则与自然原则的统一,从性与天道交互作用的观点来看,也认为品德与智慧、道德境界与哲理境界是可以达到统一的。我们根据科学的世界观(智慧)来提出人道主义和社会主义的统一的社会理想,也是道德理想,它为实践精神所把握,贯彻于道德的行为,通过实践精神自觉自愿的活动,习以成性,最后可以达到自然,而出于德性自然的道德行为,又使现实世界成为合乎规范(具有道德秩序)的。这样,品德、道德境界,与现实的社会伦理、社会的道德秩序是统一的,不仅是社会秩序,而且与社会相联系的自然界,也因为人的活动,当然也因为移情的作用,而具有某种道德色彩。这种道德色彩,又往往与艺术的境界相联系着。许多艺术作品表现了人和自然统一,人道原则和自然原则统

---

① 朱熹:《四书章句集注·中庸章句》,《朱子全书》第 6 册,第 33 页。

一的境界,是富于道德色彩的,所以艺术也具有陶冶性情、培养品德的作用。

（本文系冯契著《人的自由和真善美》中的一节,原载《华东师范大学学报》(哲社版)1996 年第 2 期）

本卷征引书目举要

（先秦诸子典籍的点校通行本较为普及，这里不再列出）

《马克思恩格斯选集》，北京：人民出版社，1995 年。

《列宁选集》，北京：人民出版社，1995 年。

《列宁全集》第 55 卷，北京：人民出版社，1990 年。

《斯大林选集》，北京：人民出版社，1979 年。

《毛泽东选集》，北京：人民出版社，1991 年。

《毛泽东文集》，北京：人民出版社，1999 年。

《毛泽东书信选集》，北京：人民出版社，1983 年。

董仲舒著，钟肇鹏校释：《春秋繁露校释》，石家庄：河北人民出版社，2005 年。

王充著，黄晖校释：《论衡校释》，北京：中华书局，1990 年。

班固：《汉书》，北京：中华书局，1962 年。

张载著，章锡琛点校：《张载集》，北京：中华书局，1978 年。

王安石著，秦克等标点：《王安石全集》，上海：上海古籍出版社，1999 年。

程颢、程颐著，王孝鱼点校：《二程集》，北京：中华书局，2004 年。

朱熹著，朱杰人等主编：《朱子全书》，上海：上海古籍出版社，合肥：安徽教育出版社，2010 年。

王守仁著,吴光等编校:《王阳明全集》,上海:上海古籍出版社,2011年。

徐光启著,朱维铮等主编:《徐光启全集》,上海:上海古籍出版社,2010年。

黄宗羲著,吴光主编:《黄宗羲全集》,杭州:浙江古籍出版社,2012年。

王夫之著,《船山全书》编辑委员会编:《船山全书》,长沙:岳麓书社,2011年。

颜元著,王星贤等点校:《颜元集》,北京:中华书局,1987年。

戴震著,戴震研究会等编纂:《戴震全集》,北京:清华大学出版社,1991年。

严复著,王栻主编:《严复集》,北京:中华书局,1986年。

王国维著,谢维扬等主编:《王国维全集》,杭州:浙江教育出版社,广州:广东教育出版社,2009年。

李大钊著,中国李大钊研究会编注:《李大钊全集》,北京:人民出版社,2006年。

瞿秋白著:《瞿秋白选集》,北京:人民文学出版社,1959年。

瞿秋白著,《瞿秋白选集》编辑组:《瞿秋白选集》,北京,人民出版社,1985年。

瞿秋白著,《瞿秋白文集》编辑组:《瞿秋白文集·政治理论编》第4卷、第7卷,北京,人民出版社,2013年。

黑格尔著,贺麟译:《小逻辑》,北京:商务印书馆,1982年。

爱因斯坦著,许良英等编译:《爱因斯坦文集(增补本)》第1卷,北京:商务印书馆,2009年。

马卡连柯著，刘长松、杨慕之译：《论共产主义教育》，北京：人民教育出版社，1954 年。

李约瑟著，《中国科学技术史》翻译小组译：《中国科学技术史》第 3 卷，北京：科学出版社，1978 年。

索　引

（按汉语拼音顺序排列，外国人名按中译名）

本卷整理后记

　　与《冯契文集》前十卷主要收录哲学论著不同,本书收集的范围还包括了文学、政治等领域,体裁上则包括了诗歌、小说、散文、杂文、政论短文、理论札记、人物回忆及学术专论等。所收文字除对原稿中的误植字、词修订及对脱漏之处补正外,还对少量明显不合时宜的字句进行了删除。本书文稿的收集整理工作经陈卫平教授、冯棉教授指导,由刘晓虹具体负责。晋荣东教授、顾红亮教授及华东师大档案馆、图书馆相关人士给资料收集工作提供了帮助。哲学系研究生张腾宇、韩菲也参加了文献核对及索引编制等工作。本书内容提要由刘晓虹撰稿。

增订版整理后记

　　《冯契文集》(10卷)出版于1996—1998年。近20年来,冯契的哲学思想越来越受到国内外学术界的关注。为了给学术界研究冯契哲学思想提供更好、更完备的文本,华东师范大学哲学系发起并承担了《冯契文集》增订版的编辑整理工作。这项工作得到了华东师范大学出版社的大力支持。

　　此次增订工作主要有以下几项:1.搜集、整理了原先没有编入文集的有关作品,编为《冯契文集》第十一卷;2.订正了原书字句上的一些错漏;3.对于先秦以后的典籍引文,尽可能参照近些年出版的整理点校本,加注了页码、出版社、出版年份(详见"本卷征引书目举要");4.重新编制了人名、名词索引。

　　负责、参与各卷增订的教师,分别是:第一卷,郁振华;第二卷,晋荣东;第三卷,杨国荣;第四、五、六、七卷,陈卫平;第八卷,刘梁剑;第九卷,贡华南;第十卷,方旭东;第十一卷,刘晓虹。协助上列教师的研究生有:安谧、韩菲、胡建萍、胡若飞、黄家光、黄兆慧、蒋军志、刘翔、王海、王泽春、张靖杰、张瑞元、张腾宇、张盈盈、周量航。

　　刘晓虹负责第十一卷的文献搜集以及整理,相对其他各卷,工作更为繁重。这卷同时是他承担的上海市哲社项目"冯契文献整理"的部分成果。同时,本增订版是国家社科基金重大项目"冯契哲学文献整理及思想研究"的阶段性成果。本文集的项目编辑朱华华尽心尽责,对于确保增订版的质量起到了重要作用。

出版《冯契文集》增订版,是纪念冯契百年诞辰系列学术活动的重要内容。整个纪念冯契百年诞辰的学术活动,得到上海社会科学界联合会和上海社会科学院的资助,我们在此致以衷心的感谢!

冯契先生遗著编辑整理工作小组
2015 年 12 月

图书在版编目(CIP)数据

智慧的探索:补编续/冯契著.—增订本.—上海:华东师范大学出版社,2015.9
(冯契文集;11)
ISBN 978 - 7 - 5675 - 4164 - 1

Ⅰ.①智… Ⅱ.①冯… Ⅲ.①社会科学-文集
Ⅳ.①C53

中国版本图书馆 CIP 数据核字(2015)第 237993 号

本书由上海文化发展基金会图书出版专项基金资助出版

冯契文集(增订版)·第十一卷
智慧的探索·补编续

著　　者　冯　契
策划编辑　王　焰
项目编辑　朱华华
审读编辑　吴飞燕
责任校对　王丽平
装帧设计　卢晓红　高　山

出版发行　华东师范大学出版社
社　　址　上海市中山北路 3663 号　邮编 200062
网　　址　www.ecnupress.com.cn
电　　话　021－60821666　行政传真 021－62572105
客服电话　021－62865537　门市(邮购)电话 021－62869887
地　　址　上海市中山北路 3663 号华东师范大学校内先锋路口
网　　店　http://hdsdcbs.tmall.com

印 刷 者　上海中华商务联合印刷有限公司
开　　本　890×1240　32 开
印　　张　25.375
插　　页　6
字　　数　513 千字
版　　次　2016 年 1 月第 1 版
印　　次　2025 年 3 月第 3 次
书　　号　ISBN 978 - 7 - 5675 - 4164 - 1/B·976
定　　价　98.00 元

出 版 人　王　焰

(如发现本版图书有印订质量问题,请寄回本社客服中心调换或电话 021－62865537 联系)